HAYMONverlag

Tirolerisch von *a* wie *åplattln* bis *z* wie *Zwiderwurzn* – Hans Moser versammelt in Zusammenarbeit mit Robert Sedlaczek und mit Unterstützung zahlreicher Gewährsleute aus den Regionen den Tiroler Sprachschatz: Mundartwörter aus dem Alltag, Ausdrücke und Wendungen, die Sie schon seit Ihrer Kindheit kennen, dialektale Neubildungen, die Sie überraschen werden. Jeder Eintrag enthält aufschlussreiche Informationen zu Bedeutung und Aussprache. Ein unentbehrliches Buch für Tiroler, die sich ihrer eigenen sprachlichen Besonderheiten bewusst werden wollen, und für Besucher, die diese eigenwillig-charmanten Dialekte endlich auch über das legendäre „Oachkatzlschwoaf" hinaus kennen- und lieben lernen möchten.

Hans Moser

Das große Wörterbuch der Tiroler Dialekte

In Zusammenarbeit mit Robert Sedlaczek

Auflage:
5   4   3   2
2026 2025 2024 2023

© Haymon Verlag, Innsbruck-Wien 2020
Haymon Verlag Ges.m.b.H.
Erlerstraße 10
A-6020 Innsbruck
office@haymonverlag.at
www.haymonverlag.at

Alle Rechte vorbehalten. Kein Teil des Werkes darf in irgendeiner Form (Druck, Fotokopie, Mikrofilm oder in einem anderen Verfahren) ohne schriftliche Genehmigung des Verlages reproduziert oder unter Verwendung elektronischer Systeme verarbeitet, vervielfältigt oder verbreitet werden.
Der Verlag behält sich das Text- und Data-Mining nach § 42h UrhG vor, was hiermit Dritten ohne Zustimmung des Verlages untersagt ist.

ISBN 978-3-7099-3457-9

Buchinnengestaltung nach Entwürfen von himmel. Studio für Design und Kommunikation, Innsbruck / Scheffau – www.himmel.co.at
Satz: Karin Berner
Umschlag: Buxdesign | München
Illustration auf dem Umschlag: Ruth Botzenhardt
Autorenfoto: FH Kufstein

Gedruckt auf umweltfreundlichem, chlor- und säurefrei gebleichtem Papier.

Das Wort *vif* kommt vom französischen Wort für Leben: *la vie, vivant.* Wer *vif* ist, ist lebendig ...

... die Wörter kommen von weiter her als wir, sie bringen ihre Erfahrungen mit, und auch, wenn wir nichts von diesen Erfahrungen wissen, teilen sie sich mit als Spurenelemente. Nur weil ich die Spurenelemente nicht sehe, heißt das nicht, dass sie nicht da sind.

Arno Geiger, *Der Hahnenschrei*

Hinweise zur Entstehung und zum Gebrauch dieses Wörterbuchs

1. Was enthält das Wörterbuch?

Das vorliegende Wörterbuch unternimmt den Versuch, den noch bekannten und spezifisch dialektalen Wortschatz des Bundeslands Tirol (Nord- und Osttirol) und der Autonomen Provinz Bozen (Südtirol) möglichst vollständig zu erfassen.

Als spezifisch dialektal werden Wörter angesehen, die es in der Standardsprache entweder gar nicht gibt oder die sich lautlich bzw. in der Bedeutung stark vom Standard unterscheiden. So stark, dass ein Nichttiroler darauf hingewiesen und dem Tiroler der Unterschied bewusst gemacht werden sollte. Das heißt, dass Wörter wie *Haus* und *Berg*, die sich lautlich und semantisch nicht wesentlich vom Standard unterscheiden, fehlen, während Wörter des Typs *åchi* (hinunter), *Bårm* (Futtertrog) oder *Kees* (Gletscher) zu finden sein sollten. Dialektspezifische Komposita (z. B. *Bergtschure* und das auch in anderen Dialekten bekannte *Bergsteckn*) und die Sonderbedeutungen von *Berg* (Weidegebiet, höher gelegener Teil einer Ortschaft) werden ebenso aufgenommen wie die von *Heisl* (ursprünglich kleines Haus und damit auf die räumliche Trennung der Toilette vom Wohnhaus hinweisend) oder *heisln* (spielen, herumspielen). Auch wenn ein standardsprachlich bekanntes Wort dialektal eine andere Bedeutung hat, wird es ins Wörterbuch aufgenommen, also: *hausen* (gut wirtschaften, haushalten) oder *Bart* (im Sarntal nicht nur Bart, sondern auch Kinn).

Als noch bekannt gelten uns Wörter, die – aus welcher Quelle auch immer entnommen – von mindestens einer unserer Gewährspersonen für ihre Region als bekannt rückgemeldet und in der Bedeutung geprüft und bestätigt wurden. Das bedeutet nicht, dass diese Wörter von allen – oder auch nur den meisten – Dialektsprechern noch täglich bzw. regelmäßig verwendet werden. Es ist davon auszugehen, dass in ländlich-abgelegenen Orten mehr Dialektsprecher zu finden sind als in den Städten und in den Haupttälern und dass es sowohl hier wie dort einen Kern von Wörtern gibt, die sich besser halten als andere. Weil die Übergänge vom harten Kern der täglich gebrauchten bis zu den eher nur noch erinnerten Wörtern fließend sind und es dazu keine ausreichenden Untersuchungen gibt, haben wir darauf verzichtet, die Gebrauchshäufigkeit von Wörtern zu vermerken und bestimmte Wörter als „veraltet" oder „veraltend" zu kennzeichnen. Jedenfalls ist aus den genannten Gründen das Buch zweifellos die umfassendste Sammlung des noch gebrauchten bzw. noch von aktiven Sprachteilhabern erinnerten Dialektwortschatzes der Gegenwart.

Die Beschränkung auf das Dialektspezifische hat vor- und nachteilige Folgen. Der große Vorteil besteht darin, dass der Umfang des Wörterbuchs in vertretbaren Grenzen bleibt, weil es sich auf den Teil des Wortschatzes beschränkt, der erfahrungsgemäß die Liebhaber des Dialekts besonders interessiert und der im Normalfall eher einer etymologischen Erklärung bedarf. Ein Nachteil ist, dass so der Eindruck entstehen könnte, Wörter des modernen Lebens wie *Stress, Radio, Computer* oder *Stick* würden im Dialekt nicht gebraucht, gehörten also nicht zum Dialekt, genauso wie Wörter der Jugendsprache wie *cool, top, super* oder *krass*. Das ist aber ein Nachteil, der mit Entstehung und Zielsetzung des Buchs zusammenhängt und nicht mit dessen Dialektverständnis. Übrigens auch nicht mit dem instinktiven Dialektverständnis der Sprecher selbst, die diese Wörter selbstverständlich nicht nur dann verwenden, wenn sie Standard, sondern auch dann, wenn sie breiten Dialekt sprechen (dann verwenden sie eben mit breitem Tiroler *scht-* und hartem, gutturalem *-ck* einen *Schtick* zum Abspeichern einer Datei, fahren den Computer *auffi* oder *åchi* und junge Tiroler empfinden heutzutage eine gute Sache (ebenfalls mit dem markanten Tiroler *kch-*) als *kchuhl* oder gar *urkchuhl*. Linguistisch gesehen handelt es sich dabei um junge Lehnwörter im Dialekt. Wie sehr junge Leute das so empfinden, belegt ein aufschlussreicher Eintrag aus Thurn in die Dialekt-Datenbank für Osttirol des Nationalparks Hohe Tauern: Er gibt als Stichwort das Adjektiv *krass* ein und erklärt es dann mit den interpretierenden Synonymen *cool* und *super*.

Da es sich dabei – nicht nur bei den Anglizismen – um jugendsprachliche Elemente handelt, die auch standardsprachlich zu finden sind, sind sie im Normalfall nicht ins Wörterbuch aufgenommen. Eine Ausnahme bilden allerdings die dialektalen Italianismen (eine ganze Reihe davon haben wir aus dem Wörterbuch von Larch/Unterholzner übernommen), weil sie meist Südtirol einerseits und Nord- bzw. Osttirol andererseits auf dialektaler Ebene zu unterscheiden beginnen.

2. Für wen ist das Wörterbuch gedacht?

Pauschal lässt sich diese Frage einfach beantworten: für alle Liebhaber des Dialekts und für alle, die sich für die Tiroler Dialekte interessieren. Das Wort Liebhaber heißt mit einem französischen Ausdruck *Amateur*, und der Amateur in diesem Sinn ist in der Regel nicht Fachmann, sondern Laie. Das Buch ist also für den interessierten – im 18. Jahrhundert hätte man vielleicht hinzugefügt: und den geistreichen – Laien gemacht. Das hat Konsequenzen: ein Buch für Fachleute müsste zum ersten alle Wörter enthalten, die es in den Dialekten gibt, also auch die eingangs genannten

Wörter wie *Haus* und *Berg, Feld* und *Wald* und Neuwörter vom Typ *Stress, Stick, Gaspedal* einerseits und solche vom Typ *cool, krass, super* andererseits. Es müsste darüber hinaus mit einer Lautschrift arbeiten, die dem Laien naturgemäß fremd ist. Es sollte im Idealfall schließlich sowohl die Bedeutungsangaben wie die Etymologien für den kritischen Blick der Fachkollegen formulieren und könnte auf viele kulturhistorischen Hinweise und die schönen Belege aus dem dialektalen Liedgut verzichten, die gerade den Laien interessieren.

Es gibt ein wissenschaftlich wohlfundiertes Tiroler Wörterbuch, das den Anspruch der Vollständigkeit mit der Forderung nach lautlicher Genauigkeit verbindet und bis heute eine unerschöpfliche Fundgrube des Tiroler Wortschatzes ist: Es ist das Wörterbuch von Josef Schatz, das zuerst 1955 erschien und 1993 unverändert nachgedruckt wurde. Dieses Wörterbuch dokumentiert aber die Situation der ersten Hälfte des 20. Jahrhunderts, grob gesprochen also vor beinahe einem Jahrhundert (die Sammlungen haben vor dem 2. Weltkrieg begonnen). Deshalb enthält es viele Wörter, die heute niemand mehr kennt. Es ist überdies für Laien aus mehreren Gründen schwer zu handhaben, vor allem auch deshalb, weil die Wörter oft nur dann auffindbar sind, wenn man gewisse Vorkenntnisse in der dialektalen Lautgeschichte hat. Außerdem verzichtet es auf etymologische Angaben, wo sie für Fachleute selbst erschließbar sind. Umgekehrt sind uns für das vorliegende Wörterbuch auch einzelne Wörter und nicht wenige Bedeutungen gemeldet worden, die im Schatz nicht zu finden sind.

3. Wie kommen die Wörter ins Buch?

Die Basis für die vorliegende Sammlung bilden unsere beiden Vorgängerbände: Das *Radio Tirol-Wörterbuch der Tiroler Mundarten* (zu den Nord- und Osttiroler Dialekten) und das *Wörterbuch der Südtiroler Mundarten*. In den Vorworten dieser Bände wird genauer über die Wortsammlung berichtet. Der Nordtirol-Band fußt im Wesentlichen auf Schatz und jüngeren Wortsammlungen, einer mehrmonatigen Sammelaktion von Radio Tirol und einigen Wortsammlungen im Netz. Ähnliches gilt für Südtirol. In diesem Teil Tirols gibt es aber ein relativ junges Dialektlexikon (Tscholl), sowie sehr gute Regional- bzw. Lokalwörterbücher: das von Laien erstellte *Latzfonser Wörterbuch* (2004), sowie die Wörterbücher von Wild (2004), Christensen (2014) und Zelger (2004 und 2014), vor allem das maßstabsetzende Wörterbuch zum Passeirer Dialekt von Haller und Lanthaler (2004), die uns überdies ihre um etymologische Erklärungen bereicherten Dateien zugänglich gemacht haben, wofür ihnen nicht genug gedankt werden kann (vgl. *Wörterbuch der Südtiroler Mundarten*, S. 7 f.). Bei Bedarf wurde selbstverständlich immer wieder der grundlegende, von E. Kühebacher bearbeitete *Tiroler Sprachatlas* herangezogen.

Schon im – zeitlich frühesten – *Radio Tirol-Wörterbuch der Tiroler Mundarten* haben wir das gesammelte Wortgut einer Reihe von Gewährspersonen aus allen Landesteilen vorgelegt (siehe dort die Liste S. 325, sowie Vorwort S. 8 f.) und nur jene Wörter aufgenommen, die durch diese Gewährspersonen bestätigt wurden. Mutatis mutandis sind wir im Südtirol-Band ähnlich verfahren (siehe dort S. 9 und S. 367). Da im Südtiroler Wörterbuch – vor allem dank der erwähnten Regional- und Lokalwörterbücher – eine Fülle von Stichwörtern dazugekommen war, wurde das Wortgut beider Bände (also auch des Nordtirol-Bandes) durch germanistisch geschulte Südtiroler Gewährspersonen (und Dialektkenner) im Hinblick auf Bekanntheit, Lautungen und Bedeutungen systematisch geprüft. Wörter, die den Südtiroler Gewährspersonen nicht bekannt waren, also Ausdrücke, die offensichtlich nicht in Südtirol insgesamt verwendet werden, haben wir mit einem Sigel versehen, das angibt, aus welchem Tal- oder Ortswörterbuch sie entnommen wurden (z. B. Pass. für Passeiertal, La. für Latzfons).

Diese Sigel wurden im vorliegenden Band beibehalten, sofern sie durch den neuen Kontrollgang nicht ergänzungs- oder korrekturbedürftig waren. Denn selbstverständlich musste die gesamte Sammlung für den vorliegenden Band von neuem von Nord- und Osttiroler Gewährspersonen gegengelesen werden, um festzustellen, was davon auch außerhalb Südtirols bekannt und lautlich oder semantisch zu ergänzen war. Eine Gewährsperson aus Pfunders sicherte überdies noch einmal den östlichen Landesteil Südtirols ab. Die Gewährspersonen aller Bände sind generell nicht nur philologisch-mundartkundlich versiert, sie haben Zweifelsfälle auch durch Umfragen bei Partnern, Verwandten und Bekannten abgesichert. Ihr Anteil an der Verlässlichkeit des vorgelegten Wörterbuchs kann daher nicht hoch genug eingeschätzt werden.

Auch die neuen, im Lauf der Recherchen dem Netz entnommenen Wörter wurden den Gewährspersonen vorgelegt. Das gilt vor allem für die sehr umfangreiche Sammlung Osttiroler Dialektwörter, die der Nationalpark Hohe Tauern ins Netz gestellt hat: Sie wurde nicht nur von unserem Osttiroler Gewährsmann und seiner Verwandtschaft gefiltert (als Laiensammlung wies sie natürlich Mängel auf), sondern auch von drei Gewährsleuten aus anderen Landesteilen daraufhin durchgesehen, ob die so gewonnenen neuen Wörter auch außerhalb Osttirols bekannt sind.

4. Wie sind die Wortartikel aufgebaut?

Das vorliegende Lexikon soll alle elementaren Informationen liefern, die notwendig sind, um ein Wort richtig zu verstehen und zu bewerten – seine Lautung, seine grammatische Funktion, seine Herkunft (in eckigen Klammern: [...]) und seine Bedeutung bzw. seine Bedeutungen, denn es kommt natürlich vor, dass ein Wort mehrere Bedeutungen hat oder in verschiedenen Dialekten Verschiedenes bedeutet. Die Lautung bzw. die Lautungen (vgl. dazu den folgenden Abschnitt) bilden den Anfang des jeweiligen Artikels. Es folgen die Angaben zur Grammatik, die beinahe ausnahmslos für alle Regionen des Landes einheitlich sind: die Einordnung in die entsprechende Wortart (Abkürzungen siehe S. 518); beim Verb wird darüber hinaus durch den Hinweis ⟨hat⟩ oder ⟨ist⟩ darüber informiert, mit welchem Hilfszeitwort die Perfektformen gebildet werden, bei vielen Substantiven gibt es zudem auch Angaben zur Pluralbildung.

Im Normalfall einheitlich können auch die Angaben zur Herkunft (Etymologie) sein, die immer – in eckigen Klammern – unmittelbar auf die Wortartbestimmung folgen. Einfache Artikel folgen also dem Muster der folgenden Beispiele:

te̱ar, te̱arisch, te̱rsch, te̱arlas ⟨Adj.⟩ [eigentlich: *törisch aus dem Substantiv Tor (= unkluger Mensch), denn in der Kommunikation mit Schwerhörigen kommt es oft zu Missverständnissen, inadäquaten Antworten etc.; -las ist ein Synonym von -lich; vgl. mhd. tōreht, tœrisch (= töricht, närrisch, dumm); siehe toaret]: **1.** *schwerhörig* **2.** *unfügsam, starrköpfig, widerspenstig.*

wa̱ttn ⟨hat⟩ [ladin. batte(r) (= kämpfen, schlagen); die Dolomitenladiner sagen noch heute zu diesem Kartenspiel battadù; w (statt b-) im Anlaut deshalb, weil im Mhd. der Region b und w oft alternativ verwendet wurden); die Ableitung von franz. va tout (= letzter Trumpf) ist also verfehlt] (auch bairisch-österreichisch): *das Kartenspiel Watten spielen.*

Wa̱ttn, das [Substantivierung von wattn] (auch bairisch-österreichisch): *ein in Tirol weit verbreitetes Kartenspiel.*

Wa̱tter, der [siehe wattn] (auch bairisch-österreichisch): *eine Partie Watten:* an Watter tuan.

Als einfach sind die Beispiele deshalb einzustufen, weil Lautung und Bedeutung in allen Dialekten des Landes übereinstimmen. Die etymologischen Bemerkungen zu den ausgewählten Stichwörtern machen bewusst, welcher Art die Informationen sind, die sprachlich interessierte Menschen von einem Wörterbuch erwarten können, das auch die Geschichte der Wörter erfasst. Beim Kernwortschatz ist das immer wieder die Tatsache, dass sich der Dialekt unabhängig von der Standardsprache – nach bestimmten Regularitäten des Lautwandels – direkt aus dem Mittelhochdeutschen ableiten lässt. Unsere Dialekte sind also keine Derivate der Standardsprache, sondern eher umgekehrt: Die Standardsprache ist eine Mischung von Dialektformen, die durch die Arbeit von Kanzleien, Grammatikern und populären Autoren allmählich vereinheitlicht wurden.

5. Wie werden die Wörter geschrieben?

1. Das ist eine Gretchenfrage an die Wörterbuchmacher, weil sie nicht wirklich befriedigend beantwortet werden kann. Denn einerseits wechseln die Lautungen von Ort zu Ort und von Tal zu Tal, andererseits könnten sie einigermaßen befriedigend nur mit einer Lautschrift wiedergegeben werden, die Laienleser überfordern würde. Wir sind daher prinzipiell von den Laut- Buchstabenbeziehungen in der Standardsprache ausgegangen, wie wir sie alle seit der Schulzeit internalisiert haben. Deshalb schreiben wir *bock|boanig*, das Dialektwort für widerspenstig, zweimal mit -*b*-, obwohl es sich in den Ohren der übrigen Deutschsprachigen (und der Phonetiker) wie -*p*- anhört (*pockpoanig*), weil sonst die Verbindung mit den vertrauten Wörtern *Bock* und *Bein* verloren ginge; und im zweiten Wortteil schreiben wir -*oa*-, weil das den Laut-Buchstabenbeziehungen, die wir gewohnt sind, am nächsten kommt.

2. Das Prinzip Lautwiedergabe wie im Standard lässt sich aber nicht in allen Fällen durchhalten, weshalb einige wenige – im Ganzen vier – Zusatzzeichen unumgänglich sind. Dies sind:

   - Å bzw. å für das verdumpfte a, das – wie in allen bairisch-österreichischen Dialekten – in der Lautqualität zwischen a und o steht; dieses Zeichen ist so weit verbreitet, dass es den meisten Lesern schon vertraut sein dürfte.
   - Strich unter den Vokalen: er signalisiert, dass es sich um einen langen (und in der Regel betonten) Vokal handelt. Das ist zweifellos die bedeutsamste Abweichung vom gewohnten Schriftbild, in dem Vokallänge entweder gar nicht (*malen*) oder durch Dehnungs-h (*mahlen*), durch Vokaldopplung (*Saal*) und im Fall des -*i*- durch -*ie*- gekennzeichnet werden kann (*liegen*). In unserer Schreibung würden die vier Wörter so geschrieben: *ma̱len, ma̱len, Sa̱l, li̱gen*.

– Punkt unter den Vokalen: als Gegenstück zum Strich bezeichnet er betonte Kürze des Vokals: *Wạsser, Fẹnster, fịnster, fọppm* (= Wasser, Fenster, finster, foppen).

3. Auch unsere Schreibung der Diphthonge bedarf einer vorweggenommenen Erläuterung: Bei den steigenden Diphthongen orientieren wir uns am geläufigen Schriftbild; wir schreiben also -*ei*-, obwohl der erste Teil des Diphthongs in den meisten Tiroler Dialekten eher (oder ganz) wie ein *a* klingt (also wie ai); in ähnlicher Weise schreiben wir -*au*-, obwohl -*ao*- vielleicht zutreffender wäre: also *Beißwurm, Bauvogl* (= Schlange, Bachstelze) wie Standarddeutsch *beißen* und *bauen*. Bei den fallenden Diphthongen (*i+e, o+a* und *u+a*) – die es in der Standardsprache ja nicht gibt – orientieren wir uns am Lautbild und schreiben -*ia*- bzw. -*oa*- und -*ua*- (also *liab, hoach* und *guat* für lieb, hoch und gut). Uns ist klar, dass das besonders im Fall des -*ia*- problematisch ist, weil dieses in den meisten Tiroler Dialekten ganz oder eher wie *i+e* klingt, aber die Schreibung *ie* in einem Wort wie *lieb* würde wohl unweigerlich als langes *i* gelesen werden.

Mehr zum Thema Lautschreibung finden Sie im Anhang auf S. 511.

6. Wie finden Sie die Wörter?

Die größeren und kleineren Lautunterschiede zwischen den Dialekten werfen natürlich bei jedem Wort die Frage auf, in welcher Lautung es alphabetisch eingeordnet werden soll. Auch darauf kann es nur approximative Antworten geben, weil mehrere Aspekte gegeneinander abgewogen werden müssen. Einerseits haben wir versucht, möglichst weit verbreitete Lautungen an die Spitze eines Stichworts zu stellen, andererseits geben wir in vielen Fällen an zweiter und dritter Stelle auch alternative Lautungen an; das sollte nicht so missverstanden werden, dass das die einzigen Alternativen sind, aber es soll einen Hinweis auf die Streubreite der Lautungen geben (also etwa *Boan, Buan, Ban* für „Bein", aber nur *Boan, Buan* für „Bohne"; nicht explizit gemacht wird, dass in manchen Dialekten das -*n* nicht artikuliert wird, sondern nur in der Nasalierung des Vokals spürbar ist: *Boa[n], Bua[n]*).

Dass wir den Wortanfang mit „weichem" B schreiben, obwohl der Laut in den meisten Tiroler Dialekten sehr hart ausgesprochen wird, hat natürlich damit zu tun, dass unseren Lesern „Bein" von der Schreibung her so vertraut ist, dass sie das Wort zunächst unter B suchen werden (siehe Prinzip 1 der Lautwiedergabe). Das ist auch der Grund, warum wir beispielsweise die vertraute Vorsilbe *ver-* in Verben vom Typ *vergessen, verstecken* oder die Ortspartikel *vor* nicht unter f-, sondern unter v- verzeichnen.

Das heißt, wenn Sie ein Wort unter einer Schreibung nicht finden, sollten Sie überlegen, ob es nicht auf andere Weise verschriftlicht werden kann. Öfters haben wir in solchen Fällen auch Verweis-Stichwörter eingefügt, um die Suche zu erleichtern.

7. Gibt es „den" Tiroler Dialekt?

A. *Gilead besetzte die nach Efraim führenden Übergänge über den Jordan. Und wenn fliehende Efraimiter kamen und sagten: Ich möchte hinüber!, fragten ihn die Männer aus Gilead: Bist du ein Efraimiter? Wenn er nein sagte, forderten sie ihn auf: Sag doch einmal „Schibboleth". Sagte er dann „Sibboleth", weil er es nicht richtig aussprechen konnte, ergriffen sie ihn und machten ihn dort an den Furten des Jordans nieder* (Richter 12, 5 f.).

B. Spruch aus Sillian in Osttirol: *Muito, do Bui tuit mo! Wås tuit denn do Bui? Er schlot ma afn Huit, dass' an Bumsara tuit.*

C. **O͟ach|katzl|schwo͟af, A͟ch|katzl|schwo͟af,** der: *Eichhörnchenschweif (wird scherzhaft benützt, um Fremde zu testen, inwieweit sie tirolerische Laute aussprechen können).*

Weil der behandelte Dialektraum geographisch definiert ist, stellt sich Frage nach „dem" Tiroler Dialekt zwar erst sekundär, sie wird aber zurecht immer wieder gestellt, weil sie psychologisch und soziologisch (und das heißt auch politisch) durchaus von Interesse ist. Wir beantworten sie generell folgendermaßen: 1. „den" oder „einen" Tiroler Dialekt, der taxonomisch (d. h. durch eine Liste von Merkmalen, die nur und für alle Tiroler Dialekte gelten) definiert werden könnte, gibt es zwar nicht, es ist aber 2. auch wissenschaftlich legitim, ja geboten, von „den Tiroler Dialekten" oder eben vom Tiroler Dialekt und seinen Varianten zu sprechen.

Teil 1 der Antwort hat damit zu tun, dass jedes Tal (streng genommen jeder Ort) seine Besonderheiten hat – das fängt schon mit den Lauten an: das Wort „Stein" zum Beispiel wird im Unterinntal bis etwa Hall als *Stoa^n* ausgesprochen (das hochgestellte -n heißt, dass der Laut nasaliert ist), dann nach Westen hin heißt es – unnasaliert – *Stoan*, im Zillertal *Stua^n*, im Drautal, im Paznaun und im Stanzertal hingegen *Sta̲n* oder *Sta^n*. Solche Lautunterschiede gibt es – wie ein Blick in den Tiroler Sprachatlas zeigt – unendlich viele.

Und was für die Laute gilt, gilt genauso für die Wörter. Dem *Fasching* in den Bezirken Kufstein und Kitzbühel entspricht die *Fasnacht* im übrigen Land, westlich von Schwaz heißt der Gletscher *Ferner*, östlich davon *Kees*, ähnlich sind die *Zuntern* und die *Latschen* verteilt, usf. – die Liste ist beliebig erweiterbar.

Und trotzdem: Obwohl all das zutrifft, gibt es im Kopf der Tiroler – und wohl auch der übrigen Österreicher – mehr oder minder klare Vorstellungen, was in der Sprache dieses nördlich und südlich der österreichisch-italienischen Grenze liegenden Landes „typisch tirolerisch" ist. Das hat damit zu tun, dass die Dialekte Tirols (wie auch die anderer Dialektlandschaften) durch das gekennzeichnet sind, was Wittgenstein „Familienähnlichkeit" genannt hat. Das heißt, es gibt keine Merkmale, die für alle (und nur die) Dialekte einer Region – in diesem Fall Gesamttirols – zutreffen (fachsprachlich: Dialektregionen sind nicht taxonomisch klassifizierbar), aber die Übereinstimmung der tal- oder ortstypischen Sprachmerkmale mit denen des unmittelbar benachbarten Orts oder Tals sind in der Regel groß und nehmen meist nur allmählich ab. Insgesamt kennen die Tiroler diese Skala ausreichend gut, um Sprecher und Sprecherinnen aus allen Landesteilen als Landsleute zu erkennen (in ähnlicher Weise gibt es übrigens auch eine Skala zwischen den verkehrsoffenen Haupttälern und den höchstgelegenen Hochtälern).

Zu ersterem ein einfaches Beispiel: Das Unterinntal kennt einige Sprachmerkmale, die im restlichen (Nord-, Süd- und Osttirol) unbekannt sind. Neben der schon angesprochenen Nasalierung in Wörtern des Typs *Stoa^n* ist das vor allem die sogenannte „Vokalisierung" des Labials *-l-* durch die im Dialekt die Wörter *alt, Welt, wild* und *Holz* zu *āed, wüd, Wöd* und *Hoitz* werden.

Trotzdem werden die Unterinntaler im restlichen Tirol unschwer als Landsleute erkannt, weil andere Eigenheiten sie als Tiroler erweisen: beispielsweise die markanten Velarkonsonanten *kch-, -kch* und *-ch-* und die Hebung des *a*-Lauts zu *u*, wenn er vor Nasal steht, eine Entwicklung, die es im gesamten Ostteil und im Kern des Landes nördlich und südlich des Alpenhauptkamms (und nirgendwo außerhalb Tirols) zu beobachten gibt. Dort erscheinen also die Wörter „Hahn, kann, getan" als *Hu^n, ku^n, tu^n* und „anfangen" als *u^{n}fånga*.

Die angesprochene Familienähnlichkeit der Dialekte, gekoppelt mit solchen Beobachtungen, sind dafür verantwortlich, dass es ein sicheres und gesellschaftlich flächendeckendes Gefühl einer Tiroler Spracheinheit gibt. Sowohl die Nasalierung der Vokale vor *-n* (*Stoa^n* und *Stua^n* statt *Stoan* und *Stuan*) wie die l-Vokalisierung werden solcherart als Kennmerkmale einer spezifischen Variante des Gesamttirolischen wahrgenommen und nicht als Merkmale eines fremden Dialekts. Wenn man diesen psychologischen

Mechanismus berücksichtigt, dann erhalten die im folgenden Abschnitt behandelten strukturellen Merkmale plötzlich ein neues Gesicht.

Die sprachlichen Merkmale, die allgemein als verräterisch für die Herkunft eines Menschen angesehen werden, bezeichnet man – nach einer alttestamentlichen Erzählung im Buch der Richter – manchmal auch als Schibboleth (siehe den einleitenden Text A), auch wenn die strenge Bedingung, dass Anderssprachliche die Laute gar nicht hervorbringen können, meist nicht zutrifft. Im Anschluss an das vorher Ausgeführte heißt das: Ein Unterinntaler hat genug Schibboleths im Kopf, um einen Oberinntaler als Tiroler zu erkennen und umgekehrt; und beide erkennen einen Südtiroler an seiner Sprache, was ebenfalls vice versa gilt. Ein Südtiroler und Osttiroler schließlich – von wo auch immer – erkennt einen Pustertaler, wie der unter B. zitierte Spottspruch belegt.

Abschließend vielleicht noch ein Hinweis darauf, dass die angesprochenen *k*- und *ch*-Laute (ebenso wie die „harte" Aussprache der Verschlusslaute *p* und *t*) im übrigen Österreich als wichtigstes – und diesmal wohl auch im strengen Sinn zutreffendes – Schibboleth für „das" Tirolische im bairisch-österreichischen Raum gelten. Insofern ist es kein Zufall, dass die Tiroler ihre Gäste – nicht um sie, wie in der Bibel geschildert, niederzumachen, sondern um deren (für sie ertragreichen) Wohlfühlfaktor zu erhöhen – gern auffordern: Sag einmal *Oachkatzlschwoaf.*

8. Sprachstrukturelle Argumente
für die Zusammengehörigkeit der Tiroler Dialekte

Die angesprochenen Gemeinsamkeiten sind natürlich der traditionellen Dialektologie nicht entgangen und deren Befund lässt sich kurz vielleicht so zusammenfassen:

1. Die Tiroler Dialekte gehören zum bairischen Sprachtypus (wie die der östlichen Bundesländer Österreichs und im Gegensatz zum westlich und nordwestlich angrenzenden Alemannischen) und dort zum Typ des Südbairischen (von der partiellen Ausnahme des Unterinntals war schon die Rede). Die Merkmale des Südbairischen sind sonst nur in Kärnten und in Teilen der Steiermark anzutreffen, deren Dialekte aber in vielen anderen markanten Merkmalen vom Tirolischen verschieden sind.

2. Das Unterinngebiet ist in der Silbenstruktur und in gewissen Lautmerkmalen – davon war schon die Rede – mittelbairisch geprägt, bewahrt aber einerseits südbairische Merkmale und weist andererseits typisch tirolische Merkmale auf.

3. Die geographische Verteilung der lautlichen Strukturen – das hat v. a. Egon Kühebacher in seinen Schriften und im Tiroler Sprachatlas herausgearbeitet – folgt meist regionalen bzw. geographischen Gegebenheiten und kennt mehr west-östliche als nord-südliche Gegensätze.

4. Dass das auch für den Wortschatz gilt, legt der 3. Band des Sprachatlasses nahe.

5. Es gibt nicht nur horizontale Dialektgegensätze, sondern sozusagen auch „vertikale": die Dialekte der (ursprünglich verkehrsabgelegenen) Hochtäler haben – wie Eberhard Kranzmayer schon 1962 im Überblick dargestellt hat – in Wortstruktur, Lautung und Wortschatz Eigenheiten bewahrt, die im übrigen bairisch-österreichischen Dialektraum durch sprachliche Neuerungen abgelöst worden sind.

6. In unserem Wörterbuch wird das in vielfacher Hinsicht bestätigt:

   – Es gibt unverkennbare Gemeinsamkeiten zwischen Osttirol und dem Südtiroler Osten (Pustertal).
   – Es gibt sehr viele Wortschatzübereinstimmungen zwischen Vinschgau und Passeiertal auf der einen und dem Oberinntal und/oder seinen Seitentälern auf der anderen Seite.
   – Auf beiden Seiten des Brenners ist in den Städten und in ihrem Umfeld mehr alter Wortschatz weggeschmolzen als auf dem Land und in den verkehrsoffenen, tiefer gelegenen Haupttälern mehr als in den Hochtälern. Anders gesagt: Auch im Wortschatz gibt es – wie in den Lautungen – zwischen allen Teilregionen unverkennbare Verschränkungen, wie sie für Varianten, die zueinander im Verhältnis der Familienähnlichkeit stehen, zu erwarten sind.

7. Aus diesem Grund geben wir in vielen Fällen im Wörterbuch auch geographische Hinweise, obwohl wir die Gefahr sehen, dass diese Hinweise falsch verstanden werden könnten. Nehmen wir das Beispiel

   Ribm, Ribe, die [aus roman. rúvina, róvina (= Mure), das als *ruwin ins Ahd. entlehnt und umgelautet wurde; steckt auch in typisch tirolischen Namen wie Rubner, Rofner, Raffeiner] (OT): *Schotterreise.*

   Hier findet sich nach der etymologischen Klärung des Worts in eckigen Klammern das Sigel OT, das für „Osttirol" steht (zu den geographischen Sigeln und Ortsangaben vgl. S. 519–520). Das ist zwar ein Wort, das es, wie der TSA belegt, nur in Osttirol gibt, der Großteil der geographischen Hinweise in unserem Wörterbuch bedeutet aber nur, dass das Wort von unseren Gewährspersonen für den angegebenen Raum (Ort, Tal, Region) als bekannt gemeldet wurde. Wenn also ein Ort/ Tal angegeben ist, kann nicht ausgeschlossen werden, dass das Wort auch in Nachbarorten/-tälern bekannt ist. Das gilt besonders für Stichwörter, die wir aus Wörterbüchern übernommen haben (also Pass. für das Passeiertal) und die unsere Gewährspersonen anderswo nicht kannten. In ähnlicher Weise sind wir auch mit den Meldungen in der oben erwähnten Datenbank des Nationalparks Hohe Tauern verfahren. Kurz: Unsere geographischen Angaben haben Hinweischarakter und dienen primär dazu, die Familienähnlichkeit der Tiroler Dialekte bewusst zu machen.

9. Fazit – Ausblick

Unsere Wortsammlung ist summa summarum die im Augenblick reichhaltigste Momentaufnahme dessen, was in Tirol an eigenständigen Dialektwörtern noch bekannt und in vielen Fällen noch im Gebrauch ist – zumindest dann, wenn Dialektsprecher unter sich sind. Diese Wörter haben sich in der Regel in Lautung und Bedeutung vor und neben dem standardsprachlichen Wortschatz entwickelt. Das heißt natürlich nicht, dass sie von diesem nicht da und dort beeinflusst wurden, das heißt aber sehr wohl, dass ihre Geschichte autochthon und vor und neben der der Standardsprache verlaufen ist (vgl. den Schluss von Abschnitt 4).

Das Verhältnis von Dialekt und Standardsprache hat sich in den letzten Generationen aber radikal verändert. Der erste Grund dafür ist die durch die Entwicklung der Massenmedien herbeigeführte Allgegenwart des Standards. Diese würde eine autochthone Weiterentwicklung von einzelnen Orts- oder Taldialekten von vornherein ausschließen. Dass diese Entwicklung im Bereich der Medien aber Hand in Hand geht mit anderen technologischen, kulturellen und sozio-ökonomischen Wandlungen, hat zumindest im Wortschatz noch viel tiefergehende Folgen. Die Technisierung der Land-, Vieh- und Forstwirtschaft etwa – am Anfang des 20. Jahrhunderts noch die Lebensgrundlage für den Großteil der Bevölkerung – hat hunderte von dialektalen Wortschatzelementen obsolet gemacht. Die Bezeichnungen für die Bestandteile eines alten Leiterwagens etwa sind verschwunden, weil sie nicht mehr gebraucht werden. Es gibt noch alte Bauern, die sich erinnern, dass der Achsnagel der alten Wagen *Luner* hieß, aber die meisten von ihnen können einen *Luner* im besten Fall aus einem Archivschrank in der Werkstatt holen, weil der dazugehörige Wagen zu viel Platz einnehmen würde. Was den Dialekt aber noch nachhaltiger beeinflusst, ist das Faktum, dass die Bezeichnungen für die neuen Technologien, für die dazu nötigen Werkzeuge und ihre Bestandteile, für einzelne Arbeitsschritte und Arbeitsvorgänge, für mögliche Störungen etc. so gut wie immer Lehnwörter aus der Standardsprache sind.

Und die angesprochenen Phänomene sind selbstredend nicht auf den Bereich der Technologie beschränkt, sondern durchziehen alle Lebensbereiche, die Hauswirtschaft ebenso wie das nur noch in Resten vorhandene Handwerk, das Warenangebot in allen Lebensbereichen ebenso wie die Freizeitaktivitäten, ganz zu schweigen vom politischen und kulturellen Leben. Natürlich haben sich durch diese Entwicklungen auch die Bereiche, in denen die Sprecher unmittelbare Erfahrung haben, verschoben (die Kenntnis von Pflanzen und Tieren des eigenen Biotops hat beispielsweise deutlich ab-, die der Dinosaurier und diverser exotischer Tiere hat zugenommen) – bis hin zur Erfahrung der Zeit, die nicht mehr – oder viel weniger als früher – vom Rhythmus der Jahreszeiten mit den dazugehörigen Arbeiten und Festen und dem kirchlichen Kalender geprägt ist. Insofern ist es ein Phänomen von tieferer Bedeutung, wenn die alten dialektspezifischen (und geschichtsträchtigen) Wochentagsnamen *Erchtåg* und *Pfinztåg* in den Städten bestenfalls als Erinnerungsformen (man weiß noch, dass es sie gegeben hat und nennt sie als Beispiele dafür, wie man „früher" gesprochen hat) vorhanden und auch auf dem Land schon meist von *Dianschtåg* und *Donnerståg* (oder *Donnaståg*, *Donnrschtog*) verdrängt worden sind.

All das wird auf lange Sicht dazu führen, dass sich die Eigenwüchsigkeit der Dialekte auf lexikalischer Ebene abschwächt und stärker als heute auf die lautliche Ebene verschiebt (wie man an den zitierten Beispielen ja deutlich sehen kann). Im Ganzen wird der Dialekt mehr und mehr eine Mischsprache werden, in der der Altdialekt das strukturelle Substrat bildet, das von der Standardsprache nicht nur, aber vor allem im Wortschatz überformt ist. Das wird allerdings eine langfristige Entwicklung sein und bedeutet ganz und gar nicht, dass der Dialekt gänzlich verschwinden wird. Er wird zweifellos ein eigenes Register in der Sprachkompetenz der Tiroler bleiben, das ganz selbstverständlich im privaten, entspannten, nichtformellen Umgang gewählt wird (und umgekehrt eine Situation als privat und nichtformell definiert).

Diese Entwicklung wird in Südtirol etwas anders und wohl auch langsamer verlaufen als im österreichischen Landesteil. Das hängt damit zusammen, dass dort der Dialekt – bedingt durch die jüngere Geschichte und das italienische Umfeld – viel stärker als Identitätsmerkmal empfunden wird als die Standardsprache. Im mündlichen Verkehr zwischen Landsleuten beschränken sich daher lexikalische Entlehnungen aus dem Standard tendenziell eher auf das unbedingt Nötige als im übrigen Tirol.

Demgegenüber wird die Zahl von Entlehnungen aus dem Italienischen natürlich zunehmen und an den Staatsgrenzen auch neue Wortgrenzen entstehen lassen. Aber genauso wenig, wie in den nächsten Generationen der Dialekt schlechthin verschwinden wird, wird das die gemeinsame dialektale Grundprägung der Landesteile in Frage stellen.

A

a¹ ⟨unbestimmter Art., alle drei Genera⟩: *ein, eine, ein:* a Bua (= ein Bub), a Diarn (= eine Magd), a Haus (= ein Haus) ❖ **an** [mit -n-Einschub, wenn das Substantiv mit einem Vokal beginnt (Hiat-Tilger); siehe auch an und ar]: an Ante (= eine Ente).

a², **an** ⟨Adv.⟩ [geht ebenfalls auf den unbestimmten Art. zurück]: *etwa:* a viere, fimfe (= etwa vier, fünf Uhr); an åcht Stuck (= etwa acht Stück).

a³ [Kurzform von af (= auf)]: *siehe auf.*

a⁴ [erster Bestandteil von Ortspräp. und Ortsadv.; wohl Partikelrest] (ST, OT): **an<u>au</u>fe** (= oben, hinauf); **av<u>o</u>re** (= davor, draußen); **ah<u>ia</u>ge** (= diesseits, hier); **an<u>i</u>dn** (= herunten); **aw<u>au</u>s** (= hinunter); **aw<u>e</u>ck** (= hinweg, fort).

<u>a</u>, <u>o</u> [verschliffenes mhd. ouch (= auch)]: **1.** *auch:* der is a då (= der ist auch da) **2.** *wirklich, allen Ernstes, ganz bestimmt:* der is a a Dolm (= er ist wirklich ein dummer Mensch).

å, **o** ⟨Adv.⟩ [mhd. ab, abe; die Lautform å ist als standardnähere und außerhalb Tirols weiter verbreitete Dialektform an die Spitze gestellt, obwohl in Tirol – außerhalb des östlichen Nordtirols – die o-Formen gelten; eine Ausnahme machen die Dialekte des Loisach- und des nördlichen Lechtals, die wie die benachbarten alemannischen Dialekte offenes a kennen]: **1.** *ab* ❖ **o und o** (ST): *von oben bis unten, den ganzen Weg hinunter* **2.** *abgebrochen:* der Steckn is å **3.** *gebrochen:* der Hax isch å.

å|a, å|er, å|i: *siehe åcher, åchn.*

åbi: *siehe åchi.*

-a, -era [aus ihrer, dem an die Verbform angehängten partitiven Gen. aller drei Genera] (Pust.): *ihrer, davon:* i kafera (= ich kaufe einige), i hånna (= ich habe welche davon); måggscha? mågschera? (= magst du welche?).

å-, o- als Präfix von Verben [vgl. auch o-]: *ab-:* **å|beckn** (= Verstecken spielen, wer vor dem suchenden Kind die Abklopfstelle erreicht, ruft å(ge)-beckt); **å|bedauern** (= bedauern, bereuen, einsehen); **si von wås nix å|beissn können** (= keinen Nutzen von etwas haben); **å|beitln** (= abbeuteln, abschütteln); **å|blitzn låssn** (= abweisen); **å|brennen** (= niederbrennen); **å|bussln** (= abküssen); **å|dienen, å|dien** (= mit Arbeit entgelten); **å|essn** (= einer Speise überdrüssig werden; jem. etwas wegessen); **å|dorrn, å|durrn** (= verdorren, dürr werden); **å|dran** (= drechseln, durch Drehen brechen); **å|faln** (= verfehlen, danebenschießen); **å|feala** (= das Fell abziehen) (Reutte); **å|fliagn** (= abhauen); **jemanden å|fårn låssn** (= jemanden abweisen); **å|fotzn** (= ohrfeigen); **å|gebm** (= weggeben;

ergiebig sein: des gip vil Hei å; sich abgeben); **sich å|geiln**(= beruhigen); **å|gfrettn** (= sich abmühen, siehe Gfrett); **å|gfriarn** (= abfrieren, einfrieren); **å|greggn**, **å|graggln** (= abmagern, zugrunde gehen, sterben); **å|gwinna** (= brauchtümliches Neujahrwünschen der Kinder, bei dem sie eine Münze bekommen) (Reutte); **å|heitln** (= die Haut abziehen); **å|kearn** (= Wasser ab- bzw. umleiten); **å|klaubm** (= von Sträuchern und Bäumen pflücken); **å|klockn** (= abklopfen: den Schnee von den Schuhen); **å|kochn** (= überbrühen); **å|kragln** (= den Hals umdrehen, umbringen); **å|kraln** (= abkratzen); **å|krischtlen**, **å|krischtln** (= abschwingen beim Schifahren); **å|luckn** (= abdecken, verschließen); **å|meggn** (= abstechen); **å|neidln** (= liebkosen; siehe neidln); **å|påschn**: (= sich aus dem Staub machen); **å|passn** (= auflauern); **å|peatern** (= zusammendrücken, stürmisch umarmen); **å|pelzn** (= Setzlinge von einer Pflanze nehmen); **å|pfitschn** (= abgleiten; entkommen); **å|plattln** (= sich schnell davon machen; siehe plattln); **å|plindern** (= abräumen, sich davon machen); **å|poassn** (= abschütteln); **å|raggern** (= sich abschinden); **å|reissn** (= in zwei Stücke reißen; beim Schifahren den Halteschwung machen); **å|saglen** (= absägen; auch metaphorisch); **å|schaugn** (= sich etwas abschauen, imitieren, übernehmen); **å|schiabm** (= abhauen); **å|schlogn** (= schlachten, totschlagen); **å|schmiarn** (= abschmieren; bestechen); **å|schreckn** (= z. B. mit kaltem Wasser, etwas abkühlen, temperieren; abschrecken); **å|schwenzn** (= Schmutz durch Begießen wegspülen); **å|schpeisn gen** (= zur Kommunion gehen); **å|schpen** (= ein Kalb entwöhnen); **å|schtråglen** (= abschinden, überanstrengen); **sich å|schtressn** (= sich Stress machen); **wårm å|trågn** (= ein Haus anzünden, verbunden mit Versicherungsbetrug); **å|treibm** (= die Milch entrahmen); **å|tschappiarn** (= abhauen, entkommen); **å|zågglen** (= abhauen); **å|ziachn** (= ausziehen, entkleiden, kastrieren, ein Messer schärfen) etc.

å-, o- als Präfix bei Substantiven und Adjektiven: Å|biss, der (= schädliches Abbeißen von Gras/Zweigen durch das Vieh, Verbiss); **Å|druck**, der [laut Schatz wohl vom Abdrücken des Gewehrs] ❖ **in leschtn Å|druck** (= im letzten Augenblick); **Å|fiarn** (= Durchfall, Diarrhöe); **Å|gång habm** (= Angst, Respekt haben); **å|gedrant**, **å|drat**, **å|giwischt** (= tückisch, schlau); **å|gschuntn** (= abgearbeitet); **å|lag** ⟨Adj.⟩ [vgl. onlag unter on-] (Ötzt.) (= leicht geneigt); **å|ritig** (= abschüssig); **Å|schraufer** der (= Wilderergewehr mit abschraubbarem Lauf) (Ehrwald); **Å|seite**, die (= Schattenseite) (Tuxert.); **Å|wurf**, der [eigentlich: Abwurf; Substantivierung zu abwerfen] (= abgeworfenes Hirschgeweih).

A, Ob, Öiwe, die [ahd. au, Plural: ewi; die Pluralform zeigt, dass im Ahd. das auslautende -u einem -w entsprochen hat; vgl. Eb] (NT): *weibliches Schaf.*

abig ⟨Adj.⟩ [wie awich, siehe dort, Ableitung von ab-] (La.): *schlecht, zuwider.*
Ach-: *siehe Oach-.*
Ach: *siehe Årsch.*
Achal|kraut, Gåchal, das [eigentlich: Achillenkraut; der Gattungsname Achillea geht auf Achilles, den Helden des Trojanischen Krieges zurück, der die Pflanze als Droge entdeckt und zur Wundheilung verwendet haben soll (Ilias, 11. Gesang, Vers 822 ff.)]: *Gemeine Schafgarbe (Achillea millefolium).*
å|cha, å|cher, å|a, å|wa, o|cher, o|ar-, o|er, or ⟨Adv.⟩ [ein dialektales ab + her, wo standarddt. her + ab steht, wobei die Bewegungsrichtung zum Sprecher hin und abwärts ist; im Vinschgau steht daneben auch oi, da zwischen abher und abhin (siehe dort) nicht unterschieden wird]: *herunter.*
åcha-, åcher-, åa-, åwa-, ocher-, o|ar- als Präfix bei Verben: åcha|fålln, åcha|fliagn, åcha|kuglen (= herunterfallen); **o|a|glanggern, åcher| glenggern** (= lose herunterhängen); **o|a|schneidn** (= herunterschneiden ❖ **o|argschnitn die Muater:** der Mutter aus dem Gesicht geschnitten; **ocher|hången** (= herunterhängen); **oana ocher|messn** (= eine Ohrfeige geben); **ocher|tian** (= heruntergeben, z. B. den Hut; entfernen, z. B. das Haar); **åcha|treibm** (= heruntertreiben; Milch mit der Zentrifuge entrahmen) etc.
åcha|werts, åcha|weaschts, or|werts, oa|werts ⟨Adv.⟩ [sieche åcha]: *auf dem Weg herunter, herunterwärts.*
Ache, die; Plural: Achn [mhd. ähe (= Feldmaß, ca. 120 Fuß im Quadrat)]: *etwa 2.000 m² Ackerfläche.*
Acher, der: *siehe Oacher.*
Acher, Achant: *siehe Ahorn.*
åchetzn, åchatzn, ochitzn, ochelen ⟨hat⟩ [aus dem Wehlaut ach mit dem Suffix -atzen, -etzen, -itzen, siehe dort] (veraltet): *ächzen, stöhnen.*
achl, achle ⟨Adj.⟩ [abgeleitet vom Wehlaut ach] (ST): *schwächlich.*
åchi, å|i, åichi, åwi, oichi, ochn, ogn, o|i, oidn, obi ⟨Adv.⟩ [ab + hin; siehe åcha]: *hinunter:* **åchi (ochn) welln** (= hinuntergehen wollen): „Der Summer is aus, i muaß åbi ins Tål. / Pfiat di Gott, mei liabe Ålma, pfiat di Gott tausend Mål!" (Aus dem Lied „Der Summer is aus"; SsÖ. 86–87).
åchi etc. als Präfix bei Verben: åchi|fliagn (= hinunterfallen); **åchi|hengen** (= herunterhängen); **åchi|kemmen** (= hinunterkommen, hinuntergelangen); **ochn|låssn** (= hinunterlassen, hinuntergehen lassen); **ochn|bringen** (= hinunterbringen; schlucken können, essen können); **oi|plumpsn** (= mit einem Plumps fallen); **åchi|schlintn** (= hinunterschlucken); **åchi|schoppn** (= gierig essen); **åchi|schwenzn** (= hinunterspülen); **ochn|singen** (= den Bass singen).

ạchi|begln, ọi|begIen ⟨hat⟩ [zu bügeln; laut Kluge-Seebold vermutlich ursprünglich: mit einem heißen Eisen Rundkrägen biegen, also einen Bügel machen]: **1.** *hinunterbügeln* **2.** *klein machen* **3.** *demütigen.*

Ạch|katzl: *siehe Oachkatzl.*

Ạcht, Ạchte, Ạcht(e), die [mit und ohne Sekundärumlaut zu mhd. acht, Substantivableitung von mhd. achten]: **1.** *das Achten* ❖ **etwas (in) Acht haben:** *auf etwas Acht geben* ❖ **Achte gebm:** *Aufmerksamkeit schenken* ❖ **koan Achte geben** (ST): *nicht beachten* **2.** *Kenntnis* ❖ **Acht(e) wissen:** *Bescheid wissen, sich auskennen* **3.** (OT) *Richtung* ❖ **in der Acht:** *in dieser Richtung.*

Ạchter, Ạchta, der [Zahlsubstantiv wie Einser, Zweier etc.]: **1.** *Ziffer acht* **2.** (auch süddeutsch und österreichisch): *verbogenes Rad am Fahrrad.*

ạchtn ⟨hat⟩ ❖ **etwas nicht ạchtn:** *von etwas nicht Notiz nehmen.*

Ạch|zeit, die [eigentlich: Arbeitszeit] (Wildschönau): **1.** *Zeit zwischen Frühstück und Neun-Uhr-Pause* **2.** *kurz andauernde, unangenehme Zeit (während eines Schneesturms, eines Regengusses etc.).*

Ạckerẹi, die [zu åckern, siehe dort]: *mühselige Arbeit.*

Ạcker|gschuich, das [2. Bestandteil: Kollektivbildung zu mhd. schiuhen (= verscheuchen)] (Pass.): *Vogelscheuche.*

Ạcker|hottl, Ạcker|tåttl, die [Acker als Bestimmungswort für abwertende Grundwörter wie Hottl (= Lumpen, Fetzen; auch unordentliche Frau) und Tåttl (= Fuß, Huf)] (Deutschn.): *Erdkröte (Bufo bufo);* Froschlurch aus der Gattung der Echten Kröten innerhalb der Familie der Kröten *(Bufonidae).*

Ạcker|trota, die [vgl. Tråte] (Eisack): *Weidegrund, der vorher Acker war.*

ạckern ⟨hat⟩ [eigentlich: mit dem Pflug bearbeiten]: *viel und mühselig arbeiten.*

Ạ|da|bei, der [aus dialektal a dabei (= auch dabei)] (auch bairisch-österreichisch): *jemand, der überall dabei sein will.*

Ạdams|putz, der [2. Bestandteil: Putz (= Kerngehäuse eines Apfels), mhd. butze (= Kobold); nach einem alten Volksglauben sitzt im Inneren von Früchten ein Kobold (aber: siehe Butzen); das Kompositum Adamsputz geht von der Vorstellung aus, dass dem biblischen Adam das Kerngehäuse des von Eva dargereichten Apfels in der Kehle stecken blieb] (ST): *Adamsapfel (Prominentia laryngea);* bezeichnet den bei Männern hervorspringenden Abschnitt des Schildknorpels *(Cartilago thyroidea)* des Kehlkopfes.

a|diạm: *siehe atia(m).*

ạ|drat, ọ|ge|drạnt ⟨Adj.⟩ [eigentlich: abgedreht; laut Jakob Ebner aus der Sprache der Tischler: auf der Drehbank geglättet]: *durchtrieben, raffiniert.*

å(e)|chi, å|i: *siehe oi.*
af: *siehe auf.*
å|fa(d)nig ⟨Adj.⟩ [aus ab- + Faden] (OI): **1.** *widerspenstig, lästig, widrig* **2.** *langweilig* **3.** (Zillt.) *geschmacklos (in Kleidung und Benehmen).*
af|e|nuis, af|e|nois ⟨Adv.⟩ [verschliffen: auf ein Neues] (ST, OI): *wieder, noch einmal.*
af|en|oart ⟨Adv.⟩ [eigentlich: auf einem Ort]: *irgendwo.*
Afer, das; Plural: Afer [bei Schatz Femininum: die Afa; Herkunft unklar] (Pass.): *oberer Ackerrand.*
Affare [aus ital. affare (= Geschäft, Angelegenheit)] (ST): **des isch an Affare** (= ein lohnendes Geschäft).
Affikat, Affakat, Awokat, der; auch: **Efikat,** der [eigentlich: Advokat, zu lat. advocare (= herbeirufen)] (ST): **1.** *Rechtsanwalt* **2.** *Rechtsverdreher* **3.** *Gschaftlhuber* **4.** *rechthaberische Person.*
Affision, Affissiun, die [aus ital. affezione (= Wohlwollen, Zuneigung)] (ST): **1.** *Begeisterung* **2.** *Ambition* **3.** (Pass.) *Kriegsbegeisterung, Fanatismus.*
Affn|gfriß, das [1. Bestandteil: Affe; 2. Bestandteil: eigentlich: Gefrieß; zu fressen, dieses zu ahd. frezzan, eine Verschmelzung aus dem Präfix ver- und essen; erst im Mittelalter differenziert in essen (bei Menschen) und fressen (bei Tieren)] (ST) (derb und abwertend): **1.** *(hässliches) Affengesicht* **2.** *elender Kerl.*
Åfl, Ofl(e), Åfü, der [mhd. afel (= eiternde Materie in Geschwüren; entzündete Stelle überhaupt)]: *Eiter.*
aflig ⟨Adj.⟩ [umlautend zu Åfl, siehe dort]: *eitrig.*
åfln, ofl(e)n, afün, ⟨hat⟩ [zu Åfl, siehe dort]: *eitern, Eiter absondern.*
a|fore, a|foure ⟨Adv.⟩ [zu vor]: **1.** *draußen* **2.** *heraußen.*
afs Jor [eigentlich: auf das Jahr]: *nächstes Jahr.*
åft, åfter(n), dråfter ⟨Adv.⟩ [zu mhd. und ahd. after (= dahinter, danach, hinten); verwandt mit engl. after; später hat sich daraus das Substantiv After (= Darmausgang) entwickelt] (auch bairisch): *dann, nachher:* „Tret ma åft ins neie Jåhr, / schick viel Flåchs und Schaflhåår, / Woad und Troad soll guat gedeihn / und viel Hennei in der Steign ..." ist der Beginn eines Volksliedes von Tobi Reiser, der angab, das Lied 1923 im Pongau aufgezeichnet zu haben.
åfter ⟨Präp.⟩ [siehe åft] (ST) (auch bairisch-österreichisch): *nach* ❖ **åfter Kirchn:** *gleich nach der Messe.*
Åfter- als 1. Bestandteil eines Kompositums [vgl. åft]: **Åfter|leder,** das (Pass., Alp.): *Leder zwischen Sensenstiel und Hammer.*
Åfter|mantig, der [siehe åft, also der Tag nach dem Montag] (AF): *Dienstag.* Mit der Bedeutung danach/dahinter geht oft einher, dass es sich um eine minderwertige Variante einer Sache handelt: **Åfter|gwånd:**

Ersatzgewand, **After|grųmmet:** *dritte Mahd* (meist nur noch im Weidebetrieb verwertet), **After|mǫscht:** *der zweite (schlechte) aus dem Trebernstock gepresste Most.*
åfter|mįttog ⟨Adv.⟩ [1. Bestandteil: siehe åft] (ST, OI): *nachmittags.*
Ạftra, das [åfter + Kollektivsuffix -ach (dient als Sammelbezeichnung, ähnlich wie -schaft)] (Deutschn.): *Unkrautsamen, die beim Dreschen abfallen.*
ạ|garbt ⟨Adj.⟩ [zu mhd. garwen, gerwen (= fertig, d. h. gar machen), das auch im Wort Gerber steckt] (OI): *abgenützt, abgewetzt (die Kleidung).*
Ạge, Ạgn: *siehe Ognen.*
Ạgerschte, die [mhd. agelster (= Elster), ahd. agalstra, weitere Herkunft unklar] (Pust.): *Elster (Pica pica);* Vogelart aus der Familie der Rabenvögel.
ạ|girịbm, ạ|gribn ⟨Adj.⟩ [vgl. ågiridn, das irrtümlich statt zu drehen zu reiben gestellt wurde]: *raffiniert.*
ạ|girịdn ⟨Adj.⟩ [eigentlich: fertig gedreht, fertig gedrechselt (auf der Drehbank); präfigiertes Partizip Perfekt von mhd. rīden (= drehen, wenden), vgl. **ạ|drat** umgangssprachlich abgedreht mit ähnlicher Bedeutung] (Pust.): **1.** *durchtrieben, raffiniert, verschmitzt* **2.** *gewendet.*
Agl, der [kurz für Bluitagl] (Pust.): *Blutegel;* der bekannteste Vertreter ist der Medizinische Blutegel *(Hirudo medicinalis).*
aglat ⟨Adj.⟩ [Adjektiv zu Auge] (UI): *Ränder um die Augen habend.*
agn: *siehe oagn.*
Ạgn, Ạg(e), Ǫgn(en), Ạngen, Enga, die (meist Plural) [mhd. agene, agen (= Spreu), zu ahd. agana (= Spreu)]: **1.** *Spreu, Abfall beim Brecheln* **2.** *Koniferennadeln.*
Agn|kraler, der [1. Bestandteil: zu Agn, siehe dort; 2. Bestandteil: mhd. kröüwel, kröül (= Kräuel, Gabel mit Zinken)] (ST): *rechenartiges Werkzeug für Baumnadeln.*
Agrit, Agra, der [mhd. egerde, egerte (= eingezäuntes Brachland, Weideland)] (Pass.): *Kosten für die Sömmerung eines Tieres auf der Alm.*
Ạ|gschmȧch, der (Zillt.): *Mensch mit süßlichem Getue.*
a|hia(ge) ⟨Adv.⟩ [siehe a-] (ST, OT): *herüben, diesseits, auf dieser Seite.*
a|hịnnin, a|hịnne ⟨Adv.⟩ (ST, OT): *herinnen.*
a|hǫbm, ar|ǫbm ⟨Adv.⟩ (ST, OT): *heroben.*
Ạhorn, Ạcher, Ạchant, Ǫcher, der, **Ạhale,** das [mhd. ahorn] (ST): *Ahorn.*
ạ|i: *siehe ochn.*
ạichi|toan ⟨hat⟩ [eigentlich: hinuntertun; siehe oidntian] (UI): *erniedrigen.*

aia ⟨Adv.⟩ [siehe auch ojo] (ST, OT): **1.** *vielleicht* **2.** *vielleicht schon, vielleicht nicht* **3.** (La.) *schwaches Nein* **4.** *wohlmeinende Bestätigung:* Hoffentlich kimp kuen Regn! – Aia! (= Hoffentlich kommt kein Regen! – Ja, hoffentlich nicht!).

A̱icht, die: *siehe Eicht.*

A̱|klockn, das [mhd. klocken (= klopfen), also abklopfen]: *Kinderspiel, mit Hölzern wird ein A geformt, einer zählt, bis alle versteckt sind, sucht sie, die anderen zerstören das A.*

akra̱t, akra̱tt ⟨Adj.⟩ [wie standarddt. akkurat zu lat. accuratus (= sorgfältig), zu lat. accurare (= mit Sorgfalt tun), zu lat. curare (= kurieren)]: **1.** *sorgfältig, ordentlich, genau:* ein akrater Mensch **2.** ⟨Adv.⟩ *gerade, ausgerechnet:* muaß des akratt iatz sein?

A̱lbe, die: *siehe Ålm.*

A̱lber, die [mhd. alber, ahd. albari, über das Romanische aus lat. populus albus (= Weißpappel)] (ST): *Pappel.*

a̱lbm ⟨hat⟩ [Herkunft unklar] (ST, OI): *ins Rundholz eine Kerbe schlagen (zur besseren Auflage auf Wägen oder Schlitten).*

A̱le: *siehe Nole.*

A̱lgschne, A̱lzele, die [wie standardsprachlich Erle auf ein germ. alizo zurückgehend; in Teilen Österreichs Ölexen, Elexen, Ösn etc.] (OI): *Elsen, Beeren der gewöhnlichen Traubenkirsche (Prunus padus), sie wird auch Ahlkirsche oder Sumpfkirsche genannt.*

alla|wu̱sera ⟨Adv.⟩ [witzige Anspielung auf Wuserer und wuseln, siehe dort]: **1.** *geschwind:* heut geats allawusera mit der Arbeit **2.** *vorwärts!*

a̱lle Bi̱tt|fir|uns [= bei jedem „Bitte für uns (Sünder)!" in der Allerheiligenlitanei]: **1.** *oft* **2.** *immer wieder* **3.** *in (zu) kurzen Abständen.*

a̱lle|po̱t a̱lle|bo̱t, a̱ll|gebo̱t, a̱lle|pu̱t ⟨Adv.⟩ [2. Bestandteil: zu Gebot bzw. Pout (= Angebot zum Kauf)]: *immer wieder einmal, ab und zu.*

a̱ll|weil, a̱i|wei, a̱lle|weil, a̱ller|weil, a̱lm ⟨Adv.⟩ [1. Bestandteil: all(er)dient vor Substantiven, Adjektiven, Adverbien als Verstärkung; 2. Bestandteil: mhd. wīl(e), ahd. (h)wīla (= Zeit; eigentlich: Ruhe, Rast, Pause)]: *immer, stets, wiederholt.*

A̱lm, A̱lb(e), A̱em, A̱lpa, die [mhd. alben, gebeugte Form von mhd. albe, ahd. alba aus einem vorindogerm. Wort mit der Bedeutung Berg, auf das auch der Name der Alpen zurückgeht] (auch süddeutsch und österreichisch): *der sommerlichen Weidenutzung dienende Wiese im Gebirge, Hochweide.*

a̱lm, a̱lbm, a̱em ⟨Adv.⟩ [verschliffen aus mhd. al + mal]: *immer.*

A̱lm|a̱b|trib, A̱lm|auf|trib, der: *Heruntertreiben des Viehs von der Alm im Herbst bzw. Hinauftreiben auf die Almen im Frühsommer.*

a̱lmen, a̱emen, a̱lpm ⟨hat⟩ [siehe Ålm]: *(Vieh) auf der Alm halten, eine Alm bewirtschaften.*

Ålmer(er), Åemer(er), der [siehe Ålm]: **1.** *Senner, Almhirt* **2.** *alter Berggeist.*

Ålmerle, das; Plural: Ålmerlen (Mals): *Seidelbast (Daphne).*

Ålm|kritsige, die [2. Bestandteil: Herkunft unklar] (ST): *Almordnung, Almrecht.*

Ålm|o|fårscht, die; Plural: Ålmofårschtn [eigentlich: Almabfahrt] (Pf.): *Almabtrieb.*

Ålm|rausch, Åem|rausch, der [2. Bestandteil: wohl zu lat. ruscus (= Mäusedorn)] (auch süddeutsch und österreichisch): *bewimperte Alpenrose (Rhododendron hirsutum).*

Ålm|rosn, Ålm|roasn, Åem|ruasn, die; Verkl. (selten) **Ålmre(a)sal,** das [siehe Ålmrausch] (auch süddeutsch und österreichisch): *bewimperte Alpenrose (Rhododendron hirsutum);* „In die Berg bin i gern, und då gfreit si mei Gmiat, / wo die Ålmröserln wåchsn und der Enzian blüaht ..." ist der Beginn eines der beliebtesten Volkslieder im Alpenraum.

ålpm ⟨hat⟩ [siehe Ålpe] (NT, OT): *(Vieh) auf der Alpe halten.*

åls|a, åes|a, åls|i, ås|a ⟨Präp.⟩ [der auslautende Vokal ist der Rest eines unbestimmten Art.; besonders vor Partizip und Adjektiv] (Sa.): *als ein:* ålsa Junger (= als junger Mensch); ålsi Brinniter (= als Brennender); ålsi Toater (= als Toter); åesa Gånzer (= in einem Stück; alles).

Ålschter, die [mhd. alster (= Elster), ahd. agalstra, weitere Herkunft unklar] (Pust.): *Elster (Pica pica),* eine Vogelart aus der Familie der Rabenvögel.

ålspa, ålsumar ⟨Adv.⟩ (Zillt.) [mhd. alswā (= anderswo); im Ahd. Verschleifung des Gen. von alles (= anders) mit wara (= wo)]: *auswärts, in der Fremde.*

ålt ⟨Part.⟩ [wie standarddt. halt zu ahd. halt (= mehr, vielmehr), Komparativ zu ahd. halto (= sehr)] (ST): *eben, halt.*

Ålt<u>a</u>ne, der [aus ital. altana, zu lat. alto (= hoch)] (ST): *vom Erdboden aus gestützter balkonartiger Anbau, Söller.*

ålt|båchn ⟨Adj.⟩ [eigentlich: altbacken]: *altmodisch, veraltet, überholt.*

åltelen ⟨hat⟩ [Verbalbildung zu alt]: **1.** *modrig riechen* **2.** *Spuren des Alters zeigen.*

Åltertum, das: *alter Gegenstand.*

Åltertum|handler, der [1. Bestandteil: siehe Åltertum]: Antiquar.

Ålt|fåltsch, der [Schatz erwägt einen Anschluss an fahl, dialektal fålch, das in anderen Dialekten auch die Bedeutung gelb angenommen hat] (Pass.): *das vom Vorjahr stehengebliebene Gras in den Mähdern.*

ålt|franggisch, ået|franggerisch ⟨Adj.⟩ [altfränkisch; laut Grimm sowohl im guten Sinne altväterisch als auch für veraltet, den Forderungen der Gegenwart nicht entsprechend; gemeint ist altertümlich nach Weise der fränkischen Vorfahren; eine Maske mit Allongeperücke im Schemenlaufen heißt Åltfrank]: *altmodisch, veraltet, überholt.*

ålt|g|waschn, ålt|gi|wascht ⟨Adj.⟩ [eigentlich: altgewaschen (= vor langer Zeit gewaschen, nicht mehr frisch gewaschen)] (ST, OI): *schmutzig.*

ålt|vatt(e)risch, ået|vadrisch ⟨Adj.⟩ [zu Altvater (= Vorfahr, Patriarch; in Tirol früher auch: Brautvater bei einer Hochzeit); gemeindeutsch: altväterisch; die ironische Bedeutung ist laut Kluge von Anfang an häufiger als die eigentliche Bedeutung (nämlich altehrwürdig)]: *altmodisch, rückständig.*

ålt|weltrisch, ålt|weltisch ⟨Adj.⟩: *altmodisch.*

Alze, die [ital. alzo (= Stück Leder, das den Schuh ausfüllt; siehe auch Eitzei] (OT, Alp.): *Lederauflage auf dem Schuhleisten.*

Åmassn, Oumoasn, Umissn, die (Plural): *Ameisen.*

ameart, amea, am-, anearscht, ameadn ⟨Adv.⟩ [eigentlich: am ersten; mhd. erst ist der Superlativ zu ē, ēr (= früher, vormals, eher)]: **1.** *früher, in früheren Zeiten:* ameart hatts des nit gebm (= früher hätte es das nicht gegeben) **2.** *zuvor:* geh lei, åber ameart weart zåmmputzt (= geh nur, aber zuvor wird geputzt) **3.** *ohnehin, auf jeden Fall:* do falt ameart a Haufn (= da fehlt sowieso schon eine Menge): „Mei Schåtz håt ma aufgsågt (sich losgesagt) mit Herz und mit Mund / und i hån an vergessn in drei Viertlstund ... / Um an Buabn trauern, sell fållt ma nöt ein, / weil ålle Tåg ihre wern und ameart so viel sein"; aus: „Mei Schåtz håt ma aufgsågt", um 1900 im Eisacktal, Südtirol, verbreitet, überliefert durch den legendären blinden Sänger Heinrich Mulser aus Kastelruth, SsÖ, S. 244.

ament ⟨Adv.⟩ [eigentlich: am Ende]: *womöglich, wahrscheinlich.*

Åmer, Omer, der [ahd. amarōn (= ersehnen); verwandt mit Jammer] (OI): *Verlangen, Schmerz.*

amerkola ⟨Interj.⟩ [Herkunft unklar] (Bozner U-Land): *kommt nicht in Frage! hab' mich gern! was sonst noch! (abweisende Antwort).*

a|migl ⟨Adv.⟩ [eigentlich: ein + möglich]: **1.** (Pass.) *schwer, schwerlich, kaum* **2.** (NT) *kraftlos, leicht ermüdet.*

Amperell, Åmprö, Ombrelle, Emerelle, Umrelle, Morelle, der oder die [aus ital. ombrello, zu spätlat. umbrella (= kleiner Schatten); vgl. engl. umbrella (= Regenschirm); das Wort hat in Tirol die Bedeutung Regenschirm, in seinem Herkunftsland Italien die Bedeutung Sonnenschirm] (nicht in Gebrauch, aber als Erinnerungsform noch verbreitet): *Regenschirm.*

Åmplåtze, die [ahd. amblaza, spätlat. amblacium] (ST): *Lederverbindung zwischen Joch und Deichsel.*

Åmse, Åmitze: *siehe Anze.*

an[1] ⟨bestimmter Art., Dat./Akk.⟩: *siehe in.*

an² ⟨unbestimmter Art., Dat.⟩ [siehe a¹]: *einem:* i gib's an Bauern.
an, an-: *siehe oan.*
ån, ån-, å-: *siehe on, on-, un-.*
Ån-: *siehe On-.*
Ånder, Åndal, Ånal, der [Mundartform des männlichen Vornamens; aus altgriech. andreia (= Tapferkeit, Tüchtigkeit, Mannhaftigkeit) bzw. andreios (= mannhaft, tapfer, tüchtig)]: *Andreas.*
ånderter, der ånderte [mhd. und ahd. ander (= zweiter); hier ist die alte Bedeutung von ander erhalten; vgl. anderthalb]: *jeder zweite:* die Henne legt lei zin ånderten Tog.
åndert|hålb, ånder|hålb ⟨Adv.⟩ [1. Bestandteil: aus mhd. und ahd. ander (= zweiter)]: *eineinhalb.*
Andl, Anle, Nadl, Nala, Nandl etc., das oder die [Verkleinerung zu Ahn, dieses zu mhd. an(e), aus ahd. ano, ursprünglich ein Lallwort der Kindersprache für ältere Personen aus der Umgebung des Kindes; das d zwischen n und l ist ein Sprosskonsonant zur Erleichterung der Aussprache (wie in Dirndl)]: *Großmutter.*
an(d)le, anla ⟨Adj.⟩ [mhd. anelich (= ähnlich); 1. Wortteil = an, nahe dabei; 2. Wortteil zu zu germ. *leika = Gestalt]: **1.** *ähnlich* **2.** (OT) *fein, nett, lustig.*
Åndlis-: *siehe Åntlas.*
ane wern [1. Bestandteil: wie mhd. ænig (= los, ledig), daher die a-Lautung; vom gleichbedeutenden mhd. Adverb āne abgeleitet; 2. Bestandteil: werden] (Pass., Vin.): *(etwas) loswerden:* s Geld wersch schnell ane.
anearscht: *siehe ameart.*
aneichtl ⟨Adv.⟩ [schwachtoniges ein + Diminutiv von mhd. ūhte (= Morgendämmerung; Platz, an dem das Vieh in der Nacht gehalten wird), ahd. ūhta; *aüchtl = kleines Plätzchen] (ST): *ein wenig, ein bisschen.*
anettla, anettline, anettligi, anettleni ⟨Indefinitpron. und unbestimmtes Zahlwort⟩ [schwachtoniges ein + mhd. etelēch (= etlich)]: *einige.*
Åne|wånt, Qne|wånt, die, **Åne|wånter, Åne|wånt,** der [1. Bestandteil: anhin; 2. Bestandteil: zu wenden, mhd. anwant, anewande (= Grenze, Grenzstreifen, Acker, Ackerbeet; ahd. anawanto (= Wendung); 1. Bestandteil: anhin, 2. Bestandteil: zu wenden]: **1.** *Ackergrenze, Ackerrand* **2.** *Streifen zum Umdrehen am Ackerende.*
angaling, galing, ingaling, dergaligscht, angalschn, galig ⟨Adv.⟩ [schwachtoniges ein + -ling-Ableitung von gach (= jählings), siehe auch dort]: **1.** *mit der Zeit:* nácha is angaling finschta worn **2.** *womöglich:* angaling håt er sich verlaffn.
Angilåtti, Angalotti, der [eigentlich: Anguilotti; zu ital. und lat. anguilla (= Aal); Diminutiv von anguis (= Schlange)]: *haltbar gemachter Aal (geräuchert, mariniert oder sauer eingelegt).*

Ångl, Gångl, die [Herkunft wie Angel (= Gerät zum Fischfang), aber auf eine alte Bedeutung des Wortes zurückgreifend; mhd. angel, ahd. angul, zu ahd. ango (= Haken; eigentlich: der Gekrümmte, Gebogene)]: **1.** *Türangel* **2.** *Stachel der Wespen, Bienen, Hornissen.*
Ången: *siehe Ågn.*
ångl ⟨Adv.⟩ [mhd. ange, vgl. eng] (NT): *knapp* ❖ **ångl gehn:** *sich knapp ausgehen.*
Ångleg: *siehe Ongelege.*
ångln, gångln ⟨hat⟩ [siehe Ångl]: *stechen (von Wespen, Bienen, Hornissen).*
ån|hn, ån|nin, ån|ni, ou|ni ⟨Adv.⟩ [an + hin; eigentlich: ein dialektales anhin, wo standarddt. hinan steht, wobei die Bewegungsrichtung vom Sprecher weg und hinauf ist; in der Mundart ist nur noch die Bewegungsrichtung vom Sprecher weg entscheidend]: *hinüber.*
ånhn|werts, ånni|werts ⟨Adv.⟩ [anhin + wärts]: *nach drüben.*
aniader, aniadere, aniaders ⟨Pron.⟩ [ein + mhd. ieweder, entstanden aus der Verschmelzung von ahd. io und (h)wedar (= wer auch immer)]: *jeder, jede, jedes.*
a|nidn ⟨Adv.⟩ [siehe a⁴]: *herunten.*
Ån|keare, die [zu kearn (= wenden); siehe Ånewånt] (OT): *Ackerrandstück zum Wenden des Pflugs.*
ån|lassig ⟨Adj.⟩ [mhd. an(e)lāʒ (= Ort, von dem ein Rennen ausgeht); später: Anfang, dann Ursache, seit dem 19. Jh. auch Ereignis]: *(sexuell) zudringlich.*
an|orscht ⟨Adv.⟩: *irgendwo, siehe Ort.*
ån|sechn, un|sechn, ån|segn ⟨hat⟩: **1.** *schade erscheinen* **2.** (UI) *reizen, gut gefallen* **3.** (OT) *verdrießen.*
ånte, ånt [mhd. ant (= schmerzlich, unleidlich), ahd. antōn (= beklagen, tadeln)] (ST, OT): **1.** *übel, schmerzhaft:* ånte tian (= leidtun oder schmerzhaft wirken) **2.** *anders* **3.** *unsicher* **4.** *unheimlich:* ånte wearn (= unheimlich werden).
Ånt(e), Åntn, die [mit Sekundärumlaut zu mhd. ant]: *Ente;* die Familie der Entenvögel *(Anatidae)* ist die artenreichste aus der Ordnung der Gänsevögel *(Anseriformes).*
anterisch: *siehe entrisch.*
åntern, åntrn, entån, häufig: **nåch|antern, aus|antern:** ⟨hat⟩ [mhd. antern, entern (= nachahmen); ahd. ant(e)rōn (= nachahmen, wiedergeben)]: **1.** *nachäffen, verspotten* **2.** (Sa.) *grinsen.*
Antifi, der: *siehe Entifi.*
Ånt|las, der [gleichbedeutend mit Ablass; Fronleichnam wurde großer oder langer Antlas genannt, weil er in der früheren Betrachtung eine ganze Woche dauerte]: *Fronleichnam.*

ạntn ⟨hat⟩ [zu ånte, ånt] (ST, OI): **1.** *etwas als schmerzlich oder traurig empfinden* **2.** *Heimweh haben.*

antọmart, antọmacht ⟨Adv.⟩ [Entstehung wie bei atiam, vgl. dort; 2. Element möglicherweise aus erst] (OT): *inzwischen.*

ạntrisch: *siehe entrisch.*

Ạnz|bam, der [1. Bestandteil: zu Anze; siehe dort]: *Baum an beiden Längsseiten einer Brücke.*

Ạnze, Ạnz(n), Ạtze, Ạmse, Ạmitze, die, **Ạtz|gåtter,** das [aus. tschech. ojnica (= Gabeldeichsel)]: *Doppeldeichsel.*

ạnzln ⟨hat⟩ [Herkunft unklar] (OT, OI): *ärgern, necken.*

ạnzi ⟨Part.⟩ [ital. gleichbedeutend anzi] (ST): *besser noch, im Gegenteil:* anzi, sell isch mir no liaber.

ạnzn ⟨hat⟩ [vielleicht zu Anze; Schatz nennt als Grundbedeutung: schwer arbeiten] (Pf.): **1.** *herumprobieren* **2.** *sich schwer tun* **3.** *trödeln.*

Ạnz|riam, der [1. Bestandteil: siehe Anze; 2. Bestandteil: Riemen]: *Einspannriemen an der Deichsel.*

Ạnz|scheit, das; Plural: Anzscheiter [1. Bestandteil: siehe Anze; 2. Bestandteil: mhd. schīt, ahd. scīt, eigentlich: Gespaltenes, Abgetrenntes; ablautend zu scheiden]: *beidseitig mit Eisen beschlagenes Holz.*

Ạper, die [Ableitung von aper]: *schneefreier Boden, Schneelosigkeit.*

ạper, ạ̊per, ọper, ạwa ⟨Adj.⟩ [mhd. āber, ahd. āber, eigentlich: nicht (Schnee) tragend; verlockend, aber laut Kluge lautlich schwer vergleichbar ist lat. apricus (= offen, sonnenbeschienen)] (auch süddeutsch, österreichisch und schweizerisch): *ganz oder größtenteils schneefrei.*

ạpern, ọpern, ạwan ⟨hat⟩ [auch die a- Form (mit Sekundärumlaut) zu aper; siehe dort]: *tauen.*

Ạpern, Ạpoho, die (Plural), **Augn|ạper,** die [Verschleifung von mhd. ougebrā, ougebrāwen (= Augenbrauen)] (ST): *Augenbrauen.*

Ạper|schnålzn, das [1. Wortteil zu aper, 2. Wortteil: mit der Peitsche schnalzen] (NT): *Volksbrauch des Winteraustreibens.*

Ạpfåltern, die (Plural) [früher im Singular auch Apfelbaum; aus Apfel und einem Suffix -ter, das aus einem germ. Wort für Holz, Baum entstanden ist, vgl. engl. tree] (Pust.): *Stauden mit apfelartigen Früchten.*

Apọschtl, der [eigentlich: einer aus dem Kreis der zwölf Jünger Jesu, mhd. apostel, zu griech. apostellin (= als Gesandten wegschicken); zusätzliche Bedeutung in Tirol] (ST, OI): *großes Ding:* da sein a por Stuane oer, woltene Aposchtl (= da sind ein paar Steine heruntergefallen, richtig große Trümmer).

Apọschtl|brockn, der (Pass.): *großes Stück (Nahrung).*

Apriko in der Wendung **wenns aufs Apriko kimmt** (ST) [Herkunft unklar]: *wenns darauf ankommt, letzten Endes.*

Ar-: *siehe Oar-.*
ar ⟨unbestimmter Art., Dat., fem.⟩: *einer:* i gib's Hei ar Goaß (= ich gib das Heu einer Ziege).
ȧ|ranggisch ⟨Adj.⟩ (Pass., OI) [mhd. ranc (= Ringen, schnelle Wendung)]: *verkehrt, ins Üble gewendet.*
arȧrisch ⟨Adj.⟩ [eher Erinnerungsform; eigentlich: ärarisch; zu Ärar (= Staatsvermögen, Staatseigentum, Fiskus); aus lat. ærarium (= Staatskasse) zu æs (= Kupfer); das älteste römische Geld bestand aus Kupfer)]: *staatlich.*
ȧrbat|geitig ⟨Adj.⟩ [2. Bestandteil: mhd. gitec, ahd. gitig (= gierig, habgierig)]: **1.** *arbeitswütig, draufgängerisch* **2.** *Arbeit erfordernd:* an årbatgeitigs Feld.
Ȧrbats|krucke, die [2. Bestandteil: siehe Krucke] (OT, AT): *Arbeitstier, jemand, der viel arbeitet.*
Ȧrbes, Ȧrbisse, Ȧrwas, Ȧrwes, Ȧrwassn, Ȧrwessn, die (wird meist als Pluralform verstanden) [mhd. areweiʒ, arwiʒ, arwis, erbeiʒ, erbiʒ; ahd. araw(e)iʒ; weitere Herkunft unklar; aus den zahlreichen mhd. Varianten ist einerseits der Standardausdruck Erbse entstanden, andererseits die Mundartform]: *Erbse (Pisum sativum).*
Ȧrch, das [Herkunft unklar] (Pf.): **1.** *Ausschlag oder Schorf auf dem Kopf* **2.** *Grind bei Kindern.*
Ȧrche, Ȧrch, Ȧrch(e), die [ahd. archa aus lat. arca (= Kasten); vgl. Arche Noah]: *Uferschutzbau am Bach.*
ȧrchne(n) ⟨hat⟩ [siehe Arch] (NT): *einen Uferschutzbau errichten.*
Ȧrch|nogl, der (Pass., OI) [1. Bestandteil: vermutlich zu Årche; 2. Bestandteil: mhd. nagel, ahd. nagal, ursprünglich nur: Fingernagel, Zehennagel]: *großer, handgeschmiedeter Nagel.*
Ȧre, Ȧrt, die [mhd. art (= angeborene Eigentümlichkeit, Art)] (Pass., OI): *Art* ❖ **an Are as wia:** *eine in der Art von, ähnlich wie.*
Ȧre, die (Plural): *siehe Oar.*
ȧrg ⟨Adj.⟩ [mhd. arc (= schlecht, böse, gefährlich); die ursprüngliche Bedeutung ist in Tirol noch präsent; auch intensivierend bei Adjektiven und Verben (z. B. es ist arg kalt), später auch mit der Bedeutung groß, stark, heftig (z. B. eine arge Enttäuschung) und letztlich als Adjektiv mit positiver Bedeutung; vgl. ergar]: **1.** *bösartig, schlimm* **2.** *tüchtig:* ein ärger Arbeiter ❖ **an Ȧrga:** *ein Draufgänger.*
ȧrggn, ȧrgn, ȧrgln ⟨hat sich⟩ (reflexives Verb) [zu arg mit dem ahd. Suffix -jan] **1.** *ekeln, grausen* **2.** *die Wirkung von Kälte an den Zähnen spüren* **3.** (Ridn.) *quälend tönen:* des argget mi (= das vertragen meine Ohren nicht) **4.** *schmerzen.*
Ȧrl, Ȯrl, Ȯal, Ȧdl, die [mhd. arl, aus dem Slawischen, vgl. slowen. ralo]: *einfacher (Holz)pflug, Hakenpflug.*

Arle, die [Herkunft unklar, auch im Namen Arlberg] (ST, OI): *Zirbelkiefer (Pinus cembra), auch Arbe, Arve oder Zirbe genannt.*
Armin|haus, das: **1.** *Armenhaus* **2.** *Altersheim.*
arn ⟨hat⟩ [Herkunft unklar]: *schmerzen (der Zähne).*
Arn, das (OT, Pust.): *das Ahrntal.*
Arr, die; Plural: Arrn [mhd. arre (= Angeld), zu lat. arrha, arra (= Anzahlung] (OI, Sa., Alp.): *Angeld* (nicht beim Handel, sondern bei Abmachungen: Heiratsversprechen, Dienstbotenaufnahme).
Arsch, Asch, Orsch, Och, der [mhd. und ahd. ars, ursprünglich: Erhebung; vorstehender Körperteil; das Wort steht gesamtdeutsch für Gesäß; einige Wendungen sind typisch für den Tiroler Raum und für österreichische Mundarten]: **1.** *Gesäß, Gesäßteil der Hose* **2.** *unangenehmer, unguter Mann* **3.** (ST) *Ende eines (Brot-)Weckens* **4.** (ST) *dickes Ende eines Blocks, Gesäß* ❖ **er schliaft eam in Arsch eini** (= er versucht, durch Unterwürfigkeit sein Wohlwollen zu erlangen) ❖ **leckts mi åm Årsch** (Götzzitat; Goethes „Götz von Berlichingen": „Er aber, sag's ihm, er kann mich im Arsche lecken!"); **mit oan Orsch auf zwoa Kirchtåg tånzn** (= zwei Dinge zugleich machen); **er hupft eam mit n nåckatn Årsch ins Gsicht** (= er beschimpft ihn heftig und grob) ❖ **i reiss ma den Årsch für di auf** (= ich tue alles für dich) ❖ **ums Årschleckn** (= ganz knapp verfehlt; um ein Haar daneben); (ST) **eppes mitn Orsch ongian** (= etwas verkehrt angehen).
årschig ⟨Adj.⟩ [zu Orsch] (ST, OI): *schlecht gelaunt.*
Arsch|kitzler, der; **Asch|kitzl,** die [2. Bestandteil: Substantivbildung zu kitzeln; die Nüsschen der Hagebutte sind mit feinen, widerhakenbestückten Härchen bedeckt, die bei Hautkontakt Juckreiz hervorrufen; Kinder nutzten sie zum Herstellen von Juckpulver; laut Grimm ist Arschkitzel ein volkstümlicher Ausdruck für Hagedorn und möglicherweise franz. grattecul nachgebildet] (NT): *Hagebutte (Rosa canina).*
Arsch|krinne, Årsch|krinde, die [2. Bestandteil: mhd. krinne (= Einschnitt, Rinne)] (OI, Pfun.): *Gesäßfalte.*
Arschling|betrieb, der [1. Bestandteil: siehe arschlings] (NT): *schlecht geführter, defizitärer Betrieb.*
Årschling|kårte, die [1. Bestandteil: siehe årschlings; 2. Bestandteil: Karte; eigentlich: Karte, die rücklings zu liegen kommt] (OI, Pf.): **1.** *Rückfahrkarte* **2.** *eine Spielkarte, die durch ein Versehen des Spielers verkehrt auf dem Tisch zu liegen kommt (mit der Rückseite nach oben).*
Årschling|keiwi, das [1. Bestandteil: siehe arschlings, 2. Bestandteil: Mundartform von Kalb] (NT): *Kalb, das verkehrt auf die Welt kommt (und unterentwickelt ist).*

årschlings, aschling, orschlings, årschlig, årschliger ⟨Adv.⟩ [zu Årsch]: *rückwärts, zurück, rücklings.*

Årsch|marterer, der; Plural: Årschmarterer [wegen der abführenden Wirkung] (ST, OI): *Ringlo, Ringlotte, Reneklode; Frucht des Ringlobaumes, Prunus domestica var. claudiana.*

årsch|wårm ⟨Adj.⟩ (ST, OI): *lauwarm, handwarm.*

Årschte, Orschte, die [siehe Are¹; hier mit dem für das Pfitschtal typischen -sch-Einschub] (Pf.): *Art:* fun dr Årschte schlogn (= aus der Art schlagen).

årschzn ⟨hat⟩ [zu Arz; weist auf die harte Arbeit im Bergbau hin] (OI, Pf.): *hart arbeiten.*

årtig ⟨Adj.⟩ [-ig-Ableitung zu mhd. art (= Herkunft, angeborene Eigenheit); Bedeutungsentwicklung wie standardsprachlich eigenartig] (OI, Pass., Alp.): *merkwürdig, seltsam.*

Årwas, Årwes, die: *siehe Årbes.*

Årz, Årschz, das [mhd. erze, arze, ahd. aruzzi, arizzi, aruz, weitere Herkunft unklar] (ST): *Erz.*

Årzali, das [zu mhd. erze-, ahd. arzi-, aus spätlat. archi-, aus griech. archi- (= der Erste, Oberste); im Standarddt. noch bei Erzengel, Erzbischof etc.; der Erz wäre demnach verhüllend für den obersten der Teufel, das Arzali eine Verkleinerungsform] (NT): **1.** *Teufelchen* **2.** (Paznaun): *Teufel.*

Årz|gruabe, die (ST): *Mine, Grube.*

as ⟨Konj.⟩: **1.** *dass* **2.** *als:* dimmer as dumm **3.** *so* (Sa.) as vil as migli: so viel als möglich.

as ⟨Präp.⟩: *siehe aus.*

as wia [eigentlich: als wie]: (auch bairisch-österreichisch): *wie:* rennen as wia di Nårrn (= wie die Narren herumlaufen).

aschern, asch|tian ⟨hat⟩ [Verbalbildung zu Asche, 2. Bestandteil von aschtian: tun; am Aschermittwoch zeichnet der Priester im katholischen Gottesdienst den Gläubigen als Zeichen der Buße mit Holzasche ein Kreuz auf die Stirn]: *am Aschermittwoch einem Gläubigen Asche auf das Haupt streuen.*

asch|gian ⟨ist⟩ [eigentlich: am Aschermittwoch den Gottesdienst besuchen; Verbalbildung zu Asche, 2. Bestandteil von aschgian: gehen; siehe aschern] (ST): *am Aschermittwoch vom Priester Asche auf das Haupt gestreut bekommen.*

aschling: *siehe årschlings.*

Åschp(e), die, **Åspölter|bam,** der [mhd. aspe, espe, ahd. aspe, alter indogerm. Baumname] ahd. aspa (= Espe); zur Silbe -ter vgl. Åpfåltern]: *Zitterpappel (Populus tremula), auch Aspe oder Espe genannt.*

ạschpele, ạschpile, ạschpila; auch: **ạschpele muggn, ạschpilamente** [Schatz schwankt in der Herleitung zwischen verschliffenem als woll (= als wohl) und verhüllend ital. ostia (= Hostie)] (ST, OT, OI): *Ausruf des Erstaunens, des Erschreckens, der Verlegenheit (auch als mildes Fluchwort):* „Åspele isch ein emotionaler Ausdruck, des sågn mir Südtiroler stått ,Mei Liaber!', ,Um Gott's Willn!' oder ,Mein, isch des fein!' oder ,Jessas na!'. Mir sågn einfåch åspele. Und i såg heit åspele, weil so schöne Fraun då sein." (Luis aus Südtiol).
ạschta dio [siehe åschpile] (OT, OI): *Ausruf des Ärgers / der Überraschung.*
Ạschta|legge, die [1. Bestandteil: zu Ast; 2. Bestandteil: siehe Lege] (OI, AT): *Stoß von Herd- und Ofenholz.*
ạschtalettn, ạschtialettn, auch **ạschta dio** (OT): *Glück gehabt!*
Ạschte, Ạstn, die [ahd. ouwist (= Schafstall)]: **1.** *Bergweide mit Stadel* **2.** (OT, AT) *gedüngte Wiese auf der Alm.*
Ạschtie, Ạschtia, der [vielleicht Substantivbildung zu åschpile (siehe dort)] (ST, UI): **1.** *mieser Kerl* **2.** *zäher Mensch, tückischer Mensch* **3.** *widerstrebender Gegenstand:* des isch hålt an Åschtie.
ạschtia ⟨Interj.⟩ [wohl zu gleichen Wurzel wie åschpile]: *Ausruf, wenn etwas zäh, schwer oder überraschend erscheint.*
ạschtn, (aus)ạstn ⟨hat⟩ [Verbalbildung zu Ast]: *entästen.*
as|dụrch ⟨Adv.⟩ [eigentlich: aus + durch]: *weg, davon:* bische asdurch? (= bist du abgehauen?).
asiạm, asiạbert, asiạ, asiạwit: *siehe atiam.*
ạsn ⟨hat⟩ [gehört zur Wortsippe von essen bzw. äsen und Aas; mhd. æsen (= zu essen geben, Futter streuen)] (Pfun., Sa.): **1.** *verstreuen, vergeuden* **2.** *unsauber arbeiten* **3.** *unmäßig essen* **4.** *schimpfen, toben.*
Ạsn, Ạse, die [mhd. āse (= Holzgestell oben an der Wand); lautlich zu mhd. æsen (= zu essen geben, Futter streuen)] (OI, Pass., Pf.): **1.** *Decke der Rauchküche, Überboden der Küche:* Speck in der Asn selchn **2.** *Stange über dem Herd zum Aufhängen der Würste.*
as|nạnder, assa|nạnder ⟨Adv. und Präfix⟩: *auseinander:* asnånderbrechen, asnånderrennen etc.
asọ ⟨Part.⟩: **1.** *so* **2.** *ach so.*
asọ a: 1. *so ein* **2.** *etwa, ungefähr:* aso a sim Stund (= etwa sieben Stunden).
asọ und asẹttiding (OI, Sa.): *ein für allemal, das ist entschieden.*
Ạss, die, Plural Assn [die Genusabweichung zum standardsprachlichen Neutrum erklärt sich wohl in Anlehnung an dialektal gleichbedeutendes die Sau (siehe dort); früher war auf dieser Spielkarte ein Schwein abgebildet] (auch süddeutsch): *Spielkarte im deutschen Blatt mit zwei Farbsymbolen, z. B. zwei Herzen, zwei Schellen* (entspricht im französischen Blatt der jeweils höchsten Farbkarte Ass).

Aß: *siehe Oaß.*
åßig, a̱ssig ⟨Adj.⟩ [mhd. und ahd. āʒ (= Speise für Menschen und Tiere); verwandt mit Aas (= Tierleiche, Kadaver), letzteres unter Einfluss von mhd. ās (= Fleisch zur Fütterung der Hunde)]: *bekömmlich, schmackhaft.*
A̱ssl(e), Na̱ssl, A̱stl, die; **A̱tzler, A̱tzel,** der (Zillt.) [laut Kluge sind die dialektalen Formen genauso wie das standardsprachliche Assel entlehnt aus ital. asello zu lat. asellus (kleiner Esel); deshalb heißt das Tier auch Maueresel oder Eselchen; vielleicht wurde damit zuerst eine auf Eseln schmarotzende Laus bezeichnet; Formen mit -tz- treten auch beim Wort Esel auf]: *Kellerassel (Isopoda).*
asu̱nter ⟨Adv.⟩ [mhd. sunder (= gesondert, für sich, abseits)] (ST): *fort, weg, vorwärts.*
asu̱ntr gia̱n ⟨ist⟩ [zu asunter]: **1.** *vorausgehen, weitergehen* **2.** *aus dem Weg gehen.*
atia̱(m), adia̱m, atia̱moll, atia̱ber, atia̱wet, asia̱m ⟨Adv.⟩ [Ausgangspunkt ist immer mhd. ie (= je), aus ientie, der Kurzform von ie unde ie wurde, wenn der Ton auf die zweite Silbe wanderte, atia̱; das atia wurde mit -mal oder -bot (vgl. allebot) verstärkt]: **1.** *manchmal, wohl* **2.** *einige.*
A̱t(e), die [mhd. eide aus egede (= Egge)] (NT, OT): *Egge.*
A̱tn, A̱pm, Na̱dn, der [Mundartform von Atem zu mhd. atem (= Atem), ahd. atum (= Atem); ursprünglich: Hauch, Seele]: *Atem.*
a̱tnen, a̱pmen, a̱tatzn, a̱tnitzn [Mundartform von atmen, teilweise mit der Endung -atzen, siehe dort]: *atmen.*
a̱tnig ⟨Adv.⟩ (Zillt.): *leicht atmend.*
atoa̱l ⟨Adv.⟩ [eigentlich ein Teil]: *einige:* atoal verstehns nia (= manche verstehen es nie; atoal hobm gschlofn (= einige haben geschlafen).
A̱ttading: *siehe Etading.*
A̱ttimo, der [ital. attimo] (ST): *Augenblick, Moment:* wenn an Attimo wårtesch, kim i glei mit.
A̱tzgåtter: *siehe Anze.*
au̱chn¹, au̱bm: *siehe auffi.*
au̱chn²- als Präfix bei Verben [siehe auffi]: **au̱chn|brennen** (= emporlodern, schamrot werden); **au̱chn|gian** (= hinaufgehen); **au̱chn|kraxln** (= hinaufsteigen) etc.
au̱chn|werts, au̱i|werts ⟨Adv.⟩: *aufwärts.*
Au̱cht, die [mhd. ūhte, ouhte (= Zeit der Morgendämmerung; Nachtweide, Weide überhaupt)] (OT, Deutschn.): *Weideplatz in Gestrüppen.*
Au̱|draner, der [eigentlich: Aufdreher] (ST): *Angeber, Protestierer.*
au̱er, au̱er-: *siehe auffa, auffa-.*
au̱f- als Präfix bei anderen Wortarten siehe auch au-.

auf, af, a ⟨Präp.⟩ **1.** *auf:* schaug mir a bissl a der Letzn (= schau mir ein Bisschen auf die Kleine); **aufn/afn/an Ofn obn** (= auf dem Ofen oben) **2.** vor Ortsnamen: *nach:* mir sein auf/af Innsbruck aussn (= wir sind nach Innsbruck hinausgefahren).

auf-, au als Präfix bei Verben: auf|archn (= aufschürfen; die Haut), **auf|åmmen** (= die Wöchnerin pflegen); **auf|atzn** (= junge Tiere künstlich aufziehen); **auf|bisch(l)n** (= die Tiere zum Almabtrieb mit Blumen schmücken); **auf|blattln** (= aufblättern, z. B. ein Buch; hinblättern, z. B. Banknoten; metaphorisch für die Winkelzüge/Hinterhältigkeit aufdecken); **auf|bleckn** (= Karten aufdecken); **auf|deitn** (= **1.** angeben, groß aufreden; **2.** Fingergruß beim Autofahren); **auf|denkn** (= sich erinnern); **auf|dran** (= aufdrehen, rebellieren; gescheit reden); **auf|fålln** (= landen, aufkommen; auffallen); **auf|fiarn** (= sich benehmen); **auf|fitzlen** (= in kleine Stücke reißen, z. B. Papier); **auf|foarn** (= Vieh auf die Alm treiben); **auf|gåntern** (= Stämme schichten); **auf|gazn** (= mühsam aufziehen); **auf|geign** (= mit der Geige aufspielen; eine großartige Leistung vollbringen; angeben); **auf|geiln** (= aufreizen, erzürnen); **auf|gengin** (= zum Schmelzen bringen); **auf|blåt, auf|ge|blant** (= aufgebläht); **auf|g|frearn** (= auftauen lassen, auftauen); **auf|gian** (= aufkeimen, wachsen; sich öffnen; verbraucht werden; zornig werden, sich wehren); **auf|gi|luant** (= angelehnt; extrem steil); **auf|g|schwelln** (= anschwellen); **auf|hausn** (= abwirtschaften, Pleite gehen); **auf|hebn** (= aufbewahren); **auf|huckn** (= **1.** sich aufsetzen, mitfahren **2.** mit dem Fahrzeug auf dem Boden aufsitzen; **3.** aufsässig sein); **auf|hussn** (= aufhetzen); **auf|kåltn** (= aufbehalten); **auf|kearn** (= Wasserquelle fassen, Vieh auftreiben); **auf|klaubn** (= aufheben); **auf|kentn** (= den Ofen einheizen); **auf|klockn** (= aufklopfen, durch Klopfen öffnen; zerkleinern); **auf|krautn** (= zerstückeln, zerreißen) **auf|legn** (= aufladen, beladen; etwas auf eine Wunde oder schmerzende Stelle geben; zu viel trinken); **a auf|glegter Blödsinn** (= ein offensichtlicher Unsinn); **auf|losn** (= zuhören, aufmerken, glauben); **auf|luckn** (= abdecken, aufmachen); **einen auf|macha** (= aufspielen, Musik machen) (AF); (= **auf|mandln** (= aufbegehren); **auf|meiln** (= aufstapeln); **auf|nåttn** (= die Haare nass zurückkämmen); **auf|pappln, au|peppln** (= aufziehen); **auf|peckn** (= den Boden lockern); **auf|plattern** (= auftischen, reichlich kochen); **si auf|pudeln** (= sich entrüsten, sich aufspielen); **auf|roglen, auf|riglen** (= rogel machen, auflockern, aufwühlen); **auf|segnan** (= die Wöchnerin beim ersten Kirchenbesuch nach dem Wochenbett segnen); **auf|wachtln** (= aufdrehen, protestieren); **auf|zeaklen** (= sich auf die Zehen stellen) **auf|zigln** (= aufziehen, großziehen); **auf|zwickn** (= eine Person für sich gewinnen, mit der Absicht, eine sexuelle Beziehung einzugehen; auch: jemanden zur Belustigung zornig machen) etc.

aufa|nachend, annechnad ⟨Adv.⟩ [mhd. ûf eine næhe] (NT): *halbwegs, beiläufig.*

aufenuis: *siehe afenuis.*

auf|denkat måchn ⟨hat⟩ [mundartlich: auf etwas denken, statt standardsprachlich: an etwas denken] (OT, UI): *an etwas erinnern, das zu tun ist.*

Aufe, die [aus mhd. uve, ufe, ahd. ûfo; lautmalend für den Ruf des Vogels] (Zillt.): *Uhu (Bubo bubo).*

auf|eisn ⟨hat⟩ (UI): *abschmelzen.*

auf|ent|lein(en) ⟨hat⟩ [wohl zu mhd. līne (= Seil, Leine, aus mhd. līn (= Flachs); das anlautende en- ist Rest einer alten Negationspart.]: **1.** (OI) *aufreihen, auf die Reihe bringen, bearbeiten mit einer Häkelnadel* **2.** (UI) *auftauen:* die Erde ist noch nicht aufentleint; diesen Loda muss man erscht aufentlein, bis er jå sagt.

auf|ent|lign, auf|ent|leint ⟨Adv.⟩ [zu aufentleinen]: *aufgetaut.*

auffa: *siehe auer.*

Auf|fårts|tog, Au|fer|tog, der [1. Bestandteil: Auffahrt (zum Himmel)]: *Christi Himmelfahrt.*

auffa, auer, aua, aucher ⟨Präp.⟩ (im Vinschgau auch **aui** neben **auer**!) [auf + her; ein dialektales aufher, wo standarddt. herauf steht, wobei die Bewegungsrichtung (außer im Vinschgau) zum Sprecher hin und aufwärts ist; der Zusammenhang zwischen der dialektalen und der standardsprachlichen Form ist den Sprechern nicht bewusst; siehe auch auffi]: *herauf.*

auffa-, auer-, aua- als Präfix bei Verben: auffa|kemmen (= heraufkommen); **auer|låssn** (= heraufkommen lassen); **auer|ziachn** (= heraufziehen) etc.

auffi, aui, aufn, auchi, auchn, aubm, audn, augn ⟨Adv.⟩ [auf + hin, ein dialektales aufhin, wo standarddt. hinauf steht, wobei die Bewegungsrichtung vom Sprecher weg und aufwärts ist; der Zusammenhang zwischen der dialektalen und der standardsprachlichen Form ist den Sprechern nicht bewusst; vgl. auch auffa]: *hinauf:* Schau, der Bua kraxelt auffi auf die Loater!

auffi-, aui-, auchi-, auchn-, augn- etc. als Präfix bei Verben: auffi|kraxln (= hinaufsteigen), **auffi|schteign** (= hinaufsteigen): warst nit auffigstiegn, warst nit oigfålln; **aui|brennen** (= emporlodern, schamrot werden); **aui|gian** (= hinaufgehen); **oane aui|kriagn** (= eine hinaufkriegen): *einen Schlag abbekommen.*

Auf|heng, Au|heng, die: **1.** *Wäscheleine* **2.** *Garderobe.*

auf|taggln, au|taggln ⟨hat sich⟩ (reflexives Verb) [laut Duden zu auftakeln (= das Schiff mit Takelwerk versehen); mit der Form auftakeln auch standarddt.; aber vermutlich gehört das Wort eher zu den von

Schöpf vermerkten Verben taggln (= herumschmieren) und taggelen, taggn (= im Wasser, Schlamm herumfahren, herumwühlen)]: *sich übermäßig und geschmacklos mit Schminke, Kleidung oder Schmuck herausputzen.*

auffi: *siehe aui.*

auf|mar, au|mar, au|mare måchn ⟨Adv.⟩ [auf + mhd. mære (= Nachricht, Kunde)]: *aufmerksam machen.*

auf|mar, au|mar werden ⟨ist⟩ [siehe aumar måchn]: *aufmerksam werden, achtgeben.*

-augat ⟨Adj.⟩ in Komposita des Typs blauaugat, schwårzaugat [mhd. ouge + Suffix -eht]: *-äugig:* „Du blauaugats Diandl I håb di so gern, / und i kannt wegn die Äuglan an Augnglås wer'n." (Aus dem in Tirol beliebten Lied „Du flåchshårats Diandl", SsÖ, S. 119).

Aug(e)|bram(e), die (Plural) [Auge + mhd. bra(wen), ahd. brawa (= Braue, Wimper)]: *Augenbrauen.*

Augn|aper: *siehe Apern.*

Aug(n)|hor, das (Plural -harder) (Pass.): *Augenbraue.*

au|giralt ⟨Adj.⟩ (ST): *erregt, aufgedreht.*

augn- als Präfix: *siehe aui.*

augn|kran ⟨hat⟩ [eigentlich: hinaufkrähen; siehe augn-] (Pf.): *versuchen, höher zu singen, als man kann.*

Augn|luck, das [1. Bestandteil: Auge; 2. Bestandteil: mhd. luc (= Deckel)]: *Augenlid.*

Augn|schtecher, der [1. Bestandteil: Auge; nach einem alten Volksglauben können Libellen stechen; von daher rühren Bezeichnungen wie Augenstecher, Teufelsnadel, Teufelsbolzen] (Pass.): *Libelle (Odonata).*

Augn|troscht, der [mhd. ougentrōst; die Pflanze wurde als Augenheilmittel verwendet]: *Augentrost (Euphrasia).*

Augn|werre, Augn|wearl, Augn|worre, die [2. Bestandteil: mhd. werre (= Maulwurfsgrille) mit und ohne Verkleinerungsendung; laut Hornung deshalb, weil man der abergläubischen Meinung war, dass dieses Tier derartige Krankheiten heraufbeschwört]: *Gerstenkorn am Auge.*

Augn|zånt, der [Mundartform von Augenzahn, nach dem Volksglauben stehen diese Zähne mit den Augen in Verbindung]: *Eckzahn im Oberkiefer (Dens caninus).*

au|gratig sein [auf + mhd. gerætec (= Rat wissend, geschickt, gescheit)] (Sa.): *aufpassen, achtgeben.*

Au|gschtåll, das [vielleicht zu stellen, und zwar in der Bedeutung stehen machen] (ST): *Untätigkeit des Rindermagens.*

aug|singen: *siehe auisingen.*

au|harpfn ⟨hat sich⟩ (Pfun.): *sich die Haut aufschürfen.*

au|hornt ⟨Adj.⟩ [eigentlich: aufgehornt] (Pass.): **1.** *mit nach oben gebogenen Hörnern* **2.** *schön, hübsch:* a auhournts Madile.
aui: *siehe auffi.*
aui|werts: *siehe aufwärts.*
aui|singen, aug|singen ⟨hat⟩ [siehe augn- (= hinauf-)]: *in eine hohe Tonlage hinaufsingen.*
Auke, die [ahd. ūcha] (OI, Zillt.): *Erdkröte (Bufo bufo).*
aumar: *siehe aufmar.*
Aurellele, das [als Diminutiv zu lat. aura (= Hauch, Wind); schon Plinius bringt die Bezeichnung Anemona mit griech. anemos (= Wind) in Beziehung] (Lüsen): *Tiroler Windröschen, auch Monte Baldo-Anemone oder Baldo-Windröschen genannt (Anemone baldensis).*
Au|rui, der [1. Bestandteil: auf; 2. Bestandteil: mhd. ruor (= heftige Bewegung); rückgebildet von mhd. rüeren (= rühren)] (OT, Pust.): *Aufruhr:* an Aurui måchn (= heftig aufbegehren).
aus- als Präfix von Verben: *heraus; daneben auch mit der Bedeutung, dass ein Vorgang abgeschlossen ist:* **es håt si aus|gregnt** (= der lange Regen ist zu Ende). In der Folge Beispiele für die klassische Verwendung: **aus|apern** (= schneefrei werden); **aus|antern** (= auslachen, nachäffen); **aus|begin** (= ausbügeln, eine Sache wieder in Ordnung bringen); **aus|boandln** (= Knochen vom Fleisch eines geschlachteten Tiers lösen; jemanden ausnehmen; verwertbare Teile aus einem Schrottauto ausbauen); **aus|deitschn** (= erklären; siehe deitsch); **si aus|enklin** (= sich überknöcheln, den Knöchel verstauchen); **aus|esln** (= verspotten); **aus|fisln** (= enthülsen); **aus|fratschln** (= neugierig ausfragen, aushorchen); **aus|frotzln** (= verspotten, verarschen); **si aus|gian** (= gerade ausreichen); **aus|goschn** (= jemanden durchhecheln, schmähen); **aus|geischtern** (= aus dem letzten Loch pfeifen, den Geist aufgeben); **aus|grausing** (= hinausekeln); **aus|hening** (Sa.) (= übervorteilen, ausnützen); **aus|kegln** (= angestrengt oder versteckt die Blicke auf etwas werfen); **aus|kemmen** (= entfliehen, entwischen; von etwas genug haben; sich mit jemand verstehen); **aus|kopfn** (= sich ausdenken); **aus|larn** (= ausleeren); **aus|låssn** (= freilassen, loslassen; Butter, Speck zerlassen); **aus|lign** (= nicht zu Hause schlafen, fremdgehen); **aus|packln** (= heimlich vereinbaren, einen faulen Kompromiss schließen); **aus|plindern** (= ausrauben; ausräumen); **aus|plodern** (= ausplaudern, verraten); **aus|pratschn** (= freilegen); **aus|reibm** (= mit der Bürste oder mit einem groben Tuch reinigen); **aus|richtn** (= jemanden schlecht machen; eine Botschaft übermitteln); **aus|sackln** (= jemanden um seine letzte Barschaft bringen, jemanden ausnehmen); **aus|schaugn** (= aussehen); **aus|schnåpsn** (= im Verborgenen aushandeln, vereinbaren); **aus|schtawan** (= entstauben); **aus|schtelln** (= aus

dem Weg gehen); **aus|totln** (Sa.) (= verspotten, als Totl hinstellen); **aus|tretn** (= im Schnee einen Weg treten); **aus|weichn** (= zum Priester weihen); **aus|weissln** (= weiß streichen); **aus|zoln** (= den Patenkindern mit 14 Jahren ein letztes Geschenk geben); **aus|zuzln, aus|zuzlen** (= aussaugen), etc.

au|schellig ⟨Adj.⟩ [auf + schellig; siehe dort]: *aufbrausend, aufbegehrend.*

Au|schtånd leitn [eigentlich: zum Aufstehen läuten, weil das Evangelium stehend angehört wird] (OI, Pass.): *zum Evangelium läuten.*

aus|ge|kopft, aus|kopft ⟨Adj.⟩ [verselbständigtes Partizip Perfekt von auskopfen (= ausdenken), belegt bei Schöpf]: *schlau:* an ausgekopfts Bürschl.

Aus|gobler, der; Plural Ausgobler [eigentlich: Ausgabler; zu: sich gabeln] (ST): *fühlerartiger Trieb, der von der Rebe wegzweigt.*

aus|gschamt, aus|gschamp ⟨Adj.⟩ [eigentlich: jemand, der sich nicht mehr schämen kann]: *in unverschämter Weise das übliche Maß überschreitend:* der Preis is ausgschamt.

Aus|kear(e), die; Plural: Auskearn [2. Bestandteil: mhd. kēr (= Richtung, Wendung, Umwendung)]: **1.** (ST) *Ableitung des Wassers aus dem Waal* (= *Wasserrinne*) **2.** *Wasserrinne quer über den Weg* **3.** *Ausweichstelle auf der Straße.*

aus|kearn ⟨hat⟩ [mhd. kēren (= wenden); siehe Auskeare]: *(für Wasser) einen Ausweg schafffen, ableiten.*

Aus|nemmite, das [eigentlich: das Ausnehmende] (Pass., Pfun.): *ausbedungener Pflichtteil, der bei Hofübergabe beim früheren Besitzer verbleibt.*

aussa, ausser ⟨Adv.⟩ [dialektales aus + her, wo standarddt. her + aus steht, wobei die Bewegungsrichtung zum Sprecher hin und von innen nach außen ist; der Zusammenhang zwischen der dialektalen und der standardsprachlichen Form ist den Sprechern nicht bewusst; vgl. auch aussi]: *heraus:* kim aussa!

aussa-, ausser- als Präfix bei Verben: aussa|apern (= durch die Schneeschmelze zum Vorschein kommen); **aussa|findn** (= entdecken), **aussa|båchn** (= herausbacken); **aussa|ruckn** (= mit einem versteckten Gegenstand, mit einer Nachricht herausrücken).

Ausser|gåb, Ausser|gowe, die [Substantivbildung zu herausgeben]: *Wechselgeld.*

Ausser|wind, der [gemeint: der Wind, der aus den Bergen kommt]: **1.** (ST) *Nordwind* **2.** (OT) *Tauernwind.*

aussi[1], aussn, ausse ⟨Adv.⟩ [dialektales aus + hin, wo standarddt. hin + aus steht, wobei die Bewegungsrichtung vom Sprecher weg und von innen nach außen ist; vgl. aussa]: *hinaus.*

aussi²-, aussn- als Präfix bei Verben: **aussi|beissn** (= hinausekeln); **aussi|gråsn** (= fremdgehen); **aussi|haun** (= hinauswerfen); **aussi|schtampern** (= hinausjagen) etc.

Aussriger, der [zu außen] (ST): *Fremder, Auswärtiger.*

ausst ⟨Adv.⟩ (NT): *draußen* ❖ **ausst tuats pritschn** (= draußen regnet es in Strömen).

auss(t)ig ⟨Adj.⟩: *außen befindlich.*

Aus|tråg, der [mhd. ūztrac (= Abgabe vom Erwerb eines Guts, d. h. der weichende Altbauer knüpfte die Hofübergabe an bestimmte Bedingungen]: *Altenteil eines Hofes.*

Aus|trågs|schtübele, das: *Stube des emeritierten Bauernpaares.*

aus|wårtn ⟨hat⟩ [Verbalform zum Substantiv Wärter mit der Grundbedeutung jemand, der jemanden betreut, auf jemanden oder auf etwas aufpasst; mhd. werter, ahd. wartari; heute standarddt. meist im Sinn von Aufseher im Gefängnis] (ST): *Kranke pflegen.*

Auter, Eiter, das oder der [wie standarddt. Euter zu mhd. iuter, ūter, ahd. ūtar(o), eigentlich: Schwellendes]: *Euter.*

autern ⟨hat⟩ [Herkunft unklar] (Pf.): **1.** *langsam arbeiten* **2.** *unschlüssig sein* **3.** *vom Ausgehen erst sehr spät heimgehen* **4.** *bei wolkigem Wetter: oft umschwenken.*

Au|tianer, der [eigentlich: Auftuer; auf + tian (= tun)]: *(Flaschen-)Öffner.*

au|zigln ⟨hat⟩: *aufziehen, großziehen.*

Ave|maria|leitn, Ava|marien|leitn, das [eigentlich: Ave-Maria-Läuten, weil nach dem Angelusläuten auch drei Mal das Ave Maria gebetet wird]: *Angelusläuten.*

avore: *siehe afore.*

åwa, åwi: *siehe åcha, åchi.*

awanti ⟨Interj.⟩ [ital. avanti]: *vorwärts!*

a wass ⟨Interj.⟩ [eigentlich: ach was] (OI, Pass.): **1.** [dezidierte Verneinung] *hör doch auf!* **2.** [Ausdruck des Erstaunens] *wirklich?*

awaus ⟨Adv.⟩ [mhd. ab + ūz; vgl. a⁴]: *hinunter.*

aweck¹ ⟨Adv.⟩ [1. Bestandteil: vgl. a⁴; 2. Bestandteil: weg]: *weg, davon:* aweck sein.

aweck² als Präfix bei Verben: **aweck|rennen** (= davonlaufen); **aweck|lign** (= bewusstlos sein; tief schlafen).

aweil ⟨Adv.⟩: **1.** *seinerzeit, ehemals* **2.** *eine Zeit lang.*

awenn ⟨Konj.⟩: *als wenn, als ob.*

awia ⟨Konj.⟩: *als wie, wie.*

a|wiang ⟨Adv.⟩: *ein wenig, ein bisschen.*

awich, abich ⟨Adj.⟩ [sehr alte Ableitung vom Präfix ab-; mhd. æbech (= verkehrt); ahd. apuh (= rückseitig, links, übel); vgl. gabich]: **1.** *verkehrt* die awiche Seitn eines Stoffes (= die Rückseite) **2.** (NT) *links* awich und krecht (= links und rechts) **3.** (NT) *schwächlich* **4.** (OT) *störrisch, unangenehm.*

Ạxl, die: **1.** *Achsel* **2.** *Schulter* ❖ **auf boade Ạxln Wåssa trågn:** *sowohl der einen wie der gegnerischen Partei dienlich sein.*

ạxl|schtien ⟨ist⟩ [1. Bestandteil: Achsel, Schulter; mhd. ahsel, ahd. ahsla, ursprünglich: Drehpunkt der geschwungenen Arme 2. Bestandteil: stehen] (Pass.): *für jemanden bürgen.*

Ạx|schtock, der [eigentlich: Achsstock]: *Holzachse eines Wagens.*

Ạzar, die [Substantivierung von mhd. atzen, etzen (= speisen, beköstigen); verwandt mit essen und jägersprachlich äsen] (Zillt.) (veraltet): *Mutterbrust.*

B

ba, bi ⟨Präp.⟩ [mhd. bī (= um ... herum, in der Nähe von)]: *schwachtoniges bei:* ba dir entn (= bei dir drüben); bi der Årwet (= bei der Arbeit).

Bạchat, das, **Bạchete,** die [Variante des Substantivs Båchn]: *Speckseite vom Schwein, die geräuchert wird.*

Båch|bletschn, die (Plural) [1. Bestandteil Bach: die Pflanze wächst auf feuchten Böden, oft an Bach- und Flussläufen; 2. Bestandteil: die Pflanze hat große Blätter, siehe Bletschn]: **1.** *Gewöhnliche Pestwurz (Petasites hybridus) oder Weiße Pestwurz (Petasites albus)* **2.** *Bärenklau (Heracleum)* **3.** *Huflattich (Tussilago farfara).*

Båch|busche, der [2. Wortteil vgl. Bischl] (Pfun.): *Huflattich (Tussilago farfara).*

Båch|dẹse, die [1. Wortteil siehe båchn; 2. Teil laut Kluge vielleicht zu Dose zu stellen] (OT): *hölzerne Wanne zum Anrichten des Brotteigs.*

Båch|fåll, der (ST, Ötzt.): *Wasserfall.*

Båch|grolle, die [2. Bestandteil: wohl zu rollen]: *Bachstein.*

Båch|låwise, die [eigentlich: Bachampfer; 2. Bestandteil: lautlich entstellt, geht offensichtlich auf lat. lapathum (= Sauerampfer) zurück; vgl. Lawise] (ST, OT): *Huflattich (Tussilago farfara).*

bachln, bạchn, bạche ⟨hat⟩ [zu Bach] (veraltet): **1.** *schnell fließen* **2.** *heftig regnen* **3.** (kindersprachlich) *urinieren* (auch: a Bachele machen).

bachl|wårm, bạchele|wårm, bạchi|wårm ⟨Adj.⟩ [mhd. bachen (= backen)]: *wohlig warm.*

båchn ⟨hat⟩ [mhd. bachen (= backen)]: **1.** *im Fett herausbraten* **2.** *backen.*

Båchn, der [mhd. bache (= Schinken, geräucherte Speckseite); zu gleichbedeutend ahd. bacho; dieses zu ahd. bah (= Rücken); vgl. engl. back; da sich am Rücken des Schweins der Speck häuft, nannte man laut Grimm so erst das Rücken- und Seitenstück (die Speckseite), dann das geschlachtete, aufgehängte, zuletzt auch das lebendige Mastschwein; siehe standarddt. Bache (weibliches Wildschwein vom 3. Lebensjahr an)] (NT): *Speckseite vom Schwein, die geräuchert wird.*

Båcht, Båchtgrutte: *siehe Pocht.*

båchtig ⟨Adj.⟩ [zu båchtn, das bei Schatz auch in der Bedeutung prahlen belegt ist] (Pfun.): *stolz, hochfahrend.*

Båchtl, das [Zusammenziehung von Bach und Tal] (OI, Lech): *Bachtal.*

båchtn ⟨hat⟩ [vgl. bråchtn] (Pfun.): *sich unterhalten, reden.*

Båch|wågga, die [2. Bestandteil aus mhd. wacke] (OI): *Bachkiesel.*

Badiåt, der (ST) [zu ladinisch Val Badia]: *Gadertaler.*

Båfe, Bofe, die [mittellat. bava (= Speichel)]: *Speichel.*

Båfer, Bofer, Bofa, der, **Baferle,** das [zu Bofe, siehe dort]: *Speichellatz für Kleinkinder.*
båfn, bofn, bofe ⟨hat⟩ [siehe Bofe]: **1.** *sabbern, den Speichel rinnen lassen* **2.** *gierig sein.*
Bagasch, Baggasch, die: [wie standardt. Bagage, aber mit mit leicht veränderter Aussprache; zu franz. bagage (= Tross) aus gleichbedeutend bagues; veraltete Hauptbedeutung: Gepäck; die abwertende Bedeutung, die vor allem in den Dialekten lebendig ist, geht darauf zurück, dass der Tross der früheren Heere einen schlechten Ruf hatte]: *Gruppe von Menschen, die nichts taugt, Gruppe von Menschen, über die sich jemand ärgert.*
Bakkano, der (ST): *Bauerntölpel.*
båld, båll, båe ⟨Konj.⟩ [aus (so) bald]: *wenn (zeitlich):* båll i zrugg bin, meld i mi (= wenn ich zurück bin, melde ich mich).
Bålfn, Böfn: *siehe Pålfe.*
bålln ⟨ist⟩ [Verbalbildung zu Bålln]: **1.** *zusammenkleben* **2.** *Stollen bilden (vom Schnee).*
Bålln, Båen, der [mhd. balle (= Ballen an Händen oder Füßen)]: **1.** *Wade* **2.** *Fußballen* **3.** *Heu-, Strohballen.*
Bam|bårt, Bam|bort, Bam|båscht, der [zu Baum und Bart]: *Gewöhnlicher Baumbart (Usnea filipendula);* eine Flechte, die von Bäumen herabhängend wächst und charakteristische Flechtenbärte ausbildet (in Tirol werden für einzelne Figuren im Fasnachtsbrauch aus Bartflechten Ganzkörperanzüge gefertigt).
Bam|el, das [eigentlich: Baumöl zu mhd. boum (= Baum)] (ST): *Olivenöl.*
Bam|gratsche, die (La.) [mhd. boum (= Baum] + Gratsche: siehe dort)]: *Eichelhäher (Garrulus glandarius).*
Bam|hackl, Bam|haggl, der [1. Bestandteil: mhd. boum (= Baum); 2. Bestandteil Ableitung von mhd. hecken (= hauen, stechen); Schatz kennt noch Hackl in dieser Bedeutung; Bed. 3 ist also als Baumstecher zu deuten]: **1.** *Frostgeschwür an den Händen oder Füßen* **2.** (NT) *Schorfe auf der Haut* **3.** (ST) *Specht* ❖ **Bamhackl gehen** (dahinter wohl die Vorstellung vom Specht, der am Stamm direkt auf- und abgeht) *mit den Schiern in V-Stellung hangaufwärts steigen.*
bamig ⟨Adj.⟩ [mhd. boum (= Baum); der Baum ist ein Symbol für Stärke und Lebenslust] **1.** *fesch* **2.** *lustig* **3.** *toll, lobenswert.*
Bam|pecker, Bam|peck, der [1. Bestandteil: mhd. boum (= Baum); 2. Bestandteil: mhd. becken, Nebenform von picken]: **1.** *Vogel aus der Familie der Spechte (Picidae)* **2.** *Buntspecht (Dendrocopos major).*
ban, banen ⟨hat⟩ [mhd. bæhen, bæn (= bähen, erwärmen)]: **1.** *Holz durch Hitze in gebogene Form bringen* **2.** *toasten.*
ban [schwachtoniges bei dem]: *beim:* ban Ofn (= beim Ofen).

banånd(er) sein [mhd. bī + einander (= bei + der eine den anderen)]: *(gut, schlecht etc.) beisammen sein.*

Bångert, der [Zusammenziehung aus Baum und Garten]: *Wiesenstück unter dem Haus, Obstgarten.*

Bångger, Bånggert, Bånkert, der (ST) [mhd. banc-hart (= Bastard, uneheliches Kind; eigentlich: nicht im Ehebett, sondern auf der Schlafbank der Magd gezeugtes Kind); das zweite Element in Bankert schließt an das Namenselement -hart an, wie in Reinhart, Gebhart etc.]: *unfolgsames Kind.*

Bånk, die: **1.** *Sitzmöbel* **2.** *waagerechter (Gras-)Streifen in Steilhang oder Fels.*

bånne ⟨Adj.⟩ [entspricht standarddt. bange, das durch die Folge be- + mhd. ange (= eng, ängstlich) entstanden ist; verwandt mit Angst] (Pass.): **1.** *bang* **2.** *eng* **3.** *bedrückend.*

Bantl, das [Verkleinerung von Band] (auch bairisch-österreichisch): **1.** *kleines Band* **2.** *Schuhband* ❖ **jemanden am Bantl håbm:** *jemanden beherrschen.*

Båpp: *siehe Påpp.*

Bar, die [aus ital. bar, dieses entlehnt aus engl. bar (= Schranke, die Gastraum und Schankraum trennt), zu altfranz. barre (= Stange)]: **1.** (ST) *Stehlokal für Getränke, bes. Kaffee (nach italienischem Muster)* **2.** *Nachtlokal.*

Bär: *siehe Bear.*

Baraber, der [vielleicht zu oberital. barabba (= Landstreicher, Unterstandsloser); nach der biblischen Figur des Barabbas] (auch bairisch-österreichisch): **1.** *Bauarbeiter* **2.** *Schwerarbeiter* **3.** *ungehobelter Mensch.*

barabern ⟨hat⟩ (NT) [siehe Baraber]: **1.** *als Hilfsarbeiter am Bau oder im Straßenbau arbeiten* **2.** *(körperlich) schwer arbeiten.*

bårchen, bårchet ⟨Adj.⟩ [zu Barchet, siehe dort]: *aus Barchent bestehend.*

Bårchet, das [standarddt. meist maskulin; mhd. barchant, aus mittellat. barrachanum (= grober Wollstoff), über das Französische und Spanische zu arab. barrakān]: *Barchent (auf einer Seite aufgerauter Baumwollflanell).*

bår|fuasset, bår|fuasslt ⟨Adj.⟩ [eigentlich: barfüßig]: *barfuß.*

barig ⟨Adj.⟩ [mhd. bærec (= fruchttragend); verwandt mit gebären] (OT): *trächtig (vom Pferd).*

bärig: *siehe bearig.*

Bårm, Born, Bådn, der [mhd. barn, barm, baren (= Krippe), zu ahd. barn (= Krippe); auch in anderen Mundarten im Süden des Sprachraums]: *Futtertrog für das Vieh, Futterkrippe.*

bår|schink ⟨Adv.⟩ [1. Bestandteil: mhd. bar (= bar, blos); 2. Bestandteil: schinke (= Schenkel)] (OI, AF): *mit nackten Waden.*
Bårt, Båscht, der: **1.** *Bart* **2.** (Sa.) *Kinn (auch von Frauen und Kindern).*
båṛtat, båschtat, båṛchtat, båṛtig ⟨Adj.⟩: *bärtig.*
Baṛtile, das [zu Bart] (OT): *Babylätzchen.*
Baṛtl, das (Sa., Bozner U-Land): *Kinn (auch von Frauen und Kindern).*
barzelọna, borzelọna, borzelạna ⟨Interj.⟩ [Herkunft unklar] (ST): *Ausruf des Erstaunens.*
baṛzn: *siehe parzn.*
bås, bọs ⟨Adv.⟩ [mhd. und ahd. baʒ (= besser, mehr), ursprünglich unregelmäßiger Komparativ von wol (= gut, wohl, sehr, völlig); in der Wendung bass erstaunt sein (= sehr erstaunt sein) auch standardsprachlich vereinzelt noch in Gebrauch] (ST): **1.** *besser* **2.** *mehr* **3.** *schneller.*
baschta, basta ⟨Interj.⟩ [ital. basta]: *aus! Schluss jetzt!*
Basl, Base, die; Plural: Basln (ST, OT) [mhd. base (= Tante, Kusine)]: **1.** *Kusine* **2.** *Tante* **3.** *(entfernte) Verwandte.*
Baslguam, Basslgun, Baslgon, Baslkum, der [lautlich entstellt aus mittellat. basilicum, lat. basilicus, aus griech. basilikos (= königlich, wegen des edlen, würzigen Duftes); zu Bed. 2: viele Pflanzennamen wurden früher anders verwendet, die alten Bezeichnungen haben sich in den Mundarten erhalten] (UI): **1.** *Basilikum (Ocimum basilicum);* Gewürzpflanze aus der gleichnamigen Gattung Basilikum (*Ocimum*) der Familie der Lippenblütler **2.** (Deutschn.; vor allem mit der Lautung Basslgun) *Gartenbohnenkraut (Satureja hortensis), auch Sommerbohnenkraut oder Echtes Bohnenkraut genannt.*
Baßl|bam, der [siehe Boasslber, 2. Teil Baum] (OT): *Strauch der Berberitze.*
Baßla|staụda, die [siehe Boasslber, 2. Teil Staude]: *Berberitze (Berberis).*
Båtter, die: *siehe Bet(e).*
Batịlln, die [entstellt aus betulae, dem 2. Wort der wissenschaftichen Bezeichnung] (ST): *Rebstecher (Byctiscus betulae):* ein Käfer, der als Schädling an Weinreben auftritt.
Båtzn|lịppl, der: *siehe Pątznlịppl.*
Baụch|ribler, der [2. Wortteil zu reiben]: *kuscheliger Tanz zu langsamer Musik.*
Baụer, der [wie standarddt. Bauer (= Landwirt) zu mhd. (ge)būre, ahd. gibūro, zu būr (= Wohnung), eigentlich: Mitbewohner, Dorfgenosse (vielleicht Analogie zum Schachspiel)]: *einer der beiden äußersten Kegel im Kegelspiel.*

Bauern|bratl, das; Plural: ...bratln [eigentlich: Bauernbraten]: *gebratene Stücke vom Schwein, Lamm oder Schaf zusammen mit Kartoffeln und Knoblauch in der Pfanne gedünstet, Teil des traditionellen Hochzeitsmahls.*

baun ⟨hat⟩ (ST) [mhd. būwen, ahd. būan (= wohnen, bewohnen, Landwirtschaft betreiben); die heutige Hauptbedeutung (ein Haus bauen) ist jung (spätmhd.) und vermutlich eine Ableitung von Bau]: **1.** *pflügen* **2.** *den Acker bestellen.*

Baunze, die [etwas Kleines, Knolliges; verwandt mit Punze]: **1.** *knollenförmige, nudelartige Mehlspeise* **2.** (Zillt.) *Pflaume* **3.** *Kosewort für ein dickes Kind.*

Baunzerl, das (NT) [vom Autor des Zitats aus dem Wienerischen entlehnt]: *Vulva* „Dein Baunzerl is oans / is a netts und a kloans / is a schians und a feins / und des Baunzerl is meins." (Werner Pirchner: „Ein halbes Doppelalbum").

Bauschn, Beischn, der (ST, OT) [wie standarddt. Bausch zu mhd. būsch (= Wulst); zusätzliche Bedeutung in Südtirol]: *Heupaket für die Kühe.*

Bau|vich, das [eigentlich: Bauvieh; 1. Bestandteil: zu baun, siehe dort] (ST): *Zugtiere für den Pflug.*

Bau|vogl, der (OI) [wohl zu bauen in der Bedeutung pflügen]: *Bachstelze (Motacilla alba).*

Baz, der [vielleicht abgeleitet aus Påtzn, siehe dort] **1.** *breiige Masse* **2.** *Brei, Mus.*

bazig ⟨Adj.⟩ [zu Baz]: *breiig.*

bazn ⟨hat⟩ [zu Baz]: **1.** *zerdrücken* **2.** *mit Brei herumspielen.*

baz|woach [eigentlich: weich wie ein Baz] ⟨Adj.⟩: *sehr weich:* a bazwoache Birn essen ❖ **a bazwoachs Herz håbm:** *äußerst hilfsbereit und nachgiebig sein.*

be-, bi- als Präfix bei Verben: **be|deitn** (= bedeuten, andeuten); **be|deitschn** (= ausdeutschen); **sich be|gebm** (= nachgeben, verzichten); **be|kemmen** (+ Akk.= bekommen; + Dat.: begegnen); **sich be|kirnen** (= sich verschlucken); **be|lången** (= erreichen); **be|luxn** (= jemanden hinterlistig betrügen); **sich be|luxn** (= sich täuschen, sich verspekulieren); **be|nåchtn** (= in die Nacht kommen); **be|ratign** (= beraten); **be|tagglen** (= übervorteilen); **sich be|tearn** (= sich kümmern/interessieren) etc.; oft auch in Wörtern, die aus der Standardsprache entlehnt sind: **be|åchtn, be|dianen, be|gråbm, be|hauptn, be|neidn, be|weisn** etc.

Bear[1], Ber, der; Plural: Bearn, Bern [wie standarddt. Bär zu mhd. ber]: *Bär.*

Bear[2], der; Plural: Bearn, Bern [mhd. bēr und ahd. pēr (= Eber, Zuchteber); mit standardsprachlich Bär nicht verwandt]: *Eber, Zuchteber.*

Bear³, der; Plural: Bearn [Herkunft unklar; siehe auch derbearn]: **1.** *(Pass., Sa.) noch nicht ausgebreitete Graszeile* **2.** *(Pfun.) letzte Heufuhre.*

bearig ⟨Adj.⟩ [zu Bear¹ und/oder Bear²]: **1.** *kraftvoll* **2.** *großartig* (beliebtes Wort zur Aufwertung) **3.** *brünstig (von der Sau).*

Bearn|brånd, der (OI) [Grund der Benennung unklar; nicht ausgeschlossen, dass der zweite Wortteil aus ursprünglichem -pranke entstellt ist; vgl. standardsprachlich Bärenklau für *heracleum sphondylium*]: vermutlich *Bärenklau (Heracleum).*

Bearn|dreck, Bern|dreck, der [laut Kluge ein zunächst schweizerisches Wort, das Benennungsmotiv ist unklar, vielleicht, weil Bären Süßes lieben; demnach hätte Dreck hier die Bedeutung starke Süße, auch süddeutsch und österreichisch sowie schweizerisch; es ist unwahrscheinlich, dass die Benennung auf den Ulmer Süßwarenfabrikanten Karl Bär zurückgeht, der auf viele Lakritzarten teilweise europaweit Patente innehatte]: **1.** *Lakritze, auch Süßholz genannt (Glycyrrhiza glabra)* **2.** *Naschzeug aus dem Saft der Lakritze.*

Bearn|pråtzn, Bearn|tåtzn, die (meist als Pluralform verstanden) [nach der Form; oft auch Bärentatze]: *Hahnenkamm-Koralle (Ramaria botrytis).*

beas ⟨Adj.⟩ [mhd. bœse (= böse, gering, wertlos)]: **1.** *böse* **2.** (ST, OT) *gut, toll.*

Beaschta, die (Plural) [-er-Plural von mhd. borst, borste (= Borste); verwandt mit Bart]: *struppige Haare.*

beas|maulat ⟨Adj.⟩ [1. Bestandteil: dialektal für böse; 2. Bestandteil: siehe maulat]: *zu böser Nachrede neigend.*

Becker: *siehe Pecker.*

beckn: *siehe peckn.*

be|duselt ⟨Adj.⟩ [zu Disl, Dusl, siehe Disl] (OT): *(leicht) betrunken.*

befln, befn, befflen, beffel ⟨hat⟩ [zu standarddt. belfen (= keifen, kläffen, bellen; schimpfen), in Wörterbüchern mit dem Frequentativum belfern vermerkt; dialektal auch be(l)fzen; laut Kluge durchwegs Wörter für eine besondere Art des Bellens, mit regional unterschiedlichen Schattierungen in der Bedeutung; lautmalend in Anlehnung an bellen]: **1.** *keck zurückreden, das letzte Wort haben* **2.** *geifern.*

Bege, Beg, die [abgeleitet aus dem Pural von Bogen; siehe Radlbeg, Begradl, Schuppbeg]: **1.** *Gestell mit bogenförmigen Trägern* **2.** (Pf.) *flacher Schubkarren ohne Seitenwände.*

begilat ⟨Adj.⟩ [siehe Bege] (OT): *o-beinig.*

beggitzn ⟨hat⟩ [zu peckn mit intensivierender Endung -itzen und Bedeutungserweiterung; Schatz vermerkt: trocken hüsteln, klopfen, schlagen, einen fortwährend reizen, sticheln]: **1.** *hüsteln* **2.** *wimmern, winseln* **3.** *lästig sein.*

Beg|gråttn, der [1. Bestandteil: siehe Bege; 2. Bestandteil: eigentlich: Gratten (= Karren, Tragekorb); aus lat. cratis (= Flechtwerk, Gefüge); mhd. kratte, ahd. cratto, vgl. altengl. cræt: ursprünglich: geflochtener Wagenkorb; siehe auch Grattn und Schub-]: *Schubkarren.*
begln ⟨hat⟩ [ursprünglich: mit einem (heißen) Gerät Rundkrägen in Bogenform bringen, zu: Bögen machen]: *bügeln.*
Beg|radl, das [1. Bestandteil: siehe Bege; 2. Bestandteil: Rad [mhd. rat, ahd. rad, ursprünglich: das Rollende; vgl. lat. rota (= Rad)] (ST): *Schubkarren.*
Bei, Beide, Beije, die [aus mhd. bīe; die heutige Standardform geht auf mhd. bin(e), ahd. bini zurück] (ST): *Biene:* richt dir Bajin und Schof, leg di nider und schlof (= schaff dir Bienen und Schafe an, dann kannst du ruhig faulenzen) ❖ **Beidn wegn** (Bienen wiegen): *lustiges Spiel in Lüsen.*
Beijin|fåss, Bei|fassl, das [1. Bestandteil: siehe Beide]: *Bienenfass.*
Beijin|korb, der [1. Bestandteil: siehe Beide] (ST): *Bienenkorb.*
Beijin|stånd, der [1. Bestandteil: siehe Beide] (ST): *Bienenstand.*
Beijen|stock, der [1. Bestandteil: siehe Bei] (ST): *Bienenstock.*
Beile, die [wohl mhd. biule (= Beule)]: **1.** *eitrige Geschwulst* **2.** *verhärtete Haut an der Fußsohle.*
Beirische, das (ST, OT) [eigentlich: das Bäurische [mhd. (ge)biuresch, zu Bauer]: *Tracht.*
Beischl, Peischl, das [Verkleinerung von Bausch]: **1.** (auch bairisch-österreichisch; in D: Lungenhaschee): **1.** *Speise aus Innereien, besonders Lunge und Herz* **2.** (salopp) *Lunge; menschliche Eingeweide.*
Beischl|reisser, der (UI) [1. Bestandteil: siehe Beischl; 2. Bestandteil zu reißen] (scherzhaft): *starke Zigarette.*
Beiserl, das [Herkunft unklar] (Deutschn.): *ca. 10 Zentimeter langes Aststück, verwendet zum Beiserlziehen* (= einfaches Hirtenspiel mit einem Messer, bei dem der Verlierer ein Beiserl aus dem Boden ziehen muss).
Beiss, Beisse, die (ST, OT) [Substantivbildung zu beißen (= jucken)]: **1.** *Jucken, Juckreiz:* die Beisse haben **2.** *beißender Hautausschlag.*
Beisser, der: *Mann, der in der Lage ist, hart (verbissen) zu arbeiten.*
beissn ⟨hat⟩ [mhd. bīʒen (= beißen, stechen)] (auch bairisch-österreichisch): **1.** *beißen* **2.** *jucken:* z. B. eine raue Decke, ein Insektenstich.
Beiß|wurm, Beis|wurm der; Plural: Beißwirmer [2. Bestandteil: mhd. wurm (= Wurm, Insekt; Schlange, Drache; d. h. alles, was kriecht; vgl. Lindwurm (= Drache; verdeutlichend aus älterem *lind)]: *Schlange, Giftschlange, Kreuzotter.*

Beiß|wurm|grås, das (ST), **Beiss|wurm|pfårfl,** der (OT) [1. Bestandteil: siehe Beißwurm; 2. Wortteil siehe Pfårfl]: *Farnkraut, Keulen-Bärlapp (Lycopodium clavatum).*

Beita, die (Bozner U-Land): *Truthenne.*

Beita, der, die, das [Kurzform des Folgenden]: *schlimmes Kind.*

Beita|bua, -bui, der, **Beita|gitsche,** die, **Beita|madl, Beita|diandl,** das [1. Wortteil wohl aus dem Imperativ von mhd. bīten (= warten, jemandem Zeit/Frist geben) als Warnruf für Kinder: Baita! (= Lass es sein!)]: *schlimmer Bub bzw. schlimmes Mädchen.*

Beitl[1]**,** der [ahd. būtil; eigentlich: Aufgeschwollenes; gesamtdeutsch sind die Bedeutungen: sackähnliches Behältnis, Geldbörse] (auch bairisch-österreichisch) (derb): **1.** *Beutel* **2.** *Hodensack, Hoden* **3.** *Penis* **4.** *Trottel.*

-beitl[2]**, als 2. Bestandteil von Schimpfwörtern** (derb): **Hundsbeitl, Saubeitl** etc.

Beitl|huat, der: *Hut zur Festtagstracht der Frauen.*

beitln, beitlen, beitle ⟨hat⟩ [mhd. biuteln (= durch einen Mehlbeutel sieben)] (auch süddeutsch und österreichisch): **1.** *durchschütteln* **2.** *züchtigen.*

beitn ⟨hat⟩ (ST, OT) [mhd. bīten (= warten, jemandem Zeit/Frist geben)]: **1.** *leihen, anvertrauen* **2.** *verkaufen mit Fristerstreckung für die Zahlung:* i hånn im di Kua gebeitet.

be|kemmen, be|kemma ⟨ist⟩ [bekommen im Sinn von entgegenkommen]: *begegnen:* i hoff, es bekimmt mir neamp in dem Gwantl.

be|kirnen ⟨hat sich⟩ (reflexives Verb) [bei Oswald von Wolkenstein in der Bedeutung erbrechen belegt] (ST, OI): *sich verschlucken.*

be|lången ⟨hat⟩ [mhd. langen (= sich strecken, um etwas zu erreichen)], (in den meisten Dialekten in der Form der(g)langen): *erreichen.*

belfern ⟨hat⟩ [wohl zu bellen; vgl. befln] (NT): **1.** *bellen, knurren* **2.** *ständig zanken.*

be|luxn ⟨hat⟩ [laut Grimm von belugen abgeleitet (lugen = schauen), so wie abluchsen von ablugen]: *jemanden hinterlistig betrügen* ❖ **si beluxn:** *sich täuschen, sich verspekulieren.*

ben, behen ⟨hat⟩ [mhd. bæhen, bæjen (= erwärmen); vgl. ban(en)] (Deutschn.): **1.** *Holz trocknen* **2.** *Brot erwärmen.*

Benzerei, Penzerei, die [zu benzn, siehe dort]: *andauerndes Benzen.*

benzn, bemsn ⟨hat⟩ [aus beengetzen (= in die Enge treiben)] (auch bairisch-österreichisch): *ständig drängen, aufdringlich bitten.*

Benzn, das: *aufdringliches Drängen.*

Ber, der: *siehe Bear.*

Berg, der [neben der standarddt. Verwendung auch in zahlreichen Ortsbezeichnungen]: **1.** *das höher gelegene Gebiet einer Ortschaft:* Weer-

berg, Imsterberg **2.** *Alpe, Weidegebiet:* Kühberg, Schafberg, Geißberg, Sommerberg etc. **3.** (ST) *Bergwerk, Erzberg.*
Berg|fex, der [laut Kluge/Seebold möglicherweise analog zu dem seit dem 15. Jh. belegten Narrifex, das latein. Bildungen des Typs pontifex scherzhaft nachbildet]: *ins Bergsteigen vernarrter Mensch.*
Berg|måd, Berk|måd, Berg|mod, das; Plural: Bergmoder [2. Bestandteil: Mahd (= Grasfeld, das gemäht wird)]; zu mähen: *Bergwiese.*
Berg|mårch, das; Plural: Bergmarcher (im Plural wird das a nicht verdunkelt) (ST) [2. Bestandteil: Marke, Marker]: *Markierung der Schafe für den Sommer auf dem Berg.*
Berg|steckn, der [mhd. stecke (= Stecken, Knüttel, Pflock)]: *Gehstock zum Bergsteigen.*
Berg|tschure, die [2. Bestandteil: Tschure (= Kraushaar); vgl. Tschurl] (ST): *Alpenbraunelle (Prunella collaris); im Hochgebirge vorkommender Sperlingsvogel aus der Familie der Braunellen.*
berig: *siehe bearig.*
Bermant, der [verballhornt aus Wermut, dessen Herkunft unklar ist] (OT): **1.** *Pflanze des (Gemeinen) Wermut* **2.** *Wermuttee.*
Berschter, Borschtn, der (ST) [mhd. borste, ahd. bursta, Nebenform von mhd. borst, ahd. burst, eigentlich: Emporstehendes; siehe auch Borst]: *Borste.*
be|rumpfn ⟨Adj.⟩ (OI) [aus dem Partizip Perfekt von mhd. rümpfen; vgl. die Nase rümpfen]; **rumpfn** (Imst) (veraltet): *faltig, runzelig.*
be|scheissn, b|scheissn ⟨hat⟩ (derb): *betrügen.*
beschtia, weschtia ⟨Interj.⟩ [ital. bestia]: **1.** *Ausruf der Verwunderung, des Staunens* **2.** *Kanaille, böser Mensch.*
Best, das [aus dem Superlativ von gut]: *Preis beim Schießen, Kegeln.*
be|taggln ⟨hat⟩ [zu einem älteren teigeln, beteigeln: jemanden mit Teig beschmieren, jemanden anschmieren, betrügen]: *betrügen.*
betat, bettat, dabetn ⟨Adj.⟩ [eigentlich: Partizip Präsens zu beten]: *(zu) fromm, bigott.*
Bet(e), Better, Båtter, die [Substantivierung zu beten]: *Rosenkranz.*
be|tear, be|tuart ⟨Adj.⟩ [mhd. betœren (= zum Toren machen, betäuben)]: **1.** *schwerhörig* **2.** *taub.*
Bet|leitn, das: *Läuten zum Morgen- bzw. Abendgebet.*
betn ⟨hat⟩ [mhd. beten, ahd. betōn, mhd. beta (= Bitte)]: **1.** *beten* **2.** (Pass.) *schnurren (von der Katze).*
betoniarn ⟨hat⟩: *schlagen:* i betonier dir glei oane!
be|trogn ⟨Adv.⟩ [aus dem Partizip Perfekt von betrügen]: **1.** *täuschend* **2.** *ausgiebig:* das ist betrogn viel Arbeit (= mehr Arbeit als gedacht) **3.** *unangenehm, (unerwartet) schwierig:* I hab heut no a Wurzelbehandlung. – Oje, des is betrogn.

be|trọppezt ⟨Adj.⟩ (NT) [Lehnwort aus dem Wienerischen, unter Einfluss des Jiddischen; zu mhd. tropfezen (= Tröpfeln)]: **1.** *bestürzt, betroffen* **2.** *überrascht.*

Bẹtt|brunzer, der [2. Bestandteil: Nomen Agentis zu brunzn, siehe dort; belegt bei Schatz; dort auch die Variante Hosenbrunzer]: *Bettnässer (meist als Schimpfwort für einen Feigling).*

Bẹttl, der [ursprünglich: Bettelei und das Erbettelte, später dann Übergang zu wertloser Sache, verschmähte Gabe, ohne dass dabei an Betteln gedacht wird, die verhüllende Bezeichnung für Teufel ist schon bei Schatz vermerkt]: **1.** *schlechtes, minderwertiges Zeug* **2.** *Spielvariante, bei der man keinen Stich zu machen versucht (z. B. im Tarockspiel)* **3.** (ST, OT) *Teufel.*

Bẹtt|stått, die: *Bett.*

be|tuạrt ⟨Adj.⟩ [mhd. betœren (= zum Toren machen, betrügen, betäuben)] (ST, OT): **1.** *schwerhörig* **2.** *taub.*

Betụnele, das; Plural: Betunelen [mhd. batonje (= Schlüsselblume, Betonie), aus lat. betonia, der Name geht auf den keltischen Stamm der Vectones zurück, der in Lusitanien auf der iberischen Halbinsel lebte]: **1.** *Echte Schlüsselblume (Primula veris)* **2.** (Vin.) *nur für gezüchtete Pflanzen.*

be|tụslt: *siehe beduslt.*

bi-: *siehe be-.*

Biạrl: *siehe Birl.*

Biạsse, Biạssl, die, der oder das [ahd. pieza; zu lat. bēta (= Bete)]: **1.** *Mangold (Beta vulgaris subsp. vulgaris, Cicla-Gruppe und Flavescens-Gruppe)* **2.** *Blatt der roten Rübe (roten Beete) (Beta vulgaris subsp. vulgaris, Conditiva-Gruppe).*

Biạst, Biạscht: *siehe Piascht.*

biạtn ⟨hat bọtn⟩ [mhd. bieten, ahd. biotan; ursprünglich: auf etwas aufmerksam machen]: **1.** *(an)bieten* **2.** *Beim Kartenspiel ein Gebot abgeben, bieten:* Aufforderung an den Mitspieler zur Spielersteigerung (Lizitation, Reizen, Kontra) **3.** *das Kartenspiel Biatn (= Bieten) spielen:* des Biatn kommt gleich nach dem Einbrechen [scherzhafter Spruch, weil das Jagen (= Bluffen) ein wichtiges Element dieses Spiels ist].

Bịchele, das [Verkleinerungsform von Puchl, mhd. puchel (= Fackel)] (Prägraten) (veraltet): *Reisigbündel zum Feuermachen.*

Bịchl, der [mhd. bühel]: *Bühel, Hügel.*

bidẹrwig ⟨Adj.⟩ [mhd. biderbe und bidere (= tüchtig, nützlich), Ableitung von bedürfen (= dem Bedürfnis entsprechend, brauchbar); aus der anfangsbetonten Form entwickelt sich standarddt. bieder] (Def.): *unterentwickelt.*

Bifång, der (ST) [ahd. pifang (= eingefriedetes Feld)]: *Weidegrund.*
bifir ⟨Adv.⟩ (ST) [eigentlich: beifür]: *daneben:* bifir gehen.
Big, die (Plural) (ST) [der Singular Bug ist nicht mehr gebräuchlich; mhd. buc (= Schlag, Stoß)]: *Schläge.*
biggsln, biggslen ⟨hat⟩ [eigentlich: die (Geld-)Büchse beanspruchen] (salopp): *zahlen.*
Bilch, die (Def.), **Bilachle,** das (Virgen) [mhd. bilch, bilchmūs]: *Siebenschläfer (Glis glis).*
Bilg|oar, Bill|oa, das [mhd. pilgei (= Nestei)]: *Heckei, Lockei, (nachgemachtes) Ei, das den Hühnern ins Nest gelegt wird, damit sie dazulegen.*
bill|ritig ⟨Adj.⟩ [1. Wortteil zu bellen (= schreien), 2. Teil aus mhd. rīten (= aufreiten)]: *dauerbrünstig, ohne trächtig zu werden (von der Kuh).*
Bim|bam, der [lautmalend für das Glockenläuten, gesamtdeutsch] ❖ **heiliger Bimbam,** der [scherzhafte Verwendung von Bimbam als Heiligenname] (auch süddeutsch und österreichisch): *Ausdruck des Erstaunens oder um eine Aussage zu unterstreichen:* ach du heiliger Bimbam!
bi|nåchtn ⟨ist⟩ (ST, OT): *mit einer Tätigkeit in die Nacht kommen.*
Bin, Bine, die [wie standarddt. Bühne aus mhd. büne (= Bretterbühne, Zimmerdecke), weitere Herkunft unklar]: **1.** *Bühne* **2.** *erhöhter Lagerraum (im Stadel)* **3.** *Liegeraum für die Kühe im Stall.*
bin|ebn ⟨Adj.⟩ (ST) [1. Bestandteil: siehe Bin; 2. Bestandteil: mhd. eben, ahd. eban (= gleich hoch, flach)]: *ganz flach.*
Binggl, der [geht vermutlich auf ein nicht belegtes Bünkel zurück, mit der Bedeutung etwas Dickes, Knolliges; siehe Bunggile] (auch bairisch-österreichisch): **1.** *Bündel, persönliche Habseligkeiten:* „Geh Hansei, pack dei Binggei zsamm, mir gehen nach Bethlehem ..." ist der Beginn eines im Nordtiroler Unterland populären Anklöpfelliedes **2.** *Beule, Schwellung* **3.** *(unangenehmer) Mensch:* a aufgeblasener Binggl (= ein eingebildeter, überheblicher Mensch); a feiner Binggl (= jemand der vorgibt, fein und vornehm zu sein) **4.** (ST) *kleiner Hügel.*
Binte, Bintn, die: **1.** *Binde, Bandage* **2.** *breiter Ledergurt der Männertracht.*
Binter, der [Nomen Agentis zu binden]: *Fassbinder.*
Bint|schraufn, der [1. Bestandteil: Substantivbildung zu binden]: *Schraube, die zwei Ketten verbindet.*
Birch|wåsser, Birkn|wåsser, das [eigentlich: Birkenwasser; auch: Birkensaft]: *dünnflüssiges Harz der Birke,* kann pur getrunken oder vergoren werden.

Birl¹, Biarl, die (ST) [-il-Ableitung zu ahd. Verbs burien (= in die Höhe heben); gehört so wie Bürde und gebüren zu germ. *bera (= tragen)]: *Bühne oder Stangenlage unter dem Stadeldach zum Nachtrocknen des Heus.*

Birl², Bial(e), das (ST, OI) [Diminutiv von Burre; siehe dort]: **1.** *Ladung auf dem Heuschlitten* **2.** *Heuballen, der auf dem Rücken getragen wird.*

Birschl, Birschtl, das (meist abwertend oder drohend): *kleiner Bursche (mit fragwürdigem Charakter):* Wårt lei, Birschl, du kimst no in mei Gåssn! (Gåssn = Singular).

Birschtling, Burscht, der [eigentlich: Bürstling; von mhd. bürste (= die mit Borsten versehene)]: *Borstgras (Nardus stricta), kurzes, steifes Gras auf ungedüngten Wiesen.*

bis, bi (ST, UI) [mhd. bis, Imperativ von sein (von diesem Stamm wurden im Mhd. mehr Formen als heute gebildet: ich bin, dū bist, wir birn, ir birt und der Imperativ bis); heute lauten die Formen: wir sind, ihr seid und Imperativ sei; immer mit s gesprochen]: *sei:* bis stad! (= sei still!).

Bis, das (anders Biss; siehe dort) (NT): *Gebiss.*

bischt, bisch, bist [mhd. bist, 2. Person, Singular von sein]: *bist:* du bisch ålm so stad (= du bist immer so still).

bi|schimpft ⟨Adj.⟩ [mhd. schimpf (= Scherz, Spiel, Spott)] (Pust.): *spottlustig.*

Bischl, Buschl, Bischn, Buschn, der [mhd. büschel (= Bund, Büschel), mhd. busch (Busch, Gesträuch, Wald)]: *Blume (siehe auch Buschn):* **Bischl netzn:** *Blumen gießen.*

Bischl|g|schiar, Bischl|g|schirr, Buschn|g|schirr, das [1. Bestandteil: siehe Bischl; 2. Bestandteil: Mundartform von Geschirr, mhd. geschirre, ahd. giscirri; gehört zu scheren, also eigentlich: das Zurechtgeschnittene; hier mit der alten Bedeutung Gefäß]: *Blumentopf.*

Bisile, das (Plural) (ST): *Kücken.*

bisln ⟨hat⟩ [Herkunft unklar; die Herleitung aus einer Vermengung von nieseln und pissen ist unwahrscheinlich, weil beide Wörter in den Dialekten nicht vorkommen]: **1.** *urinieren* **2.** *leicht regnen.*

bisn¹ ⟨hat⟩ [mhd. bisen (= rennen wie ein von Bremsen geplagtes Vieh); gehört wie bisn² zu Besen: nach dem aufgestellten Schwanz der Tiere]: **1.** *rasch laufen (vor Freude, Lust oder Angst)* **2.** *(von Kühen) mit aufrechtem Schweif rennen, wenn sie von Bremsen gepeinigt werden* **3.** (ST) *scherzen.*

bisn², pfisn ⟨hat⟩ [Ableitung von mhd. besem (= Besen, Rute)]: *mit dem Schneebesen rühren.*

Bisna, der: [vgl. bisn] (Pfun.): *Schneebesen.*

Biss, Bis, der (Pust.) [aus beißen, mhd. bīzen]: **1.** *Hautjucken* **2.** *Trense, Beißbügel des Pferdes.*

Biss|gure, Biss|gur, Biss|gurn, die [vermutlich zu tschech. piskoř (= Schlammbeißer, ein Fisch, der beim Ergreifen einen pfeifenden Laut ausstößt), in Anlehnung an Biss und an dialektal Gurre (= schlechte Stute); auch bairisch-österreichisch]: *zänkische, tyrannische Frau.*
Bite, Bit, die [mhd. bite, bīt (= das Verweilen, das Zögern), zu ahd. bīta (= das Harren, das Warten)] (Pf.): **1.** *das Warten auf die Bezahlung* **2.** *das Borgen:* auf Bite geben.
Bitsche[1], der, Bitschele, das (ST) [über oberital. buccella aus lat. buccella]: **1.** *Brot* **2.** *Brotzeile* **3.** *runde Semmel.*
Bitsche[2], Bitschn, das [laut Schatz eigentlich der Totentrunk, nach den Broten, die als Almosen gespendet werden; daher zu Bitsche[1]; Bitschile, das (= Brot als Gabe am Armenseelentag)] (ST): *Totenmahl.*
Bitschei, das [Verkleinerung von Bitschn; siehe dort]: *kleine Milch- oder Wasserkanne.*
bitschn: *siehe pitschn.*
Bitschn, Bitsch, die [vgl. mittellat. buttis und butica (= Fass)]: *Kanne aus Holz oder Steingut (bemalt oder unbemalt, für Wasser oder Milch).*
Bittra(ch), Bitter, Pidrach, der, **Bitterle,** das [mhd. büterich (= Schlauch, Gefäß)] (ST, OT): **1.** *kleines Fass, Wasserfässchen mit Trinkpipe* **2.** *hölzener Behälter (ca. 7 Liter) mit Wasser (manchmal Wein) für die Arbeiter* **3.** (Villgr.) *Behälter für Fische.*
Bix, Bixe, die; Plural: Bixn [mhd. bühse]: **1.** *Blechbüchse* **2.** *Gewehr* **3.** *Buchse, Radlager* **4.** *Vagina* **5.** (abwertend) *Frau.*
bixln, bixlen ⟨hat⟩ [die Büchse beanspruchen] (salopp): *zahlen.*
Biz, der [ablautend zu Butz und Buz (= Kobold, Kinderschreck; auch: Kerngehäuse von Apfel oder Birne; nach einer alten abergläubischen Vorstellung, dass im Inneren von Früchten ein Kobold sitzt); mhd. butze (= Poltergeist, Schreckgespenst)]: **1.** *kleines Kind* **2.** *Knirps.*
Bizent, die [zu Zaun, bzw. zäunen: mhd. bizūne (= eingezäuntes Grundstück)] (Def.): *eingezäunter Weg im Weidegebiet.*
blå(b), blowe ⟨Adj.⟩ [zu mhd. bla, Gen. blawes (= blau)]: *blau.*
Blabling, Blebling, Blewei, Blåwaling, der [eigentlich: Bäuling; Pilz, der wegen seines großen blauen, violetten oder grünen Hutes so bezeichnet wird]: **1.** *vermutlich Frauentäubling (Russula cyanoxantha), auch Blautäubling genannt* **2.** *Menschen nach einem Alkoholrausch:* nach der Hochzeit hat es im ganzen Dorf hübsch viele Blablinge gebm.
blåb, blob, blowe ⟨Adj.⟩ [wie standardsprachlich blau zu mhd. blā (= blau), Genetiv blāwes; heute meist durch blau verdrängt]: *blau.*
blåb|gånset ⟨Adj.⟩ [1. Bestandteil: siehe blåb; 2. Bestandteil: siehe gånset] (Pass.): *weiß-blau gesprenkelt.*
blad ⟨Adj.⟩ [Partizip Perfekt von mhd. blæjen (= blähen), also ursprünglich: aufgebläht] (abwertend, Neumundart)]: *dick.*

Blade, der bzw. die; ein Blader (abwertend): *dicker, unförmiger Mensch*.
blådern ⟨hat⟩ [siehe Blåter] (NT): *beim Sieden Blasen werfen*.
blaggalen ⟨hat⟩ [Ableitung von mhd. phlac (= Aas)] (Achenkirch): *faulig riechen*.
blan, blanen ⟨hat⟩ [mhd. blaejen (= blähen); die Langform setzt voraus, dass das -n der Kurzform nicht mehr als ursprüngliche Endung erkannt und daher durch eine zweite Infinitivendung verdeutlicht wurde]: *blähen*.
blandern ⟨hat⟩ (NT) [Grimm kennt blandern als forstmännischen Fachausdruck; Schatz stellt es zu blenden: die Blender, d. h. die das Licht wegnehmenden Bäume herausschlagen]: *einzelne Bäume schlagen, ausforsten*.
blånga ⟨hat⟩ [mhd. belangen (= lang dünken)] (OI, AF): **1.** *das Ende herbeisehnen* **2.** *sich langweilen*.
blanget, blangig, blengisch ⟨Adj.⟩ [Ableitung von mhd. belange (= Verlangen)] (OI): *verlangend, etwas zu kosten/essen*.
blant, ge|blant ⟨Adj.⟩ (ST) [siehe blan und blad; die Form setzt den Infinitiv blanen voraus]: *aufgebläht*.
blåsn, blosn ⟨hat⟩ [wie standarddt. blasen zu mhd. blāsen, ahd. blāsan]: **1.** *blasen* **2.** *verjagen:* den wer i blosn **3.** *(viel) trinken*.
Blass, Bless, der; Plural: Blasse [Herkunft wie Blesse (= weißer Fleck auf der Stirn oder auf dem Nasenrücken von Pferden, Rindern etc.), mhd. blasse, ahd. blassa, verwandt mit blass]: **1.** *weißer Fleck* **2.** *Glatzkopf, Glatze*.
blasslt ⟨Adj.⟩ [mit einer Blesse versehen sein]: **1.** *mit einem weißen Fleck im Fell* **2.** *mit Glatze*.
Blatenigl, der; **Plåttntinele**, das [an die Wörter Blatt bzw. Platte angelehnte Weiterbildung von mhd. batonje (Schlüsselblume, Betonie), aus lat. betonia, das auf den keltischen Stamm der Vectones/Vettones zurückgeht, der in Lusitanien auf der iberischen Halbinsel lebte; siehe auch Eintragung Platenigl bei Fischer/Oswald/Adler]: *Aurikel oder Alpenaurikel (Primula auricula)*.
Blåter, Blåda, Bloter, Blotra, die; Plural: Blåtern [mhd. blātere, ahd. blāt(t)ara (= Wasserblase, Harnblase, Pocke), eigentlich: Geschwollenes, Aufgeblasenes]: **1.** *Blase im siedenden Wasser* **2.** *Harnblase* **3.** *Brandblase* **4.** *vereiste Stelle auf Wegen:* Eisblåter.
blåtern ⟨hat⟩: *Eisplatten bilden (von zufrierenden Bächen)*.
Blåtern, Blåttern, Blotern, die (Plural) [zu Blåter]: *Pocken*.
blatter|steppig ⟨Adj.⟩ [siehe Blåtern] (Ehrwald): *pockennarbig*.
Blattln, Blåttlen, die (Plural) [mhd. blat (= Blatt)]: *Speise aus Teigblättern, Krapfen ohne Füllung*.

blattln ⟨hat und ist⟩ [Ableitung von Blattl (kleines Blatt); siehe auch åblatteln (= abhauen)]: **1.** ⟨hat⟩ *blättern* **2.** ⟨ist⟩ *schnell laufen, sich schnell bewegen (auch mit Fahrzeugen).*
blauch ⟨Adj.⟩ [mhd. blūc (= zaghaft, schüchtern), kontrahiert aus blūwec, das vom Verb bliuwen (= bleuen, schlagen) abgeleitet ist)] (OT): *schüchtern.*
bleade, blea ⟨Adj.⟩ [mhd. blœde (= zaghaft, gebrechlich)]: **1.** *benommen, kraftlos* **2.** *geschmacklos, ungesalzen.*
Bleaß, die (ST) [mhd. blœze, abgeleitet von blōz (= nackt, bloß)]: *Lichtung im Wald.*
bleatan ⟨hat⟩ (Wildschönau) [Schatz kennt ein Verb blötern in den Bedeutungen heimgarten und (familienweise) essen und miteinander reden]: *Zillertalerisch reden.*
Blebling: *siehe Blabling.*
Blech|schinter, der [jemand, der das Blechinstrument schindet (= stark beansprucht)]: (scherzhaft): *Blechbläser.*
Bleck|årsch, der [1. Bestandteil: zu blecken, siehe blecket]: **1.** *das entblößte Gesäß* **2.** *Mehlschwalbe (Delichon urbicum).*
blecket, bleckat, bleckit, blecknt(ig) ⟨Adj.⟩ [zu blecken (= glänzend sichtbar werden; heute standarddt. fast nur noch in: die Zähne blecken); mhd. blecken (= blicken machen, aufblitzen lassen, durchscheinen lassen, entblößen), ahd. blecchen (= aufblitzen, glänzen)]: **1.** *entblößt, nackt* **2.** *ganz, total, prall:* die bleckate Sunn.
Bleckete, der [siehe blecket]: *das nackte Gesäß.*
blecketzn ⟨hat⟩ [wie blecket; siehe dort]: *blitzen, wetterleuchten.*
bleck|fuasset, bleck|fuisset, bleck|fuasslt ⟨Adj.⟩ (OT, ST) [1. Bestandteil: siehe bleckat; 2. Bestandteil: füßig]: *bloßfüßig, barfuß.*
bleckn ⟨ist⟩ [siehe blecket; vgl. standarddt.: der Hund bleckt die Zähne]: *sichtbar sein.*
bleck|schinket ⟨Adj.⟩ [siehe blecket]: *mit nackten Beinen.*
bleck|schtuzet, bleck|schtizet ⟨Adj.⟩ (ST, OT) [1. Bestandteil: siehe blecket; 2. Bestandteil: zu Stuz (= Stummel, Wadenstrumpf ohne Fußteil; derb für Fuß, Bein)]: *bloßfüßig, barfuß.*
bleffn ⟨hat⟩ [lautmalend; Ausgangspunkt entweder mhd. blēren (= blöken, schreien) oder verwandt mit standarddt. blaffen aus spätmhd. blaffen (= kurz bellen)] (ST): *weinen.*
Blegat, Blegit, das [eigentlich: das, was belegt] (ST): *Besatz (z. B. am Trachtenrock).*
bleggern[1] ⟨hat⟩ (ST) [wohl Weiterbildung von mhd. blecken (= aufleuchten, -blitzen); verwandt mit blitzen] (Pass.): *leuchten, strahlen, blinken.*
bleggern[2] ⟨hat⟩ [wie bleggetzn]: (Pf.) *plärren, weinen.*

bleggetzn ⟨hat⟩ (NT) [vielleicht lautmalendes Intensivum zu blöken; dieses aus niederdeutsch blēken]: **1.** *meckern (von Ziegen)* **2.** *meckernd lachen* **3.** *jammernd meckern.*
blengisch: *siehe blanget.*
Blerche, Blertsch, die: *siehe Bletschn.*
blessiarn ⟨hat⟩ [wie blessieren zu franz. blesser, aus dem Germ.; in der Standardsprache veraltet]: *verwunden, verletzen.*
Bletschn, Bletsche, Pflåtsche, Blerche, Blertsch, die [Grundbedeutung: etwas Großflächiges; laut Hornung zu mhd. bletiche, blateche (= Blätterwerk); dieses zu mhd. blat (= Blatt, Laub); Fischer/Oswald/Adler vermerken für den Alpen-Ampfer auch die Bezeichnungen Almplotschen und Scheißplotschen]: **1.** *großes Blatt (z. B. der Pestwurz)* **2.** (Pass.) *Alpen-Ampfer (Rumex alpinus)* **3.** *großes Ohr* **4.** (scherzhaft) *untere Mundpartie:* die Bletschn hängen lassen (traurig aussehen).
Blewei: *siehe Blabling.*
bliangg|augat ⟨Adj.⟩ [zu blianggn, siehe dort] (OT): *verschlafen, müde.*
blianggn ⟨hat⟩ [Ableitung von mhd. blehen öuge (= triefäugig)]: **1.** (NT) *blinzeln, zwinkern* **2.** (OT, UI): *wetterleuchten.*
bliatn ⟨hat⟩ [umgelautet zu mhd. bluoten (= Blut verlieren)]: *bluten.*
bliggetzn ⟨hat⟩ [-etzn-Ableitung von mhd. blicken (= blicken)]: *die Augenlieder schnell auf- und zumachen, blinzeln.*
blind, blint ⟨Adj.⟩ [mhd. und ahd. blint, ursprünglich: undeutlich schimmernd, fahl]: **1.** *blind* **2.** (Pass.) *leer:* blinte Kråpfn, blints Korn ❖ **blinder Spieler:** *Mitspieler beim Ladinern, der nicht wissen darf, was angesagt ist.*
Blind|bodn, der (OT): *Zwischendecke aus Holz.*
Blinde, Blinte, der; ein Blinter [siehe blint]: **1.** *blinder Mensch* **2.** *Schlag (= angesagte Zahl) beim Watten.*
blintig ⟨Adj.⟩ in Wendungen wie **a blintiger Herbst, a blintige Nåcht** [aus blind] (OT): *tiefer Herbst, Herbst, dem die Sonne fehlt, Nacht, der das Licht fehlt.*
Blissn, die (Plural) [Herkunft unklar]: *Baumnadeln (von Fichte, Föhre, Lärche etc.).*
Blissn|militz, die (ST): *scherzhaft für Förster.*
Blissn|rutscher, der (Deutschn.): *scherzhafte Bezeichnung für die Einwohner von Gummer (Gemeinde Karneid bei Bozen).*
blitzn ⟨hat⟩ [wie standarddt. blitzen, mhd. bliczen, ahd. bleckazzen, laut Duden eigentlich: wiederholt oder schnell aufleuchten; zusätzliche Bedeutung im Tirolischen]: *in Gesellschaft trinken.*
Bloake, Bloakn, die (NT) [wohl zu mhd. bleichen (= bleich machen)]: **1.** *Kahlstelle im Wald durch Erdrutsch oder Lawinenabgang* **2.** (OT) *Mure, Erdrutsch.*

Bloamach: *siehe Bluima(ch).*
bloass ⟨Adj.⟩ [wie standarddt. bloß zu mhd. blōz (= nackt; rein, unvermischt, verwandt mit blass)]: **1.** *rein* **2.** *ganz, völlig:* a bloaßer Esl **3.** *unverdünnt, pur (z. B von Flüssigkeiten).*
blob: *siehe blåb.*
blosn: *siehe blåsn.*
Bloter: *siehe Blåter.*
Blow|monti, der [eigentlich: blauer Montag, geht auf den Brauch zurück, an diesem Tag den Altar mit blauem oder violettem Tuch zu schmücken; 1. Bestandteil: siehe blåb] (ST): *Montag der Karwoche* (siehe Krumpmittig, siehe Tscherggerti).
bluat|nåckat ⟨Adj.⟩ [1. Bestandteil: ursprünglich vermutlich blutt (siehe dort), das als verstärkendes blut-, wie in blutjung (= außerordentlich jung), blutwenig (= ganz besonders wenig) etc. umgedeutet wurde]: *splitterfasernackt.*
Bluat|schink, Bluit|schinke, der [vermutlich zu Blut und Schinken (= Schenkel, Fuß), also Blutfuß]: **1.** *dämonischer Wassergeist (eine Sagengestalt)* **2.** *Schreckgestalt (um Kinder von etwas fernzuhalten)* **3.** *Vogelscheuche* **4.** *Name einer Musikgruppe aus dem Lechtal.*
Bluat|schwitzer, der (ST) [eigentlich: Blutschwitzer; Benennungsmotiv unklar; an den Stängeln findet man häufig weiße, schaumige Massen mit den Larven der dort Pflanzensäfte saugenden Schaumzikade *(Philaenus spumerius);* diese Schaumgebilde werden im Volksmund Kuckucksspeichel genannt, weil sie mit der Rückkehr des Kuckucks Anfang Mai in Verbindung gebracht werden]: *Kuckucks-Lichtnelke (Lynchis flos-cuculi).*
Bluats|tog, Heili|bluats|tog, der (ST, Ehrwald): *Fronleichnam (siehe auch Ãntlas).*
Blue, die oder das: **1.** *Blüte* **2.** *das Blühen.*
Bluier, Blui|wasch, der [zu bläuen (= schlagen), dieses zu mhd. bliuwen, ahd. bliuwan, weitere Herkunft unklar]: **1.** (Pass., Ehrwald) *Bläuer zum Klopfen von nasser Wäsche* **2.** *grobschlächtiger oder grober Mann.*
Bluima(ch), Bloamach, das [wie standarddt. Blume zu mhd. bluome (= Blume; Ertrag eines Landgutes, besonders an Gras und Heu); das auslautende -a ist Rest eines Kollektivsuffixes -ach]: *Heurückstände.*
Bluits|trepfl, das [Blutströpfchen] (OT): *Braunelle, Brunelle, Kohlröschen (Prunella).*
Bluit|wurze, die [die Blutwurz hat ihren Namen nach dem blutroten Saft, der beim Anschneiden aus dem gelblich-weißen Rhizom austritt; wirkt adstringierend und entzündungshemmend] (Pust.): *Blutwurz (Potentilla erecta).*
blunzat ⟨Adj.⟩ [zu Blunzn, siehe dort]: **1.** *dick* **2.** *plump.*

Blunzn, Blunsn, der oder die [mhd. blunsen (= aufblähen); eigentlich: Blähwurst; im Gegensatz zu anderen Dialekträumen ist Blunzn v. a. in Südtirol mask. und nicht fem.]: **1.** *Blutwurst* **2.** *dicker Mensch* ❖ (NT) **das ist mir blunzn:** *das ist mir völlig egal.*
blutt ⟨Adj.⟩ [mhd. blut (= bloß, nackt)]: **1.** *bloß, nackt* ❖ (NT) **blutt sein:** *kein Geld haben* **2.** (ST) *blanke (= einzelne) Karte einer Farbe:* i hån den Bauern blutt khåp (= ich habe nur den Bauern gehabt).
blutt|nåckat [1. Bestandteil: siehe blutt]: *völlig nackt.*
Boan[1]**, Buan, Ban,** das; Plural: Boaner, Buaner [wie standarddt. Bein (= Knochen) zu mhd. bein; die Bedeutung Knochen gilt für den gesamten Süden des deutschen Sprachraums; im Norden hat Bein eine andere Bedeutung: Körperteil vom Hüftgelenk bis zu den Zehen: **1.** *Knochen* **2.** (ST) *Kern des Steinobstes* **3.** *Horn* **4.** (Ehrwald) *senkrechter Schlittenpfosten (Träger).*
Boan[2]**, Buan,** die (Plural) (ST) [wie standarddt. Bohne zu mhd. bōne, ahd. bōna]: *Weiße Bohnen, meist Gärtnerbohnen (Phaseolus vulgaris):* die großen, nierenförmigen Samen (Bohnenkerne) werden aus den grünen Hülsen herausgelöst und können sowohl frisch als auch getrocknet in der Küche verwendet werden – im Gegensatz zur Grünen Bohne: bei dieser werden die grünen Hülsen samt Inhalt gemeinsam verzehrt).
Boan|grapscha, der, **Buan|gratsche, Buin|gregge,** die [1. Bestandteil: siehe Boan[1]; der Vogel erbeutet Reptilien und Säugetiere bis zur Größe junger Kaninchen, außerdem frisst er Aas; 2. Bestandteil: siehe Gratsche und Bambratsche]: *Eichelhäher (Garrulus glandarius).*
Boar, der, Plural Boarn, Boara: *Bayer:* „Miar Oberländer fölsa-föscht und wia die Fearner gfroara, / miar hockn in a Fölsanescht / und schiassn auf die Boara ..." ist der Beginn des bekanntesten Heimatliedes im Oberinntal (in Anspielung auf die mehrfachen Kämpfe mit Bayern erstmals 1899 veröffentlicht), SsÖ, S. 248.
Boar|fåck, der (OT) [Wortspiel zwischen Bär (= Eber) und Boar (= Bayer), nimmt wie das unter Boar zitierte Lied Bezug auf die kriegerischen Auseinandersetzungen der Tiroler im 18. Jh. und insbesondere 1809 im Zuge der Freiheitskämpfe]: *heute nicht mehr gebrauchtes, alten Menschen aber als Scherzbezeichnung noch erinnerliches Schimpfwort für einen Bayern.*
Boar|gobl, die (La.): *große Heugabel.*
Boarza, der (Ehrwald): *Reisigbündel.*
Boas, der [Substantivierung der mhd. Adverbform böse von mhd. bœse (= böse, schlecht, übel); vgl. beas] (Pust.): *Ärger, Verstimmung.*
boasig, boatatig ⟨Adj.⟩ [zu Boas, siehe dort] (Pf.): *böse.*
Boasit, der [ebenfalls zu boas] (La.): *Übermut, besonders bei Kindern.*
Boasit, das [zu Boass] (La.): *Milchquark, der zum Beizen bestimmt ist.*

boasn ⟨hat⟩ [siehe Boas]: *heftig klagen.*
Boas|nigl, der: *siehe Bosnigl.*
Boass, Boaz(e), die (NT) [mhd. beiʒe (= Beizmittel, Beizjagd), ahd. beiza (= Lauge, Alaun); zu beizen]: *Beize.*
Boassl, die [zu boassn²] (NT): *kleines Hagelkorn.*
Boassl|be(r)n, Boassla, Baßla, die (Plural) [1. Bestandteil: mhd. beize (= Beize, Lauge), Ableitung von boassn¹; eigentlich: die Beißende; verwandt mit standarddt. beizen; 2. Bestandteil: Beeren; diese haben einen säuerlichen Geschmack; siehe Eintragung Paslpir und Boaßlbir bei Fischer/Oswald/Adler]: **1.** *Beeren der Berberitze* **2.** *Staude der Berberitze, auch Sauerdorn oder Essigbeere genannt (Berberis vulgaris).*
boassn¹ ⟨hat⟩ [mhd. beize (= Beize, Lauge) zu ahd. beizen (= erregen, anstacheln); eigentlich: beißen machen]: **1.** *beizen* **2.** (OT, Pass.) *gären:* Kraut boassn.
boassn² ⟨hat⟩ mhd. bōʒen (= schlagen, klopfen); vgl. standardsprachlich bosseln (= an etwas mit Ausdauer arbeiten, basteln) und Amboss (= eiserner Block, auf dem der Schmied das Eisen schmiedet] (NT): *Obst abschlagen, abschütteln.*
boatn ⟨hat gebiten⟩ [mhd. beiten (= zögern, warten)]: **1.** *warten:* boat a boisl! (= warte ein wenig!) **2.** (Pf.) *leihen, die Zahlungsfrist verlängern* **3.** (Pf.) *büßen.*
Boatz, die [mhd. beiʒe (= Beizmittel, Beizjagd), ahd. beiza (= Lauge, Alaun); zu beizen]: *Beize.*
Boazner, der: **1.** *Einwohner von Bozen, Bozner* **2.** (ST, OT) *im Gasthaus (aus Dünkel) abseits sitzender Mensch.*
Bocht: *siehe Pocht.*
bock- als Präfix zur Verstärkung von Adjektiven [siehe Bock] (ST): **bockhert** (= beinhart); **bock|nårret** (= komplett verrückt); **bock|pumsig** (= übermütig, auf ein sexuelles Abenteuer aus sein); **bock|schtarr(e)** (= sehr steif) etc.
Bock, Bok, der [mhd. und ahd. boc, ursprünglich: Ziegenbock]: **1.** *Bock (männliche Gämse, Ziege etc.)* **2.** *Holzgestell* **3.** *so hohe Spielkarte, dass der Gegner eine Trumpfkarte braucht, um sie zu stechen* **4.** *noch nicht ausgebreitetes gemähtes Gras:* Bock ostechn (= die Heumahd beenden, das letzte Gras mähen).
bock|boanig, bock|buanig ⟨Adj.⟩ [auf die wilden Eigenschaften eines jungen Bocks anspielend]: *widerspenstig.*
bockat ⟨Adj.⟩: *zornig, launenhaft.*
bockelen, auch: **poggelen, peggeln** ⟨hat⟩ [zu Bock]: *wie ein oder nach Bock riechen.*
bock|geign ⟨hat⟩ (OI, Latz.): *mit dem Wetzstein über die stumpfe Seite der Sense streichen, so dass eine Art Katzenmusik entsteht.*

Bock|haut, die (abwertend) (Ehrwald): *primitiver Bauer.*
Bock|hitte, die, **Bock|loch,** das (OI, Pass.): *lasterhafte Bude (meist Gastbetrieb).*
bockig ⟨Adj.⟩ [zu Bock]: **1.** *brünstig (von der Ziege)* **2.** *widerspenstig.*
Bock|milch, die (Ehrwald): *Getränk (Buttermilch mit Wasser gemischt).*
bockn ⟨hat⟩ [zu Bock]: **1.** *brünstig sein (z. B. von der Ziege)* **2.** *widerspenstig sein* **3.** *närrisch tun, herumtollen.*
bock|starr ⟨Adj.⟩ [zu Bock, Bed. 2]: *ungelenkig, stocksteif.*
Bock|weibile, das (Pass.): *Eichelsieben bei den Wattkarten.*
bodn|scheich ⟨Adj.⟩ [mhd. schiuch, schüch, eine Nebenform von schiech (= scheu, verzagt; später auch mit der Bedeutung hässlich)]: *Hose, die nicht lang genug ist (d. h. den Boden scheut).*
Bodn|zug, der [Bodenzug] (ST): *ebener Streifen zwischen den Rebzeilen.*
Bofe, Bofer, bofn: *siehe Båfe, Båfer, båfn.*
Bois(l), Boisai, das; auch: **Bois(e),** die, **Boisal,** das (NT, OT) [über altfranz. poise aus lat. pensum (= Arbeitspensum)]: *eine Weile: boat a Boisl!*
boisnweis ⟨Adv.⟩ (NT, OT): *zeitweilig.*
Bolle, Boin, der oder die [bei Schatz mit weiteren Bedeutungen belegt: Knollen, kleines rundliches Ding, Hagelkorn; mhd. bolle (= Knospe, kugelförmiges Gefäß), ahd. polla, ursprünglich: Knollenartiges]: *Heupack.*
bolln ⟨hat⟩ [mhd. bolle (= Knospe), in Altdialekten hat Polle die Bedeutungen Knolle, Blütenkapsel etc.)]: *leicht schneien.*
Bolze, Bolz, Boitzn, der [wie standarddt. Bolzen zu mhd. bolz(e), ahd. bolz(o), über rom. (cada-)bultjo aus lat. catapulta (= Wurfmaschine, Wurfgeschoß), aus griech. katapeltēs (= Schleudermaschine); zusätzliche Bedeutung in Tirol]: *Bolz, Stützpflock.*
Bombola, die [ital. bombola]: (ST) *Gasflasche.*
Bona, die [ital. buona]: (ST) *attraktive Frau.*
Borscht, der (ST, OT) [mhd. borst (= Borste), verwandt mit Bürste; siehe auch Berster]: **1.** *borstiges Gras:* in Borscht stian låssn (einen Grasstreifen als Grenzmarke stehen lassen) **2.** (Pass.) *Gamsbart.*
Bor|winte, die [eigentlich: Bohrwinde] (ST): *Handbohrmaschine.*
Boschn, Buschn, Bötscha der (NT) [mhd. bosch(e) (= Busch, Gesträuch, Wald), zu ahd. busc, bosc (= Gebüsch); auffällig ist die Nähe zu mittellat. buscus, boscus (= Wald), franz. bois und ital. bosco, aber die genauen Herkunftsverhältnisse sind unklar]: **1.** *Fichtensetzling, junges Nadelholz* **2.** *Strauch.*
Bosniagg, der [Bosniak; zu kroat. und serb. bosnjak; früher abwertend statt Bosnier; heute offiziell für eine Ethnie im ehemaligen Jugoslawien; außerdem werden die Einwohner des Staates Bosnien und

Herzogowina unabhängig von ihrer Zugehörigkeit zu einer Ethnie so bezeichnet] (Küchensprache): *kleines Roggenbrot.*

Bọs|nigl, Bọas|nigl, der [zu Nigl, siehe dort; ursprünglich Spielform von Nikolaus für einen kleinen Menschen oder Kobold; vgl. Bösewicht]: *boshafter Mensch.*

Bọ̈ttach, Pọ̈ttach, der; Verkleinerungsform: **Bọ̈ttal,** das (Zillt.) [mhd. botech, ahd. potach (= Rumpf)] (veraltet): *Körper, Leib, Rumpf:* „Bua, hascht du a schians Weib, / dia hat woll a schneaweißn Leib, / iatz hascht sie ganz alluan / kuanar kun iahr was tuan, / a Böttal fein lind / und afs Jahr a schians Kind." (Aus „Zillertaler Reimkunst" von Erich Hupfauf).

Bọtter: *siehe Bete.*

Bọxele, Bọxal, Bọxta, Bụxele, Bọx|hörndl, das [aus dem 1. Bestandteil von Bockshorn (nach der Form der Schoten) mit Verkleinerungsendung]: **1.** *Frucht des Johannisbrotbaumes, in Ö Bockshörndlbaum genannt (Ceratonia siliqua)* **2.** *kleine geräucherte Hartwurst.*

Bọxile|volk, das [1. Bestandteil: siehe Boxele] (ST, Strassen): **1.** *Gesindel* **2.** *leichtes Völkchen.*

Bråch, die [mhd. brāche (= Umbrechung des Bodens nach der Ernte); umgebrochen liegendes, aber unbesätes Land; zu brechen im Sinn von pflügen]: *das Brachliegen; die Brache, das Brachfeld, der Brachacker*
❖ **der Acker ist in der Brach: 1.** *der Acker ist unbestellt, unbebaut* **2.** *der Acker ist gepflügt, aber nicht besät.*

Brǻcher, brǻchn: *siehe Brocher, brochn.*

Brǻcht, der [mhd. und ahd. praht (= Lärm, Geschrei); Ableitung von mhd. brehten, bei Oswald von Wolkenstein als prächten (= reden) belegt; siehe brechtn; die standarddt. Bedeutungsentwicklung von Pracht (anfangs wohl lauter Beifall) laut Kluge in Anlehnung an prangen] (ST, OT) ❖ **an Brǻcht håbm:** *sich unterhalten, diskutieren.*

brǻchtig ⟨Adj.⟩ [brǻchtn ist bei Schatz auch in der Bedeutung prahlen belegt]: stolz, hochfahrend.

brǻchtign ⟨hat⟩ [zu Brǻcht] (OT, La.): *reden, brabbeln (von Kleinkindern).*

brǻchtn, brǻchtn ⟨hat⟩ [siehe Bracht] (ST): **1.** *reden:* går schun brachtn kånn se (= sie kann sogar schon reden); er hats kaum mehr derprachtit (= er konnte kaum noch reden) **2.** *plaudern.*

Brǻgger, der [zu braggn, siehe dort]: *Teppichklopfer.*

brǻggn ⟨hat⟩ [Herkunft wie pracken, eine Nebenform von brechen]: *schlagen.*

Brǻggs(e): *siehe Brax.*

Brạm(ach), das (Zillt.) [neben ahd. prāmmia, das umgelautet wird, ein prāma, das zu mhd. brāme (= Brombeerstrauch) führt; vgl. Brom] (Zillt.): *Gestrüpp der Brombeere.*

Brånd, Brånt, der [ursprünglich: durch Brandrodung entstandenes waldloses Gebiet, durch Brennen entstandene freie Fläche; in zahlreichen Ortsnamen] (OT, ST): *Holzschlag, Waldlichtung.*
Brantele, Brånd|retele, das; **Brånter,** der (ST, OT) [wohl zu brennen]: **1.** *Rotkehlchen (Erithacus rubecula)* **2.** *Gartenrotschwanz (Phoenicurus phoenicurus) und Hausrotschwanz (Phoenicurus ochruros).*
brantig ⟨Adj.⟩ [zu brennen]: **1.** *angebrannt (brantig riechen)* **2.** *wegen Alkoholkonsum durstig.*
Brantsch, die [Herkunft unklar; vielleicht zu franz. branche (= Ast, Abteilung, Bereich)]: **1.** *Schar* **2.** *Bande, Gesindel.*
Brat, das [mhd. gebræte (= Fleisch); sonst nur fachsprachlich]: *fein gehacktes Fleisch ohne Knochen als Füllung für Wurst.*
Bråter, der: *siehe Broter.*
bratig ⟨Adj.⟩ [zu braten] (ST): *drückend heiß, schwül.*
Bratschn, Bratsch, die (Plural) [mhd. brätsche (= Schale der Nüsse bzw. Hülsenfrüchte) aus rom. paratscha; vgl. pratschn (= entblättern, enthülsen) und schweizerisch prätschen (= schlagen)]: **1.** *Deckblätter des Maiskolbens* **2.** (Bozner U-Land) *Schale der Trauben* **3.** (Bozner U-Land) *Kämme und Stiele der Traube (das, was an nach Entfernung der Weinbeeren übrigbleibt)* **4.** (La.) *Reste von gepressten Früchten (auch Honigwaben).*
bråt|schell(ig), bråt|riam(ig) ⟨Adj.⟩ [laut Finsterwalder aus brātes hel(lic) von mhd. hel(lic) (= schwach, matt) und mhd. brāt (= Fleisch, Weichteile des Körpers); mhd. rieme bezeichnet nicht nur einen Leder-, sondern auch einen Fleischstreifen]: *muskelsteif.*
bratschn[1] ⟨hat⟩ [zu Bratsch]: *Hülsenfrüchte (Nüsse, Kastanien) von ihrer Hülle befreien.*
bratschn[2] ⟨hat⟩ (ST) [zu bretschn; siehe dort]: *alles weitererzählen, verpetzen.*
Braun|eigila, die (Plural) [eigentlich Braunäuglein; laut Kluge beruht die alte Bedeutung von ahd., mhd. brun (= violett) auf einer Entlehnung aus lateinisch prunum (= Pflaume) zur Bezeichnung der Farbe dieser Frucht] (Pf.): *Alpenprimel (Primula clusiana).*
Brax, Braxn, die [eigentlich: Brächse, Bragse; zu braggn]: *Hackmesser zum Hacken von Ästen, Streu, Fleisch.*
Breatl, das [Verkleinerungsform von Brot]: **1.** *Brotlaib, Fladenbrot* **2.** *Keks.*
Brechl, die [Substantivableitung von brechen, in diesem Fall: Flachs brechen]: *Gerät zum Bearbeiten von Flachs.*
brechtn ⟨hat⟩ [mhd. brehten (= rufen, schreien, lärmen); siehe Brächt und brachtn] (Pust.): **1.** *reden* **2.** *sich unterhalten, erzählen.*
Brein, Brei, der [mhd. brie, ahd. bri(w)o; das -n vielleicht aus Breinach]: *Brei.*

Breina(ch), Breinite, das [Kollektivbildung zu Brei mit -n als Gleitlaut] (OT): *angeröstetes Mehl, Einbrenn.*
Brein|muas, das [siehe Breinach] (OT): *Wassermus.*
Breme, Bremm, die [mhd. breme (= Bremse, Stechfliege)]: *Bremse (Tabanus bovinus) oder eine andere Art innerhalb der Bremsen (Tabanidae).*
bremen, brimen ⟨hat⟩ (ST, OT) [mhd. bremen (= brummen, brüllen)]: *brünstig sein (vom Schwein).*
bremig ⟨Adj.⟩ [siehe bremen] (ST, OT): **1.** *brünstig (vom Schwein)* **2.** *gierig.*
Brem|radl, das [siehe bremen, wobei die Bedeutung brummen, summen zugrunde liegt] (ST, OT): *Kreisel.*
Brennete Liab, Brinnete Liab (ST) [eigentlich: Brennende Liebe; als sich die Südtiroler entscheiden mussten, ob sie im Land bleiben (Dableiber) oder auswandern (Optanten), war die Pflanze ein Symbol für Treue und Heimatverbundheit]: *rote Pelargonie* (für die als Balkonpflanzen gezüchteten Arten ist umgangssprachlich noch die Bezeichnung Geranie üblich).
Brenn|suppe, Brenn|suppm, die [1. Bestandteil: zu brennen] (Küchensprache) (auch bairisch-österreichisch): *Mehlsuppe, Einbrennsuppe*
❖ **nit auf da Brennsuppm dahergschwommen sein:** *nicht naiv sein, sich gut auskennen.*
Brente¹, Brentn, Brinta, die [aus indogerm. *bhrentos (= Geweihträger, Hirsch); Gefäßbezeichnung, weil aus der Haut der Tiere Behälter hergestellt wurden]: **1.** *Schüssel aus Holz, Gefäß aus Holz* **2.** *dicke Frau.*
Brente², Brinta, die [wie Brente¹ aus indogerm. *bhrentos (= Geweihträger, Hirsch); der Talnebel wurde so bezeichnet, weil man ihn sich ursprünglich als dämonisches tierisches Wesen vorstellte, wie gewisse Sagenelemente nahelegen; laut Kluge/Seebold ein Alpenwort, das in germ. und rom. Sprachen verbreitet ist; vgl. ital. brenta] (OI, Ehrwald): *dichter Nebel.*
Bretsch, Bretsche, Britscha, die [wohl Kürzung der bei Schatz belegten Labratsche, Lobratsch, die auf ital. labbro (= Lippe) zurückgeführt wird]: *weinerliches Gesicht* ❖ **Bretschele måchn:** *das Gesicht weinerlich verziehen.*
bretschn¹ ⟨hat⟩ [aus Bretsch] (ST): *das Gesicht verziehen.*
bretschn², bretschn ⟨hat⟩ [Herkunft unklar] (OT): **1.** *tratschen* **2.** *verraten, preisgeben.*
Brette, die [Herkunft unklar]: *Schorf, Hautkruste.*
Brettl, Bredl, das [Verkleinerung von Brett]: **1.** *kleines Brett* **2.** *Jausenbrettl (Brett zum Servieren einer Jause)* **3.** (im Plural) *Skier* **4.** *Snowboard.*
brettl|ebm, bredl|ebm ⟨Adj.⟩ (NT) [1. Bestandteil: siehe Brettl]: *flach wie ein Brett.*

brill|ritig, brill|rittig ⟨Adj.⟩ (ST) [1. Bestandteil: zu brüllen; 2. Bestandteil: zu reiten]: **1.** *nur scheinbar aufnahmebereit (Kuh)* **2.** (Pass.) *nymphoman (Frau)*.
Briaggele: *siehe Priaggele*.
brillo ⟨Adv.⟩ [ital. brillo] (salopp) (ST): *betrunken*.
brinnen, brennen ⟨hat gebrunn(en)⟩ [wie standarddt. brennen zu mhd. brennen, ahd. brennan, Veranlassungswort zu mhd. brinnen, ahd. brinnan (= brennen, leuchten), ursprünglich: (auf)wallen, sieden (die züngelnden Flammen wurden mit dem siedenden Wasser verglichen); zusätzliche Bedeutung in Tirol]: *gärig werden (vom Heu)*.
Brintschl, das (OT): *angebranntes Mus*.
brintschelen ⟨hat⟩ (ST, OT) **brinsala** (Ehrwald) [zu brennen, ursprünglich brinnetzn; vgl. brenzeln und brennen]: *nach Angebranntem oder Verbranntem riechen*.
Brinze, Brintsche, die, meist im Plural: Brinzn [vgl. brintschelen: d. h. die Brinze ist das Angebrannte; bairisch Brünse (= Speisekruste)]: **1.** *angebratene Speisereste im Geschirr* **2.** (OT) *angebrannte Polenta*.
brinzln ⟨hat⟩ [umlautend zu brunzn, siehe dort] (La.): *urinieren*.
brischtig ⟨Adj.⟩ [mhd. brestec (= gebrechlich)]: *leicht (zer)brechend, brüchig*.
Brischtl, das [eigentlich: Brüstlein]: **1.** *Brusttuch* **2.** *Weste*.
Britsche, britschln: *siehe Pritsche, pritschln*.
Broase, Broas, der, **Broasma, Brusmen, Bruasn,** die (Plural) [wie standarddt. Brösel zu mhd. brōsemlīn, aus dem auch das Wort Brosame entstanden ist]: **1.** *Brösel* **2.** *Krume vom Brot* **3.** *Teig* **4.** *Mehl*.
broasn ⟨hat⟩: *bröseln*.
broata|schilli ⟨Adj.⟩ [laut Finsterwalder aus brātes hel(lic) von mhd. hel(lic) (= schwach, matt) und mhd. brāt (= Fleisch); vgl. brāt|schell(ig)] (Deutschn.): *muskelsteif*.
Broater, der [zu Brot] (Pass.): *Bäcker*.
Broat|håcke, die [eigentlich: Breithacke]: *breite Zimmermannshacke*.
Broat|kiachl, das [1. Bestandteil: Brot; 2. Bestandteil: wie Küchel (= Schmalgebackenes, Krapfen), zu Kuchen] (NT, Pf.): *zwei Scheiben Weißbrot werden mit Marmelade bestrichen, zusammengelegt, in Tunkteig getaucht und in Fett gebacken*.
Broat|klea, der [eigentlich: Brotklee]: *Bezeichnung für eine Gruppe von Kräutern, die in pulverisierter oder getrockneter Form in Brotteig gemischt werden; sie erzeugen einen rustikalen Geschmack* (in Südtirol verwendet man Schabzigerklee unter dem Namen Zigainerkraut als typisches Brotgewürz für das Vinschgauer Fladenbrot, Schüttelbrot und für Roggenbrote).

broat|maulat ⟨Adj.⟩ [1. Bestandteil breit, 2. Bestandteil: zu maulat, siehe dort]: *großmäulig.*
Broat|rume, der [2. Wortteil: mhd. rame (= Gestell, Rahmen)] (OT): *Regal für Brotlaibe.*
Brocher, Broch|kefer, der (ST) [mhd. brāch (= Umbrechen des Bodens nach der Ernte)] **1.** *Gerippter Brachkäfer (Amphimallon solstitiale), auch Junikäfer genannt* (allerdings werden auch andere Käfer volkstümlich als Junikäfer bezeichnet) **2.** (Sa.): *Feldmaikäfer (Melolontha melolontha), auch als Gemeiner Maikäfer bekannt.*
brochn ⟨hat⟩ [siehe Brocher]: *den Acker pflügen.*
brockn; auch: **å|brockn** ⟨hat⟩ [mhd. brocken, ahd. brocchōn; zu brechen; gesamtdeutsch: in Brocken zerteilen, brechen] (auch süddeutsch und österreichisch): **1.** *pflücken, ernten* (Äpfel, Beeren, Blumen, Pilze etc.) **2.** (ST) *Laubbäume händisch entlauben.*
Brodler¹, der, in Pfun.: **Brolla, Brollarin** [laut Schatz zu mhd. brogen (= großtun), zumal es im Dialekt auch gleichbedeutend brogeln und Brogler gegeben hat] (ST): *Leittier, der oder die erste in einer Kategorie.*
Brodler², der (NT) [zu brodln, siehe dort]: *jemand, der Zeit vertrödelt.*
brodln, umadum|brodln ⟨hat⟩ (NT) [mhd. brodelen, vermutlich zu Brühe; gesamtdt. heute mit der Bedeutung aufwallen; die Vorsilbe herum- dient der Verstärkung] (auch bairisch): *Zeit vertrödeln, eine Tätigkeit sehr langsam verrichten und deshalb nicht vorankommen.*
Brom, Brum, die; Plural: Bromin [vgl. Bram(ach) (= Gestrüpp der Waldbeeren); zu mhd. brāme (= Dornstrauch, Brombeerstrauch)] (ST): *Heidel- bzw. Preiselbeerpflanze.*
Bronft, Branft, der [durch Agglutination des bestimmten Art. aus mhd. ranft (= Rand, Einfassung)] (Sa.): *Rand.*
Brosn: *siehe Broase.*
Broter, der [zu braten]: **1.** *gebratene Breispeise (z. B. Polenta)* **2.** *(Taschen)uhr* **3.** (UI): *spezieller Topfen als Krapfenfülle:* **Brodakråpfm.**
brottl(e)n ⟨hat⟩ [Herkunft unklar]: *brummen, schelten, zanken.*
Bruach, die [zu mhd. bruoch (= Hose um Hüfte und Oberschenkel, an der ursprünglich die Hose als Schenkelbekleidung befestigt war)] (NT): *der Bauchgurt des Zugpferdes.*
Bruck, der (OT): *harter Brotbrocken.*
Brumbl, die [mhd. brāme (= Dornstrauch, Brombeerstrauch), das auch im standarddt. Wort Brombeere steckt] (ST, OT): **1.** *Gewöhnliche Berberitze (Berberis vulgaris) auch Sauerdorn, Essigbeere oder Echte Berberitze genannt;* Strauch aus der Familie der Berberitzengewächse (Berberidaceae) **2.** *Brombeere (Rubus sectio Rubus).*
brumbln, brummln ⟨hat⟩: *(scharf) tadeln, schelten.*

Brumbl|staude, die [siehe Brumbl]: *Strauch der Brombeere (Rubus sectio Rubus).*
brumm ⟨Konj.⟩ (ST): *warum* ❖ **fi brumm, wegn brumm:** *warum, weshalb, wieso.*
Brummlen, Brummber, die (Plural) [siehe Brumbl] (Vin.): *Beeren der Gewöhnlichen Berberitze (Berberis vulgaris).*
brunzeln, brunzelen ⟨hat⟩ [zu brunzen mit verkleinerndem -eln]: *nach Harn riechen.*
Brunzer, der: **1.** *Pisser* **2.** (Pass.) *Penis.*
Brunzet, Brunzat, das (NT) [zu brunzn, siehe dort]: *Harn.*
brunzn ⟨hat⟩ [mhd. brunnezen, Intensivbildung zu brunnen (= hervorquellen); verwandt mit dem Substantiv Brunnen] (auch bairisch-österreichisch): *urinieren.*
Brunz|winkl, der (NT, OT) (derb, auch scherzhaft): *Pissoir.*
Brus, der [Herkunft unklar] (Prägraten): abwertend für Lippen.
Bruschta, Bruschti, das; Plural: Brustager, Brustiger [zu Brust; 2. Bestandteil: abgeschliffenes -tuch] (ST): **1.** *Leibchen zur Männertracht* **2.** *Brustteil der Schürze.*
brusig ⟨Adj.⟩ [siehe Broase] (OT): *um den Mund schmutzig.*
Brusmen, Bruasn, Brusn: *siehe Broase.*
brusn, broasn ⟨hat⟩ [siehe Broase]: *bröseln.*
bschian ⟨hat⟩ [eigentlich: beschönen] (ST): *sich einschmeicheln, sich durch schmeichelnde Worte herausreden wollen.*
Bschoad tun ⟨hat Bschoad getan⟩ [Ableitung von mhd. bescheiden in der Bedeutung kundtun]: *auf das Wohl trinken, anstoßen.*
bseichn, bseidn ⟨hat⟩ [mhd. sīen, sīhen (= tröpfelnd fließen)]: *weniger Milch geben (von den Kühen).*
bsindan, bsundern ⟨hat⟩ [mit Umlaut zu bsunder] (Zillt.): *ausgrenzen, benachteiligen.*
bsinnen, bsintn ⟨hat bsunnen/gibsuntn⟩: *sich erinnern:* auf des hånn i mi nit bsunnen.
Bsin|ter, der [wie Sinter zu mhd. sinter, sinder, ahd. sintar (= Metallschlacke)] (Stubaital): *Sinter, Metallschlacke.*
Bsuf, Bsuff, der [zu (be)saufen]: *Trunkenbold.*
bsunder [bei + mhd. sunder (= abgesondert)] ⟨Adv.⟩ *abgesondert, getrennt.*
bua, bui, bualein ⟨Interj.⟩ [vom Substantiv Bua; vergleichbar mit dem Ausruf Mensch! in Norddeutschland oder Alter! in der Jugendsprache]: *Marker am Beginn eines Redebeitrags, um Aufmerksamkeit zu erwecken – mehr noch, um der Aussage Nachdruck zu verleihen, bzw. diese zu verstärken:* Bua, kalt is heut (= Mensch, es ist wirklich sehr kalt).

Bua, Bui, der [mhd. buobe (= Knabe, Diener, zuchtloser Mensch, Spieler)]: Normalform für ein männliches Kind bis zum Alter von 14 oder 15 Jahren: **1.** *Bub, Bursch, junger Mann* **2.** *Sohn: sein Bua* **3.** *Geliebter, Liebhaber:* „Die Sennrin von der hohen Ålmhüttn, / die tuat ihrn Buam recht schön bittn, / er mecht ihr amål ihrn Kaskessl kittn, / weil er ållweil rinnt bei der Mittn: / ‚I bitt di hålt, kimm fei båld!'" (Aus dem aus Osttirol stammenden Lied „Die Sennrin von der hohen Ålmüttn").

Buabm|fescht, das (ST): *Standesfest der Jungmänner (Stephanstag, 26. Dezember).*

Buabm|pfnåttl, das [2. Bestandteil: vielleicht zu pfnattern; siehe dort] (OT, La.): *Mädchen, das lieber mit Buben spielt.*

Buacheler, die (Plural) [Ableitung von Buche]: *Bucheckern, Früchte (Achäne) der Rotbuche (Fagus sylvatica).*

Buach|nissla, die (Plural) [Ableitung von Buche; 2. Wortteil zu Nuss] (Ehrwald): *Bucheckern.*

Buadle: *siehe Purre.*

Buag, Bueg, der, Plural: Biag [aus mhd. buoc (= Schulter, Gelenk), verwandt mit biegen] (NT): *menschlicher oder tierischer Fuß (in D: Bein):* ziachts eure Biag ein, sonst fallt oaner drüber!

buagln ⟨ist⟩ [zu Buag] (NT): *daherwatscheln.*

Buam|tratzer, der [1. Bestandteil: Bua; 2. Bestandteil: Substantivbildung zum Verb tratzen (= reizen); mhd. tratzen, tretzen, trutzen (= trotzen; reizen, necken] (OT): *Busenflor (durchscheinendes Tuch).*

Buan: *siehe auch Boan.*

Buan|fråß, der [1. Bestandteil: zu Boan¹]: *Knochenfraß.*

buan|frisch ⟨Adj.⟩ [1. Bestandteil: zu Boan¹] (ST): *sehr frisch, knackig.*

Buan|gratsche: *siehe Boangrapscha.*

buanit ⟨Adj.⟩ [zu Boan¹] (ST): *beinern, beinhart.*

Buchl, der [Herkunft unklar; ursprünglich: Teil einer Montschalla, siehe dort] (AF): *Semmel:* „Nun kann es sein, daß Sie dieses Lied nicht versteh'n! (...) A ‚Buchl' isch a Semml und a ‚Gsalz' a Marmelad! / A ‚Trimmsler' isch a Mensch, der nix tuat, und dem isch fad!'" (Aus dem Lied „Knou mah!" der Lechtaler Musikgruppe „Bluatschink").

Buchetzer, der [wohl der Buhrufer; vgl. lat. bubo] (OT): *Uhu.*

buckn ⟨hat⟩ [wie standardsprachlich bücken zu mhd. bücken, eine Intensivbildung zu biegen]: **1.** *(sich) bücken* **2.** (OT, ST) *etwas Längliches aufheben:* a Fuhn buckn (= eine Fahne aufheben).

bud: *siehe alleput.*

Budl¹, das oder der, **Budele** [vulgärlat. but(t)icula (= kleines Fass); vgl. franz. bouteille]: **1.** *bauchiges Trinkgefäß:* ein Budel Schnaps **2.** *Getränkemaß (meist ¹/₁₆ Liter).*

Budl², die oder der [vielleicht zu Bude, dieses zu mhd. buode (= Hütte, Gezelt)]: *Ausschank, Warentisch.*

Budl|madl, das [eigentlich: Schankfrau; 1. Bestandteil: siehe Budl²]: *Mädchen für alles:* i måch do nit 's Budlmadl (= ich mache doch nicht alle niederen Arbeiten).

Buger, der [franz. bougre] (NT): **1.** *(schlechtes) Ross* **2.** *Schimpfwort für dickliche, langsame Menschen.*

bugge|nagga, buggi|naggi, buggi|naggs ⟨Adv.⟩ [1. Bestandteil: Buckel (= Rücken) 2. Bestandteil: Nacken]: *(ein Kind) am Rücken tragen.*

Buggl, der [wie standarddt. Buckel zu mhd. buckel, aus altfranz. bo(u)cle]: **1.** *Rücken* **2.** *Buckel.*

bugglat, buggelet ⟨Adj.⟩ [eigentlich: buckelecht; zu Buckel]: *bucklig, höckerig.*

Buggler, der [zu buggln]: *Schwerarbeiter.*

buggl|krax trågn, auch: **buggl|kraxn, buggl|petz, buggl|såck (trågn), buggl|kretzga (trågn)** ⟨hat⟩ [Verbalbildung zu Buckelkraxe (= Rückentragegestell)]: *auf dem Rücken tragen (vor allem ein Kind).*

buggln ⟨hat⟩ [eigentlich: den Rücken krümmen; zu Buggl]: *(schwer) arbeiten, schuften.*

Buhin, Bunhin, Buhi, der [mhd. uve, lat. bubo (= Uhu, Kauz); bairisch-österreichisch meist Buho; die Standardform ist ursprünglich ostmitteldeutsch; alle Lautformen nach dem Ruf des Vogels]: **1.** *Uhu (Bubo bubo):* Vogelart aus der Gattung der Uhus *(Bubo),* die zur Ordnung der Eulen *(Strigiformes)* gehört **2.** *Waldkauz (Strix aluco),* eine mittelgroße Eulenart.

Bui, bui-: *siehe bua-.*

Buin|gregge, die [vgl. Boangratsche] (Prägraten): *Eichelhäher (Garrulus glandarius).*

Bulge, die [mhd. bulge (= Sack aus Leder; altes Weib)]: **1.** (ST) *Papiertüte* **2.** (Ehrwald) *dicke Frau.*

Bummerantsche: *siehe Pummerantsche.*

Bummerl, das [ostösterreichisches Lehnwort; zur Lautung pum- für Rundes vgl. pummelig, Pummelchen] (NT, OT): *großer, dicker Punkt als Zeichen des Verlusts beim Kartenspiel.*

bummilat ⟨Adj.⟩ [vgl Bummerl]: *rundlich, bummelig.*

Bumser¹, Bumserer, der [siehe bumsn]: *kleine Erschütterung:* in OT als Imitation des Dialekts aus dem Oberland: Muito, do Bui tuit mo! Was tuit denn do Bui? Er schlot ma afn Huit, dass an Bumsara tuit.

Bumser², der [zu bumsen im Sinn von detonieren] (historisch): *volkstümliche Bezeichnung für Mitglieder des „Befreiungsausschusses Südtirol"* (war Ende der 1950er und Anfang der 1960er Jahre für Sprengstoffanschläge verantwortlich).

bumsn ⟨hat⟩ [ursprünglich nur lautmalend: knallend anstoßen, aber schon bei Schatz auch die 2. Bedeutung]: **1.** *knallend anstoßen* **2.** *koitieren.*

bunggat, bingglat ⟨Adj.⟩ [eigentlich: bunkecht; Adj. zu bairisch Bungg, Pungg (= etwas Dickes, Knolliges); dieses wohl wie Bunggile]: **1.** *wulstig, gedrungen, knollig* **2.** *bucklig.*

Bunggile, das; Plural: Bunggiler [wohl als Diminutiv zu noch bei Schatz belegtem Bungge, Bunk aus mhd. bunge (= Knolle); umlautend Binggl (= wulstiges Bündel, persönliche Habseligkeiten) könnte dazu gehören: siehe Binggl] (Pass.): *kleines, rundes Ding.*

burget, ver|burget, burni ⟨Adj.⟩ [zu einem bei Schatz belegten purrn, purre (= zerknittern)] (OI): *zerknittert.*

Burgl, die ⟨Vorname⟩: *Notburga.*

Burre, Burt, Bure, Bur, die; **Buadle,** das; Plural: Purrn [ahd. burien (= in die Höhe heben); vgl. Birl¹]: **1.** *Zusammengerafftes, Bündel, Büschel* **2.** *Heubündel, das auf dem Kopf getragen wird* **3.** *Ladung auf dem Heuschlitten.*

Bursch, der [zu spätmhd. burse, also eigentlich: Angehöriger einer Gemeinschaft, die sich aus einer Gemeinschaftskassa finanziert, zu mittellat. bursa (= Geldbeutel)] (in D stattdessen meist: Junge): **1.** *junger Mann* (im Alter von etwa 14–18 Jahren) **2.** *patenter Kerl; jemand, der mit sich reden lässt:* a takter Bursch.

Burschilanti, der; Plural: Burschilanti [zu Bursche] (Pass.): *kleiner Schalk, despektierliche Anrede an Burschen/Buben.*

Burt, die [vgl. Birl²]: *Ladung auf dem Heuschlitten.*

Buscha, der [Herkunft unklar] (Pettneu): *Schneegestöber mit viel Wind.*

Buschga, der [zu Busch; 2. Wortteil vermutlich zu Garbe] (OT): *große Strohgarbe.*

Buschl, das: *siehe Bischl.*

Busch(n), der [mhd. busch, bosch (= Busch, Gesträuch, Gehölze, Wald); zu mittellat. buscus, boscus (= Wald)]: **1.** *(einzelne) Blume* **2.** *Blumenstrauß* **3.** *Blumentopf samt Pflanze* **4.** *Heubündel* **5.** *Verschleißstelle von Eigenprodukten beim Bauernhof; siehe auch Bischl.*

Buschn|gschirr: *siehe Bischlgschiar.*

Buschta|paga, die [italien. busta paga]: (ST) *Lohntüte.*

Bussl, Bussal, Bussi, Bussei, das [Substantivbildung von bussln; siehe dort]: *Kuss:* „jå, wenn du mit die Busslen so neidig willscht sein, / so tua sie in a Fassl und boaz da's gut ein / Nimm Sålz und an Knoufl und schrauf da's fest zua, jå, då werden's dir net ranzig und es steahlt da's koa Bua." (Aus dem Lied „Bin ein und aus gång" übers gånze Tirol, die hier zitierte Fassung wurde in Osttirol aufgezeichnet), SsÖ, S. 56–57).

bussn, bussln [mhd. bussen (= küssen), lautmalend; eigentlich kindersprachlich, wird aber auch von Erwachsenen verwendet]: *küssen:* „... da Bua hat die Bäurin busst, / mittn af da Stiagn, / da Knecht hat gsagt: Recht hascht ghabt! / und packt die Diarn." (Aus „Zillertaler Reimkunst" von Erich Hupfauf).
Butte, Buttn, die [mhd. büt(t)e, büten, ahd. butin(na); diese aus mittellat. butina (= Flasche, Gefäß); zu griech. bytinē (= umflochtene Weinflasche); bei den Papiermachern war der Papierbrei früher in der Bütte, aus der von Hand geschöpft wurde; daher die Bezeichnung für das handgeschöpfte Büttenpapier] (NT, Pf.): *hölzerner (Milch-)Kübel.*
Butter|knolln, der, **Butter|knolle,** die [2. Bestandteil: mhd. knolle (= Klumpen), gehört zu einer Gruppe von Wörtern für verdickte Gegenstände mit Kn- im Anlaut (z. B. Knopf, Knoten, Knospe); Bed. 2: wegen der gelben, knollenförmigen Blüte, die an eine Butterkugel erinnert]: **1.** *Butterkugel (zu einer kleinen Kugel geformte Butter als Form des Anrichtens)* **2.** *Trollblume (Trollius europaeus).*
Butta|kugln, die (Plural): *Sumpfdotterblume (Caltha palustris).*
Butsche, die [wohl zu Bitschn; siehe dort]: *Flasche.*
Butz, Butze, Buz, Buzn, der [mhd. butze bedeutet nicht nur Poltergeist, Schreckgespenst, sondern auch Klumpen, Masse, die weggeputzt wird; so gibt es zwar möglicherweise die Vorstellung, dass im Inneren von Früchten ein Kobold sitzt, wahrscheinlich ist aber der Butzen nur das, was weggeputzt wird, siehe auch Putz²]: **1.** *Butzen, Kerngehäuse des Obstes:* „Und der Adam is stutzig wordn, und der Zorn håt eahm påckt / weil die Eva vom Åpfel eahm nur den Butz låssen håt ..." (Aus: „Und jetzt gang i ans Petersbrünndele", ein in Österreich verbreitetes Gstanzllied) **2.** (Ridn.) *getrockner Nasenschleim, Nasenrammel.*
Butzele, Bizei, das [ursprünglich: Verkleinerung von Butz; siehe dort]: **1.** *Kleines, Kleinkind* **2.** *Jungtier.*
Butzer, der [ursprünglich: Weiterbildung von Butz; siehe dort] (Pass.): *Kleines.*
Butz|rangge: *siehe Putzrangge.*
Buxele, das: *siehe Boxerle.*
buxet, buxit, bux|bamig ⟨Adj.⟩ [Adjektivbildung mhd. buhsboum (= Buchs), aus lat. buxus, zu griech. pýxos (= Buchsbaum), das auch das Ursprungswort von Buchse (= Hohlzylinder zur Aufnahme eines Steckers) und Büchse (= Kästchen für Arzneimittel, bzw. Feuerwaffe) ist]: **1.** *hart, widerstandsfähig* **2.** *verwachsen, knorrig.*

C

Ca-, ca-: *siehe Ka-, ka.*
Christ|kindl, das [Christkind als Überbringer der Weihnachtsgeschenke]:
   1. *Bescherung am Heiligen Abend* **2.** *Weihnachtsgeschenk(e).*
Christ|monat, der [1. Bestandteil als Verweis auf den bedeutendsten Feiertag dieses Monats]: *Dezember.*
ciao: *siehe tschau.*

D

da/dr/do (mask.), **di/de/d'** (fem.), **s'/es** (neutr.) ⟨bestimmter Art.⟩ [mhd. der, diu, daʒ]: **1.** *der, die, das* **2.** ⟨Personalpr., 2. Person, 3. Fall⟩ *dir:* i wear da's/dr's schon zoagn (= ich werde es dir schon zeigen).
da-: *siehe auch der-.*
då, do ⟨Ortsadv.⟩: [ahd. und mhd. dā]: *hier, genau hier* (wird in einigen Tiroler Mundarten mit anderen Adverbien verschmolzen: douwe (= da oben), dunte, dinne, dente, dodoscht (= da drüben), etc. In OT auch **doseider** (= seither), **dowernt** (= inzwischen).
Då|bleiber, Do|bleiber, der [Substantivbildung von dableiben] (ST): *jemand, der bei der Option 1939 nicht für die Auswanderung ins Deutsche Reich optierte.*
Dåche, Dachl, Doche: *siehe Tåche.*
Dåch|flige, die [2. Bestandteil: mhd. vlügel (= Flügel)] (Pass.): *Dachflügel:* uane Dåchflige miassn mir umdeckn.
Dåch|kåndl, Dåch|kendl, die [2. Bestandteil: zu mhd. kanel, kenel (= Kanal, Rinne)]: *Dachrinne.*
Dåch|råfe, der [mhd. rave, ahd. rafo (= Balken); vgl. Råfe] (OI): *der schief liegende Tragbalken des Daches.*
Daggl, der [wie standardspachlich Dackel zu Dachshund (= Hund, der den Dachs in seiner Höhle aufscheucht), aber mit einer zusätzlichen Bedeutung in Tirol]: *gemütlicher, energieloser oder unzuverlässiger Mann:* a guater Daggl (= ein gutmütiger Zeitgenosse).
da|hin ⟨Adv.⟩: *schnell fort, vorwärts:* nåcher isch er dahin gwesen.
da|hoam(e): *siehe derhuam.*
dai, dai|dai ⟨Interj.⟩ [ital. dai (= gib)] (ST): *los! mach weiter! beeil dich!*
Dai|dai, der [Substantivierung des Vorigen] (ST): *Hetze, Stress.*
dåig, dåsig, doig, dosig ⟨Adj.⟩ [zu da wie hiesig zu hier]: *hiesig.*
Dåiger, Doiger, Dåsiger, der [Substantivierung des Vorigen]: *Hiesiger.*
dåldern: *siehe tåldern.*
dalfern ⟨hat⟩ [belegt bei Schmeller; Herkunft unklar] (Pfun.): *unverständlich oder fehlerhaft reden.*
dålggat, dåiggat, dålggn etc.: *siehe tålggat etc.*
Dame, Damme, die [wie standarddt. Dame spät entlehnt aus ital. dama, franz. dame, zu lat. domina (= Herrin); zusätzliche Bedeutung in Tirol] (ST): *die vier Kegel zu beiden Seiten der Mittelreihe.*
damisch: *siehe tamisch.*
dåmmen ⟨hat⟩ [mhd. tam (= Damm), das seinerseits aus temmen rückgebildet wurde; die D-Schreibung in der Standardsprache ist aus dem Niederdeutschen übernommen]: *stopfen, andrücken, verdichten (z. B. Pulver).*

Dåmm|reaße, die; Plural: Dammreaßn [1. Bestandteil: mhd. tam (= Flut, Seedamm); 2. Bestandteil siehe Reaße]: *Wasserspeicher mit in den Hang gebautem Damm.*

Dåmpf, der [mhd. dampf, tampf, ahd. dampf, ursprünglich: Dunst, Nebel, Rauch] (auch bairisch-österreichisch): **1.** *Dampf* **2.** *(benebelnder) Rausch.*

Dåmpf|haferl, das (OT): *jähzorniger Mensch.*

Dampfl, das [Diminutiv von Dampf]: *Vorteig für den Germteig.*

Dåmpf|nudl, die (Küchensprache) (auch süddeutsch): *kleinere ungefüllte Buchtel, meist mit Vanillecremesauce* ❖ **aufgehn wia r a Dåmpfnudl:** *innerhalb kurzer Zeit korpulent werden.*

Dåmpf|plauderer, Dåmpf|ploderer, der (auch bairisch-österreichisch): *jemand, der viel redet, aber wenig zu sagen hat; Schwätzer.*

Dånder-: *siehe Donder.*

Dångl, der [zu dengln, siehe dort]: *Schneide der Sense.*

danidn ⟨Adv.⟩ [1. Bestandteil: da; 2. Bestandteil: mhd. niden, ahd. nidana (= unten)]: *herunten, drunten.*

dånk|der|gott, dånk|gott ⟨Interj.⟩: **1.** *dankeschön* **2.** *Antwort auf die Floskel „Helfgott!" beim Niesen.*

Dånk|sche, Dånk|schean, Dånk|schian, das: *Dankeschön, Dank:* von den wersch du nia kuan Dånkschian kriagn (= von ihm darfst du keine Dankesworte erwarten).

dånna ⟨Adv.⟩ (ST, OI): *dann, nachher, hierauf.*

Dårmile, Dårbmile, das [wohl verwandt mit dem bei Schatz belegten Tårl (nettes Mädel/Weib), Tårei (Närrlein), also zu Tor] (ST): *kleines zerbrechliches Wesen.*

dasig, dasi, dasit ⟨Adj.⟩ [mhd. dæsic (= still, in sich gekehrt, dumm)] (auch süddeutsch und österreichisch): **1.** *kleinlaut, schüchtern:* den kånnsch leicht dasig måchn (= er ist leicht einzuschüchtern) **2.** *schlapp, in sich gekehrt, benommen:* dasig dreinschauen **3.** *niedergeschlagen, deprimiert.*

dåsig: *siehe dåig.*

Dåssl, die [durch Agglutination entstanden; der bestimmte Art. wird zum Anlaut des folgenden Substantivs: d'Assl wird zu Dassl]: *Kellerassel (Porcellio scaber).*

Datta, Date: *siehe Tatte.*

Dåtter-, dåder-: *siehe Tåtter-.*

dauln ⟨hat⟩ [gehört zu mhd. twalm (= Betäubung, Ohnmacht) und zu ahd. twēlan (= betäubt sein), verwandt mit toll] (Pfun.): *die Zeit verschlafen, dauernd vor sich hindösen.*

Daum: *siehe Deimling.*

daus-: *siehe draus-.*

dawearn: *siehe dowearn.*
daweart, daweascht ⟨Adv.⟩ [zu mhd. wert (= Wert, Geltung)] ❖ **des is do nit daweart/drum wearscht gwesn:** *das ist doch nicht der Rede wert, das war doch nur eine Kleinigkeit* (als Antwort, wenn sich jemand bedankt).
daweil: *siehe derweil.*
Da|wischeletz: *siehe Derwischeles.*
daxn ⟨hat⟩ [eigentlich: dachsen (= mit Dachshunden auf die Jagd gehen); auch im Rheinischen mit der Bedeutung stehlen belegt] (Pass.): *stehlen.*
deachtln, deaklen, dechtln ⟨hat⟩ [mhd. dīhen, Vokal aus dem Prät. dêcht (= gedeihen, Gestalt gewinnen; austrocknen und dadurch dicht werden); gleiche Wurzel wie das Adj. dicht]: **1.** *Holzgefäße einweichen, um sie dicht zu machen* **2.** *ein Werkzeug zum Aufquellen einweichen.*
Deali, die [aus den Parallelen in benachbarten Dialekten, die Schatz noch kennt, geht hervor, dass das Wort aus dem zweiten Wort der Formel Agnus Dei entstanden ist] (Ehrwald): *Münz-Amulett.*
dear, der (mask.), **de, dia** (fem.), **des, des** (neutr.); Plural **de, dia, dedn, diadn** ⟨Demonstrativpron.⟩ [entstanden aus den betonten Formen des mhd. Art.]: *dieser, diese, dieses.*
dearet|wegn ⟨Adv.⟩ (ST): *deshalb, deswegen.*
dear|mål ⟨Adv.⟩: *diesmal.*
deasn, desn, dåssn ⟨Pron.⟩ [im Zillertal, Tuxertal, Unterinntal kommt das betonte, hinweisende der etc. mit -sn vor, das aus einem angehängten -selben entstanden ist: **deasn,** oft auch **dean** (= der, derjenige); **dåssn** (= das, dasjenige); **densn** (= den, denjenigen)]: *derjenige.*
dechl ⟨Adv.⟩ (Matrei): *drüben.*
decht, dechter, dechterscht, dechtasch ⟨Adv.⟩ [Kombination von mhd. doch und mhd. eht (= nur, bloß)]: *doch, dennoch, trotzdem:* „... åber schea is decht, wånn s herbstln tuat, a frisches Windl blåst" (Aus „Hiatz is hålt wieda da Summa aus", SsÖ, S. 314, zitiert wird aus einer Fassung aus Brixen im Thale).
deftn: *siehe teftn.*
Deich, der [Ableitung von deichn[1]] (OI, La.): *Lust:* auf eppes an Deich hobm.
deichn[1] ⟨hat gidichn⟩ [veraltete Nebenform von dünken, abgeleitet von der mhd. Präteritumform dūhte; gleiche Herkunft wie denken, das ursprünglich wohl erwägen bedeutet hat] (ST): **1.** *dünken, meinen* **2.** *scheinen.*
deichn[2] ⟨ist gidichn⟩ [Nebenform zum Verb ducken, ahd. dūhen, siehe auch gedaucht] (Pass.): *schleichen, geduckt gehen:* isch er hintern Haus auchngidichn.

deiggsln ⟨hat⟩ [ursprünglich: etwas mit einer Deichsel versehen/fahrbar machen; dann einen Wagen mit einer Deichsel rückwärts lenken, was hohes Geschick erfordert; die heutige Bedeutung stammt aus der Studentensprache]: *zurechtbiegen* ❖ **etwas deichseln** (auch süddeutsch und österreichisch): *etwas gut zu Ende bringen.*

Deiggsei fårn, das [mit Füßen wird eine Deichsel gebildet]: (Kitzbühel) *mit zwei Schlitten rodeln, wobei der erste Rodler auf dem Bauch liegt, seine Füße in dem zweiten Schlitten einhängt, während der zweite Rodler sitzend fährt.*

Deimling, Daum, der [wie standarddt. Däumling (= Fausthandschuh mit einem Daumen, Fäustling) bzw. Daumen; mhd. dūme (= Daumen); zusätzliche Bedeutung in Südtirol]: **1.** (Pfun.) *Überzug über den Daumen (bei Verletzungen)* **2.** (Vin.) *Zweig des Rebstocks mit zwei Augen.*

deim|pegn ⟨Adv.⟩ [Herkunft wie deinetwegen] (ST, OT): *aus Gründen, die dich betreffen.*

Deiter, der [zu deitn]: *Zeichen, Hinweis, Fingerzeig.*

deitn ⟨hat geditn oder hat deitet⟩ [mhd. diuten (= zeigen, deuten, anzeigen)]: **1.** *deuten, ein Zeichen geben* **2.** *dem Partner beim Kartenspiel (erlaubterweise oder unerlaubterweise) die eigenen Karten signalisieren.* **3.** *dem Partner unerlaubterweise signalisieren, was er ansagen soll bzw. – beim ladinisch Watten – was angesagt ist.*

deitsch ⟨Adj.⟩ [mhd. tiutsch, ahd. diutisk]: **1.** *deutsch (sprechend)* **2.** *aus Deutschland* **3.** (ST) *der deutschen Sprachgruppe des Landes angehörend* ❖ **deitsch reden:** *offen sprechen* ❖ **jetzt bin i deitsch:** *jetzt verstehe ich.*

demmelen ⟨hat⟩ [umlautend aus mhd. toum (= Dunst, qualm)] (OI, Ehrwald): *modrig riechen.*

Dempfi, die (Ehrwald): *Atemnot als Pferdekrankheit.*

dempfig ⟨Adj.⟩ [mhd. dempfen (= durch Dampf ersticken)]: *asthmatisch (von Pferden).*

dempfn ⟨hat⟩ [Bed. 1 aus einem von mhd. dampf (= Dampf) abgeleiteten Adj. dempfig (= dampfig); Bed. 2 zu mhd. dempfen (= durch Dampf ersticken, dämpfen)]: **1.** (ST) *dampfen* **2.** *dämpfen, dünsten, in Dampf kochen.*

dengg: *siehe tengg.*

Dengge|watsch, der: *siehe Tenggewatsch.*

dengln, dångln ⟨hat⟩ [mhd. tengeln (= hämmern, klopfen), mhd. tengen (= schlagen), ahd. tangol (= Hammer)] (auch bairisch-österreichisch): **1.** *die Sensen- oder Sichelschneide durch Hämmern mit dem Dengelhammer auf dem Dengelstock schärfen* **2.** *mit kräftigen Schlägen bearbeiten, prügeln, verhauen* **3.** (derb) *koitieren:* „Und hint drein schreit die Bäurin glei / und sågt, sie kennt's am Greifn glei / sie sågt, sie kennts as gånz gewiss, / wås a guater Wetzstoan isch. / Ös Herrnleut' mit die dicken Bäuch, ös sollts es gråd probiern, / dös Dångln und dös Wetzn isch / gwiss gsünder åls studiern." (Aus: „I bin der Hans vom welschen Land"; vordergründig ein Lied vom Hausierhandel der österreichischen oder Südtiroler Wetzsteinträger).

denta ⟨Adv.⟩ [siehe då + ent] (OI): *drüben*.

Depp, der [verwandt mit tappen, also jemand, der schwerfällig geht oder ungeschickt zugreift, sich täppisch verhält]: *Idiot*.

deppat ⟨Adj.⟩ [zu Depp, siehe dort]: *dumm, blöd*.

deppn|sicher ⟨Adj.⟩ [1. Bestandteil: siehe Depp]: *so beschaffen, dass bei der Handhabung kaum etwas falsch gemacht werden kann; auch für schlichte Geister verständlich*.

der: *siehe dear*.

der-[1], **do-, dr-, da-** ⟨Präfix⟩ [mhd. dar, dare (= da, dort), ahd. dara, thara; wird mit Part. kombiniert]: siehe derfir, derhinter, dermit, dervor, derzua, usw.

der-[2], **do-, dr-, da-, do- als Präfix bei Verben** [Das Präfix ist ursprünglich aus dem Präfix er- entstanden, dem es in vielen Fällen noch heute entspricht (vgl. dialektal derblintn, standardsprachlich erblinden); schon im 12. Jh. ist die Form der- statt er- nachweisbar, ab dem 14. Jh. wird diese häufig; sie ist eventuell entstanden, um zu vermeiden, dass zwei Vokale zusammenstoßen: i dertrink statt i ertrink; vielleicht auch durch Herübernahme eines auslautenden d oder t aus einem vorhergehenden Wort (ist, hat, wird etc.); jedenfalls führt das neue Suffix ein Eigenleben und entspricht unterschiedlichen Präfixen in der Standardsprache]:
1. **der|be(a)rn** (= verwüsten, zerwühlen, zertreten); **der|blintn** (= erblinden); **der|breseln** (= zerbröseln; einen Unfall haben); **der|druckn** (= erdrücken); **der|durschtn** (= verdursten); **der|fintn** (= erfinden); **der|fizlen** (= zerschnipseln); **der|frearn** (= stark unterkühlen, sich eine Erfrierung zuziehen); **der|friarn** (= erfrieren); **der|glångn** (= erreichen, zu fassen bekommen); **der|glicknan** (= zufällig entdecken oder erreichen), **der|kei(d)en, der|keitn** (= beleidigen, durcheinander bringen, zerbrechen); **der|kemma** (= erschrecken); **der|kleckn** (= ausreichen); **der|kliabn** (= spalten); **der|knaissn** (= verstehen; erspähen); **der|lickln** (= entdecken, erspähen); **der|loadn** (= langweilen, überdrüssig sein, verdrießen); **der|luchsn** (= erspähen); **der|maggnen** (= zerbeulen); **der|malggn** (= zerstampfen, zerdrücken); **der|manggn** (= zerkauen); **der|manisiarn** (= gut bewältigen); **der|nåssn** (= nass werden); **der|niagn** (= genug kriegen, überdrüssig werden); **sich der|pfelfn** (= sich wirtschaftlich sanieren); **der|pfosn** (= ausfransen); **der|rabm** (= sich für etwas die Zeit abstehlen); **der|råtn** (= erraten; zufällig treffen: wenns derrotn geat = wenn es der Zufall will); **der|scheipm** (= abstürzen,

zu Tode fallen); der|schlọgn (= erschlagen, mit Schlägen traktieren); sich der|schịntn (= sich abarbeiten/zugrunde richten); der|schmęckn (= erschnüffeln, in Erfahrung bringen); der|schwạ̊chn (= schwach werden, scheitern); der|tạdlen (= etwas herabsetzen, tadeln); der|wẹarn (= verderben); der|wịldn (= scheu machen); der|wịschn (= erwischen); der|stụnkn und der|lọgn (= völlig unwahr).

2. Das Präfix ist in der Bedeutung ‚imstande sein zu etwas, etwas (gerade noch) schaffen', noch heute produktiv, z. B. ich habe etwas der|lẹsn (= ich konnte es lesen, obwohl es klein geschrieben oder verblasst war); ich bin ummi der|hụpft (= obwohl der Graben breit war, konnte ich hinüberhüpfen); der|bạntln (= am Bandl haben, beherrschen, (auch bairisch): kontrollieren; der|glạ̊ngen (= zu fassen bekommen, mit der Hand erreichen) der|mạ̊chn (= zu Stande bringen); ich hab den Zug gerade noch der|tạ̊n (= erreicht, Partizip von dertian); ich hab grad noch fertig der|schrịbn, der|kocht; ähnlich auder|klaubm (= kräftig oder gewandt genug sein, um etwas aufzuheben); der|fạ̊rn (= imstande sein, zu fahren); der|fuạrn (= imstande sein, zu handhaben); der|grịtn (= imstande sein, schnell genug zu gehen); der|pạ̊ckn (= gerade noch schaffen, ertragen); der|schlịntn (= schlucken können); der|schmạtzn, der|schmẹissn (= körperlich auf sich nehmen können); do|sịndern (= sortieren; zu sondern); der|sịrn (= verärgern); der|schpạ̊nnen (= in Erfahrung bringen); der|schtịan (= stehen können); der|tịan (= imstande sein, etwas du erreichen bzw. zu erledigen); der|tẹtschn (= zerdrücken); der|wạ̊rtn (= auf etwas warten können); sich der|wẹrn (= sich verteidigen können); der|zẹln (= erzählen; imstande sein, zu zählen); der|zịan (= erzürnen, ärgern) etc. Auch eine Bildung des Typs der|guglⁿ (= imstande sein, zu googeln) ist jederzeit denkbar.

der|ạ̊fter ⟨Adv.⟩ [siehe der¹ und åft] (ST, OI): *danach.*

der|ẹnder, der|ẹnder ẹntn, drẹntn ⟨Adv.⟩ [der⁻¹ + entn; siehe dort] (ST, OI): *auf der anderen Seite, jenseits, weiter drüben:* nit hiagern Weg, du muasch derender entn schaugn.

der|fịr, da|fịa ⟨Adv.⟩ [siehe der¹]: *dafür.*

dẹrfn ⟨hat⟩ (Vollverb und Modalverb) [mhd. dürfen, durfen, ahd. durfan, ursprünglich: brauchen, nötig haben]: *dürfen.*

der|fịddern, do|fịdder ⟨hat⟩ [mhd. vürden, vüdern (= vorwärts bringen, fördern)] (OT): *etwas weiter bringen.*

der|fụn, da|fụn ⟨Adv.⟩ [da + von]: **1.** *davon* **2.** (ST) *weg-/davontun (nur in verneinenden Wendungen):* do tu i nix derfun (= da gebe ich dir Recht).

der|galing, an der|galing, da|galing, der|gallischn ⟨Adv.⟩ [Herkunft wie angaling, siehe dort]: *mit der Zeit.*

der|gẹgn, da|gẹgn ⟨Adv.⟩ [siehe der¹]: *dagegen.*

der|hạ̊nn ⟨Adv.⟩ [der¹ + hinan] (Pass.): *hinüber.*

der|hau ⟨Adv.⟩ [der¹ + auf] (Pass., OI): *hinauf, schnell oder steil aufwärts.*
der|haus ⟨Adv.⟩ [der¹ + aus] (Pass., OI): *hinaus, schnell oder weit auswärts.*
der|hiager ⟨Adv.⟩ [der¹ + hiager] (ST): *auf dieser Seite, näher (beim Sprecher).*
der|ho ⟨Adv.⟩ [der¹ + ab] (Pass., OI): *hinunter; steil oder schnell abwärts.*
der|huam, da|hoam, do|hame ⟨Adv.⟩ [mhd. heim (= Heim, Haus) wird auch adverbial verwendet, oft mit verstärkendem da oder hie]: *daheim.*
der|keijen¹ ⟨hat⟩ [1. Bestandteil: die Vorsilbe der², siehe dort, 2. Bestandteil: mhd. gehīen (= plagen)]: **1.** *verletzen* **2.** *verübeln* **3.** *beleidigen.*
der|keijen², si ⟨hat sich⟩ [wie derkeijen¹, aber reflexiv; siehe auch zer-]: *sich streiten.*
der|keit ⟨Adj.⟩ [Partizip Perfekt von derkeijen, das auch in Dialekten existiert, in denen das Verb verloren gegangen ist]: **1.** *zerbrochen* **2.** *erschreckt, beunruhigt* **3.** *völlig ermüdet, fertig* **4.** *erzürnt.*
der|lęchn ⟨ist⟩ [siehe derlexnt] (OT): *abgerieben, undicht werden.*
der|lęmpert ⟨Adj.⟩: *ramponiert.*
der|lęxnt, dolęchnt ⟨Adj.⟩ [aus mhd. lechen (= austrocknen) mit Präfix der-; verwandt mit dem aus dem aus der niederdt. Seemannssprache kommenden leck (= undicht)]: *undicht (von Gefässen, die durch Trockenheit Risse bekommen).*
der|loaderle, der|loaderlich ⟨Adv.⟩ [siehe derloadn] (ST, OI): *langweilig.*
der|lotert ⟨Adj.⟩ [siehe Loter]: *zerlumpt.*
der|mål ⟨Adv.⟩: *diesmal.*
der|mutscht ⟨Adj.⟩ (OI, Ridn.): *zerknautscht, zerknittert.*
der|nider ⟨Adv.⟩ [der¹ + nieder] (ST, OI): *abwärts.*
dęrp ⟨Adj.⟩ [vielleicht zu mhd. derren (= dörren, ausdrocknen)]: *dürr, trocken:* a derps Maul (Mund ohne Feuchtigkeit).
der|reissn ⟨hat⟩ [wie standarddt. reißen zu mhd. rīʒen (= reißen, zerreißen); ahd. rīʒan, ursprünglich: ritzen] ❖ **i håb nix derrissn:** *ich war nicht erfolgreich.*
der|ritn ⟨Adj.⟩ [mhd. rütten (= zerrütten, zerzausen); vgl. zerrüttet]: *verwirrt, durcheinander (von Fäden).*
der|seid(er) ⟨Adv.⟩ [analog zu den Ortsadv. mit der¹] (OT, Ötzt., Ehrwald): *seitdem, während dem.*
der|sęll, di|sęll, sęll; (Dat./Akk. in semm), di|sęll, sęll ⟨Pron.⟩ [mhd. der selp (= derselbe), die m-Formen aus (sel)-ben] (ST): *dieser, diese, dieses* ❖ **in semm noch:** *daher, daraus zu schließen.*
der|sider, der|seidr ⟨Adv.⟩: *seither.*
der|sottert ⟨Adj.⟩ [ablautendes Intensivum von sieden] (Ehrwald): *aufgedunsen.*

der|tåttert ⟨Adj.⟩ [spätmhd. tattern (= zittern)]: *erschrocken.*
der|tschudert ⟨Adj.⟩ [vgl. siehe tschudern]: *mit wirrem Haar.*
derweart: *siehe daweart.*
der|weil ⟨Konj.⟩: *während:* sei still, derweil er isst.
der|weil¹, da|wei, der|weile ⟨Adv.⟩ [aus mhd. der wīlen(t), dem Gen. von wīle (= Zeit, Muße)]: *ausreichend Zeit:* heut håb ich nicht derweil (= heute komme ich nicht dazu/heute habe ich keine Zeit) ❖ **derweil håbm, låssn, nemen:** *Zeit haben/lassen/nehmen.*
der|weil², da|wei, der|weile ⟨Adv.⟩ [Gen. von mhd. wīle (= Zeit, Muße)]: **1.** *unterdessen, inzwischen* **2.** *stattdessen.*
Der|weil, der [Substantivierung von derweil siehe dort]: *Zeit, Muße:* heute hånn i koan Derweil ❖ **Derweil lassen!** ⟨Abschiedsgruß⟩: *Nimms leicht! Bleib locker! Lass dich nicht stressen!*
der|weilång ⟨Adv.⟩ [wie derweil + lang): *langweilig* ❖ **mir is derweilång um etwas oder jemanden: 1.** *ich sehne mich nach etwas oder jemanden* **2.** *ich habe Heimweh.*
Der|weilång, der: *Heimweh, Sehnsucht.*
Der|wischeles, Da|wischelatz, Der|wischelutz, das [zu erwischen]: *Fangenspiel.*
der|zwerchs ⟨Adv.⟩ [siehe zwerch] (OI, Ridn.): *schräg, schief.*
des: *siehe es.*
Dese: *siehe Båchdese.*
des|woll ⟨Interj.⟩: *genau* (signalisiert volle Zustimmung).
Detsch(e), Detschn: *siehe Tetsche.*
Dex: *siehe Tex.*
di- als unbetontes Präfix bei Zeitadverbien (OI, Sa.): **di|suntigis** (= sonntags, an Sonntagen); **di|werchtigis** (= werktags); **di nuilischt** (= unlängst, neulich).
Diach: *siehe Tiach.*
diadn ⟨Akk. Plural von dia⟩ [siehe der] (OI, Pass.): *diese.*
Dialekt, der (nicht wie der dialektale Diphthong ia ausgesprochen, sondern so wie in der Standardsprache) [aus griech. legein (= sprechen, zählen) und griech. dia- (= auseinander, anders); daraus griech. und lat. dialectos (= Unterredung, Redeweise, Mundart); das puristischeindeutschende Wort Mundart (aus dem 17. Jh.) ist im Dialekt nicht üblich]: *Dialekt, Mundart.*
Diandl, Deandl, Dirndl, das [Verkleinerungsform von Diarn, das -d- ist ein Sprosskonsonant zwischen -n- und -l zur Erleichterung der Aussprache]: **1.** *Normalbezeichnung für junges Mädchen im Ostteil Nordtirols:* sie ist ein nettes, gescheites, eingebildetes etc. Diandl; die Verkleinerungsform dazu ist **Dianei, Deanal 2.** *Tochter (im gleichen Gebiet):* i hab zwoa Diandln und zwoa Buam **3.** *Freundin, Geliebte (im gleichen*

Gebiet): *der Weg zu mein Diandl is stoanig* (Volkslied) **4.** *Dirndlkleid* (als Kurzform für **Diandlgwånd** in ganz Tirol und darüber hinaus); *zur Tracht gehörendes Kleid aus buntem Stoff mit gefaltetem oder gekraustem Rock und tailliertem Mieder, das mit einer Halbschürze getragen wird.*

diane, dente, dentn: *siehe entn.*

dianschtl, deanstla, dianschtla 〈Adj.〉 [eigentlich: dienstlich]: **1.** *hilfsbereit* **2.** *nützlich.*

Diarn(e), Dian, Diang, Dirn, Dirna, die [ahd. thiorna (= Mädchen, Jungfrau); gesamtdt. sind bei Dirne die Bedeutungen: Mädchen, Prostituierte]: **1.** (NT) *Bauernmagd* [ursprünglich nur die erste Magd; es folgten hierarchisch die kloanare Diarn und die dritte Diarn; **2.** (Lechtal, Def.): *Mädchen.*

Diarna|schmecka, der [1. Bestandteil: siehe Diandl, 2. Bestandteil: siehe schmeckn] (AF): *Schürzenjäger.*

Dicke, die (ST, OI) [aus dem Adj. dick]: *Durchmesser.*

Dick|grint, der; Plural: Dickgrinte [siehe dickgrintig] (ST, OI): *Dickschädel.*

dick|grintig 〈Adj.〉 [mhd. grintec (= schmutzig) und mhd., ahd. grint (= Schorf, eigentlich: Zerriebenes); da Kopfgrind früher eine weit verbreitete Krankheit war, auch übertragen für Kopf, Schädel; also eigentlich: dickköpfig] (ST, OI): *stur, starrsinnig.*

diggslen 〈ist〉 [vermutlich zu ducken]: *schleichen, lautlos/unbemerkt gehen.*

Dilg, die [wohl zu Dille (= Brett), siehe dort] (Deutschn.): *dickes Brett.*

Dille, Dil, die [mhd. dille (= Brett, Bretterboden)]: **1.** *obere Tenne* **2.** *oberer Hausflur* **3.** *Bohle, Brett* **4.** *Seitenabteil im Stadel* **5.** *Fußboden, Dachraum mit Bretterboden* **6.** *Heustockabteilung.*

Dillele, Dillel, das [Diminutiv von Dille] (OI, Deutschn., Pfun.): **1.** *Abteil im Stadel* **2.** *Raum im Stall unterhalb des Heulochs.*

dimper 〈Adj.〉 [mhd. timber, timmer (= finster, dunkel, trüb, dumpf); vgl. dumper] (ST, OI): **1.** *schummrig, fahl (vom Licht)* **2.** *schwach, kraftlos (von der Stimme)* **3.** *dumpf tönend.*

dinen: *siehe tinen.*

dingen, ding 〈hat gedungen〉 [mhd. dingen, ahd. dingōn (= vor Gericht verhandeln), vgl. standarddt. sich verdingen]: **1.** *gegen Lohn in Dienst nehmen, einstellen:* Personal dingen **2.** *gegen Bezahlung für die Erledigung einer Aufgabe verpflichten, engagieren* **3.** *festsetzen, bestimmen.*

dinne, dinna, dinnin 〈Adv.〉 [mhd. Lokalpart. da + innen]: *innen, drinnen.*

Dippl: *siehe Tippl.*

dirchl ⟨Adj.⟩ [mhd. dürkel (= durchlöchert)] (ST, Alp.): **1.** *verschlissen, stark abgewetzt (und somit unbrauchbar; besonders von Gebrauchsgegenständen, Kleidern etc.)* **2.** *durchlöchert* **3.** *brüchig (vom Schnee)* **3.** *nicht mehr wasserdicht.*
Dirchl|kelle, Dirchl|kell, die [1. Bestandteil: mhd. dürkel (= durchlöchert)]: *Kelle mit Löchern.*
Dirrling, der; Plural: Dirrlinge [Substantivierung von dürr mit dem Suffix -ling]: **1.** *dürrer Nadelbaum* **2.** *magerer Mann.*
disch|geriarn, disch|keriarn ⟨hat⟩ [eigentlich: diskurrieren (= sich eifrig, angeregt unterhalten; über etwas diskutieren); zu lat. discurrere (= umherlaufen, sich über etwas ergehen): *plaudern.*
Dischtl, Dischgl, die [wie standarddt. Distel zu mhd. distel]: **1.** *Distel* **2.** *Kieferkrankheit beim Rind.*
diselen ⟨hat⟩ [zu Disl, siehe dort]: *dämmern.*
diselet ⟨Adj.⟩ [zu Disl, siehe dort]: *dämmrig.*
Disl, Dusl, der [wohl zu Dusel (= Schwindel, Rausch, Schlaf), das nach Kluge im 16. Jh. aus dem Niederdeutschen übernommen wurde]: **1.** *fiebrige Krankheit beim Menschen, (Magen-Darm-)Grippe* **2.** *Maul- und Klauenseuche bei Rindern.*
dislig, duslig ⟨Adj.⟩ [siehe Disl]: *krank, grippig.*
disln ⟨hat⟩ [siehe Disl]: *kränkeln, krank sein.*
do-: *siehe der-.*
do¹: *siehe decht.*
do²: *siehe dä.*
do³ ⟨Modalpart.⟩ [vielleicht zu mhd. doch] (OI, Pass.): *schon wirklich, überhaupt, normalerweise:* wer do will (= wer ernsthaft gewillt ist).
Do|bleiber: *siehe Dåbleiber.*
dobm: *siehe drobm.*
Docka, die (AF) [mhd. docke (= Puppe)]: *Puppe.*
Dodl: *siehe Todl.*
do|galing: *siehe dergaling.*
Doggl, der [vielleicht zu Docke (= Puppe; etwas Zusammengewickeltes, Strang von gesponnenem Flachs, Wolle, Seide etc.)] (NT): **1.** *Hausschuh aus Stoff* **2.** *Dummkopf.*
doig, dosig: *siehe dåig, dåsig.*
Dokter, der [wie standarddt. Doktor zu mlat. doctor (= Lehrer), zu lat. docere (lehren) mit Partizip Perfekt doctum]: *Arzt.*
Dola, die [ahd. dola (= Röhre, Rinne, Wasserrinne)] (Ehrwald): *Wasserabzugsrinne.*
Dolm: *siehe Tolm.*
Donder, Dånder, der [noch gelegentlich gebrauchte Mundartform von Donner, mhd. doner, ahd. donar, lautmalend]: *Donner.*

Donder|buschn, Dånder|busch, Dondr|bischl, der **Donder|zotte,** die [vielleicht Umdeutung von Rhododendron in Donnerblume, weil die Pflanzen in der gewittrigen Zeit blühen, griech. dendron] (ST): **1.** *Rostblättrige Alpenrose (Rhododendron ferrugineum), auch Rostrote Alpenrose oder Rostroter Almrausch genannt* **2.** *Bewimperte Alpenrose (Rhododendron hirsutum), auch Almrausch oder Steinrose genannt.* **3.** (Pfund.) *Feuerlilie (Lilium bulbiferum).*

Donder|epfl, der, **Dånder|epfl,** der; Plural: Donderepfl [eigentlich: Donnerapfel; wobei – öfters schon im späten Mittelalter – in der Mundart die umgelautete Pluralform mhd. epfel auch im Singular verwendet wird; vgl. der Erdäpfel (ebenfalls Singular mit Umlaut)]: *Gallapfel auf den Alpenrosensträuchern.*

Donderer, der [Erweiterung zu Dånder, siehe dort]: **1.** *Donnerschlag* **2.** *großer Böller.*

doritt: siehe zritt.

Dorn|draner, der [eigentlich: Dorndreher; der Vogel ist bekannt durch sein Verhalten, Beutetiere auf Dornen aufzuspießen; der Name Neuntöter geht auf einen Volksglauben zurück, wonach der Vogel neun Tiere aufspießt, bevor er sie frisst] (Pass., OI): *Neuntöter (Lanius collurio) oder Rotrückenwürger;* eine Vogelart.

Dorn|epfl, der [eigentlich: Dornäpfel; zu -äpfel vgl. Donderepfl] (ST, OT): *Hagebutte, Frucht der Hundsrose (Rosa canina).*

Dorn|hegge, Dorn|egge, die [2. Bestandteil: mhd. hegge (= Hecke, Umzäunung), eine Weiterbildung von Hag]: *Dornenstrauch.*

Dorn|staude, die: *Berberitzenstrauch.*

do|seider: *siehe derseider.*

dosma ⟨hat⟩ [mhd. dōsen (= sich still verhalten, schlummern)]: *einschlafen, dösen.*

Dote: *siehe Gotl.*

do|tschudert ⟨Adj.⟩ [siehe tschudern²]: *wirrhaarig.*

Döwa, die [Herkunft unklar] (Alp.): *Steppdecke.*

do|werchas ⟨Adv.⟩ [aus dem dialektalen zwerch (siehe dort), also eigentlich: derquer; das anlautende z von zwerch wurde als Kurzform von z(u) interpretiert] (ST): *durcheinander:* i bin dowerchas.

do|wern ⟨ist⟩ [ver- bzw. der-werden] (Pfun.): *schlecht werden, verderben.*

Dråchn, Dråk, der [mhd. trache, ahd. trahho, zu lat. draco und griech. drakōn (= geflügeltes, Feuer speiendes, echsenartiges Fabeltier]: **1.** *Drache* **2.** *Erdrutsch in steilen Feldern* (wohl nach altem Volksglauben, dass Erdrutsche von einem Untier ausgelöst werden) **3.** *Schimpfwort für Frauen.*

dråftr ⟨Adv.⟩ [mhd. dar + after (= hinten, danach)] (ST): *darauf, hernach.*

Drål, der [-il-Ableitung von mhd. dræn, dræjen, drægen, dræhen (= sich drehend bewegen; etwas drehen, etwas drechseln): **1.** *gedrehter Knoten im Strohband, im Garn, gedrehte Haarsträhne* **2.** *vom Wind gedrehte Halme im Kornfeld* **3.** *Verdrehung, List, Schlauheit.*

draln ⟨ist⟩ [wie dran aber mit dem Suffix -eln]: *drehen, kurven (z. B. beim Schifahren).*

Dram: *siehe Tram.*

dran, dranen ⟨hat⟩ [wie standarddt. drehen zu mhd. dræn, dræjen, drægen, dræhen (= sich drehend bewegen; etwas drehen, etwas drechseln)]: *drehen.*

Dran|bånk, die [siehe dran]: *Drehbank.*

Drandl|wind, der [1. Bestandteil: zu dran mit Verbsuffix -eln] (OI, Pass.): **1.** *Luftwirbel* **2.** *Windhose.*

Draner: der [Substantivableitung zum Verb dran]: **1.** *Dreher, Drehung* **2.** *Drechsler* **3. an Draner måchn** (ST, OT): *um die Häuser ziehen.*

dråŋg ⟨Adj.⟩ [mhd. drange (= eng, gedrängt)]: *eng, knapp, aneinandergedrängt:* das Kleid ist zu dråŋg; eine Kette dråŋg anziehn (= eng machen).

drån|kemmen, drun|kemmen ⟨ist⟩ [gesamtdt.: an die Reihe kommen]: *Unannehmlichkeiten erleiden, hart arbeiten müssen:* schiach drankemmen.

Dråschgl, der [vielleicht ablautend zu mhd. dreschen (= dreschen) – das was beim Dreschen zurückbleibt]: **1.** (ST) *Traube von Früchten* **2.** (Absam, UI) *Stiel von Trauben oder Beeren.*

dratlen, dratln ⟨hat⟩ [eigentlich: drähteln; zu Draht(-seil)] (ST, OI): *mit der Seilbahn transportieren.*

draus|bringen ⟨hat drausbracht⟩ (auch süddeutsch und österreichisch): *aus dem Konzept bringen:* mit sein Grinsn hat er mi drausgibråcht.

Draussiger, der [zu draußen] (ST, OT): *von draußen, von jenseits des Brenners.*

dreiderle ⟨Adv.⟩ (ST, OI): *dreierlei:* es gip dreiderle Gåtting Leit: Manderlait, Weiberlait und Schnålser (Bewohner von Schnals).

drein|tuan, drin|tjan ⟨hat⟩ [Vorsilbe: mhd. dar + īn]: **1.** *hineintun, Salz in eine Speise tun* **2.** *mittun:* låss mi o dreintuan: *lass mich auch mitspielen.*

drei|schtrichet ⟨Adj.⟩ [eigentlich: dreistrichig] (OI, Pass.): *nur aus drei Zitzen Milch gebend (von der Kuh).*

Dreissing|oar, Dreissing|oa, das [Benennungsmotiv unklar; Schatz kennt den Ausdruck dreißig Heppinnen für die Kröten, die zwischen den Marienfeiertagen Maria Himmelfahrt (15. August) und Maria Geburt (8. September), bzw. dem Sonntag danach gefangen, gedörrt und als Heilmittel verwendet wurden] (Pass.): *(angeblich) länger haltbares Hühnerei (gelegt zwischen dem 15. August und dem 8. September).*

drei|spånniges Åmt, das (OT): *Hochamt (mit drei Geistlichen).*
Drei|tading, der [2. Bestandteil: mhd. tagedinc, teidinc (= auf einen bestimmten Tag angesetzte Gerichtsverhandlung)] (Pass.): *Montag nach dem ersten Fastensonntag.*
drei|tuttet 〈Adj.〉 [vgl. Tuttn]: *nur aus drei Zitzen Milch gebend (von der Kuh).*
Dremml, Drembl, der [mhd. dremmel (= Balken, Riegel)]: **1.** *Prügel, Knüppel, Hebebalken* **2.** *Zaunstecken* **3.** *dicke Beine.*
dremmlen, dremmln 〈hat〉 [zu Dremml, siehe dort]: *mit einem Holzstück hebeln.*
Drendilan, die (Plural) [gleicher Ursprung wie Drendl, wegen der sichelförmig-geringelten Form der Schließfrüchte] (Terenten): *Ringelblume (Calendula officinalis).*
Drendl, Rendl, die [mhd. trendel (= Kugel, Kreisel)]: **1.** *Kreisel, drehbare Säule mit Ablagen für Lebensmittel im Keller* **2.** *Drehtisch.*
drenter, drender: *siehe derender.*
drentn, drent 〈Adv.〉 [gleichbedeutend mit entn, ent; vgl. enter und derender; Gegenstück: herenten, herent]: *auf der anderen Seite, drüben.*
Dresch, die, **Dreschtan**, der: *Dreschtenne.*
Dresch|trumbl, die [2. Bestandteil: mhd. trumel, zu tru(m)me (= Schlaginstrument); lautmalend] (ST, OT): *Dreschtrommel.*
Dresch|zinte, die (Plural) (ST, OT): *Dreschzinken.*
Drial, der; Plural: Driale [-il-Ableitung von mhd. dræn, dræjen, drægen, dræhen (= sich drehend bewegen; etwas drehen, etwas drechseln)]: **1.** *Seilschlinge* **2.** *Kringel.*
drialn 〈hat〉 [zu Drial]: **1.** *(ein)drehen* **2.** *mit einem Hebel Drähte oder Seile spannen.*
driber, driwa, dribr 〈Pronominaladv.〉 [dar + über]: *darüber.*
driber|fårn, driwa|fårn: ❖ *über jemanden* **driberfårn**: *gegen jemanden eine Entscheidung treffen, ohne ihn anzuhören* ❖ *då fårt di* **Eisnbån driber**: *es wird so geschehen, komme, was wolle.*
driber|låssn, driwa|låssn 〈hat〉 **1.** *jemandem etwas zutrauen, mit einer Aufgabe betrauen* **2.** (derb) *einem Mann sexuell zu Willen sein.*
Drickne: *siehe Trickne.*
drin-, drein- als Präfix bei Verben [mhd. dar in, dar inne]: **drin|bringen** (= beibringen, eintrichtern); **drin|gebm** (= ungestüm arbeiten, auf etwas oder jemanden einschlagen); **drein|gean** (= inklusive sein); **drein|pfuschn** (= sich stümperhaft einmischen, etwas ruinieren); **drin|reissn** (= ungestüm anpacken, intensiv arbeiten).
drin-, drein|hängen 〈ist dringhängt〉: *in einer schwierigen, peinlichen Lage sein:* er hängt voll drin (= ihm droht eine Anklage, eine Strafe).

drinnen, drin ⟨Pronominaladv.⟩ [kann nur verwendet werden, um eine Lage innerhalb eines Raumes zu bezeichnen, in der sich der Sprecher nicht befindet; demnach heißt es richtig: dort drin(nen), nicht: hier drin(nen) oder da drin(nen); befindet sich der Sprecher im Raum, heißt es: da herin(nen)]: *drin, darin, darinnen:* die Tür wurde von drin(nen) zugesperrt und der Schlüssel steckt ❖ **drin(nen) sein:** *möglich sein, Chancen haben:* a Glasl Wein weart no drin(nen) sein.

drin|tian: *siehe dreintuan.*

Drischibl, Drischpe, der: *siehe Trischibl.*

Drischl, der [mhd. drischel (= Dreschflegel)]: *Dreschflegel (= Gerät zum Dreschen mit der Hand).*

Drischlegl, der [eigentlich: Dreschschlögel; 1. Bestandteil: mhd. drischel (= Dreschflegel) 2. Bestandteil: mhd. slegel (= Werkzeug zum Schlagen)] (OI): *Dreschflegel (= Gerät zum Dreschen mit der Hand).*

drischlen ⟨hat⟩ [siehe Drischlegl, Drischl] (ST, OI): *mit dem Dreschflegel dreschen.*

Drischte, die [möglicherweise zu dreschen] (ST, OT): *Heu- oder Strohschober in konischer Form mit Mittelstange.*

dritzig ⟨Adj.⟩ [Weiterbildung von dritt- (wie ein-zig von ein)] ❖ **a dritziger Hånger:** *drei Karten derselben Farbe in direkter Reihenfolge* ❖ **a dritziges Gleich:** *drei wertgleiche Karten.*

Driwa: *siehe auch driber.*

Driwa|steiger, der (Fußballersprache): *das Über-den-Ball-Steigen, um den Gegner in die falsche Richtung zu locken.*

driwa|stran ⟨hat⟩ (NT): *drüberstreuen* ❖ **zum Driwa|stran:** *als kleiner Genuss zum Abschluss, als Krönung:* ein Glas Süßwein zum Driwastrahn.

drobm, doba ⟨Adv.⟩ [aus da und oben]: **1.** *oben* **2.** *im Himmel, im Jenseits:* er is scho doubm (= er weilt nicht mehr unter den Lebenden).

Drogato, der (ST): *Drogenabhängiger.*

droi, drui ⟨Kardinalzahl⟩ [mhd. driu (= Neutrum des Zahlworts drei)]: *drei in Uhrzeitangaben:* hålb droi (= halb drei Uhr).

Drol, der [eigentlich: etwas, das gedreht ist] (ST, OT): **1.** *Kurve, Wegbiegung* **2.** *Strohsträhne, um Garben zu binden.*

druckn ⟨hat⟩: **1.** *drücken* **2.** *umarmen* **3.** *jemanden schlagen* ❖ **druck di:** *verschwinde.*

drumme|wercht ⟨Adv.⟩ [darum + wert] (OI, Ridn.): *außerordentlich, über die Maßen:* drummewercht schiane (= wunderschön).

drunten, drunt, dunna ⟨Pronominaladv.⟩ [wird verwendet, wenn sich der Sprecher nicht unten befindet; es heißt also: dort drunten, nicht: hier drunten oder da drunten; befindet sich der Sprecher unten, heißt es: da herunten oder hier herunten] (auch süddeutsch und öster-

reichisch): *dort unten:* drunt im Tal (wenn sich der Sprecher auf dem Berg befindet).
Dru̇tzl, der [zu drutzln, siehe dort] (OT): **1.** *runde, weichliche Masse* **2.** *dicke Person* **3.** *längliche Teignudel.*
Dschi̇ro, der (ST) [ital. Giro]: *Runde* ❖ **an Dschiro machen:** *eine Runde drehen;* **in Dschiro sein** (ST): *unterwegs sein.*
dschu̇ro! [ital. giurare] (ST, OT, OI): *ganz sicher, ich schwöre!*
Du̇ck|mauser: *siehe Tuckmauser.*
du̇m|ha(r), du̇m|hn ⟨Adv.⟩ [aus da und umher, um bzw. da und umhin; wie dobm, siehe drobm]: *herum, hinum.*
Du̇mmat, Du̇nget, das [mhd. tungen (= düngen) bzw. tunge (= Dünger, Dung)]: **1.** *Mist* **2.** *Dünger.*
du̇mmedum(e), du̇midum ⟨Adv.⟩ [da + umhin und um(hin)]: *rundherum.*
du̇mper, di̇mper ⟨Adj.⟩ [mhd. timber, timmer (= finster, dunkel, trüb, dumpf)]: **1.** *dämmrig, dunkel:* „Es wird scho glei dumper, es wird scho glei Nåcht ..." (Weihnachtslied); erste Aufzeichnung in Hopfgarten im Brixental; das Lied wird heute in ganz Österreich und Bayern gesungen, SsÖ, S. 148 **2.** *dumpf, benommen.*
Du̇ner, der [mhd. doner, duner]: *Donner.*
du̇nkn ⟨hat sich⟩ [mhd. dunken]: **1.** *dünken, meinen, halten für:* des dunkt mi viel **2.** *hochnäsig sein:* der tuat si woltan dunkn.
du̇nna: *siehe druntn.*
Du̇r, der [vgl. durr] (UI): *verdorrter, dürrer Baum.*
du̇rch- als Präfix bei Verben: du̇rch|drȧn (= auch: sich die Nacht hindurch bis in den Morgen vergnügen); **du̇rch|g|frettn** (= sich besonders mühsam durchbringen); **du̇rch|jogn** (= hinüberjagen, verjagen); **du̇rch|schliafn** (= durchschlüpfen) etc.
du̇rch¹ ⟨Präp.⟩ [wie standarddt. durch; abweichend davon kann die Präposition mit Adverbien gekoppelt werden, wobei der Akzent immer auf dem zweiten Bestandteil liegt]: **durchȧ:** *abwärts, ganz hinab;* **durchei̇n:** *einwärts, ganz hinein;* **durch|au̇s:** *ganz durch.*
du̇rch² ⟨Adv.⟩: *fort* ❖ **er isch durch: 1.** *er ist fortgegangen* **2.** *er ist entkommen* ❖ **måch di durch: 1.** *verschwinde, geh fort* **2.** *das glaube ich dir nicht, ich lasse mich nicht schrecken.*
du̇rch|aus ⟨Adv.⟩: *andauernd* ❖ **durchaus man(en):** *in Spiralenform mähen (Beginn innen oder außen).*
Du̇rch|fiare, die [durch + mhd. vüeren (= in Bewegung setzen, treiben)]: *Durchfall.*
du̇rchi, du̇rche ⟨Adv.⟩ [durchhin wie abhin, aushin etc.]: *hindurch.*

Durch|ibl, der [eigentlich Substantivierung zu: durch und durch übel sein; 2. Bestandteil: übel wird durch Entrundung zu ibel] (NT): *übler Mensch.*

durch|wert ⟨Adv.⟩ [durch + mhd. wert (= die Richtung habend, -wärts)] (Pass., OI): **1.** *in Richtung hinüber, unterwegs nach:* durchwert håt er mir derzelt, dass ... **2.** *normalerweise, durchgehend:* durchwert isch es so (= normalerweise ist es so).

durr, dirr, dure ⟨Adj.⟩ [mhd. durre, dürre]: *gedörrt, dürr, mager.*

Durre, Dur(e), die [Substantivierung zu dürr]: **1.** *dürrer Baum* **2.** *magerer Mensch* **3.** *der Durre:* eine der Spielkarten (beim Perlaggen die Eichelsieben oder die Figur Hanger, beim Watten auch für den Blinden).

durr|schlachtig ⟨Adj.⟩ [1. Bestandteil: mhd. durre, dürre (= trocken); 2. Bestandteil: mhd. slaht (= geartet)] (Pass.): **1.** *ausgehungert, sehr mager* **2.** *nicht zu mästen.*

dussa ⟨Adv.⟩ [Verschmelzung der mhd. Lokalpart. do mit uzzen (= außen)]: *außen.*

Dusl, der: *siehe Disl bzw. Tusl.*

Dutte: *siehe Tutte.*

E

e: siehe eha.
Ea-: siehe auch Ear-.
Ea|bam, der [verkürzt aus dem bei Grimm belegten Epheubaum, also Efeu, der wie ein Baum wächst (verholzte Stämme können einen Durchmesser von 10 bis 30 cm erreichen); Efeu zu mhd. ephöu, ebehöu, ahd. ebah, ebihouwi, vermutlich in Anlehnung an houwi (= Heu)] (Pass.): *Gemeiner Efeu, auch Gewöhnlicher Efeu oder Efeu (Hedera helix) genannt.*
Each|binar, der [1. Bestandteil: dialektale Form von Erde; 2. Bestandteil: mhd. bibenen, daraus bibener (= der Beber)] (Zillt.) (veraltet)]: *Erdbeben.*
eachtig ⟨Adj.⟩ [mhd. ēcht, ēhaft (= gesetzesmäßig, rechtsgültig, ehelich geboren]: *sauber.*
Éad-: siehe Eard-.
Eade|tasche, die, **Earn|kopf**, der [wohl zu Erde]: *Umlenkrolle der Seile beim Erdtransport nach oben.*
eade, ead ⟨Adj.⟩ [mhd. öde (= leer, unbebaut, unbewohnt, schwach, widerwärtig, dumm)]: **1.** *öde, unbebaut* **2.** *langweilig, fad, unangenehm* **3.** *ärgerlich, entnervend* **4.** *leer und traurig.*
Ead|ling, der [abgeleitet aus eade, Bed. 2] (Ehrwald): *Langweiler, Nörgler.*
eadn ⟨hat⟩ [zu eade, siehe dort] (Pf.): **1.** *töten* **2.** *kaputt machen* **3.** *sich ein chronisches Leiden zuziehen.*
Eafe, die [siehe Eabam] (Ridn.): *Gemeiner Efeu, auch Gewöhnlicher Efeu oder Efeu (Hedera helix) genannt.*
Ea|hålte, der (Pass.); Plural: Eahåltn; (La.) Eachtln [eigentlich: einer, der jemandes Gebot befolgt; mhd. ēhalte (= Dienstbote), 1. Bestandteil: mhd. ē, ēwe (= Recht, Gesetz, Gebot), ahd. ēwa (= Ehevertrag, Recht, Gesetz)]: *Dienstbote am Hof.*
ealas, ealis, elas ⟨Adj.⟩ [mhd. œde (= öde, unbebaut; gering)]: *schal, zu wenig gesalzen/gewürzt.*
eam, iam, im [betonte Form des Personalpron. er, Dat. Singular; die unbetonte Form ist 'm 'n]: *ihm.*
eana, ianen ⟨Personalpron.⟩ [wie standarddt.: 3. Person, Dat. Plural]: *ihnen, Ihnen.*
eanare, ianere ⟨Possessivpron.⟩ [Adjektivierung des Dat. des Personalpron.; vgl. iare]: *ihre.*
Eard|bian, Ea|biang, die [eigentlich: Erdbirne; als die Kartoffel eingeführt wurde, dienten als Bezeichnung zweigliedrige Komposita mit

bekannten Früchten als Grundwort; dieses wurde mit Bestimmungswörtern wie Erde-, Boden- etc. spezifiziert, weil ein wesentliches Merkmal der Kartoffel darin besteht, dass die essbaren Teile unter der Erde wachsen; so entstanden Begriffe wie Erdapfel, Erdbirne, Bodenbirne, Grundbirne etc.; siehe auch Eardepfl] (AF, Matrei): *Kartoffel (Solanum tuberosum)*.

Eard|epfl, Ear|epfl, Erpfl, Escht|epfi, der [bei Einführung der Kartoffel erste Bezeichnung, vgl. franz. pomme de terre, ital. pomo di terra; die mhd. Pluralform epfel ist in den Dialekten schon früh für den Singular eingetreten; in der Alltagssprache der Städte hat die in den Lebensmittelgesetzen verwendete Bezeichnung Kartoffel die alten Wörter (nicht nur Erdäpfel, auch Grundbirn etc.) stark zurückgedrängt; gilt insbesondere für die nachfolgenden Komposita, die auf Speisekarten der einschlägigen Gastbetriebe oft mit dem 1. Bestandteil Kartoffel- zu finden sind; siehe auch Eardbian]: *Kartoffel (Solanum tuberosum)*
❖ **Eard|epfl|knödl, Eard|epfl|nudln, Eard|epfl|püree, Eard|epfl|salat, Eard|epfl|schmårrn, Eard|epfl|ribler** (= Kartoffelschmarren; vgl. Ribl), **Eard|epfl|disl** (= eine Kartoffelkrankheit; siehe Disl).

Erpfl|glitsch, der [2. Wortteil vgl. Glitsch] (OT): *Kellerabteil für Kartoffeln*.

Earde|gråtte, Earn|gråttn, der [vgl. Gråtte] (OT): *dreirädriger Karren, mit dem auf einem steilen Feld Erde aufwärts geschoben wird*.

Eare, Ere, Ean, Eart, die [neben ahd. erda auch ero ohne -d-, das auch Wohltat bedeuten kann]: *Erde*.

Earla, der [siehe Elderle] (OI): *Mistel (Viscum)*.

ear|gabe, ear|gabig ⟨Adj.⟩ [mhd. ēre (= Ansehen, Ruhm, auch ehrenhaftes Benehmen) + gæbe (= freigebig)] (OI, Pass.): *freigebig, gern schenkend*.

earl, earla ⟨Adv.⟩ [mhd. ēr, ē (= eher, früher) + -lich] (ST): *gerade noch, knapp*.

earn ⟨hat⟩ [mhd. ēren (= Ehre erweisen)] (UI, Pfun.): *brauchtümliches Geldgeschenk zur Hochzeit (oder Primiz) geben*.

Earnkopf: *siehe Eadetasche*.

earscht, eascht, eart ⟨Adv.⟩ [mhd. ēr(e)st, ahd. ērist, Superlativ von eher]: **1.** *erst, anfangs* **2.** *gerade, eben erst*.

Easch|bam, der [vermutlich lautlich entstellt aus ahd. ēspan (= gemeinsame Weide), zusammengesetzt aus mhd. ē (= Recht) und mhd. spann, weil auf der Gemeindeweide das Vieh gespannt, d. h. an Pflöcke gebunden wurde] (Sa.): *Schottergelände am Delta von Bachläufen (zur Weide genützt)*.

Earscht|kasei, das [1. Bestandteil: erst, zuerst, früh; 2. Bestandteil: Verkleinerung von Kas (= Käse)]: *Frühlingskrokus (Crocus vernus)*.

Earte ❖ **in der Earte** [Substantivbildung zu erst, siehe earst, eart] (ST): *im ersten Moment.*

Ebe, Eb, Ewe, die [mhd. o(u)wi, öuwe (= Schaf, Mutterschaf)]: *weibliches Schaf.*

ebich ⟨Adj.⟩ [siehe abich, awich] (ST, OT): **1.** *verkehrt* **2.** *ungezogen (von Kindern).*

ebm, em ⟨Adj.⟩ [mhd. eben, ahd. eban (= glatt, gerade, gleich; Herkunft unklar]: **1.** *flach, eben* ❖ **ebm sein:** *einen Zustand erreicht haben, an dem in Bezug auf Schulden ein Ausgleich stattgefunden hat* **2.** (Pass.) *genau, identisch* ❖ **ebm der Tatte:** *das Ebenbild des Vaters.*

ebola tian [vgl. erberli] (OT): *schimpfen, sich beschweren.*

ebm|earig, ebm|eartig ⟨Adj.⟩ [2. Bestandteil: erdig, zu Erde]: *ebenerdig.*

ebm|irdisch ⟨Adj.⟩ [2. Bestandteil: aus Erde bestehend; mhd. irdesch, ahd. irdisc (= irden)] (Pf.): *ebenerdig.*

Ebnet, das [zu eben; ahd. ebanōti (= Fläche, Ebene)]: **1.** *Ebene* **2.** *Schlittenteil – Querträger über dem „Bein"* (vgl. Boan[1], Bed. 4).

Echer, Eachar, der bzw. die [wie standarddt. Ähre zu mhd. eher, ahd. ehir, verwandt mit lat. acer (= scharf, spitz; nach den spitzen Grannen)]: *Ähre.*

Edl|vintschger, der; Plural: Edlvintschger [die Bezeichnung hat mit der Klimaschwelle an der Talstufe bei Kortsch zu tun: bis dorthin gediehen Wein und Edelkastanie; westlich davon trieb die Kastanie nur als Schößling (als Staude) aus, was sich durch den Klimawandel bereits geändert hat] (ST, OI): *Eigenbezeichnung der Vinschgauer östlich von Kortsch (etschabwärts); ihre Landsleute etschaufwärts werden auch als Staudnvinschger bezeichnet.*

Edl|schwärze, der [bis zur Reblauskatastrophe wurde diese Rebsorte, die für Echten Mehltau besonders anfällig ist, im ganzen Etschtal angebaut, heute nur noch geringe Flächen] (ST): *Negrara Trentina* (eine blaue Rebsorte).

Egarte, Egarschte, die [mhd. egerde, egerte (= Brachland); weitere Herkunft unklar] (OT): **1.** *Wiese, Feldparzelle* **2.** (Thurn) *nicht umgebautes Feld.*

Egat, Egate, Ege, Egn, die [mhd. egede (= Egge)]: *Egge.*

Egerschte, die [mhd. elster, agelster; die Südtiroler Form geht auf mhd. agelster zurück, während mhd. elster standarddt. geworden ist] (ST): *Elster (Pica pica).*

Egg, Egger, der [zu Ecke, also der an der Ecke]: *der vorderste und wichtigste Kegel auf der Kegelbahn.*

eggat, eggit ⟨Adj.⟩ [mhd. eckeht (= eckig)]: *eckig.*

Eggimar, der [1. Wortteil von Schatz zu Ecke gestellt] (OT): *Bürstlingsgras (Nardus stricta).*

Eggn, der [ablautend zu Nacken, wohl weil anlautend -n als Art. gedeutet wurde] (Zillt.): *Nacken.*
eggo ⟨Interj.⟩ [aus ital. ecco (= da!, hier!, ach!, tja! also!)] (ST, OT): *genau, sieh da.*
Egi|dex, Eger|ilex, Eger|hexe: *siehe Hegedexe.*
eha, echa, oha, öha, e ⟨Interj.⟩: **1.** *oha* **2.** *pardon* (gilt als unhöflich) **3.** *halt (Befehl für die Zugtiere).*
eichn, eini, einchi: *siehe innin, inni, inne.*
Eicht, die, **Eichtl**, das [mhd. ūhte (= Zeit der Morgendämmerung), umgelautet; vgl. Aucht] (ST): *kurze Zeitspanne, kleine Weile.*
ei|elen ⟨hat⟩ [zu ei (Ausdruck der Zärtlichkeit beim Streicheln eines Kindes; ei ei machen (= streicheln, liebkosen); sicher zu heielen (siehe dort)]: *streicheln, liebkosen.*
Eier|peckn, das [2. Bestandteil: siehe peckn; vgl. auch turtschn]: *ein Osterbrauch* (jeder hält ein Osterei, jeweils zwei Eier werden gegeneinander geschlagen, gewonnen hat, wessen Ei ganz bleibt): *siehe guffn, geffn², heffn.*
eifern ⟨hat⟩ [wie Eifersucht, Herkunft unklar]: *eifersüchtig sein.*
eiglen ⟨hat⟩ [zu Auge] (Pass.): **1.** *ein Auge auf jemanden oder etwas werfen* **2.** *verliebt schauen.*
ein-, ei-, in- als Präfix: [ein- ist die Aussprache in Nordtirol und im unteren Etschtal, in- gilt im übrigen ST; dieses Präfix dient – wie standardsprachlich ein – als Vorsilbe bei Verben, aber mit vielen zusätzlichen Bedeutungen im Dialekt; siehe auch in-): **ein|brockn** (= in kleinen Brocken etwas in eine Flüssigkeit geben; sich bewusst in eine missliche Lage begeben, sich etwas antun); **ein|buckn** (= Papier, Stoff, Ärmel etc. am Rande zurückschlagen); **ein|büterisch** (eigentlich: einbilderisch = eingebildet); **ein|daggsn** (= in die Falle gehen); **ein|druckn** (ST) (= wiederkäuen), volksetymologisch aus mhd. Iteroche (= Schlund beim Wiederkäuer); **ein|fårn** (= einen Misserfolg haben); **ein|fa(t)schn, in|faschn** (= bandagieren); **ein|frischn** (= Blumen ins Wasser stellen); **ein|gfåsst** (= von beleibter Statur); **ein|gnaunggn** (= einnicken, einschlafen); **ein|hågn** (= einzäunen); **ein|haun** (= viel essen); **ein|hefln** (= Sauerteig vorbereiten); **ein|kastln** (= jemanden inhaftieren, einsperren); **ein|kåtzn** (Zillt.) (= eingraben); **ein|kentn** (= einheizen, den Ofen befeuern); **ein|loatan** (= das Vieh in die Leiter = Umzäunung sperren); **ein|losn** (Zillt.) (= ins Ohr flüstern); **ein|nan** (= einnähen, gefangen setzen); **ein|pappln** (= Kindern Brei in den Mund streichen; jemanden pflegen, warm zudecken); **ein|sågn** (= einflüstern, z. B. in der Schule); **ein|sackln** (= schnell an sich nehmen und einstecken); **ein|schaugn** (= am Beginn des Versteckspiels sich umdrehen und mit den Händen die Augen zuhalten; das Nachsehen haben, scheitern); **ein|schiaßn** (= Brot

in den Backofen geben; beginnen, Milch zu geben; in den Sinn kommen); ein|soafn (= betrügen; zu etwas überreden, das für den Betroffenen nachteilig ist; vermutlich zu rotwelsch beseibeln = betrügen, dieses zu jidd. seiwel, seibel (= Mist, Dreck); später angeglichen an einseifen); ein|surn (= einpökeln, beizen); ein|tegln (= einschmeicheln); si etwas ein|ziachn (= sich etwas einziehen (z. B. einen Splitter).

ein-, in- als Präfix bei anderen Wortarten: Ein|brenn, In|brenne, die [zu einbrennen] (= in Fett geröstetes Mehl für Suppen, Saucen etc.); Ein|dauch, die (= Sauce; in D: Tunke); Ein|fåhrer, der (= festliches Essen zur Almauffahrt); in|gfåsst (= von beleibter Statur); in|gfiatert (= gut im Futter); ein|glegg (eigentlich: eingelegt, von gefüllten Speisen); ein|gezåglt (= eine Kuh, deren Zågl = Schweifwurzel eingesenkt ist); ein|gschossn (= eingearbeitet, routiniert); Ein|hager (Zillt.) (= Umtrunk nach der Heuernte); In|nemme, der, die (= Medizin zum Schlucken); ein|tempft (Reutte) (= schlau, egoistisch); ein|wentig, ein|wendig, im|wentig (= inwendig, auf der Innenseite).

eina, einer, inner, eincha, inha [dialektales ein + her, wo standarddt. her + ein steht, wobei die Bewegungsrichtung zum Sprecher hin und von außen nach innen ist; der Zusammenhang zwischen der dialektalen und der standardsprachlichen Form ist den Sprechern nicht bewusst; vgl. auch eini]: *herein.*

eini, inchn, innin, eichi, inchi ⟨Adv.⟩ [dialektales ein +hin, wo standarddt. hin + ein steht, wobei die Bewegungsrichtung vom Sprecher weg und von außen nach innen ist; der Zusammenhang zwischen der dialektalen und der standardsprachlichen Form ist den Sprechern nicht bewusst; vgl. auch eina]: *hinein.*

eini-, einchi-, inni(n)-, inhn-, inn- als Präfix bei Verben: eini|haun (= hart stürzen); eini|legn (= hereinlegen, betrügen); eini|pfitschn (= hineinsausen); eini|schliafn (= hineinschlüpfen; mit Dat.: jemandem extrem schön tun); innin|schmiarn (= jemand zu Boden werfen oder schlagen; hinfallen).

Eis|blåter, Eis|blotra, Eis|blåda, die [2. Bestandteil: siehe Blåter]: *vereiste Fläche.*

Eis|gålle, Eis|gelle, die [2. Bestandteil laut Grimm auch: hinderliche Nässestelle (z. B. im Acker); mhd. galle (= Geschwulst am Pferdefuß); zu lat. galla (= kugelförmiger Auswuchs an Pflanzen)]: **1.** *Stelle, an der sich Eis bildet, Eisbuckel* **2.** *gewölbtes Eis auf Wegen* **3.** *stark vereiste, steile Stelle.*

Eis|gålln, die (Plural) [siehe Eisgålle] (OT): *Eiszapfen.*

Eis|gisse, die [2. Wortteil siehe Gisse]: *sich bildendes Bacheis, das sich gerade noch fortbewegt.*

Eis|kåschtn, der [war anfangs tatsächlich ein Kasten, in den Eisblöcke gelegt wurden] (ST, OI): *Kühlschrank.*
Eis|kerze, die: *Eiszapfen.*
Eis|loch, das; Plural: Eislecher: *Eis enthaltender Hohlraum (Spalte) im Gelände, aus dem kalte Luft strömt.*
Eis|plode, die [siehe plodn] (OT): *Eisdecke auf dem Bach.*
Eis|mander, die (Plural) [gemeint sind die Gedenktage folgender Märtyrer: 12. Mai Pankratius, 13. Mai Servatius, 14. Mai Bonifatius; wegen der Verschiebung durch die gregorianische Kalenderreform wäre die gleichnamige Bauernregel aus der Zeit des Julianischen Kalenders mittlerweile allerdings erst 8 Tage später anzuwenden); im Süden des deutschen Sprachraums wurde diesen Wetterheiligen dann die kalte Sophia (15. Mai) angefügt, weil die aus dem Norden kommende Kaltluft dort später eintrifft): *Eisheilige.*
eisn, eisa ⟨hat⟩ [Verbalbildung zu Eis]: *vereisen, Eis bilden.*
Eisn|båner, Eisn|boner, Eisn|buna, der [eigentlich: Eisenbahner; Bed. 2: auf der Spielkarte ist das römische Zahlenzeichen X zu sehen, das wie ein Andreaskreuz (= Warnzeichen vor Bahnübergängen) aussieht]: **1.** *Bediensteter der Eisenbahn* **2.** (ST) *Zehner beim Kartenspiel Tarock.*
Eis|zåggler, Eis|zoggl(a), der [2. Bestandteil: siehe Zåggl]: *Eiszapfen.*
Eitzei ✧ **a(n) Eitzei** [mit l-Vokalisierung und Diminutivendung zu Alze in der Bedeutung ein kleines Stück] (NT): *ein bisschen.*
elb, elwe ⟨Adj.⟩ [ahd. elo, elwes, mhd. el, elwes (= hellbraun, besonders von der Farbe der Schafe)] **1.** (ST, OT) *braun (nur von Schafen)* **2.** (La.) *braun-gelb (vom Schaf)* **3.** (La.) *nicht in Ordnung (vom Menschen):* unter viel Leit isch oft an elbr dabei, uaner, wos nit gern årbitet.
Elderle, der (La.) [Herkunft nicht sicher, wenn auch ein Zusammenhang mit ahd. elira bzw. erila (= Erle) nicht auszuschließen ist; das Wort, von Schatz in Tannheim in der Form Eldre gebucht, könnte auch auf den Farbnamen elb (siehe dort) + Baumnamensuffix -ter zurückgehen, das aus einem germ. Wort für Holz, Baum entstanden ist, vgl. engl. tree; vgl. Åpfåltern, Holder, Flieder, Wacholder]: *Mistel (Viscum);* Pflanzengattung aus der Familie der Sandelholzgewächse *(Santalaceae);* die häufigste heimische Art ist die Weißbeerige Mistel *(Viscum album),* auch Weiße Mistel genannt.
elendig, elentig ⟨Adj.⟩: *elend, mies.*
elis: *siehe ealas.*
ellat, ellatla ⟨Adj.⟩ [wie elend zu mhd. ellende (= eigentlich: außer Landes seiend, fremd, verbannt), ahd. elilenti (= in fremdem Land, ausgewiesen); der 1. Bestandteil bedeutet anderer, der 2. Bestandteil bedeutet Land]: **1.** *klein* **2.** *körperlich schwach, elend.*

Ęlgs(e), Ęlz(g)e, Ęlse, Ęsn, Ęltsch(n), Ạlze, die [verkürzt aus Elsbeere, deren 1. Bestandteil vermutlich so wie Erle auf *germ. alizō zurückgeht (= Farbname für gelb und rötlich nach der Farbe des Erlenholzes)] (ST, OT): *Elsbeere (sorbus torminalis);* Laubbaumart aus der Gattung der Mehlbeeren *(Sorbus).*

Emeręlle: *siehe Ǻmperell.*

Ęmper, der [wie Amper zu gleichbedeutendem mhd. einber, aus ahd. einbari, das aus lat. amphora (= Krug mit zwei Henkeln) entlehnt wurde; da die Funktion der Amphore durch einen Kübel mit Henkel übernommen wurde, deutete man das Wort als eins (= ein) + bari (= Trage, Träger)] (OI, Deutschn.): *Kübel.*

Ęnd, das [wohl in irgendeiner Weise zu Ende]: *schmaler Gürtel bei der Lechtaler Tracht.*

ęnder, ęnder-, ęndo: *siehe enter.*

Ęnder|bạch, der [1. Bestandteil: siehe enter]: *Gegend jenseits des Bachs.*

Ęnder|jocher, der [1. Bestandteil: siehe enter] (Pass.): *im Passeiertal die Leute im Ötztal oder bei Sterzing.*

Ęnder|seitner, die [1. Bestandteil: siehe enter] (ST, OT): *Bewohner der gegenüberliegenden Talseite.*

Ęnder|welt, die [1. Bestandteil: siehe enter] (ST, OT): *das Jenseits.*

Ęndl, Ęntl, das [Verkleinerung von Ende] (auch bairisch-österreichisch): **1.** *Endabschnitt einer Handarbeit* **2.** *verstärkter Stoffrand.*

ęndln, ęntlen, ęntln ⟨hat⟩ [zu Endl, siehe dort] (auch bairisch-österreichisch): *die Ränder eines Stoffes einfassen, säumen.*

Ęnds-, ęnds- als 1. Bestandteil (immer betont): *dient der Verstärkung:* **Ęnds|trumm** (= ein besonders großes Exemplar von etwas), z. B. ein Endstrumm Wurst; **ęnds|lang** (= sehr lang).

Ęnga, die (Plural) [siehe Ogn] (OI, Ehrwald): *Fichtennadeln, Nadeln aller Nadelbäume.*

engạch ⟨Adv.⟩ [siehe angaling] (Nikolsdorf): *mit der Zeit, demnächst.*

Ęngele – Bęngele – Zụgger|schtęngele [der Kommentar beim letzten Blumenblatt lautet: Ich bin ein ... oder: Ich werde ein ...]: *Abzählreim der Kinder beim Blumenentblättern.*

Ęngele|schutzn, das [1. Teil: Engelein, 2. Bestandteil: mhd. schutzen (= durch Schwung oder Stoß in schnelle kurze Bewegung versetzen, schaukeln; verwandt mit schütten, mhd. schüt(t)en, ahd. scutten (eigentlich: heftig bewegen), und mit dessen Intensivbildung schütteln)] (ST, OT): *das Schwingen des Kindes beim Engeletrogn.*

Ęngele|trọgn, das [eigentlich: Engeleintragen] (ST, OT): *ein Kind zu zweit auf gekreuzten Armen tragen.*

ęnggele, ęnggele – putz|gęnggele, ęnggilis – putz|gęnggilis, ęnggele – papa, hęnggi|luss – putzęnggi|luss ⟨Interj.⟩ [schadenfroher Ruf der

Kinder, wobei sie eine lange Nase machen oder die Zeigefinger wetzen] (ST, Ötzt.): *recht geschieht dir!*
Ẹngl|bogn, der [wie standarddt. Ellbogen; eigentlich verdeutlichende Verdoppelung, denn mhd. elle, elne, ahd. elina bedeutet bereits: die Gebogene; lautliche Angleichung an Engel] (ST): *Ellenbogen.*
ẹn|hạlb ⟨Adv.⟩ [1. Teil aus dem ahd. Pron. ener (= jener); siehe enter; 2. Teil aus dem mhd. Substantiv halbe (= Seite), das vom Adj. halp (= halb) abgeleitet ist] (NT): *jenseits, auf der anderen Talseite.*
Ẹnikl, der (Heinfels), **Ẹnikle,** das (Prägraten) [mhd. eninkel, spätahd. eniklin, ursprünglich Verkleinerungsform von ahd. ano (= Großvater), vgl. Nene]: *Enkel.*
ẹnk ⟨Personalpron.⟩ [Dat., Akk. von es; wie das entsprechende Personalpron. es (= ihr) schon seit ahd. Zeit eine markante Kennform der bairisch-österreichischen. Dialekte; früher auch Anrede gegenüber der Herrschaft; dann Höflichkeitsanrede gegenüber einer einzelnen Person (statt Ihnen und Sie)]: *euch (Dat. und Akk. von dialektal es, der 2. Person Plural).*
ẹnker ⟨Possessivpron. von es⟩ [siehe enk]: *euer.*
ẹnker|oans, ẹnker|uans ⟨Adv.⟩ [eigentlich: euereins]: *jemand wie du, jemand wie ihr.*
Ẹnkl¹, Ẹnichl, der [mhd. eninkel, ahd. eninchilī, Verkleinerung von Ahn]: *Enkel.*
Ẹnkl², der, Ẹnkl|boan, Ẹnkl|ban, das [mhd. enkel (= Fußknöchel), ahd. enchil, anchal, zu anka (= Glied)]: *Fußknöchel.*
Ẹnse, die; Plural: Ensn [ahd. ans; Plural ensi; got. Dat. anza; auch mhd. ansboum, ensboum (= Brückenbalken, Grenzbaum)] (Pass.): *Holzbrücke.*
ẹnt, ẹntn ⟨Adv.⟩ [zu enter]: *drüben.*
ẹnter, ẹnder, ẹndo ⟨Adj.⟩ [zum standarddt. Pron. jener, dessen Vorformen im Ahd. und Mhd. ohne anlautendes j- belegt sind: ahd. ener (= jener); die 2. Silbe aus der¹; also mit Bedeutung: nicht diese Seite; Gegenstück: herent(n), harent (= auf dieser Seite liegend)]: *auf der anderen Seite liegend:* nimm lieber den entern Weg!
ẹnter|beig, ẹnter|bei, ẹnder|bei(g), auch verdoppelt: **ẹnter|bei ẹnt** ⟨Adv.⟩ [enter + bei]: *drüben.*
ẹntern, ẹntan(g), ẹndere; ẹntern ... ẹnt ⟨Präp.⟩ [Verschmelzung von enter mit dem Art.]: *jenseits von* ❖ **entern Bạch, entern Bạch ẹnt:** *jenseits des Bachs.*
ẹnter|schi ⟨Adv.⟩ [eigentlich: enter sich]: *dahinter, auf der Hinterseite.*
Entịfi, Antịfi, der [lautlich entstellt aus ital. und lat. endivia, zu griech. entýbion und ägypt. tōbi (= Jänner), eigentlich: im Jänner wachsende Pflanze; die Blätter wurden schon in der Antike als Salat verwendet]:

Endivie (Cichorium endivia); gehört zur Gattung der Wegwarten *(Cichorium)* und ist ein beliebter Salat.
ęntlen, ęntln: *siehe* endln.
ent|lọsn ⟨hat⟩ [mhd. entlāzen (= entlassen, loslassen, auch flüssig machen); eigentlich: Milch ins Euter lassen, wobei das Euter anschwillt] (Pass.): *Euter bilden (bei hochträchtigen Haustieren).*
ęntn, dęnta ⟨Adv.⟩ [siehe enter; der d-Vorschlag ist reduziertes da]: *drüben.*
en|trạmen ⟨ist⟩ [mhd. en (= in) + troumen (= träumen)] (ST): *(er)träumen:* isch mir entramt.
en|trạuen ⟨hat⟩ [mhd. en (= in) + trūwen (= trauen)] (ST): *merken, ahnen, im Voraus wissen.*
Ęntriger, der [siehe enter]: *jemand von drüben.*
ęntrisch, ạntrisch ⟨Adj.⟩ [mhd. entrisch (= alt, altertümlich; ungeheuer, grausig) Ableitung von mhd. ant: vgl. ånte]: **1.** *gruselig, unheimlich:* mir wird ganz entrisch **2.** (NT, OT) *schlecht gelaunt* **3.** (NT, OT) *jenseitig* **4.** (NT) *unheimlich schlecht oder unheimlich gut:* ein entrischer Klang (= ein unheimlich schöner Klang).
Ęnzeler, Ęnzala(r), Ęnzila, der [zu Enzian]: *ein Schnaps, gebrannt aus den Wurzeln des Gelben Enzians;* in geringen Mengen werden auch die Wurzeln des Purpur-Enzians, des Ostalpen-Enzians und des Tüpfel-Enzians verwendet.
Ępfl, der [mhd. apfel, die Pluralform epfel ist in den Dialekten schon mhd. für den Singular eingetreten]: *Apfel:* „Der Adam isch bereits a Südtiroler gwen. Kånn ma beweisn: Der håt soo an Epflbam ghåbt." (Luis von Südtirol, „Die Entstehung der Sprachen").
Ępfl|reaschtl, das [zum 2. Wortteil siehe Greaschtl] (Zillt.): *Apfelschmarren.*
ępper¹, ęppa, ęppar ⟨Indefinitpron.⟩ [mhd. ete-wer, etes-wer (= jemand); der Verschlusslaut -t- ist an den Artikulationsort von -w- verschoben worden; ähnlich wurde aus mhd. ete-waʒ, etes-waʒ das dialektale eppes, eppas (und das standarddt. etwas); mhd. ete gehört zu ahd. eddes (= irgend)]: *jemand, irgendwer.* Bluatschink in „Funka fliaga": „Wenn epper so total verruckt isch, wenn epper so ausgezuckt isch / då muaß es schnölla, muaß es kracha, / då wera wieder Funka fliaga."
ępper², ęppa, ęppr ⟨Adv.⟩ [mhd. etewar, etewa (= irgendwo)]: *etwa, vielleicht:* „Büabale [gemeint ist das Christuskind], wås mågst denn håbn, mågst eppa dechta unsre Gåbn? / Mågst Äpfl oder Birn oder Nussn oder Kas, / willst Zwötschgen oder Pflaumen oder sinst a sölles Gfraß?" (Aus: „Es håt sich hålt eröffnet", ein in Tirol in etlichen Varianten verbreitetes Weihnachtslied, SsÖ, S. 136–137; gemeint ist: „Nimmst du wirklich unsere Gaben an?" – „Oder sonst solch ein einfaches Essen?").

eppra|mål ⟨Adv.⟩ [epper² + einmal]: *hin und wieder.*
ẹppes, ẹppas, ẹppis ⟨Indefinitpron.⟩ [mhd. ete-waʒ, etes-waʒ (= etwas); siehe epper] (auch süddeutsch und österreichisch): *etwas.*
Ẹppich, der [mhd. ephöu, ebehöu, ahd. ebah, ebihouwi, vermutlich in Anlehnung an houwi (= Heu)] (Sa.): *Efeu, siehe Eabam.*
er ⟨Adv.⟩: *deren, davon* [Rest von ihrer] (Pass.): i hånn er no a por (= ich habe noch einige davon).
Ẹr-: *siehe Ear-.*
ẹrberli sein, ẹrwale sein [laut Schatz aus mhd. ērbœrlich zu ēre (= Ansehen)] (Def.): *empfindlich, schnell beleidigt sein.*
Ẹrch, |rch, das [ahd. irch (= weiß gegerbtes Leder), Adj. irchin, zu lat. hircus (= Bock)] (OT, Brixental, Pfun.): *fein gegerbtes Leder aus Häuten von Böcken bzw. Wildtieren.*
Ẹrch|tåg, Ẹrch|tig, Ẹsch|ta, Ẹasch|ta, Ẹr|ta, Ẹr|tig, |schta usw., der: [vermutlich zu einem gotischen areinsdags (= Tag des Arius), das aber nur erschlossen, nicht belegt ist; dieses wäre eine Umdeutung von griech. áreōs hēmera (= Tag des Kriegsgottes Ares); das Wort ist also wie Pfinztag und ähnliche Wörter kulturhistorisch von größtem Interesse, weil es darauf hindeutet, dass der altbairische Sprachraum zunächst aus dem Süden (oder ev. aus dem Osten) von arianischen Christen missioniert worden ist]: *Dienstag.*
ẹrch|tigs, ẹrsch|tigis ⟨Adv.⟩ [siehe Erchtag]: *dienstags.*
Ẹrd-: *siehe Eard-.*
ẹrgar, ẹrga ⟨Adj.⟩ [aus dem Komparativ von mhd. arc (= arg, böse); vgl. årg] (ST, OI): *draufgängerisch, aufgeweckt.*
ẹrn ⟨hat⟩ [aus mhd. eher (= Ähre)] (ST): *Ähren ausbilden:* der Hobr tuat håttln, der Roggn und der Woaz tian ern.
ẹrscht|amål ⟨Adv.⟩ [eigentlich; erst einmal]: *unlängst, vor kurzer Zeit.*
Ẹr|schusse, Ẹr|schisse, der [1. Bestandteil: Erde; 2. Bestandteil: zu schießen] (Pass.): *künstlich im Erdboden angelegte Rinne für den Holztransport im Wald.*
es¹, ẹs; dös (Ötzt.) ⟨Personalpron., 2. Person; Plural⟩ [im Germ. gab es neben Singular- und Pluralformen auch einen sogenannten Dual mit der Bedeutung ihr zwei; im Gotischen hatte er die Form it; in ahd. Zeit ging der Dual als Kategorie verloren, daher verschwanden im Großteil des Sprachgebiets auch die alten Dualformen; anders in den altbairischen Mundarten, dort nahmen diese Formen die Pluralbedeutung an und die alten Pluralformen (aus denen die standardsprachlichen Pronomina ihr, euch, euer entstanden sind) gingen verloren. Das neue Pluralpron. wurde überdies so häufig auch an das Verb angefügt (z. B. es habt es, es habt's für: ihr habt), dass es allmählich zur Flexionsendung wurde (es håbts); noch im vorigen Jh. wurde es als Höflichkeitsform

(z. B. Kinder gegenüber Eltern) verwendet]: *ihr:* „Andreas: Wos tats denn ös do? Karl-Friedrich: Ich versteh kein Wort. (...) Andreas: Wos tats denn ös do? (...) Ich glaub, der alte Fuzzy will wissen, was wir hier tun!" („Aus Felix Mitterers „Die Piefke-Saga", 1. Teil).

es², **is, as, 's** ⟨Art.⟩ [Kurzform des weiblichen Art. im Singular]: *das.*

Ęschpl, Nęschpele, das [mhd. mispel, ahd. mespila, zu lat. mespilus, griech. mespilo; der Ausdruck ist in beiden antiken Sprachen ein Lehnwort unbekannter Herkunft; warum der Name Mispel verwendet wurde, um auch die Vogelbeere damit zu bezeichnen, ist unklar] (ST): **1.** *Mispel (viscum)* **2.** *Vogelbeere (Sorbus).*

Ęscht, das [eigentlich: Nescht (= Nest); entstanden durch falsche Abtrennung von einnest (der erste Laut von Nest wird als Teil des auf -n endenden unbestimmten Art. betrachtet und schwindet]: *Nest.*

Ęscht|gågg, Ęsch|gogg, der, **Ęscht|gåggile,** das [1. Bestandteil: siehe Escht; 2. Bestandteil: Ei] (ST, OI): *Nesthäkchen.*

ęschtn ⟨hat⟩ [siehe Escht (= Nest)]: **1.** *nisten* **2.** *unruhig sein, sich ständig hin- und herbewegen.*

Ęsl|tritt, der [bezieht sich auf die hufartige Form der Blätter (ähnlich wie in der standarddt. Bezeichnung Huflattich der 1. Bestandteil Huf-)] (AT): *Huflattich (Tussilago farfara).*

Ęssate, Ęssite, das [zu essen mit Suffix -ete (siehe dort)] (OI, Pass.): **1.** *Essen* **2.** *Lebensmittel:* eppas Essats.

Ęssl, die [entstanden durch falsche Abtrennung von ein'n|essel (der erste Laut von Nessel wird als Teil des auf -n endenden unbestimmten Art. betrachtet und schwindet]: *Große Brennnessel (Urtica dioica) oder nesselähnliche Pflanze z. B. Goldnessel.*

ęt¹, įt, ǫt: *siehe net, nit.*

ęt² ⟨Adv.⟩ [mhd. eht, et (= bloß, nur, nun einmal)]: **1.** (ST) *immer, wiederholt:* man håts et gsechn **2.** (NT) *manchmal, ab und zu* **3.** (ST) *bloß.*

ęt³, ǫt ⟨Partikel⟩ [schon in mittelalterlichen Fastnachtsspielen und bei Oswald von Wolkenstein eine Partikel, die bäuerliches Sprechen charakterisiert; vielleicht aus mhd. ete-, das in standarddt. etwas und dialektal epper enthalten ist]: **1.** *doch* **2.** *denn* **3.** *etwa* **4.** *wohl, halt.*

Ę|tadign, Ęa|tading, der [mhd. ē (= Norm, Vertrag) + tage-dinc (= Tagsatzung, Verhandlung); auch Attading, Dreitading] (Pass.): *Montag nach dem 1. Fastensonntag (alter Treffpunkt und Zahltag in St. Leonhard).*

-ete, -ate, -ite als Suffix von hauptwörtlich gebrauchten Partizipien der Gegenwart [aus -ende]: z. B. **er hat des Lafete, Plearate, Fręssete, Bętete:** *er hat die (oft vorübergehende) Gewohnheit zu laufen, zu weinen, zu fressen, zu beten etc.*

etie: *siehe atia.*

ẹtla, ẹttili ⟨Adv.⟩ [mhd. etlīch (= etlich); erster Teit wie epper]: *einige* ❖ **an etla Leit:** *ein paar Leute.*

ẹtsch|petsch, ẹtsche|petsch ⟨Interj.⟩ [dabei streicht man mit dem Zeigefinger der rechten Hand über den der linken Hand; diese Bewegungsgebärde erinnert an das gleichbedeutende und mit einer ähnlichen Gebärde verbundene Rübenschaben, das in anderen Dialekten als Schabab bezeichnet wird]: *unter Kindern üblicher Zuruf, wenn jemand verspottet wird.*

ẹtte: *siehe itte.*

Et|wẹdere, Et|wẹder, der [Substantivbildung zu entweder; dieses zu mhd. e(i)ntweder, ahd. einweder, aus ein + weder]: *der eine oder der andere; einer von beiden:* der Etwedere von euch muss es gewesen sein.

Ẹtz, das [eigentlich: Netz; entstanden durch falsche Abtrennung von einn|etz (der erste Laut von Netz wird als Teil des auf -n endenden unbestimmten Artikels betrachtet und schwindet] (UI): *Heunetz.*

Ẹtze, Ẹtzige, Ẹtzat, die [Ableitung von mhd. atzen, etzen, ahd. azzan (= essen machen, zu essen geben); davon der Name des Ötztals]: *Viehweide, Nachweide.*

ẹtzn ⟨hat⟩ [zu Etz(e), siehe dort] (veraltet): *weiden.*

ẹwala sein, ọ̈wala tian [geht wohl ähnlich wie weh auf einen Schmerzlaut zurück]: *wehleidig sein, ständig jammern.*

Ewe, die: *siehe Ebe und A.*

ẹxtra, ẹxgere, ẹxgre, ẹxtrig ⟨Adv.⟩ [lat. extra (= außerhalb, außerdem; über ... hinaus]: **1.** *zusätzlich, außerordentlich, eigen:* er håt a extrigs Glasl (= er hat ein Glas für sich allein) **2.** *zum Trotz:* etwas gråd extra måchn.

F

fa-, fer-: *siehe ver-*.
Fåbes, die: *siehe Fowassn*.
Fabrikler, Fabritler, der [Nomen Agentis zu Fabrik; belegt bei Schatz]: *Fabriksarbeiter*.
Fåche: *siehe Foche*.
fåchn, fochn ⟨hat⟩: [mhd. fahen, ahd. fahan; daneben kommt schon früh im 20. Jh. fangen auf, das inzwischen fåchn fast ganz verdrängt hat]: *fangen*.
Fåcht, die [letztlich zu ahd. pfaht (= das rechte Maß) aus lat. pactum; pfachtn ist bei Schatz in der Bedeutung eichen, Gewichte richtig stellen etc. belegt; pfachtig und fachtig (= dem Maß entsprechend)] (AT): *Spaß, Freude* ❖ **a Fåcht håbm:** *Spaß, Freude an oder mit etwas haben*.
Fachtl, das [mhd. vardel (= Bündel, Ballen); über italien. fardello aus dem Arabischen]: *Heuballen als Traglast*.
Fåck, Fåcke, die oder der; häufiger **Fåckl(e),** das; Plural: Fåckn [mhd. varch, varke (= Schwein); mit Ausfall des r; bei Ferkel ist das r hingegen erhalten geblieben]: **1.** *Schwein:* „Åft sein mir nåcher gången, i und du á (...) / und i nimm mei foasts Fackele / und renn damit davon. / Halleluja." (Aus: „Es håt sich heut eröffnet"; in Tirol in vielen Varianten verbreitet) **2.** (ST) *letzte Ladung beim Heuziehen* **3.** *unreinlicher Mensch, Schmutzfink* **3.** *moralisch schmutziger, verabscheuungswürdiger Mensch, sexueller Schmutzfink* ❖ (NT) **dea tuat nit zun Fackifånga:** *er hat O-Beine*.
Fåckelåtti, Fåckalotti, der [scherzhafte Bildung zu Fåck mit italienisierender Endung] (ST): *Schmutzfink*.
fåckelen, fåcketzn ⟨hat⟩ [zu Fåck]: *schweinisch reden*.
Fåckeler, der [zu Fåck] (NT): *schweinischer Mensch*.
Fåckerei, die [zu Fåck]: *Schweinerei*.
fåckisch, fåckisch ⟨Adj.⟩ [zu Fåck]: **1.** *unsauber, schmutzig* **2.** *anzüglich, obszön*.
fåck|leibig ⟨Adj.⟩ [zu Fåck und Leib] (OT): *fett, korpulent*.
Fåckl, die; Plural: Fåckln [mhd. vackel (= Fackel), entlehnt aus lat. facula, einer Weiterbildung von lat. fax (= Fackel, Lichterscheinung)] (Pass.): **1.** *Hagebutten, Früchte der Hundsrose (Rosa canina)* **2.** *die Hundsrose(n) selbst* **3.** *Fackel*.
Fåckl|fåcke, die [1. Bestandteil: Diminutiv von Fåck]: *Muttersau, trächtige Sau*.
fåckln, fåcklen ⟨hat⟩ [zu Fåck]: *Junge werfen (vom Schwein)*.
Fåckl|sau, der oder die [zu Fåck]: *Mutterschwein*.

Fåckn|be, die (Plural) [eigentlich: Saubeere; 1. Bestandteil: siehe Fåck] (AT): *Rauschbeere (Vaccinium uliginosum);* Strauch aus der Gattung der Heidelbeeren *(Vaccinium).*

Fåckn|bire, die [eigentlich: Saubirne, entspricht vermutlich der Sülibirne/Säulibirne im alemannsichen Sprachraum] (ST, OT): *Saubirne (für die Dörrobstherstellung bzw. zum Schnapsbrennen).*

Fåckn|bletsche, die [2. Bestandteil: siehe Bletschen] (ST): *Blätter des Huflattichs (Tussilago farfara).*

Fåckn|bloter, die (Pfun.): *Schweinsblase.*

Fåckn|bloam, die; Plural: Fåcknbloamin [1. Bestandteil: siehe Fåckn, der Name bringt vermutlich zum Ausdruck, dass manche Bauern diese Pflanze nicht gern in ihren Wiesen sehen, wo sie sich allzu sehr breit macht; vgl. Kuibluime und schweizerisch Söiblueme (= Saublume)] (Sa.): *Gewöhnlicher Löwenzahn (Taraxacum sect. Ruderalia).*

Fåckn|fiatern, Fåckn|fuatan, das [eigentlich: Sauf üttern]: ❖ **zen Fåcknfiatern** [eigentlich: zum Sauf üttern]: **1.** *im Überfluss* **2.** (ST) *letzte Ladung beim Heuziehen.*

Fåckn|glitsch, der [siehe Glitsch] (Def.): *Schweinestall.*

fåckn|goschit ⟨Adj.⟩ [siehe Gosche] (Pass.): *mit einer Schnauze, die einem Schweinerüssel ähnelt (vom Rind).*

Fåckn|puite, die [vgl. Peinte] (Pass.): *eingezäunter Grund als Auslauf für die Schweine.*

fad ⟨Adj.⟩ [franz. fade (= reizlos, schal, seicht, unschmackhaft); aus lat. fatuus (= albern, blödsinnig)] (auch süddeutsch und österreichisch) **1.** *schlecht gewürzt, schal:* ein fades Gericht **2.** *langweilig, reizlos:* ein fader Zipfl, eine fade Nocken (= eine langweilige Frau) ❖ **mir isch fad:** *ich langweile mich* ❖ **dabei wird mir nit fad:** *da kommt keine Langeweile auf.*

Fadian, der [Nomen Agentis zu fad mit dem lat. Suffix -(i)ānus]: *langweiliger Mensch.*

Fadnis, Fornis, das (kein Plural) [mhd. varn (= von einem Ort zum anderen bewegen, gehen, fahren), dazu mhd. varnde guot, varnde habe (= bewegliche Habe)] (Pass.): *fahrendes Gut, bewegliche Habe:* er håt mit Vich und Fadnis gerbt (= er hat einen Hof mit allem Drum und Dran geerbt).

Faggilan, die (Plural) [mhd. vackel (= Fackel), entlehnt aus lat. facula] siehe Fåckl: (OT): *kleine Holzscheiter.*

fåggln ⟨hat⟩ [eigentlich: fackeln; zu Fackel] (OT, AT): *unerlaubt mit Feuer spielen.*

fa|heling ⟨Adv.⟩ [heling wegen anderer, nicht mehr gebräuchlicher Adv. von Schatz zum Adj. hoch gestellt; fa- geht auf gegen zurück] (Def.): *plötzlich, spontan.*

Fal, der [mhd. væl(e) (= das Fehlen, das Verfehlen), aus altfranz. faille, diese zu lat. fallere (= täuschen, betrügen, versagen); vgl. die standarddt. Wendung: ohne Fehl und Tadel] (Pass., OI): *Fehler, Versehen* ❖ (OI) **one Fal sei**; (Pass.) **in Fal**: *unabsichtlich, aus Versehen*: *iez hat i båld in Fal dain Huat ginåmmin* (= jetzt hätte ich fast aus Versehen deinen Hut genommen).

fal ⟨Adv.⟩ [siehe faln und falliarn]: *falsch, verfehlt* ❖ (OI) **nit fal gia**: *nicht falsch gehen*.

Fal|bodn, der; Plural: Falbedn [1. Bestandteil: Fal (siehe dort)]: *Zwischendecke aus Holz*.

fålch, fålchat ⟨Adj.⟩ [zu mhd. val (= bleich)]: **1.** (OT) *blondhaarig, rostbraun* **2.** (OT, Pfun.) *weißlich*.

falęscht ⟨Adv.⟩ [eigentlich: für (oder von) letzt] (ST, OT): *mit der Zeit*.

Falla: *siehe Felle²*.

falliarn ⟨hat⟩ [mhd. fallieren, failiern (= fehlen, fehlgehen), franz. faillir, zu lat. fallere; standarddt. fehlen und mundartlich faln (siehe dort) geht ebenfalls auf lat. fallere (= täuschen, betrügen, verbergen) zurück]: *misslingen, schiefgehen*.

Fall|lucka, die, **Fell|luck**, das [eigentlich: Fäll-Luke, Fälltür] (OI, La.): *waagrechte Tür vom Hausgang in den Keller*.

faln, fain ⟨hat⟩ [mhd. vælen, vēlen, veilen (= fehlen, sich irren, trügen); über franz. faillir zu lat. fallere (= täuschen, betrügen, verbergen)]: **1.** *fehlen, mangeln* ❖ **dem falts**: *der ist nicht ganz richtig im Kopf* **2.** *ein Ziel, einen Weg verfehlen* **3.** *einen Fehlschuss tun* **4.** *gesundheitlich angeschlagen sein*: *mir falt nix* (= ich bin gesund).

Falott, der [franz. falot (= komischer, belustigender Mensch), dieses laut Kluge zu engl. fellow (älter: felow)]: **1.** *Gauner, Nichtsnutz* **2.** (ST, OT) *Landstreicher*.

fålsch, fåisch ⟨Adj.⟩: *falsch, unecht* ❖ **ein fålscher Hund**: *ein unehrlicher, hinterhältiger Mensch* ❖ **ein fålscher Fuffz(i)ger** [eigentlich: ein gefälschter Fünfziger (Geldschein)]: *ein unehrlicher, hinterhältiger Mensch*.

Fålzl, das [Ableitung von mhd. valzen (= biegen, krümmen)] (Pf.): **1.** *Sims* **2.** *kleines Regal über der Stubentüre*.

fan, fe(b)m, fęgn ⟨hat⟩ [mhd. vewen, vowen, ahd. fouwen, fewen (= sieben)]: **1.** *Getreide sieben, (durch)sieben* **2.** *die Milch abrahmen*.

vanånder, vanånd, vanånn ⟨Adv.⟩ [eigentlich: voneinander]: *auseinander*.

Fåne, Fone, Fune, Fon, Fun, der; auch die [mhd. vane, van (= Fahne, Banner; unter einer Fahne stehende Heeresabteilung); davon die Verkleinerungsform Fandl]: *Fahne* ❖ **a Fandl im Wind**: *ein unzuverlässiger, opportunistischer Zeitgenosse*.

faneatn¹ ⟨Adj.⟩ [eigentlich: vonnöten] ❖ **in vaneatn hobm:** *nötig haben, dringend brauchen.*
faneatn² ⟨Adv.⟩ [wie vaneatn¹] (Pfun.): *deswegen.*
Fång|eisn, das [eigentlich: Falle zum Fangen von Raubwild] (scherzhaft): *Ehering.*
Fångeletz, Fångiliss, Fångiluss, das: *Fangenspiel* ❖ **Fångeletz spiln, Fångiluss tian:** *fangen spielen.*
fången ⟨hat gfången⟩: *fangen* ❖ **oane fången:** *eine Ohrfeige bekommen.*
Fangge, die [Ableitung von fanggn, siehe dort; vgl. auch fanggetzn; in zahlreichen Flurnamen, z. B. Fanggaloch, Fanggokar] (Lecht.): **1.** *gespenstiges Weib, Hexe (Kinderschreck)* **2.** (Tobadill) *dumme Frau.*
fanggern ⟨hat⟩ [so wie fanggn zu Funke; semantische Brücke: den Funken legen]: *veranlassen, anfangen.*
fanggetzn ⟨hat⟩ [Intensivum und Frequentativum von fanggn]: *funkeln, glänzen.*
fanggn ⟨hat⟩ [jan-Ableitung von mhd. vanke (= Funke); vgl. standardsprachlich Funke]: *funkeln.*
fangulo, fankulo [ital. fanculo (= leck mich (am Arsch)] (ST): *leck mich (am Arsch).*
fanort ⟨Adv.⟩ [Rest von: auf einem Ort] (OT): *irgendwo.*
Fan|reita, der [1. Bestandteil: siehe fan; 2. Bestandteil: mhd. rīter, ahd. rīt(e)ra, vgl. altengl. hridder (= Sieb), das Wort Reiter (= Sieb) wird österreichweit und regional in D verwendet] (NT): *grobes Sieb (für Getreide etc.).*
fåppern ⟨hat⟩ [Herkunft unklar] (OT): *zittern.*
Fårbe, Fårb, die: **1.** *Farbe* **2.** *Sonnenbräune* ❖ **a guate Fårb håbm:** *eine leichte Bräunung, ein gesundes Aussehen haben* ❖ **Fårbe schintn:** *sich mit Gewalt bräunen.*
farbln, fårbm ⟨hat⟩ [eigentlich: färbeln, farben, zu Farbe]: *mit einer Karte derselben Spielfarbe einen Stich machen.*
Fårb|stich, der [siehe farbln]: *Stich mit einer Karte derselben Spielfarbe.*
Farch, Fårche: *siehe Ferch.*
Fårch, das [mhd. farch, ahd. farh (= Schwein), zu lat. porcus (= Schwein)] (UI): *Schwein.*
Fårfl, Pfårfl, die [mhd. varvelen (= Suppe mit geriebenem Teig; mit verquirlten Eiern); Variante von Pfurfl (siehe dort)] (ST, OT, Zillt.): *Teigflocke.*
Fårfl|suppe, Pfårfl|suppe, die [siehe Fårfl]: *Suppe mit geriebenem Teig.*
Fartig: *siehe Feischtåg.*

Fårz, Fåschz, der [wie Furz zu mhd. vurz, ahd. farz, zu mhd. verzen, ahd. ferzan (= furzen)] **1.** *(laut) entweichende Darmblähung* **2.** *Kleinigkeit.*
Fårz|minute, die ❖ **ålle Fårzminute** ⟨Adv.⟩: **1.** *oft* **2.** *in kurzen Abständen.*
fårzn ⟨hat⟩: *furzen.*
Fasche: *siehe Fatsche.*
faschiarn, faschian, faschirn ⟨hat⟩ [zu Fasch, dieses ist eine im 19. Jh. im Tirolischen noch belegte Dialektform des küchensprachlichen Ausdrucks Farce (= aus gehacktem Fleisch, Fisch, Gemüse, Ei, Gewürzen u. a. hergestellte Füllung für Fleisch- u. Fischspeisen); aus franz. farce, dieses über vulgärlat. Zwischenstufen zu lat. farcire (= hineinstopfen)]: *ein Fleisch durch die Faschiermaschine (= durch den Fleischwolf) drehen.*
Faschiarte, Faschiate, Faschirte, das; ein Faschiarts: **1.** *faschiertes Fleisch als Grundprodukt* **2.** *Speise aus faschiertem Fleisch.*
faschiarter Bråtn, faschiater Bråtn, faschirter Bråtn, der [immer öfter auch **Håckbråtn**]: *weckenförmige Speise aus faschiertem Fleisch, eingeweichtem Weißbrot, Ei und Gewürzen.*
Fåsching, der [mhd. vaschanc, vaschang (= Fasching, Fasnacht), erst jünger vasching; wahrscheinlich aus ahd. *fasagang, fasgang (= Umgang zum Erlangung von Wachsen/Gedeihen): vgl. Fasnacht mit der gleichen Wurzel); auch an vass-schanc (= Ausschenken aus einem Fass) und vast-schanc (= Auschenken des Fastentrunks) wurde gedacht, aber eher handelt es sich dabei um spätere volksetymologische Umdeutungen] (im östlichen Nord- und östlichen Osttirol üblich; im größeren Teil des Landes feiert man Fåsnåcht; siehe dort]: *Fasching.*
Faschini, die [ital. fascio (= Bündel)] (Bozner U-Land): *Stange, an der sich Weinreben oder andere Pflanzen emporranken.*
fåscht, fåst ⟨Adv.⟩ [mhd. vast (= stark, sehr, nahe bei), wie standarddt. fast ursprünglich das umlautlose Adv. des Adj. fest; im Sarntal hat sich die alte Bedeutung erhalten]: **1.** *beinahe* **2.** (Sa.) *stark, sehr.*
Faschtl, das [Verkleinerung von mhd. vart (= Gang, Lauf)] (UI): *eine gute Hand für etwas.*
Fåschtn|knedl, der: *Semmelknödel mit Zwiebel- statt Speckstücken.*
Fasischt, der [aus ital. fascista, das im Dialekt Faschischt ergab und dann dissimiliert wurde] (ST): *Faschist.*
fåsln ⟨hat⟩ [Herkunft unklar] (OI): *einzeln auflesen (z. B. Obst).*
Fås|nåcht, Fos|nåcht, die [mhd. vasenaht, vasnaht (= Zeit, bzw. Tag vor der Fastenzeit); 1. Bestandteil: ursprünglich zu germ. *fes-/fas- (= fruchtbar), das in mhd. vasen (= sich fortpflanzen), vaselen (= gedeihen), vasel (= Zuchtstier, Nachkommenschaft) und vesel, visel (= Penis) erhalten ist; vgl. auch Fisl; erst später angelehnt an fasten: Fastnacht;

2. Bestandteil: Nacht; vgl. auch Fåsching]: *Fastnacht* ❖ **in di Fåsnåcht gien:** *Fasnacht abhalten (Maskentreiben).*

Fåsse, Fåss, Fåssige, die [zu fassen, anfassen] (ST, Alp.): **1.** *guter Angriffspunkt* **2.** *Handhabe.*

Fạssl, das; Plural: Fassln [Verkleinerung von Fass]: **1.** *kleines Fass* **2.** (ST, OI) *Bienenstock.*

fạssn ⟨hat⟩ [wie standarddt. fassen zu mhd. vaʒʒen, ahd. faʒʒōn, eigentlich: in ein Gefäß tun; zu Fass; Bed. 2 in Anlehnung an einen fachsprachlichen Ausdruck: die Schraube fasst gut (= die Schraube dringt an der vorgesehenen Stelle ein und sitzt fest)] (Pass., Alp.): **1.** *erwischen, schnappen* **2.** *mit einer Frau koitieren.*

Fạtsch(e), Fạsche, die oder der [ital. fascia (= Band, Streifen), dieses zu lat. fascia]: **1.** *Binde, Mullbinde* **2.** *breiter Ledergürtel der Männertracht* **3.** *Mörtelband:* Fatschn måchn (= Mörtelbänder anbringen).

fạtschn, fạschn ⟨hat⟩ [aus Fatsche]: **1.** *mit einem Verband versehen* **2.** *wickeln (ein Kleinkind)* **3.** *eine Ranggeltechnik anwenden.*

Fạtschn|poppele, Fạsch|puppile, das [1. Bestandteil: siehe Fatsche; 2. Bestandteil: Verkleinerung zu Poppe, dieses wie Puppe zu mhd. puppe, poppe, entlehnt aus lat. puppa, einer Nebenform von lat. pūpa (= kleines Mädchen, Larve): *Wickelkind.*

Fạtti, Fạttn, die (Plural) [lat. *fatuus (= beliebig, frivol), frz. fatuite (= Narrheit, dummes Benehmen)] (Pass.): **1.** *Gewohnheiten* **2.** *Marotten.*

fạttschn ⟨hat⟩ [Herkunft unklar] (Sa.): **1.** *bei den Haaren schütteln* **2.** *lügen, prahlen* **3.** *tändeln* **4.** *einen Baum streifenweise entrinden.*

Faul|ber, die: *Vogelbeere,* gemeinsprachlich als Eberesche oder Vogelbeerbaum (*Sorbus aucuparia*) bezeichnet.

Faul|bera, der (Zillt.): *Vogelbeerschnaps.*

Faule|weib|singen, Faule|weib|sing, das: *Hochzeitsbrauch in Pfitsch:* zwei oder drei Tage nach der Hochzeit ziehen die Dorfburschen mit Instrumenten wie Spritzkannen, Kesseln, Pfannen, Wasserschäffern etc. vor das Haus der Neuvermählten und bringen diesen ein ohrenzerreißendes Ständchen, während andere Teilnehmer des Zuges die Stimmen von Tieren, z. B. von Eseln, Kühen, Hähnen nachahmen; am Ende singen die Burschen das „Lied vom faulen Weib": „Und wer a faules Weib hat, der mag wohl traurig sein, / Der mag wohl morgens früh aufsteh'n und selber kenten ein (= einheizen) / Der Mann der ging zu Holze, zu Mittags wieder heim, / Da lag das faule Weib im Bett und strecket ihre Bein'."

Faul|hackl, der [siehe Bamhackl] (Ridn., Sterzing, Alp.): *aufgesprungene, verschrumpelte Haut.*

Fäu|muata, die [Umdeutung von Feifålter, siehe dort; über ein gedankliches Feilvater zu Feilmutter] (UI): *Schmetterling.*

f**au**nxn, f**au**nzn ⟨hat⟩ [zu vūnst neben mhd. vūst (= Faust); auch bairisch-österreichisch faunzn (= Faustschläge versetzen)] (Ridn.): *stehlen, heimtückisch entwenden.*

f**ea**chat, f**ea**chig, f**e**chit [zu Feache, siehe dort] (ST, OT): *sommersprossig.*

F**ea**che, F**ea**chn, Pf**ea**chn, F**e**chn, die; Plural: Feachen [mhd. vēch (= bunt, schillernd, die Farbe wechselnd); ahd. fēh (= bunt, gesprenkelt)] (ST, OT): *Sommersprosse.*

f**ea**cht: *siehe feart.*

F**ea**l, F**e**rla, die [zu romanisch ferla, lat. ferula (= Stab, Rohr)] (OI): *Holzgitter auf Kufen zum Heutransport im Winter.*

f**ea**nzn, f**ia**nze ⟨hat⟩ [aus mhd. vanz (= ursprünglich Diener, dann Schalk, Betrüger); vgl. bairisch-österreichisch feanzn]: *sticheln, spötteln.*

f**ea**r ⟨Adj.⟩ [mhd. verre (= fern, weit)]: *weit* ❖ a f**ea**r [eigentlich: eine Ferne] (ST): *weit entfernt.*

F**ea**rner, der: *siehe Ferner.*

f**ea**rt, f**e**rt(n), f**ea**scht, f**ea**cht ⟨Adv.⟩ [zu mhd. vērne, vērnet, vērt (= im vorigen Jahr)] (NT): *im Vorjahr:* „Und a Schilehrer und a Schandi / und da Toifl und da Niklo / hend feacht wållfåhrtn gången / und hend heuer no nit då ..." (Aus: „Und an Tux an schian Tal").

f**e**bm, f**e**m ⟨hat⟩ [ahd. fewen (= sieben)] (Zillt.): *sieben.*

F**e**chel, F**e**le, das [siehe Schwäbisches Wörterbuch Fel²] (AF): *Mädchen.*

F**e**chter, der [siehe fechtn] (auch bairisch-österreichisch): *Bettler.*

f**e**chtn ⟨hat gfochtn/gfechtet⟩ [fechten gehen nahm die Bedeutung betteln an, weil sich im ausgehenden MA die Handwerker vielerorts zu Fechtgesellschaften zusammenschlossen, um sich im Gebrauch von Waffen zu üben. Viele Handwerksburschen zogen im Land umher, zeigten ihre Kunst im Fechten, hofften auf Gaben der Zuschauer und verdienten damit ihren Lebensunterhalt]: *betteln.*

F**e**dern|ball, der [1. Bestandteil: Federn als Füllung von Bettzeug; 2. Bestandteil: Tanzveranstaltung] ❖ aufn Federnball gehen (scherzhaft): *schlafen gehen.*

F**e**der|pennal, das [2. Bestandteil: aus lat. penna (= Feder)]: *Etui für die Schreibutensilien von Schülern.*

f**e**dle ⟨hat⟩ [auch: zåmmfedle; Herkunft wie fe(b)m, siehe unter fan; mit -d- statt dem aus -w- entstandenen -b-; Schatz belegt im Oberinntal noch åfedle (= die Milch entrahmen)] (AF): *Reste zusammenklauben.*

f**e**gl-: *siehe vegl-.*

f**e**gn ⟨hat⟩ [mhd. vegen (= reinigen, scheuern)] (OT, Pfun.): *reiben, kratzen.*

f**ei**: *siehe fein.*

Feichte, Feicht, die [mhd. zwar viehte (= Fichte), aber ahd. fiuhta; weitere Herkunft unklar, vielleicht ursprünglich: die Stechende oder der Stecher (im Hinblick auf die Nadeln)]: *Fichte.*

feichtn, feichtin, feichter ⟨Adj.⟩ [zu Feicht(e); siehe dort]: *aus Fichte:* ein feichtenes Brett.

Feiele, Feilele, Feigal, Feiei, das; Plural: -er [mhd. viol, auch vigol, vīel (= Veilchen), das auf lat. viola zurückgeht]: *Veilchen oder Viole (Viola).*

Feier|tåg, Feir|tog, Feisch|ta, der [mhd. vīr(e)tac, ahd. fīratag (= Feiertag); vgl. auch Feirer]: *Feiertag, jährlich wiederkehrender Gedenktag, an dem nicht gearbeitet wird.*

Fei|fålter, Pfei|fålter, der [mhd. vifalter (= Schmetterling)]: *Schmetterling.*

feig! ⟨Interj.⟩ [abkürzend für: du bist zu feig]: *kindersprachl. Provokation, etwas Waghalsiges zu tun.*

Feig, das [Herkunft unklar] (Ehrwald): *Durchfall.*

Feile, die [zu faul] (AT): *Faulheit, Müdigkeit* ❖ **a Feile håbm:** *unendlich müde sein.*

fein, fei¹ ⟨Adj.⟩ [mhd. vīn, entlehnt aus franz. fin, das aus lat. finis (= Ende, Grenze) entstanden ist: das ist die Grenze, d. h. das Beste]: **1.** *fein, zart* **2.** *angenehm* ❖ **dahoam isch's ållweil fein:** *zu Hause ist es immer angenehm/gemütlich.*

fein, fei² ⟨Modalpart.⟩ [aus fein¹]: *bestimmt, wirklich, mehr als gedacht* ❖ **des isch fein schwar:** *das ist wirklich schwer;* **des is fein verboten:** *nachdrücklich für das ist (übrigens) verboten.*

feint ⟨Adv.⟩ [mhd. vīant (= hassend)]: *feindlich gesinnt.*

feinzig ⟨Adj.⟩ (Zillt.): *raunzig, störrisch (von Kindern).*

Feirer, der [mhd. vīre (= Festtag, Feier) aus spätlat. feria (= Festtag), aus dem später – im 16. Jh. – auch das Wort Ferien entlehnt wurde]: *Faulenzer.*

Feirum, Feiromb, der [siehe Feirer; 2. Silbe: verkürztes Wort Abend]: **1.** *Arbeitsende, Feierabend* **2.** (salopp) *Schluss, Ende.*

feisala: *siehe fesln.*

Feisch|tåg: *siehe Feiertag.*

Feitl, der [Herkunft unklar, vielleicht zu Veitl, Koseform des Vornamens Veit] (auch süddeutsch): *einfaches Taschenmesser* ❖ **jemandem springt/geht da Feitl in da Tåschn auf:** *jemand gerät blitzartig in Rage* (das Springmesser geht auf, ehe er es aus der Hosentasche genommen hat) ❖ **då möcht i Feitl/Veitl hoaßn:** *das darf nicht wahr sein, das kann nicht stimmen.*

Fel, das [mhd. vel (= Fell)] (ST): **1.** *Fell* **2.** *alte Frau.*

Feler, der; Plural: Feler [mhd. veler, Nebenform von velwe (= Weide), das vom Adj. val (= fahl) abgeleitet ist, also der fahle Baum] (ST, OI):

Weide; die Weiden *(Salix)* sind eine Pflanzengattung aus der Familie der Weidengewächse *(Salicaceae).*

Feler|wibam, der [siehe Feler und Felerwidn: also Feler-wid-baum] (Deutschn.): *Weidenbaum.*

Feler|widn, die (Plural) [1. Teil siehe Feler, 2. Teil aus mhd. wide, wit (= Reis, Flechtreis)] (Deutschn.): *neue Triebe der Weide.*

Fell, Lelle, die (Pfun.): *Zunge.*

Felle¹, die [gehört vermutlich zu ital. cipolla (= Zwiebel), wie das Schatz wegen cimbrisch schavöllo und lusernisch tschovöl annimmt]: *Gartenzwiebel, Küchenzwiebel (Allium cepa).*

Felle², Fellitze, die, **Fellitz,** das [wohl zu fallen]: **1.** *hölzernes Schnappschloss* **2.** *Türklinke.*

fellig, felk ⟨Adv.⟩ [mhd. vœllic (= völlig, ausreichend)] (OT): *fast, beinahe.*

Fell|luck, das [eigentlich: Fäll-Luke, Falltür] (La.): *waagrechte Tür vom Hausgang in den Keller.*

felln ⟨hat⟩ [wie fällen] (La.): **1.** *zu Fall bringen* **2.** *ein Bein stellen.*

fem: *siehe febm.*

Fen, Pfiam, der [mhd. fœnne, ahd. phōnno, aus lat. favonius (= lauer Westwind, verkörpert durch die Windgottheit Zephyr, in der Antike als Frühlingsbote und „Reifer der Saaten" verehrt); zu lat. fovere (= wärmen, hegen und pflegen)]: **1.** *Föhn* **2.** *warmer Wind.*

Fenis, der [mhd. fenichel aus lat. feniculum, wegen des Dufts nach Heu (lat. fenum)] (Def.): *Fenchel.*

fenggln, fenglen ⟨hat⟩ [-eln-Ableitung von mhd. vegen (= fegen, scheuern); wegen der Hin- und Herbewegung des Bogens; auffällig ist die Nähe zu pfenggn] (ST): **1.** *schlecht geigen* **2.** (Ridn.) *herumprobieren.*

Fengl, der [zu fenggln, siehe dort] (Pf.): **1.** *tollpatschiger Mensch* **2.** *langsamer Mensch.*

Fengl|bogn, der [zu fenggln, siehe dort] (Pass.): *Geigenbogen.*

fenschterln, fenstaln ⟨hat⟩ (auch süddeutsch, österreichisch und schweizerisch; erloschener Brauch, aber als Wort noch lebendig): *die Geliebte nachts besuchen, indem man durch das Fenster einsteigt:* „Feschterla muaß i geah – so hån i gmoant / hån ans Haus mei Loat'r umigloahnt / Bin glei doba, klopf glei o / då håt vo meim Schåtz des Ahle aufgetåh!" (Aus dem Lied *Knou mah!* der Gruppe Bluatschink).

Fentschile, der (Villgraten): *letzter Laib beim Brotbacken.*

feppeln ⟨hat⟩ [eigentlich: föppeln; -eln-Ableitung von foppen; dieses aus der Gaunersprache] (ST): *foppen.*

fer- ⟨Vorsilbe⟩ *siehe ver-.*

Ferala, die: *siehe Feal.*

Ferch(e), Forche, Fårch, Farcha, Fer, die; Plural: Ferchen [mit Umlaut aus mhd. vorhe (= Föhre), ahd. forha, indogerm. Baumname; der Umlaut wahrscheinlich aus dem Adj. vorhīn (= von Föhren)]: *Föhre.*

ferchn, forchn ⟨Adj.⟩ [mhd. verhīn, vorhīn, Adjektiv zu mhd. vorhe]: *föhren, von Föhren, aus Föhrenholz (in D von Kiefern, aus Kiefernholz).*

Ferch|schtaude, die [1. Bestandteil: siehe Ferche] (Pf.): *Legföhre.*

fergga ⟨ist⟩ [eigentlich: fertigen] (Lechtal, Pfun.): **1.** *vorwärts gehen* **2.** *von der Hand gehen.*

fergge ⟨hat⟩ [eigentlich: fertigen] (OI): *mühsam schleppen, schwer arbeiten.*

Ferggl, die; **Ferggele, Farggele,** das [lat. ferculum (= Traggestell)]: **1.** *Gestell zum Tragen von Heulasten* **2.** *Traggestell für Heiligenstandbilder bei Umzügen* **3.** (OT) *Bretterplatte mit zwei Holzkufen, Schlitten zum Heuziehen.*

ferig, feartig, ferschtig ⟨Adj.⟩ [siehe feart, Ferner] (ST, OT): *vom vorigen Jahr:* der ferige Schnee.

fer|ibl: *siehe Veribl, veribl(n).*

Fernatsch: *siehe Vernatsch.*

Ferner, Fearna, der [geht wie die Schneebezeichnung Firn auf ahd. firni (= vorjährig) zurück, ursprünglich: der vom Vorjahr liegengebliebene Schnee; siehe auch: feart, ferig] (West- und Zentraltirol): *Gletscher.*

Ferner|kluft, die [1. Bestandteil: siehe Ferner; 2. Bestandteil: Kluft (= Felsspalte, tiefer Riss im Gestein; zu klieben)] (Pass.): *Gletscherspalte.*

fernichtig, fernutz ⟨Adv.⟩ [für + nichtig bzw. nütze] (ST): *unnütz.*

fernt ❖ **fi fernt** ⟨Adv.⟩ [eigentlich: von fern; mhd. ferren(e), ahd. ferrana, ferranān war ursprünglich eine Antwort auf die Frage woher; ursprüngliche Bedeutung also: von fern] (ST): **1.** *von weitem* **2.** (Sa.) *augenblicklich, ohne Zögern.*

Ferschler, der (Fußballersprache) (NT): *Ballweitergabe oder Schuss mit der Ferse.*

ferschln ⟨hat⟩ [zu Ferschn] (NT, Fußballersprache): *den Ball mit der Ferse spielen.*

fert: *siehe feart.*

Ferta, die [zu mhd. varn (= von einem Ort zum anderen bewegen), d. h. was man auf einmal tragen kann] (OI): *Gestell zum Tragen von Heulasten.*

Feschak, der [zu fesch mit tschech. Endung -ak] (NT, OT): **1.** *fescher Mann* **2.** (abwertend): *eitler Mann, der sich übertrieben modisch kleidet; Modegeck.*

feschgn ⟨hat⟩ [Herkunft unklar; Bed. 2 erinnert an fechtn]: **1.** (Pf.) *reiben, scheuern* **2.** (La.) *betteln.*

Feschting, Feschtige, die [wie standarddt. Festung mhd. veste (= befestigter Ort)] (ST): **1.** *Festung* **2.** (Pass.) *Turm beim Schachspiel.*

Fese, die **Fesele,** das [mhd. vese, vesel (= Spreu)]: **1.** *Kleinigkeit* **2.** (ST, OT) *Hülse des Getreidekorns.*
fesln, fesern, fesn, feisala, fisln ⟨hat⟩ [mhd. vese, vesel, ahd. fesa (= Spreu)]: **1.** *leicht regnen* **2.** *leicht schneien.*
Fessl, die [mhd. vezzel (= Band zum Befestigen]: *Tragriemen.*
Fessn, die (Plural) [Herkunft unklar] (La.): *Äste, auf denen man Holz zieht.*
fett ⟨Adj.⟩ [aus dem älteren norddeutschen Ausdruck vet, der dem süddeutschen feist entspricht; jugendsprachlich bedeutet fett auch großartig, toll; in dieser Bedeutung zu amerikanisch-engl. phat (= hervorragend, super)] (NT, Pust., regional auch in D und Ö, d. h. junge Übernahme): *völlig betrunken.*
fette, fettige ⟨Demonstrativpron. und Gradpart.⟩ [auch: settige; mhd. so getan; siehe wofette] (Pass.): *welche:* fettige wors? (= welche war es?).
Fetter: *siehe Vetter.*
Fettn, die [Bed. 1 zu fett (= völlig betrunken)] (auch Wienerisch) (NT, Pust.): **1.** *Rausch* **2.** *Glück* ❖ **an Fettn schiabm:** Glück haben.
Fetz, die [analog zu Fetzer Bed. 3; siehe fetzn] (Deutschn., Pfun.) (abwertend): *Frau:* sell wer glåcht, wenn mir Bauern a so a Fetz nit drgwåntn tetn (= es wäre doch gelacht, wenn wir Bauern eine solche Frau nicht einkleiden könnten).
Fetz|ber, die (Plural) (AT): *Früchte des Vogelbeerbaums (Sorbus aucuparia), der auch Eberesche genannt wird.*
fetzelat ⟨Adj.⟩ [zu fetzn, siehe dort]: **1.** *nach Urin riechend* **2.** *lästig* **3.** *kleinlich.*
Fetzele, das [zu Fetzn]: *kleiner Fetzen* ❖ **Fetzele, a Fetzl:** *ein wenig, ein bisschen.*
fetzelen, fetzalen, fetzilan ⟨hat⟩ [zu fetzn]: *nach Urin riechen.*
Fetzer, der; Plural: Fetzer [zu fetzn, siehe dort]: **1.** *Penis* **2.** *kleiner Bub* **3.** (abwertend) *Mann* **4.** *kurzer Regenschauer.*
Fetz|geissl, die; Plural: Fetzgeissln [1. Bestandteil: zu fetzn, siehe dort; 2. Bestandteil: vermutlich zu standarddt. Geißel, mhd. geisel, ahd. geis(i)la, eigentlich: Stock, Stange; siehe Fetzumes] (Pass.): *Ameisen (Formicidae).*
Fetz|geissl|haufe, der [siehe Fetzgeissl] (Pass.): *Ameisenhaufen.*
fetz|gel ⟨Adj.⟩ [1. Bestandteil: siehe fetzn]: *gelb wie Urin.*
Fetz|kåchl, die [1. Bestandteil: zu fetzen, siehe dort; 2. Bestandteil: mhd. kachel(e), ahd. chachala (= irdener Topf); mit lat. und griech. Wurzeln]: *Nachttopf.*
fetzln ⟨hat⟩ [siehe Fetzn]: *in kleine Teile zerteilen.*
fetzn ⟨hat⟩ [Herkunft unklar]: *urinieren.*

Fętzn, der [mhd. vetze (= Fetzen, Lumpen), zu vassen (= fassen), gesamtdeutsch heute mit den Bedeutungen: abgerissenes Stück Stoff, Papier etc., billiges Kleidungsstück]: **1.** *kleines Stück Stoff zum Säubern, Aufwischen, Polieren etc.* **2.** *(NT) Nichtgenügend im Zeugnis* **3.** *Alkoholrausch* ❖ **der ghört mit an nåssn Fetzen derschlågn**: *mit ihm ist nichts anzufangen.*

fetz|nåss ⟨Adj.⟩ [zu fetzn, siehe dort]: *völlig durchnässt.*

Fętzn|schedl, der: *Idiot.*

Fętz|umes, die (Plural) [zu fetzn, siehe dort; im Angriffsverhalten beißen sie ihren Feind und spritzen Säure in die Wunde.] (ST): *Ameise, z. B. Rote Waldameise (Formica rufa) oder Gelbe Wiesenameise (Lasius flavus).*

Fęx, der [entweder Kürzung von Narrifex (siehe Bergfex) oder zu vexieren; vgl. dort]: *Narr, Possenreißer.*

Fexiar-: *siehe Vexiar-.*

fęxn ⟨hat⟩ [mhd. vehsen (= nehmen, einernten)] (Pfun.): **1.** *in die Scheune bringen* **2.** *(Geld) eintreiben.*

Fiaderle: *siehe Fuader.*

fianze: *siehe feanzn.*

fia, fiar-: *siehe fir-, viar.*

fiarn ⟨hat⟩ [eigentlich: führen; mhd. vüeren, ahd. fuoren (= in Bewegung setzen, fahren machen); gesamtdeutsch: jemandem den Weg zeigen, ihn geleiten etc.]: *jemanden mit einem Fahrzeug befördern:* I fiarn schnell zum Bahnhof. (Ich fahre ihn schnell zum Bahnhof.)

fiasln, fiasslen ⟨hat⟩ [eigentlich: füßeln, Ableitung von Fuß]: *jemandem das Bein stellen:* er hat ihn gfiaslt.

fiatenk ⟨Grußformel⟩ [wie pfiatenk eigentlich: (Gott) behüte euch] (ST, UI): *Abschiedsgruß (an mehrere Personen gerichtet; auch gegenüber Personen mit Sie-Anrede).*

Fiaterer, Fiatra, der [Ableitung von fiatern (= füttern)]: *Futterknecht.*

fiati [wie pfiatdi eigentlich: (Gott) behüte dich] (ST, UI): *Abschiedsgruß (an eine einzelne Person gerichtet).*

fich-: *siehe vich-.*

fichtig ⟨Adj.⟩ [aus der 3. Person (es fichtet an) des Verbums anfechten gebildet] (OI): *begierig (siehe auch: ånfichtn).*

Ficktum, das: *siehe Icktum.*

Fida|faldra, das [2. Bestandteil: Faltrian, eine alte Bezeichnung für Maiglöckchen, laut Grimm entweder aus lat. convallaria, so die lat. Bezeichnung der Pflanze, oder zu Baldrian, das auf lat. valeriana zurückgeht; das Maiglöckchen wurde früher auch Weißer Faltrian genannt, weitere volkstümliche Bezeichnungen waren Fildron und Faldron] (Pust.): *Maiglöckchen (Convallaria majalis).*

fidern ⟨hat sich⟩ [mhd. fideren (= mit Federn versehen)] (OT): *sich mausern.*

Fidibus, der; Plural: Fidibus [vgl. das früher standarddt. Fidibus (= Papierstreifen zum Anzünden des Tabaks)] (Sa.): *feiner Holzspan, der sich beim Schneiden spiralig dreht.*

Fidla, der, **Fidli,** das [siehe Futt] (AF): *Hintern.*

Fifa, Fiffa, die [ital. fifa] (ST): *Angst, Furcht.*

Figg(e), die [Herkunft unklar] (UI): **1.** *gedörrter Obstschnitz* **2.** *im Wachstum zurückgebliebenes Kind.*

figget ⟨Adj.⟩ [Herkunft unklar, vielleicht zu figgn, siehe dort] (Vin.): *schmächtig, schwächlich.*

Figg|mil, die [1. Bestandteil figgn, 2. Bestandteil: Mühle]: **1.** *Zwickmühle, ein Kniff beim Mühlespiel, wodurch abwechselnd zwei anstoßende Mühlen (d. h. drei Steine, die in gerader Linie stehen) zugemacht werden können* **2.** *Ausweg, Ausflucht nach zwei Seiten.*

figgn ⟨hat⟩ [zu spätmhd. ficken (= reiben, rasch hin- und herbewegen); die Bed. 1 ist ganz jung]: **1.** *koitieren* **2.** *reiben, wetzen, hin- und herfahren* **3.** (Pass.) *mit mehreren Peitschen gleichzeitig knallen.*

Figl, der (aus dem Anlaut des Wortes Firngleiter, siehe figln): *Firngleiter (eine Art Kurzski für firnigen Schnee).*

Figler, der: *jemand, der Firngleiten betreibt.*

figln ⟨hat⟩ ich figle [aus den Anfangsbuchstaben der Bestandteile Firn- und -gleiter gebildet]: *firngleiten.*

figo ⟨Adv.⟩ [ital. figo (= toll)] (ST) ❖ **des isch figo gwesen** *das war eine tolle Sache.*

Figuratscha, die [ital. figuraccia] (ST): *Blamage.*

fil|fuffzgmåll [eigentlich: vielfünfzigmal] (Pass.): *sehr oft.*

Fillile, das [schon Füllen ist Diminutiv von mhd. vole]: *Füllen.*

filln, fildern ⟨hat⟩: *ein Füllen bekommen, fohlen.*

Filder|ross, das (OT): *trächtige Stute.*

Fimfa, der: *siehe Fünfer.*

Fimml, Fiamler, der [zu lat. femella (= Weibchen); weil der männliche Hanf kleiner ist und deswegen mit der Bezeichnung weiblich versehen wurde; die Bedeutung wurde erst später nach den botanischen Grundsätzen korrigiert, sodass heute ein Wort mit der Bedeutung Weibchen für den männlichen Hanf in Verwendung ist] (Zillt.): *männlicher Hanf.*

Finger, der ❖ **sich wås aus di Finger zuzeln:** *etwas frei erfinden* ❖ **sich alle zehn Finger åbschleckn können:** *über eine günstige (und unverhoffte) Entwicklung froh sein müssen.*

Finger|haggln, das [2. Bestandteil: Substantivierung von (ein)haken]: *Wettkampf, bei dem sich zwei Männer mit ineinander gehakten*

Mittelfingern über einen zwischen ihnen stehenden Tisch zu ziehen versuchen.
fingerlen ⟨hat⟩: *Petting ausüben.*
Finsiger, der; Plural: Finsiger [laut Schmeller war in Sterzing das Adjektiv funsig (= eilig, schleunig) belegt; vielleicht zu ahd. funs (= bereit)] **1.** (Pf.) *Kindskopf, Tölpel (als Schimpfwort)* **2.** (Ridn.) *einfältiger, lasterhafter Mensch.*
Finschtare, Finschta, die [mhd. vinstere, vinsterī (= Dunkelheit)] (OT, OI): *Finsternis* ❖ **in da Finschtari:** *im Dunkeln.*
fippern ⟨hat⟩ (Pf., La.): *zittern, flimmern:* 's Lab håt gifipprt.
fir¹ ⟨Adv.⟩ [mhd. vür, ahd. furi (= vor, voraus)]: **1.** *davor, dazwischen:* wos isch doo vir? (= was behindert hier den Durchblick oder das Weitergehen?) **2.** *vorbei:* vir kemmen (= vorbeikommen); wenns Kirchn vir isch (wenn der Gottesdienst vorbei ist).
fir² ⟨Präp. mit Akk.⟩ [mhd. vür, ahd. furi (= vor, voraus)]: *für:* des is fir mi (= das ist für mich); es sind nur schwachtonige Formen üblich.
fir- als unbetontes Präfix von Adverbien [mhd. vür, ahd. furi (= vor, voraus); schwachtonig]: *vor* Adv.: **virau** (= vorbei hinauf), **viraus** (über etwas hinaus); **viran** (= vorstehend); **virin** (= vorbei, auf dem Weg hinein): heint isch no kuan Auto virin gforn; **viro** (= vorbei und hinab).
fir- als betontes Präfix von Substantiven [mhd. vür, ahd. furi (= vor, voraus), siehe auch Firtig]: **Firdåch** (= Vordach); **Firfåll** (= Bruch, Leistenbruch) **Fir|fenschter** (= Vorfenster); **Fir|hång** (= Vorhang).
fir- als betontes Präfix von Verben [mhd. vür, ahd. furi (= vor, voraus)]: *vor, vor etwas hin, voraus* (in dieser Funktion liegt der Haupton auf vir-): **fir|bringen** (= sich ausdenken, ersinnen): wås de Lausbuebm ålls virbringen (= was die Lausbuben prahlerisch oder lustig erzählen); **fir|forn** (= vorbei fahren, überholen); **fir|gian** (= nach vorn gehen); **fir|kearn** (= vordrängen; vorkehren; das Vieh auf die Weide bringen); **fir|kemmen** (meinen, gauben; überholen, zuvorkommen; überleben: der Pelzer [= Setzling] isch virkemmen); **fir|låssn** (= vorlassen, vorbeilassen); **fir|pfitschn** (= vobeisausen), **fir|leitn** (= vor dem Gottesdienst läuten); **fir|stelln** (= vorstellen); **fir|stian** (= schützend oder hinderlich davor stehen); **fir|redn** (= zureden, trösten; ermahnen; prahlerisch oder zudringlich schwätzen).
fircha, fircher, firrer, fira ⟨Adv.⟩ [dialektales *für + her,* wo standarddt. *her + vor,* also *hervor* (ältere Form: herfür!) steht, wobei die Bewegungsrichtung zum Sprecher hin ist; der Zusammenhang zwischen der dialektalen und der standardsprachlichen Form ist den Sprechern nicht bewusst; vgl. auch firchi]: **1.** *von dort hinten hierher nach vorn* **2.** *aus, zwischen, unter etwas heraus:* **fircha|kemmen** (= nach vorne kommen); **fircha|traun** (= hervortrauen).

firchi, fiari, firchn, firri ⟨Adv.⟩ [dialektales für + hin, wo standarddt. hin + für steht, doch ist das Verständnis für die Schriftform fürhin verloren gegangen (noch bei Goethe: „ich ging im Walde so für mich hin"); signalisiert eine Bewegungsrichtung vom Sprecher weg; als Präfix auch mit Verben kombinierbar]: *nach vorn, vorwärts:* firchi|gen (= nach vorne gehen).

firmen, firbm ⟨hat⟩ [mhd. vürben (= reinigen, säubern) (ST): *die Reben nach dem Schnitt reinigen.*

firchi, fiari, firchn, firri ⟨Adv.⟩ [eigentlich: ein dialektales fürhin, wo standarddt. hinfür steht, doch ist das Verständnis für die Schriftform fürhin verloren gegangen; als Präfix auch mit Verben kombinierbar, signalisiert eine Bewegungsrichtung vom Sprecher weg bzw. von hinten oder aus etwas heraus]: *nach vorn, vorwärts:* firchi|gen (= nach vorne gehen).

Fire|werts, firchn|wert, firri|wert ⟨Adv.⟩ [1. Bestandteil siehe virchi; 2. Bestandteil entspricht dem standardsprachlichen -wärts, einem adverbialen Genetiv zu mhd. wert (= gewendet, gerichtet) nach dem Muster von ahd. furiwert]: *vorwärts, immer wieder.*

firon, föeron ⟨Adv.⟩ [schwachtoniges vor + an]: *voraus:* „fohn vöeron / drhintr / a poor tötle" (Hans Haid: „an speekar in dein schneitztiechlan").

Firon, Firum [Substantivierung von mhd. vür + an] (ST) ❖ in Firon, in Firum: *in Zukunft.*

firsche, fiasche, fischi, firsche|werts [aus für + sich + hin]: *vorwärts, nach vorn.*

Firsche|gång, Fir, der [1. Bestandteil: siehe firsche] (ST, OT): **1.** *Vorwärtsgehen:* do isch koa Firschigång drin (= da geht nichts weiter) **2.** *Fortschritt.*

Firta, Firtig: *siehe Fürtuch.*

fir|werts, fiar|wert, firchnwert, fira|wert, firi|werts ⟨Adv.⟩ [mhd. für, ahd. furi bedeuteten sowohl für wie vor; heute noch sichtbar am Wort Fürst, der der Vorderste war]: *vorwärts.*

fir|witze, fia|witzig ⟨Adv.⟩ [wie standarddt. fürwitzig zu mhd. vürwitzec (= neugierig)] (Sa., OT): *neugierig.*

fischat ⟨Adj.⟩ [zu Fisch]: *oval.*

fischling ⟨Adv.⟩ [ahd. furi (= vor, nach vorne); Gegenteil von arschling, woher auch das -sch- kommt] (UI): *vorwärts.*

Fisch|pitter, der: [2. Bestandteil: mhd. büterich (= Schlauch, Gefäß)] (Pass.): *Traggefäß für den Lebendtransport von Fischen.*

Fischta: *siehe Firta.*

Fisele, die [mhd. visōl, phasōl friaulisch fasul, lat. phaseolus, zu griech. phaséolos]: *grüne Bohne in Schotenform (Phaseolus vulgaris).*
Fisikatori, der [Herkunft unklar] (Deutschn.): *Scharfer Hahnenfuß (Ranunculus acris);* Pflanzenart aus der Gattung Hahnenfuß *(Ranunculus).*
Fisl, der, auch: Ochsenfisl [ursprünglich das männliche Glied der Tiere, mhd. visel, vēsel (= Penis)] (UI): *Rute zum Schlagen.*
Fislerei, die [zu fisln, siehe dort]: *langwierige, penible Arbeit.*
fisln[1] ⟨hat⟩ [mhd. viselen (= nagen, mit spitzen Fingern an etwas herumarbeiten); dieses zu mhd. visel (= Faser)] (auch bairisch-österreichisch): *etwas in feine Fasern zerlegen.*
fisln[2]: *siehe fesln.*
Fisole, Fisele, Fersel, die [mhd. visōl, phasōl, friaulisch fasul, lat. phaseolus, zu griech. phaséolos]: *grüne Bohne in Schotenform (Phaseolus vulgaris).*
fitatn ⟨hat⟩ [Herkunft unklar] (Pf.): *mieten, vermieten.*
Fitsche, Fitsch, die; Plural: Fitschn [vgl. Flitsche]: **1.** *Erbsenschote* **2.** *Kartoffelschale* **3.** *Kleie von Getreide.*
Fitzl, Fizele, Fitzila, das; Plural: Fitzln, Fizelen [wohl verkleinernd zu mhd. vetze (= Fetzen, Lumpen); siehe Fetzele]: *(Papier-)schnitzel* ❖ **a Fizele:** *ein bisschen, eine geringe Menge, eine Prise.*
fitzlen, fizln ⟨hat⟩ [zu Fitzl]: **1.** *Schnipsel machen* **2.** (La.) *schnitzen* (siehe fuzln).
fix ⟨Interj.⟩ [verkürzt aus Kruzifixus]: *verflucht.*
fix|laudon ⟨Interj.⟩ [fix- zu kruzifix, -laudon nach dem österreichischen Feldmarschall Gideon Ernst Freiherr von Laudon (1716–1790)]: *verflucht.*
Flachl, das (Zillt., Pfun.): *Dachhälfte.*
Flådn, Flode, Flodn, der [mhd. vlade (= breiter, dünner Kuchen, Fladen, Honigscheibe)] (ST, OT): **1.** *Bienenwabe* **2.** *Kuhfladen.*
fladern ⟨hat⟩ [vielleicht zu rotwelsch fladern (= waschen, fleddern)]: *(eine Kleinigkeit) stehlen.*
Flädla ⟨das⟩ [Verkleinerung von mhd. vlade (= Fladen)] (AF): *(Wurst-)scheibchen.*
Flager, der [abgeleitet von mhd. vlougen (= fliegen machen)] (Deutschn.): *Zugang (samt Brettchen) beim Bienenstock.*
flåggat, flågg|oarat ⟨Adj.⟩ [abgeleitet von flaggn, siehe dort; vgl. auch lat. flaccus (= schlappe Ohren habend), wohl zu flacceo (= schlapp sein, die Flügel hängen lassen)] (AT, Pfun.): *mit abstehenden Ohren.*
Flågge, die [vgl. flåggat] (Zillt.): *abstehendes Ohr.*

flạggisch ⟨Adj.⟩ [zu flaggn] (NT): *unreinlich, unanständig, grob.*
flạggn, flǫggn ⟨ist⟩ [eigentlich: flacken; gleiche Wurzel wie flach, das früher in einer Nebenbedeutung auch faul bedeutet hat; vgl. ags. vlacian, engl. flag (= nachlassen, herunterhängen, flattern); siehe auch flåggat]: *faul herumsitzen, faul daliegen:* „Mei åltes Weib is besser gwen, sie håt ma gebm a Bett / die Junge stellt mar a Pritschn vir, mågscht flåckn oder nit. / Fidra ..." (Aus: „Und als ich sechzehn Jahr alt war", im deutschen Sprachraum in vielen Varianten verbreitet).
flạmsn ⟨hat⟩ [Herkunft unklar, lautmalerisch] (ST): *ohrfeigen.*
Flạnderle, Flịnderle, das [mhd. vlander (= kleiner Schwebstoff; später auch Rußpartikel, vielleicht zu lat. flare (= wehen); siehe flanderlen] (ST, OI): *etwas, das dahinschwirrt (Rußflocke, Schmutzteilchen, Fussel, Schmetterling etc.)*
flạnderlen, flịnderlen ⟨hat⟩ [siehe Flanderle] (ST, OI): *leicht schneien.*
Flạnggal, das [Verkleinerung von Flangge; siehe Flengge] (NT): *ein leichtes, winziges Stück;* z. B. Ruaß-, Schnee-, Wollflanggal etc.: ein Staubflanggal im Aug haben.
Flạngge, Flạnggn: *siehe Flengge.*
Flạrre, Flạre, Pflạrre, die [mhd. vlarre, vlerre (= breite, unförmige Wunde)] (NT): **1.** *etwas Breitgedrücktes, z. B. Fladen von Kot, Mist oder aus Fichtenzweigen; flachgedrückte Schlepplast von Nadelholzästen* **2.** (Tristach) *verkrustete Wunde.*
Flạsche, Flạsch, Flạschn, die [wie standarddt. Flasche zu mhd. vlasche, ahd. flaska, entweder zu flechten (ursprünglich: umflochtenes Gefäß) oder zu flach (ursprünglich: flaches Gefäß); zusätzliche Bedeutungen in Tirol; Bed. 3: auf die Vorstellung einer leeren Flasche zurückgehend]: **1.** *Flasche* **2.** *Ohrfeige, Schlag* **3.** *unfähiger Mensch.*
flạschlen ⟨hat⟩ [Herkunft unklar; weder für einen Zusammenhang mit dem Verb flaschen (siehe dort) noch mit „eine Flasche abfüllen" gibt es Belege] (OI, Pass.): *schwängern.*
flåschn ⟨hat⟩ [zu Flåsche, Bed. 2]: *jemanden ohrfeigen, verprügeln.*
Flåt ❖ **des håt kuan Flåt** [zu mhd. vlåt (= Sauberkeit, Zierlichkeit, Schönheit); vgl. standarddt. Unflat] (OI, Ehrwald): *das ist nicht behaglich.*
Flåtter, die [zu flattern]: **1.** *Flügel* **2.** *Windrad* **3.** *Hutband* **4.** *Rockschöße.*
Flåtter|maus, Flåder|maus, die [1. Bestandteil: zu flattern (= unruhig, taumelig fliegen)]: **1.** *Fledermaus* **2.** (Def.) *Schmetterling.*
flåttetzn: *siehe floppetzn.*
Flaudere, die [vielleicht zu mhd. vludern (= flattern)] (OI): *Ohrfeige.*
Flaut, der [Herklunft unklar] (AT): *Tunichtgut, liederlicher Mensch.*
Flạxe, Flạx, die; meist Plural: die Flaxn [aus altbairisch flach(t)sin; ursprünglich wohl: Flechtsehne]: **1.** *Sehne, Flechse* **2.** (La.) *Muskeln.*

flaxig, flaxat ⟨Adj.⟩ [zu Flaxe]: **1.** *von Sehnen durchwachsen:* ein flaxiges (minderwertiges) Fleisch **2.** (La.) *muskulös.*

flaxn ⟨hat⟩ [zu Flaxe] (ST, OI): **1.** *flink gehen* **2.** *einem Tier die Sehne über der Ferse abbinden, damit es sich nicht verlaufen kann.*

fleass, floass, fleaze, fleze, flearat ⟨Adj. und Adv.⟩ [mhd. vlōz (= Strömung, Flut); zum Verb fließen; vgl. floass]: **1.** *seicht, untief fließend* **2.** *dünn* (z. B. eine Humusschicht) **3.** *knapp, flach:* fleass mähen (= nahe am Boden mähen) **4.** *fadenscheinig, schleißig.*

Fleck, der [mhd. vlēc (= Stück, Zeug, Lappen; Ort, Stelle) gesamtdeutsch sind die Bedeutungen: verschmutzte Stelle; bestimmte Stelle, bestimmter Punkt (vom Fleck weg)] **1.** (Küchensprache) *flacher Germteigkuchen, belegt z. B. mit Erdbeeren, Marillen oder Zwetschken:* Erdbeerfleck, Marillenfleck, Zwetschkenfleck **2.** (Küchensprache) kurz für *Kuttelfleck:* Flecksuppe **3.** *Stück Feld* **4.** *Nichtgenügend im Zeugnis.*

flecke|weis ⟨Adv.⟩ [siehe Fleck] (OT): *teilweise.*

Flecke, die (Plural) [siehe Fleck] (OT): *Masern.*

Fleckerl|teppich, Fleckn|teppich, der (auch bairisch-österreichisch): **1.** *aus Stoffresten genähter Teppich* **2.** *inkohärente und daher unbefriedigende Lösung, Stückwerk.*

Flegge, Fleck(e), die; Plural: Fleckn [mhd. vlecke (= Brett)]: **1.** *(dickes oder langes) Brett* **2.** *dicker Balken.*

Fleidere, die (OI, Ehrwald) [Herkunft unklar]: *Ohrfeige.*

Fleisch|kas, der [Fleischkäse; siehe Leberkas]: *Gericht aus fein gehacktem Schweine- und Rindfleisch, das in Kastenform gebacken wird, bis sich eine braune Kruste bildet.*

Fleisch|krapfl, das (ST, OT, OI): *Fleischlaibchen, Frikadelle.*

Fleisch|loabal, Fleisch|loabele, Fleisch|labile, das: *Fleischlaibchen, Frikadelle.*

fleissn ⟨hat gflissn⟩ (OI, Pass.) [mhd. vlīz (= Fleiß, Bemühen): *aufpassen, vorsichtig sein.*

Flender, die [siehe Flanderle] (OI, Pass.): *Rußflocke, Schmutzteilchen, Fussel.*

Flenderer, der [siehe Flanderle] (Stubaital): *Schmetterling.*

flendern ⟨hat⟩ [wohl auch Variante von flandern] (Pass.): **1.** *hauen* **2.** *schleudern* **3.** *werfen.*

Flengge, Flenggn, Flangge, Flanggn, der [ahd. (h)lanca (= Seite, Hüfte, Lende); vgl. Flanke, franz. flanc und ital. fianco]: **1.** *abgerissenes Stück Tuch* **2.** *abgerissenes Stück Haut* **3.** *ein großes Stück von etwas:* a Flenggn Speck (= ein Stück Speck); a Flenggn Wis (= ein Stück Wiese).

flennen, pflennen ⟨hat⟩ [spätmhd. pflennen (= nach Kinderart weinen); da das Verb auch in der Bedeutung lachen erscheint, wird es von

Kluge-Seebold zu ahd. flannēn (= den Mund verziehen) gestellt]: *(heftig) weinen.*
Flęnse, die [vgl. Flinse] (Ridn.): **1.** *schmaler Schneestreif* **2.** *dünne Schneeschicht.*
Flętsch, der [wohl wie Fletsche] (OT): *oberflächlicher Mann.*
Flętsche, die [mhd. vletsche, vlatsche (= breites Schwert, etwas Breitgeschlagenes)]: **1.** *korpulente Frau* **2.** (ST) *dickes Brett.*
Flętzn, der [nach Kluge mhd. verletzen neben letzen (= hemmen, aufhalten, verhindern); siehe Pletze¹] (UI): *Hautwunde, Abschürfung.*
flęze: *siehe fleass.*
Fliagn|schiss: *siehe Floignschiss.*
fliantschn ⟨hat⟩ [intensivierend zu flennen] (OT): *weinen, greinen.*
Flichter, die [Ableitung von mhd. vlehten (= drehen, flechten), da die Blätter des Maikolbens zum Aufhängen geflochten wurden] (NT): **1.** *Blatt des Maiskolbens* **2.** *Blatt des Kohlkopfs* **3.** *Blatt der weißen Rübe.*
Flickach, das [-ach ist Kollektivsuffix] (Zillt.): *Flickzeug.*
Flick|körbl, das, *Körbchen oder Schachtel fürs Nähzeug.*
Flick|zischte, die [vgl. Zischte] (AT, Pfun.): *Körbchen oder Schachtel fürs Nähzeug.*
Flider, der [Hornung vermutet für Bed. 2 eine Wortmischung mit Flitter]: **1.** *Flieder* **2.** (salopp) *Geld.*
Flig, Flige, die; Plural: Flign [mhd. vlüge (= Flug, Flügel, Flügelpaar)] (ST): **1.** *Flügel* **2.** *Dachhälfte* **3.** *Hutkrempe.*
flingg ⟨Adj.⟩ [wie standarddt. flink aus dem Niederdeutschen übernommen, wo es ursprünglich glänzend, blank bedeutete]: **1.** *flink* **2.** (ST) *stattlich* **3.** (ST) *schön gekleidet.*
Flins, der [mhd. vlins (= Kiesel)] (ST, OI): *feiner Sand am Bachufer.*
Flinsal¹, das [siehe flinsln; vielleicht Mischung mit Flins] (UI): *Schneeflocke.*
Flinsal², das [zu flinsln (= flimmern, glitzern)] (NT, OT): *Ohrstecker, Ohrschräubchen (als Schmuck bei Frauen und Männern).*
Flinse, die [vgl. Flinsal]: **1.** (ST, OI, Prägraten) *Schneeflocke* **2.** *(leichte) Ohrfeige.*
flinsn ⟨hat⟩ [vgl. flamsn]: *ohrfeigen.*
flinsln ⟨hat⟩ [mhd. vlinsen (= zittern; schimmern)]: **1.** *flimmern, glitzern* **2.** *leicht schneien.*
Flitschal, Flitschei, das [Diminutiv von Flitsche] (NT, Pfun.): *leichtfertige junge Frau.*
Flitsche¹, die [mhd. vletach, vlittich, vetach, verwandt mit Fittich; vgl. die standarddt. Wendung: unter die Fittiche nehmen] (OT, Deutschn.): *Flügel.*

Flitsche², Flitschn, die [wahrscheinlich wie Flitsche¹]: **1.** meist Plural: *Deckblatt des Maiskolbens, langes Pflanzenblatt* **2.** *liederliche Frau* **3.** *Schote, Traubenschale* **4.** *niedere Spielkarte beim Tarockspiel.*
Flitze, die [wohl zu flitzn (= sich schnell bewegen)] (OT, Pfun.): *Durchfall.*
Floach, der [mhd. vlō(ch), ahd. flōh; vermutlich schon früh an fliehen angelehnt oder Entstellung eines älteren Namens für das Tier]: *Floh:* „Und s Diandl tuat ma load, die håt an Floach in da Pfoad / muass i eini glånga, muass ihn aussa fånga, / hola rio ..." (Aus dem Lied „über d' Ålm hån i gjuchazt").
floass: *siehe fleass.*
Floatsche, die (OI, Pf.) [vielleicht lautmalend zu Flitsche]: *liederliche Frau.*
flockn ⟨hat⟩ [mhd. vloc (= Flocke), dieses vermutlich aus gleichbed. lat. floccus vgl. ital. fioccare (= in Flocken fallen, hageln, schneien)] (ST, OI): **1.** *schneien* **2.** *regnen.*
Flode, Flodn: *siehe Flåde.*
Floder, der [mhd. floder (= das Fließen des Wassers)]: *Ausfließen des Wassers aus einem Brunnenrohr.*
Floder, Floderung, die [mhd. vlader (= geädertes Holz, Maserung)] (ST, OI): *Maserung.*
floich, floicho [aus dem Imperativ von fliehen] (OI): *Warnruf.*
floichn ⟨ist⟩ [mhd. vliehen (= fliehen); Bed. 2: Kreuzung mit fliegen wegen lautlichen Nähe]: **1.** *davonlaufen, flüchten* **2.** (OT) *fliegen.*
Floicho, der [eigentlich der Flieg-ab im Sinn von åfliagn (= abhauen)] (Zillt.): *dummer Mensch.*
Floign|schiss, Fluign|schiss, der [eigentlich: Fliegenschiss; 1. Teil mhd. vliege, ahd. vliuga]: *Sommersprosse.*
Fluign|tatscher, Floign|tatscha, der: *Fliegenklatsche.*
Flon(e), Flona, der (OI): *Schaum, Absonderung beim Zerlassen der Butter* ❖ **es håt kuen Floun:** *es geht nicht gut weiter.*
floppatzn, flåttetzn ⟨ist⟩ [lautmalend, am ehesten zu flottern (siehe dort), evtl. auch mhd. vlocken (= fliegen, sich schwingen) mit dem Intensivsuffix -etzen] (Achental): *schwerfällig fliegen (von Hühnern, Jungvögeln).*
Flor, der [entlehnt aus niederländ. floers, das auf französ. velours zurückgeht] (Ehrwald, Zillt., Alp.): *(Woll-)Schal.*
Flor ❖ **zi Flor kemm(en)** [mhd. verlor zu verlieren] (Lienz) *verloren gehen.*
Floss, das [mhd. vlozgalle (= eine Pferdekrankheit); zu mhd. vloz (= Katarrh)] (ST): **1.** *Euterentzündung der Kuh, Eutergeschwulst der säugenden Kuh* **2.** *Taugenichts.*

Flotter, die, **Fluttr,** die; Plural: Flottern, Fluttrn [zu flottern]: **1.** *kleines Fluginsekt: Motte, Mücke* **2.** *Schmetterling* **3.** (ST) *Windrad, Wasserrad* **4.** (ST) *Antrieb für kleine Schiffe* **5.** (Pass. Pfun.) *Zipfel.*

flottern ⟨hat⟩ [frühnhd. flattern, fluttern, flottern, gehört zu einer dental auslautenden Variante von mhd. vlackern (= flackern, flattern), siehe Flotter, floppatzn] (ST, OI): **1.** *zittern (vor Kälte oder Angst)* **2.** *schwerfällig fliegen.*

Flucht|acht(a)l, das [1. Bestandteil: Flucht im Sinn von Aufbruch] (NT): *letztes Glas Wein vor dem Verabschieden.*

Fluigner, der (Ridn.) [zu Fliege]: *Fliegenpilz (Amanita muscaria).*

Fluign|tatscher, der, **Floign|tatscha,** der: *Fliegenklatsche.*

Flumsn, die [Herkunft unklar; vgl. Flinse] (salopp): *Ohrfeige.*

Fluse, Pfluse, die [zu roman. frosla, siehe Pfrosl] (Stubaital): *Stachelbeere (Ribes uva-crispa).*

Flutter, die: *siehe Flotter.*

foal(e), fal ⟨Adv.⟩ [mhd. veil (= feil, käuflich)]: **1.** *käuflich* ❖ **foal biatn:** *zum Kauf anbieten* **2.** (OT) *übrig:* der Alte isch lei mear foal giwesn, des war mir foale (darauf könnte ich verzichten).

Foam, Fuam, Pfoam, der [mhd. veim, ahd. feim (= Schaum), verwandt mit engl. foam (= Schaum); vgl. standarddt. abgefeimt]: *Schaum:* kein Bier, nur lauter Foam!

foamen, fuamen ⟨hat⟩ [zu Foam, siehe dort]: *schäumen.*

Foar: *siehe vor-.*

foascht, foast [mhd. veizit (= fett, dick)]: *dick, fett.*

Focha, die [mhd. voha, ahd. foha (= Füchsin)] (Ötzt.): *Füchsin.*

Fochal, das (Pust.): *siehe Achalkraut.*

Focher, der, **Foche,** die; Plural: Focher, Fochn [zu fachn] (Pass.): *Metallbügel zum Einfangen des Glockenklöppels.*

Fochetz, Fochanze, Fogaze, Fochitz|broat, die (Ötzt.: **Föchza,** die) [mhd. vochenz(e) (= eine Art Kuchen oder Weißbrot), ahd. fochenza, mittellat. focatia, zu lat. focus (= Herd, Herdfeuer, Pfanne)] (Ötzt., Pfun., OT): **1.** *ohne Germ gebackenes (Früchte-) Brot zu bestimmten Zeiten und Anlässen (Ostern, Stefanitag, Allerheiligen als Patengabe)* **2.** *Gebildebrot zu Ostern (in Form von Hasen, Hennen)* **3.** *misslungenes Brot.*

foiratzn ⟨hat⟩ [wohl zu Feuer; mhd. viur (= Feuer)] (Pust.): *Funken sprühen.*

Foir|toifl, der (Zillt.): *Feuerzeug.*

Folge, die [zu folgn, siehe dort] (ST, OT): *Gehorsam:* koa Folge haben (= nicht gehorchen).

folgn ⟨hat⟩ [mhd. volgen (= folgen, beipflichten, gehorchen); die standarddt. Bedeutungen nachgehen, nachkommen etc. werden in Tirol nicht verwendet; hier ausschließlich die nachfolgende Bedeutung]: *gehorchen.*

Fone: *siehe Fåne.*

foppm ⟨hat⟩ [wie standardsprachlich foppen (= im Scherz etwas Unwahres sagen und sich freuen, wenn der andere darauf hereinfällt), aber im Tirolischen mit einer zusätzlichen Bedeutung; spätmhd. foppen (= lügen), aus der Gaunersprache; Herkunft unklar]: **1.** *foppen, ärgern, täuschen* **2.** *aufschneiden.*

for, for-, For-: *siehe vor, vor-, Vor-.*

fora ⟨Adv.⟩ [ital. fuori (= draußen)] (ST): *durchgeknallt* ❖ **der Typ isch fora.**

Forch(e), forchn: *siehe Ferche, ferchn.*

forchn, ferchn ⟨Adj.⟩ [mhd. verhīn, vorhīn, Adjektiv zu mhd. vorhe]: *föhren, von Föhren, aus Föhrenholz (in D von Kiefern, aus Kiefernholz).*

Formenta: *siehe Murmele.*

Formis: *siehe Vormis.*

Fornis, das: *siehe Fadnis.*

Fortl: *siehe Vortl.*

for|zua, fua|zua: *siehe vorzua.*

Fos|nåcht: *siehe Fåsnåcht.*

fotzat ⟨hat⟩ [zu Fotze¹] (OT): *frech, vorlaut.*

Fotze¹, Fotze, Fotzn, Fotz, die und der; Plural: Fotzn [Herkunft unklar; das Wort ist mit der Grundbedeutung Maul (vom Tier) und Mund (vom Menschen) ein klassischer Ausdruck des bairisch-österreichischen Sprachraums]: **1.** *Tiermaul* **2.** *Mund* **3.** *(verdrießlich) verzogener Mund* ❖ **a Fotze ziechn:** *beleidigt dreinschauen* ❖ **'n Fotz hengn låssn:** *einen resignierten Eindruck machen* **4.** *Ohrfeige.*

Fotze², Fotzn, die; Plural: Fotzn [verwandt mit Fut; anderer Stamm als Fotzn¹] (derb): **1.** *Vagina, Vulva* **2.** *Prostituierte.*

fotze|ranggln, fotzranggln ⟨hat⟩ [1. Bestandteil: Fotze¹ (= Mund); 2. Bestandteil: wie standarddt. rangeln (= sich mit jemandem balgen, spielend raufen), Intensivbildung zu rangen; vgl. Range (= übermütiges Kind, das häufig etwas anstellt)] (scherzhaft) (Pust.): *heftig küssen.*

Fotz|hobl, Fotzn|hobl, der [1. Bestandteil: Fotze¹, siehe dort; 2. Bestandteil: Hobel, weil das Instrument am Mund wie ein Hobel hin- und hergeschoben wird] (auch bairisch-österreichisch): *Mundharmonika.*

fotzn ⟨hat⟩ [zu Fotze¹] (auch bairisch-österreichisch) (derb): **1.** *ohrfeigen* **2.** (La.) *zurückschnabeln* **2.** *schnippisch reden* **3.** *zum Narren halten.*

Fotz|orgl, die [1. Bestandteil: Fotz, siehe dort] (Bozner U-Land): *Mundharmonika.*

Fowassn, Fåbes, Fobis|pflotschn, Foissn, die (Plural) [wie Låwise auf lat. lapathum (= Sauerampfer) zurückgehend] (NT, OT): *Wiesen-Sauerampfer (Rumex acetosa).*

Fraggele[1], Fraggal, Fraggile, das [zu ital. flacone (= kleine Flasche); ein Beispiel für den häufig auftretenden Lautwechsel von fl- zu fr-; dieser auch in anderen Sprachen, z. B. wird aus ital. flacone ein ladinisches fracla (= altes Viertelmaß; Weinkrug) und ein friaulisches frachil (= altes Maß)] (ST): **1.** ½ *Seidel Bier* **2.** *Schnapsglas bzw. -menge (¹⁄₁₆ Liter Schnaps).*

Fraggele[2], das [Diminutiv von Frack; dieses entlehnt aus engl. frock (= Jacke, Mantel)] (Pfun.): *Weste der Männertracht.*

Fraktioner, der (AT): *Vorsteher der Fraktion einer Gemeinde.*

Frank|furter, die (Plural) [das Rezept dieser Würstel wurde 1805 in Wien von Johann Georg Lahner kreiert, einem aus Frankfurt am Main stammenden Fleischergesellen] (Küchensprache): *aus Schweine- und Rindfleisch hergestellte, leicht geräucherte Brühwurst:* ein Paar Frankfurter.

Franzos, der [wie standardsprachlich: Franzose] (NT): *verstellbarer Schraubenschlüssel.*

Fråß, Froß, der [zu fressen]: *grobes, schlechtes Essen.*

Fråss|muntig, der [zu fressen] (La.): *Rosenmontag.*

fråt, frot ⟨Adj.⟩ [mhd. frat (= verletzt, wund)]: *aufgeschürft (vom Boden)*
❖ **fråt machen:** *durch Holzschleifen den Boden aufschürfen.*

fratschln, aus|fratschln ⟨hat⟩ [Präfix ver- vor mhd. eischen, heischen (= fragen, fordern); vgl. standarddt. heischen]: *ausfragen, indiskret fragen.*

Fratschl|nocke, die [1. Bestandteil: zu fratschln, siehe dort; 2. Bestandteil: dumme, eingebildete Frau] (AT): *neugieriger Mensch.*

Fratte, die [siehe fråt] (Matrei): *Murenstrich.*

Fråtz, der [frühnhd. fratz(e) (= Laffe, geckenhafter Kerl), entlehnt aus ital. frasce (= Possen)]: **1.** *verzogenes, übermütiges, unfolgsames Kind* **2.** (meist Plural, derb) *Kinder.*

Frau, die (religiös): *die Mutter Gottes Maria:* Du liewe Frau! Inser liewe Frau (wie: Du lieber Gott!)

Frau|mantal, Frauen|mantile, Frau|mantei, das [Verkleinerung von Frauenmantel, d. h. Mantel der Gottesmutter]: *Spitzlappiger Frauenmantel (Alchemilla vulgaris);* auch Gemeiner Frauenmantel oder Gewöhnlicher Frauenmantel genannt.

Frauen|tåg, der [siehe Frau]: *Marienfeiertag (besonders Mariä Himmelfahrt):* der Hoach-inser-Frauentag.

fregiarn: *siehe frigiarn.*

freilich, freila ⟨Adv.⟩ [mhd. vrīliche, ahd. frīlīh (= auf freie Weise, offenbar)]: **1.** *jawohl, allerdings:* na, freilich **2.** (ironisch) *Ausdruck des Zweifelns und Staunens:* na, freilich, was denn noch!

Freinderl|wirtschåft, die [1. Bestandteil: jemand, der zum engeren Freundeskreis gehört; in D auch: Vetternwirtschaft] (auch bairisch-österreichisch) (abwertend): *Begünstigung von Freunden, Günstlingswirtschaft, Korruption.*

Freind|schåft, die [1. Bestandteil: mhd. vriunt (= Freund, Liebhaber, auch Freundin, Geliebte; Verwandter), die zuletzt genannte Bedeutung ist in der Standardsprache verloren gegangen, im Tirolischen erhalten geblieben] (OI): *Verwandter.*

Freit|hof, der [mhd. vrīthof (= Vorhof eines Tempels, eingefriedeter Raum um eine Kirche, Kirchfriedhof); ahd. frīthof, ursprünglich: eingefriedeter Raum, erster Bestandteil also zu (ein)frieden, nicht zu Frieden] (veraltet): *Friedhof.*

Freit|hofs|jodler, Frid|hofs|jodler, der [gemeint ist: der Husten könnte ein Vorbote des unmittelbar bevorstehenden Todes sein] (scherzhaft): *starker Husten.*

Fremde, Fremme, Frende, der [mhd. vremede (= fremd, entfernt, befremdlich)]: **1.** *Tourist, Urlaubsgast* **2.** *Fremder* ❖ **Was weiß ein Fremder?** *Wie soll ich das wissen?*

fremdeln, fremen, frentn ⟨hat⟩ [zu fremd und Fremde]: *scheu gegenüber Fremden sein (von Kindern).*

Fresser, der (NT): *Jungschwein.*

Fretschl, die [siehe Bretsch] (La.): *Lippe.*

Fretter, Fregger [zu frettn]: **1.** *einer, der sich harttut; armer Schlucker* **2.** (AT) *jemand, der sich bei der Arbeit unbeholfen anstellt.*

Fretterei, die [zu frettn, häufig auch: Gfrett]: **1.** *mühsames Leben* **2.** *mühevolle Arbeit, die nicht zügig vorangeht.*

frettn ⟨hat⟩ [mhd. vretten (= sich wund reiben, quälen)] (auch süddeutsch und österreichisch): **1.** *sich mühsam durchbringen* **2.** *sich mit etwas abmühen, sich plagen* **3.** *sich unbeholfen anstellen.*

fria, frua ⟨Adj.⟩: *früh:* auch in Komposita: Friamahd, Fruamess.

friasn ⟨hat⟩ [mhd. vriesen, ahd. freosan (= frieren)] (auch bairisch) (NT): *frieren.*

Fricht, das [mhd. ver-giht (= Zuckungen, Krämpfe); aus ver- + giht, auf das standardsprachliches Gicht zurückgeht] (ST): *Krankheit.*

Frichtl, das [Verkleinerung zu Frucht; vgl. Früchtchen im Norden des deutschen Sprachraums] (auch bairisch-österreichisch): *missratener, frecher Jugendlicher.*

Frichtn ❖ **zi Frichtn kemmen** [wie standarddt. Frucht zu mhd. vruht (= Frucht)] (OI, Pass.): *etwas erreichen, Erfolg haben.*

Frid, Fridn, der [mhd. vride (= Friede, Waffenstillstand, Schutz, Sicherheit, Ruhe), die zuletzt genannte Bedeutung ist im Tirolischen erhalten geblieben]: *Ruhe:* jemanden in Frid lassen; gib endlich an Frid!
frigiarn, fregiarn [ital. fregare] (ST): *jemanden reinlegen, über den Tisch ziehen.*
Frigl, der; Plural: Frigl [lat. fricare (= zerreiben); ital. fregare (= zerriebener Teig)] (ST, OT): *Teigknöllchen/Eierflocken als Suppeneinlage:* Friglsuppm, Frigelesuppm.
frisch ⟨Adj. oder Adv.⟩ [als Adj. wie standarddt. frisch zu mhd. vrisch (= neu, munter, keck), ahd. frisc; als Adv. zusätzliche Bedeutung in Tirol]: *überhaupt, sogar:* iatz isch frisch aus; iatz tånzn si frisch auf die Tisch.
Frischer, der [Bed. 2: siehe frischn]: **1.** (Bozner U-Land) *Sommerfrischler* **2.** (Pass.) *Werkzeug zum Erneuern der Vorderladerläufe.*
Frisching, die [ahd. frisking (= Osterlamm)] (Erinnerungsform Matrei, OT): *Mutterschaf.*
Frisch|gfångte, der, ein Frischgfångter [zu frisch und zu fangen] (NT): *Neuling; jemand, der erst seit kurzem in einer Firma arbeitet oder in einer Organisation tätig ist.*
frischn ⟨hat⟩ [mhd. vrischen (= frisch machen, erneuern)] (Pass.): *(Gewehrläufe) erneuern.*
Frisl, der [zu Frisln²] (La.): *Kindbettfieber.*
Frisln¹, das [wie standarddt. Frieseln laut Duden zu einem vorgerm. Wort mit der Bedeutung Hirse (weil die auftretenden Hautbläschen so groß wie ein Hirsekorn sind); übertragen für eine Kinderkrankheit, deren Symptome Hautbläschen sind] (auch bairisch-österreichisch): (ST) *Masern.*
Frisln², das [anders als Frisln¹ wohl zu frieren, wie auch das bei Schatz im Pustertal belegte Verb frisln (= frösteln, vor Kälte schauern) nahelegt] (OI): **1.** *Frostgefühl* **2.** *Gänsehaut:* mia rennt a Frisln übern Buggl.
Frittåttn, die [ital. frittata, zu fritto, Partizip Perfekt von friggere, dieses zu lat. frigere (= rösten, braten); verwandt mit frittieren, das auf franz. frit zurückgeht, Partizip Perfekt von frire (= backen, braten)] (Küchensprache): *in dünne Streifen geschnittene Omelette als Suppeneinlage.*
Fritzle, der [nach dem Vornamen] (AF) (abwertend): *Deutscher.*
froade, frade, froadig ⟨Adj.⟩ [mhd. vreidic (= abtrünnig, übermütig, prahlerisch)] (ST): *erzürnt, beleidigt.*
Froas, das [mhd. vreise, ahd. freisa (= Gefahr; Not; Schrecken) (NT): **1.** *Fraisen:* die Froasn kriegen **2.** (Ehrwald) *Spasmophilie.*
Froß: *siehe Fråß.*

frot: siehe fråt.
frottelen ⟨hat⟩ [-eln-Ableitung von ver- + rotten (= faulen); vgl. rheinländisch frotten (= faulen)] (Vin.): **1.** *nach Fett riechen* **2.** *übel riechen.*
frotzlen ⟨hat⟩ [wie standarddt. frotzeln wohl romanischen Ursprungs] (ST, OT): *spotten, zum Narren halten.*
Fruat, der [Ableitung von mhd. vruot (= froh, munter)]: *körperliche Frische, Behändigkeit.*
fruatig, fruitig, fruatla ⟨Adj.⟩ [mhd. vruotic (= eifrig, behende, munter)]: **1.** *schnell, gewandt* **2.** *fröhlich, lebendig.*
Fruint, der [mhd. vriunt (= Freund, Geliebter, Verwandter)] (Pass., OI): *Verwandter.*
fruintl ⟨Adj.⟩ [mhd. vriunt + līch] (Pass.): *hübsch, ansehnlich.*
fsch ⟨einatmend gesprochen⟩ (ST): *ja.*
Fuader, Fuider, Fiaderle, Fuiderle, das [mhd. vuoder (= Wagenladung, Fuder); vielleicht aus fahren, führen] (AT): *Heufuhre.*
Fuam, der: siehe Foam.
fuamen ⟨hat⟩ [zu Fuam und Foam, siehe dort]: *schäumen.*
Fuar, die [mhd. vuore (= Fahrt, Weg; Lebensweise, Benehmen)] (ST): *Benehmen* ❖ **a Fuar hobm:** *sich ausgelassen benehmen* ❖ **a Fuar und a Mettn:** *großes Aufsehen.*
fuarla, fuarl ⟨Adv.⟩ [-lich-Ableitung von Fuar] (ST): **1.** *rasch, behände* **2.** *nützlich, tüchtig* **3.** *gut zu handhaben, handlich.*
Fuas, Fuaß, Fuis, der; Plural: Fias, Fiaß [ahd. fuoʒ gesamtdt.: vorderer Teil der unteren Gliedmaßen von den Zehen bis zur Ferse; abweichende Bedeutung im bairisch-österreichischen Raum]: *die gesamten unteren Gliedmaßen von der Hüfte bis zur Zehe:* ❖ **jemanden aufn fålschen Fuaß derwischen: 1.** (Sportlersprache): *einen Angriff so durchführen, dass der Gegner das Gewicht auf dem falschen Bein hat und nicht reagieren kann* **2.** *jemanden in einer für ihn ungünstigen Situation angreifen* ❖ **si di Fiaß in Bauch sten:** *so lange stehen, bis einem die Beine weh tun* ❖ **Fiaß kriagn:** *gestohlen werden (d. h. Beine bekommen)* ❖ **wia eingschlafene Fiaß schmeckn:** *schal, fad schmecken* ❖ **erschte Reih fuaßfrei: 1.** *Sitzplatz im Theater, Flugzeug etc., an dem man keine anderen Besucher unmittelbar vor sich hat* **2.** *bei einer Entwicklung bequem zuschauen können, ohne eingreifen zu müssen* (oft mit der Erwartung, dass die Angelegenheit für die handelnden Personen kein gutes Ende nimmt).
Fuaß|gschmatze, das (Zillt.): *Schuhwerk.*
Fuaßl, der; Plural: Fuaßl [zu Fuas, siehe dort] (ST): **1.** *Hundename* **2.** *jemandes Ergebener, Höriger:* im Gemeinderåt sein a poor Fuaßl firn Birgermoaster.

fuaßln ⟨ist⟩ [zu Fuas, siehe dort]: *mit kleinen Schritten schnell gehen, trippeln.*

Fuater, das [wie standarddt. Futter zu mhd. vuoter (= Nahrung); außer Futter zusätzliche Bedeutungen im Dialekt]: **1.** (Pass.) *Hafer* **2.** *Heu:* Fuater intean (= Heu einbringen).

Fuater|gång, Fuiter|gång, der: *Gang zur Futterverteilung im modernen Stall.*

fuchs|passn: *siehe fux-.*

fuchtig ⟨Adj.⟩ [nur Bed. 1 gemeindeutsch: nach der Vorstellung, dass jemand, der zornig ist, wie beim Fechten herumfuchtelt; Fuchtel aus mhd. vuhten (mit dem Praet.vokal von vehten) bezeichnete ursprünglich den Fechtdegen; da beim Militär Schläge mit flacher Klinge als Straf- und Disziplinierungsmaßnahme üblich waren, wurde das Wort zum Synonym von Herrschaft (unter der Fuchtel stehen)]: **1.** *erzürnt, aufgebracht* **2.** *nervös* **3.** *beleidigt* ❖ ⟨Adv.⟩ **jemanden fuchtig machen:** *jemanden durch ein bestimmtes Handeln in Zorn versetzen.*

Fuchtl, die [vgl. fuchtig]: *unangenehme, unleidliche Frau.*

fuder, fudo ⟨Adv.⟩ [mhd. vuder (= weiter nach vorn, vorwärts, weg); vor + dar] (ST, OT): *hinweg, weiter:* **fuder gen** (= weggehen).

Fuge|milch, Fuga|milch, die [von der Zentrifuge] (OT, OI): *Magermilch.*

fuggern, fuggere ⟨hat⟩ auch: ummerfuggern [nach dem berühmten Handelshaus der Fugger, das im 16. Jh. den Tiroler Bergbau dominierte] (ST): **1.** *täuscheln, heimlich handeln* **2.** *mühsam im Kleinen arbeiten.*

Fuggl, die [Herkunft unklar] (Ridn.): *Nachtfalter.*

Fuider, Fuiderle, das [mhd. vuoder (= Wagenladung, Fuder); vielleicht aus fahren, führen] (AT): *Heufuhre.*

Fünfer, Fimfa, Fimfer, der [in Tirol und in anderen bairisch-österreichischen Dialekten werden Zahlsubstantive traditionell mit -er gebildet: Einser, Zweier, Dreier usw.; wird bei den Jugendlichen und besonders in den Großstädten durch die Eins, die Zwei, die Drei usw. verdrängt]: **1.** *die Ziffer fünf* **2.** *negative Zeugnisnote* (wird trotz des anderen Notensystems in Italien auch in ST verwendet) ❖ **jemandem einen Fünfer geben:** *jemanden negativ bewerten.*

Funze, Funzn, die [so wie gesamtdt. Funsel, Funzel (= schwaches Licht, schlechte Lampe) eine Ableitung von Funke): **1.** *Talglicht, armseliges Licht* **2.** *jammerndes, lästiges Weib* **3.** *eingebildete Frau.*

Furbo, der [ital. furbo (= schlau)] (ST): *Schlaukopf* ❖ **in Furbo måchn/spiln.**

Furggl(e), die [lat. furcula (= kleine Gabel)]: *zweizinkiges Gerät (z. B. zum Heueintragen, Quirl zum Zerrühren der Käsemasse, zweirädriger Holzwagen etc.).*

Furmente, Fermente, die [mit verändertem Anlaut zu ahd. murmunto, murmento; dieses zu spätlat. mus (Akk.: murem) montis (= Bergmaus); siehe Murmele] (Pass.): *Alpenmurmeltier (Marmota marmota)*, süddeutsch und österreichisch auch Mankei oder Murmel.

Für|tuch, Fiar|tuach, Fir|ta, Fisch|ta, Fir|tig, das [mhd. vürtouch aus ahd. furi (= vor); im älteren Deutsch das geläufigste Wort für Schurz] (auch süddeutsch und schweizerisch): **1.** *Umlegetuch, Schal, Brusttuch:* „Und s Diandle is sauber in sein Sunntågsgwandl (3 x) då flatttern von weitem die Fürtigsbandl, die Fürtigsbandl bei der Nåcht. / Gehst mit, gehst mit ..." (Aus „Aufn Tauern tuat s schauern") **2.** (NT) *Vorbindschurz, Arbeitsschurz:* „Aber Dirndei woaßt wos, / ja dei Firsta is noß, / ziags aus und broats aus, / ja dann leng ma uns drauf." (Aus dem Lied „Und a Waldbua bin i") **3.** (OT) *Schürze ohne Träger, Schürze zur Tracht.*

Fuschggl, die [Herkunft unklar] (ST): *tölpelhafte Frau.*

fusln ⟨hat⟩ [Verbalbildung zu spätmhd. viseln (= Fasern, Fransen – Plural; vgl. fesln] (ST, OT): *leicht schneien.*

Fuslwerch, das [wohl zu fusln]: *schlechte, nachlässige Arbeit.*

Fut, Fut, die [mhd. vut, das ursprünglich sowohl Gesäß wie Scheide bedeutet hat; in den alemannischen Dialekten vorwiegend mit der Bedeutung Gesäß]: *Vagina, Vulva.*

Futzl-: *siehe Fuzl-.*

Fux, der; Plural: Fix [mhd. vuhs, ahd. fuhs (= Fuchs); eigentlich: der Geschwänzte, das Tier ist also nach seinem buschigen Schwanz benannt; Bed. 2 und 3 nach der Farbe des Fuchsfells]: **1.** *Fuchs* **2.** *rothaarige Person, rotes Tier* **3.** (ST) *Heu, das vom Liegen braun geworden ist* **4.** (ST) *kleine Mure:* ba den Wetter sein a por Fixe ausgibrochn **5.** (Vin.) *kleine Mure durch zu starke Bewässerung* ❖ **an Fux schiassn:** *durch zu viel Bewässern eine Mure loslassen* ❖ **an Fux schintn:** *abgerutschte Erde wieder hinaufbringen.*

fuxet, fuxat ⟨Adj.⟩ [nach der Farbe des Fuchsfells; mhd. vuhseht, zu mhd. vuchs]: **1.** *rothaarig* **2.** (ST) *rötlich, nicht ganz reif (Trauben).*

Fuxn, die (Plural) [zu fuxet, Bed. 2] (Eppan): *Tauben, die bei der ersten Ernte noch rot sind.*

fuxn ⟨hat⟩ [vielleicht vom Tiernamen Fuchs]: etwas fuxt mich: *etwas will nicht funktionieren, macht mich ärgerlich.*

fux|passn ⟨hat⟩ [2. Bestandteil: auf jemanden lauernd warten; zu franz. passer; dieses zu lat. passus]: **1.** *auf den Fuchs lauern* **2.** *auf die Entbindung warten.*

Fux|schwånz, der [wie standarddt. Fuchsschwanz; nach der Form des Sägeblatts]: *eingriffige Säge mit breitem, nach vorn schmaler werdendem Blatt.*

Fuzl, die (Pf.): **1.** *Fussel, Wollstück* **2.** *ein winziges Stück.*
Fuzile, Fizele, das: **1.** *kleines Stück* **2.** *verniedlichend für kleines Kind.*
Fuzlerei, Futzelei, Fitzelei, die [zu fuzeln]: *etwas sehr klein Geschriebenes oder Gezeichnetes.*
fuzln, futzln ⟨hat⟩ ich fuzle [möglicherweise Rückbildung aus fitzlen, fizeln, dessen -i- als Umlaut aufgefasst wurde]: **1.** *sehr klein schreiben oder zeichnen* **2.** *sehr kleine Stücke abschneiden.*

G

gaberln ⟨hat⟩ auch: **auf|gaberln** [gabeln (zu Gabel) mit -r-Einschub] (österreichische Fußballersprache; in D: den Ball hochhalten, tanteln): *einen Ball möglichst oft mit dem Fuß in die Höhe schlagen, ohne dass er zu Boden fällt:* im Gaberln ist er Meister.
gabich, gabig, gabe, gebi ⟨Adv.⟩ [awich (siehe dort) mit g-Vorschlag]: **1.** *entgegengesetzt, verkehrt* **2.** *schlecht, zuwider:* **des isch a Gäbiger** (Ehrwald) *das ist ein falscher Mensch.* **3.** *widerspenstig, unberechenbar.*
Gåbl(e), Gobl, die [mhd. gabel(e); ahd. gabala (= Gabel); ursprünglich: gegabelter Ast; die Bedeutungen Essgerät, Gerät mit zwei oder mehreren Zinken in der Landwirtschaft, Weggabelung und Astgabel sind gesamtdeutsch; daneben im Tirolischen einige zusätzliche Redewendungen] ❖ **mit der Adamsgobl essen; mit der Alpenvereinsgåbl essen; mit Vaters Gåbl essen:** *mit den Fingern essen.*
Gåbler, der [zu Gabel, nach der Form des Geweihs]: *junges Rotwild (Reh, Hirsch).*
gach, gache ⟨Adj.⟩ [ahd. gāhi, mhd. gæhe (= jäh), mit dem Suffix -ling: jählings: siehe angaling]: **1.** *jäh* **2.** *schnell hereinbrechend* **3.** (Bozner U-Land) *steil* **4.** *jähzornig* ❖ **a gachs Bürschl** *ein jähzorniger, cholerischer Kerl* ❖ **an Gachn kriagn:** *zornig werden* ❖ **auf die Gach(n):** *so plötzlich, auf die Schnelle:* das kann ich dir auf die Gach(n) nicht sagen.
Gåch, der [Schallwort; vgl. Gich] (Pass.): *Rechtsknall beim Goaslschnelln.*
gach|blond ⟨Adj.⟩ (NT): **1.** *wasserstoffblond* **2.** *weißblond.*
Gåchal: *siehe Åchalkraut.*
Gache, der [siehe gach]: *Zorn:* an Gachn kriagn (= zornig werden).
Gach|wind, Ga|wind, Ga|wint(e), der [gelegentlich auch die, weil das Wort meist im Plural gebraucht wird, was zu falscher Singularbildung verleitet; 1. Bestandteil: gach, siehe dort; 2. Bestandteil: Wind (als Verursacher)] (OI): **1.** *Schneewechte* **2.** *Schneegestöber, Sturmwind.*
Gachz, Geachze, Gåchetzn, das [eigentlich: Geächze]: *Ächzen, Ächzerei.*
gach|zornig, gach|zritt ⟨Adj.⟩ [vgl. gach; 2. Bestandteil: siehe auch zritt]: *jähzornig.*
Gach|zug, der(Zillt.): *Schnellzug.*
Gåda|låda|lålla, Gada|lada|lälla, Gouda|louda|lalla, der [1. Bestandteil: siehe Gådn, Bed. 3; 2. Bestandteil: Fensterladen; 3. Bestandteil: vermutlich zu Lälla (= Zunge), auch schweizerisch, zu lällen (= die Zunge herausstrecken), verwandt mit lallen; wegen der zungenartigen Form dieser Vorrichtung] (AF): *Elternschlafzimmer-Fensterladenoffenhalter* (Vorrichtung, um den offenen Fensterladen zu fixie-

ren) [Schibboleth, das im Außerfern verwendet wird, um die Sprachgewandtheit von Fremden zu testen]: „Nun kann es sein, dass Sie dieses Lied nicht versteh'n! (...) Wer ausgeaht, geaht ‚auf 's Ries', und a Glogga isch a ‚Schalla'! / Und der Eltern-schlaf-zimmer-fenster-laden-offenhalter, isch d'r ‚Goudaloudalalla'"! (Aus dem Lied „Knou mah!" der Lechtaler Musikgruppe Bluatschink).

Gådn, Godn, Gorn, der oder das, **Gadele, Garndl,** das [mhd. gadem, gaden (= Haus von nur einem Gemach; Gemach überhaupt, Kammer, hochgelegener Verschlag, Stockwerk)]: **1.** *Kammer neben der Stube:* „... a nuschtr zwischen fingrn / grollen zäln und betn / di kucha / drneebm di schtuuba / drhintr is gaadele ..." (Aus dem Gedicht „paurnhaus" von Hans Haid) **2.** *Speisekammer, Vorratskammer* **3.** *Elternschlafzimmer* **4.** *Heustadel.*

Gaf: *siehe Gaufe.*

Gåffer, Gåffra, Kåffer, der [mhd. kampfer, gaffer; griech. kaphoura, entlehnt aus einer austroasiatischen Sprache; die Lautform Gåffer hat sich in Tirol erhalten; siehe auch Goffowasser und Gåmpfer]: *Kampfer.*

Gagele, Gagei, das [Diminutiv von Gågl, siehe dort]: **1.** *kleiner Kotklumpen* **2.** *kleines Stück (z. B. Kartoffel).*

gågg ❖ nit gigg und nit gågg sågn: *gar nichts sagen, ganz verstummen.*

Gagga måchn ⟨hat⟩ [zu Gagge, siehe dort] (kindersprachlich): *Kot ausscheiden.*

Gagge, die [zu gaggn; kindersprachlich Gagga]: *Kot.*

Gåggelåri, Gåggl|werk, das [wohl Lehnwort aus dem Standard: Kokolores (= Unsinn, Getue), das eine pseudolateinische Wortschöpfung ist, um Scheingelehrsamkeit zu verspotten; angepasst an Gåggele]: **1.** *Kindereien* **2.** *unnützes läppisches Zeug.*

Gåggele, Gåggile, Gåggei, das [lautmalend zu gackern]: *Ei.*

Gåggele-, Gaggele- als 1. Wort eines Kompositums: *drückt Kleinheit, Unwichtigkeit aus:* **Gaggilezuig, Gåggeleauto, Gåggeletelefon:** „Heit muaas a jeder so an Apparat håm, so ein ... so a Smartphone, ein Handyzuig, i hån aa so a Gåggele-Telefon, auf Deutsch Ei-Phone. Mi wunderts glei, warum des iwahaupt Ei-Foun (= Ei-phone oder Ei-Fahne) hoaßt, wenn an Epfl obm isch". (Luis von Südtirol, Das Smartphone", Youtube, Anfang).

Gaggele, Geiggerle, das [eigentlich: kleines Kotkügelchen; zu gaggn (= Kot ausscheiden)]: *Kleinigkeit, Bagatelle:* wegn aniadn Gaggile.

Gåggeler, der [zu Gåggele (= Ei)]: *kleinlicher Mensch, empfindlicher Mensch.*

gåggelet ⟨Adj.⟩ [nach der Kleinheit des Eis]: **1.** *wertlos* **2.** *sinnlos* **3.** *kindisch.*

gåggeloarn hat [wohl aus Gåggelåri, obwohl es spielerisch auch zu mhd. gougelæere, goukelære (= Zauberer, Taschenspieler) passen könnte] (ST, OT): *etwas Unnützes tun, Zeit verschwenden, trödeln:* di tean den gånzn Tog lei ummergåggeloarn.

Gagger, der [zu gaggn, siehe dort]: **1.** *Angsthase* **2.** *Angst bekommen:* **der Gagger geat ❖ den geat gschwind der Gagger:** *er ist ein Angsthase.*

Gåggetzer, der [zu gåggetzn, siehe dort] (NT): *ein Huhn, das heftig oder fortwährend gackert.*

gåggetzn, giggatzn ⟨hat⟩ [Intensivbildung zu gackern]: **1.** *heftig oder fortwährend gackern* **2.** *stottern* **3.** *kichernd lachen.*

Gåggl, der [vielleicht zu mhd. goukeln (= zaubern, Possen treiben); siehe gaugglen] (ST, OT): *Tand, minderwertige Ware.*

Gåggl|kromer, der [zu Gåggl, siehe dort] (ST): *Trödler, Händler mit minderwertiger Ware.*

gåggln, gågglen, gåggelen ⟨hat⟩ [zu Gåggl, siehe dort]: *trödeln, tändeln* **Gåggltåtsch,** das [zu Gåggele (= Ei); 2. Wortteil siehe Tåtsch] (OI, Deutschn.): *Spiegelei.*

Gåggl|werk, Gaggl|werch, das (NT, OI): *Tand, wertlose Arbeit.*

gaggn ⟨hat⟩ [vgl. lat. cacare (= Kot ausscheiden, mit Kot verunreinigen)] (derb): *Kot ausscheiden.*

Gågl, Gåga, Gogl, der [wohl auch zu lat. cacare (= Kot ausscheiden, mit Kot verunreinigen)]: **1.** *Kotkügelchen (von Ziege, Schaf, Gämse, Maus, etc. auch: Goasgågl, Mausgågl; mit Verkleinerungsendung: Mausgagelen)* **2.** *kleine Kugeln (aus Erde, Sand, Plastilin usw.)* **3.** *(auffällig) kleiner Mensch, Knirps.*

gal ⟨Adj.⟩ [wie goal (siehe dort), aber aus einem Dialekt, wo mhd. ei sich nicht zu oa, sondern zu a entwickelte]: **1.** *schlüpfrig* **2.** *gelb.*

galing, an galing, in galling, in gallischn, dergaling ⟨Adj. und Adv.⟩ [(eigentlich jählings); zu gach, siehe dort]: **1.** *allmählich, mit der Zeit* **2.** *womöglich.*

Gålle, die [mhd. galle aus lat. bzw. ital. galla (= Gallapfel, Geschwulst am Pferdefuß)] (Pass., OI): *Eisblase.*

gallisch, gallig ⟨Adj.⟩ [zu standardsprachlichem Galle; die Hippokratiker unterschieden zwischen gelber und schwarzer Galle, wobei sie davon ausgingen, dass die gelbe Galle in der Leber produziert wird und für cholerisches Verhalten ausschlaggebend ist; diese Vorstellung ist noch in zahlreichen Redewendungen präsent: mir kommt die Galle hoch, Gift und Galle spucken etc.]: *erregt, wütend, zornig:* er werd ålm so gschwind gallisch (= er regt sich immer so schnell auf).

Galm, der [vgl. gelmen]: *lauter Schall.*

galn ⟨hat⟩ [-ilen-Ableitung von Gun (siehe dort), deshalb Umlautung von mhd. gan; ursprünglich also mit Funken spielen]: *unvorsichtig mit offenem Licht spielen.*

gålt ⟨Adj.⟩ [mhd., ahd. galt (= keine Milch gebend, nicht trächtig, unfruchtbar); laut Kluge zu einem germ. Wort, das unfruchtbar bedeutet hat; laut Duden eigentlich Partizip Perfekt von ahd. galan (= singen, zaubern, behexen; vgl. Nachtigal), weil unfruchtbares Vieh nach dem Volksglauben als behext galt]: **1.** *keine Milch gebend (vom Jungvieh und von der Kuh unmittelbar vor dem Kalben)* **2.** *nicht trächtig* **3.** (NT) *ohne Besitz* **4.** (ST) *von Heu aus nicht gedüngter Wiese* **5.** *ohne gute Karten (beim Kartenspiel).*

Gålt|fich, das [siehe gålt]: *Galtvieh (besonders die Kälber).*

Gąltling, der [-ling-Ableitung von gålt]: *Jungrind, weibliches Rind im 2. Lebensjahr.*

Gålt|ståll, der [1. Bestandteil: siehe gålt] (AT): *Gebäude/Stall für das Vieh auf der Alm.*

Gamįll: *siehe Gramille.*

Gåmpfer, der [mhd. kampfer, gaffer, zu mittellat. camphore, über arab. kāfūr (= Kampferbaum) aus dem Altindischen; siehe auch Gåffer]: *Kampfer.*

Gąmpe, Gąmpm, der [aus lat. campus über romanisch campo (= Ebene, freier Platz, Fläche)]: **1.** *flacher Platz auf einer Anhöhe bzw. bei der Almhütte* **2.** (NT) *eingehegtes Stück Weide.*

gampeln ⟨hat⟩ [siehe gampern] (OI): *scherzhaft herumbalgen, scherzen.*

gampern ⟨ist⟩ [zu mhd. gampen, gampeln (= springen, hüpfen)] (NT): *in Sprüngen laufen (v. a. von Kühen, wenn sie abwärts rennen).*

gåmpet ⟨Adj.⟩ (Matrei): *ungeschickt.*

Gams, Gąmpse, Gamęzza, die, auch: der [mhd. gämȝ (neben gamȝ), ahd. gamiȝ, zu spätlat. camox; spielt als das klassische Hochgebirgstier in der Identifikation Tirols eine bedeutende Rolle; auch in Flur- und Bergnamen (Gamsjoch, Gamskar, Gamskogel, Gamslecke etc.), viele Komposita in der Jägersprache (Gamsbårt, Gamsgoass, Gamsbock etc.) und in zahlreichen Pflanzennamen (Gamsblüml, Gamsbart, Gamswurz etc.)]: *Gämse:* „Koan Jodler hearscht ma (= hört man) von der Schneid, und 's Gams, des ziacht bergo." (Aus dem Lied „Hiatz is hålt wieda da Summa aus" von Matthias Keuschnigg; Wirt der Weindiele in Kirchberg).

Gams|bliam(a)l, das: **1.** *Echte Arnika (Arnica montana)* **2.** *Aurikel (Primula auricula):* „Von der Schwoag bis auf d' Hochålm is a nimmer weit, / wo 's a Waxlab, a greans, schiane Gamsbliamal geit (= gibt)." (Aus dem Lied „Von der Schwoag bis auf d' Hochålm", SsÖ, S. 327).

gamsig ⟨Adj.⟩ [ursprünglich: flink, munter, zu Späßen aufgelegt; zu Gams, siehe dort] (auch bairisch-österreichisch): **1.** *auf sexuelle Abenteuer aus* **2.** *erregt, aufsässig.*

Gams|kress, der [2. Bestandteil: mhd. kresse (= Kresse)]: *Gletscher-Hahnenfuss (Ranunculus glacialis).*

Gams|krickl, das [2. Bestandteil: siehe Krickl]: *Horn der Gämse.*

gamsn, gampsn ⟨hat⟩ [zu Gams und gamsig, siehe dort] (auch bairisch): **1.** *nach Mädchen Ausschau halten* **2.** *sexuelle Abenteuer suchen* **3.** *lustig hüpfen.*

Gan, die: *siehe Gun.*

gandal|aschtia, gandal|aggo, gandal|empio, gandal|pipp ⟨Interj.⟩ [ital. can dell' ostia (= Wirtshaushund)] (ST): *Ausruf der Verärgerung oder der Verwünschung.*

ganatzn ⟨hat⟩ [-atzen-Ableitung von gähnen, mhd. geinen] (OT): *gähnen.*

Gande, Gand, Gante, Gann, die [nichtindogerm. Reliktwort gand (= wüst liegendes Land); romanisch ganda, churwelsch gonda (= Steinhalde), mhd. gant (= Felsgeröll, steinerner Abhang;]: **1.** *Hang mit Steingeröll* **2.** *steiniger Grund.*

Gandl, das [Verkleinerungsform von Gan, der, und Gane, die (= Funke); zu mhd. ganeist(e), ahd. ganistra (= Funke)] (Pf.): *kleiner Glutrest im Feuer.*

Gandle: *siehe Gadn.*

gandln ⟨hat⟩ (Matrei, OT): *herumschmieren.*

Gang, der: *Gang, Gangart* ❖ **ba Gang: 1.** *gehfähig, auf den Beinen* **2.** *in Betrieb, funktionierend.*

Gangge, Gangga, die und der [laut Schatz vermutlich zu standardsprachlichem Kanker (= Weberknecht); auffällig ist die lautliche Nähe zu lat. cancer (= Krebs, Gitter)]: **1.** *schlanker, großer Mensch* **2.** *linkische Frau, hochaufgeschossenes Mädchen* **3.** *Schimpfwort für eine Frau, Tussi* **4.** *schlecht klingende Kuhglocke.*

Gangger, der; **Ganggerl, Ganggal,** der und das [vielleicht Verbindung zu standardsprachlichem Kanker (vgl. Gångge) oder zu altnordisch gangari, einem Beinamen des Gottes Wotan; demnach wäre Gangger ein verkleideter Wotan]: **1.** (meist kindersprachlich oder scherzhaft) 1. *Krampus* **2.** *Teufel* „... im Oberland obn, då sitzt a kloans Ganggerl (...) Der Ruaß und der Hexenschuss, dös war no a Leichts, åber kimmst dem in die Krålln, jå, då hilft dir nix G'weichts." (Aus dem Lied „Auf der Höttinger Alm hockt a Kaserweibl") **3.** *(allzu) lebhaftes Kind.*

Gangger, der, Plural: Gangger [zu ganggn, siehe dort] (ST, OI): **1.** *kleiner Schreier* **2.** *Hahn* **3.** *leiser Schrei.*

ganggitzn ⟨hat⟩ [Ableitung von ganggn] (OT): *quietschen.*

ganggn ⟨hat⟩ [Schatz kennt noch gangg, als Imitation des Hühnerschreis] (Sa., Pfun.): **1.** *gackern, krähen* **2.** *schreien (von Gänsen)* **3.** *keifen, mit schriller Stimme schreien* **4.** *schluchzen, raunzen.*

Gangl, das [Diminutiv von Gang]: **1.** *musikalischer Übergang, Griffwechsel bei Musikstücken, musikalischer Lauf* **2.** *Serie von rituell festgelegten Schritten/Sprüngen/Gesten der zentralen Fasnachtsfiguren.*

gånggn ⟨hat⟩ [wie ganggn] (Deutschn, Pfun.): *raunzen.*

gånglen, ganglen, gångln ⟨hat⟩ [mit ge-Präfix aus ångln, siehe dort] (ST): *stechen (von Wespen, Bienen etc.).*

Gång|steig, der [1. Teil zu gehen]: *Fußsteig:* „Übers Loaterl da steig i 's nit auffi, da Gångsteig der is ma z 'hoch dr'obn / geh i liaba, schön langsam, schön leise über den ålmrisch'n Bodn ..." (Aus dem Lied „Übers Loaterl, da steig is nit auffi". Dieses Liebeslied ist in Tirol, in der Steiermark und in Kärnten beliebt, SsÖ, S. 304).

Gång|werch, das: **1.** *Gangwerk der Uhr* **2.** *Füße, Beine* ❖ **'s Gångwerch tuat niamer richtig:** *die Beine machen nicht mehr mit.*

ganig ⟨Adj.⟩ [wohl umlautend zu Gun; siehe dort]: *temperamentvoll, feurig.*

gånkl ⟨Adj.⟩ [ahd. gangheil (= gesund zum Gehen)] (OT): *gesund, unverletzt.*

Gånne, die: *siehe Gånde.*

ganschtern ⟨hat⟩ *verjagen, herumhetzen (von Hühnern).*

gånset ⟨Adj.⟩ [zu Gans; nach der weißen Farbe der Gans] (OI, Pass.): *weiß gesprenkelt (von Tieren, z. B. Ziegen).*

Gansl, das [Verkleinerungsform von Gåns, mhd. und ahd. gans, eigentlich: Faucherin (nach den Lauten, die eine Gans in erregtem Zustand ausstößt)]: **1.** *kleine Gans* **2.** *Gans als Speise* **3.** *unerfahrene, sich kindisch gebende junge Frau.*

Gåns|bråtn, Gansl|brotn, der [1. Bestandteil: siehe Gansl] (Küchensprache): *traditionelles Gänsebratenessen zum Martinstag (11. November), deshalb auch: Martinigansl.*

Gansl|essn, das [1. Bestandteil: siehe Gansl] (Küchensprache): *traditionelles Gänsebratenessen.*

gansl|gele ⟨Adj.⟩ [1. Bestandteil: siehe Gansl] (ST): *gänsegelb, sehr gelb.*

Gansl|haut, die [eigentlich: Gänsehaut; siehe auch Gånsrupfm] (scherzhaft): *Hautschauder infolge von Schreck, Angst etc.*

gånsn ⟨hat⟩ [zu Gåns] (OI): *kokettieren (von Frauen).*

Gansl|wein, der (scherzhaft): *Leitungswasser.*

Gåns|rupfm, Gåns|pfrupfe, der [nach dem Aussehen der Haut einer gerupften Gans] (scherzhaft) (ST, OI): *Gänsehaut, Hautschauder infolge von Schreck, Angst etc.*

Gånschter, Ganschter, die [mhd. ganeist(e), ahd. ganistra (= Funke); siehe auch Glanster]: **1.** *sprühender Funke* **2.** *lodernde Flamme.*

gånschtern, gạnschtern ⟨hat⟩ [mhd. ganeisten, g(e)neisten (= Funken sprühen); siehe auch Gun und glanschtern]: **1.** *Funken sprühen, (unheimlich) funkeln, (stark) blitzen* **2.** *lodern* **3.** (Sa.) *geistern* **4.** (Sa.) *(ein Tier) verscheuchen* **5.** (AT) *mit den Armen fuchteln.*

Gånter, der [aus lat. cantherius (= Balkengestell) zu cantharus (= bauchiges Gefäß)]: **1.** *Stoß von Baumstämmen* **2.** *Balkengestell zum Lagern von Fässern* **3.** *Rückentraggefäß für Flüssigkeit, z. B. Milch.*

Gạnterle, das [Diminutiv von Ganter] (Villgr.): *eingbautes Wandkästchen.*

gạntern ⟨hat⟩ [umlautend aus Gånter]: *stapeln von Rundhölzern.*

gånz ⟨Adj.⟩: *ganz* ❖ **di gånzn:** *alle:* di gånzn Lehrer, Bam, Auto (= alle, Lehrer, Bäume, Autos).

Gạnzling, der [eigentlich: nicht zerschnittenes, also ganz gebliebenes Stück] (Sa., Pfun.): **1.** *kleine gesottene Weißrübe* **2.** *nicht aufgeschnittenes Brotstück.*

gạnzn ⟨hat⟩ [vielleicht Präfix ge- + asen, atzen (= füttern, essen)] (La., Pfun.): *füttern.*

gapln ⟨hat⟩ [wegen Parallelen von Schatz zu Gabel gestellt] (Zillt.): *mit den Händen herumfuchteln.*

går¹, gọr¹ ⟨Adv.⟩ [wie går²]: **1.** *überhaupt* **2.** *sogar, tatsächlich.*

går², gọr² ⟨Adv.⟩ [mhd. gar (= bereit gemacht, vollständig, ganz)]: *aufgebraucht, fertig, zu Ende:* die Eier sen går (= es sind keine Eier mehr vorrätig).

gårawen, gọrawi ⟨Adv.⟩ [gar + ein wenig]: *ziemlich.*

gåretzn, gọratzn, grụggsnen, gråggn ⟨hat⟩ [lautmalend in unterschiedlichen Varianten] (NT): **1.** *knarren, quietschen* **2.** *ein enervierendes Geräusch von sich geben* (z. B. wenn man mit Kreide auf der Tafel schreibt, mit einem Fingernagel über eine Glasplatte fährt usw.) **3.** *meckern, nörgeln.*

gårfln ⟨hat⟩ [Herkunft unklar] (La.): **1.** *indezent sitzen (von Frauen)* **2.** *den Hang hinunterfallen.*

Gårgge, der: **1.** (Ridn.) *Gestell zum Heutrocknen* **2.** (OT) *krummer Stock.*

gårggln (OI, Matrei), **gọrggln** (Pass., Ridn.), ⟨ist⟩: **1.** *stolpern, torkeln* **2.** *stürzen, fallen.*

Gargọ! [ital. dialektal cargo, zu carico (= Ladung)] (Pass., Pfun.): *Bahn frei! (Ruf beim Holztreiben).*

garn ⟨hat⟩ [mit Präfix ge- zu arg] (ST): **1.** *stochern* **2.** *necken* **3.** *stören (mit bösen Hintergedanken).*

Gạrndl¹: *siehe Gådn.*

Gạrndl², das (OT): *Woll- oder Garnsträhne.*

garschiạrscht, grạschig ⟨Adj.⟩ [lautlich entstellt aus couragiert] [siehe Grasche]: *unerschrocken, beherzt.*

gartln, gartlen ⟨hat⟩ [-ilen-Ableitung von Garten, mhd. garte]: *gärtnern, Gartenarbeit verrichten.*

Gårtn|weimer, Gårtn|weimerler, die (Plural) [eigentlich Gartenweinbeeren; siehe Weimer] (Bozner U-Land): *Johannisbeeren (Ribes), in Bayern, Österreich und Südtirol Ribisel(n).*

Garz, die [ital. garzuolo (= feiner Pflanzentrieb, Salatherz)] (Bozner U-Land): *junger Rebtrieb.*

Gas, Gase, das, Plural: Gaser [aus mhd. ge- + äsen; aus ahd. āz (= Speise), also Ge-Äße (= Viehfutter aus Getreideabfall)] (ST): **1.** *herumliegende Überbleibsel, Plunder* **2.** *Kehricht.*

Gåschter, der [wohl zu lat. castrare (= einschneiden, kastrieren)] (OT): *kastrierter Bock.*

Gaschtern, die (Plural) (Matrei, Def.): [mhd. ganeist(e); ahd. ganistra (= Funke); weitere Herkunft unsicher; Lexer verweist auf eine Sanskritform kana (= Funke)]: *Funken:* do hend di Gaschtan gflogn.

gaschtern¹ ⟨hat⟩ [vgl. Gåschter; ital. incastro (= Einschnitt, Schlitz)] (Pass.): *Nuten aushobeln.*

gaschtern² ⟨hat⟩ [Herkunft unklar] (Pfun., La.): *verjagen, herumhetzen (von Hühnern).*

gåschtig ⟨Adj.⟩ [mhd. garst (= Schmutz)] (OT): *schmutzig, grausig.*

gaschtrig ⟨Adj.⟩ [wohl gaschtern²] (Matrei, OT): *temperamentvoll.*

Gaß-: *siehe Goaß-.*

Gaße|straubn, die (Plural) [1. Bestandteil: mhd. geiʒ (= Ziege); 2. Bestandteil: siehe Strau(b)m] (OT): *Isländisches Moos (Cetraria islandica).*

Gassi ❖ **mit dem Hund Gassi gehen**: *den Hund ausführen, damit er seine Notdurft verrichtet.*

Gassl gian, gassln [zu Gasse, wo normalerweise das Fensterln (= Einsteigen ins Zimmer der Geliebten) begann]: *den Brauch des Fenschterlns (siehe dort) vollziehen.*

Gassler (Zillt.), **Gåssner** (OT), der, Plural: Gåssner (siehe Gassl gian): *Fensterlgeher.*

gåssn, in di Gåsse gian [zu Gasse] (OT): *plaudern (meist beim Nachbarn).*

Gåssn|bua, der (auch süddeutsch und schweizerisch) (NT, OT): *Bub, der sich viel auf der Straße herumtreibt.*

Gatsch, Gatsch, der [lautmalend, mit langem Vokal auch bairisch-österreichisch]: *breiige Masse; aufgeweichte Erde, Schneematsch* ❖ (scherzhaft) **Hupf in Gatsch!**: *Verschwinde! Lass mich in Ruhe!*

gatschig, gatschig ⟨Adj.⟩ [zu Gatsch, siehe dort]: *mit aufgeweichter Erde oder mit Schneematsch versehen:* der Weg is gatschig; mit di gatschigen Schuach kimmst mir nit ins Zimmer.

Gåtting, die, Plural: Gåttingn [spätmhd. gatunge, aus gatten (= zusammenfügen)]: *Gattung, Art* ❖ **kuan Gåtting håbm:** *das ist/hat keine Ordnung.*
Gåtz(e), die, **Gạtzl,** das [zu ital. cazza (= Schöpfkelle); während bei der Hauptform Gåtz(e) der a-Laut verdunkelt wird, wird er bei Gatzl – wie bei Verkleinerungsformen mit -l, -le, -ai üblich – zu a umgelautet)]: *Schöpfkelle.*
gạtzig: *siehe gazig.*
gåtzing: *siehe giggetzn.*
gạtzo, kạtzo ⟨Interj.⟩ [ital. cazzo (= Schwanz, Penis)]: *Ausruf des Erstaunens* ❖ **an Gatzo verschtian:** *überhaupt nichts verstehen.*
Gau, Gei, das [mhd. gou, ahd. gewi; dieses zu einer germ. Wurzel, die Gegend, Landschaft bedeutet hat; Gei aus Gäu ist eine Nebenform von Gau]: **1.** *die kleineren Orte in der Umgebung eines größeren* (als Appelativum außer in den genannten Redewendungen kaum noch gebräuchlich; St. Gertraudi bei Brixlegg wird noch so bezeichnet) ❖ (auch süddeutsch und schweizerisch) **jemandem ins Gäu kommen/gehn:** *sich in fremde Angelegenheiten einmischen, in fremden Einflussbereich herumwildern:* Geh mir ja ned ins Gei! **2. auf den Gei gehn:** *ausgehen, dem Vergnügen nachgehen.*
Gaudi, Gaude, die [Gaudi ist im gesamten bairisch-österreichischen Raum ein Femininum, weil sich das Wort nicht vom Singular des lat. Neutrums gaudium ableitet, sondern vom Plural gaudia, der bereits vulgärlat. als Femininum des Singulars auftritt; vgl. auch ital. la gioia, franz. la joie; in D ist Gaudi auch sächlich] (auch bairisch): *Vergnügen, Spaß, ausgelassene Fröhlichkeit, lustige Unterhaltung.*
gaudig ⟨Adj.⟩ [zu Gaudi]: *spaßig, lustig, unterhaltsam.*
Gaudra, der [Herkunft unklar] (Pf.): *Truthahn;* die domestizierte Form von *Meleagris gallopavo* wird Pute oder Haustruthahn/Haustruthuhn genannt.
Gaufe, Gauf, die, Plural: Gaufn [mhd. goufe (= hohle Hand)] (Pass.): **1.** *die hohle Hand* **2.** *die zusammengelegten Hände als Hohlmaß:* a Gaufe Korn.
gauffln ⟨hat⟩ [siehe Gaufe und Gaf]: *mit zu einem Hohlraum gefalteten Händen schöpfen.*
gaugglen, gauggln ⟨hat⟩ [mhd. goukeln (= zaubern, Possen treiben)]: **1.** *gaukeln, gestikulieren* **2.** *schreien.*
Gauggler, der [wie standardsprachlich Gaukler zu mhd. goukelære, gougelære (= Zauberer, Taschenspieler)]: *unverlässlicher Mensch.*
Gaungge, die [siehe gaunggn] (ST, OI): *dummes Mädchen, Göre.*
gaunggn ⟨hat⟩ [Herkunft unklar] (ST, OT, OI): **1.** *jammern* **2.** *schreien.*

gawich: *siehe awich.*

Gawicha, der [zu gawich und awich, siehe dort] (NT): *Mensch, vor dem man sich in Acht nehmen muss.*

Gawind, der, **Gawinte,** die [die, weil das Wort meist im Plural gebraucht wird, was zu falscher Singularbildung verleitet; 1. Bestandteil: gach, siehe dort; 2. Bestandteil: Wind (als Verursacher)] (ST, OI): **1.** *Schneeverwehung* **2.** *Schneewechte* **3.** *Schneebrett.*

Gazer, der [zu gazn, siehe dort] (Pass.): **1.** *mit der Flasche aufgezogenes Junges* **2.** *verwöhntes Tier* **3.** *verwöhnter Mensch.*

gazig, gatzig ⟨Adj⟩ [wohl zu Gazer in den Bedeutungen 2. und 3.] (ST): *eitel, kokett, der eigenen Schönheit bewusst.*

gazn, gatzn ⟨hat⟩ [mhd. atzen (= speisen, beköstigen) mit dem Präfix ge-] (ST, OT): *Jungtiere mit der Flasche aufziehen, Jungvögel mit Brei füttern.*

Ge-, G-, Gi- als Vorsilbe von Substantiven: die Lautformen sind gleich verteilt wie unter ge- vor Verb beschrieben; die meisten Stichwörter sind in den folgenden Artikeln gesondert behandelt, oft ohne das e der Vorsilbe: also *Glender* statt *Gelender;* hingewiesen sei auf die Gruppe der neutralen Verbalabstrakta vom Typ Ge-rede (= was geredet wird, Rederei). Der Typ ist, wie das Beispiel zeigt, auch in der Standardsprache üblich. Weil er im Dialekt noch produktiv ist, können auch ad hoc solche Substantive gebildet werden, die im Übrigen oft (nicht immer) pejorativ sind: **Ge|fråg** (= lästige Fragerei; zu fragen), **Gfratz** (zu fratzen oder Fratz), **Gfrett** (= Plage, Mühe; zu fretten), **Gflenn** (= Weinen; zu flennen), **Ge|gengge** (= Gesums, ständiges Klagen; zu genggn); **Ge|tiane** (Zillt.) (= Getue); **Gleit, Ge|leite** (= Geläute; zu läuten), **Ge|renne** (= Kommen und Gehen; zu rennen); **Gred** (= Gerede); **Gschleck** (= Süßigkeiten, zu schlecken); **Gscher** (= Schererei): „Los zua, die Engl singen schon: / Gott in der Höh sei Ehr! / Mei Hansei, tua do weita schon / måchst du uns heit a Gscher." (Aus: „Geh, Hansei, påck dei Binggei zsåmm"), **Gsums** (= Jammerei).

ge-, g-, gi- als Vorsilbe von Verben: die Lautformen sind, wie ein Blick in den Tiroler Sprachatlas zeigt, von Region zu Region verschieden; beginnt ein Wort mit konsonantischem Verschluss (Tenuis, Affrikata; b/p, pf, d/t, z, g/k) wird im Partizip Perfekt der Verben das ge- in gewissen Dialekten mit dem Folgelaut verschmolzen, wodurch es schwindet, also buntn (= ge-bunden), pfiffn (= ge-pfiffen), tun/tån (= getan); aber: gmåcht/gimåcht (= ge-macht), grissen (= ge-rissen) usw.

gean: *siehe gen.*

Gear|hobe, Gear|hob, der [eine Nebenbedeutung von mhd. gēr (= Wurfspieß) ist Schoß, daraus mhd. gērhabe (= der das Kind auf dem Schoß hält)] (Pass.): *Vormund.*

gebm ⟨hat⟩ (NT) ❖ **då gibt's nix:** *das steht außer Zweifel* ❖ (jugendsprachlich) **si eppas gebm:** *sich etwas gönnen/erlauben;* **si an Film gebm:** *einen Film anschauen* ❖ **Gib's ihm!**: *Verprügle ihn ordentlich! Drangsaliere ihn!*

Ge|brat, Ge|bret, Brat, das [eigentlich Ge-bräte]: *Wurstfüllung.*

Ge|briadla, das [zu brühen] (ST): *gekochtes oder gedämpftes Schweinefutter.*

ge|daucht, gi|daucht ⟨Adj.⟩ [mhd. dūhen (= drücken, schieben; eindrücken, niederdrücken)] (NT, OT): *gebeugte Körperhaltung, krumm, gebückt:* ein altes gedauchts Mandl.

ge|deftet, deftet ⟨Adj.⟩ [eigentlich Partizip Perfekt von deftn (= durch Tadel oder Schaden niederdrücken); dieses laut Hornung vielleicht zu einem älteren beduft (= niedergeschlagen, sehr bedrückt)]: *entmutigt, niedergedrückt, verzagt.*

Geder, die [aus mhd. ge-æder, Kollektivbildung zu āder (= Ader, aber auch Sehne, Nerv, Eingeweide)] (Deutschn.): *Sehne:* a Geder gstreckt (= eine Sehnenzerrung zugezogen).

Gedl, die [aus einem Lockruf für das Tier, der bei Schatz auch in der Form gådile belegt ist] (OT): *Ziege, Geiß.*

ge|drant ⟨Adj.⟩ (ST): *verschlagen, verschroben.*

ge|drillt ⟨Adj.⟩ [mhd. drillen (= drehen, abrunden), allerdings nur durch das Partizip Perfekt belegt; verwandt mit drehen und drall] (La.): *prall.*

Geffe, Gåffe, die, Plural: Geffen [zu geffn] (ST): *Gesicht, Maul.*

geffn¹ ⟨hat⟩ [in ST umlautend neben gåffn; dieses zu mhd. gaffen (neben kapfen, kaffen; schauen, verwundert schauen); schon ahd. geffunge (= Betrachtung)] (ST): *glotzen, gaffen.*

geffn² ⟨hat⟩ [vgl. guffn] (Def.): *ein Osterbrauch, siehe Eierpeckn.*

gegern ⟨hat⟩ [wohl zu gegl, siehe dort] (Pass., Pfun.): *spielen, scherzen, raufen.*

gegga! ⟨Interj.⟩ [siehe gaggn]: *pfui!*

geggarisch ⟨Adj.⟩ (Def.): *zittrig-unbeholfen.*

geggern ⟨hat⟩ [lautmalend wie gackern]: **1.** *ständig reden, dreinreden* **2.** *kritisieren* **3.** *necken.*

gegl ⟨Adj.⟩ [umgelautet zu mhd. gogel (= ausgelassen, lustig): *lebhaft, ausgelassen.*

Gegler, der [zu gegl, siehe dort] (OI, AT): *Vielredner, Schwätzer.*

Ge|håje, G|hoa, Koa, das [zu hoajen, siehe dort] (Zillt., Alp.) (veraltet): *Dunst bei großer Sommerhitze:* schau, wie 's heid a Gehåje måht (= schau, wie dunstig es heute ist).

ge|helle ❖ **in gi|helle kemm** [zu mhd. gehellen (= zusammenklingen, übereinstimmen), das im standardsprachl. einhellig noch weiterlebt] (OT, Pf., Pfun.): *zurechtkommen.*

Ge|hilbe, das [mhd. gehilwe (= Gewölk); vgl. kilbe] (OT): *mit Wolken überzogener Himmel.*
ge|hilbe, kilb, küb ⟨Adj.⟩ [zu Gehilbe] (NT, OT): *nebelig, mit Wolken überzogen.*
ge|hoater, ge|hato ⟨Adj.⟩ [vgl. koater]: *heiter (vom Wetter), wolkenlos.*
ge|huanåglt ⟨Adj.⟩ [vgl. oanigln] (Ötzt.): *steif gefroren.*
Gei: *siehe Gau.*
geibm ⟨hat⟩ [aus mhd. göuwen, giwen (= gierig, lüstern nach etwas sein); idg. Wurzel *ghei-, die auch den Wörtern Geiz und Gier zugrunde liegt] (OI, AT): *jemandem etwas abbetteln wollen, ohne direkt darum zu bitten.*
Geider, der [zu mhd. giuden (= prahlen, großtun)] (Ehrwald): *Angeber, Aufschneider.*
geign ⟨hat⟩ (NT, OT): **1.** *Geige spielen* **2.** (salopp) *prahlen, angeben.*
geiggern, umma|geiggern ⟨hat⟩ (Matrei): **1.** *schwanken, zögern* **2.** *schimpfen.*
geiln ⟨hat⟩ [mhd. gīlen (= betteln)] (ST): *gierig verlangen.*
Geische, die [zum österreichischen Keusche, das auf slowen. kaize (= Hütte) zurückgeht] (Pfun., U-Tilliach): *kleines Gehöft.*
Geischla|hoamit, die [siehe Geische] (OT): *kleines Gehöft.*
Geit, der [mhd. gīt (= Gier, Geiz)]: **1.** *Verlangen, Gier:* mit an Mordsgeit essn (= gierig essen) **2.** *Geiz.*
geitig ⟨Adj.⟩ [Ableitung von Geit]: **1.** *geizig* **2.** (Deutschn.) *inhaltsvoll, umfangreich, großräumig.*
ge|kaschtlt, kaschtlt ⟨Adj.⟩ [zu Kastl (= Kästchen)]: *kariert.*
Ge|kera, das [zu kehren] (OT, OI, Deutschn.): *Kehricht.*
ge|kleaschtlt ⟨Adj.⟩ [umgelautet zu Kloascht (siehe dort) aus lat. claustrum, das nach Schatz wie Kloaschter für verschiedene Formen der Abteilung stand] (Pf.): *kariert.*
gel ⟨Adj.⟩ [ahd. gelo, Gen. gelwes (= gelb)]: *gelb* ❖ **'s Gele obmauf hobm:** *verloren sein, am Ende sein.*
Gel, der (OT): **n'Gel hobm:** *die Gelbsucht haben.*
Ge|lammer, das [Kollektivbildung (ge- + Umlaut) zu Lammer; siehe dort] (AT, Pfun.): *Geröllhalde.*
Ge|lase: *siehe Glass.*
ge|leime: *siehe gleim.*
gele Ruabe, gelbe Ruam, göwe Ruam, Gel|riabe, die Plural: **...Ruabm, Riabn** [eigentlich: gelbe Rübe, Gelbrübe]: *Karotte (Daucus carota subsp. sativus).*
gelf ⟨Adj.⟩ [mhd. gelf, gelpf (= hell und glatt, übermütig)] (OT, Pass.): **1.** *glatt, schlüpfrig anzugreifen* **2.** (Villgr.) *abschüssig, gefährlich.*

ge|lidig, ge|lidrig ⟨Adj.⟩ [Ableitung von mhd. gelide (= Kollektivbildung für die Glieder)]: *gelenkig*.
Ge|lifto, das [wohl zu mhd. gelichter (= Familie, Sippe, Zunft), das in der Standardsprache – wie Sippschaft – eine Abwertung erfahren hat; das auslautende -o entspricht der Endsilbe -er] (OT, Pust.): *Benehmen, Gehaben*.
gell, galt, gö, ga ⟨Diskursmarker am Beginn oder Ende eines Satzes; der Sprecher signalisiert, dass er Zustimmung erwartet⟩ [zu gelten; eigentlich: es möge gelten; im Oberinntal und seinen Seitentälern ein Schibboleth, denn wer dort gell statt ho bzw. gö verwendet, wird sofort als Fremder erkannt] (auch bairisch-österreichisch): *nicht wahr: du gehst aber nimmer aussi, gell!*
gelln, gell(e) ⟨hat⟩ [mhd. gellen (= laut tönen, schreien)]: **1.** *schallen, schreien* **2.** (AF) *weinen*.
gelli ⟨Adj.⟩ [Ableitung auf -ig von Gålle; siehe dort] (Deutschn.): *eisig (auf Straßen)*.
gelmen ⟨hat⟩ [mhd. gelmen (= laut tönen, schreien), abgeleitet von galm (= Schall, Hall); dieses zu germ. *gala (= singen); vgl. gellen und Nachtigall] (Pass.): *sich lautstark oder närrisch betragen, randalieren*.
Gelmer, der [zu gelmen, siehe dort] (Pass., OI): *närrischer, polternder Mensch*.
Ge|loape: *siehe Gloap*.
gel|plentan ⟨Adj.⟩ [1. Bestandteil: gelb; 2. Bestandteil: Plente, Plentn (= Brei aus Maismehl oder Maisgrieß, der erkaltet in Scheiben geschnitten, gebraten und mit Parmesan bestreut wird), zu ital. polenta] (ST, OI): *maisgelb*.
gelstern ⟨hat⟩ [weitergebildet aus mhd. gellen (= laut tönen, schreien)] (ST): *schreien, gellen*.
gelts Gott, göts Gott, vergelts / vagöts Gott [eigentlich: Gott möge es dir vergelten; mhd. gelten (= zurückzahlen, entgelten)]: *Dankesformel*.
Ge|mach, G|mache, das [wie standardsprachlich Gemach (= vornehmes Zimmer) ein Kollektivum mit Präfix Ge- zu machen]: **1.** *Konstruktion* **2.** *Aufbau*.
Ge|malgge, das [Kollektivum mit Präfix ge- zu malggn] (ST): **1.** *herausgequetschte Masse* **2.** *unschönes Quetschen* **3.** *unschönes Essen* **4.** *unschönes Reden*.
Ge|moader, der; auch: gemoader Mensch, der [mhd. gemeine (= allgemein, allen gemeinsam u. ä.)] (ST): *einfacher, bescheidener Mensch*.
Ge|muane[1], Gmoan, das [siehe Gemuane, die] (ST, OI): *Allmende, Gemeinbesitz*.

Ge|muane², **Gmuan, Gmoan,** die [wie standardsprachlich (und inzwischen auch dialektal dominant) Gemeinde zu mhd. gimeinde; mhd. gemein bedeutet ursprünglich: mehreren abwechselnd zukommend, allgemein; der abwertende Nebensinn von gemein setzt den Bedeutungswandel von allgemein zu gewöhnlich, vulgär voraus]: *Gemeinde.*
gen, gea(n), gian ⟨ist gången⟩ [mhd. gēn, gān (= gehen, schreiten, wandeln, sich bewegen); gehen ist wie im ganzen Bairisch-Österreichischen der häufigste Ausdruck für: schrittweise fortbewegen (in D statt gehen oft laufen; laufen bedeutet rasches schrittweises Fortbewegen; allerdings ist rennen häufiger)] **1.** *gehen* **2.** *funktionieren, passen:* aso geats nit (= so funktioniert das nicht) **3.** (ST) *sich anschicken, etwas zu tun:* nåcher gian mer schreibm (fangen wir zu schreiben an) ❖ *als Ausdruck des Erstaunens:* Geh! Åber geh! Gehn S'! Åber gehn S'! (auch süddeutsch): *als Ausdruck der Ablehnung:* Geh! Warum soll ich mir das gefallen lassen? ❖ **Geh! Gehn S'!** (auch süddeutsch): *als Ausdruck der Ermunterung, der Bitte:* Geh! Erzähl ma wås! Gea, gib mir des (= bitte, gib mir das) ❖ **jemanden gehn låssn** (auch süddeutsch): *jemanden in Ruhe lassen:* Låss mi gehn! **4.** *aufgehen (Backteig)* **5.** **gian auf:** *auf'n Hune/Hirsch ... gian: auf die Hahnen-, Hirschjagd gehen.*
Ge|nånne, der [mhd. genanne (= Mann gleichen Namens; zu nennen)] (Pf.): *Mensch mit demselben Vornamen, Namensvetter.*
ge|neatig: siehe gneatig.
genge ⟨Adj.⟩ [mhd. genge (= unter den Leuten umgehend, leicht gehend, bereit] (Pass.): **1.** *leicht gehend, gängig, viel unterwegs* **2.** *sexuell freizügig.*
Gengger, Gengg, der [zu genggn] (ST, OT): **1.** *kleiner Schreier* **2.** *Kleinkind* **3.** (scherzhaft): *Nase.*
genggn, genggern ⟨hat⟩ [Bed. 1 legt Ableitung mit ge- aus mhd. engen (= eng machen, beengen) nahe] (ST, OT): **1.** *durch die Nase sprechen* **2.** *nörgeln, übel nachreden* **3.** *knarren* **4.** *leise schreien, raunzen.*
Gengl, die [zu genglen (gemeint sind die Spielsteine, die hin- und her bewegt werden)] (OI, Pass.): *Zwickmühle.*
genglen ⟨ist⟩ [wohl zu gehen; vgl. mhd. gengelære (= einer, der umherwandert)] (Pass.): *sich hin- und herbewegen.*
Gens|rupfn, der [1. Wortteil zu Gans; 2. Wortteil vgl. rupfen und Rupfen] (ST, OT): *Gänsehaut.*
Gens|tuttn, die (Plural) [1. Wortteil zu Gans; 2. Wortteil vgl. Tuttn]: *Gänsehaut.*
Genuss|specht, der (auch bairisch-österreichisch): *Genießer, Feinschmecker.*
Gepl, Gepla, der [aus standarddt. Göpel; Herkunft unklar]: *Seilwinde, Rad.*

Get, der: *siehe Göte.*
Gepfnutter, das [siehe pfnuttern]: *Gekicher.*
Gepossle, das [zu possln, siehe dort] (ST, OT): **1.** *Spielsachen* **2.** *Herumspielerei.*
ger-: *siehe auch gr-.*
Gerecht, das [zu Recht: mhd. gereht (= Ausrüstung, Recht, Gerechtsame)] (Pf., Pfun.): **1.** *Recht* **2.** *Weiderecht auf der Alm.*
Gerechtikeit, die [wie Gerecht] (AT, Pfun.): *niedergeschriebene Vereinbarung (z. B. die Stückzahl des Viehs auf den Almen betreffend).*
gereimp ⟨Adj.⟩ [in übertragener Bedeutung zu mhd. rīmen (= reimen, in Verse bringen)] (Matrei, Def.): *bequem.*
Geriap: *siehe Riapa.*
Gerpf, der [Herkunft unklar] (La.): *kleines schmächtiges Ding oder Kind: du letzer Gerpf.*
Gerr(e), Gere, Görre, die, Plural: Gerrn, Gerren [vermutlich zu mhd. gerren (= grell tönen, schreien, wiehern etc.)] (ST, OT): *Mutterschaf.*
Gerschz, der [mhd. gerze (= Getreidemaß)] (Pf.): *Wasserschöpfer, Kelle mit langem Stiel, um Wasser aus dem Brunnen zu schöpfen.*
Get, der: *siehe Göte.*
Ge|tafl, das [eigentlich: Getäfel, zu Tafel]: *Täfelung.*
ge|tangg: *siehe gitangg.*
geudn ⟨Adj.⟩ [mhd. giuden (= prahlen, lärmend loben)] (Zillt.): *loben.*
Ge|wade, das [Herkunft unklar] (OT): *stürmisches Gehabe, Lärm.*
Gwadne, das [zu wehen mit Präfix Ge-; siehe auch Gwadner, Gwaridl] (Matrei, OT): *Schneewächte.*
Ge|war, das [vielleicht aus mhd. werren (= durcheinander bringen, verwirren)] (La., Pfun.): *Lärm.*
ge|waxet ⟨Adj.⟩ [Präfix ge- + Partizip wachsend] (ST): *gut wachsend.*
ge|waxn, gwaxn ⟨Adj.⟩ [zu wachsen]: *erwachsen.*
Ge|wendl¹, Gwendl, Kwendl, der [siehe Grawendl]: *Echter Thymian (Thymus vulgaris).*
Ge|wendl², Gwendl, der [lautlich entstellt aus Lavendel]: **1.** *Lavendel (Lavandula)* **2.** *Echter Lavendel oder Schmalblättriger Lavendel (Lavandula angustifolia).*
Ge|wuser, das [zu wusern, siehe dort]: *oberflächliches, übereiltes Arbeiten.*
Gfåll, das [zu fallen] (ST): *Stangenreihe im Weinberg.*
gfalt ⟨Adj.⟩ [zu dialektal faln (= fehlen), also gefehlt]: **1.** *falsch* **2.** *gefährlich* **3.** *gerissen.*
Gfar, Gfart, das [zu mhd. varn, varen (= sich bewegen, gehen, fahren); vgl. Gfer]: **1.** (UI) *Durcheinander* **2.** (OI) *lärmendes Verhalten* ❖ **gfar sein:** *ständig unterwegs sein, Aufsehen erregen.*

gfarla, gfala, gfarlich, gfarlig ⟨Adj.⟩ [-lich bzw. -ig-Ableitung von Gefahr, dieses zu mhd. gevāre (= Hinterhalt, Betrug]: *gefährlich*.

Gfass, das [zu fassen]: *Einfassung, Fassung*.

Gfeart: aufs Gfeart gian [mhd. gevert (= Weg, Zug, Reise), ein Kollektivum von gleichbedeutendem vart] (OI): *auf Abenteuer gehen*.

Gfer, das [wie Gfar, aber mit alemannnischer Umlautbildung] (Ehrwald): *Getue*.

gferschtlt ⟨Adj.⟩ [aus mhd. vorteilen (= privilegiare); Schatz belegt fürs Pust. föirtl (= bevorteilen, nachhelfen)] (Pf.): *geschickt, gefinkelt*.

Gfert, das [zu mhd. varn, varen (= sich bewegen, gehen, fahren)] (Ehrwald): *Fuhrwerk*.

gfiarig, gfiari ⟨Adj.⟩ [mhd. gevüere (= nützlich, ersprießlich) bzw. gevüerec (= dehnbar, geschmeidig) zum Verb gevüern (= führen, zu Ende führen)]: **1.** *praktisch, bequem* **2.** (ST, OI) *beweglich, geschickt, flink* **3.** (UI) *gut führend, leicht zu befahren (vom Schnee)*.

gfiggat ⟨Adj.⟩ [Herkunft unklar, vielleicht zu figgn, siehe dort] (NT): *schmächtig, schwächlich*.

Gfirbme, das [mhd. vürben, vurben, ahd. furben (= reinigen, säubern, putzen); vgl. Gseibere] (Pass.): *Nachgeburt*.

Gfloigach, das [Kollektivbildung zu fliegen] (Tuxertal): *(viele) Fliegen, Fliegenzeugs*.

gfraintet: siehe gfruintet.

Gfras, der oder das [zu fressen; vgl. Gfrast]: **1.** *schlechtes Essen* **2.** *Kehricht* **3.** *Staubkorn* **4.** (Sa.) *nicht arbeitende Kinder*.

Gfrast, Gfrascht, das; auch verstärkend: Hundsgfrast, Saugfrast etc. [aus Ostösterreich entlehnt] (auch bairisch) (abwertend) (NT, OT): **1.** *schlimmes Kind* **2.** *böser Mensch*.

Gfratz, das [mit Präfix Ge- zu Fratz, dieses aus frühnhd. fratz(e) (= Laffe, geckenhafter Kerl); im 16. Jh. aus ital. frasca (= Posse) entlehnt] (ST, OT): **1.** *niedliches Kind* **2.** *ungezogenes Kind*.

gfrearn, gfrean ⟨hat⟩ [mhd. frœren (= gefrieren lassen): *gefrieren machen, gefrieren lassen*.

Gfrett, Gfret, das [mhd. vretten (= wund reiben, entzünden)] (auch bairisch-österreichisch)]: **1.** *ungute Situation* **2.** *Scherere*i **3.** *(wirtschaftliche) Schwierigkeit*.

gfrettn ⟨hat⟩ [siehe Gfrett]: **1.** *sich abmühen* **2.** *mit wenig Geld auskommen müssen*.

gfrian, gfrirn ⟨is gfrorn oder gfrosn⟩ [aus mhd. gevriesen (= gefrieren, festfrieren)]: *eisig werden*.

Gfris, Gfriß, das [eigentlich: Gefrieß; zu fressen, ahd. frezzan, eine Verschmelzung aus der Vorsilbe ver- und essen; erst im Mittelalter differenziert in essen (beim Menschen) und fressen (bei Tieren)] (auch süddeutsch und ösgterreichisch) (derb und abwertend): **1.** *abwertend für (hässliches) Gesicht* (wie nord- und mitteldeutsch *Fresse*) **2.** *elender Kerl* **3. ein Gfriß schneiden:** *eine Grimasse machen.*

Gfrischt, die, Plural: **Gfrischtn** [mhd. gevrüste (= Frost, Frostwetter), abgeleitet von vriesen = frieren] (Pass., Pfun.): *gefrorener Boden.*

gfruintet, gfraintet, gfruitet ⟨Adj.⟩ [mhd. vriunt (= Freund, Verwandter)] (ST, Alp.): **1.** *(entfernt) verwandt* **2.** (La.) *schuldig:* den bin i a wia gfruintet giwedn (= dem war ich etwas schuldig).

Gfruscht, Gfrurscht, die [mit Präfix ge- aus mhd. vriesen (= frieren] (OI, Ehrwald): *Frost.*

Gfuse, das [wohl mit standardsprachlich Fussel verwandt, dieses zu mhd. visel, vesel] (ST): *Abfall, wertlose Dinge.*

ghaut, kaud ⟨Adj.⟩ [isoliertes Partizip Perfekt zu hauen]: *durchtrieben, gerissen.*

ghånt: *siehe kånt.*

gi-, Gi-: *siehe ge-, Ge-.*

gian¹: *siehe gen.*

gian² ⟨Adv.⟩ [aus der Bed. 3 von gen (= gian¹) entwickelt] (ST, OI): *gleich, bald:* iez wärts nor gien finschter | iez giemer når gien gien (= jetzt machen wir uns dann bald auf den Weg); „O Diandl, giehn mar giehn ins Wirtshaus 'nein, / då trinken mar a Hålbe Wein?" – „Na, na, na, na mei Bua, dös tien mar nöt, / ins Wirtshaus eini geh is nöt." (Aus: „O Diandl, giehn mar giehn"; das Lied wurde in Radein und Truden (Südtirol) aufgezeichnet, SsÖ, S. 258).

Giaß, der, **Giaße,** die (ST): *Abwasserkanal.*

Giaschtl, der [wohl Variante zu noch bei Schatz belegtem Geastl, das Diminutiv von Goast aus mhd. geist (= Geist, böser Geist) ist] (AT): *einfältiger Tollpatsch.*

giatle, giadla, giatlach ⟨Adv.⟩ [mhd. güetlich (= gut, freundlich)]: **1.** *sanft, gütig* **2.** *langsam* **3.** (NT, OT) *mit Bedacht, still, ruhig.*

Gich, der [siehe Gåch] (Pass.): *Linksknall beim Goaslschnelln.*

gidrång ⟨Adv.⟩ (OT): *eng, bedrängend.*

giffln ⟨hat⟩ [zu Guff (= rundes Eiende); verwandt mit Gipfel und Gupf; vgl. guffen] (Deutschn.): *Ostereier gegeneinanderstoßen.*

Giftler, der [Ableitung von Gift, mhd. und ahd. gift (= Gabe, Geschenk); ursprünglich Femininum und als solches noch in Mitgift erhalten; als Neutrum heute mit der Bedeutung Stoff mit schädlicher Wirkung] (abwertend): *Drogenabhängiger.*

Gift|schippl, der [2. Bestandteil: siehe Schüppl, 1. Teil wahrscheinlich aus der Nebenbedeutung Zorn] (NT): **1.** *widerspenstiger Haarschopf; Haare am Hinterkopf, die in die Höhe stehen* **2.** *zu Jähzorn neigender Mensch.*

Gift|spritzn, die [eigentlich: jemand, der Gift versprüht]: *zänkische Frau.*
giggatzn, gåggetzn, goggitzn, gåtzing ⟨hat⟩ [Intensivum oder Frequentivum mit dem Suffix -etzen; mhd. gigzen, gichsen, gichzen, ahd. gickezzen (= einen leichten Schrei ausstoßen); siehe giggln; lautmalend] **1.** *stottern* **2.** *gicksen* **3.** *unterdrückt lachen.*
Gigger, Giggra, Giggl, der [lautmalend wie kikeriki; verwandt mit Kücken, engl. chicken; eine Nebenform von Gockel; Nachahmung des Sammelrufes eines Hahns]: **1.** *Hahn* **2.** *aufbrausender Mann.*
Giggerigi|handl, Giggrigi|handl, das [eigentlich: Kikerikihähnchen] (AT, Pf.): *Taglichtnelke, Rote Lichtnelke oder Herrgottsblut (Silene dioica).*
giggerisch ⟨Adj.⟩ [zu Gigger] (Pass.): *übermütig, frech.*
giggiliarn ⟨hat⟩ [erweiternd aus giggln²] (Pass.): **1.** *spähen* **2.** *spekulieren.*
giggln¹, gigglen ⟨hat⟩ [lautmalend, wie giggatzn, siehe dort] (auch schweizerisch): **1.** *glucksen* **2.** *kichern* **3.** *kindlich lachen.*
giggln² ⟨hat⟩ [abgeleitet von mhd. gucken (= neugierig schauen)]: **1.** *hinschauen, obwohl es verboten ist (oder beim Versteckspiel):* durchs Schlüsselloch giggln; des gilt it, du håsch gigglt **2.** (Tristach) *neugierig machen.*
giggrig ⟨Adj.⟩ [zu Gigger; nach den Eigenschaften, die einem Hahn zugeschrieben werden] (ST): **1.** *gereizt* **2.** *auf Hochtouren.*
Gigl, die [Herkunft unklar; siehe Gruagg mit ähnlicher Bedeutung] (Pass.): **1.** *Vulva* **2.** *Füße, Beine* ❖ **di Gigl austelln** (eigentlich: auf dem Rücken liegen und die Beine hoch lagern): *nichts tun, faulenzen.*
Gihånns|tåg, der [eigentlich: Johannestag] (Ahrnt.): *Fest Johannes des Täufers (24. Juni).*
Gilase: *siehe Glass.*
gilaßig ⟨Adj.⟩ [siehe Glass] (OT): *aufgedreht, übermütig, im Verhalten überzogen.*
Gilfe, die [Herkunft unklar; als Ortsbezeichnung für eine Klamm des Passeirerbaches bei Meran; vgl. Gulfe] (ST, OT): *Klamm, Bachschlucht.*
Gilge, die [mhd. gilge, lilje, lil(i)ge]: *Lilie;* die Lilien *(Lilium)* sind eine Gattung der Familie der Liliengewächse *(Liliaceae).*
giliachte ⟨Adj.⟩ (OT): *hell.*
Gilla, Gille, die [mhd. gülle (= Pfütze)]: *Jauche.*
Gilm, der [zu mhd. gilwen (= gelb machen)] (Pust.): *Gelbsucht.*
Giloni|kitl, der, Plural: ...kitl [1. Bestandteil möglicherweise entstelltes ital. galáno (= Band, Schleife); 2. Bestandteil wie standardsprachlich Kittel zu mhd. kit(t)el, d. h. ein mit Schleifen verzierter Kittel] (Sa.): *Festrock der alten Frauentracht.*

Gimmerl, Gimmerle, das [Diminutiv; siehe Gimmerling] (UI): *Gurke.*
Gimmerling, der [-ling-Ableitung (daher der Umlaut von u zu i) von lateinisch cucumer] (ST): *Gurke (Cucumis sativus).*
ginearig ⟨Adj.⟩ [mhd. genern (= am Leben erhalten, ernähren); vgl. gneri] (OT): *sich behauptend.*
Gipfele, Gipfal, Kipfal, das [Verkleinerung von süddeutsch und österreichisch Kipf, dieses aus mhd. kipf(e), ahd. kipf(a) (= Wagenrunge) nach der länglichen, leicht gebogenen Form; die Anekdote, dass das Kipferl aus der Zeit der Türkenbelagerungen stammt und dem türkischen Halbmond nachgebildet ist, gehört ins Reich der Legende; das Wort ist nachweislich viel älter]: **1.** *gebogenes Gebäck:* Mohnkipferl, Nusskipferl, Plunderkipferl (aus Plunderteig), Vanillekipferl (mit Vanillezucker bestreut) **2.** (OT) auch *Semmel.*
Giraffl, das: *siehe Graffl.*
Gischpl, der [Herkunft unklar] (OI, Ehrwald): *lebhaftes kleines Kind.*
Gisse, Giße, die [mhd. güsse (= Wasserschwall, Überschwemmung); verwandt mit gießen] (ST, OT): *Gießbach, Mure.*
gitangg, gitengg ⟨Adj.⟩ [Präfix ge- und tengg; siehe dort] (AT, Pfun.): **1.** *linkshändig* **2.** *linkisch.*
Gitsche, Gitsche, Gitschn, die [laut Pohl zu furlanisch *chicca* (= Hündin), ursprünglich ein Schimpfwort) (im östlichen Teil Südtirols und in Osttirol, im Eisack- und Sarntal konkurrierend mit Madl, im übrigen Südtirol nur gelegentlich synonym für die regional übliche Bezeichnung (Madl) gebraucht, auch kärntnerisch): *Normalbezeichnung für junges Mädchen, Tochter oder Freundin.*
Gitschn|schmecker, der (Pf.): *Schürzenjäger.*
Gjag ❖ **im Gjag sein** [vgl. jågn] (OI): *in der Brunft sein (vom männlichen Tier).*
glachli, gloachli ⟨Adj.⟩ [mhd. geleich (= Gelenk)] (OI, Ehrwald): *gelenkig, sportlich.*
glådern ⟨hat⟩ [mit Präfix ge aus mhd. late, latte (= **Latte**)] (Westendorf): *zittern.*
Glaggele, das [zu glaggln] (ST): **1.** *kleine Menge Flüssigkeit* **2.** *kleines Schnapsmaß.*
glaggelet ⟨Adj.⟩ [siehe glaggln] (OT): *lose, nicht fest.*
glaggln ⟨ist⟩ [Schallverb wie klacken oder knacken]: **1.** *leise klappern* **2.** *lose sein, schwingen, baumeln* **3.** *sich langsam bewegen* **4.** (La.) *an der Türklinke rütteln* **5.** *etwas lose schütteln.*
glaggln låssn ⟨hat⟩ [Variante von glanggeln]: *etwas aus Säumigkeit geschehen lassen, nichts tun, versäumen einzugreifen.*
glagle ⟨Adv.⟩ [vgl. onlag unter on-; Präfix ge- und Suffix -lich] (Matrei): *fast eben, leicht ansteigend.*

glammerscht ⟨Adv.⟩ [aus mhd. glīch am ērst] (Pust.): *eher, frischweg:* do tiemos glammerst låssn as schlecht måchn (= da tun wir es eher lassen als schlecht machen).

Glan¹, Glanen, die (Plural) [gehört wohl zu den Glanz-Wörtern (Glanz, glimmen, glosen, glühen) mit dem Anlaut gl-; von Schatz daher zu mhd. glanster, glanaster (= Funke) gestellt, weil das Blattwerk im Herbst brennend rot wird); Haller-Lanthaler verweisen auf spätmhd. glan (= Glanz, Glut); vgl. Glanschter]: *Preiselbeere (Vaccinium vitis-idaea);* eine Pflanzenart aus der Gattung der Heidelbeeren (Vaccinium).

Glan², Glone, Glune, die [ebenfalls mhd. glan (= Glanz) und mhd. glanster, glanaster (= Funke); vgl. Gun]: *Funke, glühende Kohle.*

Glånder, Glonder, der [ahd. kullantar; lat. coriandrum, griech. koriandron, koriannon, weitere Herkunft unklar]: *Echter Koriander (Coriandrum sativum);* eine Pflanzenart in der Familie der Doldenblütler *(Apiaceae).*

glången ⟨hat⟩ [eigentlich: ge-langen; nicht mit lang verwandt (eher gelingen); vgl. derglången und belången]: **1.** *ausreichend sein, genug sein* ❖ **des glångt ma:** *das ist genug, das reicht mir* **2.** *(dar)reichen:* geh, glång ma den Hammer umma (= bitte reich mir den Hammer herüber) **3.** *lang genug sein:* des Seil glångg nit (= ist zu kurz).

glangglat ⟨Adj.⟩ [zu glanggln] (OI, Pf.): *schlampig.*

glanggln, glanggern [neben mhd. glunkern (= baumeln) findet sich auch die gleichbedeutende Form glanken; daraus nach Hornung neben klengel auch klänkel (= Glockenschwengel, Penis), klänkeln (= sich schwingend bewegen); verwandt mit standardsprachlich Klunker; siehe auch mhd. glunke (= baumelnde Locke)]: **1.** *lose hängen, baumeln, pendeln* **2.** *schlampen* **3.** *trödeln* ❖ **eppas glanggln låssn:** *etwas vernachlässigen/immer wieder aufschieben.*

Glanggrer, Glångg, der [zu glanggln] (ST, OI): **1.** *Penis* **2.** *nachlässiger, schlampiger Mann.*

Glangg|werk, das [siehe Glanggrer] (OI): *Penis.*

Glånglar|biara, die: *siehe Langgelebire.*

Glanschter, die, Plural: Glanstern [mhd. glanster (= Funke), zu glanst (= roter Glanz)] (ST): *Funke.*

Glanschterer, der [zu Glanster] (ST): *Tunichtgut.*

glanschtern ⟨hat⟩ [zu Glanster] (ST): *Funken sprühen.*

Glan|zete, die [zu Glan; 2. Bestandteil: siehe Zete]: *Staude der Preiselbeere.*

Glap, Glapats: *siehe Gloap.*

Glass, Gelase, das [vielleicht zu franz. glacer (= mit Zuckerguss überziehen)]: **1.** (NT, OT) *übertriebenes Getue:* håt de a Glass mit dem Kind **2.** (OT, Pust.) *Benehmen.*

Glåscht, der [mhd. glast, glost (= Glanz, Schimmer)]: *Glanz, Reflex von Eis und Schnee.*
glåschtig ⟨Adj.⟩ (Matrei): *glänzend, durchscheinend.*
glasln ⟨hat⟩ [zu Glas] (ST): *gemütlich (viel) Wein trinken.*
Glatsch, der oder das [Kollektivbildung zu låtschat (= nassweich), Bed. 2, siehe dort]: *halb geschmolzener Schnee, Tauwasser am Boden.*
glatschig ⟨Adj.⟩ [zu Glatsch, siehe dort]: *nass und kotig (von Schmelzwasser).*
Glått|henga, der (Pf.): *Schürze aus satinhaltigem Stoff.*
glåtzat¹ ⟨Adj.⟩ [zu Glatze; die Variante glåtzig ist ausgestorben]: **1.** *kahlköpfig, ohne Haare* **2.** (Mechanikersprache) *ohne Profil (von Autoreifen):* glåtzate Roafn (= abgefahrene Reifen).
glåtzat² ⟨Adv.⟩ [wortspielerisch aus glått]: *tatsächlich:* der håt do glåtzat die Antwort gwisst.
glauch ⟨Adj.⟩ [mhd. gelūch, glūch (= geschwollen, aufgedunsen)] (Alp.): *aufgedunsen, feucht angeschwollen.*
Gleck, das [eigentlich: Geleck; Substantivableitung von lecken]: *Lecke als Viehfutter: Mehl, Kleie mit Salz (Salzlecke).*
Gleck|nuasch, der, Plural: ...niasch [1. Bestandteil: siehe Gleck; 2. Bestandteil: mhd. nuosch (= Rinne, Röhre, Trog] (Sa.): *Rinne, in die das Geleck gelegt wird.*
Gleichnise, die [mhd. gelīchnus (= Abbild, Vorbild)] (Def.): **1.** *(gutes) Benehmen* **2.** *Angemessenheit einer Situation.*
Gleichnis, das, **Gleichhat,** die ❖ **kuan Gleichnis hobm** (ST, OI): **1.** *nach nichts Rechtem aussehen* **2.** *nicht danach aussehen:* zin Regnen håts kuan Gleichnis (es sieht nicht nach Regen aus).
Gleier, der [entlehnt aus dem Akk. glīrem von lat. glīs, glīris (= Haselmaus); vgl. Greil] (ST): *Siebenschläfer (Glis glis) ist ein äußerlich mausähnliches, nachtaktives Nagetier aus der Familie der Bilche (Gliridae).*
gleim(e) ⟨Adj.⟩ [mhd. gelīme (= dicht angeschlossen, zusammengeleimt); zum Substantiv līm (= Leim)]: **1.** *fest gefügt, eng anliegend* ❖ **gleim beinånder:** *eng beisammen:* „Auf der Höttinger Alm hockt a Kaserweibl. Dös hat auf die Zottlan a wollerns Häubl. / Und wenn d' di z'gleim hinhocksch und 's Gsicht umibiagsch, ja, da kann's da passieren, dass'd in Hexenschuss kriagsch ..." (Aus dem Lied „Auf der Umbrückler Alm hockt a Kasermandl") **2.** *kompakt, dicht* **3.** *knapp* ❖ **des isch gleim gången:** *das war knapp* „... müeren / & leenen / sellamol / wöltan / gleim / gongen" (= Muren und Lawinen, dieses Mal sehr knapp gewesen) (Hans Haid in dem Gedicht „seuchen & katastrophen & allerlei unheil") **4.** *knauserig, geizig.*

Gleiml, das [Verkleinerung von mhd. glīme (= Glühwürmchen)] (ST, OI): *Leuchtkäfer, auch Glühwürmchen (Lampyridae).*

Glender, Gelender, der [wie standardsprachlich Kalender zu lat. calendæ (= der erste Tag des Monats; Zahlungstermin bei den Römern), zu calare (= die Kalenderdaten ausrufen)]: *Kalender.*

glendern ❖ mir glenderts nit [wohl zum Vorigen: Schatz belegt die Wendung auch in der Bedeutung „das geht mir nicht von der Hand"] (Deutschn.): *nicht gescheit sein, einen Klaps haben.*

glenggern: *siehe glanggln.*

glernig, g|lirni(g), g|learig ⟨Adj.⟩ [mhd. gelirnig, gelernic (= gelehrig)] (OI, Alp.): *gelehrig.*

Gleutrach, das [aus Leute mit dem dem Präfix ge- und dem Kollektivsuffix -ach] (Zillt.): *eine Menge von Leuten.*

gliabig ⟨Adj.⟩ [Herkunft unklar] (Vin., OI): *lauwarm.*

glianig, gliantig ⟨Adj.⟩ [vom Partizip Präsens des Verbs mhd. glüen (= glühen) abgeleitet]: *glühend:* „Aber dös isch no gar nix: im Oberland obn, / da sitzt a kloans Ganggerl ganz gleim bei an Grobn, / mit a kohlschwarzn Larven und glianige Augen, / ja, da siegst bald den Himmel, bald die Höll' außerschaugn." (Aus dem Lied „Auf der Umbrückler Alm hockt a Kasermandl").

Glianige, der, Plural: Glianigen [eigentlich: der Glühende; euphemistisch, um den Namen des Teufels nicht auszusprechen; mhd. glüe(je)n, ahd. gluœn, ursprünglich: glänzen, schimmern] (Pass.): *Teufel.*

glibig, gliwig, gilidig ⟨Adj.⟩ [Präfix ge- vor mhd. lide-weich (= biegsam in den Gliedern, weich)]: *weich, biegsam, beweglich:* ein glibiger Ast.

Glid|wein, der [Mischung von Glühwein und mhd. līt (= Obstwein, Gewürzwein)] (Ehrwald): *Glühwein.*

Glifei: *siehe Gluf.*

Glitsch, der [laut Schatz slaw. Herkunft] (OT): *Raumteil im Stall.*

glitschn ⟨ist⟩ [Intensivbildung zu gleiten; seit dem 15. Jh. belegt]: *gleiten.*

glitzge(n) ⟨hat⟩ [-ig-Erweiterung von mhd. glitzen; siehe glitznen] (Ehrwald): *glitzern, glänzen.*

glitzn, glitznen, glitzorn ⟨hat⟩ [mhd. glitzen, glitzenen (= glänzen, blinken)]: *glänzen.*

Glitzn|pfandl, das, **Glitzer|pfånne,** die, **Glitzger|pfannle, Glitzga|pfändli,** das [zu glitzn; wohl wegen der gelben Blüten]: *Acker-Hahnenfuß (Ranunculus arvensis).*

gloachig ⟨Adj.⟩ [mhd. geleich (= Gelenk)] (Ehrwald): *gelenkig, sportlich.*

Gloap, Glap Gloape, Gloapet, das, **Lape,** die [Herkunft: siehe loapm, Loapach]: (OI): *Überbleibsel, Reste vom Essen oder von der Ernte auf den Feldern.*

Gloat, das [mhd. geleite, geleit (= Leitung, Führung); vgl. standardsprachlich das Geleit] (OT, Ehrwald): *Wagen-, Schlittenspur.*
Gloder, die [auffällig die Nähe zu mhd. goder (= Schlund)]: *Hautfalte am Hals (Kuh, Huhn, auch Mensch).*
Glondr: *siehe Glånder.*
glosn|roat ⟨Adj.⟩ [1. Bestandteil zu mhd. glosen (= glühen, glänzen); 2. Bestandteil: rot] (OT, OI): *glänzend rot.*
Gloggn, Glote, die (OT): *wirres Haar.*
Gluf, Glufe, die, **Glifei,** das [mhd. glufe (= Spange, Stecknadel): **1.** *Sicherheitsnadel* **2.** *Stecknadel, jede Form von Anstecknadel* **3.** *(abwertend) Orden, Preis.*
Glufn|schmid, der [eigentlich: Stecknadelschmied] (OI, Pf.): *kleinlicher, geiziger Mensch.*
glufnen [zu Gluf]: *zurechtkommen* ❖ **der kimmt it z'glufna:** *Der kommt nicht zurecht.*
gluggern, gluggn ⟨hat⟩ [wie standarddt. gluckern zu glucken (= lautmalend für die Laute der Henne beim Brüten oder Locken; auch für die dunkel klingenden Laute von leicht bewegtem Wasser; mhd. glucken, klucken]: **1.** *(von einer Flüssigkeit) durch das Fließen leise, dunkel klingende Laute hervorbringen* **2.** *trinken.*
Glugg|henne, die [siehe gluggern]: *Bruthenne.*
Glump, Glumpat, das [eigentlich: Gelumpe]: *wertloses Zeug.*
Glump|haufe, der (OT): *Müllhaufen.*
glunggetzn, gluggetzn ⟨hat⟩ [Intensivbildung auf -atzn/-etzn/-itzen zu einem lautmalerischen Verb in der Art von gluggern, gluggn]: *glucksen (von Wassertropfen)* [das Wort ist nicht mehr im Gebrauch, liegt aber der Bezeichnung des Glunggetzer, einem der Innsbrucker Hausberge, zugrunde; die in Karten übliche Schreibung mit einfachem -g- vor dem Suffix -etzen ist sowohl in Hinblick auf die Aussprache wie auf die Etymologie falsch].
Glunggl, die [Ableitung von mhd. glunkern (= baumeln, schlenkern; auch auf Glocken bezogen: vgl. glanggln)] (La.): *Kuhglocke.*
glunggln ⟨hat⟩ [siehe Glunggl] (La.): *läuten.*
gluschtn, glustn, Gluscht habn ⟨hat⟩ [eigentlich: gelüsten; zu Lust]: *auf etwas Lust haben.*
gluschtig ⟨hat⟩ [Ableitung von gluschtn] (OT): **1.** *Lust habend auf ... (v. a. Speisen)* **2.** *neidig:* gluschtig af di (ich beneide dich).
Glutsche, Glutsch, die, Plural: Glutschn [mhd. klucke (= Bruthenne, Glucke), zu mhd. klucken, glucken vom Lockruf der Bruthennen; Schatz vermerkt auch das Verb glutschen (= brütig sein, ausbrüten)] (ST): *Bruthenne, Glucke.*

glutzn ⟨hat⟩ (Pf.): **1.** *lutschen* **2.** *glucken (von einem Huhn).*
Gmal, das, Plural Gmaldr [wie standardsprachlich Gemälde Kollektivbildung zu mhd. malen] (OI, Sa.): *Gemälde.*
gmasi ⟨Adj.⟩ [wie andere Dialekte (mit au) nahelegen, wohl aus ge- und mausig (= still wie eine Maus) entstanden] (Sa.): *still, ruhig, schweigsam.*
gmate Wisn, gmante Wisn, die ❖ **(für jemanden) a gmate Wiesen sein sein** (dialektale Variante einer standarddt. Wendung): *(für jemanden) kein Problem mehr darstellen.*
Gnagg, Gnagge, Ginagge, das [mhd. nac (= Nacken)]: *Genick* ❖ **jemandem aufs Gnagg steigen:** *jemanden hart anpacken* ❖ **jemanden aufn Gnagg hobm:** *von jemandem dauernd belästigt werden.*
gnaggn ⟨hat⟩ [siehe Gnagg] (Pfun.): *das Genick brechen.*
gnangen ⟨hat⟩ ❖ **gnang nang tian** [Kindersprache, vielleicht lautmalerisch aus nagen mit Präfix ge-] (Pass., Pfun.): *beißen:* når wert di der Hund amåll gnangen.
gnappn, knappn ⟨hat⟩ [mhd. gnappen (= wackeln); vgl. napfetzn] (OI, Ehrwald): *nicken.*
Gnåpp|bånk, die [Herkunft unsicher] (Deutschn.): *(manuelles) Gerät zum Schneiden des Futters.*
Gnapper, der [aus gnappa] (Ehrwald): (abwertend): *Jasager.*
Gnapp(s)erli, Gapperli, Knapperli, das: *leichter, kurzer Schlaf, Nickerchen.*
Gnäpsala, das, **Gnäpsa,** der [vergl. Knapperle und napfetzn] (AF): *leichter, kurzer Schlaf (im Sitzen):* a Gnäpsala måchn.
Gnaunggerle, Gnanggerle, Naunggerle, das [spielerisch wie napfetzn, naggetzn, Gnäpsala etc.]: *Nickerchen.*
Gneat, Gnet, Geneate, das oder der [zu gneatig, siehe dort]: *Hast, Eile.*
gneatig, geneatig, gnedig ⟨Adj.⟩ [eigentlich: g(e)nötig; mhd. genœte (= eifrig, beflissen); gehört zum Substantiv mhd. nōt (= Drangsal, Mühe, Not; eifriges Streben und Eilen u. ä.); ahd. nōt, weitere Herkunft unklar (durch die heutige standardsprachlichen Schreibung gnädig wird die Unterinntaler Variante fälschlich mit dem Substantiv Gnade in Verbindung gebracht)] ❖ **es gneatig håbm:** *beschäftigt sein, in Eile sein.*
gneffn ⟨hat⟩ [ge- + neffn] (ST): **1.** *reiben* **2.** *unruhig sein* **3.** *lästig sein.*
Gneip, Kneip, der, Plural Gneipn, **Gneipe,** die, Plural Gneipn [mhd. knīp, gnippe (= Taschenmesser, Schustermesser), später im Anlaut Variation von g und k, im Inlaut von p und f, wodurch auch die Form Kneif (= kurzes gekrümmtes Messer) entsteht; vgl. engl. knife] (ST, OI, Alp.): **1.** *(Schuster-)Messer* **2.** *unscharfes Messer.*
gneipm ⟨hat⟩ [wie Gneip] (Deutschn.): *eine Türklinke auf- und niederdrücken.*

gneissn, kneissn, auch: **der|gneissn** ⟨hat⟩ [eigentlich: ge-niusen (= spüren, wittern, merken); aus mhd. niusen (= versuchen, erproben)] (NT, OT) (auch bairisch): *merken, durchschauen, begreifen, verstehen:* i håbs glei gneisst.

Gneri ⟨Adj.⟩ [aus mhd. nern (= heilen, gesund machen; auch: durch Speise und Trank das Leben erhalten; vgl. standardsprachlich Nahrung) (Ehrwald): **1.** *gierig, esslustig* **2.** *regsam, emsig.*

gniggn ⟨hat⟩ [vgl. standarddt. knickern und veraltet knicken (= geizig sein)]: **1.** *geizen, kleinlich sein* **2.** *lästig sein, nörgeln.*

Gnuangge, die [mit Nasalierung des Tonvokals zu mhd. neigen, d. h. neigen machen; vgl. Welschn. nuagn (= dösen), bei Schatz noch als nuanggn belegt] (Pass.): *extrem langsame Person.*

Goadli, das (OI): *siehe Goder.*

goaggln: *siehe groaggln.*

goal, goale, gale ⟨Adj.⟩ [nach der Lautung zu mhd. geil (= mutwillig, fröhlich, üppig, fett); Bedeutung wohl über den Geschmack von Fett; vgl. gal] (ST, OI): **1.** *geschmacklos* **2.** *ungesalzen.*

goametzn ⟨hat⟩ [mit Suffix zu mhd. geinen (= das Maul aufsperren, gähnen); das Wort gähnen geht auf eine etymologisch unrichtige Schreibung zurück; vgl. auch ganatzn] (OT): *gähnen.*

goare ⟨ist⟩ [Herkunft unklar] (OI): *mit den Hörnern herumfahren (vom Rind).*

goarln ⟨hat⟩ [vgl. goare] (La.): *trödeln, langsam arbeiten.*

Goaß, Goas, Gaß, die [wie standardsprachlich Geiß (= weibliche Ziege; weibliches Tier beim Gams-, Stein- und Rehwild) zu mhd., ahd. geiʒ; weitere Herkunft unklar; zusätzliche Bedeutungen in Tirol]: **1.** *Ziege* **2.** *dumme Frau; Frau mit zickigem Verhalten* **3.** *Holzgestell in der Sägemühle.*

Goaßl, Goasl, Gasl, die [wie standardsprachlich Geißel zu mhd. geisel (= ursprünglich Stock zum Antreiben des Zugviehs, dann Peitsche)]: *Peitsche.*

Goaßl|schmåtz, ...schmitz, der [1. Bestandtel: siehe Goaßl; 2. Bestandteil: siehe Schmitz]: *ausgefranstes Ende der Peitschenschnur.*

Goaßl|schnelln, das [1. Bestandteil: siehe Goaßl; 2. Bestandteil: Substantivbildung zu schnellen (= mit der Peitsche knallen), zu mhd. snal (= schnelle Bewegung und der dadurch entstehende Laut]: *traditionelles Knallen mit der Peitsche.*

Goaß|straube, die [1. Bestandteil: siehe Goaß; 2. Bestandteil: mhd. strūbe (= eine Art Backwerk, Spritzkrapfen), also: Leckerbissen für Ziegen; siehe auch Straube] (ST, OT): *Isländisches Moos, Cetraria islandica* (nicht zu verwechseln mit Irisch Moos) ist kein Moos, sondern eine polsterförmig wachsende Strauchflechte.

Gobl: *siehe Gåbl.*

Goder, der [bairisch für norddeutsch Koder; mhd. goder (= Schlund), eventuell verwandt mit lat. guttur (= Kehle)] (NT): *Doppelkinn, Fettwulst zwischen Kinn und Hals.*

Goderl, Godele, Godei, das [Verkleinerung zu Goder] (NT, OT): Bereich zwischen Kinn und Hals ❖ **jemandem das Goderl kratzn:** *jemandem schöntun, jemandem schmeicheln.*

Godn: *siehe Gådn.*

Gof, der, die oder das; Plural: gofa [bei Grimm belegt mit Hinweis auf ein Verb gofen (= zum Narren halten)] (OI, AF; auch schwäbisch und schweizerisch): *Kind.*

Goffo|wosso, das [vgl. Gåffer] (Pfun.): *Kampferwasser (als Hausmittel).*

Gogge, Goagga, die, Plural: Goggen [siehe Gogger] (OI, ST): *Stümperin.*

gogge, gottge ⟨Adv.⟩ [eigentlich: Gott gebe] (Pass.): *gleichgültig, jedenfalls:* er tuat wia er will, gogge ob du schwårz såggsch oder waiß (= er tut, wie er will, gleichgültig, was du sagst).

Gogge, Gugga, die, **Goggn,** der, Plural: Goggen [aus einem romanischen coccu, weitere Herkunft unklar]: **1.** *Pickel, kleine Eiterbeule* **2.** *Akne.*

Gogger, Goggiler, Goaggler, der [wohl zu mhd. goukel, gougel (= Zauberei, Blendwerk) und goukeln (= Zauberei oder Taschenspielerei betreiben)] (OI, ST): *Stümper.*

Gogge|wanzl, der (Matrei): *Kinderschreck.*

goggit, goggilat, goagglat ⟨Adj.⟩ [siehe Gogger]: *ungeschickt, unbeholfen.*

Goggl[1], der, Plural: Goggl [wie Gogger] (OI, ST): **1.** *Schalk* **2.** *Teufel (in der Kindersprache).*

Goggl[2], der, Plural: Goggl, Giggl [zu den lautmalenden Wörtern um gackern: Gigger, Kücken, Kikeriki]: *Gockel.*

gogg|stille ⟨Adv.⟩ (Tristach): *ganz still.*

Gogl: *siehe Gågl.*

Goiserer, der [nach Bad Goisern in Oberösterreich] (NT, OT): *schwerer, genagelter Bergschuh.*

Goita, Golta, Gulto, der [mhd. golter, kolter, kulter (= gefütterte Steppdecke)]: **1.** *gefütterte Decke, Steppdecke* **2.** *Umhang.*

Golånder, der [aus lat. coriandrum, das zu griech. koriandron führt] (OT): *Koriander.*

Gopfer, der [Herkunft unklar; vgl. spätmhd. gupe] (Alp., Pf.): *Dachgaube.*

go: *siehe går.*

gorggln (Ridn.), **gårggln** (Matrei) ⟨ist⟩ [wohl Variante zu gauggln; siehe dort]: **1.** *stolpern* **2.** *stürzen, fallen.*

Gorn: *siehe Gådn.*
goschat ⟨Adj.⟩ [zu Gosche, siehe dort]: **1.** *redegewandt, schlagfertig* **2.** *frech, vorlaut, angeberisch* **3.** *jemand, der sich verbal nie zurückhält.*
Goschate, der; ein Goscheter [zu goschat]: *jemand, der nicht auf den Mund gefallen ist.*
Gosche, Goschn, Goschn, die [Herkunft unklar, vielleicht verwandt mit lat. geusiæ (Plural) (= Rachen, Schlund)] (meist abwertend, derb) (regional auch in Deutschland): *Mund, Maul, Mundwerk* ❖ **a guate Gosche isch a hålbe Huamat:** *ein gutes Mundwerk ist einen halben Bauernhof wert* ❖ **jemandem a Goschn onhängen:** *jemanden beschimpfen, Streit beginnen* ❖ **auf die Goschn fliagn:** *hinfallen, stürzen; Schiffbruch erleiden, scheitern* ❖ **in die Goschn haun:** *einen Schlag ins Gesicht versetzen* (auch übertragen) ❖ **si die Goschn zreißen:** *über jemanden herziehen* ❖ **Wånn dea amoi stirbt, dånn muaß man sei Goschn separat derschlågn:** *scherzhaft über eine geschwätzige Person* ❖ **die Goschn håltn:** *still sein, schweigen* ❖ (NT) **Hände fålten, Goschn hålten:** *nicht kritisieren, sondern alles wie ein geduldiger Christ hinnehmen.*
goschn, goschn, zruck|goschn ⟨hat⟩ [zu Gosche, siehe dort]: *maulen, schimpfen.*
Gossn, der [ahd. cozun (= Engerlinge) aus lateinisch cossus (= Holzwurm)]: **1.** (ST) *Traubenwickler* (*Lobesia botrana*)*; Schmetterling aus der Familie der Wickler* (*Tortricidae*) **2.** (Deutschn.) *Wurm.*
got- als **1. Bestandteil von Adverbien** [lautlich verschliffen aus gerade, mhd. gerade, gerat] (Pf.) **got|ebm** (= gerade eben); **got|entla** (= gerade noch, endlich).
Göte, Göt, Get, Ged, der [wohl zu ahd. gota; lautlich wohl zu einer mhd. Nebenform göte zu stellen; vermutlich schon in vorchristlicher Zeit die Bezeichnung für einen Elternersatz; von Kluge zu altnordisch gode (= Priester, der zu Gott Gehörige) gestellt] (auch bairisch): *Taufpate, Firmpate.*
got|frei ⟨Adv.⟩ [siehe got-; Verstärkung des von Schatz für Südtirol belegten Adv. frei in der Bedeutung „nur, lediglich"] (ST): *Interjektion, die anzeigt, dass etwas im Übermaß vorhanden ist:* er hat grotfrei umanandergschrien (herumerzählt); aber stimmen tut es nicht; er hat grotfrei getan (implizit: aber nicht viel ausgerichtet) ❖ **gotfrei a Güete:** *so eine große Güte.*
Gotl, Godl, die [feminine Entsprechung von Göt]: *Patin bei Taufe oder Firmung.*
Gott, der [mhd., ahd. got, weitere Herkunft unklar. Die historische Volksfrömmigkeit der Tiroler spiegelt sich in einer Reihe von Redewendun-

gen wieder, die noch geläufig sind]: **1.** *Gott* ❖ **griass di Gott, pfiat di Gott** (= Gott als fakultativer Teil der Grußfomeln griass di und pfiat di; siehe dort), **gelt's Gott, vergelt's Gott, gsegns Gott:** *danke schön* ❖ **in Gott's Nåm(en):** *wenn es sein muss* ❖ **um Gott's Willn:** *oje, Ausruf des Schreckens* **2.** *Kruzifix, Wegkreuz.*

Gǫtts|nåmmin, der (Pass.): ❖ **zi kuan Gottsnåmmin kemmen:** *an kein Ende kommen.*

gǫtzi ⟨Adj.⟩ [Herkunft unklar] (OI, Ehrwald): **1.** *einzig* **2.** *wenig.*

grabm, grom ⟨hat sich⟩ [a-Lautung: von mhd. grā (= grau) abgeleitetes græwen (= grau machen vor Kummer); o-Lautung: mhd. grāmen (= gram sein)]: *sich sorgen, Kummer haben.*

gråd, kråd ⟨Adj.⟩ [mhd. gerat, gerade (= rasch, frisch aufgewachsen, lotrecht)]: *gerade* **2.** *ehrlich gesinnt, aufrichtig.*

gråd, kråd, kåd ⟨Adv., Partikel⟩ [wie das Adj.; vgl. auch gru]: **1.** *bloß, nur* **2.** *soeben, gerade:* i tua gråd/kåd schreibm **3.** (als Partikel) *schon, wirklich:* des kånnscht gråd/kåd vergessn.

Graffl, Graffi, Ge|raffle, das [Geraffel: das Zusammengeraffte, Ableitung von mhd. raffen (= zupfen, rupfen, raffen, eilig an sich reißen)]: *wertloses Zeug, Gerümpel.*

Graffl|werch, das [Graffl mit dem Kollektivsuffix -werch]: *wertlose Gerätschaften.*

Grågg, der [siehe Gregge, Gregger] (OI, ST): **1.** *kleines, mageres Kind* **2.** *kleiner, magerer Mensch.*

gråggat ⟨Adj.⟩ (Zillt.): *kältestarr (von Händen).*

Gralle, Grall, die; auch: **Grallei,** das [eigentlich: Koralle]: **1.** *etwas Kleines, Rundes* **2.** *Perle* **3.** *Kugeln auf dem Rosenkranz:* herrgöttswinkel / schtarbbiltlen / aubeholten / kreizweg / wollfoorn / foschtn / nutschgrollen / knieln / auschtean / niidrknieln, peetn / hoamgean AMEN" (Aus dem Gedicht „religio tyroliensis ötztaliensis I" von Hans Haid) ❖ **für mi a Grallele fålln låssn** (Thurn): *für mich mitbeten* **3.** *Luftblase auf Flüssigkeiten (Schnaps).*

Grållner, Grolla, die (Plural) [Herkunft unklar, vielleicht zu Grålle] (OI): *kleine Kartoffeln.*

Gråmbl, die: *siehe Gramml.*

grameiln, grameile [aus lat. remagulare; mit Präfix ge-; vgl. romanisch ramaler; siehe auch rameiln] (OI): **1.** *wiederkäuen* **2.** *langsam kauen.*

Gramenatl, das: *siehe Karbenatl.*

Gramille, Gramilln, Gamill, G(r)amün, die [wie standardsprachlich Kamille zu mhd. kamille, aus mittellat. camomilla, lat. chamæmelon, zu griech. chamai (= auf der Erde wachsend) und mēlon (= Apfel), wohl nach der Form und dem Duft der Blüten] (veraltet): *Kamille:* „Der Vater hat Bauchweah / und schreit nach Gramilln. / ‚Es sein' koane im Haus! –' moant die Bäurin (...) „Dös will i söchn, vermaledeit / 's ganze Jahr habts Bauchweh, ös Weiberleut / und wenn i amol Gramilln brauch, / war'n koane da, für 'n meinigen Bauch. / Überhaupt, – er tuat jo gar nimmer weah! – / Und erscht recht müassn jetz' Gramilln her!"' (Aus dem Gedicht „Gramilln" von Anni Kraus).

Gråmme, die [aus lat. gramen (= Gras); vgl. Gråmpe²] (ST): *Ackerunkraut, besonders Quecke.*

Gramml, Gråmml, Grumml, die [zu ital. gramola (= Breche, Flachsbreche)]: *Gerät zum Zerkleinern von hartem Brot.*

gråmpat ⟨Adj.⟩ [siehe Gråmpm] (OT): *unhandlich.*

Gråmpe¹, Gråmp(lerine), die [vgl. gramplen] (ST): *Obsthändlerin, Kleinverkäuferin.*

Gråmpe², die, Plural: Gråmpen [bezeichnet in den alten Dialekten unterschiedliche Pflanzen; weil es auch Lautformen ohne p und dem Vokal u gibt (Grumen), von Schatz zu lateinisch gramen (= Gras) gestellt; vgl. Gråmme und Grom] (ST): **1.** *(Heracleum sphondylium), auch Gemeiner Bärenklau genannt.* **2.** *(La.) Wiesen-Sauerampfer (Rumex acetosa), auch Großer Sauerampfer oder nur Sauerampfer genannt* **3.** *ein breitblättriges Gras.*

Gråmpe³: *siehe Kråmpm.*

gramplen, kramplen ⟨hat⟩ [aus ital. comprare (= kaufen, verschaffen); durch r-Verschiebung ahd. krampio (= Trödelware, Krempel), mhd. grempeln (= Kleinhandel treiben)] (ST, OT): *schachern, Handel treiben.*

gråmpm ⟨hat⟩ (Pass.) [siehe gramplen und Gråmme]: **1.** *Kleinhandel treiben* **2.** *mit der Sichel Gras mähen* **3.** (La.) *beim Sitzen die Beine leicht spreizen (von Frauen).*

Gråmpm, der [vielleicht Mundartform zu standarddt. Krampen (= U-förmiger Haken, Spitzhacke); dieses aus dem Niederdeutschen, ursprünglich: die Krumme, die Gekrümmte, vgl. ahd. chramph (= krumm)]: **1.** *altes Pferd* **2.** *grobknochige Frau.*

Gramuri, Kramuri, die, selten auch: der [ursprünglich mit Vorsilbe ge- als Geramuri, dieses zu gramuren (= Nebenform von rumoren) mit der Bedeutung Unordnung machen; die gleichbedeutenden Ausdrücke Kramasuri und Ramasuri sind Streckformen; das selten vorkommende maskuline Geschlecht ist vermutlich eine Anlehnung an Kram] (NT): *unnütze, wertlose Gegenstände.*

Gran, die (Plural) ❖ **mir stian di Gran au** [mhd. gran (= das junge sprossende Haar); durch die von Kälte bewirkte Zusammenziehung der Haut] (Def.): *ich bekomme eine Gänsehaut.*

Granada [eine Stadt in Spanien] ❖ **glei spiln s'** (= spielen sie) **Granada** [nach Grüner/Sedlaczek aus der Soldatensprache; verhüllend für die Angst der Soldaten vor einem Granatenhagel; später volksetymologi-

sche Deutung mit Bezug auf das Lied „Granada" von Augustin Lara (1935)] (NT, OT): *gleich passiert etwas Wildes, etwas Unangenehmes.*
Gråndl, die [Herkunft unklar] (OI, Pass.): *tiefe Stimme.*
gråndlen ⟨hat⟩ [zu Gråndl, siehe dort] (OI, Pass.): **1.** *mürrisch reden* **2.** *schimpfen.*
Grangger, der, Plural: Grangger [aus einer Kollektivbildung zu spätmhd. ranc (= Ranke), vorahd. ist hranca (= Weinrebe) belegt] (Pass.): *dürrer Ast.*
granggn ⟨hat⟩ [vielleicht Weiterbildung von krähen] (Pass.): **1.** *krächzen* **2.** *krähen wie ein junger Hahn.*
Grank, der [mhd. rank (= Bewegung) mit Präfix ge-)] (Ehrwald): *Spielraum bei der Arbeit.*
Gråns, Grånz, die [mhd. grans (= Schnabel, auch von Schiffen)] (ST): *Schlittenkufe.*
Grant, der [Substantivbildung zu grantig, siehe dort] (auch bairisch-österreichisch): *schlechte Laune, Unmut, Verärgerung* ❖ **an Grant håm:** *schlecht gelaunt sein.*
Grånt, der, auch: **Gråntl(e),** das [mhd. grant (= Trog, Behälter, Schrank)]: **1.** *einfache Bretterkiste* **2.** *Wasserschiff im Herd.*
Grante, Gråntn, Grånggln, die; meist im Plural: Grantn [aus dem Romanischen: grödnerisch graneta, zu lat. granittum, granum (= Körnchen)]: *Preiselbeere (Vaccinium vitis-idaea):* „... earepfle in kaldr / wintraadle an doche / ingsöütne granten in gaadelan ..." (Aus dem Gedicht „paurnhaus" von Hans Haid).
Grant|håfn, der: *Griesgram.*
grantig ⟨Adj.⟩: [Herkunft unsicher; Ausgangspunkt ist vermutlich mhd. grīnen (= den Mund wegen einer positiven oder negativen Emotion verziehen; meist aus Unwillen; auch bei Hunden – knurren – oder Pferden); dazu mhd. greinen (= grienen machen) und grannen (weinen, flennen); vgl. standardsprachlich greinen]: *missmutig, übellaunig, zänkisch.*
grantln ⟨hat⟩ [zu Grant]: *missmutig, übellaunig, zänkisch sein.*
Grant|scherbm, der [zu Grant; 2. Bestandteil: bedeutet auch Nachttopf, Leibschüssel] (NT, Pfun.): *Griesgram.*
grantschln: *siehe graschln.*
grantschn ⟨hat⟩ [zu Gratsche; Schatz belegt im Lechtal die Bedeutung schreien, krächzen und Nussgrantsch für Eichelhäher]: *ächzen.*
Grånzer, der [siehe Gråns] (Deutschn.): *Rodel, Schlitten.*
gråppisch (OT), **grappisch** (La.) ⟨Adj.⟩: *lebhaft, unternehmenslustig, aufgeweckt.*
Grås**|aus|leitn,** das [die Buben des Dorfs ziehen glockenbehangen durch die Felder; nach der Wortbedeutung, um das Gras durch Läuten zum Wachsen zu animieren; im UI stellenweise auch Unterscheidung von

Graseinleitn (Mitte März) und Grasausläuten (10./11. November)] (NT): *Frühlingsbrauch der Buben.*

Grasch, Grasche, Gi-, Gurasch, Kurasch, die (kein Plural) [französisch courage, zu französisch cœur (= Herz)] (veraltet): *Wagemut, Schneid, Beherztheit.*

graschl|durre ⟨Adj.⟩ [siehe graschln]: **1.** *extrem trocken, extrem ausgedörrt* **2.** *zaundürr, sehr mager.*

graschln, grantschln, graschglen ⟨hat⟩ [ge- + rascheln; diese lautmalend]: **1.** *rasseln* **2.** *knirschen, geräuschvoll kauen.*

graschpln, hat [siehe graschln] (La.): **1.** *knistern* **2.** *geistern.*

Grat, die, meist Plural: Gratn, Gradn [entspricht dem Standardwort Gräte, das aus dem Plural von mhd. der grāt (= Gräte, hervorstehende scharfe Spitze) stammt (vgl. Grot), weil das Wort üblicherweise im Plural steht; dadurch wird der Pluralart. (die) zum Feminin-Art. umgedeutet]: **1.** *Fischgräte* **2.** *Grannen des Korns* **3.** (NT) *Fichtennadel* (abwertend) **4.** *sehr dünne Frau.*

Gratsche, Gratsch, die (OI, Pass.), **Gratscher,** der (UI) [vgl. ital. gracchia, dieses zu lat. gracula; heute als Gattungsname für in Asien vorkommende Vögel, die Beo genannt werden, z. B. *Gracula religiosa;* in Tirol auch für Vögel, die zu den Rabenvögeln (*Corvidae*) gehören]: **1.** *Elster (Pica pica)* **2.** *Tannenhäher (Nucifraga caryocatactes)* **3.** *Eichelhäher.*

Gratscher, der [aus gratschn] (AT): *Jammerer, lästiger Mensch.*

gratschn, gratschln, gretschn ⟨hat⟩ [lautmalerisch, vielleicht zu Gratsche]: **1.** *krachen (durch Abbrechen eines Astes etc.)* **2.** *knirschen, knarren.*

Gråtte, Gråttn, der [mhd. gratte, kratte (= Korb), über eine romanische Sprache zu lat. cratis (= Flechtwerk, Gefüge)]: **1.** *dreirädriger Karren zum Erdeführen* **2.** (Ahrnt.) *einrädriger Karren* **3.** *abwertend oder salopp für Auto:* eini an Gråttn und dahi gehts (= hinein ins Auto und los gehts) (Internetbeleg, Kitzbühel).

Grattl, das [Verkleinerung von Grattn]: **1.** *kleiner Gråttn* **2.** *zweirädriger Karren mit Kistenaufsatz.*

grattln ⟨ist⟩ [zu Gråtte]: **1.** *mit einem Fahrzeug schnell fahren* **2.** *in einem Gråttn transportieren.*

graupat, kraupat ⟨Adj.⟩ [zu Graupen (= enthülstes und gerundetes Weizen- oder Gerstenkorn, etwas Zerzaustes, Verwahrlostes); laut Hornung vermutlich zu slawisch krupa vermengt mit einem dialektalen Wort] (OT): **1.** *buschig* **2.** *armselig, verwahrlost:* „A gscheckats Påår Ochsn, a graupate Kuh, / dös gibt mir mei Våter, wenn i heiratn tua." (Aus dem Lied „Vom Zillertål außer", SsÖ, S. 324).

Graus|birn, die [mhd. grūʒ (= Korn von Sand oder Getreide); Graus bezeichnet die grobkörnigen Erhebungen auf der Schale, wodurch die

Frucht zum Verzehr kaum geeignet ist; vgl. Grüner/Sedlaczek; die Ableitung von Grausbeeren ist wohl falsch]: *eine Mostbirnenart* ❖ **då steign oan die Grausbirn auf** [die Schale der Birnen erinnert an einen Hautschauder (vgl. den gesamtdt. Ausdruck Gänsehaut)]: *da überkommt einen ein angstvoller Schauder, ein Gefühl der Beklommenheit, des Entsetzens.*

grauzln ⟨hat⟩ (Axams): *quietschen.*

Grawęndl, Kwęndl, der [wahrscheinlich zu Quendel, mhd. quendel, ahd. quen(e)l(a), das über lat. cunila letztlich aus griech. konile entlehnt ist; die Lautung des Wortanfangs lässt eine Analogie zu Gramille (= Kamille) erkennen]: **1.** *Thymian, auch Quendel genannt;* **2.** *Echter Thymian (Thymus vulgaris).*

greən: *siehe grian.*

greatlen ⟨hat⟩ [zu Gretel, Kurzform des weiblichen Vornamens Margarethe] (Pass.): **1.** *mit jemandem tändeln, kokettieren* **2.** *mit jemandem ein Verhältnis haben.*

Gręde, die [wohl zu gredn] (Tristach): *Brennholzstapel.*

gręḍn, gerędn ⟨hat⟩ [zu gerade] (ST, OI): *gerade machen.*

Gręfl, das [Kollektivbildung zu roman. rovina (= Mure) (OT): *Steinhaufen, Geröll.*

Gręgge¹, Gręgg, Gręggn, Griangge, die [Herkunft unklar, siehe auch Gregge², mit dem es nachträglich vermengt wurde]: **1.** *Schmutzkruste in den Augenwinkeln* **2.** *Nasenschmutz.*

Gręgge², die und das, **Gręgg,** das und der [Herkunft unklar; laut Grimm ursprünglich ein eigenständiges Wort, das dann mit der Sippe Gregge¹, siehe dort, vereinigt wurde]: **1.** *Verkrüppeltes, Kümmerliches* **2.** *kleiner, unansehnlicher Mensch* **3.** *darbendes Kind.*

Gręgger, Gręggeler, Gręgg, der, **Gręgge,** die [das Wort illustriert mit seinen zwei Bedeutungen die Vermengung von die Gregge und das Gregge] **1.** *zu klein geratene, unansehnliche Person* **2.** *kleines Kind* **3.** *Person mit triefenden Augen.*

gręgget, gręggat, gręggit ⟨Adj.⟩ [siehe Gregge²]: *schwach, kümmerlich.*

gręggitzn ⟨hat⟩ [vielleicht Vermengung von mhd. krochzen, grogezen (= wehklagen) mit mhd. kropfitzen (= rülpsen)]: *würgen, rülpsen, aufstoßen.*

Greie, die, Plural: Greien [Schatz kennt noch Graug aus gallisch carruca (= Wagen), das über das Rätoroman. vermittelt wurde]: **1.** (Axams) *einfacher zweirädriger Karren* **2.** (ST) *Karren mit Sprossengitter* **3.** (Pfun.) *großes Auto.*

Greil, der, Plural: Greile [mit r-Wechsel (vgl. Gleier) zu lateinisch glīs, glīris (= Haselmaus); vgl. Gleier]: *Siebenschläfer (Glis glis),* ein nachtaktives Nagetier aus der Familie der Bilche *(Gliridae).*

greinen, grein ⟨hat⟩ [mhd. grīnen (= weinend oder schreiend den Mund verziehen)]: **1.** *knarren, knirschen:* mit di Zen(d)e greinen **2.** *schreien.*
grein|sauer ⟨Adj.⟩ [zu greinen] (OT): *sehr sauer.*
Greippm: *siehe Groiggn.*
greislich, greisig ⟨Adj.⟩ [mhd. grīuslīch (= Grausen erregend); zu gr(i)ūs (= Grausen, Schrecken)] (ST): *grausig, grässlich.*
grellitzn ⟨hat⟩ [spielerische Variante von groggetzn; siehe dort] (OT): *rülpsen.*
Grelln, die [Herkunft unklar] (Plural) (Sa.): *Nudeln.*
gremi ⟨Adj.⟩ [Ableitung auf -ig von mhd. kram (= Krampf); vgl. kremmig] (Deutschn.): *verspannt (vom Rücken).*
Grempl, Krempi, der [zu Kram, Krempel]: *Gerümpel, wertloses Zeug.*
Gretl|frisur, die [1. Bestandteil: Kurzform des weiblichen Vornamens Margarethe]: *Frisur mit zum Kranz aufgesteckten Zöpfen.*
Gretsche, die [Herkunft unklar] (OI, Pass.): *Zapfen der Zirbelkiefer (Pinus cembra); eine Pflanzenart aus der Familie der Kieferngewächse (Pinaceae).*
Gretscheler, der [zu Gretsche, siehe dort] (Pass.): *Zirbengeist, Schnaps aus Zirbenzapfen.*
Grett, das [Kollektivbildung zu Rad] (OT, AT): *Leiterwagen zum Brettertransport.*
Griaggla, der [siehe griaggln] (OI): *Beinstellen beim Ranggeln.*
griaggln ⟨hat⟩ [zu Gruagg, siehe dort] (OI): *durch Beinstellen zu Fall bringen.*
grian ⟨Adj.⟩ [wie standardsprachlich grün zu mhd. grüene in der Bedeutung frisch, roh (z. B. grüeneʒ vleisch); diese Bedeutung ist in Tirol erhalten geblieben]: *nicht geselcht:* a griane Fleischsuppe.
Griandling, Grianling, Greanling, der [zu grian, siehe dort]: **1.** *noch nicht getrockneter Stamm* **2.** *Vogel* **3.** *unfertiger junger Mensch* **4.** *schlecht aussehende Person.*
Griane, der [zu grün]: *Nasenschleim.*
Griangger, der [siehe grianggit] (ST): *kümmerlicher Mensch.*
grianggit ⟨Adj.⟩ [unklar, ob grün oder Gregg] (ST, OI): *kümmerlich.*
Grias|koch, Gries|koch, das [1. Teil aus mhd. griez (= Sand, Kies); über spätmhd. griezmel (= grob gemahlenes Mehl) zur heutigen Bedeutung; 2. Teil zu kochen mit folgender Bedeutung: durch Gekochtwerden Wasser abgeben und dadurch eindicken]: *ein breiartiges Gericht aus Grieß.*
Griasler, der [zu Grieß; eigentlich: Grießhändler; ähnliche Herkunft und Bedeutung wie Greißler (in Franz Grillparzers „Der arme Spielmann" noch in diesem Sinn: „Vor allem aber waren gewisse Kuchen beliebt, die eines benachbarten Grießlers Tochter selbst verfertigte und noch warm zu Markt brachte.")] (NT): *Schöntuer, penetranter Schmeichler.*

griasln ⟨hat⟩ [vgl. Griasler]: *schöntun.*

griaß di, griaß(t) enk, griaß eich, griaß Gǫtt, griaß Gǫt, griaß di Gǫtt, griaß di Gǫt [ursprünglich: (es) grüße dich Gott, das formelhaft verkürzt wurde: grüße dich)]: *übliche Grußformel auf dem Land.*

g|riawig, riawig ⟨Adj.⟩ [mhd. gerüewic (= ruhig, gelassen), zum Substantiv ruowe (= Ruhe)] (NT, OT); 2. Bedeutung durch Vermischung mit mhd. rüeren (= in Bewegung setzen, sich rühren, bewegen)]: **1.** *ruhig* **2.** *rührig, flink* **3.** *niedlich, nett.*

Griffl|buxe, Griffl|schachtl, die [1. Bestandteil Griffel, zu greifen, 2. Bestandteil: wie standardsprachlich Büchse zu mhd. bühse, ahd. buhsa; lat. pyxis; eigentlich: Dose aus Buchsbaumholz] (OT, OI): *Federpennal.*

Griggl, der [zu griggln; siehe dort] (Pass.): *schlechtes Bauwerk.*

grigglen ⟨hat⟩ [wohl Präfix ge- zu mhd. rütelen, rütten (= rütteln, schütteln), das bei Schatz im Etschland als riggln belegt ist] (OI, Pass.): *etwas Schwankendes aufbauen.*

grilln ⟨hat⟩ [mhd. grellen, ich grille (= laut schreien, vor Zorn schreien)] (OT, Pfun.): **1.** *vor Brechreiz Würgelaute ausstoßen* **2.** *erbrechen.*

Grimm, der [mhd. krimmen (= mit den Krallen packen)] (OT): *Kolik.*

Grinn, Krinn, das [eigentlich: Gerinne] (NT, OT): *Rinnsal, Gerinne.*

Grint, der [wie standardsprachlich Grind (= Hautausschlag, Wundschorf) aus mhd. und ahd. grint (= Schorf), eigentlich: Zerriebenes, verwandt mit Grund (= Erdboden); zusätzliche Bedeutungen in Tirol]: **1.** *Kopf* **2.** *Dickschädel, sturer Mensch.*

grintig, grintit ⟨Adj.⟩ [mhd. grintec, grintecht; wie standardsprachlich grindig zu Grind] **1.** *dickschädlig, stur* **2.** *schmutzig, übelriechend.*

gripfn ⟨hat⟩ [Intensivum zu greifen, mhd. gipfen (= rasch und wiederholt greifen) (NT): *mit den Fingernägeln zupfen.*

Gris, Griss, Kriß, das [Präfix ge- mit reißen, riss, gerissen] (regional auch in D): *Wetteifern, Andrang, Zulauf:* um den isch a Mordsgris (= er ist sehr begehrt/umworben).

Grisch(e), die, Plural: Grischn [mhd. grüsch (= Kleie); durch umlautende Pluralbildung aus ital. crusca entstanden] (ST, OI): *Kleie, Futtermittel.*

Grischer, der [vielleicht zu Grische] (ST): **1.** *Esel, Maultier* **2.** *einfältiger Mensch.*

Grischerle, das [Diminutiv von Grischer] (ST): **1.** *kleines Tier* **2.** *kleiner Mensch.*

Grischpele, Grischpei, das [entweder zu Krischpindl (siehe dort) oder Verkleinerung von Gruschpl (siehe dort)] (NT, OT): *mageres, auch zu kleines Kind.*

Grisele, Grusele, das [zu mhd. grüz (= Korn), griuzel (= Körnchen); schon im Mhd. metaphorisch verwendet]: **1.** (OI): *Körnchen (Mehl):* **khuen / koan Grisele:** *gar nichts* **2.** (Pfun.) *Kücken.*

grisit, grislt, griselet, grischt ⟨Adj.⟩ [mhd. grīsvar (= grau), ahd. crisil (= grau), aus einer romanischen Sprache, vgl. französisch gris, ital. grigio] (ST, OI): **1.** *grau* **2.** *grau meliert* **3.** *schwarz-weiß gesprenkelt.*
Grite, Grit, die, **Gritl,** der [Abstraktbildung zu gritn, siehe dort]: **1.** *Winkel der Oberschenkel* **2.** *Spreizschritt* **4.** (Ridn.) *verhüllend für die männliche oder weibliche Scham.*
Griter, der [zu gritn] (abwertend): *kleiner Mann.*
Griterle, das [zu gritn, siehe dort] (Vin.): zärtlich für *kleines Kind.*
gritln ⟨hat⟩ [siehe gritn]: *von Mädchen oder Frauen: mit gegrätschten Beinen sitzen* (was verpönt war).
gritn ⟨hat⟩ [mhd. griten (= die Beine auseinanderspreizen)] (ST): **1.** *mit großen, ausfallenden Schritten gehen* **2.** *breitbeinig gehen.*
Gritze, Gritz, die, Plural: Gritzn, Gritzl, das [zu Grutze, siehe dort] (ST): **1.** *kleines, schwer zu bebauendes Landstück* **2.** *kleiner Hof.*
Groaggl: *siehe Gruaggl.*
groaggln ⟨hat⟩ [siehe Gruagg, gruagln]: **1.** *stolpern, fallen* **2.** *o-beinig gehen.*
Groamet: *siehe Gruamet.*
groan ⟨ist⟩ [eigentlich: grünen: mhd. gruonen (= grün oder frisch werden), das entsprechende Adjektiv mhd. grüene ist von germ. *grō-a- (= wachsen) abgeleitet; vgl. engl. to grow (= wachsen)] (Sa., Alp.): *sprießen.*
Groanz: *siehe Gruanze.*
Groaß|mácher, Groaß|reder (OT), **Groaß|tianer,** der (OI): *Angeber.*
groatln ⟨ist⟩ [ablautend zu mhd. griten (= die Beine auseinanderspreizen); vgl. gritn] (OT): *weite Schritte machen.*
Grogge, Grogger, Groggl, der; Plural: Groggn [Herkunft unklar] (ST, OT): **1.** *Spinne, Weberknecht* **2.** *verzweigter Ast* **3.** *Teufel* **4.** (Tramin) *Kröte.*
groggetzn, groiggetzn, ⟨hat⟩ [Variante von mhd. kropfitzen (= rülpsen); lautmalend]: *rülpsen.*
Groigge, Groippe, Greippm, die [wie standarddt. Griebe zu ahd. griubo, griupo (= ausgelassener Fettwürfel, kleines Anfeuerholz)]: *Speckgrieben.*
Grollerle, das [wohl zu grolln] (Vin.): **1.** *kleines Kind* **2.** *kleines Tier.*
Grolla: *siehe Grallner.*
grolln ⟨hat⟩ [abgeleitet aus mhd. grolle (= Zorn), über mhd. grellen (= vor Zorn schreien) verwandt mit dem Adj. grell] (ST): *brüllen (vom Stier).*
Grom, Grumen, die, Plural: Gromin [laut Schatz zu lateinisch gramen (= Gras); vgl. Grampe; vielleicht auch aus der bei groan genannten Sprachwurzel; die Pflanze verbreitet sich mit kriechenden Ausläufern und durch Samen recht rasch und gilt als schwer zu bekämpfendes Ackerunkraut] (ST): *Kriech-Quecke (Elymus repens), auch Gemeine Quecke oder einfach Quecke genannt.*

gromen ⟨ist⟩ [siehe Grom] (ST): *sprießen*.
groppatzn, gropetzn ⟨hat⟩ [mhd. kropfitzen (= rülpsen); lautmalerisch] (NT, OT): *rülpsen*.
groppet ⟨Adj.⟩ [Herkunft unklar] (La.): **1.** *gut mit Früchten bestückt (von Bäumen)* **2.** *grob (vom Kopfsteinpflaster)*.
Groschn|kliaber, der [2. Bestandteil: Nomen Agentis zu kliebm (= spalten, aufhacken, z. B. Holz); wörtlich: jemand, der sogar die Groschen spaltet] (NT, OT): *äußerst sparsamer, geiziger Mensch*.
Groß|kopferte, Groaß|kopfate, der; (abwertend): **1.** *hochgestellte, einflussreiche Person* **2.** *sich besser dünkende Person, Angeber*.
Grot, der [mhd. grāt (= Gräte, hervorstehende Spitze, Spitzen der Ähren), wie standardsprachlich (Fisch-)Gräte zu græte, das ursprünglich die Pluralform war; vgl. Grat] (Pf.): *Granne, Barthaar an den Ähren von Gerste und Roggen*.
Grotscher, der (Pfun.): *unsauber arbeitender Mensch*.
grotschn ⟨hat⟩: **1.** (Pfun.) *unsauber arbeiten* **2.** (OT) *ständig nörgeln* **3.** (OT) *verschütten*.
Grottn, der: *siehe Gråttn*.
grottn-, (NT, OT) frisch entlehntes Wortelement, um ein negatives Adjektiv zu verstärken, z. B.: **grottn|schlecht** (= besonders schlecht), **grottn|schiach** (= besonders hässlich).
grotzn ⟨hat⟩ [wohl zu kotzen, dieses mit dem Suffix -etzen aus mhd. koppen (= speien), schon bei Oswald von Wolkenstein in dieser Bedeutung] (Sa.): **1.** *vor Brechreiz Würgelaute ausstoßen* **2.** *erbrechen*.
gru ⟨Adv. oder Abtönungspart.⟩ [Sarntaler Form von gråd, siehe dort] (Sa.): **1.** *bloß, nur* **2.** *soeben, gerade:* er isch gru kemmen (= er ist gerade gekommen); **3.** (als Part.) *schon, wirklich (soll der Aussage Nachdruck verleihen):* i tue gru gian (= ich gehe einfach weg); du måggsch mi gru in Keit låssn (= du kannst mich schon in Ruhe lassen).
Gruage, Gruagl, Gruige, die [siehe Gruagg] (ST): *Vagina, Vulva*.
Gruagg, Gruaggl, Groaggl, die (UI); **Gruegge, Gruenggn**, der (OI) (derb) [Herkunft unklar; Gruagg als derbe Bezeichnung für Bein / krummes, verwachsenes Bein ist vor allem in Nordtiroler Dialekten verbreitet; in Südtirol ist diese Bedeutung nur noch in der Redewendung **di Gruaggl austelln**: *hinfallen, liegen* präsent]: **1.** *ungestalter, krummer Fuß (= Bein)* **2.** *Vagina, Vulva*.
gruagn, gruagln, gruign ⟨hat⟩ [siehe Gruagg und groaggln]: *unanständig sitzen*.
Gruamet, Groamet, das [wie standardsprachlich Grummet zu mhd. gruo(n)māt, aus mhd. grüejen, ahd. gruoen (= sprießen, grünen) und Mahd (= das Mähen, das gemähte Gras); das zweite Heu ist grünlich und geringer im Ertrag, aber meist besser verdaulich als das Heu der

168

ersten Ernte]: *der zweite Grasschnitt, das zweite Heu* ❖ (Thurn) **s'Gruamet isch länga wie s' Hei:** *der Unterrock ist länger als das Dirndlkleid.*

Gruamet|bire, die [eigentlich: Grummetbirne; 1. Bestandteil: siehe Grummet] (ST): *Grumetbirne, Moscatella piccola d'estate* (Kleine Sommermuskateller); dient in Südtirol zum Brennen von Schnaps.

Gruamet|kåtze, die [1. Bestandteil: siehe Gruemet]: *Katze vom 2. Wurf im Jahr (geringer geschätzt).*

Gruamet|stingl, der (OI, Pass.): *typisches Gras beim zweiten Schnitt.*

Gruanze, Gruanz, Groanz, die, Plural: Gruanzn, Groanzn [nach der grünen Farbe: siehe groan] (ST): **1.** *Smaragdeidechse (Lacerta viridis)* **2.** *kleine schmächtige Person.*

gruddlat ⟨Adj.⟩ [vgl, gruddl] (OT): *kitzlig.*

gruddl(n) ⟨hat⟩ [lautmalerisch, vgl. guzeln] (OT): *kitzeln.*

grudilat ⟨Adj.⟩ (OT): *kraus.*

Gruimpe, Gruipe, Greiggn, Groigge, die [mhd. griebe, ahd. griubo]: *Grammel, Speckgriebe (= ausgelassene Speckwürfel).*

Grumen: *siehe Grom.*

Grund|bira, die (AF) [eigentlich Grundbirne; siehe auch Eardepfl]: *Kartoffel (Solanum tuberosum).*

grunlen ⟨hat⟩ [lautmalend, verwandt mit grunzen, dieses zuerst frühnhd. grunnen] (ST): **1.** *knurren* **2.** *murren.*

grunnig ⟨Adj.⟩ [vgl. grunlen] (OT): *zornig, schlecht gelaunt.*

gruntschn ⟨hat⟩ [siehe grunlen] (ST, OT): *meckern, unzufrieden sein, sumsen.*

Gruschpl, die [mhd. kruspel, krospel, krosel (= Knorpel); vgl. auch das bei Schmeller vermerkte kruspeln (= knirschen wie ein zerbissener Knorpel; knirschend zerbeißen)]: **1.** *Knorpel* **2.** (NT) *sprödes Backwerk.*

Grutte, die [Herkunft unklar] (OT, OI): *(größere) Kiste.*

Grutz, der [vgl. Grutze] (Pfun.): *brüchiger Fels.*

Grutze, die, **Gritzl,** das [bei Schöpf noch für Feld mit steinigem Boden, dann für armseliges Bauerngut; wie standardsprachlich Grütze zu mhd. grütze, ahd. gruzzi, ein Intensivum zu mhd. gruʒ (= Korn von Sand oder Getreide)]: **1.** *kleine Hütte* **2.** *kleiner Hof.*

Gsalz, das [eigentlich: Gesälz, zu Salz; verwandt mit Sulz, dieses zu ahd. sulza, sulcia (= Salzwasser)] (Lecht.): *Marmelade:* „Nun kann es sein, daß Sie dieses Lied nicht versteh'n! (...) / A ‚Buchl' isch a Semml und a ‚Gsalz' a Marmelad'! / A ‚Trimmsler' isch a Mensch, der nix tuat, und dem isch fad!" (Aus dem Lied „Knou mah!" der Lechtaler Musikgruppe „Bluatschink").

Gsass, das [mhd. gesæze; abgeleitet von sitzen] (Prägraten): *Hose.*

Gsątzl, das, Plural: Gsatzler [zu Satz, mit Präfix Ge- und Verkleinerungsendung)]: **1.** *Absatz* **2.** *Teil eines Liedes, Strophe* **3.** *Abschnitt beim Rosenkranz* ❖ **a Gsątzl rearn:** *kurz weinen.*

gschåffn ⟨hat⟩ [Präfix ge- vor mhd. schaffen (= erschaffen, schaffen); wohl zu ahd. scaffan und scaffōn)]: *gut miteinander auskommen:* die zwei gschåffn oanfach nit.

Gschąft, der [Ableitung von gschaftln] **1.** *Übereifer, Wichtigtuerei.* **2.** *Überheblichkeit* **3.** *Eitelkeit.*

gschąftig, gschąftlig ⟨Adj.⟩ **1.** *eifrig* **2.** *wichtigtuerisch* **3.** (La.) *stark aufgeputzt.*

Gschąftl, Gschąftlin, die [Femininentsprechung von Gschaftler] (abwertend): *eine Frau, die sich überall einmischt.*

Gschąftler, der [Ableitung von gschaftln] (abwertend): *ein Mann, der sich überall einmischt.*

Gschaftl|huaber, der, **Gschąft|loch,** das [siehe Gschaftler] (auch süddt.): **1.** *umtriebiger Mensch, der aber nichts zustande bringt* **2.** *jemand, der sich überall einmischt.*

Gschąftl|huaberei, die: *umtriebiges Getue, das nichts bringt.*

gschąftln ⟨hat⟩ [gleiche Wurzel wie gschåffn, Umlaut wegen des Suffixes -eln]: *sich wichtigmachen, überall mitmischen.*

Gschąlle, der [Kollektivbildung mit Ge- zu mhd. schale (= Schale, Hülse, Verschalung)] (OT): *Holzgestell um den Ofen.*

Gschåll, Gschęlder, das [Kollektivbildung zu mhd. schelle (= Schelle, Glöckchen); dieses – wegen der Form – bereits als Synonym von Hoden belegbar] (La., Pfun.): *Penis und Hoden.*

gschålnt sein, gschoind sein [zu Schale mit der Bedeutung Bekleidung, Gewand] (UI): *fein gekleidet sein.*

gschąmig ⟨Adj.⟩ [-ig-Ableitung von mhd. geschamen (= sich schämen)] (auch bairisch): *schüchtern, verschämt:* Sei nicht so gschamig!

Gschąmsterer, Tschąmsterer, der [zu jiddisch schammes (= Diener in der Synagoge), dann verdeutlichende Verdoppelung Schammer-Diener, nach Sedlaczek später in Wien gschamster Diener als lautliche Angleichung an die volksetymologische Interpretation Gehorsamster] (NT): *Liebhaber, Ehemann.*

Gschęar[1]**, Gschęrre, Gschęr,** das [zu veraltet scheren (= ausbeuten, quälen); vgl. standardsprachlich: ungeschoren davonkommen]: **1.** *Mühsal* **2.** *Schererei:* „Los zua, die Engl singen schon: / Gott in der Höh sei Ehr! / Mei Hansei, tua do weita schon / måchst du uns heit a Gscher." (Aus: „Geh, Hansei, påck dei Binggei zsåmm").

Gschęar[2]**,** das ❖ **wia da Herr, so 's Gscher** [Herkunft unklar, möglicherweise zu Schar, vermengt mit mhd. gescherre (= Handwerkszeug, Hausrat, Pferdegeschirr); vgl.: die angeschirrten Pferde; wohl auch im

Zusammenhang mit: sich um etwas scheren; Vergleiche dieser Art finden sich schon bei Titus Petronius, dem römischen Senator und Autor des Romans Satyricon: Qualis dominus, talis et servus (= wie der Herr, so auch der Sklave)] (auch bairisch): *genauso wie der Herr sind auch seine Untergebenen zu beurteilen, genauso wie der Vater, so seine Söhne etc.* (meist auf schlechte Eigenschaften bezogen).

gschearig, gscherrig ⟨Adj.⟩ [zu Gschear¹] (ST, OI): *mühsam.*

gscheart ⟨Adj.⟩ [Partizip Perfekt von mhd. schern (= scheren, abschneiden); die heutige Bedeutung stammt aus jener Zeit, als unfreie Bauern und Leibeigene kein langes Haar tragen durften]: **1.** *ungehobelt, grob, provinziell:* gscheart daherreden ❖ **a gschearter Hamml:** *Mensch mit schlechten Manieren* **2.** *eingebildet, stolz.*

Gscheat, das [Ausgangspunkt ist mhd. scheit (= Holzspan, Schindel), das lautgerecht zu Schoat wird, die Kollektivbildung dazu mit dem Präfix ge- (und Umlaut) führt zu Gscheat] (ST): **1.** *Späne* **2.**. *Holzabfälle.*

gscheggat, tscheggat ⟨Adj.⟩ [zu altfranz. eschec (= Schach), eigentlich: schachbrettartig gemustertes Pferd]: *scheckig.*

gscherflt, gscherpft ❖ **a gscherflts Oa(r)** (ST): **1.** *Ei ohne Kalkschale* **2.** *zerbrechliches Ei.*

gschickt måchn ⟨hat⟩ [mhd. schicken (= bereiten, ordnen); vermutlich verwandt mit geschehen] (Pfun., La.): *zum Gehen fertig machen.*

Gschisti|gschasti, das [ursprünglich nur ostösterreichisch; wortspielerisch mit Ablaut i-a; wohl in Anlehnung an gschissen] (NT, OT): *Umstände, Getue, Aufhebens.*

Gschiss, das [zu scheißen]: *übertriebenes Getue.*

G|schlåder(e), G|schleder, G|schludre, das: **1.** *zusammengemischtes oder minderwertiges Getränk* **2.** *dünner Kaffee* **3.** *schlechte Suppe.*

Gschlamper, das [zu schlampen (= nachlässig arbeiten, unordentlich mit etwas umgehen), spätmhd. slampen (= schlaff herabhängen), verwandt mit schlafen] (ST, OI): **1.** *Durcheinander* **2**: *Eintopf mit Schaffleisch, Kartoffeln, Zwiebel und Knoblauch.*

Gschlapper, das [wie schlappen (= schlaff herabhängen; so gehen, dass bei jedem Schritt die Ferse aus dem Schuh kommt) zu mittelniederdeutsch slap (= schlaff; vor Erschöpfung nicht bei Kräften); mit niederdeutscher Lautung in die Standardsprache übernommen]: *schlechtes Getränk, schlechte Suppe.*

Gschlatz, Schlatzl, das [zu schlatzen (= spucken (mit Auswurf) und Schlatz, Schlutz (= schleimige Flüssigkeit); Herkunft unklar] (ST, OI): **1.** *kleiner Schwall Wasser* **2.** *Schluck Wasser oder Milch* **3.** (Etsch) *verschüttete, vertröpfelte Flüssigkeit.*

gschleinen: *siehe schleinen.*

Gschlerp, das [aus schleppm; siehe dort] (ST): *minderwertige Flüssigkeit.*

Gschlingl, das [zu mhd. slinden (= schlucken, verschlingen)]: *Beuschel, Gesamtbezeichnung für alle essbaren Innereien.*
Gschlofnen, die (Plural) [aus Uva sclava (= slawische Traube]: (Bozner U-Land): *die Rebsorte Uva Sclava oder Uva Schiava (= slawische Traube).*
Gschloß, Gschloss, das [mhd. gesloȝ und sloz: Türverschluss; Schloss; Burg]: **1.** *(Tür)schloss* **2.** *Schloss, Burg.*
gschmachig, gschmachli, gschmachl ⟨Adj.⟩ [zu Geschmack und schmecken; siehe Gschmåchn]: **1.** *schmackhaft, wohlschmeckend* **2.** *wohlriechend* **3.** (ST, OT) *scheinheilig.*
Gschmåch(n), der, Plural: Gschmåchn [wie standardsprachlich Geschmack zu mhd. gesmac(h) (= Geruch, Geschmack); Verbalabstraktum zu schmecken; die Bedeutungsentwicklung zeigt, dass schmecken und riechen eng beisammen liegen]: **1.** *Geschmack* **2.** *Geruch.*
gschmalzn ⟨Adj.⟩ [zu Schmalz, also mit Schmalz versehen]: *teuer, hochpreisig:* gschmalzene Preise ❖ **gschmalzn redn:** *Süßholz raspeln.*
gschmeidig ⟨Adv.⟩ [zu gesmīdec (= leicht schmiedbar, dann biegsam, schlank etc.)] (ST, OI): **1.** *gering, knapp, kaum (bei Maß und Gewicht)* gschmeidi a Pfunn (= kaum ein Pfund) **2.** *schwach, minderwertig.*
gschmirklt ⟨Adj.⟩ (OT): *gekraust.*
gschmitzt ⟨Adj.⟩ [Partizip Perfekt zu standardsprachlich schmitzen (= mit der Peitsche, Gerte, Rute schlagen), diese zu mhd. smitzen (= mit der Peitsche schlagen, eilig gehen, laufen]: (ST) **1.** *flink, geschickt* **2.** (Matrei) *sportlich, pfiffig.*
Gschmoaß, Gschmass, das [mhd. gesmeize (= Unrat, Brut, Kot)] (OI, Ehrwald): **1.** *Geschmeiß, Ungeziefer* **2.** *verächtliche Personen.*
gschmoaßig ⟨Adj.⟩ [wohl zu Gschmoaß]: *schmächtig, mager.*
gschmorgaz, zmorgat, zmorganz, zmöerns ⟨Adv.⟩ [aus des Morgens]: *am Morgen.*
gschnåchts, znåchts ⟨Adv.⟩ [eigentlich: des Nachts]: *am Abend.*
Gschnåda, das [Kollektivum von mhd. snateren (= schnattern)]: *lautes, wichtigtuerisches Reden.*
Gschnadra, Gschnado|werch, das [zu mhd. sneiten (= schneiden)]: **1.** *Fleischabfälle* **2.** *minderwertiges Fleisch.*
gschnappig ⟨Adj.⟩ [zu schnappen]: *schnippisch, vorlaut.*
Gschnas, das [wie Gschnadra zu schneiden; vgl. schnoatn] (Pust.): **1.** *Fleischabfälle* **2.** *minderwertiges Fleisch.*
Gschnoiach, das [Kollektiv zu schneien] (Zillt.): *Schneetreiben.*
gschpackt ⟨Adj.⟩ [zu spåckn (= mit vollen Backen essen)] (ST, OI): *kompakt, prall.*
Gschpån, Gschpon, Gschpun, der [mhd. gespan (= Gefährte, Genosse, Kompagnon); verwandt mit spannen (einer, mit dem man zusammen-

gespannt ist); Ableitung von mhd. gespān (= Zerwürfnis, Streit; einer, der im Streit mithilft) ist unwahrscheinlich]: **1.** *Liebhaber, Geliebter* **2.** *Bräutigam* **3.** *Kamerad, Begleiter* **4.** (La.) *Partner bei Bittgängen und Prozessionen; auch beim Ochsengespann.*

Gschpånin, Gschpunin, die [weibliche Form von Gspån, siehe dort]: **1.** *Kameradin, Begleiterin* **2.** *Liebhaberin, Geliebte* **3.** *Braut.*

Gschpånn, das [eigentlich: das Zusammengespannte, ausgehend von den Zugtieren]: *Zweierteam.*

Gschpånschåft, die [zu Gspån; siehe dort]: **1.** *Kollege, Kamerad* **2.** *Kameradschaft.*

gschparig ⟨Adj.⟩ [zu sparen, dieses zu mhd. sparn, ahd. sparēn, sparōn (= bewahren, schonen), zu ahd. spar (= sparsam, knapp)]: *sparsam, ärmlich:* „Wånn du mit dein Herzerl so gsparig willst sein, / åft nimmst a Papierl und wickelst es ein, / und leg 's in a Schachterl und bind dir 's guat zua / åft wird 's da nit staubig und stiehlt dir 's koa Bua." (Aus dem Lied „Und a Sprung übers Wasserl", ein in ganz Österreich, besonders in Kärnten, Salzburg und Tirol verbreitetes Volkslied, SsÖ, S. 310).

Gschpass, Gschpaß, der [wie Spaß zu ital. spasso, aber mit Vorsilbe Ge-]: **1.** *scherzhafte Äußerung* **2.** *Freude, Vergnügen.*

gschpassig ⟨Adj.⟩ [zu Gspaß]: **1.** *sonderbar* **2.** *lustig, witzig.*

gschpezig ⟨Adj.⟩ [wohl Ableitung von mhd. spaz (= Spatz, Sperling)] (UI): *klein, nett.*

Gschpon, der: *siehe Gspån.*

gschpregglt ⟨Adj.⟩ [wie standarddt. gesprenkelt zu mhd. sprenkel, spreckel (= Hautflecken, Tupfen] (ST, OI): **1.** *gefleckt* **2.** *scheckig.*

Gschprenge, das [zu sprengen im Sinn von: was von der geraden Linie abweicht; laut Duden auch vergleichbar mit niederdt. sprengen (= einen Balken in gebogener Form aus einem Stamm sägen); ein Sprengwerk ist in der Fachsprache des Bauwesens eine Konstruktion, bei der ein meist horizontaler Träger durch geneigte Streben abgestützt wird]: *Holz des Brückenjochs.*

gschprissn [Partizip Perfekt von mhd. spriuzen (= spreizen, stemmen)]: **1.** *gespreizt* **2.** *überheblich.*

gschpritzt ⟨Adj.⟩ [eigentlich Partizip Perfekt von spritzen] (auch bairisch-österreichisch): *mit Wasser verdünnt:* ein gespritzter Wein; ein Achtel (Weißwein) gespritzt; ein Apfelsaft gespritzt; auch: sauer gspritzt (mit Sodawasser) und süß gspritzt (mit Limonade).

Gschpritzte, der; ein Gspritzter (auch bairisch, sonst in D: Weinschorle): *mit Sodawasser verdünnter Wein.*

Gschpuale, Gschpuile, Schpuila, das [zu spülen] (ST, OI): *Küchenabfälle als Schweinefutter.*

Gschpual|fåcke, der [1. Bestandteil: siehe Gspuale; 2. Bestandteil: siehe Fåck(e)] (ST): *mit Küchenabfällen gefüttertes Schwein.*
Gschpun, der: *siehe Gschpån.*
Gschpusi, das: 1. *Liebschaft* 2. *Geliebte(r).*
G|schråpp, der [aus dem Wienerischen übernommene Bezeichnung, die wohl mit dem tirolischen Gschrapp (= kleiner Brocken) in Verbindung zu setzen ist] (NT): 1. *kleines Kind* 2. (abwertend) *Kind.*
Gschrapp, Gschrepp, das [verwandt mit norddt. schrappen (= kratzen, schaben, wodurch ein kleiner Brocken entsteht); auch die Wörter schroff und Schrofen gehören vermutlich zu dieser Wortfamilie] (NT): 1. *zerbröckeltes Gestein auf Wegen* 2. *Schrofenpartien, die den Hang unterbrechen.*
gschrauft ⟨Adj.⟩ [Partizip Perfekt zu schraufn (= schrauben)] ❖ **gschrauft daherredn:** *sich einer hochgestochenen Sprache bedienen.*
Gschreif, das [Kollektivbildung zu schraufn (= schrauben)] (OI, Ehrwald): *Gewinde.*
gschricki, drschrickli ⟨Adj.⟩ (OI, Ehrwald): *schreckhaft, ängstlich.*
gschtåltig ⟨Adj.⟩ [mhd. gestalt (= Aussehen, Beschaffenheit)] (OI): *mit guter Figur, wohlproportioniert.*
Gschtang, Gschteng, Gschtenge, das [Kollektivbildung mit ge- zu Stange] (NT): 1. *Stangenwerk, Gestänge* 2. *Wagendeichsel* 3. *Hirschgeweih als Wandschmuck.*
gschtantn ⟨Adj.⟩ [wie standardsprachlich gestanden, Partizip Perfekt von stehen]: *erprobt.*
Gschtanzl, das [zu ital. stanza (= Strophe; Ursprungsbedeutung: Wohnraum)] (auch bairisch-österreichisch): *lustiges, volkstümliches Lied, meist vierzeilig und oft mit (politisch, erotisch) anzüglichem Text.*
Gschtåttl, die, Plural: Gståttln [wie standardsprachlich Schachtel zu ital. scatola, gleiche Herkunft wie Schatulle] (ST): *Schachtel.*
gschtauch(e)t ⟨Adj.⟩ [eigentlich Partizip Perfekt zu stauchen (= gegen etwas stoßen und es dadurch kürzer und dicker machen)]: *kleinwüchsig, gedrungen.*
gschteckt ⟨Adv.⟩ ❖ **gschteckt voll:** *gedrängt voll.*
Gschteid, Gschtei, das, Plural: Gschteidr [kollektives mhd. gestiude aus stüde (= Staude)]: *Buschwerk.*
Gschtell, Gschtö, das [wie standardsprachlich Gestell zu mhd. stellen, stallen (= an eine Stelle/zum Stehen brigen)] 1. *Stellage (für Bücher, Weine etc.)* 2. *körperliche Gestalt, Figur, Körperbau* ❖ **jemandem das Gstell åbräumen:** *jemandem ordentlich die Meinung sagen* ❖ **måch koa Gschtö:** *mach keine Umstände* ❖ **Des is a so a Gschtö!** *Das ist so umständlich!*

Gschtemm, das [Kollektivbildung zu mhd. stam (= Stamm)] (veraltet) (ST): **1.** *Hirschgeweih als Wandzierde* **2.** *Stützbalken im Bergwerksstollen.*

Gschtenge: *siehe Gschtang.*

gschtian ⟨hat⟩ [wie standardsprachlich gestehen (= erwerben)]: *kosten:* wås gschteat des (= was kostet das).

gschtiart, gschtiascht ⟨Adj.⟩ [ursprünglich: wild, aufgebracht; aus mhd. stieren (= brünstig sein), siehe stia(r)n mit Bed. 2]: **1.** *zierlich, niedlich, nett* **2.** (UI) *lustig, herzig:* er is a Gschtiaschta (= er ist ein lustiger Kerl); a gschiaschts Diandl (= ein herziges Mädchen). **3.** *brünstig.*

gschtopft ⟨Adj.⟩ [zu stopfen]: *reich, wohlhabend.*

Gschtopfte, der; ein Gstopfter [zu gstopft, Partizip Perfekt von stopfen (= mit einer Füllung versehen, stopfen; ein Loch in einem Gewebe ausbessern)]: *reicher, wohlhabender Mensch.*

Gschtrampfte, Gschtåmpfte, der; ein Gstrampfter [zu strampfen (= mit den Füßen aufstampfen) und zu stampfen] (UI): *ein Tanz, bei dem mit den Füßen aufgestampft wird.*

Gschtrappl, das [Schatz belegt noch stragglen aus ital. staccare (= ermüden)]: **1.** *Plagerei, Stress* **2.** *Gedränge* **3.** *unwegsames, verastetes Waldgelände.*

Gschtraun, der [romanisches Lehnwort: ital. castrone zu lat. castrare (= kastrieren)]: **1.** *der kastrierte Widder* **2.** *Leithammel:* „Den? Ha ha – dös Dreckmandl, den G'straun, den Kapaun – na, mit dem brauchst nit z'eifern. Hannsl, voar dem graust mir ja!" (Aus „Die Eav", Einakterzyklus „Die sieben Todsünden" von Franz Kranewitter).

Gschtreab, das (Vin.) [Kollektivbildung zu Streb; siehe dort]: *ausgedroschenes Stroh.*

Gschtreiss, das [mhd. gestriuze (= Buschwerk), entspricht als Kollektivum dem standarddt. (Blumen-)Strauß] (Pass.): **1.** *pflanzliches Durcheinander* **2.** *Wirrwarr.*

gschtrichn ⟨Adv.⟩ [zu (durch)streichen, weil im Protokoll durchgestrichen wird]: *beim Kartenspiel: Verbot zu bieten oder zu jagen;* eine Partei ist gestrichen, wenn ihr zum Gewinn des Spiels nur noch ein Rundengewinn fehlt.

Gschtrick, Gschtrickit, das [zu strickn]: *Strickzeug.*

gschtriflt ⟨Adj.⟩ [verselbstständigtes Partizip Perfekt zu strifln, siehe Strifl] (ST): *gestreift.*

Gschtritt, Gschtrit, Gschtrid, das [ablautende Nominalbildung zu streiten mit Präfix Ge-, mhd. strīten, ahd. strītan]: *Streiterei.*

gschtroaft [zu Stroafe, Stroafn (= Streifen), mhd. strīfe (= Streifen), verwandt mit Strahl]: *gestreift.*

gschtrozt ⟨Adv.⟩ [zu. mhd. strotzen, stroʒʒen (= angeschwollen sein), Nebenform striuʒen (= sich spreizen)]: *gezwängt:* gschtrozt voll (= übervoll).

Gschtruz, Gschtruze, das [zu einem noch bei Schatz belegten strutzen, strüzen (= mühsam arbeiten)] (ST): *mühsames Schleppen oder Ziehen.*

Gschtuckit, das [Kollektivbildung mit Ge- zu stuckn (= anstückeln)]: *Stelle, an der etwas verbunden oder zusammengeflickt ist.*

gschtudiart [ursprünglich Partizip Perfekt von studieren]: *mit Schulbildung.*

Gschtudiarte, der [aus gstudiart]: *Akademiker.*

Gschuich, das [mhd. schiuhe (= Scheu, Abscheu, Schreckbild) und mhd. schiuhen (= scheu machen, erschrecken, verscheuchen)] (ST): **1.** *(Vogel)Scheuche* **2.** *fahrige Frau* **3.** *zerlumptes Weib* **4.** *Wildfang, Wirbelwind.*

gschuichig ⟨Adj.⟩ [zu Gschuich, siehe dort] (ST, OI): **1.** *scheu* **2.** *leicht zu erschrecken.*

gschutzt ⟨Adj.⟩ [zu schutzn, verwandt mit schupfen]: **1.** *auffällig im Benehmen* **2.** *überheblich* **3.** *dumm.*

Gschwander|kattl, die [1. Wortteil Ableitung von mhd. swenden (= schwinden machen; bei Kleidungsstücken auch ausziehen); vgl. das Verb verschwinden; 2. Teil: Katharina] (La.): *halbnackter Mensch.*

gschwanzig ⟨Adj.⟩ [zu schwänzeln] (OT): *stolz, hochmütig.*

Gschweal, das [Diminutiv von Gschwear] (UI): **des gånze Gschweal:** *diese üble Bande.*

Gschwear, Gschwer, das [mhd. geswer (= Schmerz, Geschwür); dieses zu mhd. swern (= schwären, schmerzen, eitern)]: *Geschwür.*

gschwearn, gschwern, drschwearn ⟨ist⟩ [mit Präfix ge- aus mhd. swern (siehe Gschwear)]: *vereitern, einen Abszess bilden.*

gschwelln ⟨ist⟩ [mit Präfix ge- zu standardsprachlich schwellen, dieses zu mhd. swellen, ahd. swellan, weitere Herkunft unklar] (ST, OI): *anschwellen.*

Gschwent, das, Plural: Gschwenter [eigentlich: Geschwende, zu standardsprachlich schwenden, mhd. swenden (= roden) und mhd. swende (= Rodung), schwenden ist ein Kausativum zu schwinden, also eigentlich: schwinden machen; häufiger Tiroler Familienname: Gschwentner] (Sa.): *verödetes Gebiet.*

Gschwentling, der, Plural: Gschwentling [mit -ling-Suffix zu Gschwent, siehe dort] (Sa.): *durch Schneiden der Gipfeläste verödeter Baum.*

gschwern: *siehe gschwearn.*

Gschwischtere|kind, Gschwischter|kind, Gschwischterat|kind, das [die Kinder stammen von Geschwistern ab (= die Eltern sind Geschwister)]: **1.** *Cousin* **2.** *Cousine.*

Gschwischterit, Gschwischterat, die (Plural): *Geschwister.*
gsechn, gsegn ⟨hat⟩ [sehen mit dem perfektiven Präfix ge-]: **1.** *sehen können, genug sehen:* solång is gsich (= solange ich genug sehe) **2.** *wirklich etwas sehen.*
Gseiber(e), das [mhd. siubern, sübern (= reinigen, säubern)]: *Nachgeburt.*
gselchter Åff, gsalchater Åff, gsöchta Åff, der [gselcht im Sinn von ausgezehrt, auch abwertend für homosexuell] (abwertend) (NT, OT): *Dummkopf, Geck.*
Gsellin, G|söin, die [Femininum von Geselle; siehe Gsellhear; im Unterinngebiet östlich von Schwaz Normalbezeichnung für eine (erwachsene) Frau]: **1.** *Frau* **2.** (AT) *Verlobte, Freundin.*
Gsemper, das [zu österreichisch sempern (= nörgeln, jammern, dieses zu mundartlich semper (= wählerisch im Essen), verwandt mit zimperlich]: *Gejammer.*
gsengt [Partizip Perfekt zu sengen] ❖ **fårn wia r a gsengte Sau:** *besonders schnell fahren* (z. B. mit dem Auto).
Gsiberger, Gsi, der [zu alemannisch gsi (= gewesen); im Unterschied zu den bairisch-österreichischen Dialekten heißt das Partizip Perfekt von sein im Alemannischen nicht gwesn, sondern gsi (mhd. gesīn); da das Präteritum von sein (er war, sie war, es war) nicht existiert, kommt gsi oft vor und eignet sich besonders gut, um die im Alemannischen unterbliebene Diphthongierung von mhd. ī (mīn, dīn, sīn) zu signalisieren]: **1.** *Vorarlberger* **2.** *Alemanne.*
gsichtnan ⟨hat⟩ [Ableitung von Gesicht, das ursprünglich das Sehen, der Anblick bedeutete] (Sa.): **1.** *grinsen, die Nase rümpfen* **2.** *unzufriedene Miene zur Schau tragen.*
G|sot, G|sod, G|sed, Zot, das [eigentlich: das Gesottene, mhd. sieden, ahd. siodan (= sieden, wallen): *Brühfutter, Häcksel.*
Gsumse, das [zu sumsn; dieses wie summen lautmalend]: *Gejammer.*
gsund|stessen ⟨hat sich⟩ (reflexives Verb) [eine in Tirol entlehnte österreichische Redewendung; stessn als Nebenform von stoßen gab es schon vorher in gewissen Dialekten im UI und Pust.] (NT, OT): *unverdient viel Geld verdienen, sich bereichern, sich sanieren:* mit dem Gschäft håt er si gsundgstessen.
Guatele, Guatl, Guatsl, Gutsel(e), das [eigentlich: etwas kleines Gutes; viele regionale Varianten; Ableitung zu gut und Gutes mit -l als Verkleinerungsendung] (auch bairisch): *kleine Süßigkeit zum Naschen, meist für Kinder (ähnliche Bedeutung wie Zuckerl, Bonbon).*
guating ⟨Adv.⟩ [aus guet + Ding]: *gut gerechnet mindestens, annähernd.*
guatnkei, guatnkeit, gottikeit, guatnkeil ⟨Adv.⟩ [geht laut Duden auf lateinisch quod dicat (= was heißen soll) zurück; in Südtirol ist das Wort

an das Adjektiv gut angeschlossen, sonst oft auch an Gott: gottigkeit] (ST): **1.** *gleichsam, gewissermaßen,* etwa: der håt gscheid tun guetnkei, wie wenn er studiert hatt (= der hat gescheit getan (angegeben), als hätte er weiß Gott alles studiert) (S. Kühebacher, SA III, 109) **2.** *sozusagen, zum Schein.*

Gufer¹, Kufer, der [wie standardsprachlich Koffer zu spätmhd. coffer; dieses aus französisch coffre (= Kasten, Truhe), das wahrscheinlich zu spätlat. cophinus (= Weidenkorb) und griech. kophinos gehört] (ST, OT): **1.** *Holztruhe* **2.** *Koffer.*

Gufer², das (ST): *Mundfäule bei Kindern.*

Guff, der [Herkunft mhd. gupf (= Spitze) wie Gupf, das dem Wort Gipfel zugrundeliegt] (OI, Bozner U-Land): **1.** *rundliche Erhebung des Hutes* **2.** *rundes Ei-Ende.*

guffn, giffln ⟨hat⟩ [siehe guff, giffln, Eierpeckn): *ein Osterbrauch* (zwei Gegenspieler schlagen mit dem Ende der Eier zusammen, gewonnen hat der Spieler, dessen Ei ganz geblieben ist).

Gufl, der [rätoromanisch cuvel, ital. covolo (= Höhle) vielleicht aus lateinisch cavus (= hohl)]: **1.** *Erhöhung, Abhang* **2.** *Höhle* **3.** *Felsen* **4.** *Felsbrocken* **5.** *Felsvorsprung.*

Gugga|muime, Gungga|muima [1. Wortteil zu gucken; Grundwort siehe Muime] (OT): *Blinde-Kuh-Spiel.*

Gugge|håndscha, Guggo|håndscha, Guggu|håntschn, Gugga, der [1. Bestandteil: letzter Rest der ursprünglich häufigen Pflanzenbezeichnungen mit Kuckuck- als Erstglied; 2. Bestandteil: Handschuh]: **1.** *Clusius-Enzian (Gentiana clusii), auch Stängelloser Kalk-Enzian, Echter Alpenenzian oder Kalk-Glocken-Enzian genannt* **2.** *Kochscher Enzian (Gentiana acaulis), Stängelloser Enzian, Stängelloser Silikat-Enzian oder Silikat-Glocken-Enzian genannt.*

Gugger, der [zu gucken; siehe dort]: *Feldstecher.*

Gugger, Guggan, die (Plural) [zu gucken; siehe dort]: (salopp) *Augen.*

Guggl, die [latein. cucullus (= Kapuze); siehe auch Gunggl, Bed. 3 und 4] (OT): *Kugeliges (Hut, Wespennest, Geschwulst).*

guggn ⟨hat⟩ [mhd. gucken (= schauen, neugierig schauen), Herkunft unklar, laut Kluge-Seebold vielleicht ursprünglich: aus einem Versteck herausspähen; das Wort wird heute in Norddeutschland auch mit einigen weiteren Bedeutungen verwendet: seine Blicke auf ein bestimmtes Ziel richten (z. B. auf die Uhr gucken); andere mit einem Gesichtsausdruck ansehen, der die seelische Verfassung wiedergibt (z. B. finster, dumm etc. gucken); diese Verwendungen sind den Tiroler Dialekten fremd] (auch süddeutsch): *durch eine kleine Öffnung schauen.*

Gugg|nandl, die [1. Bestandteil: siehe Guggne] (ST): *Urgroßmutter.*

Gugg|ne, der [Herkunft unklar; vielleicht zu Kuckuck (weil diesem in der Volksmeinung ein hohes Alter nachgesagt wird)]: (Deutschn.): *Urgroßvater.*

Gugl|hupf, der [mhd. gugel (= Kapuze) und hüpfen in der Bedeutung sich heben (wegen des Germteigs)] (Küchensprache): *eine Art Napfkuchen* (ursprünglich meist aus Germteig, jetzt auch aus Biskuitteig und anderen Teigen).

Gul, der [ital. culo (= Gesäß, Boden)] (Deutschn.): *das breite Ende der Eier.*

Gula zagn [eigentlich: Gula zeigen; Gula zu mhd. gula (= Schlund, Gurgel), über das Romanische aus lat. gula (= Kehle)] (OT): **1.** *Zunge zeigen* **2.** *mit der Handspreize die lange Nase zeigen.*

Gulfe, die [vgl. Gilfe] (Pfun.): *tiefe Stelle im Bach.*

Gulle, der [wie Gul] (Pfun.): **1.** *das breite Ende der Eier* **2.** *Gesäß.*

Gülle, die [mhd. gülle (= Pfütze); die Bed. flüssiger Stalldünger aus Jauche, Kot und Resten von Einstreu und Futter ist gesamtdt.; die Bed. Jauche auch südwestdeutsch und schweizerisch]: *Jauche.*

Gulto: *siehe Goita.*

gumpern ⟨hat⟩ [ital. comprare (= kaufen)] (ST): **1.** *schachern* **2.** *täuscheln.*

Gumpf, Kumpf, der [mhd. kumpf, komph (= Schüssel, Napf, Maßgefäß)]: *Wetzsteinbehälter.*

Gumpm, Tumpe, der oder die [mhd. gumpe (= Wasserwirbel), weitere Herkunft unklar; das Wort wurde offensichtlich mit Tümpel vermengt]: **1.** *tiefe Stelle in Wasserläufen und Seen* **2.** *kesselförmige Bodenmulde, Wasserpfütze.*

Gun, Gane, die, Verkleinerungsform: Gandei, das [mhd. ganeist(e), ahd. ganistra (= Funke); weitere Herkunft unsicher; Lexer verweist auf eine Sanskritform kana (= Funke)] (UI, Pfun.): *Funke.*

Gungge, der [Herkunft unklar]: *kleiner Hügel.*

gunggilat ⟨Adj.⟩ (OT): *verbeult.*

Gunggl, Guggl, die oder der [Bed. 1 und 2: mhd. kunkel, ahd. chuncla, aus mittellateinisch conucla, coluc(u)la, zu lateinisch colus (= Spinnrocken)] (in diesen Bedeutungen regional auch in Deutschland; Bed. 3 und 4 vgl. Guggl): **1.** *Spinnrocken* **2.** *Spindel* **3.** *Haarknoten der Frauen* **4.** (AT) *kleine Hochzeit mit wenig Gästen* **5.** (OT) *kleines Fest, Party.*

Gunne, die [Herkunft unklar] (OT): *Mulde.*

Guntanell, die [letztlich zu lat. contus (= Stange); vgl. Stelaun] (Bozen): *Längsstange beim Rebgerüst.*

Gupf, der [mhd. gupf, das dem standardsprachl. Wort Gipfel zugrunde liegt; vgl. Guff] (auch süddeutsch, österreichisch und schweizerisch): **1.** *(meist geringe und runde) Erhebung im Gelände* **2.** *abgerundeter Teil von etwas:* ein Gupf Schlagobers auf dem Kaffee; zwei Gupf Erdbeereis **3.** *Ausbuchtung* **4.** *Brotende.*

Gurasch: *siehe Grasch.*
guraschig ⟨Adj.⟩ (OT): *mutig.*
Gurkn, die [wie standardsprachlich Gurke aus dem Westslawischen; vgl. pol. ogorek, tschech. okurka; dieses laut Duden zu mittelgriech. ágouros (= Gurke), das zu griech. áōros (= unreif) gehört: die Gurke wird grün geerntet] **1.** *große Salatgurke* **2.** *einfältige, tollpatschige Person* **3.** (NT) *Nase* **4.** (NT) (Fußballersprache) *Aktion, bei der ein Spieler dem anderen den Ball durch die Füße rollt und außen an ihm vorbeiläuft* (in D: jemandem einen Beinschuss verpassen, auch: jemanden tunneln).
gurschn ⟨hat⟩ (Villgr.): *Ostereier peckn (siehe dort).*
Guschto, Gusto, der [ital. gusto; dieses zu lat. gustare (= kosten)] (auch süddeutsch, gegen Norden ausbreitend): **1.** *Appetit, Lust:* Worauf hast du im Moment an Guschto? Auf Speckknödl? **2.** *Geschmack:* de Frau wär so ganz mein Guschto gwesn.
Guschto|sach, Gusto|sach, die [eigentlich: Gustosache]: *eine Frage des Geschmacks.*
Guschto|schtückl, Gusto|schtückl, das [1. Bestandteil: Guschto, siehe dort; 2. Bestandteil: Stück mit Verkleinerungsendung; wobei diese nicht Kleinheit, sondern hohe Qualität ausdrückt]: **1.** *besonders feines Stück Fleisch* **2.** *etwas Besonderes, ein Höhepunkt.*
gutschlig, gutschli, gutzlig ⟨Adj.⟩ [zu guzeln, gutschln; siehe dort] (Sa.): *kitzlig.*
Guttara, die [mittellat. guttarium zu lat. gutta (= Tropfen)] (OI, Ehrwald): *Eimer, Kübel.*
guzeln, gutschln, gutzlen ⟨hat⟩ [neben mhd. kitzeln, gitzeln, kützeln gibt es auch kutzeln, gutzeln, das auf ahd. chuzilon zurückgeht] (ST): **1.** *kitzeln* **2.** *nachfragen, provozieren* **3.** *neugierig sein:* wenns di guzlt, når fråg lei.
gwagn ⟨hat⟩ [erschlossenes mhd. gewägen (= das Gewicht heben); zu Waage] (NT): *etwas mit Hebelwirkung heben.*
Gwamp, Ge|wampe, das [zu Wampe; dieses zu mhd. wamme, wambe, wampe (Bauch, Wanst; Bauchteil am Tierfell; unedle Eingeweide geschlachteter Tiere); in der Standardsprache sagt man Wampe im Allgemeinen von Menschen, Wamme von Tieren] (NT): *Eingeweide (von Schlacht- und Jagdtieren, die ausgeweidet werden).*
gwan ⟨es tut⟩ (unpersönliches Verb) [zu wehen] (NT): *trocken oder windig schneien.*
Gwånd, das [wie standardsprachlich Gewand zu mhd. gewant (= Kleidung), ahd. giwant; zu wenden, also ursprünglich: Gewendetes, Wendung, auch: Tuchballen, in denen das Tuch gefaltet ist; heutige Bedeutung unter Einfluss von ahd. giwāti, giwādi (= Kleidung); dieses zu

weben; gesamtdeutsch heute nur mit der Bedeutung langes, feierliches Kleidungsstück für besondere Anlässe]: *Kleidung, Anziehsachen* ❖ **ausm Gwånd fåhren:** *aufbrausen, die Geduld verlieren* ❖ (NT) **si ins Gwånd hauen/schmeißen:** *sich anziehen* ❖ (NT) **jemanden ausm Gwånd beuteln:** *jemandem hart zusetzen.*

gwạnggetzn, gwạggetzn, gwịggetzn, gwẹnggetzn, gweạnggetzn ⟨hat⟩ [die lautmalenden Verben quieken, quietschen sind laut Kluge aus älterem quikezen abgeleitet] (NT): *ächzen, knarren, quietschen.*

Gwạnt, das [zu wehen mit Präfix Ge-; siehe auch Gwaridl] (NT, OT): *zusammengewehter Schnee.*

Gwa|rịdl, der oder das [1. Bestandteil zu wehen; 2. Bestandteil: zu Ri(a)dl¹, siehe dort] (NT): *zusammengewehter Schnee, Wechte.*

gwạrig, gewạrig ⟨Adj.⟩ [umlautend zu mhd. gewar (= aufmerksam, sorgfältig)]: **1.** *von feinem Gespür* (etwa für Lob, Hohn, Spott oder versteckte Anerkennung) **2.** *hellhörig (in der Nacht).*

gwårn, gwårnen ⟨hat⟩ [mhd. gewarn (= gewahr werden); vgl. wå]: *(rechtzeitig) bemerken.*

Gweịchts, das [substantiviertes Partizip Perfekt von weihen]: **1.** *Geweihtes in der Liturgie (z. B. Weihwasser, Weihrauch):* „Aber dös isch no gar nix: im Oberland obn, da sitzt a kloans Ganggerl (...) Der Ruaß und der Hexenschuss, dös war no a Leichts, aber kimmsch dem in die Krålln, ja, da hilft dir nix G'weichts." (Aus dem Lied „Auf der Höttinger Alm hockt a Kasermandl") **2.** (OT, Pfun.) *geweihte Speisen (Ostersonntag).*

Gwẹndl: *siehe Gewendl².*

gwiạgga ⟨hat⟩ [siehe gwanggetzn] (OI, Ehrwald): *wackeln.*

Gwịggetzer, die [siehe gwanggetzn, gwenggetzn]: *Klarinette (in der Musikkapelle).*

Gwụnder, der [mit Präfix ge- aus mhd. wundern, das die Nebenbedeutung gespannt sein hat]: ahd. wuntar, weitere Herkunft unklar] (Etsch): *Neugier.*

gwụnderig, wụnderig, gwịndrig, wịndrig ⟨Adj.⟩ [zu Gwunder; siehe dort]: *neugierig.*

H

ha, ha, han, hen ⟨Fragepart.⟩ [Herkunft unklar]: **1.** *wie bitte? was hast du gesagt? erklär mir das bitte* (gilt in der Standardsprache als unhöflich, im Dialekt aber als normal) **2.** *nicht wahr?* (als Verstärkung einer Frage, die man selbst stellt): des is decht schön, ha?
Ha: *siehe Hei.*
hå: *siehe ho.*
habelen, happm, hoppm, happern ⟨hat⟩ [Weiterbildungen von mhd. haben (= halten, haben)]: *ein Kind (kosend) auf dem Arm tragen.*
Håber: *siehe Håwer.*
Haberer, Hawara, der [aus dem Wienerischen zu jiddisch chawer (= Genosse); vergleiche hebräisch haver (= Gefährte)]: **1.** *Verehrer, Liebhaber:* sie hat an neuen Haberer **2.** (NT) *Freund, Kumpan, Zechbruder.*
Håber|goaß: *siehe Håwergoaß.*
habern, hawern ⟨hat⟩ [Herkunft unklar; laut Hornung zu Hafer, mhd. haber wird dialektal zu Håwern; also eigentlich: Hafer essen] (NT): *essen, kräftig zulangen.*
habich: *siehe gabich.*
håbm, håm, hobm, hom ⟨hat⟩ [ahd. habēn, ursprünglich: fassen, packen; die nachfolgend angeführten Verwendungen sind typisch für das bairisch-österreichische Dialektgebiet] ❖ **då håt's wås:** *da gibt es Schwierigkeiten* ❖ **wås håmma denn?** *Wo fehlt es?* ❖ **håscht mi?** *Verstehst du mein Argument? Hast du es begriffen? Sind wir uns einig?* ❖ **des hett' ma!** *das ist erledigt!* ❖ **es mit wås håbm:** *sich bei einer Sache gut auskennen, etwas mit Begeisterung tun:* sie håt's mitn Fotografieren (= ihre Fotos sind super); mitn Lernen håt er's åber nid ❖ **mit jemandem wås håbm:** *mit jemandem ein Verhältnis haben:* er håt wås mit ihr, de zwoa håm wås miteinånd.
habra ⟨Adj.⟩ [aus Håber; siehe dort]: **1.** *aus Hafer, mit Hafer gemacht* **2.** *verkehrt.*
Hachl, die [mhd. hachel, hechel (= ein Gerät zur Flachsbearbeitung; gebrochener Flachs wird durch es gezogen, um die Fasern vom Werg zu trennen); verwandt mit Haken, das Gerät besteht aus nebeneinanderstehenden Metallspitzen]: **1.** *Hechel* ❖ (im übertragenen Sinn) **durch di Hachl ziachn, in der Hachl hobm:** *über jemanden schlecht reden* **2.** (NT) *Frau, die andere durchhechelt bzw. schlechtmacht.*
Håck|brett, das [wegen der Ähnlichkeit mit einem Brett zum Holzhacken so genannt seit 1477; vgl. Haller/Lanthaler]: *Hackbrett (Musikinstrument).*

Hackl, das [Diminutiv von mhd. hacke] **1.** *kleine Hacke* ❖ **jemandem das Hackl ins Kreuz haun:** *jemanden hinterrücks angreifen, gegen jemanden intrigieren* **2.** (ST) *kleiner Pickel.*

Ha(da)daxl, Haradaxli: *siehe Hegedexe.*

Håder, Hoder Huder, der oder die [mhd. hader oder huder, huderwāt (= zerrissenes Stück Zeug, Lumpen, Lappen); ahd. hadara (= Lappen, Ziegenfell); siehe auch: Håttl, Huder(n), Huttn] (NT): **1.** *Lumpen, Fetzen* **2.** (Alp.) *Bereich unter einer Stubenbank, wo bei hochgeklappter Sitzfläche Wäsche gelagert werden kann.*

Haderling, der [zu Håder] (NT): **1.** *dünner/magerer Mensch, Leichtgewicht* **2.** *im Wuchs zurückgebliebener Mensch.*

Håder|lump, der [ursprünglich verdeutlichende Verdoppelung der gleichbedeutenden Wörter Håder und Lumpen] (NT): *verkommenes Subjekt, abgefeimter Lump.*

Håder|wach(t)l, der [vgl. wacheln; ev. auch zu Haliwaggl (siehe dort)] (NT): *schlampig gekleideter Mann.*

Hadn, Hadern: *siehe Hoadn, Hoadern.*

Hafeles|ber, die (AF) [1. Bestandteil: eigentlich: Töpfchen; Verkleinerung von Hafen (= Gefäß), weil die gepflückten Himbeeren innen hohl sind und wie kleine Töpfe aussehen]: *Himbeere (Rubus idaeus).*

Haferl, das [Verkleinerung von Hafen] (NT): **1.** *kleiner Kochtopf, große Tasse* **2.** *jähzorniger Mensch.*

Haferl|schuach, der [scherzhafter Vergleich mit Haferl (= Häferl)]: *fester Halbschuh, Wanderschuh.*

haftig, hafti ⟨Adj.⟩ [-ig-Erweiterung von mhd. heifte (= ungestüm, heftig; wie standardsprachlich heftig]: **1.** *widerspenstig* **2.** *heftig, ungestüm, emsig bei der Arbeit.*

Haftl, das [Diminutiv von älterem Haft (= Haken, Spange)] (auch süddeutsch und österreichisch): *Verschlusshäkchen und Öse zum Zusammenhalten eines Kleidungsstücks.*

Haftl|måcher, der: ❖ **aufpassn wiara Haftlmåcher** [die Arbeit des Haftelmachers erforderte große Sorgfalt und Konzentration] (auch bair.): *genau und konzentriert arbeiten, um ja keinen Fehler zu machen.*

Haftl|beißer, der [angelehnt an Haftlmåcher; Mischung mit Beisser] (Pass.): *verbissener Mensch:* drinschaugn wiara Haftbeisser.

Haggl, der [zu mhd. hagge, hake (= Haken; vgl. Hanggl): *Haken.*

haggln¹ ⟨hat⟩ [zu Haggl; siehe hanggeln]: **1.** *kurz für Fingerhaggln* (siehe dort) **2.** *streiten:* Warum miaßts es ållweil miteinand haggln?

haggln² ⟨hat⟩ [zu hacken (= mit der Hacke arbeiten); Angleichung an die -eln-Verben; vgl. hanggeln] (NT) (salopp): *(schwer) arbeiten.*

Hågl|buachane, Hog|buachane, der [siehe håglbuachn] (NT): **1.** *wetterfester, zäher Mann* **2.** *unzähmbarer Charakter.*

Hågl|buttn, Hågl|butze, die: *Hagebutte, Frucht der Hundsrose (Rosa canina).*
hågl|buachn, h<u>o</u>g|buachn ⟨Adj.⟩ [von ahd. haganbuoche (= Hainbuche), wobei hag Einzäunung, Hecke bedeutet (siehe Hågmoar); sie ist für ihr hartes, zähes Holz bekannt, gehört aber nicht zu den Buchen; siehe auch Hogl-]: **1.** *ungebildet* **2.** *halbwild* **3.** *rebellisch.*
Håg|moar, H<u>o</u>g|moar, der [1. Bestandteil aus mhd. hac, hages (= Einfriedung, Hag); 2. Teil aus mhd. meier (= Oberbauer, der für den Grundherrn die Aufsicht über die Güter wahrnimmt); vgl. lat. major (= größer); vgl. Hoglmoar]: *der stärkste Raufer: Sieger beim Ranggeln.*
hagn, h<u>ei</u>en ⟨hat⟩ [zu Hei; siehe dort] (NT, Pf.): *Heu machen.*
h<u>a</u>l, h<u>a</u>le, h<u>ei</u>, haö, im Außerfern **h<u>e</u>l** ⟨Adj.⟩ [mhd. hæl(e) (= verhohlen, verborgen, vergänglich, schlüpfrig, glatt)] (auch bairisch-österreichisch): **1.** *schlüpfrig, glatt, rutschig (bei Eis oder Schnee):* pass auf, heut isch es hal **2.** (ST, OT) *schmeichlerisch, unehrlich, hinterhältig.*
Hålbe, Hålwe, H<u>å</u>iwe, die [Substantivierung von halb]: **1.** *ein ½ Liter Wein* **2.** *ein ½ Liter Bier, ein großes Bier.*
Hålb|finschter, die [schon mhd. neben dem Adj. die Ableitung vinster (= Finsternis)] (ST, OT, OI): *Zwielicht, Abend- und Morgendämmerung.*
Hålb|låpp, H<u>å</u>ib|låpp, der; Plural: Hålblåppn: *Idiot.*
Hålb|mitt<u>o</u>g, das (ST): *Vormittagsjause:* Hålbmittag essen.
hålb|mitt<u>o</u>gn ⟨hat⟩ (La.): *Vormittagsjause essen (etwa um neun Uhr).*
hålb|prob<u>ia</u>rn ⟨hat⟩ (ST): *Kleider in der Fertigung anprobieren.*
hålb|schoad ⟨Adv.⟩ [schoad zu mhd. scheiden (= trennen, scheiden)] (Ehrwald): *zur Hälfte.*
hålb|stuzn|t<u>ia</u>f ⟨Adj.⟩ [siehe Stuz] (Pass.): *wadentief (etwa 30 cm).*
hålb|seidn ⟨Adj.⟩ [wahrscheinlich aus dem Wienerischen; laut Hornung ursprünglich auf Seidenstrümpfe bezogen, und zwar auf Frauen, die nur Strümpfe aus Halbseide trugen; später auch für Prostituierte und Strichbuben; außerdem ist Halbseidener belegt mit der gaunersprachlichen Bedeutung intelligenter Sträfling]: *von zweifelhaftem Ruf.*
Hålb|seidene, die, **Hålb|seidener,** der; ein(e) Halbseidene(r) [zu halbseiden]: *Frau/Mann von zweifelhaftem Ruf.*
H<u>a</u>li|waggl, der [Herkunft unklar; ev. entstellt aus einem in Nordtirol belegbaren Haderwach(t)l (siehe dort); entspricht inhaltlich dem wienerischen Ausdruck Halawachl; dieses laut Hornung zu tschech. halabala (= Schludrian) und bairisch-österreichisch (Wind-)Wachel; Zehetner vermerkt bairisch-österreichisch (Spinat-)Wachtel (= schrullige alte Frau)] (ST, OI): *liederlicher Mann.*
Håll ❖ **nach Håll kommen, in Håll eingeliefert werden etc.** [nach dem Psychiatrischen Krankenhaus des Landes Tirol in Hall; vgl. Pergine]

(scherzhaft): **1.** *in eine Irrenanstalt eingeliefert werden* **2.** *verrückt sein, nicht ganz bei Trost sein* ❖ **Hall einfach!** [eigentlich: nach Hall, aber ohne Rückfahrkarte]: *Er ist völlig verrückt!*

Halo**dri,** der [entweder zum Ausruf halodrio oder zu Allotrio (= mit Lärm ausgeführter Unfug, Dummheiten); dieses zu griech. allotria (= fremde, abwegige Dinge)] (auch bairisch-österreichisch): *leichtfertiger, unzuverlässiger Mann:* mit dem Halodri hätt sie sich nichts anfangen dürfen.

Ha**lschgn,** die (Plural) [ahd. hala (= Hülle)] (Tristach): *Ähren ohne Korn.*

hålt, hå**ed** ⟨Part.⟩ [ahd. halt (= mehr, vielmehr)] (auch süddeutsch, österreichisch und schweizerisch): *eben:* so is das hålt; es war ma hålt recht.

ha**ltig, h**a**lti** ⟨Adj.⟩ (ST, OI): *dauerhaft, nachhaltig* ❖ auch suffixartig: **å**n|**haltig** (= anhaltig); **aus**|**haltig** (= ausdauernd); **hårt**|**haltig** (= vom Vieh: schwer zu halten, heikel); **leicht**|**haltig** (= leicht zu halten, gefräßig).

ha**mali** ⟨Adv.⟩ [heimelig; vgl. hoamelen] (OI): *heimatlich vertraut.*

ha**mene** ⟨Adj.⟩ (nur im Plural). [mhd. heimenen (= zu Hause)] (Deutschn.): *hauseigen, d. h. in einem Haus, Gasthof, Hotel etc. gewachsen (z. B. Himbeeren, Johannisbeeren etc.).*

ha**misch, h**a**mmisch** ⟨Adj.⟩ [mhd. hemisch, *hämisch (= hinterlistig, boshaft), wohl aus mhd. ham (= Hülle, Kleid) abgeleitet, das auch im Wort Hemd steckt] **1.** *heimlich* **2.** *tückisch, listig:* hammisch toan **3.** (Sa.) *kalt, unfreundlich:* a hamisches Wetter.

Håmme, die; Plural: Håmmen [mhd. hamme (= Oberschenkel, Keule)] (ST): **1.** *geräucherter Speck vom Schenkel* **2.** *Bügel am Rückteil der Sense.*

Håmmer|**stingl,** der (OI, Deutschn.): *Weißer Germer (Veratrum album);* hochgiftige Pflanzenart aus der Familie der Germergewächse *(Melanthiaceae),* wird auch als Hammerwurz, Hemmer(t)wurzn bezeichnet.

Ha**mml,** der [wie standarddt. Hammel zu mhd. hamel, ahd. hamal (= verstümmelt)]: **1.** *hornloser, kastrierter Widder* (= verschnittener Schafbock) **2.** *negativ wahrgenommener Mensch:* blöder Hamml.

Hå**n, H**o**n, H**u**n,** der [mhd. han (= Hahn) aus germ. *kann (= singen), d. h. eigentl: der Sänger (wegen seines charakteristischen Rufes); vgl. lat. canere)]: **1.** *Hahn* **2.** *verkürzend für Auer- oder Birkhahn:* **afn H**u**ne gian 3.** *Gewehr- oder Fasshahn.*

Ha**ndl,** das [Diminutiv von Hahn] (Pfun.): *geschnitzter Span.*

Hånd|**wågn,** der: *mit der Hand zu ziehender oder zu schiebender kleiner (Leiter)Wagen* ❖ **Håndwågn forn** ⟨ist⟩ (auch barisch-österreichisch): *onanieren (vom Mann).*

Handling, Hantscha, Handschig, Hantschuach, der: *Handschuh.*
hång ⟨Part.⟩ [siehe ha, hen] (Alp.): *Marker am Beginn eines Redebeitrags.*
hången ⟨ist⟩ [mhd. hangen neben hāhen (= hängen)] (ST, OI): *hängen.*
Hånger, der [zu hången]: *beim Kartenspiel (auf- oder absteigend) zusammenhängende gleichfärbige Karten.*
Hangerle, Hangerl, Hångerle, das [eigentlich: Hängerl; Ableitung zu hängen] (auch bairisch-österreichisch): **1.** *Kinderlatz* **2.** *Geschirrtuch.*
Hanggl, Haggl, der; Plural: Haggl [mhd. hāke, hacke (= Haken, d. h. Gebogenes, an das etwas gehängt werden kann); der -n-Schwund vor -h mhd. hāhen (aber Prät. hienc) wie in vāhen (vienc) ist in gewissen Dialekten nicht eingetreten] (ST): **1.** *Haken* **2.** *Ast mit gewachsenem Widerhaken* ❖ **Hanggl ziachn:** *Fingerhakeln (zwei Männer versuchen, sich mit ineinander gehakten Mittelfingern über einen zwischen ihnen stehenden Tisch zu ziehen).*
hangglen, hanglen ⟨hat⟩ [vgl. Hanggl]: **1.** (ST, OT) *im Fingerhakeln die Kräfte messen* **2.** (ST) *streiten* **3.** (ST) *heimlich nehmen, stibitzen.*
hansadeina ⟨hat⟩ [Herkunft unklar] (Ehrwald): *flirten.*
Hansl¹, der [Vorname Hans (= Johann) mit Verkleinerungsendung] (auch bairisch-österreichisch; gesamtdeutsch ist die Bedeutung unfähiger, dummer Mann): *Koseform für Hans* ❖ **di paar Hanseln, ein paar Hanseln** (abwertend): *einige wenige Menschen.*
Hansl², der [laut Hornung eigentlich Hanzl; zu Heinzel, Heinzelmann, ein Kobold, der nach dem Volksglauben am Boden des Fasses haust] (NT): *abgestandener Bierrest.*
hånt|ebm ⟨Adj.⟩ [Hand + eben] (Pf., Pfun.): *ganz eben.*
Hånteler, Hantaler, der [ursprünglich mit der Hand Arbeitender; vgl. Hantirer] (OI, Ehrwald): **1.** *zweifelhafter, unverlässlicher Mensch* **2.** (Ötzt.) *Bettler.*
hantig ⟨Adj.⟩ [mhd. handec, hendec (= stechend, scharf, bitter); ahd. hantag, hantigī (= schwer, bitter, hart); vermutlich zu einem Verb mit der Bedeutung stacheln, stechen] (auch bairisch-österreichisch): **1.** *bitter, herb, gallig scharf:* dieser Wein ist so hantig, dass man ihn nur wegschütten kann **2.** *schlecht gelaunt, unfreundlich, herb, barsch.*
Hantirer, Håntiara, der [Nominalbildung zu hantieren (= geschäftig mit den Händen arbeiten), dieses zu mittelniederländisch hantēren (= mit jemandem umgehen, Handel treiben, altfranz. hanter (= mit jemandem umgehen, jemanden häufig besuchen), weitere Herkunft unklar] (ST, OT): *Handwerker.*
Hanza: siehe *Hoanzl.*
Hap|hirn, der [1. Bestandteil: mhd. houbet, houpt (= Haupt an Menschen und Tieren)] (Sa.): *Kleinhirn.*

Happ, Happfich, das [mhd. houbet, houpt (= Haupt an Menschen und Tieren, Bezeichnung gezählter Menschen und Tiere); Vieh wurde nach Stückzahl gehandelt; vgl. lat. per capita (= pro Kopf), heute z. B. Pro-Kopf-Einkommen] (Pass.): *Kleinvieh.*

happern[1] ⟨es hat⟩ (unpersönliches Verb) [wie standarddt. hapern aus dem Niederdeutschen; zu mittelniederländisch hāperen (= stottern)]: **1.** *fehlen, mangelhaft sein:* beim Schreibm happerts hålt (= das Schreiben gelingt noch nicht) **2.** *stecken bleiben, nicht weiterkommen.*

happern[2] ⟨hat⟩ [sprachspielerische Intensivbildung zu haben (= heben); vgl. habelen, hoppn und huppn]: *Kinder auf den Arm nehmen.*

Happl, Happi, das [siehe Happ]: *Lamm, Schäfchen.*

happm: *siehe habelen.*

Hap|schlissl, der; Plural: Hapschlissl [wie Hap zu mhd. houbet, houpt, vermutlich, weil er alle Schlösser öffnet] (Sa.): *Dietrich.*

Hår, Hor, der [mhd. har und ahd. haru (= Flachs), weitere Herkunft unklar; ob eine Verwandtschaft zum sächlichen Substantivum Haar (= Kopfhaar, Barthaar etc.) besteht, ist fraglich]: *Flachs.*

Hår|asse, die [laut Finsterwalder mhd. har-rōeze (= Platz/feuchte Wiese, wo der Flachs geröstet, d. h. mürb gemacht werden kann]: **1.** (AT, Pfun.) *mittelmäßige Wiese, die nur einmal gemäht wird* **2.** (Vin.) *Holzkiste, Obstkiste.*

Harbe, das [zu ahd. haro, Gen.: harwes, mhd. har (= Flachs); siehe Hor] (Pass.): *grober Leinenstoff.*

harbe, harb ⟨Adj.⟩ [entweder wie Kluge, der standarddt. herb aus mhd. har(e), her(e) (= scharf schneidend) ableitet oder – wahrscheinlicher – zu Hår, vgl. harben]: **1.** *herb, versalzen* **2.** *schwierig* **3.** *trocken* **4.** *karg, spärlich* **5.** (Def.) *tüchtig.*

harben, harwa ⟨Adj.⟩ [vgl. Harbe]: **1.** *aus grobem Stoff* **2.** *grob* **3.** (Ridn.) *aus feinem Leinenstoff gefertigt (höchstwertiges und teuerstes Produkt der Flachsverarbeitung).*

hardi, hardi|gatte, hardi|gattiga, hardi|mitzn ⟨Interj.⟩ [entstellt und verhüllend zu Herrgott]: *Ausruf des Unwillens, des Staunens etc.*

Harf, Harft, das [Herkunft unklar; vgl. auharpfn] (OI, Pass.): *oberste Hautschicht.*

Harfe, die: *siehe Harpfe.*

har|got|saggra, har|got|saggere ⟨Interj.⟩ [zu Herrgott und Sakrament]: *Ausruf des Erstaunens, der Verwunderung.*

Harmele, Harmle, Harmei, das [mhd. hermelin, ahd. harmil, harmilī (= Wiesel, besonders das im Winterpelz); laut Kluge zu einem indogerm. Wortstamm mit der Bedeutung Reif, Schnee; also eigentlich: das wie Schnee aussieht]: *Hermelin (Mustela erminea), genannt auch Großes Wiesel oder Kurzschwanzwiesel.*

harmla ⟨Adj.⟩ [vielleicht zu mhd. harm (= Leid, Schmerz), obwohl der Weg der Bedeutungsverschiebung (harmlos?) unklar bleibt] (ST): *friedlich, zutraulich:* a harmla Vich (= ein zutrauliches Tier).

Harpfe, Harfe, Herpfe, die [mhd. har(p)fe, ahd. har(p)fa, laut Duden wahrscheinlich zu einem Verb mit der Bedeutung (sich) drehen, (sich) krümmen, entweder mit Bezug darauf, dass das Instrument mit gekrümmten Fingern gezupft wird, oder auf die gekrümmte Form bezogen; die Bed. 2 wegen der harfenähnlichen Form]: **1.** *Harfe* **2.** *Gestell (Säulen mit Querstangen) zum Garbentrocknen* **3.** *Name einer Kulturzeitschrift in Südtirol.*

hartl, hartiglich ⟨Adv.⟩ [eigentlich: härt(ig)lich, zu hart, dieses zu mhd. hart(e), hert(e) (= hart, schwer, kaum)] (ST, OI): **1.** *kaum* **2.** *gerade noch.*

Häs, das [mhd. hæz (= Rock, Kleid)] (AF): *Kleidung.*

Hascher, Hascherle, das; meist mit dem Zusatz: **armes Hascherl(e)** [wie das veraltete Standardwort Häscher (= Scherge, Büttel), einem gesellschaftlich verachteten Stand, zu haschen (= fangen)] (auch süddeutsch und österreichisch): **1.** *unselbstständiges, bemitleidenswertes Wesen, schüchterner Mensch:* „Bei ihrn Bettal is sie gsessn und beim Fensterl is gloahnt, jå, / und wia da Bua hålt nit kemman is, då håt dås Hascherle gwoant." (Aus dem Lied „Über d' Ålma, über d' Ålma", SsÖ, S. 301, belegt seit 1865) **2.** *schwächliches, kränkliches Kind.*

Haschpl, der [mhd. haspel (= Seilwinde, Garnwinde), ahd. haspil (= Garnwinde); Bed. 3 über haschplen]: **1.** *Seilwinde am Wagen, Seilrolle* **2.** *Garnwinde, Vorrichtung, um Wolle aufzuwickeln* **3.** (ST) *unausstehliche, zänkische Frau* **4.** (ST) *Bein* **5.** (OI) *untergewichtiges, lebhaftes Kind.*

haschplen, haschpln ⟨hat⟩ [mhd. haspeln (= hin- und herbewegen)]: **1.** *(Garn, Wolle, Seile) aufwickeln* **2.** *mit den Beinen schlenkern* **3.** *hastig, überstürzt sprechen.*

Håsl, Hosl, die [mhd. hasel, ahd. hasal, weitere Herkunft unklar; vgl. hoslin]: *Gemeine Hasel (Corylus avellana) (= Haselstrauch, Haselnussstrauch).*

Håssl|kefer, der [1. Bestandteil: Assel; ital. asello (= Assel), zu lat. asellus (= Eselchen), vielleicht nach der grauen Farbe; 2. Bestandteil: das Tier wird im Volksmund den Käfern zugeordnet] (Pass.): **1.** *Assel (Isopoda); eine Ordnung, die zur Klasse der Höheren Krebse (Malacostraca) gehört* **2.** (OT, Pass.) *Kellerassel (Porcellio scaber).*

Hatscher, der [zu hatschn] (auch bairisch-österreichisch): *langer, beschwerlicher Fußmarsch.*

hatschet ⟨Adj.⟩ (auch bairisch-österreichisch) [zu hatschn; das auslautende -et stammt im Gegensatz zur herrschenden Schreibung nicht aus -ert, sondern aus dem Suffix -echt]: **1.** *hinkend:* ein hatscheter Mann **2.** *unvollkommen, missglückt:* eine hatschete Lösung.

hatschn ⟨ist⟩ [wohl zu hacketzen (= hakenförmig gehen)] (auch bairisch-österreichisch): **1.** *schleifend gehen, hinken* **2.** (abwertend) *in auffällig langsamer, gemächlicher Art gehen:* „Wenn ma hatschn, hatschn, hatschn, durch die Latschn, Latsch, Latschn in dem schönen Lånd Tirol, jå då freuet sich die Sennerin ... (Aus dem Lied: „Wenn ma schaun übern Zaun") ❖ **das is ghupft wia ghatscht:** *das ist einerlei.*
Håttl, die [vgl. Håder, Huder, Hottl, die vermutlich zum gleichen Stamm wie mhd. hader (= zerrissenes Stück Zeug; Lumpen) gehören; wie die Verben ern und håttln zeigen, wurde zwischen Rispe und Ähre unterschieden] (ST): **1.** *Tuchfetzen, Lappen* **2.** (La.) *Rispenfrüchte des Hafers* **3.** *beleibte Frau oder ungeschickte Frau.*
håttln ⟨hat⟩ [siehe Håttl] (La.): *der Hafer ist in der Wachstumsphase* (tuat håttln).
haunzat ⟨Adj.⟩ [zu haunzn]: **1.** (Pf.) *beleidigt* **2.** (Pass.) *kühl und unfreundlich (vom Wetter).*
haunzn ⟨hat⟩ [Herkunft unklar] (Pf.): *finster, unwillig dreinschauen.*
Haus|broat essn (ST): *mit weiblichen Hausbewohnerinnen eine heimliche Liebschaft pflegen.*
Häuserin, Heiserin, die [zu hausn, siehe dort] (auch bairisch-österreichisch): **1.** *Wirtschafterin* **2.** *Pfarrersköchin.*
hausl, hauslan, hausli ⟨Adj.⟩ [zu Haus bzw. hausn; vgl. unhausle]: **1.** *fleißig, tüchtig* **2.** *häuslich, angenehm* **3.** *sparsam* **4.** *vorsichtig, bedacht* **5.** *brav (von Kindern).*
Häusl: *siehe Heisl.*
hausn ⟨hat⟩ [ursprünglich: sich an einem Ort aufhalten, wohnen; dann auch: wirtschaften, und zwar sowohl im Sinn von gut haushalten als auch schlecht haushalten; in Nordtirol auch aufhausen (= pleite gehen)]: **1.** *(gut) wirtschaften, haushalten* **2.** *wüten:* hausn wia r a Wilder; es Weda haust.
Haut, die [mhd., ahd. hūt, eigentlich: die Umhüllende; auch standarddt. in Verbindung mit attributiven Adjektiven, z. B.: eine ehrliche Haut (= ein ehrlicher Mensch)] ❖ **an årme Haut: 1.** *eine bedauernswerte Frau* **2.** *eine Frau, die kein Geld hat.*
hawe|di|ere [eigentlich: habe die Ehre]: *saloppe Grußformel.*
Håwer, Hober, Hower, Håwan, der [mhd. haber, ahd. habaro; die Form Hafer ist laut Kluge/Seebold erst in nhd. Zeit aus dem Niederdeutschen übernommen worden; laut Duden vielleicht zu einem germ. Wort für (Ziegen)bock; siehe auch Hobermann, Hobichwer]: *Hafer* ❖ (Pfun.) **zi viel Hober derwischt:** *übermütig.*
Håwer|goaß, Hober|goaß, Hober|gaß, die [eigentlich: Habergeiß, Hafergeiß (= Ziegenbock; siehe Håber); laut Kluge und Duden ist Habergeiß die Bezeichnung für eine Schnepfenart (Bekassine), wobei der Tier-

name Ziege zur Bezeichnung der Vögel verwendet wird (wegen der meckernden Geräusche beim Balzflug); Schmeller weist darauf hin, dass die Bekassine in der Oberpfalz Heppengaiß genannt wird, ebenfalls ein Synonym für Ziege]: **1.** *Uhu (Bubo bubo)* **2.** *Waldkauz (Strix aluco),* er gilt wegen seines Rufes kiwitt (interpretiert als „Komm mit!") als Totenvogel **3.** (NT) *Schreckgestalt, Begleiterin der Perchten, bei den Perchtenläufen am 5./6. Dezember* (sie trägt eine Zistl, einen Tragekorb, auf dem Rücken; den Kindern wird erzählt, sie trage darin Kinder mit sich fort): „... I hun a Tanzrin, / ischt nit arm und nit reich / an Gsicht und an A... / siecht sie a Habrgoaß gleich" (Aus „Zillertaler Reimkunst" von Erich Hupfauf).

hawig, ghawig, kawig ⟨Adj.⟩ [eigentlich: häbig bzw. gehäbig, zu haben]: **1.** *gut zu haben* **2.** *anhänglich.*

Haxe, Haxn, Hax, der [mhd. hachse, ahd. hāchsina (= Kniebug des Hinterbeines, besonders vom Pferd)]: **1.** *Füße (= Beine) des Menschen:* sich den Haxen brechen ❖ **si di Haxn ausreissn:** *sich für etwas mit aller Kraft einsetzen* ❖ **di Haxn in di Hånd nehmen:** *schnell rennen* **2.** *Stelze.*

haxln, Haxl stelln ⟨hat⟩ [Verbalbildung zu Haxen und Haxl]: *jemandem das/ein Bein stellen, auch metaphorisch verwendet.*

Håzä, das [vgl. Hutz] (kindersprachlich oder scherzhaft) (Alp.): *junges Schwein.*

he-, hear-, Hear-: *siehe her-.*

hearisch: *siehe herrisch.*

heara|werts: *siehe herwert.*

heare hobm, hear hobm [zu mhd. here; vgl. her-] (ST): **1.** *bewältigen, schaffen* **2.** *besiegen* **3.** *sich gewachsen fühlen.*

Heb, Hewe, die [substantiviertes Verb heben (= halten)]: **1.** *Halt* **2.** *Henkel.*

hebm, hem ⟨hat⟩ [wie standarddt. heben zu mhd. heben, ahd. hevan, heffan; ursprünglich: fassen, nehmen, ergreifen]: **1.** *jemanden oder etwas (fest)halten* **2.** *fest sein* **3.** *haltbar sein, dauern* **4.** *heben.*

Heb|steckn, der [vgl. hebm]: *Stütze, Halt, Hilfe (nur im übertragenen Sinn, auch als Protektion).*

hęckn ⟨hat⟩ [Nebenform von hacken] (ST): *ein Osterbrauch, siehe Eierpeckn, geffn, guffn².*

Hedrexl, das: *siehe Hegedexe.*

Hefl, der; Plural: Hefle [zu Hefe, mhd. hefe (= Hefe), verwandt mit heben, eigentlich: das Teighebende] (ST, OI): *Sauerteig.*

heflen ⟨hat⟩ [zu Hefe, siehe Hefl] (Pass.): *Teig kneten.*

Hefl|kiachl, der [1. Bestandteil: siehe Hefl; den 2. Bestandteil: siehe Kiachl] (Pass.): *süßes Germgebäck.*

hefn ⟨hat⟩ [wie standarddt. heben zu mhd. heben, ahd. hevan, heffan; ursprünglich: fassen, packen, ergreifen, nehmen] (ST): **1.** *Pate sein* **2.** *aus der Taufe heben:* **auhefn:** *aufheben;* **unhefn:** *anfangen.*

Hefn, der [Lehnwort aus dem Wienerischen; zwei Wörter sind hier zusammengefallen: (a) Hafen (= Topf), zu ahd. havan, weitere Herkunft unklar, und (b) Hafen (= Schiffshafen), Herkunft unklar; die österreichische und bairische Nebenform Häfen statt Hafen beim Wort (a) dürfte dem Bedürfnis entsprochen haben, zwischen den zwei gleichlautenden Wörtern zu unterscheiden] (NT): *Gefängnis* ❖ **in Hefn kemmen:** *ins Gefängnis kommen.*

Hefn|bruader, der: *jemand, der oft im Gefängnis sitzt, Gauner.*

Hegedexe, Hegerex, Egidex, Egerlex, Eger|hexe, Hegerex, Oandex, die, **Ha(da)daxl, Haradaxli, Heredeggeli, Hedrexl,** das [standarddt. Eidechse geht zurück auf mhd. eidehse, egedehse, ahd. egidehsa, ewidehsa, weitere Herkunft unklar, ursprüngliche Bedeutung laut Kluge/Seebold möglicherweise Schlangenläuferin; die alten Formen wurden in den Mundarten auf vielfältige Weise umgestaltet; erst zu Beginn des 19. Jh. entsteht durch falsche Ablösung (Eid-echse) der Oberbegriff Echse]: *Echte Eidechse (Lacertidae), oft auch nur Eidechse genannt.*

heggln ⟨hat⟩ [abgeleitet von Haggl, so wie standarddt. häkeln von Haken]: *häkeln.*

Hegl, der [Herkunft unklar]: *Kerl, lustiger Gesell:* a netter, fålscher Hegl (= ein netter, falscher Kerl).

Hei, Ha, das [wie standarddt. Heu zu mhd. höu(we), ahd. hou(wi); verwandt mit hauen, eigentlich: das gehauene Gras]: **1.** *Heu* **2.** *Geld.*

Heia måchn ⟨hat⟩ [zu Heia]: *schlafen.*

Heia, die [laut Kluge kindersprachlich und dialektal im Ober- und Mitteldeutschen verbreitet, es kann sich um ein lautmalendes Wort handeln, aber auch um den Anschluss an einen indogerm. Stamm mit der Bedeutung liegen, schlafen]: *Bett, Wiege:* mia gehn in die Heia (= wir gehen schlafen).

Heibe: *siehe Helb.*

Hei|bock, der [eigentlich: Heubock, wohl nicht nach dem Tier, sondern nach dem Bock-Gestell (vgl. Bock); der Standardausdruck Heuschrecke geht auf mhd. höuschrecke, ahd. houscrecho zurück, 2. Bestandteil zu schrecken in der älteren Bedeutung (auf)springen; daneben sind zahlreiche volkstümliche Bezeichnungen entstanden, oft in Kombination von Tiernamen, die das Springen symbolisieren] (OT, UI): *Heuschrecke.*

Heiele, Heidl, Heitschale, Neidl, das [laut Schatz Substantivbildung zu hauen; demnach mhd. höuwelin, zu mhd. houwen (= hauen); mit Sprosskonsonant entsteht höudel, woraus durch Entrundung Heidl wird; das anlautende N- bei Neidl stammt aus dem vorausgehenden unbestimmten Art.)] (OI): **1.** *Wangenstreich, kurzer Schlag* **2.** *Tätscheln der Wange eines Kindes* **3.** *Streicheln mit der Wange.*

Heiele, das [Diminutiv von mhd. houwe (= Haue, Hacke)] (OI): *Gartengerät zum Jäten.*

heielen, heitschn, heitschelen, heitschln, heitschale machn ⟨hat⟩ [mhd. houwen (= hauen) mit dem verkleinernden -elen; also eigentlich: zart, liebevoll hauen]: *liebevoll streicheln.*

heier, hoier, huier, huire ⟨Adv.⟩ [ahd. hiuru, älter hiu jāru (= in diesem Jahr)] (auch süddeutsch und schweizerisch): *dieses Jahr, in diesem Jahr.*

heifne ⟨Adv.⟩ [zu Haufen] (Ötzt.): *eine Menge.*

Hei|fetzer, der [2. Bestandteil: siehe fetzn] (ST): **1.** *kurzer Regenschauer, der die Heuernte unterbricht* **2.** *Heiliger Medardus (8. Juni).*

heifln, heiflen ⟨hat⟩ [zu Haufen]: *die Erde um die sprießenden Kartoffelpflanzen anhäufeln.*

heifne ⟨Adv.⟩ [zu Haufen]: *eine Menge.*

Hei|geign, die [Heugeige meint die lange Stange, die auf dem Wagen das Heu festhält, ferner das Gestell zum Grastrocknen: beide erinnern an Lyra (= Leier, die Urform der Geige)] (NT): **1.** *lange Stange, die das Heu auf dem Wagen festhält* **2.** *Gestell zum Grastrocknen* **3.** *langer, schmächtiger Mensch.*

Hei|hupfer, der [eigentlich: Heuhüpfer; auch in den Dialekten Österreichs der Normalausdruck für dieses Insekt; hupfen mit der Bedeutung springen]: *Heuschrecke.*

Hei|lege, die [mhd. leg (= Lage, Liegeort)] (ST, OI): *Ablageraum fürs Heu.*

Heilig|bluats|tog, der (ST, OI): *Fronleichnam.*

Hei|mandl, das (ST, OI): *Vogelscheuche.*

heint, heit, heid ⟨Adv.⟩ [mhd. hīnaht, hīnte (= heute Nacht, heute Abend)]: *heute.*

Hei|ox, der [eigentlich: Heuochse] (abwertend): *Dummkopf.*

heirig, hoirig, huirig ⟨Adj.⟩ [-ig-Ableitung von heier]: *diesjährig* ❖ **koa heiriger Hås sein**: *erfahren sein.*

Hei|rige, der [zu heier; vgl. Nuie] (NT): **1.** *Wein der letzten Lese* **2.** *Lokal, wo vor allem heuriger Wein und einfache Speisen angeboten werden.*

Hei|rise, die; Plural: Heirisen [siehe Rise] (OI, Pass.): *Schneespur zum Heuziehen.*

Heirits|huaschte, die: [eigentlich Heiratshusten] (ST) (scherzhaft): *hartnäckiger Husten.*

Hei|schpol, der; Plural: Heischpale [mhd. spal (= Leitersprosse)] (ST): *Holzteil zum Verknüpfen der Heistricke.*

H**ei**|**schtricke,** die; Plural: Heischtrickn [eigentlich: Heustrick] (ST): *Rohlederstrick zum Binden der Heufuhre.*

H**ei**|**schturz,** der [2. Bestandteil: zu stürzen] (OI, Pass.): *vom Heustock abgewälzte Heuschicht.*

h**eisl** ⟨Adj.⟩ [mhd. hūslīche (= ein Haus besitzend, ansässig); vgl. hausl] (ST): **1.** *häuslich* **2.** *gut wirtschaftend.*

H**eisl,** das [Diminutiv von Haus] (auch bairisch-österreichisch): **1.** *kleines Haus* ❖ **aus dem Heisl sein:** *in großer Erregung sein, verwirrt sein* **2.** (salopp) *Toilette.*

H**eisl, gelbes** [nimmt Bezug auf den Fassadenanstrich des Psychiatrischen Krankenhauses in Hall; siehe auch Håll] (NT, OT) ❖ **er ghört ins gelbe Häusl:** *er ist verrückt.*

H**eisl**|**depp,** der [1. Bestandteil: Häusl, siehe dort, dient der Verstärkung] (NT) (abwertend): *besonders dummer Mensch.*

H**eisl**|**gruam,** die: *Jauchegrube.*

h**eisln, h**eislen ⟨hat⟩ [zu Haus, mhd. hūs (= Haus), Schatz kennt noch Heislzeug für Spielzeug] (ST, Zillt.): *spielen (bei Kindern) oder herumspielen (statt zu arbeiten).*

H**eisl**|**pump,** die: *Pumpe, um die Jauchegrube auszupumpen.*

h**eisl**|**raggln** ⟨hat⟩ [2. Bestandteil: raggln; siehe dort]: *Plumpsklo entleeren.*

h**eisn:** *siehe hausn.*

H**eita, H**e**iter,** der [Häuter: zu Haut, siehe dort]: **1.** *bedauernswerter Mensch* **2.** *ein Mensch, der kein Geld hat:* a årma Heita.

H**eitschale:** *siehe Heiele.*

H**ei**|**wetza,** der [eigentlich: Heuwetzer; die geschlechtsreifen Männchen des grünen Heupferds besitzen ein Organ, mit dem sie Zirptöne erzeugen; dabei werden die beiden Vorderflügel gegeneinander bewegt] (Pf.): **1.** *Heuschrecke (Orthoptera)* **2.** *Grünes Heupferd (Tettigonia viridissima), auch Großes Heupferd, Grüne Laubheuschrecke genannt.*

H**elb, Höb, H**e**ib,** das [mhd. help, halp (= Griff, Stiel)]: *Handgriff des Werkzeugs, Stiel.*

H**eld, Höd,** der [mhd. helt; Herkunft unklar] (NT, OT) (oft ironisch und abwertend): *ungeschickter Mensch.*

H**elderer,** der [siehe hildern]: *Widerhall, Echo.*

H**ele,** die [Herkunft unklar] (Pf.): *weibliches Schaf.*

h**elf**|**gott, höf**|**god, h**e**lfn**|**gott, h**e**lfer**|**got** [Segenswunsch helfe Gott; Niesen war früher ein erstes Anzeichen für eine Pest-Ansteckung, daher empfahl man die niesende Person der Hilfe Gottes]: *Wunsch, wenn jemand geniest hat.*

h**ell:** *siehe sell.*

Hell(e), Hö, die, **Hellile,** das [mhd. helle (= Hölle)]: **1.** *Hölle* **2.** *Raum zwischen Stubenofen und Wand.*
hellementn ⟨hat⟩ [wohl aus dem als Fluch gebrauchten ‚Sakrament' (vgl. saggra) mit Ersatz des ersten Wortelements durch ‚Hölle'] (Ridn.): **1.** *sich im Zorn wild gebärden* **2.** *Hasstiraden loslassen.*
hellig ⟨Adj.⟩ [mhd. hellec (= ermüdet, abgemattet)]: *mit leerem Magen/ konkavem Bauch (von der Kuh).*
hell|liacht, hö|liacht ⟨Adj.⟩: *ganz hell, licht:* ban hellliachtn Tog (= mitten am Tag).
hell|teifl ⟨Interj.⟩ [Hölle und Teufel]: *Ausruf der des Ärgers oder Zorns.*
hem: *siehe zemm.*
Hemat, Hemmet, Hemmit, Hemp, das [wie standarddt. Hemd zu mhd. hem(e)de, ahd. hemidi zu hamo, ursprünglich: Hülle]: **1.** *Hemd* [hat das ältere Pfoad, siehe dort, stark zurückgedrängt] **2.** (Sa.) *Lodenrock des Mannes.*
Heme, die [Rückbildung von mhd. hemisch (= versteckt boshaft); zu ahd. hamo, das auch in Hemat steckt] (Lienz): *Hohn.*
he, (Deutschn.) **hen** ⟨Part.⟩ [siehe ha]: *Marker am Beginn eines Redebeitrags, um Aufmerksamkeit zu erwecken; vergleichbar mit: Hör zu!:* hen, kånnsch du mir helfn?
Hendl, Hennele, Hiandl, das [Diminutiv von Henn(e); in der Küchensprache ist ein Huhn jeglichen Geschlechts gemeint, zum Verzehr geeignete Hendln (Backhendln, Brathendln) können weiblich oder männlich sein (in D meist Hähnchen = Verkleinerung von männliches Huhn, in der dortigen Küchensprache ebenfalls keine Unterscheidung zwischen weiblich und männlich; das -d- in Hendl ist ein Sprosskonsonant zwischen -n- und -l zur leichteren Aussprache, wie in Dirndl etc.] (Küchensprache) (auch bairisch-österreichisch): *Huhn* ❖ **dreinschaun, wia wenn dir di Hendln s Brot weggfressn hättn; wia a tafts Hendl ausschaugn:** *ein Gesicht machen, das ausdrückt, dass man verwirrt ist und nicht angemessen reagieren kann.*
Hendling, der [zu Hand] (Ötzt.): *Handschuh.*
hengglen, heggl(n) ⟨hat⟩ [abgeleitet von Hanggl, so wie heggln von Haggl und standarddt. häkeln von Haken]: *häkeln.*
henggi|luss – putzenggi|luss: *siehe enggele.*
hengin ⟨hat⟩ [ursprünglich wohl von hängen] (Sa.): *töten.*
Henig, Hennig, Houni(g), Hungch, der [mhd. hönic, Nebenform zu honec, ahd. hona(n)g (= Honig)]: **1.** *Honig* **2.** (Pfun.) *Tunke aus Einbrenn, Molke und Zucker für Krapfen.*
Henig|schlitn, der (Pf.): *kleiner, leichter Schlitten.*
Henne, die [mhd. henne, ahd. henin, henna: Weibchen des Hahns): **1.** *Henne* **2.** *feige oder verhaltensauffällige Frau.*

Hęnneler, Hęnninger, der, **Hęnn(e),** die [nach dem Fluchtverhalten von Hühnern]: *Feigling.*
Hęnnen|geier, Hęnnen|geir, der [eigentlich: Hennengeier; Hühner gehören zu den Beutetieren des Habichts, der oft auch Hühnerhabicht genannt wird]: *Habicht (Accipiter gentilis).*
Hęnnen|haut, Hęna|haut, die [eigentlich: Hennenhaut; nach der Ähnlichkeit mit der Haut eines gerupften Huhns (vgl. den standarddt. Ausdruck Gänsehaut)]: *durch Kälte oder Schrecken bewirkte Veränderung der Haut* (die Haarbälge treten hervor und die Haare richten sich auf).
Hęnnen|herber, der [2. Bestandteil: zu mhd. herberge, eine Verbindung von Heer und eine Ableitung von bergen, also: Bergung, Unterkunft für das Heer, dann verallgemeinert zu Unterkunft] (Deutschn.): *Hühnerstall.*
Hęnnen|lǫter, der [2. Bestandteil: Loter, siehe dort] (Pass.): *Vogelscheuche.*
Hęnn|rupf, Hęnnen|pfrupfe, die oder der [gemeint ist die Haut eines gerupften Huhns; siehe Hennenhaut und Rupfn]: *Gänsehaut (vor Schreck oder Kälte).*
Hęnnen|steige, Hęnn|steige, die [vgl. Voglsteige]: *Hühnerkäfig für den Transport.*
Hęppin, die [laut Schatz zu hoppern (= auf- und niederbewegen), dieses zu hoppen (= hüpfen); eine Verwandtschaft zu hüpfen, das seinerseits laut Kluge auf die Lautgebärde *hup zurückgehen könnte, ist nicht ausgeschlossen] (NT, OT): **1.** *Kröte* **2.** *plumpes Weib.*
hęr, hęar, hę [mhd. here]: *her,* auch als Präfix: **hę(r)gebm** (= weggeben, verkaufen), **hę(r)gibig** (= freigebig), **hę(r)richtn** (= herrichten, vorbereiten) etc.
hęr-, hęar-, hę- ⟨Adv.⟩ in Verbindung mit Ortsadverbien der Richtung normalerweise nachgestellt und schwachtonig: **ǻber, ǻwa** (= ab + her); **eina** (= ein + her) etc. (siehe dort); wenn aber die Richtung „her" (zum Sprecher hin) betont werden soll, geht es voran und wird starktonig: **hęrå, hęro** (= her + ab); **hęrau(f), hęrein, hęrum** etc.; bei Ortsadverbien der Ruhe geht es voran und ist schwachtonig: **herạussn; herǫben; herụntn; herẹntn, herẹnt** [steht für herüben, Gegenstück ist entn, siehe dort, und ent bzw. drenten, drent (= auf der anderen Seite)].
herẹnt, harẹntn ⟨Adv.⟩ [Gegenstück ist enten und ent bzw. drenten, drent]: *auf dieser Seite, diesseits, herüben.*
Hęrer, der; Plural: Herer [Herkunft unklar] (ST): *armseliger Mensch.*
hęr|gabig, hęr|gibig ⟨Adj.⟩ [her-gäbig bzw. her-gebig]: *freigebig, großzügig.*
hęr|gean, hęr|gian, hęr|gen ⟨ist hergången⟩ [gesamtdeutsch: neben jemandem hergehen etc.] (auch süddeutsch und österreichisch): **1.** *herkommen:* Gehst her! (= Komm her!) ❖ **etwas geat bled her** (auch bai-

risch-österreichisch): *etwas läuft schief* ❖ **Wo isch des hergången?** *Wo hat sich das gefunden, wo ist das aufgetaucht?* **2.** *zu haben sein:* um den Preis geat des nit her (= so billig ist das nicht zu haben), de geat nit so leicht her (= die lässt sich nicht leicht herumkriegen, ins Bett kriegen).

her|glången, he|glången ⟨hat⟩: **1.** *herübergeben, herreichen* **2.** *bis hierher reichen:* a Seil glångg her.

her|hupfn, he|hupfn ⟨ist⟩ [siehe hupfm]: **1.** *herspringen* **2.** *angreifen:* låss lei herhupfn (= lass nur kommen).

herinnen, herinn ⟨Adv.⟩ (auch süddeutsch und österreichisch; ansonsten in D: hier drinnen): **1.** *innen (beim Sprecher):* herinnen is es fein wårm **2.** *in Sicherheit, ins Haus, in den Stadel, in die Scheune gebracht:* die ham des gånze Hei scho herinnen ❖ **des håmma båld wider herinnen** (auch süddeutsch und österreichisch): *das haben wir bald wettgemacht* (z. B. vergeudetes oder verlorenes Geld, verlorene Zeit).

her|låssn ⟨hat⟩: **1.** *sich herüberneigen* **2.** *weglassen, verkaufen, verpachten* **3.** *wild, ungestüm behandeln* ❖ **der håt des Moped herlåssn:** *der ist gefahren, ohne das Moped zu schonen.*

herpfa ⟨hat⟩ [aus Harpfe, Bed. 2] (Pfun., Ehrwald): *klettern (Baum, nicht Fels).*

Hergot¹, Heargot, der, als Fluch auch **Hargot** [mhd. herregot (= Gott; eigentlich: die Anrede Herr Gott!] (auch süddeutsch und österreichisch): **1.** *Gott* (in erster Linie Gott Vater, auch Jesus) **2.** (auch süddeutsch und österreichisch) *ein Fluch;* auch: **Hergotsakrament, Hergot no amol, Hargot Seitn** ❖ **den Hergot einen guten Mann sein lassen** (auch süddeutsch und österreichisch): *sich um nichts kümmern* ❖ **dem Hergot den Tag (åb)steln:** *nicht arbeiten, faulenzen* ❖ **dem Hergot di Fiaß åbschlecken/åbbeißen:** *bigott sein, frömmeln.*

Hergot², der; Plural: Hergetter [siehe auch Gott] (auch süddeutsch und österreichisch): *bildliche Darstellung Gottes, meist Jesus als Kruzifix.*

Hergots|fria ❖ **in åller Herrgotsfria:** *ganz in der Früh.*

Hergots|schnitzer, der (auch süddeutsch und österreichisch): *Holzbildhauer, der vor allem religiöse Motive schnitzt.*

Hergots|winkl, der (auch süddeutsch und österreichisch): *Ecke mit Kruzifix (und Bildern von Jesus und Maria).*

her|richtn ⟨hat⟩ [gesamtdeutsch: ein Zimmer herrichten] (auch süddeutsch und österreichisch): **1.** *hinlegen, bereitlegen, zurechtlegen:* a Wurstbrot herrichten **2.** *reparieren* ❖ **3. si herrichten:** *sich für einen bestimmten Anlass schön machen (z. B. für einen Tanzabend).*

herrisch, herisch, hearisch ⟨Adj.⟩ [mhd. herisch (= erhaben, herrlich; sich nach Art eines Herrn benehmend] (veraltet): **1.** *auswärtig, fremd (meist bezogen auf deutsche und italienische Touristen)* **2.** *der Ober-*

schicht angehörend **3.** (Deutschn.) *aus der Stadt kommend (besonders aus Bozen)* **4.** *vornehmtuerisch, bestimmend, überheblich* ❖ **herisch redn:** *sich standarddeutsch ausdrücken.*

Herrischn, Hearischn, die (Plural) [siehe herrisch]: **1.** *Angehörige der Oberschicht, Städter* **2.** *die Fremden.*

Herr|schåft no amol/amoi, ⟨Interj.⟩: *verflixt, verflucht.*

herrschåft|saxn, herrschåft|seitn ⟨Interj.⟩ [der 2. Wortteil wohl aus saggra (siehe dort) entstellt] (NT): *verflixt, verflucht.*

Her|schaug, die, kein Plural [substantiviertes Verb schauen mit Präfix her-]: *Aussehen.*

Herscht, der [mhd. hert, herte (= hart)]: *Hartschnee.*

her|schaung, ⟨hat⟩ [eigentlich: hersehen] (UI): *danach aussehen:* wie 's herschaugt, werd 's bald regnen.

her|sechn ⟨hat⟩ [eigentlich: hersehen; vgl. herschaugn]: *danach aussehen:* der siecht her wie ein Christbaum; wie 's hersicht, werd 's bald regnen.

Her|sechn, He|sechn, das [eigentlich: Hersehen]: **1.** *Aussehen* **2.** *Anschein, Aussicht:* kuan Hersechn zun regnin (= schaut nicht nach Regen aus).

Herts, das [zu hart, mhd. herte]: *Honig, der sich wegen seiner Konsistenz nicht aus den Waben schleudern lässt.*

her|wert schaugn ⟨hat⟩: *einlenken, einer friedlichen Lösung zustimmen, einen Vorteil ermöglichen.*

her|wert, hear|werts, heara|werts ⟨Adv.⟩ [eigentlich: her-wärts, nach dem Muster von abwärts, aufwärts; mhd. herwert (= herwärts)]: **1.** *herwärts, auf dem Herweg* **2.** *von sich aus, freiwillig:* er håt's herwert geton.

Herwischt, Herbischt, der (kein Plural) [wie standarddt. Herbst zu mhd. herb(e)st, ahd. herbist(o), ursprünglich: Ernte; in der Altmundart ist ahd. herbist weitgehend erhalten geblieben, heute aber dominiert klar Herbscht]: *Herbst.*

Herz|kaschperl, der [in D: Herzkaspar] (salopp): *Herzanfall, Herzinfarkt, Herzjagen.*

Hetsche, Hetsch, die; Plural: Hetschen (Etsch): *Kröte.*

Hetsche|petsch, die [Herkunft unklar; Duden verweist auf tschech. šipek (= Heckenrose, Hagebutte)]: *Hagebutte, Früchte der Hundsrose (Rosa canina).*

Hetschn|el, das [1. Bestandteil: siehe Hetsche; 2. Bestandteil: Öl] (ST): *Öl, in das eine lebende Kröte eingelegt wurde (Mittel der Volksmedizin).*

Hetz, die [ursprünglich: Hetzjagd auf Tiere; verwandt mit Hatz]: **1.** *Spaß, (billiges) Vergnügen* **2.** *Belustigung (oft auf Kosten anderer)* ❖ **aus Hetz:** *zum Spaß.*

hetz|hålber ⟨Adj.⟩ [zu Hetz; siehe dort]: *zum Spaß.*
hetzig ⟨Adj.⟩ [zu Hetz; siehe dort]: **1.** *lustig, amüsant* **2.** *sonderbar* **3.** *niedlich.*
Hexe, Hex, die [wie standarddt. Hexe zu mhd. hecse, ahd. hagzissa, hagzussa (= Hexe); 1. Bestandteil: vermutlich verwandt mit Hag (= Hecke, Einfriedung), also eigentlich: auf Zäunen reitendes Wesen; 2. Bestandteil: geht auf ein Wort zurück, das Geist, Gespenst bedeutet]: **1.** *Hexe* **2.** *bösartige, zänkische Frau:* alte Hex **3.** *bezaubernde junge Frau:* a fesche Hex.
Hexn|besn, der: *Wucherung im Geäst von Bäumen.*
hi, hia, hü, hüa ⟨Fuhrmannsruf⟩: *vorwärts!*
hia ⟨Adv.⟩ ❖ in **ahia, derhia, hiabei, hiagn:** *herüben, diesseits.*
Hiabl, das; Plural: Hiabler [ablautend zu heben, also kleiner Hub] (Pass.): *ein kleiner Löffel voll.*
hiager ⟨Präp.⟩ [Komparativ von hie-ig (= hiesig), also hiesiger, näher] (ST): **1.** *diesseits:* hiegerm Båche (= diesseits des Bachs) **2.** *näher gelegen:* di hiagere Wiesn, nit di endere.
Hiangge, Hangge, die, -n [nach Schatz zu ahd. hiena (= Henkel)] (ST, OI): *Tragegriff.*
Hiasl, der [Koseform zum Vornamen Matthias]: **1.** *beschränkter, nicht ernstzunehmender Mensch:* so a Hiasl **2.** *sanftes Schimpfwort:* du Hiasl!
Hiater|bua, der [eigentlich: Hüterbub] (ST, OI): *elektrisch geladener Zaun.*
Hidrantn|oschtaber, der [eigentlich: Hyrdantenabstauber] (ST) (scherzhaft): *Feuerwehrmann.*
Hidrauliker, der [ital. idraulico (= Installateur, Klempner, Spengler)] (ST): *Installateur, Klempner.*
Hifler, Hibler, der [von Schatz zu ahd. hovar (= Höcker, Buckel) gestellt; siehe auch Stifler]: *Gestänge zum Trocknen von Heu.*
higge sein [Haller/Lanthaler verweisen auf ahd. agi, egi (= Furcht), mhd. egeslīch (= furchtbar)] (Pass.): *Angst haben, ängstlich zumute sein.*
Hijo, der (Pass.): *siehe Hio.*
hildern, höjan ⟨hat⟩ [lautmalerisch zu mhd. hellen (= ertönen, hallen)]: *hallen, widerhallen.*
Himml, Himmi, der [wie standarddt. Himmel zu mhd. himel, ahd. himil, weitere Herkunft unklar]: **1.** (wie standarddt.) *Himmel* **2.** *Kirchengewölbe* **3.** *Baldachin; tragbarer Himmel, der bei Prozessionen über dem Altarsakrament und dem Priester getragen wird.*
Himml|brånd, der [eine von vielen volkstümlichen Bezeichnungen für diese Heilpflanze; für den Hintergrund der Benennung Himmelbrand gibt es eine Vermutung: früher wurden die langen Blütenstängel in

Pech getaucht und als Fackeln genützt] (NT, Bozner U-Land): *Königskerze (Verbascum);* die Pflanzengattung gehört zur Familie der Braunwurzgewächse *(Scrophulariaceae).*

himmletzn, himmlatzn, himmiatzn, himmlitzn ⟨hat⟩ [mhd. litzen (= leuchten) oder lazen (siehe dort), mhd. himel-litzen (= blitzen, wetterleuchten)]: *wetterleuchten.*

Himml|fårts|nåsn, die [eigentlich: gegen Himmel gerichtete Nase]: *Stupsnase.*

Himml|hellare, die (Plural) (OI, Pf.), **Himml – Helle – Wegfuir,** die (Ridn.) [eigentlich: Himmel – Hölle, Himmel – Hölle – Fegefeuer; die Blume wurde als Orakelblume verwendet, wobei mit dem Abzupfen jedes Blütenblatts ein festgelegter Orakelspruch einherging, eben Himmel – Hölle – Fegefeuer oder heiratn – ledig bleibm – ins Kloster gehn]: *Margerite.*

hin ⟨Adv.⟩ in Verbindung mit Ortsadverbien der Richtung (vom Sprecher weg) normalerweise nachgestellt und zu auslautend -i reduziert: auffi, aussi, eini etc. (siehe dort); wenn aber die Richtung (vom Sprecher weg) betont werden soll, geht es voran und wird starktonig: **hinauf, hinaus, hinein** etc.

hin¹ ⟨Part.⟩ [mhd. hine (= fort)]: *hin:* hin und her.

hin² ⟨Adv.⟩ [wie hin¹]: **1.** *tot (von Tieren)* **2.** *zerbrochen, zerrissen* **3.** *verloren:* des Geld, des er gsetzt håt, isch hin **4.** *erschöpft (vom Menschen):* i bin total hin.

hin|aus ⟨Adv.⟩ [durch den Akzent wird die Bedeutung vom Sprechort weg explizit gemacht, während sie in aussi, aussn nur immanent gegeben ist]: *hinaus, ins Ausland, auch im Ausland.*

hin|blattln ⟨hat⟩ [dialektale Form von hinblättern, aber vom Diminutiv Blattl abgeleitet]: *eine beträchtliche Summe Geld zahlen.*

Hine|fårt, die ❖ **auf der Hinefårt sein** [mhd. hinevart (= Abreise, Tod)] (ST): *auf dem Weg ins Jenseits sein.*

hine|werts, hin|weaschts ⟨Adv.⟩: *entgegen:* hinwerts gehn (= entgegen gehen); hinewerts sogn (= widersprechen (abwertend)).

Hine|wertsiger, der (Ridn.): *eigensinniger Mensch, Widerspruchsgeist.*

Hin|fålln, Hin|fållete, das [zu hinfallen]: *Epilepsie.*

hin|fetzn ⟨hat⟩: **1.** *schnell und fehlerhaft hinschreiben* **2.** *schnell und oberflächlich erledigen.*

hin|flaggn, hin|flockn ⟨hat sich⟩ (reflexives Verb) [mhd. flac (= faul, lau); mhd. flacken (= faul werden; faul sein)]: *sich hinsetzen oder hinlegen, um zu faulenzen.*

hin|gian, hin|gen ⟨ist⟩ **1.** *kaputt gehen:* di Schåchtl isch hingången **2.** *beim Kartenspiel (v. a. beim Mauscheln) verlieren.*

h**i**n|haun ⟨hat⟩ [gesamtdeutsch: auf eine Stelle schlagen, sich niederlegen etc.]: *in Ordnung gehen, funktionieren* ❖ **des haut scho hin:** *das wird schon funktionieren.*

h**i**nig ⟨Adj.⟩ [Ableitung von hin (= beschädigt, unbrauchbar, tot); kann nur attributiv verwendet werden, nicht prädikativ oder adverbial]: **1.** *tot* **2.** *kaputt:* ein hiniger Håfn (= Topf) (ST) ❖ **in ar hinign Goaß an Tee inschittn:** *es ist ein völlig sinnloses Unterfangen.*

h**i**n|måchn ⟨hat⟩ [eigentlich: kaputtmachen; siehe hinig]: *ruinieren.*

h**i**n|putzn ⟨hat⟩ [vgl. putzn] (Pass.): *eine frühe Fehlgeburt haben (beim Rind):* s fuxite Kålbile håt hingiputzt (= das fuchsfarbene Kalb hat eine frühe Fehlgeburt gehabt); wenns vor Mårtistog übern Båch schnaibt, håt der Winter hingiputzt (= wenn es vor Martini bis ins Tal schneit, gibt es keinen richtigen Winter mehr.

h**i**n|schwingen ⟨hat⟩ [aus mhd. swingen (= schwingen, schütteln)] (ST): *eine späte Fehlgeburt haben.*

h**i**nt, h**i**ntn ⟨Adv.⟩ [mhd. hinder]: **1.** *hinten* **2.** *zurückgeblieben (wörtlich und metaphorisch).*

h**i**nt **e**nt **u**nt, h**i**ntn **e**ntn **u**ntn ⟨Adv.⟩: **1.** *rückwärts, auf der anderen Seite unten* **2.** *chancenlos, aufgeschmissen* **3.** *sehr weit weg.*

h**i**nt und v**o**rn, h**i**ntn und v**ua**rn ⟨Adv.⟩: *ganz und gar* ❖ **mir get's hint und vorn ned zsåmm:** *ich weiß weder aus noch ein* ❖ **jemandem hint und vorn ålls einischiabm:** *jemanden über Gebühr verwöhnen.*

h**i**nter|fotzig, h**i**nter|fotzet ⟨Adj.⟩ [laut Kluge/Seebold entweder zu fotzeln, frotzeln (= zum Besten halten) oder zu Fotz (= Mund)] (auch bairisch-österreichisch): **1.** *hinterhältig* **2.** *hinterlistig* **3.** *unaufrichtig, falsch.*

h**i**nter|sch**a**tig ⟨Adj.⟩ [zu schattig] (ST): *mit wenig Sonne.*

h**i**nter|sch**ei**nig ⟨Adj.⟩ (Pass.): *mit wenig Sonne.*

h**i**nter|schi, h**i**nter|sche ⟨Adv.⟩ [eigentlich: hinter sich]: *rückwärts, verkehrt:* er geat hintersche ❖ **hintersche redn:** *in einer fremden oder unverständlichen Sprache reden.*

h**i**nter|sch**ua**legian ⟨ist ...gången⟩ (La.): *Schule schwänzen.*

h**i**nter|stellig ⟨Adj.⟩: *rückständig, zurückgeblieben.*

H**i**nter|tupfing ⟨erfundener Ortsname⟩ [mit Endung von Ortsnamen, wie sie besonders für Teile Bayerns üblich sind] (eher bairisch): *tiefste Provinz.*

H**i**nter|tupfinger, der [siehe Hintertupfing] (NT): *Provinzler, Hinterwäldler.*

hintn|dr**ei**n, hint|n**å**ch ⟨Adv.⟩: **1.** *zu spät* **2.** *im Nachhinein:* hintnnåch is jeder a Prophet **3.** *danach* ❖ **hintn nåchn reiti di ålte Urschl** (Strassen): *im Nachhinein hätte mans besser gewusst.*

hintri, hintr|schi ⟨Adv.⟩ [hinter + hin bzw. hinter + sich + hin]: *nach hinten.*
hintrigscht ⟨Adv.⟩: *zu hinterst, zu unterst.*
hint|umma ⟨Adv.⟩ [eigentlich: hinten herum]: *hinter dem Rücken, verschlagen.*
Hint|umma, das [Substantivierung des Adv.]: *Gesäß.*
hinum ⟨Adv.⟩ [hin + um; vgl. her- in Verbindung mit Ortsadverbien; wie ummi (siehe dort), aber mit Kontrastbetonung der Richtung: es geht vom Sprecher weg, nicht (wie man fälschlicher Weise annehmen könnte) zu ihm hin]: *hinüber.*
hin|wern ⟨ist⟩ [siehe hin] (auch bairisch-österreichisch): **1.** *sterben, verenden:* die Kuh ist mir leider hin wordn; der ist Gott sei Dank hin (stark abwertend und grob von Menschen) **2.** *kaputt gehen.*
Hio, Hijo, der [laut Schatz zu einem Fuhrmannspruch hio (= geh vorwärts), den der schwer Gehende sich selber zurufen muss]: *Rausch:* an Hio haben (= schwer berauscht sein).
Hiritze, die [aus einer der Formen, die aus ahd. hornuz, hurniz entstanden sind] (La.): *Hornisse (Vespa crabro).*
Hirn, Hirn, das: **1.** *Hirn* ❖ **er håt a Hirn wia r a Nudlsib:** *er ist besonders vergesslich* ❖ **dem håm s' ins Hirn gschissen:** *er ist besonders dumm* **2.** *Stirn.*
Hirn|kaschtl, Hian|kastl, das [eigentlich: Hirnkästchen; Hirn als Sitz des Verstandes und pars pro toto für die umgebenden Körperteile] **1.** *Stirn* **2.** *Kopf* ❖ **des geat nit in mein Hirnkaschtl:** *das kann ich mir nicht merken, das kann ich nicht begreifen.*
Hitte, Hittn, die [wie standarddt. Hütte zu mhd. hütte (= Hütte); zusätzliche Bedeutungen in Tirol]: **1.** *Schutzhütte auf Bergen* **2.** *altes baufälliges Haus* **3.** (ST) *Klo, Plumpsklo (außerhalb des Hauses).*
Hittl, das (OI): *Abort, Plumpsklo (außerhalb des Hauses).*
hitz: (AT) *siehe iatz.*
hn'hn (mit Knacklaut): *nein.*
ho, hou, sou, hö ⟨Kontaktpart.⟩ [dient als Diskursmarker am Anfang oder am Ende einer Äußerung; der Sprecher signalisiert, dass er sich Zustimmung erwartet (OI, Pfun.). In der Gegend von Haiming (im Inntal bei der Einmündung des Ötztals) sagt man hoa, im Ötztal hö, im Stanzertal auch he, aber nur am Anfang der Äußerung; gleiche Herkunft wie das im Oberinntal gebräuchliche sö, aber im Ötztal ist hö ein Schibboleth: wer dort stattdessen einen anderen Diskursmarker verwendet (z. B. sö oder gell), wird sofort als Fremder erkannt; der Marker ist – wie das Beispiel Pfun. zeigt – auch anderswo bekannt, hat aber nicht so starken Schibboleth-Charakter]: *nicht wahr.*
hoach|drånn, huach|drun [2. Bestandteil: vgl. standarddt.: gut oder schlecht dran sein]: *überheblich.*

Hoach|gi|muat, der [mhd. hōchgemuot (= von edler Gesinnung)] (OI, Pass.): *Rittersporn (Delphinium)*.

hoach|gschissn ⟨Adj.⟩ [2. Bestandteil: isoliertes Partizip Perfekt zu scheißen] **1.** *eingebildet, anmaßend* **2.** *in höhere Kreise hineingeboren*.

hoach|gsechn ⟨Adj.⟩ (Pass., Alp.): *eingebildet, stolz*.

Hoach|inser|frauen|tåg, der: *Maria Himmelfahrt (15. August)*.

Hoade, Hoad, die [mhd. heide (= unbebautes, wild bewachsenes Land)]: **1.** *unbebautes, wenig bewachsenes Gelände* **2.** *Heide*.

Hoader, Hoadra, Hoaderlen, Hadern, der und die [siehe Hoade]: *Heidekraut, Erikagewächs*.

Hoade|zete, die [1. Bestandteil: siehe Hoade; 2. Bestandteil: mit Umlaut aus mhd. zote (= Zotte, Haarbüschel)]: *Hederich, Strauch der Heidelbeere*.

Hoadn, Hadn, der [mhd. heiden (= Buchweizen); da die Pflanze über die Türkei gekommen ist, Zusammenhang mit Heide als Nichtgläubiger] (ST, OT): *Echter Buchweizen (Fagopyrum esculentum), Gemeiner Buchweizen*.

hoajen, hoaje ⟨hat⟩ [mhd. (gi)heien (= gedeihen, gedeihen machen), zu ahd. (gi)hei (= Hitze)]: *hegen, pflegen, gut halten*.

hoalach ⟨Adv.⟩ (Zillt.): *schnell, plötzlich*.

Hoaler, der [zu mhd. heil (= gesund, heil; die Bedeutung knüpft daran an, dass das Wort auch verheilt (nach der Kastration) bedeuten kann] (Ehrwald): *ca. zweijähriger Ochse*.

Hoamat, die, **Hoamatl,** das [mhd. heimuote, heimot (= Heimat, Stammsitz)]: **1.** *Heimatgut, Elternhaus* **2.** *Heimat (als Lehnwort aus der Standardsprache)*.

hoamelen, hamala, huamelen ⟨hat⟩ [-eln-Ableitung von mhd. heim (= Haus, Heimat)]: *vertraut anmuten, heimelig sein, an die Heimat erinnern*.

Hoam|fora, der [eigentlich: Heimfahrer]: *guter Käse, der nach dem Almantrieb serviert wird*.

hoam|geign, hoam|leichtn ⟨hat⟩: *mit Nachdruck nach Hause schicken*.

in hoamischn: *heimlich*.

Hoam|reara, Hoam|plerra, der [1. Bestandteil: Heim zu mhd., ahd. heim, ursprünglich: Ort, wo man sich niederlässt; 2. Bestandteil: rearn bzw. plearn (siehe dort)]: *übertrieben mit seinem Heimatort verbundener Mensch*.

hoam|schtanzn, huam|schtanzn ⟨hat⟩ [präfigiertes Verb stanzen (= wegjagen, vertreiben)]: *mit Nachdruck nach Hause schicken*.

Hoam|treiber, Hoam|schtanzer, der [siehe hoamschtanzn] (ST, OI): *letzter Tanz bei größeren ländlichen Veranstaltungen; dauert meist lange und wird scherzhaft unrhythmisch gespielt, um die Leute heimzutreiben*.

Hoa(n)|gart, Hoa|gascht, Huan|gert, Huam|gorscht, der [mhd. heimgarte (= eingefriedeter Garten, trauliche Zusammenkunft außer Haus)]: *gemütliche Plauderei.*

hoan|gartn, hoan|gaschtn, huan|gertn ⟨hat⟩ [Verbalbildung zu mhd. heimgarte (= eingefriedeter Garten, traute Zusammenkunft von Bekannten außerhalb des eigenen Hauses)]: *entspannt plaudern:* beim Hoangartn kemmen di Leit zsamm.

Hoanzl, Hanza, der [aus dem Vornamen Heinz, der so häufig war, dass er auf Gegenstände übertragen wurde, die als Helfer/Diener dienten; siehe Huenzn] (ST, OI): *Gestell zum Heutrocknen.*

Hoarnga, der [zu Horn, Schatz kennt noch das Adj. hoangat als gehörnt und rauflustig] (Zillt.): *unguter Bub.*

hoaß ⟨Interj.⟩ [eigentlich: heiß]: *Schmerzensruf bei Verbrennungen.*

Hober: *siehe Håber.*

Hober|månn, der [eigentlich: Hafermann, weil das Gestell, das die Vögel fernhalten soll, häufig in Kornfeldern steht] (Ridn.): *Vogelscheuche.*

Hobich|wer, die [eigentlich: Habichtwehr] (Deutschn.): *Vogelscheuche.*

hoch-: *siehe hoach-.*

Hocke, die; Plural: Hockn [siehe Hocker, Bed. 2] (Pass.): **1.** *Garbenmännchen (bei niedrigem Getreide)* **2.** *Grummethäufchen.*

Hocker, Hockra, der; Plural: Hocker [mhd. hocker, hogger (= Buckel)]: **1.** *Haufen, Stapel* **2.** *Schemel* **3.** *kleines Häufchen.*

hockn: *siehe huckn.*

hofelig ⟨Adj.⟩: *vorsichtig, bedächtig:* Tua hofelig! (= Mach langsam, geruhsam, mach dir keinen Stress) Fahr hofelig! (= Fahr vorsichtig, fahr nicht zu schnell!).

hogl|buachn: *siehe håglbuachn.*

Hogl|moa, der, **Hogl|moa|kui,** die [siehe Hågmoar] (AT, Pfun.): *stärkste Kuh auf der Alm.*

Hog|moar: *siehe Hågmoar.*

hoi, hoila ⟨Interj.⟩ (ST): **1.** *Ausruf der Verwunderung oder Überraschung:* hoi, wos isch do los? **2.** *Kontaktpart.:* hoi, hock di her! **3.** *Grußwort zur Begrüßung:* hallo.

ho|ig ⟨Adj.⟩ [von Schatz zu mhd. heien (= wachsen, gedeihen) gestellt; siehe hoajen, koajig] (OT): *trübe, leicht nebelig.*

holendisch o|schiabm, holentisch ver|schwintn [Grimm vermerkt intransitives Verb abschieben (= einen Abstecher zur Seite machen) und Abschub (= Abstecher, Reise zur Seite); Herkunft der Redewendung allerdings unklar, einer der seltenen Belege findet sich in der zweibändigen Romanbiografie „Goethe" des 1878 in Bozen geborenen Albert von Trentini] (ST): *sich heimlich aus dem Staub machen.*

Hol(d)er, Holler, Hoja, der [ahd. holuntar, doch schon im Mhd. verkürzt zu holer, holder, neben holunter, holunder mit gleicher Bedeutung] (auch süddeutsch und österreichisch): *Holunder (Sambucus).*

Holer|hegge, Holder|staude, die [eigentlich: Hollerhecke; siehe Holer]: *Holunderstrauch.*

Holer|mandl, Hoja|mandl, das: *Brei aus Holunderbeeren mit Mehl und Birnen.*

Holer|muas, Holler|mandl|mu(a)s, das: *Brei aus Holunderbeeren mit Mehl und Birnen.*

Holer|muller, der (Deutschn.) oder die (La.) [wohl zu mhd. müllen (= zerstoßen, zermahlen)]: *Holundergelee (Hausmittel gegen Grippe und Husten).*

Holer|pfånne, Holer|pfånn|suntig, der (Pass.): *erster Sonntag in der Fastenzeit.*

holla, holle, holla|wint ⟨Interj.⟩ [laut Duden war holla ursprünglich ein Zuruf an den Fährmann zum Überholen]: *Ausruf der Verwunderung oder der Überraschung.*

Holler|staudn, die [siehe auch Holer]: *Holunderbusch.*

Holler|sulze, die (OT): *Holundergelee (Hausmittel gegen Grippe und Husten).*

Holpe, die [siehe holpet] (Pass.): *ungeschickte Frau.*

holpet ⟨Adj.⟩ [wohl zu holpern und holperig (= uneben und dadurch schlecht zu befahren)] (ST): *ungeschickt, unbeholfen.*

hol|bugat ⟨Adj.⟩ [1. Wortteil hohl; 2. Teil aus mhd. buoc (= Gelenk des Beins, Biegung)] (Zillt.): *o-beinig.*

Holz- als 1. Bestandteil von dialektalen Komposita: **Holzleg, Holzlegge,** (Zillt.) **Holzlin,** die (= Holzschuppen, Holzstapel); **Holz|plumme,** die (= Holzstapel); **Holz|rise,** die (= Schneespur zum Holzziehen); **Holz|schupfe,** die (= Brennholzschuppen); **Holz|treibm** (= Holztransport auf festem Boden).

Holz, das [wie standarddt. Holz zu mhd. holz (= Wald, Gehölz sowie Holz als Stoff); zusätzliche Bedeutung in Tirol]: **1.** *Holz* ❖ **Holz vor der Hüttn håm** [in Anspielung auf die Holzvorräte, die an der Frontseite eines Bauernhauses gelagert werden; laut Schatz waren die Rufe „Holz! Ho Holz! Holz ba der Hitt!" ursprünglich Rufe der Holzarbeiter zum gleichzeitigen Anpacken]: *vollbusig sein* **2.** *Wald:* obern Holz obm (= über der Waldgrenze).

Hölzl, Hötzl, das [Verkleinerung zu Holz] (NT, OT) ❖ **jemandem a Hölzl werfen:** *jemandem einen Hinweis geben, eine nützliche Anregung machen.*

hölzln ⟨hat⟩ [vielleicht zu Hölzl (= kleines Holz); dann wäre die ursprüngliche Bedeutung: so reden, wie wenn man ein Hölzl im Mund hat] (NT) (in D vor allem lispeln): *Zischlaute fehlerhaft aussprechen, da die Zunge an die oberen Vorderzähne stößt.*

Hone|bam, Hune|bam, der, Honebame [1. Bestandteil: mhd. han (= Hahn) aus germ. *kann (= singen), vgl. lat. canere)] (Pass.): **1.** *Sitzstange für Hühner* **2.** (veraltet) *Sitzstange im Plumpsklo.*

Honggn, Hokn, der; Plural: Hanggn, Hakn [siehe Hanggl]: *Haken.*

Hon|schritt, der [eigentlich: Hahnenschritt] (ST): *sehr kurze Zeitspanne.*

Hon|tritt, Hun|tritt, der [nach dem Abdruck der Kralle] (ST): *Schlittschuhschritt mit Schiern.*

Hopfn|stånge, Hopfn|stång, die [lange Stange, auf der Hopfen gezogen wird] (scherzhaft): *großer, hagerer Mensch.*

hoppn, hoppan, huppn, huppelen ⟨hat⟩ [wohl aus einem Ruf zum Heben; vgl. habelen]: *ein Kind aufnehmen und herumtragen.*

hopp nemmen ⟨hat⟩ [zur umgangssprachlichen Part. hopp (= Ausruf als Aufforderung, rasch zu springen, rasch aufzustehen, etwas rasch zu tun]: *verhaften, gefangen nehmen.*

hopp oder tropp [hopp zu hoppen (= hüpfen, springen); tropp vermutlich verwandt mit engl. drop (= fallen lassen, fallen)] (auch gesamtösterreichisch): *alles oder nichts.*

hops sein [vielleicht zu hoppern und hoppen (= sich auf- und niederbewegen); das Wörterbuch der elsässischen Dialekte vermerkt hops mit der Bedeutung schwanger (besonders unehelich) und „hops machen" mit der Bedeutung schwängern (besonders unehelich)] (derb): *schwanger sein.*

Hor: *siehe Hår.*

hor|la, hour|le(k), hour|lek|lek ⟨Interj.⟩ [2. Bestandteil von hourlek und hourleklek: laut Schatz zu Lecke (= Viehfutter aus Mehl, Kleie und Salz; dieses zu lecken (= schlecken)] (OI, Pfun.): *Lockruf für Schafe.*

hornigeln: *siehe oanigln.*

Horn|leare, die [eigentlich: Hornlehre]: *Hornkorrekturvorrichtung für Rinder.*

hornt, hornat ⟨Adj.⟩ [zu Horn]: **1.** *gehörnt:* a hornta Wider **2.** *raffiniert, abgebrüht, frech:* a hornta Lauser.

Hos|boan, die [mhd. hose + bōne]: *Saubohne, Bohne in der Schote.*

Hosl: *siehe Håsl.*

hoslin, hoselrer ⟨Adj.⟩ [Ableitung von mhd. hasel (= Haselstaude); siehe Håsl]: *aus Haselholz.*

Hosn, die: *Hose* ❖ **di Hosn umkearn:** *den Stuhlgang verrichten.*

Hosn|scheisser, der: *Angsthase.*

hossn, hossern ⟨ist und hat⟩ [mhd. hossen (= schnell laufen)] (ST, OI): **1.** ⟨ist⟩ *hüpfen, hopsen* **2.** ⟨hat⟩ *zittern, wackeln* **3.** ⟨hat⟩ *schaukeln (Kinder auf dem Schoß), schwingen* **4.** ⟨hat⟩ *sich krümmen vor Lachen.*

hott: *Zuruf an die Pferde, wenn sie rechts gehen sollen.*
hotta (Ehrwald) ❖ **der muss schian hotta** [wohl Infinitivbildung zu hott]: *der muss schön folgsam sein.*
Hottl, Huttl, die [zu Huder/Huttn, Nebenform von Håder; siehe dort; Bed. 3: siehe Wåsnhottl]: **1.** *Fetzen, Lumpen* **2.** *unordentliches Weib, beleibte Frau* **3.** (ST) *Kröte.*
Hottla, der (ST): *unordentlicher Mann.*
hottlat ⟨Adj.⟩ [siehe Hottl] (OI): *lumpig, zottig.*
hottln ⟨hat⟩ [siehe Hottl]: *schütteln.*
Hotze, Pfundra Hotze, der [mhd. hotzen, hossen (= schnell laufen, rutschen)] (Pfun.): *Spezialrodel (kurz, wendig).*
hou: *siehe ho.*
Huab, der [zu heben: was man (auf einmal) hebt] (Ehrwald): *Kostprobe, Happen.*
huam: *siehe hoam.*
huam|ziachn ⟨ist; unpersönliches Verb⟩ [eigentlich: heimziehen] (Ridn., Pf.): *wegbewegend wehen (von den Wolken), ein Schönwetterzeichen.*
huan: siehe hoan.
Huan|gert: *siehe Hoangart.*
Huanzl|bånk, die [zu Heinz: vgl. Hoanzl]: *Schnitzbank.*
Huanzn, die (Plural) [zu Heinz, Kurzform von Heinrich; siehe Hoanzl]: *Heumännchen.*
huarisch ⟨Adv.⟩ [mhd. huore (= Hure)]: **1.** *sehr, äußerst* **2.** *arg* **3.** *arg viel.*
Huarn-, Huarns-, verstärkend u. abwertend vor Substantiven: Huarns| årwet (= besonders unangenehme Arbeit); **Huarns|bagasch** (= Gruppe von Menschen, die besonders verachtenswert ist), **Huarn|vich** etc.
Huat, Huit, der [wie standarddt. Hut zu mhd. und ahd. huot, eigentlich: der Schützende, Bedeckende ❖ **der Huat brennt:** *es besteht höchste Gefahr; wir sind in größten Schwierigkeiten* ❖ **den Huat draufhaun:** *etwas aus Frustration oder Verärgerung aufgeben.*
Huat|schnur, die [zu ahd. huota (= Wache, Obhut), ahd. huoten (= bewachen, behüten, auf etwas achten); Schatz belegt Huet in der Bedeutung Weidebereich; die manchmal zu lesende Ableitung von Hutschnur im Sinne von Hutband ist verfehlt] ❖ **des geat mir über di Huatschnur** [eigentlich: das Rind, Schaf etc. geht über die mit Schnüren eingezäunte Weidegrenze hinaus]: *das geht mir zu weit.*
huckn, hockn ⟨ist/hat⟩ [Intensivbildung zu mhd. hūchen (= kauern, sich ducken, im Norden des Sprachraums in der Bedeutung kauern; gesamtdeutsch: in der Hocke sitzen etc.; Stubenhocker ist gesamtdeutsch] (auch süddeutsch und schweizerisch): **1.** ⟨ist⟩ *sitzen:* er hockt aufm Bodn, aufa Bank **2.** ⟨hat sich⟩ **(auch: sich hinhocken, sich herhocken, sich niederhocken)** (auch süddeutsch und österreichisch): *sich setzen.*

hock di her zu mir (= setz dich zu mir) **3. hockn bleibm:** *sitzen bleiben (statt heimgehen); in der Schule nicht in die nächste Schulstufe aufsteigen, repetieren.*

Huckn|bleiber, Hockn|bleiber, der [zu hockn bleibm] (auch bairisch): 1. jemand der allzulange im Wirtshaus sitzt 2. *Repetent.*

Huder, Hudern, der und die [laut Grimm schon im Mhd. bezeugt: mhd. huderwāt (= zerlumpte Kleidung); die Zugehörigkeit dieses Worts zu Håder ist evident, siehe dort]: *Lappen, Tuchfetzen.*

Huderer, Hudra, der, **Hudrarin,** die [Nomen Agentis zu Huder; siehe dort]: **1.** *Altkleidersammler* **2.** *schlampiger Mann, schlampige Frau.*

huderet, hudret ⟨Adj.⟩ [wohl ebenfalls zu Huder, siehe dort]: *schlaff, schwach auf den Beinen:* huderet beinånder sein (= sich ganz schlapp fühlen).

hudern ⟨hat⟩ [siehe hudln] (AT): *etwas schnell und oberflächlich machen.*

Hudler, Hudrer, der [zu hudln]: *jemand, der dauernd hudelt.*

hudln ⟨hat⟩ [zu Huder(n) und Hudel (= Fetzen), eigentlich: zerfetzen] (auch bairisch-österreichisch): *zu schnell und dadurch schlampig arbeiten, etwas schnell und unüberlegt machen* ❖ **lei nit hudeln!** *langsam, nur nichts überstürzen! Zeit lassen!* Nur it hudla, des gibt ledige Kinder!

hudra, hadra ⟨Adv.⟩ [sprachspielerisch zu hudeln] (AT): *schnell, geschwind.*

Huffe, Huf, die [mhd. und ahd. huf (= Hüfte); das -t- im nhd. Wort Hüfte ist jung] (ST): *Hüfte.*

Huggile, das [zu huckn] (Pf.): *gebückte Stellung* ❖ **Huggile måchn:** (= *unterwürfig sein*).

huier, hoier, huira, huir ⟨Adv.⟩ [ahd. hiuru, älter hiu jāru (= in diesem Jahr)] (auch süddeutsch und schweizerisch): *dieses Jahr, in diesem Jahr.*

hun-: *siehe auch hon.*

hu|naggisch ⟨Adj.⟩ [hahn-nackig; demnach 1. Bestandteil: mhd. han, hane (= Hahn)] (UI): *kampflustig, unerschrocken (besonders von Kleinen, die sich vor nichts fürchten).*

Hund, der [mhd. und ahd. hunt, alter indogerm. Tiername; dieses Tier steht laut Röhrich in Redensarten nicht nur für Wachsamkeit und Treue, sondern auch für das Bild des Elenden und Niederträchtigen]: **1.** *Hund* [die nachfolgenden Redewendungen sind gemeindeutsch, sie werden hier in der Tiroler Lautung angeführt, weil sie in Tirol recht häufg sind] ❖ **untern Hund:** *miserabel, höchst minderwertig, unter aller Kritik; in der Kartenspielersprache: Karten unter dem Unter* ❖ **aus jedn Dorf a Hund:** *bunt gemischt und nicht zusammenpassend* ❖ **jemanden an bucklatn Hund hoaßen** [bucklat (= buckelig]: *jemanden arg beschimpfen* ❖ **a brennter Hund** [brennt (= raffniert)]

(nicht abwertend, sondern eher anerkennend): *ein gerissener Kerl*
2. (ST) *Lore im Bergwerk* **3.** (ST) *Bündel von Ästen an einer Kette als Bremsvorrichtung unter den Kufen beim Heu-, Holz- oder Streuziehen.*

hu̯nd|aus|laitn ⟨hat⟩ [2. Wortteil: aus-läuten, weil man so den Hund zum Aufbruch bringt] (Ehrwald): *mit den Beinen baumeln von Kindern, deren Beine nicht bis zum Boden reichen;*
Hundia̯ner, der [zu Hund]: **1.** (abwertend) *Gauner* **2.** (nicht abwertend, sondern anerkennend) *unbekümmerter, frecher Kerl.*
Hu̯nd|kettn, die [ohne Fugen-s, weil es auf Bed. 2 oder 3 von Hund zurückgeht] (Pass.): *Bremskette an den Kufen des Schlittens.*
Hu̯ndling, Hu̯ntling, der [zu Hund mit Endung -ling; diese dient wie -ing zur Bildung von Zugehörigkeitssubstantiven] (abwertend): *niederträchtiger Mensch, Gauner.*
hu̯nds-, hu̯nts- als 1. Bestandteil von Adjektiven: *dient der Steigerung:* **hu̯nds|miad, hu̯nds|gemein, hu̯nds|ibl; ålle hunts|putt** (vgl. alle pot).
Hu̯nds-, Hu̯nts- als 1. Bestandteil von Substantiven: *bringt zum Ausdruck, dass etwas minderwertig ist:* **Hu̯nds|feilele** (= Leberblümchen, Hundsveilchen); **Hu̯nds|roas** (= Heckenrose); stark abwertend: **Hu̯nds|g|friß, Hu̯nds|wetter** etc. ❖ **ålle Hunds|minuten, ålle Hu̯nds|fetzatn** [zu fetzn, siehe dort; eigentlich: so oft der Hund markiert]: *alle Augenblicke, immer wieder.*
Hu̯nds|schåntn, die [ablautend zu schinden; eigentlich: Plagerei] ❖ **mit (ålle) Hu̯ndschåntn** *nur mit extremer Anstrengung, gerade noch.*
Hu̯ngch, der [siehe Henig; die u-Form geht auf ein erschlossenes germ. hunanga zurück]: *Honig.*
hu̯ntelen, hu̯nteln ⟨hat⟩ [zu Hund]: *unangenehm nach Hund riechen.*
hu̯ntn ⟨hat⟩ [zu Hund]: *ohne Schonung arbeiten.*
Hu̯pf, Hu̯pfer, der [Nominalbildung zum Verb hupfm; siehe dort]: **1.** *Hüpfer, kleiner Sprung* **2.** *kleiner, zarter Mann.*
hu̯pfm ⟨ist⟩ [mhd. huppen, hoppen, hüpfen]: *hüpfen, springen* ❖ **ghupft wia gschprungen:** *völlig egal* ❖ **hupf in Gatsch** *verschwinde.*
hu̯ppm, hu̯ppala ⟨hat⟩ [vgl. hoppn und happm]: *ein Kleinkind im Arm oder auf dem Schoß halten.*
Hu̯rgga, die [Herkunft unklar] (La.): *schwieriges Gelände, steile Wiese.*
Hu̯rl, die, **Hu̯rler,** der [zu hurn] (ST): *Windhose, Windstoß* (trägt das kurze Heu davon).
hu̯rn ⟨hat⟩ [mhd. hurren (= sich schnell bewegen)] (Deutschn.): **1.** *lautmalerisch für das Hagelgeräusch aus der Ferne* **2.** *zischend sausen.*
Hu̯rnågl, Hu̯rnigl: *siehe Oanigl.*

hurti ⟨Adv.⟩ [mhd. hurtec (= schnell, hurtig)]: **1.** (Deutschn.) *sehr:* des isch hurti fil (= das ist sehr viel) **2.** *schnell:* iatz ober hurti **3.** *viel:* du håsch hurti gnommen (= du hast viel genommen).

Huscher, der [wohl zu huschen, aber genauer Zusammenhang unklar; vielleicht Anspielung auf psychisch Kranke, die ruhelos auf und ab gehen]: *geistiger Defekt* ❖ **an Huscher håbm:** *verrückt sein, nicht richtig im Kopf sein.*

huschile ⟨Adv.⟩ [Herkunft unklar] (Pass.): **1.** *warm* **2.** *kuschelig.*

husig ⟨Adj.⟩ [wohl aus hussn] (AT): *schnell, geschwind.*

huss¹ ⟨Interj.⟩ [anstatt oder neben gleichbedeutend hussa und hussasa (beides gemeindeutsch); schon bei Oswald von Wolkenstein: „Nu huss, sprach der Michel von Wolkenstain"]: *Ruf zum Antreiben eines Hundes (besonders bei der Jagd).*

huss² ⟨Adj.⟩ [von der Interj. abgeleitet] (UI): *begierig auf etwas:* huss sein.

hussn ⟨hat⟩ [mhd. hussen (= sich schnell bewegen, hetzen, reizen); zu huss(a) (= Hetzruf für Jagdhunde)]: **1.** *hetzen* **2.** *es eilig haben* **3.** *bellen.*

hutschn, hutschn ⟨hat⟩ [zu einem Ausruf hutsch, der eine schwankende Bewegung andeutet] (auch süddeutsch und österreichisch): **1.** *schaukeln* **2.** *in den Schlaf wiegen* (z. B. ein Kind).

Huttl: *siehe Hottl.*

Huttler, der [zu Huttn, Hottl; vgl. auch Muller]: *Fasnachtsfigur in Nordtirol.*

huttlt, huttilit, huttilat, derhuttlt, derhottlt, derhuttert ⟨Adj.⟩ [zu Huttn]: **1.** *zerknittert, schlampig* **2.** (Sa.) *kalt, unfreundlich.*

Huttn, Hutte, der [zu Huder und Håder, siehe dort]: **1.** *Tuchlappen* **2.** *Rausch:* der håt wieder an Huttn kåpt (= er war wieder sturzbetrunken).

Hutz, Huz, Hutzer, Huzer, der (nach dem Lockruf; kindersprachlich oder scherzhaft): *junges Schwein.*

Huz, Hutzer treibn ⟨hat⟩: *ein Spiel (mit Stock und Blechbüchse).*

Hutzl|mandle, die (Plural) [Grund für die Benennung unklar] (Lecht.): **1.** *Fruchtstand der Waldreben (Clematis vitalba)* **2.** *Windröschen (Anemone nemorosa)* **3.** *eine Märchengestalt (zusammen mit Hutzlweibi).*

Hoade|zete, die [1. Bestandteil: siehe Hoade; 2. Bestandteil: mit Umlaut aus mhd. zote (= Zotte, Haarbüschel)]: *Hederich, Strauch der Heidelbeere.*

I

iada, aniader; iade, aniade; iads, aniads [iada aus mhd. ieweder, einer Verschmelzung von ahd. io und (h)wedar (= wer auch immer), meinte also jeder von uns beiden; erst in mhd. Zeit wurde das Wort auch für mehr als zwei verwendet; das iatweder (siehe dort) der Tiroler Dialekte lässt das frühere Stadium noch erkennen; die mit an- beginnenden Formen gehen auf die Erweiterung mit ein- zurück]: *jeder – jede – jedes.*
iam, im, eam ⟨Personalpron.⟩ [betonte Form; neben -m, -n]: *ihm.*
ianere: *siehe eanere.*
iat|weder, ia|pedere, ia|peder [mhd. iedeweder, ietweder (= jeder von beiden); p durch Assimilation des t- an das labiale -w] (ST, OI, OT, Zillt.): *beide, beide Teile.*
iatz, iatzat, iatzile, iazn ⟨Adv.⟩ [mhd. iezuo, iezunt, iezen, iezent (= gerade jetzt, eben, gleich darauf)]: *jetzt.*
iatz und ober ⟨Adv.⟩ (ST, OI): *sofort, auf der Stelle.*
iatza, iatz woll ⟨Interj.⟩: *Ausruf des Erstaunens.*
iatzig ⟨Adj.⟩ [mhd. iezec]: *jetzig, derzeitig.*
iaxn, iaxe, die [mhd. üehse, uohse (= Achselhöhle); der Vokal ia in der Dialektform geht auf umgelautetes uo zurück] (UI): **1.** *Achsel des Menschen* **2.** *Blattachsel* **3.** *Geiztrieb (entwickelt sich in der Blattachsel)* **4.** (Architektur) *Winkel zwischen Dachfläche und Wand; Dachkehle.*
iber, iwa ⟨Adv.⟩: *siehe über-.*
ibl, ibl-: *siehe übel.*
ichi ⟨Adv.⟩ [ein + her bzw. hin (Gegensatz aufgehoben); vgl. auch inner, innin-] (OI): *herein, hinein.*
Icktum, Ficktum, das [laut Haller/Lanthaler zu lat. ictus (= Schlag, Hieb)]
❖ **in an Icktum** (Pass.): *im Nu, im Handumdrehen: des hån i in an Icktum.*
Identitäts|kårt, die [Lehnübersetzung von ital. carta d'identità] (ST): *Personalausweis.*
Ilge, Gilge, die [mhd. lilje (= Lilie); aus lat. lilia, Plural von lilium; laut Duden aus einer Sprache des östlichen Mittelmeerraums; vgl. ital. giglio]: *Lilie (Lilium).*
Ilm, die [mhd. elme, ilmboum, entlehnt aus oder urverwandt mit lat. ulmus (= die Rötliche, Bräunliche, nach der Farbe des Holzes)] (Bozner U-Land): *Ulme (Ulmus), auch Rüster genannt;* Pflanzengattung in der Familie der Ulmengewächse *(Ulmaceae).*
im (OI), **imene** (ST) ⟨Personalpron.⟩ [Langform als Pluralisierung des Dat. Sing. im: vgl. iam]: *ihnen.*

i̱mile, i̱milin ⟨Personalpron.⟩ [dissimilierend aus imene, siehe im] (Pass., Pfun.): *ihnen* (Dat. von sie): des keart imilile; håsch es imilin gebm?
i̱mile ⟨Possessivpron.⟩ (Pass., Pfun.): *ihr, das Ihre* (Plural): ålle solln imile Toal kriagn, isch des imile Godn oder enkrerigs.
i̱miliger, i̱milige, i̱miligs (Pass.), i̱miniger, i̱minige, i̱minigs (Ridn.) ⟨Possessivpron.⟩: *ihrer, der/die/das ihre:* nimm dein Zuig und låss imiligs in Rua.
I̱mpe, I̱mp(m), die [mhd. imbe, impe, imme; ahd. impi, von dem auch das Wort Imker kommt] (UI): *Biene.*
I̱mpinger, der [Ableitung von Impe, siehe -inger]: *Imker.*
i̱mpirg ⟨Adj.⟩ [laut Schatz zu ahd. innapurio (= der Einheimische, der im Haus Geborene)] (ST): *sich zurückhaltend:* ein impirger Mensch (= ein wortkarger, verschlossener Mensch).
i̱n-, I̱n-, als **Präfix** (Lautform in ST): *siehe ein-.*
i̱n auch **an, -n** ⟨bestimmter Art. im Dat./Akk. Singular (mask.)⟩ [aus dem Nasal des Akk.-Art. mit vorausgehendem Vokal; wenn dieser zu a wird, fallen best. und unbest. Art. zusammen (siehe an)]: *dem, den:* I håb in/an/n Bauern gsechn (= ich habe den Bauern gesehen); i håbs in/an/-n Bauern ge(b)m (= ich habe es dem Bauern gegeben).
I̱n|brenn, die [zu Einbrenn(e), in D.: Mehlschwitze]: *in Butter oder anderem Fett leicht angebräuntes Mehl, oft mit Zwiebeln.*
i̱nda, a(n)da ⟨bestimmter Art. im Dat./Akk. Singular (fem.)⟩ [siehe in]: *der:* i håbs inda Bäurin gsågt (= ich habe es der Bäurin gesagt).
i̱n di, a̱ di, i̱n'd [tritt an die Stelle des bestimmten Art. im Dat. Plural]: *den:* in di Leit vertrauen (= den Leuten vertrauen)].
in|ga̱ling, inder|ga̱ling: *siehe angaling.*
I̱n|greisch, I̱n|gereische, das [mhd. ingeriusche (= Eingeweide); zu geriusche (= Geräusch)] (ST, OT): *Eingeweide.*
in|kasini̱art ⟨Adv.⟩ [ital. incasinato] (ST, OI): *durcheinander.*
in|kazzi̱art, in|gazzi̱art, derka̱tzt ⟨Adv.⟩ [ital. incazzato] (ST): *wütend, verärgert.*
in|ke̱it ❖ in|ke̱it låssn: *siehe Keit.*
i̱n|koidn, i̱nkoin ⟨hat⟩ [ein + mhd. kiuwen (= kauen)]: *wiederkäuen.*
i̱n|kuliarn [ital. inculare] (ST): *betrügen, übervorteilen.*
I̱nnat, das [zu innen] (Zillt.): *Kammer.*
der i̱nner ⟨Adj.⟩: *inner* ❖ **der indere Wind** (Ötzt.): *Südwind.*
i̱nner ⟨Adv.⟩ [ein + her] (ST): *herein.*
i̱nnin, i̱nhn ⟨Adv.⟩ [ein + hin] (ST): *hinein.*
i̱nnin-, i̱nni-, i̱nhn-, i̱nn- (ST), i̱chi- (OI) **als Präfix bei Verben:** i̱nnin|haun (= hart stürzen); i̱nnin|legn (= hereinlegen, betrügen); i̱nnin|pfitschn (= hineinsausen); i̱nnin|schliafn (= hineinschlüpfen); i̱nnin|schmiarn (= jemand zu Boden werfen oder schlagen; hinfallen).

innin|giboit ⟨Adj.⟩ [mhd. boie (= Fessel) aus lat. boja] (La.): *in dicke Kleidung gezwängt.*

inslat, das [mhd. unslit, das auf ein erschlossenes *ungislahti (= Schlachtabfall) zurückgeht): *Rinderfett.*

inte, inde, die [möglicherweise zu mhd. ingetüeme (= was im Körperinneren geschaffen ist, Eingeweide)] **1.** (Pfun.) *Stimmung, Laune* **2.** (Zillt.) *Groll, versteckter Zorn.*

inwelch ⟨Adj.⟩ [Herkunft unklar]: *unsozial, stur.*

inzl, der [wohl zu innen, Schatz kennt Innet in der Bedeutung Kammer] (OT): *dunkler Wohnraum.*

irch, das [mhd. irch, irh (= Bock, weißgegerbtes Leder, besonders von Gämsen, Hirschen, Rehen), ahd. irch, zu lat. hircus (= Bock)] (UI, Pfun., Deutschn.): *fein gegerbtes Leder von Böcken oder Wildtieren.*

irn, die [mhd. irn, ürn, yrm (= ein Flüssigkeitsmaß, besonders für Wein); Ausgangspunkt ist lat. urna] (ST): **1.** *gebindertes Gefäß, Waschbottich* **2.** *Weinmaß.*

irn, irrn ⟨hat⟩ [mhd. irren (= behindern, irren)]: **1.** *irren* **2.** *beirren, behindern, stören:* der Rucksåck irt mi nit.

isl, der [mhd. üsel (= Asche, Funkenasche, Aschenstäubchen] (Zillt.): *Unrat, Kehricht.*

isl|miatig ⟨Adj.⟩ [vgl. Isl] (Zillt.): *verzagt, mutlos.*

isse, iss, die [Herkunft unklar] (ST): *Waldwiese.*

isslig ⟨Adj.⟩: *empfindlich, schnell beleidigt.*

it, itte, ẹtte [statt nit, nitte; laut Schatz möglicherweise eine Nachwirkung von mhd. iht (= irgendwas), das in Nebensätzen nicht bedeuten konnte] (ST, OI): *nicht:* „Miar lese it, miar rechna it. Miar kenna ou it schreibe. Miar braucha kuane Lehrer it, miar wölla Dolba bleibe!" (Aus dem Lied: „Miar Oberländer fölsaföscht").

itaker, der [zu Italien] (regional auch in D) (abwertend): *Italiener.*

iwa|schi, iber|schi ⟨Adv.⟩ [eigentlich: über sich hin]: **1.** *aufwärts, steil empor* **2.** *darüber, an der Oberfläche:* es Hei is lei iwaschi trockn.

iwa: *siehe über-.*

iwahạps: *siehe überhaps.*

J

Jach|wind, der [1. Teil laut Schatz (der noch Formen mit -au- und -o- verzeichnet) zu sloven. jug (= Süden, Mittag; vgl. Jause)] (OT): *Föhn.*
jachn ⟨hat⟩ [siehe Jachwind] (OT): *tauen.*
jagern ⟨hat⟩ [im Gegensatz zu jagen eine Verbalableitung von Jager (= Jäger)]: *auf die Jagd gehen.*
jaget ⟨Adj.⟩ [zu jagen] (Pass.): *aufnahmebereit (beim Schaf).*
Jågges-, Jåggis-, als Präfix [aus Jakobus; meist bezogen auf den Jakobstag am 26. Juli] (ST, Alp.): **Jåggis|epfl** (= frühreifender Apfel); **Jågges|hitze** (= Hitzeperiode Ende Juli); **Jågges|bire** (= Frühbirne); **Jåggis|brockn** (= großes Stück; vgl. Apostlbrockn).
Jåggiser, der [siehe Jågges-] (ST): *Frühkartoffel.*
jågn, jogn ⟨hat⟩ [wie standarddt. jagen zu mhd. jagen, ahd. jagōn, Herkunft unklar]: **1.** *in der Brunft sein (vom männlichen Tier)* **2.** *auf die Jagd gehen* **3.** *Verjagen* **4.** *im Kartenspiel bluffen (gute Karten vortäuschen, um den Gegner in die Flucht zu schlagen).*
Jån: *siehe Jon.*
jå|nambli|woll ⟨Adv.⟩ [verschliffen aus ja + nämlich + wohl] (ST, OI): *ja, freilich.*
Jangger, der [zu Janker (= kurzes Obergewand); ursprünglich nur für Frauen; Herkunft unklar; ein Zusammenhang mit Jacke ist nicht erwiesen] (auch bairisch-österreichisch): **1.** *aus Schafwolle gestrickte Jacke* **2.** *Trachtenjacke* **3.** *leichte Jacke; Weste.*
jarig ⟨Adj.⟩ [eigentlich: jährig]: *einjährig (von einem Tier).*
Jarling, der; Plural: Jarlinge [eigentlich: Jährling]: *einjähriges Tier (vor allem bei Ziegen und Schafen).*
Jarz, der; Plural: Jarzn [Herkunft unsicher; Schatz kennt die Wendung *jahrzeiten* oder *es ist Jahrzeit* für ein einjähriges Vieh] (Pass.): **1.** *junger Bock* **2.** *herumtollendes Kind.*
jarzn ⟨ist⟩ [zu Jarz] (Pass.): *herumtollen, herumspringen.*
jassn ⟨hat⟩ [im Niederländischen ist jass eine Spielkarte, nämlich der Trumpfbauer; laut Kluge/Seebold vielleicht gekürzt aus niederländisch paljas (= Hanswurst, Bajazzo); mit Blick auf ähnliche Bezeichnungen in anderen Kartenspielen, z. B. franz. fou (= Narr) im franz. Tarock; das Kartenspiel Jassen ist vor allem im alemannischen Raum verbreitet; in Tirol wird es im Tiroler Oberland und im Vinschgau gespielt] (ST): *das Kartenspiel Jassen spielen.*
Jausch, Jaisch, der [Herkunft unklar]: **1.** (Pass.) *Sprühregen bei Sonnenschein* **2.** *vom Regen verursachte Apfelkrankheit.*

jauschn ⟨hat⟩ [zu Jausch, siehe dort] (Pass.): *im Sonnenschein fein regnen.*

Jause, Jausn, die [mhd. jūs; zu slowen. južina (= Mittagessen)] (auch österreichisch): *Zwischenmahlzeit am Vormittag oder Nachmittag.*

Jausn|gegner, der (NT) (auch österreichisch): *nicht ernstzunehmender Gegner im Sport.*

Jausn|station, die [1. Bestandteil: siehe Jause]: *kleine Gaststätte.*

je, oje ⟨Interj.⟩ [wie oje entstellt aus lat. Jesu domine (= o Herr Jesus!); siehe jessas]: *Ausruf des Erstaunens, Bedauerns oder Erschreckens.*

jechi ⟨Adj.⟩ [-ig-Ableitung von mhd. joch (= Joch), ahd. joh, juh, weitere Herkunft unklar, vielleicht ursprünglich: zusammenbindend] (Deutschn.): **1.** *verwachsen, faserig, verknorpelt (von Holz)* **2.** *abgearbeitet, müde.*

Jechl, Jechö, das [Diminutiv von Joch]: **1.** *Querholz beim Schlitten* **2.** *der obere Griff des Sensenstiels* **3.** *schmaler Bergübergang.*

jegge, jegges|mein, jegges|na ⟨Interj.⟩ [verhüllend aus jesses (= Jesus)]: *Ausruf des Erstaunens oder Bedauerns.*

jesis|lumin obm (Pass.), **jesch|ges lumen** (Ritten) ⟨Interj.⟩ [aus dem Namen Jesus und liturgischem lat. lumen]: *Ausruf des Erstaunens oder Bedauerns.*

jessas! jessas na! jessas|maria|und|josef! jesses|ba|toge! ⟨Interj.⟩ [entstellt aus Jesus + Zusätzen: Maria, Josef bzw. bei Tage]: *Ausruf des Erstaunens oder Erschreckens.*

Jet, Jed, Jete, das [verkürzt aus Jetach, Ableitung mit dem Kollektivsuffix -ach aus dem Verb mhd. jeten, geten, ahd. jetan, getan] (NT, Pf.): *Unkraut.*

Jetach, das [siehe Jet] (Matrei): *Unkraut.*

joa[1] ⟨Part.⟩ [eigentlich: ja] (ST, OI): *ja (betont).*

joa[2] ⟨Adv⟩ [eigentlich: ja] (ST, OI): *freilich, natürlich:* davon håt er joa nicht wissn welln.

joa nit, jo ned ⟨Part.⟩ [eigentlich: ja nicht]: *auf keinen Fall.*

Joch, Joch, das; Plural: Jecher [mhd. joch, ahd. joh, eigentlich: Zusammenbindendes; gesamtdeutsch sind folgende Bedeutungen: auf der Stirn bzw. dem Nacken aufliegender Teil des Geschirrs bei eingespannten Ochsen; etwas, wodurch die Freiheit eingeschränkt ist; Einsattelung im Kamm eines Gebirges, häufig in Ortsbezeichnungen wie Brandjoch, Kreuzjoch etc.] **1.** *Pass, Übergang* **2.** *Bergrücken* **3.** (ST) *Baujoch (im Bergwerk, das Gebälk für die Seitenpfähle des Ganges, damit er nicht von oben einstürzen kann).*

Joch|geier, der: *Bartgeier (Gypaetus barbatus) oder Lämmergeier; Greifvogel aus der Familie der Habichtartigen (Accipitridae)* ❖ **schrein wia r a Jochgeier:** *laut schreien.*

jodln: *siehe jorla.*

Jon, Ju(n), der [mhd. jān (= Reihe gemähten Grases oder geschnittenen Getreides), aus franz. gain, gagner] (ST): **1.** *Streifen im Feld, der beim Mähen oder Jäten entsteht* **2.** *Teil der zu bearbeitenden Wiese oder des Ackers* **3.** *Sichelbreite beim Roggenschneiden.*

Johanns- [wie Johann, aber mit der älteren Betonung auf der zweiten Silbe] (NT): z. B. **Johanns|kirche** (in Imst), **Johanns|beere** (= Johannisbeere) etc.

Joppe, Joppm, Jupp, die [wie standarddt. Joppe zu mhd. jope, joppe, juppe (= Jacke, Stück der Rüstung), laut Duden zu altital. giuppa, aus span. aljuba, dieses zu arab. (al)ğubbah (= wollenes Unterkleid)]: *ländliche Männerjacke.*

Jor|kalb, das [eigentlich: Jahrkalb] (Pass.): **1.** *einjähriges Kalb* **2.** *alberner, übermütiger Mensch.*

jorla ⟨hat⟩ [wie jodeln (oder juzen) vermutlich aus einem Jodelruf (jo!) abgeleitet] (Ehrwald): *jodeln.*

Jor|schtelder, die (Plural) [1. Bestandteil: Jahr; 2. Bestandteil: wohl zu stellen] (Pass.): *Jahresringe des Baums.*

Josele, das [Diminutiv von Josef] (OI, Ridn.): *Rote Lichtnelke (Silene dioica), auch Rotes Leimkraut, Rote Nachtnelke, Rote Waldnelke, Taglichtnelke oder Herrgottsblut genannt.*

Joseppm|hackl, das; Plural: Joseppmhackler [eigentlich: Josefshacke nach der Überzeugung, der heilige Josef sein ein Zimmermann gewesen; 1. Bestandteil: Vermengung der Langform Josef und der dialektalen Kurzform Sepp] (Pass.): *kleine Zimmermannshacke.*

Juchetzer, Juchetzer, Juchz(g)er, der [siehe juch(et)zn]: *Jauchzruf (aus Freude oder zur Verständigung über größere Distanz):* „Und a Sprung übers Wasserl, a Juchezer drauf, und an Klopfer åns Fenster, liabs Diandl, måch auf (Aus dem Lied „Und a Sprung übers Wasserl", ein in ganz Österreich, besonders in Kärnten, Salzburg und Tirol verbreitetes Volkslied, SsÖ, S. 310).

juchetzn, juzn, juchzn ⟨hat⟩ [eigentlich: juch rufen: durch die Verbindung der Interj. juch mit dem Suffix -etzen entstanden]: *Jauchzrufe ausstoßen.*

Judas, der [nach Judas Ischariot im Neuen Testament; der Name steht standarddt. für Verräter; zusätzliche Bedeutung in Südtirol]: **1.** *Verräter* **2.** (Pass.) *absplitternder Span, der das Einrasten des Querholzes in eine Kerbe verhindert.*

juscht, juschtla ⟨Adv.⟩ [aus lat. juste (= angemessen, gehörig), zu justus (= dem Recht gemäß)]: *gerade jetzt.*

Jutte, Juttn, die [Herkunft unklar] (Zillt., Alp., AT): **1.** *Molke* **2.** *ungesalzene Suppe* **3.** *Schweinetrank.*

Juzer: *siehe Juchetzer.*

Kabiner(e), Karbiner, der; Plural: Kabinere, Karbinere [ital. carabiniere]: *Carabiniere, italienischer Polizist.*
Kabinatl: *siehe Karbenatl.*
kachetzn ⟨hat⟩ [vgl. kachlen] (OI): *laut lachen.*
Kåchl, Kåche, die, auch der [mhd. kachel(e), ahd. chachala (= irdener Topf); mit lat. und griech. Wurzeln; in D nur mit der Bedeutung Ofenkachel]: **1.** *Fliese* (z. B. im Badezimmer) **2.** *irdener Topf* **3.** *Nachttopf* **4.** (NT) (derb) *Vulva* **5.** (NT) (abwertend, derb) *Schimpfwort für eine Frau* (meist: ålte Kåchl).
kåchlen, kåchln ⟨hat⟩ [mhd. kachen (= laut lachen), ahd. cachazen; wohl zu lat. cachinnus (= lautes Lachen)] (ST): *kichern, dumm lachen.*
Kåchler, der: *Hafner.*
kåd: *siehe gråd.*
Kaffee, Kafee, der [in Gesamttirol wie in Ö immer endbetont]: ❖ **des is nit mei Kaffee:** *das geht mich nichts an / interessiert mich nicht.*
Kaffee|haus, das [älter: Coffeehaus, Lehnübersetzung aus engl. coffeehouse; wird aber in Österreich nicht verwendet, wenn ein spezifisches Lokal gemeint ist, z. B.: „Treffen wir uns in einem Kaffehaus?" – „Ja, im Café Central!"; steht in Südtirol in Konkurrenz zu einer Bar nach italienischem Muster]: *Gaststätte, wo neben einigen klassischen Speisen besonders Kaffee ausgeschenkt wird und Zeitungen und Magazine aufliegen.*
Kaffeetscherl, das [mit der Endung wird der emotionale Bezug zum Ausdruck gebracht] (NT): *Kaffee.*
kafn, kaffn ⟨hat⟩ [Bed. 1 und 2 wie standarddt. kaufen aus mhd. koufen, zu lat. caupo (= Wirt, Händler); Bed. 3 unklar, am ehesten verhüllend, vielleicht auch mit ge-Präfix aus mhd. houfen, hüfen (= häufen, cumulare)]: **1.** *kaufen* **2.** (Pass.) ❖ **zin Essn kafn:** *im Gasthaus essen* **3.** *schwanger sein:* si kaft (= sie erwartet ein Kind).
Kagschter, der [aus Kaschgar, siehe dort] (OI, Ridn.): *hölzerne Käseform.*
Kaiser- als **1. Bestandteil von Wörtern** [aus dem Namen Caesar, entlehnt zu einer Zeit, als das lateinische Wort noch kaisar gesprochen wurde] (auch bairisch-österreichisch): *drückt in Bildungen mit Substantiven aus, dass etwas besonders fein ist:* **Kaiser|fleisch** (= geselchtes Bauchfleisch mit besonders saftiger Schwarte); **Kaiser|teil** (= bestes Schnitzelfleisch vom Schwein; Schale); **Kaiser|schmarren** (= Schmarren aus gerissenem Omelettenteig mit Staubzucker und oft auch mit Rosinen bestreut).

-kaiser, der, **als 2. Bestandteil** (oft ironisch): *drückt in Bildungen mit Substantiven aus, dass jemand der Oberste, der Erste in einer Gruppe ist* ❖ **Dorf|kaiser.**

Kaki|epfl, der [eigentlich: Khaki-Apfel] (ST): *Frucht des Khakibaums (Diospyrps kaki).*

kakkio [ital. cacchio (= Donnerwetter!)]: *Ausruf des Erstaunens, der Be- oder Verwunderung.*

kal, kale ⟨Adj.⟩ [Herkunft unklar; von Schatz trotz der Lautung zu ahd. (= kahlköpfig, kahl) gestellt]: **1.** *kahl* **2.** *ausgehackt (vom Wald)* **3.** (La.) *heikel (in Bezug auf das Essen).*

Kalbl, Kaiwi, Kalble, das: *kleines Kalb* ❖ **schaun wia r a agschtochns Kalbl:** *dümmlich und starr dreinschauen* ❖ **is di Kua hin, soll's Kalbl a hin sein:** *jetzt ist alles egal.*

kalbm, kåewan, kalblen, kelbern ⟨hat⟩ [zu Kalbl]: *kalben, kälbern.*

Kål|fåkter, der [ursprünglich: jemand, der mit dem Einheizen betraut ist (z. B. Hausmeister), zu lat. cal(e)facere (= warm machen, einheizen); vermutlich gesamtdeutsch] (NT) (abwertend): *jemand, der für andere untergeordnete Hilfsdienste verrichtet.*

kalmo, kalmati [ital. calmo (= gelassen)] (ST): *bleib ruhig, beruhige dich.*

kåln, koln, kåin ⟨hat⟩ [aus mhd. kallen (= laut sprechen, schwatzen; singen; krächzen)]: **1.** *bellen* **2.** *heiser husten* **3.** *keuchen* **4.** *schreien, laut schimpfen.*

kåltn, kåjtn ⟨hat⟩ [aus mhd. gehalten (= sich halten, aufbewahrt bleiben; festhalten, bewahren); vgl. aufkåltn (= aufbewahren)]: *behalten.*

Kaminer, der [Ableitung von mhd. kamin, kemin (= Schornstein), entlehnt aus lat. caminus (= Feuerstelle, Esse, Herd)]: *Fasnachtsfigur mit eingeschwärztem Gesicht.*

Kamin|wurz, die [siehe Kaminer]: *hartgeselchte, kleine Dauerwurst.*

kamott: *siehe komott.*

Kamott|kåschtn, der; Plural: Kamottkåschtna [frz. commode (= bequemer Kasten)]: *Kommode.*

Kampl[1], Kampi, der [mhd. kamp, kambe, kamme; kein Diminutiv von Kamm (siehe das Genus), sondern wie bei anderen Gerätebezeichnungen (Hebel, Schlegel, Löffel) aufs Verb zu beziehen, daher maskulin]: *Haarkamm.*

Kampl[2], der [zu Kämpe; ein norddeutsches Wort, verwandt mit Kämpfer]: *netter Kerl, angenehmer Kerl:* ein fescher Kampl (= ein schöner Mann).

Kanari, der [benannt nach den Kanarischen Inseln, Herkunftsort des Vogels]: *Kanarienvogel (Serinus canaria forma domestica).*

Kandl, Ko(n)dl [mhd. kanel (= Rinne, Kanal) aus lat. canalis; vgl. Kendl]: *Holzrinne (aus einem Baum gehauen).*

kaniffla: siehe *karniffln.*
kånt ⟨Adv.⟩ [ge + Hand]: *zutraulich.*
kånzln ⟨hat⟩ [wie abkanzeln zu Kanzel]: **1.** *scharf tadeln* **2.** *kuppeln.*
Kapare, Kaparra, Kapari, die [ital. caparra (= Bürgschaft), alte ital. Entlehnung] (ST, Ehrwald): *Anzahlung.*
Kapazunder, der [Mischung aus Kapazität und Wunder] (meist scherzhaft): *Spitzenkönner, herausragender Fachmann auf einem bestimmten Gebiet.*
Kåpfer, Kåpferer, der [mhd. kapfen (= ausschauen) (NT): *Dachfenster, Luke, Dachvorbau.*
Kapinocke, die [Herkunft unklar] (Pf.): *Kuhschelle oder Küchenschelle (Pulsatilla).*
Kapo, der [ital. capo, franz. caporal (= Unteroffizier)]: **1.** *Chef, Vorarbeiter, Anführer* **2.** *jemand, der gern andere herumkommandiert.*
Kappl|ständer, der [1. Bestandteil: Verkleinerung zu (Uniform)kappe; 2. Bestandteil analog zu Kleiderständer] (NT) (scherzhaft, abwertend): *Polizist.*
Kapritze, Kapritzn, die [zu franz. caprice (= Laune, Spleen)]: *eigensinnige Laune.*
Kapuziner, der [ein franziskanischer Bettelorden der römisch-katholischen Kirche; der Name leitet sich von der markanten Kapuze ab; zusätzliche Bedeutungen in Tirol]: **1.** *Kaffee mit etwas Milch* **2.** *Schleim im Rachen, Heiserkeit* **3.** *Kapuzinerkresse.*
Karacho, Karatscho, das [zu span. carajo (= derber Fluch, eigentlich: Bezeichnung für den Penis); laut Kluge/Seebold von der Wendung al carajo contigo (= Geh zum Teufel!) abgleitet]: *große Geschwindigkeit, Heftigkeit:* mit an mords Karacho.
Karatn, das [zu Karantanien, eine alte Bezeichnung für Kärnten] (Pust.): *Kärnten.*
karawatschn, krawatschn ⟨hat⟩ [eine Karbatsche ist eine aus ledernen Riemen oder Hanfseilen geflochtene Peitsche mit einem kurzen Holzstiel; sie diente früher als Ochsenziemer, heute vor allem für das Karabatschenschnelln in der Fasnacht; vermutlich aus einer Turksprache über das Slawische ins Deutsche gelangt] (auch süddeutsch und österreichisch): *peitschen, schlagen.*
Karbenatl, Karmenatl, Gramenatl, das [zu franz. carbonade bzw. ital. carbonata (= auf dem Holzkohlenrost Gebratenes); mit Verkleinerungsendungs -l; vgl. ostösterreichisch, aber veraltet Karbonade und Karbonadl (= gebratenes Kotelett)] (Pust., OI): *Fleischlaibchen, Frikadelle.*
Kariggl, der [lat. cuniculus] (Bozner U-Land): *Durchzugskanal unter Straßen zum Ablaufen des Wassers.*

karisiarn, karossiarn ⟨hat⟩ [franz. caresser (= liebkosen)]: **1.** (ST) *Zärtlichkeiten austauschen* **2.** (Ehrwald) *flirten* **3.** (Bozner U-Land) *leichtfertig lieben, anhimmeln.*

karniffln, karnifln, kaniffla ⟨hat⟩ [nach dem Karnöffel-Spiel, einem der ältesten deutschen Kartenspiele (15./16. Jh.)] (OT, OI, Ehrwald): *schlagen, strafen.*

Karpf, der [lautlich entstellt zu ital. carabiniere] (ST) (scherzhaft, salopp): *Carabiniere.*

karrassig: *siehe korassig.*

Kårrn, Kå(r)n, Kårre, der; Plural: Karrn [mhd. karre, ahd. karro, zu lat. carrus (= vierrädriger Wagen, Karre); aus dem Keltischen] (auch süddeutsch und österreichisch; sonst: die Karre): **1.** *zweirädriger (Hand)wagen* **2.** *schlechter Wagen (auch Auto).*

Kårrner, Kå(r)ner, der [eigentlich: Karrener; Ableitung zu Kårrn, siehe dort]: **1.** (ST) *Bevölkerungsgruppe aus dem Vinschgau* [sie bestand aus verarmten Bauern und Tagelöhnern, die bis in die Mitte des 20. Jh. mit zweirädrigen Karren als Wanderhändler durchs Land zogen; als Fahrende wurden sie von der ansässigen Bevölkerung verachtet und mit den „Zigeunern" gleichgesetzt; der Maler und Dichter Luis Stefan Stecher hat ihnen in seinem Gedichtband „Korrnrliadr" ein literarisches Denkmal gesetzt: „Olli Korrnr liagn,/ hotr Korrnr gsogg. / Oovr umti Woorat / Wäarpma ioo nia gfrogg."] **2.** *fahrendes Volk, Vagabunden* **3.** *Mensch mit schlechtem Benehmen:* du Kårrner! (= du ungezogener Kerl!), das sind Kårrner (= das ist ein Gesindel) ❖ **kårrnern, streitn wia di Kårrner:** *wild und ungehobelt streiten* **4.** (Ridn.) (abwertend) *Ausländer allgemein.*

Kårrner|gulasch (NT), **Kårrner|bratl** (OT), das: *Kartoffelgulasch.*

kartatschn ⟨hat⟩ [aus dem Romanischen; vgl. franz. cardasse; zu lat. carduus (= Distel), weil Disteln die ersten Karden waren]: *Wolle zerzausen, lockern.*

Kårter, Kåschta, der [zu (Spiel)Karte]: **1.** *Kartenspieler* **2.** *Kartenpartie:* an Kårta måchn.

kårtn, kårtnen, kåschtn ⟨hat⟩ [zu (Spiel)Karte]: *Karten spielen.*

Karwendl, der: *siehe Grawendl.*

Kaschgar, der [aus ahd. kāsikar (= Käsegefäß); siehe auch Kaser] (Anras, Pfun.): *hölzerne Käseform.*

Kaschperl, Kaschperle, der [Kaschperl ist auch bairisch-österreichisch; in D ansonsten Kasper und Kasperle): **1.** *lustige Figur mit roter Zipfelmütze im Volkstheater oder im Puppenspiel* **2.** *Mensch, der nicht ernstzunehmend ist:* Klassenkaschperl.

Kaschperl|theater, das: **1.** *Theater, in dem Stücke mit der Figur des Kasperls aufgeführt werden* **2.** *lächerliche Angelegenheit* ❖ **då geat's zua wia r in an Kaschperltheater:** *da geht es drunter und drüber.*

kåschpern ⟨hat⟩ [zu Kaspar, Kasperl]: *sich albern benehmen, scherzen.*
Kaser, der [Nomen Agentis zu kasn (siehe dort); dieses zu mhd. kæse, ahd. chāsi, kāsi, zu lat. caseus, eigentlich: Gegorenes, sauer Gewordenes]: **1.** *mit der Käsezubereitung beauftrager Almer* **2.** (OT, Sa.) *Alpenwiese mit Hirtenhütte.*
Kaser, Kasso, die [ebenfalls zu Käse, 1. Teil eines Kompositums wie Kaserhütte]: *Sennhütte.*
Kaser|mandl, das [2. Wortteil Deminutiv von Mann; als Gegenstück wurde auch das Kaserweibl erfunden]: *sagenhafter Winterkobold auf den Almen:* „Auf der Umbrückler Ålm hockt a Kasermandl. Dös hockt gånz verstohl'n hintern Eisnpfandl. / A gånz a kloans Löterl / des kocht dir a Muaß / und wenn d' davon ißt / håcht du s'Gsicht voller Ruaß ..." (Aus dem Lied „Auf der Umbrückler Ålm hockt a Kasermandl").
Kasettl, das [Diminutiv von Korsett] (UI): *Trachtenhalstuch, das über die Brust reicht.*
kasig, kas|weiß ⟨Adj.⟩ [zu Käse]: **1.** *käsebleich* **2.** *unbehaglich.*
Kasino, das [ital. casino (= Durcheinander)]: *Durcheinander, Chaos.*
Kas|loabm, der [Käselaib]: **1.** *Käselaib* **2.** *langweiliger Mensch.*
kasn ⟨hat⟩ [siehe Kaser, der]: *Käse herstellen.*
Kas|pappele, das [1. Bestandteil: Käse; 2. Bestandteil: mhd. papele, papel (= Malve); Malven werden dialektal auch Pappeln genannt (siehe Påppl), dies bezieht sich nicht auf die gleichlautenden Pappelbäume, sondern auf die käselaibförmigen, schleimhaltigen Früchte der Malve, aus welchen früher Kinderbrei (= Papp) zubereitet wurde (siehe Pappele)]: *Wilde Malve (Malva sylvestris), auch Große Käsepappel genannt.*
kassig, ghassig ⟨Adj.⟩ [wie standarddt. gehässig zu mhd. ge-hæȝȝec (= hassend)] (OI, Sa.) *feindlich gesinnt, feindselig.*
Kåstala, Kåschteler, der [eigentlich: aus dem Kasten]: *Schnaps, den man für freundlichen Besuch bereithält.*
Kastrol, der/das [französ. casserole] (OI, Ehrwald): *Kochtopf.*
Kas|wåsser, das: *Molke.*
kater: *siehe koater.*
katholisch måchn ⟨hat⟩ [aus der Zeit der Gegenreformation, als weite Teile von Österreich und Bayern rekatholisiert wurden] (NT) (auch bairisch): *jemanden gewaltsam zu etwas bekehren, jemandem eine bestimmte Haltung aufzwingen, jemanden mit drastischen Mitteln zum Einlenken bringen:* den wern ma a no katholisch måchn.
Katrein|wurz, die [1. Wortteil: Katharina; Benennungsmotiv unklar] (OT): *Echte Arnika (Arnica montana).*
Kattl, die [aus Katharina; siehe auch: Ratschkattl]: *dummes Mädchen*
❖ **flotte Kattl:** *Durchfall.*

kåtz|grau, kåtz|growe ⟨Adj.⟩ [eigentlich: grau wie eine Katze; vgl. franz. gris de chat, engl. cat's grey; in anderen Regionen des deutschen Sprachraums: katzengrau]: *ganz grau.*

Katzjan, Katzje, der [lat. acacia (= Akazie); in der Mundart wird der Name Akazie allerdings meist auf die Robinie übertragen] (ST): *Gewöhnliche Robinie (robinia pseudoacacia);* auch Falsche Akazie oder Scheinakazie genannt.

Katzl|kåtze, die; Plural: Katzlkåtzen: *Mutterkatze.*

Katzl|måcher, der [ursprünglich eine Bezeichnung für wandernde Handwerker aus Italien, die selbst gemachte Schöpflöffel, ital. cazze, dialektal Gåtz, Gatzln, verkauften (siehe dort); zu spätlat. cattia; semantisch (Richtung unersättliche Kater) umgedeutet; gehört zu einer Reihe fremdenfeindlicher Ausdrücke, die in Zeiten der Monarchie populär waren] (auch bairisch-österreichisch) (stark abwertend): *Italiener.*

katzl|munter ⟨Adj.⟩ (ST, OI): *voll schlaffreier Spannung.*

katzln ⟨hat⟩: *werfen (von der Katze).*

katzn ⟨hat⟩ [zu katzo]: ❖ **des katzt mi gor nix:** *was geht mich das an?*

Kåtzn|eiglen, die [eigentlich: Katzenäuglein] (AT): *Vergissmeinnicht (Myosotis);* Gattung in der Familie der Raublattgewächse *(Boraginaceae).*

Kåtzn|grint, der [2. Bestandteil: Grint, siehe dort]: **1.** (OI, Pass.) *Dickschädel* **2.** (Pass.) *Waldohreule (Asio otus),* auch *Katzenkopf genannt.*

Kåtzn|gschroa, das [ursprünglich eine Speise aus Resten, die bei der Schlachtung übrigbleiben, darunter auch Innereien; vielleicht nach dem Gedanken, dass dieses Gericht Katzen zum Schreien bringt] (auch bairisch-österreichisch): *Gericht aus gerösteten Fleischstücken, mit Suppe aufgegossen.*

Kåtzn|loater, die [eigentlich: Katzenleiter]: *enger, steiler Felspfad.*

Kåtzn|musi, die: **1.** *Spottmusik für ein Brautpaar* **2.** *schlechte/nervende Musik.*

Kåtzn|schwånz, Kåtzn|schwoaf, Kåtzn|zågl, der [2. Bestandteil: Zågl zu mhd. zagel (= Schwanz); Benennungsmotiv ist die Form der Pflanze]: *Acker-Schachtelhalm (Equisetum arvense),* auch Zinnkraut, Ackerzinnkraut, Katzenwedel, Pferdeschwanz, genannt.

katzo, gatzo ⟨Interj.⟩ [ital. cazzo (= vulgäre Interj. aus dem Vulgärnamen für Penis] (ST): *verdammt!:* **des geat di an katzo ån:** *das geht dich gar nichts an.*

kauchet sein [mhd. küchen (= hauchen); wie keuchen (mhd. kīchen) lautmalend] (OI, La.): *eine raue Stimme haben, die Stimme bei Verkühlung verlieren.*

Kaune, die [aus dem altem Bergwerkswort Kaue (ursprünglich Hütte über dem Schacht); Grimm stellt es zu Koje] (Pass.): **1.** *Kaue (Knappenunterkunft im Bergwerk)* **2.** *alter Hut.*

kauni ⟨Adj.⟩ [siehe konig] (Ehrwald): *schimmelnd (von der Oberfläche von Flüssigkeiten).*

kaunza ⟨hat⟩ (Herkunft unklar) (Ehrwald): *bellen.*

kausch ❖ **it kausch sein** [wohl aus jiddisch koscher, zu hebräisch kašer (= einwandfrei); gesamtdeutsch: nach den jüdischen Speisegesetzen erlaubt] (OI, Ehrwald): *nicht einwandfrei sein.*

Ka|wåsser, Kas|wåsser, Ka|wisser, das [eigentlich: Käsewasser]: *Molke.*

Kåwendli, der [lautlich entstellt aus Quendl, eine alternative Bezeichnung für Thymian] (Sa.): *Sand-Thymian (Thymus serpyllum), auch Wilder Thymian genannt.*

Kåwes, Kobes, Kåwas, der (Komposita siehe unter Kobes-) [ahd. kabuz, zu lat. caput (= Haupt, Kopf)]: *Weißkraut (Brassica oleracea convar. capitata var. alba); auch Weißkohl, Kappes, Kaps oder Kraut genannt.*

Kawolo, der [ital. cavolo (= Kohl)]: **1.** *Fluchwort* **2. des geat di an Kawolo ån:** *das geht dich gar nichts an.*

Kear-, kear-: *siehe auch Ker-, ker-.*

Kear, Keare, die [zu kearn]: **1.** *gewendete Heuschwade* **2.** *Kehre, scharfe Kurve.*

Kearl¹, das [wohl ebenfalls zu kearn: kleine Kehre] (Pass.): *Kleinigkeit, kleiner Handgriff.*

Kearl², das [mhd. erker, erker, erkēr (= Erker) ist im 12. Jh. entlehnt aus franz. arquiere (= Schießscharte); dieses zu spätlat. arcuarium, in dem das altlat. Wort arcus (= Bogen) steckt; baugeschichtlich aufschlussreich: der Platz, an dem die Bogenschützen den Eingang bewachten] (Alp., La.): *Erker.*

kearn¹ ⟨hat⟩ [mhd. kēren (= kehren, wenden, eine Richtung geben)]: **1.** *wenden, (sich) umwenden* **2.** *in eine bestimmte Richtung leiten (Vieh, Wasser).*

kearn² ⟨hat⟩ [mhd. gehören (= hören, gehören)]: *gehören.*

Keffl, der [Herkunft unklar] (OT): *Felsbrocken, großer Stein.*

kefln ⟨hat⟩ [wohl parallel zu keifen, mhd. kīven, kīvelen]: *schimpfen.*

kefn ⟨hat⟩ [vgl. kefln] (AT, Alp.): *Streit suchen.*

Kegl, der [mhd. kegel (= Stock, Kegel, unehelicher Sohn]: **1.** *Kegel beim Kegelspiel* ❖ **Kegl|schei(b)m,** das [2. Bestandteil: scheiben (= schieben) **2.** *Gelenkkopf am Knochen* **3.** *Garbenmann auf dem Acker* **4.** (OI) **an Kegl ånbaun:** *ein Kind zeugen, schwängern.*

Keiche, die [Ableitung von mhd. kīchen (= schwer atmen); davon kīche (= Ort, der einem den Atem hemmt, Gefängnis)] (OT): *Gefängnis.*

Keidl, das [Diminutiv zu mhd. kīde (= Spross, Schößling)]: *ein bisschen:* a Keidl unterwegs sein.
keidig ⟨Adj.⟩ [wie Keidl] (Matrei): *ähnlich, gleich.*
Keier, das [zu mhd. gehiure (= geheuer); in anderen Dialekten ist das Unerhalten] (Deutschn.): *Ungeheuer.*
keif ⟨Adj.⟩ [mhd. kīf (= fest, derb, dicht)]: **1.** *fest, prall, kompakt* **2.** (ironisch) *dick.*
Keischla|hoamit, die [zum österreichischen Keusche, das laut Duden slaw. Herkunft ist] (OT): *kleines Gehöft.*
Keit, die oder der [entstanden aus der Wendung låss mi unkeit (lass mich ungeplagt, d. h. lass mich in Ruhe) aus mhd. ungehīt (= ungeplagt); das mhd. Wort ist ursprünglich ein Partizip von hīen (= plagen); nachdem -keit (aus geheit) nicht mehr verstanden wurde, interpretierte man das Präfix un- als in und das folgende - keit als Substantiv; vgl. derkeit]: *Ruhe, Frieden.*
keiwe(n) ⟨hat⟩ [wie standardsprachlich keifen zu mhd. kīben, kīven (= scheltend zanken, keifen)] (Paznaun): *zanken, keifen.*
Kelber|kua, die: *trächtige Kuh.*
kelbern ⟨hat⟩ [siehe Kelbra]: *viel ausgehen (herumkälbern).*
Kelbra, der: **1.** *auf der Alm für Kälber verantwortlich* **2.** (Pfun.) *einer, der viel ausgeht.*
Kelper, die [vermutlich zu mhd. kelberg (= Halsschutz)]: *Halsband, Halsriemen der Hunde.*
Kem, der; Plural: Keme [wie standarddt. Kamin zu mhd. kamīn, kemīn, aus lat. camīnus (= Feuerstelle, Kamin), aus griech. kámīnos (= Ofen)] (Pass.): **1.** *Kamin* **2.** *enge, steile Felsrinne.*
Kemach, Kemat, der [wie Kem] (OT, Zillt.): *Kamin.*
Kendl, die [mhd. kenel (= Röhre, Rinne); vgl. Kandl] (NT, OT): *Dachrinne.*
Kengl, Klengl, der [trotz des Genus wohl zu hängen mit Präfix ge- und Suffix -el] (Vi., OI): *herabhängender Nasenschleim.*
kenntl ⟨Adj.⟩ [eigentlich: kenntlich] (OI, Pass.): *gut erkennbar, auffallend.*
Kent|holz, das [siehe kentn] (Ridn.): *Ofenholz (bestimmter Länge).*
Kentl, Kendl, Kindl, der [siehe kentn; wohl zu mhd. künten, künden (= zünden, heizen), ahd. chuntian, vielleicht zu lat. incendere (= entzünden), denn geschriebenes c wurde im Lateinischen lange als k gesprochen]: **1.** *Kienspan, Fackel* **2.** *Reisigbündel zum Anfeuern.*
kentn, auch: **ein|kentn** ⟨hat⟩ [wohl Parallelbildung zu mhd. künten, künden (= zünden, heizen), ahd. chuntian, vielleicht als alte Entlehnung zu lat. incendere (= entzünden), denn geschriebenes c wurde im Lat. lange als k gesprochen; bei Grimm wird auf eine schwedische Nebenform von kynda, nämlich kvända (= anzünden), verwiesen, dazu kvinsel

(= Span zum Feuermachen), mit ähnlichen Wörtern im Norwegischen; demnach könnte qu für k der ursprüngliche Anlaut eines gemeingerm. Wortes gewesen sein, bei gleichzeitiger Schwankung des Vokals] (NT): *heizen, einheizen.*

Kenzn, der [zu mhd. kinnezan (= Backenzahn zu stellen] (Pass.): *Kinn.*
Kera, Kera, das [zu kehren; vgl. gekera] (Pfun.): *Kehricht.*
kerbln ⟨hat⟩ [Verbalbildung zu Korb] (ST): *etwas in einem Korb mit dem Seilzug transportieren.*
Kerer, der [aus mhd. kern (= kehren, fegen)]: *zentrale Faschingsfigur (gekennzeichnet durch den Besen).*
Ker|maul, das [1. Wortteil aus mhd. kēren (= kehren, wenden, sich abwenden)] (Ehrwald): *Fieberblase.*
kern: *siehe kearn.*
Kern, die (Plural): *Einzelbeeren an der Traube.*
Kerndl|fresser, der [1. Wortteil: Diminutiv von Korn] (abwertend): *Vegetarier.*
kerritzn ⟨hat⟩ [siehe kerrn] (Sa.): *knarren.*
kerrn ⟨hat⟩ [mhd. kerren (= schreien, grell tönen, aber auch quälen); Oswald v. Wolkenstein von seiner Krücke: ich gib ir mangen herten druck, das si muess kerren (Pf.): *quälen, peinigen.*
Kersch|buan, Kearscha|boandl, Kearsch|stoandl, das; Plural: Kerschbuaner [eigentlich: Kirschbein bzw. Kirschstein] (ST): *Kirschkern.*
Kerscheler, Kerschila, der [eigentlich: Kirscheler]: *Kirschschnaps.*
Ker|tatl, Kerga|tatl, das, **Kerach|totn,** der [1. Bestandteil: zu kehren; 2. Bestandteil zum Feminimum Tat (= Schublade, Tröglein), mit Diminutiv Tatl; in anderen Dialekten auch Tischtatl, Salztatl]: *Kehrschaufel.*
Ker|truche, die: *Kehrschaufel.*
Kes, das [mhd. kēs (= Eislager auf dem Gebirge, Gletscher); ahd. chēs (= Eis, Frost); weitere Herkunft unklar] (OT, Pust., NT): *Gletscher.*
Kese, die [Herkunft unklar] (OT): *Schaukel.*
Kes|kluft, die [siehe Kluft) (OT): *Gletscherspalte.*
Keschpe, die [Herkunft unklar] (Pass.): *Nörglerin.*
keschpm ⟨hat⟩ [Herkunft unklar] (Pass.): *nörgeln.*
Keschtne, Keschtn, Kescht, die **Keschtn|bam,** der [mhd. kesten(e) und ahd. chestin(na); genauso wie das jüngere Kastanie zu lat. castanea und griech. kastáneia (= Frucht des Kastanienbaums), zu kástanon (= Kastanienbaum)]: *Edelkastanie (Castanea sativa), auch Esskastanie genannt;* der einzige europäische Vertreter der Gattung Kastanien *(Castanea)* aus der Familie der Buchengewächse *(Fagaceae).*
Keschtn|nigl, die (ST): *stachelige Hüllen der Früchte.*
Keschtn|nudl, die (ST): *(nudelartige) Blüten der Kastanie.*

Kęschtn|pfånne, die: *gelochte Kastanienbratpfanne.*
Kęschtn|riggl, die(ST): *Gerät zum Säubern der Kastanien.*
kęsn ⟨hat⟩ [siehe Kese]: *schaukeln.*
Kęssl, der [wie standarddt. Kessel zu mhd. keʒʒel, ahd. keʒʒil, dieses zu lat. catillus (= Schüsselchen)]: **1.** *Kessel* **2.** *Mulde im Hochgebirge; daher danach Berg- und Flurnamen wie Kesselwand, Kesselkogel etc.*
kęssl|ån, kessl|on, kessl|un [Kessel + an, d. h. – von innen gedacht – an der Kesselwand; beim Blinde-Kuh-Spiel ruft man dem Fänger „Kesslon!" zu, wenn er sich einer Wand oder einem Hindernis nähert, damit er nicht dagegen stößt] (ST, OT): *ohne Ausweg sein, nicht weiterkönnen, perplex sein.*
Kęssl|ber, die [1. Bestandteil: siehe Kessl; 2. Bestandteil: Beere; die mehligsüß schmeckenden Früchte können zu Marmelade verarbeitet werden] (Deutschn.): *Frucht der Gewöhnlichen Felsenbirne (Amelanchier ovalis), auch Gemeine Felsenbirne, Felsenmispel oder Edelweißstrauch genannt;* Pflanzenart aus der Familie der Rosengewächse *(Rosaceae).*
kęssn ⟨hat⟩ [Schatz kennt das Wort in der Bedeutung „ein Tier durch Schlagen auf die Schnauze bändigen" und erwägt, das Wort aus dem Tierbefehl hess, hess (= zurück) abzuleiten, also *gehessen] (Sa.): *ein Tier rückwärts treiben.*
kęwig ⟨Adj.⟩ [zu mhd. heben (= heben); wird schon früh mit haben in der Bedeutung halten vermischt, also aus *gehebig] (ST, OI): *(an)haltend:* a kewiger Mensch (= ein Ausdauernder), a kewige Kost (= sättigende Speise).
Kęze, die [Kätzin] (Ridn.): *weibliche Katze.*
Kiachl(-e), das oder der [zu mhd. küechel(īn), Diminutiv zu mhd. kuoche (= Kuchen)]: *in heißem Fett gebackene Mehlspeise.*
Kian, das [aus mhd. kien (= Span, Fackel)] (Vin.): *harziges Holz.*
Kibl|milch, die, **Kibl|ram,** der [eigentlich: Kübelmilch, Kübelrahm, zu kibln]: *Buttermilch.*
kibln ⟨hat⟩ (Zillt., Pfun.): *im Kübel Butter machen.*
kichetzn ⟨hat⟩ [wie standardsprachlich kichern zu ahd. kichazzan (= mit hellem Laut lachen); lautmalend] (NT): *verhalten lachen.*
kifln, kiflen ⟨hat⟩ [mhd. kifelen (= lange und heftig nagen), dieses zu kifen (= nagen, kauen)]: **1.** *nagen; an etwas kauen* **2.** *mit einem Problem beschäftigt sein.*
kilbe, küb, kilp, ge|hilbe ⟨Adj.⟩ [Adjektivableitung vom mhd. gehilwe (= Gewölk) einer Kollektivbildung zu hilwen (= trüb machen), verwandt mit heln (= hehlen, verbergen) und hüllen]: **1.** (NT, OT) *bewölkt* **2.** (Deutschn.) *unintelligent, unterbelichtet* **3.** (Bozner U-Land) *betrunken.*

kilfertn, kirfårtn ⟨ist⟩ [Schatz belegt Kirfert als Kurzform von Kirchfahrt (= Wallfahrt); der Wechsel von -r- zu -l- könnte durch das Wort Wallfahrt beeinflusst sein]: *wallfahren.*

kille ⟨Adj.⟩ [möglicherweise aus mhd. kürre (= zahm, mild), das im Standardsprachlichen zu kirre geworden ist] (La.): *gezähmt, ruhig.*

Kilper, Kilber, Kilb, die [mhd. kilbere (= weibl. Schaf, Mutterlamm); zu Kalb]: *weibliches Schaf, das noch nicht gelammt hat.*

Kilschter, Kelschtr, das [Herkunft unklar] (Pf.): *Gesträuch, Gestrüpp, Jungwald.*

Kim, Kimml, Kimach, der [neben mhd. kümel auch mhd. küme und mhd. kumich (= Kümmel); in Nordtirol weitgehend von Kimml verdrängt]: *Kümmel.*

Kimpfi: *siehe Kumpf.*

kindsn, kinzn ⟨hat⟩ [abgeleitet von Kind]: **1.** *ein Kind wiegen, sich mit einem Kind beschäftigen* **2.** (ST) *ein kleines Kind bei Abwesenheit der Eltern beaufsichtigen, babysitten.*

Kinig, der; Plural: Kinige, Kining [wie standarddt. König zu mhd. künic, ahd. kuning, eigentlich: aus vornehmem Geschlecht stammender Mann; im Kartenspiel die zweithöchste Figurenkarte]: **1.** *König* **2.** *mittlerer Kegel beim Kegelspiel* **3.** *Abschlussstein eines Gewölbes.*

Kinig|eigl, das [König-Äuglein] (OT): *Mehlprimel (Primula farinosa).*

Kinig|hås, Kinig|hose, Kinigl|hås, der [mhd. küniclīn, künglīn (= Kaninchen), geht zurück auf lat. cuniculus (= Kaninchen); in der Lautform ähnlich wie mhd. küniclin (= kleiner König); volksetymologisch an die dialektale Aussprache von König, also Kini, angepasst] (auch bairisch-österreichisch): *Kaninchen* ❖ **si vermern si wia di Kiniglhosn** [weil sich diese Tiere in großen Würfen vermehren]: *sich rasch und in großer Zahl vermehren.*

Kinign|obmt, der [eigentlich: Königabend] (ST, OT): *Tag vor Dreikönig.*

Kinign|wåsser, das [eigentlich: Königwasser] (ST, OI): *zu Dreikönig geweihtes Wasser* (wird am 5. Jänner im Haus und auf den Wiesen verspritzt).

kini|gott ⟨Adv.⟩ [König (mhd. künec) + Gott zu einem Ausruf verschmolzen] (ST): *weiß Gott, etwa, gleichsam:* er huaschtet, kinigott, as wenn er schieche kråṅk war (= er hustet weißgott/etwa so, als ob er schwer krank wäre).

Kipf, der [zur Herkunft siehe Gipfele]: *Brot in Weckenform.*

Kipferl (NT): *siehe Gipfele.*

Kirch, Kirchn, Kirche, die [wie standarddt. Kirche zu mhd. kirche (= Kirchengebäude, Gemeinschaft der Gläubigen, Kirchenpfarrstelle), ahd. kiricha, aus spätgriech. kyrikon (= Gotteshaus), zu kýrios (= Herr), eigentlich: das zum Herrn gehörende Haus]: **1.** *(Haupt-)kirche des Orts* ❖ **mit**

der Kirchn ums Dorf fåhrn: *viele Umwege machen* **2.** *Gottesdienst:* Kirchn gehen, er håt bei der Kirchn gschlåfn.
Kịrch|tåg, Kịr|tåg, Kịrsch|tå, Kịsch|tå, der [mhd. kirchtac (= Kirchweihfest, Jahrmarkt)]: **1.** *Hauptfest einzelner Kirchen* **2.** *(NT) Fest, Jahrmarkt* ❖ **Heut ist Kirchtag!** *Heute geht es festlich zu!* ❖ **mit oan Hintern auf drei Kirchtåg tanzn:** *überall dabei sein wollen, sich überall wichtigmachen.*
Kịrch|tågs|michl, der: *lebensgroße Stoffpuppe in der Ortstracht, die am jeweiligen Kirchtag aufgestellt wird (Brauch in der Pustertaler Gegend).*
kịrfårtn: *siehe kilfertn.*
kịrnig, kịrnig ⟨Adj.⟩ [abgeleitet aus mhd. kern, kirn (= Kern)] (OI, ST): **1.** *kernig* **2.** *stark* **3.** *robust.*
kịrzl, kịrschtla ⟨Adv.⟩ [mhd. kurzlīch] (OI, ST): *kürzlich, vor kurzem.*
Kịttl, Kịtl, Kịdl, der [mhd. kit(t)el; gesamtdeutsch: Arbeitsüberkleid] (auch bairisch-österreichisch): *Frauenrock* ❖ **hinter jedem Kịtl her sein:** *ständig Frauen umwerben.*
Kịtl- als 1. Bestandteil in Komposita [das Kleidungsstück steht pars pro toto für Frau]: **Kịtl|aurẹcker,** der (= der ständig bei Frauen herumhängt); **Kịtl|hucker, Kịtl|schmẹcker,** der (= Weiberfreund; Muttersöhnchen).
Kịtler, der [zu Kitl, siehe dort]: **1.** *Bub, der ständig am Rock der Mutter hängt* **2.** *überweicher Mann, der die Gesellschaft von Frauen bevorzugt.*
Kịttl|fåltn, Kịttel|fålte, die (NT, OT) ❖ **an der Kittelfåltn hängen, dauernd an ihrer Kittelfåltn sein:** *sich an eine Frau anhängen, unselbstständig sein.*
Kịtte, Kịttn, Kwịtte, die [schon neben mhd. quiten auch küten und neben ahd. qitina auch kutina; geht laut Duden letztlich auf griech. mēlon kydōnion (= Apfel aus Kydonia) zurück]: *Quitte (Cydonia oblonga).*
Kịtt|epfl, Kịtt|birn, die (Plural) [eigentlich: Quittenapfel, Quittenbirne; siehe Kitte]: *Quitte.*
Kịttl|wurscht, die (La.): *Hüftwulst, um die Rockfalten in Form zu halten.*
Kịttn|kas, der [eigentlich: Quittenkäse; siehe Kitte]: *Quittenbrot.*
kịtzln, kịtzn, kịtzern ⟨hat⟩ [zu Kitz (= Junges von Reh, Gämse, Ziege); mhd. kiz, kitze, ahd. kizzī(n), weitere Herkunft unklar]: *ein Kitz zur Welt bringen.*
Klạchl, Klẹchl, der [mhd. kleckel, klechel, klächel (= Glockenschwengel); zur Herkunft laut Grimm zwei Möglichkeiten: ist das Wort vom Glockenschwengel ausgegangen, so gehört es zu dem Stamm klack (= klopfen), ist aber das Baumeln der Grundbegriff, so fände es einen Anknüpfungspunkt in dem Stamm klank (= baumeln, schwanken),

der auch ohne das -n- vorkommt; vgl. tirolerisch glaggln (= baumeln)]: **1.** *Glockenschwengel* **2.** *Rotzglocke, zäher Schleimklumpen* **3.** *großer, derber Mensch:* a *Mordsklachl* (auch *Rotzklachl* = *Rotzbengel*) **4.** (ST) *Grobian* **5.** (ST) *dummer, einfältiger Mensch* **5.** (Tristach) *Türverschluss.*

klåffn ⟨hat⟩ [aus mhd. klaffen (= schallen, klappern, schwätzen)] (ST, OI): *obszöne Reden führen.*

klågn, klogn ⟨hat⟩ (OT): *in Trauer sein.*

Klåmper(e), die [neben klamer gab es schon mhd. die Form klamber, ursprünglich aus klemmen abgeleitet]: **1.** *(Eisen)klammer* **2.** (Pass.) *alte Frau.*

Klåmperer, Klåmprer, der [mhd. klammer; verwandt mit klemmen, Handwerker, der das Metall/Blech für Klammern zurechthämmert; verwandt mit Klempner]: **1.** *Spengler* **2.** *Trödler* **3.** *Bastler.*

klåmpern ⟨hat⟩ [siehe Klåmperer]: **1.** *mit einer Klammer zusammen hängen* **2.** (Pf.) *schlecht zusammenflicken.*

Klåmpfn, Klåmpfe, die [laut Kluge zu Klammer, klemmen; Lautform mhd. klampfer (= Klammer), der Weg des Bedeutungswandels ist nicht ganz klar]: *Gitarre.*

klan, klanen ⟨hat⟩ [mhd. klänen, klenen (= schmieren, streichen), ahd. klenan (= kleben), verwandt mit Kleister] (ST): **1.** *schmieren* **2.** *streuend verteilen* **3.** *Essen in der Schüssel oder Pfanne herumschmieren, unsauber löffeln* **4.** *langsam arbeiten* **5.** *langsam essen.*

Klånk¹, der [siehe klankeln]: *Ton, einmaliges Anschlagen der Glocke.*

Klånk², Klånch, der [mhd. klanc (= Schlinge, List, Ränke) zu ahd. klenken (= schlingen, zusammenfügen)] (NT) (veraltet): **1.** *Schlinge eines Seils oder Fadens* ❖ **einen Klank måchn:** *eine Fadenschlinge machen* **2.** (OT) *Masche beim Stricken.*

klankeln, klanklen ⟨hat⟩ [Herkunft: vgl. glanggln] (OI): *die Glocke mehrfach anschlagen lassen, ohne zu läuten.*

Klåpf, Klapf, der [mhd. klapf (= Knall, Krach), verwandt mit standarddt. klappern]: **1.** *Felsbrocken, Felsstufe im Gelände* **2.** (OI) *Knall, Schlaggeräusch.*

klåpfn ⟨hat⟩ (OT): *mit der Peitsche schlagen.*

Klapper(e), die [zu klappern]: *geschwätzige Frau.*

klappern ⟨hat⟩: *tratschen.*

Klåss(e): *siehe Klusse.*

Klåte, Klote, die [mhd. klate (= Kralle)] (Pf.): **1.** *Tatze, Kralle* **2.** *grobe Hand.*

klåtig, klåttig ⟨Adj.⟩ [zu Klått(e), siehe dort] (NT): *schmutzverklebt.*

klatlen ⟨ist⟩ [siehe Klåte] (Ötzt.): *klettern.*

Klått(e), die [entweder zu ahd. kletto, einer Ableitung von klebēn (= kleben, anhaften) oder lautliche Spielform von Knåttl(e), siehe dort] (NT): **1.** *Schmutzballen im Haar* **2.** *Unratknollen am Haar der Stalltiere.*
Klaub|auf, der [zu klauben]: **1.** *Knecht des Nikolaus (ein Kinderschreck)* **2.** (Vin.) *Ende der Klaubzeit (Äpfel).*
klaubm, klabm ⟨hat⟩ [mhd. klūben (= pflücken, stückweise auflesen), verwandt mit Klaue] (auch süddeutsch und österreichisch): *Stück für Stück aufnehmen (z. B. Holz, Reisig, Beeren, Schwammerln).*
Klause machn ⟨hat⟩ [mhd. klūse (= Klause, Kloster, Engstelle), ahd. klūsa, entlehnt aus lat. clausa (= eingehegtes Grundstück, Kloster), das zu cludere (= schließen) gehört] (OT): *brauchtümliche Wegabsperrung bei Hochzeiten.*
kleabm: *siehe kliabm.*
kleaper, klewer, kleper ⟨Adj.⟩ [mhd. klëber, ahd. klepar (= klebrig)] (NT): **1.** *körperlich schwach entwickelt, schmächtig:* ein kleapers Mandl **2.** *knapp ausreichend* **3.** *müde, matt, erschöpft.*
Kleatze: *siehe Kloatze.*
kleazln ⟨hat⟩ [mhd. klœzen (= mit einem klōz spalten); siehe Kloatze; entspricht wienerisch kletzln]: *trödeln, langsam arbeiten.*
Kleberer, der [siehe kleaper] (Lienz): *körperlich schwacher Mensch.*
Klechl: *siehe Klachl.*
kleckln, kleckln gian ⟨ist⟩ [zu mhd. klocken, Nebenform zu klopfen; vgl. klockn; vgl. klepfln] (OI, Sa.): *an den ersten drei Adventsonntagen gehen nach Einbruch der Dunkelheit die Burschen von Haus zu Haus, singen das Kleckllied und nehmen Gaben entgegen.*
kleckn, derkleckn ⟨es hat⟩ (unpersönliches Verb) [mhd. klecken (= genügen)]: **1.** *ausreichen, genug sein* „A Kandl Milch / kleckt dechter ette (= reicht doch nicht) / fir fuchzehn Maislan / unter mein Bette; / fir fuchzehn Maislan / unter mein Bette / kleckt a Kandl / Milch dechter ette" (ein Zugenbrecher für Kinder). **2.** (ST) *stimmen.*
Klemm|bånk, die: *Holzbank mit Fußhebel zum Festklemmen von Werkstücken.*
klemmen ⟨hat⟩ [wie standarddt. klemmen zu mhd. klemmen (= mit den Klauen packen, einzwängen)]: **1.** *klemmen* **2.** *geizig sein.*
Klemmer, der [siehe klemmen]: **1.** *geiziger Mann* **2.** *Hirschkäfer (wegen seiner Zangen)* **3.** (Ehrwald) *Ameise.*
Klemm|seckl, der [1. Bestandteil: siehe klemmen; 2. Bestandteil: (Hoden-)Sack, steht pars pro toto für Mann]: *Geizhals.*
Klemperer, der [vgl. Klåmperer]: *Pfannenflicker.*
Klengl: *siehe Kengl.*
klenkn ⟨hat⟩ [zu mhd. klengen, klenken (= klingen machen, klingeln)], mhd. klanc (= Klang von Gesang, Stimme, Glocken; vgl. Klånk]: **1.** *eine*

Glocke leicht anschlagen: an Klenker tian **2.** (Sa.) *mit einem Glöckchen ein Zeichen geben (die Ministranten).*

Klęnschter(er), Klạnschterer, der [siehe Klenschterwerch] (Pfun.): *abwertend für Bastler.*

klęnschtern, klịnschtern ⟨hat⟩ [semantisch nicht mit den beiden Substantiven zu verbinden] (Pass.): **1.** *jammern* **2.** *aufbegehren* **3.** *petzen.*

Klęnschter|werch, das [1. Teil aus mhd. klenster (= Kleister) mhd. klenen (= kleben, schmieren), 2. Teil: dialektales Kollektivsuffix (Pfun.): *komplizierte Zusammenfügung von Geräten.*

klęper: *siehe kleaper.*

klępfln, ọn|klepfln, ụn|klepf(l)n ⟨hat⟩ [Iterativ zu mhd. klopfen (= klopfen, pochen, schlagen), vgl. kleckln] (NT): **1.** *alter Adventsbrauch, nach dem die Kinder an drei Donnerstagen betend und singend von Haus zu Haus gingen (mancherorts noch gehen) und kleine Gaben erhielten; zum Teil tun das heute auch Organisationen mit Erwachsenen (etwa Mitglieder des Kirchenchors).*

Klępfl|liad, das [siehe klepfln] (NT): *Lied, das beim Anklopfen an den Türen gesungen wird (Adventsbrauch).*

klęppa ⟨ist⟩ [siehe Klewe] (OI, Ehrwald): *kleben, haften.*

klęppan ⟨hat⟩ (Tristach): *lärmen.*

Klętzler, der [wie standardsprachlich Klotz aus mhd. klōz (= Klumpen), weil das Gewand dicht mit Holzklötzchen behaftet ist]: *zentrale Fasnachtsfigur (Raum Innsbruck).*

Klewe, die [zu mhd. kleben, ahd. klebēn (= kleben, anhaften)] (Pust.): *Klebstoff.*

Klewer, Klewra, die [-er-Ableitung von mhd. kleben; die Früchte bleiben an Kleidern oder im Fell von Tieren hängen]: *Frucht der Klette;* die Kletten *(Arctium)* bilden eine Pflanzengattung in der Unterfamilie der Carduoideae.

klewer ⟨Adj.⟩: *siehe kleaper.*

Klęzn-: *siehe Kloaze-.*

Kliaber, der [zu kliabm, siehe dort; d. h. eine Frucht, die leicht zu spalten ist; Gegenstück ist Noger; siehe dort] (ST): *Pfirsich, der beim Verzehr schön auseinanderbricht.*

kliabig ⟨Adj.⟩ [zu kliabm; siehe dort]: *leicht zu spalten.*

kliabm, kloibm ⟨hat⟩ [wie standarddt. klieben zu mhd. klieben, ahd. chliuban; verwandt mit klauben]: *(Holz) spalten* ❖ „Und 's Dianal is jung und kloan, muaß scho viel, holaradiridi, / muaß scho viel holaradiridi Ärbeit toan, / Holz eintrágn, Scheitl kliabn und die Buam, und die Buam liabn." (Aus dem Lied „Und 's Dianal is jung und kloan", SsÖ, S. 321) ❖ **den kliab i nit** (Bozner U-Land): *den kann ich nicht ausstehen.*

klipfrig ⟨Adj.⟩ [zu dem bei Schatz noch belegten Substantiv Klupf; schon bei Oswald von Wolkenstein ist derklupfen (= erschrecken) als Bauernwort belegt] (OT): *scheu.*

Klippl, Klippele, das; Plural: Klippln [Diminutiv von mhd. kluppe (= Zange); zu klieben]: *Wäscheklammer, Haarspange.*

Klo, Kloa, Kla, die oder der [ahd. klōa (= Klaue, Huf)]: *Klaue, Huf.*

Kloa|feile, die [2. Bestandteil: Fäule zu faul] (Pass.): *Klauenkrankheit der Rinder.*

Kloanet, das [wie standardsprachlich Kleinod zu mhd. kleinōt (= ursprünglich Kleinigkeit, dann kleine, fein gearbeitete Sache, Ding von höchstem Wert, das unersetzbar ist] (Ötzt.): *Gewinn beim Preiskegeln.*

Kloa|birn, Kloa|ban, Kloa|wan, Klua|wan, die (Plural) [1. Bestandteil: zu klieben, zu mhd. klieben, ahd. chliuban (= spalten); 2. Bestandteil: Birne] (NT): **1.** *gedörrte Birnen* **2.** (als Neutrum) *Birnenbrot.*

Kloan|inser|frauen|tog, der [Inserfrau (= unsere Frau, Maria); klein bedeutet, dass es sich um den kleineren Marienfeiertag handelt] (ST): *Mariä Geburt, 8. September.*

kloas genua ⟨Adv.⟩ [Herkunft unklar] (Sulden): *leicht genug.*

Kloascht, der [wie standarddt. Kloster aus lat. claustrum] (Pf.): **1.** *Abteil* **2.** *Fach (im Kasten).*

Kloaze, Kloaz, Klezn, die, -n [mhd. klōz (= Klumpen, Klotz, Keil) ablautend aus mhd. klieben (= spalten); der in Nordtirol erhaltene Plural Kloabirn zeigt das noch an, weil die Birnen vor dem Dörren gespalten wurden]: **1.** *Dörrbirne, gedörrte Schnitte Obst* **2.** (ST) *weibliches Geschlechtsteil* **3.** (ST) *Klosterfrau* (Kurzform, nicht überall automatisch abschätzig; wohl spielerisch, wegen des Anklangs an Kloaster).

kloazn ⟨hat⟩ [rückgebildet aus kleatzln] (La.): *langsam sein, trödeln.*

Kloazn|brot, Klezn|brot, das [zu Kloaze]: *brauchtümliches Brot mit Früchten.*

Klobm, der (Def.) [zu mhd. klieben (= spalten); auch bei Oswald 83, 21 als gabeliges Holz zum Vogelfang]: *hakenförmiges gabeliges Holz zum Binden des Heuseils.*

Klocker, der [mhd. klocken neben klopfen (= klopfen); aus der Bezeichnung für den Schmied]: **1.** *Türklopfer* **2.** (ST) *Mannsbild: a fester Klocker* (= ein kräftiger Kerl).

Klock, der [mhd. klocken (= klopfen); Parallelform zu klopfen; siehe klepfln]: *einmaliges Klopfen.*

klockn ⟨hat⟩ [siehe Klocker] (ST, OI): **1.** *klopfen* **2.** *zerkleinern, zerklopfen* **3.** *verprügeln.*

klogn ⟨hat⟩ [eigentlich: klagen] (ST): *Trauer tragen.*

kloibm: *siehe kliabm.*

Kloretjll, das: [frz. quelle heure est-il? (= wie spät ist es?); mit den franz. Soldaten um 1809 kamen die ersten Taschenuhren ins Tal] (Pass.): *Taschenuhr.*

Klose, die [mhd. chlōssa (= Fuge, Kerbe)] (Pass.): *Ritze, Spalte* ❖ **Klosn tretn:** *durch Abschreiten einer Ritze zwischen den Bodendielen beweisen, dass man nicht betrunken ist.*

Klote: *siehe Klate.*

kluag, kluage ⟨Adj.⟩ [wie standarddt. klug zu mhd. kluoc (= fein, zierlich; tapfer; geistig gewandt); die erste mhd. Bedeutung ist in der Standardsprache ausgestorben]: **1.** *fein, zart:* ein klueger Zwirn (= ein feiner Faden) **2.** *leise, hohe schwache Stimme.*

Kluag|blattler, der [nach der Feinheit der samtigen Blätter; siehe kluag] (Sa.): *Pelargonie (Pelargonium odoratissimum).*

kluagile, kluagl ⟨Adv.⟩ [-lich-Ableitung von klueg aus mhd. kluoc (= fein, zart)] (Pass.): **1.** *sachte, behutsam, leise* **2.** *heimlich, listig* **3.** *stetig:* kluagile årbitn (= langsam, aber stetig arbeiten).

Kluft, die [mhd. kluft (= Spalte)] (OT): *Spalte.*

kluibm: *siehe kliabm.*

Klumper, die [zu klumpern]: **1.** *große Kuhschelle* **2.** (ST) *Kropf* **3.** (ST) *Tuberkulose.*

klumpern ⟨hat⟩ [Nebenform zu klimpern; mhd. klumpern (= ein Saiteninstrument spielen); bei Oswald von Wolkenstein geigen, singen, klumpern, klingen]: **1.** *krachen* **2.** *poltern, Getöse machen.*

Klunse, Klunze, Klunz, die [mhd. klumse, klunse (= Spalt)] (ST): *Spalte.*

klupfig ⟨Adj.⟩ [aus mhd. klupf (= Schreck); bei Schatz noch in der Bedeutung erschreckend belegt] (OT): *schamhaft-überempfindlich.*

Klupp(e), Kluppm, die [mhd. kluppe (= Zange); zu klieben]: **1.** *Wäscheklammer, Haarspange* **2.** *Werkzeug zum Klemmen (Holzmessgerät, Vorrichtung, um beim Scheren die Beine der Schafe zu fixieren)* **3.** *Gerät zum Kastrieren von Schafen.* **4.** *Felseinschnitt* **5.** *übertrieben sparsame Frau.*

kluppm, (in Bed. 2 auch) **kluppiarn** ⟨hat⟩ [zu Klupp, siehe dort]: **1.** *klemmen, sich sperren* **2.** *Holz messen* **3.** (AT) *kastrieren.*

Klusse, die [Schatz verweist auf ahd.-alemannisch chlozza (= Fuge, Kerbe)] (NT): *Spalt in einem Brett, Türspalte.*

Knacker, die [kurz für Knackwurst] (NT): *eine Wurstsorte.*

Knafl, Knaffl, der [mhd. knouf, knoufel (= Knopf, Knauf, Verdickung)] (OT, Zillt.): *Knopf.*

Knalsn, der [Herkunft unklar] (Zillt.): *großer Stein- oder Erdbrocken.*

knåppa ⟨hat⟩ [vgl. Knapperle und gnappa] (OI): *ja nicken.*

Krapal, das [Diminutiv von Kral] (Zillt.): *Garten-Handkralle.*

Knåpper, der (OI): *Jasager.*

Knapperle, Knappserli, das [zu knåppa (= nicken), dieses zu mhd. gnappen (= wackeln); nach demselben Muster (ein)nicken und ein Nickerchen machen; vgl. Gnapperlr, Gnaunggerle]: *leichter, kurzer Schlaf: a Knapperle tian.*
knapplen ⟨hat⟩ [-eln-Ableitung von mhd. knappe (= Knabe, Gehilfe, Knappe)] (ST): *den Stein bearbeiten.*
knårzn, knarzn ⟨hat⟩ [ursprünglich knarrezen, Nebenform zu knarren] (NT, Pfun.): *knarren.*
Knåschter, die (OT): *Betschwester.*
knåschtern ⟨hat⟩ (OT): **1.** *übertrieben viel beten* **2.** *Rosenkranz beten.*
knåttern ⟨hat⟩: *rattern, durchrütteln.*
Knåttl(e), die [zu kneten]: **1.** *Kotknollen an den Haaren der Tiere* **2.** (abwertend) *(unsaubere) Frau* **3.** (ST) **Knåttele, Knåttila:** *Kosewort für kleine Mädchen.*
knåttlt ⟨Adj.⟩: *schmutzig.*
Knecht, der [mhd. kneht (= Jüngling, Knappe, Dienstmann]: **1.** *männlicher Dienstbote am Bauernhof* **2.** *Gerät zum Halten oder Stützen:* Pfånnenknecht, Stiflknecht.
Knechtl, das [siehe Knecht] (Pass.): *kleine Holzgabel am Spinnrad.*
Knedl‖akademie, die (scherzhaft, abwertend) (NT): *Lehranstalt für wirtschaftliche Lehrberufe, (heute) wirtschaftskundliches Realgymnasium.*
Knedl‖patzla (Plural) (Pf., Achental): *Nocken.*
kneffln, knafln ⟨hat⟩ [wohl zu Knofe; vgl. auch mhd. knoufel (= Knoten)] (ST): *herumtun, unnütze Arbeit erledigen.*
knefn ⟨hat⟩ [Herkunft unklar] (OT): *kritisieren.*
Kneip: *siehe Gneip.*
kneissn: *siehe gneissn.*
Knia‖bisla, der [1. Bestandteil: Knie; 2. Bestandteil: siehe bisln] (UI) (auch bairisch): **1.** *kleiner Bub, der in die Hosen uriniert* **2.** *unreifer, nicht ernstzunehmender Kerl* **3.** *Feigling.*
Knia‖bisla‖hosn, die (Singular) [siehe Kniabisla] (NT) (jugendsprachlich) (scherzhaft): *besonders weite Hosen, deren Bund unter der Hüfte getragen wird* (engl. baggy pants; *charakteristisch für bestimmte Jugendszenen).*
knia‖hangglen ⟨hat⟩ [siehe hangglen] (OI, Pass.): *traditioneller Kraftund Geschicklichkeitssport.*
Knia‖schnaggl, die, **Knia‖schnaggler,** der [siehe Schnaggl]: *Schwäche in den Kniegelenken (bei langem Abwärtsgehen).*
Knia‖schwester, Knia‖schweschter, die: *heimliche Liebhaberin.*
knia‖weit ⟨Adj.⟩: *o-beinig.*
knifflen ⟨hat⟩ [nach dem alten Kartenspiel Karnöffel, Karnüffel; dieses vielleicht zu carnifolium, ein Pflanzenname] (ST): *quälen, peinigen,*

schikanieren ❖ **jemanden nicht knifflen können:** *jemanden nicht ausstehen können.*
knịll ⟨Adv.⟩ [erst nhd. knill, knüll (= betrunken)] (ST, OI): **1.** *übergeschnappt, verrückt* **2.** *volltrunken.*
Knịtl, Knịdl, Knịttl, der (mhd. knüttel kann Waffe, Hirtenstab oder Prügel sein, ursprünglich aus Knoten, also Knotenstock]: **1.** *Knüttel, Knüppel* **2.** *Holzstück zum Heizen* **3.** *dünner Holzast* **4.** *dicker Stab* **5.** *grober, unverständiger Mann.*
Knịttl|beisser, der [eigentlich: Knüttelbeißer] (ST, OT): *scherzhaft für Holzbläser.*
Knọfe, Knọffe, der [zu mhd. knopf] (ST): *Knopf.*
Knọfl, Knọfe, Knọfla(ch), Knọfli(g), der [zu ahd. knoblauch, kloblauch; laut Hornung über knoflach zu Knofl; dissimilierend zu klieben, klob, gekloben (= spalten), also eigentlich: gespaltener Lauch]: *Knoblauch (Allium sativum).*
Knọidl, der [dissimiliert aus mhd. kliuwel]: *Knäuel.*
Knọpfer, der [also Knopfbilder; siehe Gabler] (OT): *junges Rotwild (Reh, Hirsch).*
Knọrsch, Knọrtschn, Knọrtsch, der [ahd. chnorz(o) (= Knorren, Strunk)] (ST): **1.** *Knorren, Astansatz* **2.** *grober Kerl.*
Knọschpe, Kọschpe, Knọspm, der [zu lat. cuspus (= Holzschuh)]: **1.** *grober Schuh (ursprünglich mit Holzsohle)* **2.** *ungehobelter Mensch.*
knọtn ⟨Adj.⟩ [Herkunft unklar] (Def.): *durch den Schnee waten.*
Knọtte, Knọtt, Knọttn, der [mhd. knote (= Knoten)] (ST, OT): *Fels, großer Steinbrocken, kleiner Hügel.*
knọttig ⟨Adj.⟩ [zu Knotte]: **1.** *felsig* **2.** (La.) *altmodisch.*
Knọttn|nagele, das [1. Bestandteil: siehe Knotte; 2. Bestandteil: Nagele = Nelke] (ST): *Steinnelke (Dianthus sylvestris), in Ö als Wildnelke bezeichnet;* ein Nelkengewächs *(Caryophyllaceae).*
Knọttn|reasl, das [zu Knott] (Pass.): *Behaarte Primel (Primula hirsita);* Art innerhalb der Gattung der Primeln *(Primula).*
Knọidl, Knọile, Knụidl, Knụile, der [mhd. kniuwel, dissimiliert aus ahd. kliuwil, das zu kliuwa (= Kugel, Knäuel) gehört]: *Knäuel.*
knụtz, knụtzig ⟨Adj.⟩ [wohl aus: kein Nutz] (Deutschn.): **1.** *schlecht (v. a. von Lebensmitteln)* **2.** *klein: a knutzes Mandl (= ein kleiner Mann).*
Kọj(e), Kụje, die [zu koi(d)n, siehe dort] (NT): **1.** *Kiefer* **2.** *Kinn.*
kọajig, kạ̊ig, kạ̊ichig ⟨Adj.⟩ [zu hoajen, siehe dort] (NT, OT): *dunstig, trüb.*
kọan|peder, kọan|pedrs, kuandr|peadr, kuant|wẹdere [1. Bestandteil: mhd. kein, 2. Bestandteil: Gegenstück zu mhd. et-weder (= welcher/welches von beiden)], mhd. ietweder (= jeder von beiden)] (ST, OI): *keiner/keine/keines von beiden.*
kọar|assig: *siehe korassig.*

Koat, das; Plural: Keater [mhd. kōt, quāt, quōt (= Kot, Dung)] (ST): **1.** *unheimliches Wesen, hässliches, seltsames Wesen* **2.** *Käfer, furchterregendes Tier, Ungeziefer, Schädling*, z. B. Einbindiger Traubenwickler *(Eupoecilia ambiguella)* oder Bekreuzter Traubenwickler *(Lobesia botrana)*; beide sind Nachtfalter aus der Familie der Wickler *(Tortricidae)* **3.** (Pf.) *Kehricht.*
koata, kater ⟨Adj.⟩ [ge- + heiter; vgl. gehoater] (ST, OT): *heiter, klar (vom Wetter).*
koatig ⟨Adj.⟩ (OI, Pf.) [Ableitung von Koat]: *schmutzig.*
Koat|lackler, die [siehe Koat, koatig und Lacke; die Bezeichnung „Koatlackn" für den Ortsteil ist nicht mehr in Gebrauch, wohl aber in Erinnerung. Er bezieht sich darauf, dass hier bei starken Regengüssen die Abwässer von Regenrinnen und Brunnenrohren zusammenflossen. Denn es war eine Gegend der Armen und in den alten Häusern lebten auf sehr engem Raum viele Menschen, die angeblich im übrigen Stadtgebiet an ihrem dialektalen Soziolekt erkennbar waren)]: *Übername der Bewohner des Stadtteils St. Nikolaus in Innsbruck.*
Koat|lågge, die (OT): **1.** *Schmutzlache* **2.** *Spülwasser.*
Kobes: *siehe Kåwes.*
Kobes|flotter, der, **Kowes|flutter**, die [1. Bestandteil: Kobes; 2. Bestandteil: siehe Flotter] (ST): *Kohlweißling;* Großer Kohlweißling *(Pieris brassicae)* oder Kleiner Kohlweißling *(Pieris rapae).*
Kobes|loter, der [siehe Kåwes und Loter] (OT): *Vogelscheuche.*
Kobes|wurm, der, Plural: Kobeswirm; **Kobis|flitterle**, das, (ST, OI): *Raupe des Kohlweißlings.*
Kobl, Kowi, der [wie standardsprachlich Kobel zu mhd. kobel (= enges, schlechtes Haus) und mhd. kobe (= Schweinestall; Käfig; Höhle)] (NT): **1.** *Hütte, Verschlag* **2.** *Schweinestall (auch: Saukowi)* **3.** *Taubenschlag (auch: Taubmkowi)* **4.** *Wespennest.*
Koch, Koch, der oder das [zu kochen mit folgender Bedeutung: durch Gekochtwerden Wasser abgeben und dadurch eindicken; ahd. kohhōn; dieses zu lat. coquere (= kochen, backen, brauen)] (auch bairisch) (NT): *aus gekochtem Obst, Grieß oder Ähnlichem hergestellter Brei:* Apfelkoch, Hollerkoch, Grießkoch etc.
kocheles/-lus spiln, kochilis spiln ⟨hat⟩ (ST): *kochen spielen.*
Kofl, der [mhd. kofel (= Bergspitze); weitere Herkunft unklar]: *Bergkuppe, Felsblock* [häufig Zweitglied bei Berg-, und Flurnamen, z. B.: Patscherkofel (Hausberg von Innsbruck)].
Kofl|nagele, das [1. Bestandteil: siehe Kofl; 2. Bestandteil: mhd. negelīn (Diminutiv von nagel), neben dem es ein nægelin gegeben haben muss; also eigentlich: kleiner Nagel] (ST): **1.** *Alpennelke (Dianthus alpinus)* **2.** *Gletschernelke (Dianthus glacialis).*

Kofl|reasl, das (Pass.): *Behaarte Primel (Primula hirsuta).*
Kofl|schtoan, der (ST): *Klausenit, ein Tiefengestein von dunkler bis schwarzer Färbung,* benannt nach dem Felsgestein des Säbener Berges bei Klausen, üblicherweise wird dieses Gestein Diorit genannt.
Kog¹, Koga, der; Plural: Koge [mhd. gehac, gehager (= Einfassung)]: **1.** (Pass.) *Pferch* **2.** (OI) *steiles, schlecht zu nutzendes Gelände.*
Kog², Koga, der [Herkunft unklar] (OI): *unschöner, unbrauchbarer oder bösartiger Mensch.*
Kogl, der [ev. verwandt mit lat. cuculla (= Mütze, Kappe)]: **1.** *Bergkuppe* (oft in Bergnamen, z. B. Gamskogl) **2.** *kegelförmiger Berg.*
koidn, koin, kuidn, kuin ⟨hat⟩ [wie standarddt. kauen zu mhd. kiuwen, ahd. kiuwan (= kauen); umgelautet noch in standarddt. Wiederkäuer]: *kauen.*
Koj(e), Kuje, die [zu koi(d)n, siehe dort]: **1.** *Kiefer* **2.** *Kinn.*
koisa, koisa ⟨Interj.⟩: *Lockruf für Kühe.*
kojig: *siehe koajig.*
Kol|åmschtl, die, **Kol|åmbischt,** der: *Amsel (Turdus merula) oder Schwarzdrossel;* Vogelart innerhalb der Familie der Drosseln *(Turdidae).*
Kolderer, der [zu standarddt. Koller, mhd. kolre (= Wut); dieses aus spätlat. cholera (= ursprünglich Ruhr); vermutlich semantische Einwirkung von cholerisch]: **1.** *auffahrender Mensch, Polterer* **2.** (Pfun.) *unsteter, dem Alkohol zugeneigter Mann.*
kold(e)risch, kojerisch ⟨Adj.⟩ [zu Kolderer, siehe dort] (NT): **1.** *schreckhaft (vom Ross)* **2.** *aufgeregt, jähzornig (vom Menschen).*
koldern ⟨hat⟩ [siehe Kolderer] (Pf.): *läppisch tun.*
Koler, der [siehe koln] (ST): *Bell- oder Hustlaut.*
Kol|measl, Kol|masl, das: *Kohlmeise (Parus major),* eine Vogelart aus der Familie der Meisen *(Paridae).*
koln ⟨hat⟩ [aus mhd. kallen (= viel und laut sprechen, schwatzen; singen; krächzen)] (ST): **1.** *bellen* **2.** *heiser husten* **3.** *lügen.*
Kol|rabi, Kol|rawi, der [aus ital. cavola rapa]: *Kohlrübe (Brassica oleracea var. gongylodes L.);* eine der vielen Zuchtformen des Gemüsekohls.
Komet, Kummat, das oder der [wie schweizerisch Kummet zu mhd. komat, kumet, zu poln. chomąt(o) (= Halsjoch)]: *Halsjoch der Zugtiere.*
komott, kamott ⟨Adj.⟩ [wie standarddt. kommod zu franz. commode, dieses zu lat. commodus (= angemessen, vollständig, bequem, passend, zuvorkommend, höflich)]: **1.** *(von Sachen) bequem, praktisch* **2.** *(von Menschen) umgänglich, gemütlich.*
Komp, der; Plural: Kemp [siehe Kampl]: **1.** *Hahnenkamm* **2.** *Hügelrücken* **3.** (Sa.) *Kamm des Rechens.*

Kondl: *siehe Kandl.*
Kondominium, das; Plural: Komdominien [junge Entlehnung aus ital. condominio (= Haus, Miteigentum an Gebäuden; Verwaltung der Wohnungseigentümergemeinschaft)] (ST): *Wohnhaus mit mehreren Mitbesitzern/Mietparteien und gemeinsamer Verwaltung.*
Konfusions|råt, der [1. Bestandteil zu konfus (= verwirrt, durcheinander); aus Ostösterreich übernommen] (NT) (scherzhaft): *Mensch, der alles durcheinanderbringt.*
konig, kunig ⟨Adj.⟩ [mhd. kāmec, kānec (= schimmlig, mit kām, kān (= Schimmel) überzogen)] (ST): **1.** *schimmelig* **2.** *verdorben (vom Wein)* ❖ **der Wein geat schon konig:** *es riecht schon nach dem Weinrest im Fass* **3.** *am Morgen noch nicht ausgenüchtert sein (vom Menschen).*
Konsum|verein, der (ST): **1.** *Konsumgenossenschaft* **2.** *Laden einer Konsumgenossenschaft.*
Konter, der [gleiche Herkunft wie Gånter; siehe dort] (La.): *Holzgestell, auf dem die Weinfässer aufliegen.*
Kontinelle, die; Plural: Kontinellen [ital. cantinella (= dünne Holzleiste)] (Pass.): **1.** *Vierkantlatte* **2.** *Dachlatte.*
Kopert|decke, die [ital. coperta (= Decke, Überzug)] (ST, OI): *Schondecke über der Bettdecke.*
Kopf, Kopf, der [wie standarddt. Kopf zu mhd. kopf, koph (= Becher, Trinkgefäß); scherzhaft übertragen auf Hirnschale, Kopf; ahd. chopf (= Becher, Trinkschale), wohl zu spätlat. cuppa, zu lat. cupa): *Kopf;* häufiges Zweitglied als Zweitglied in Bergnamen: Achselkopf; Rangger Köpfl (Diminutiv)] ❖ (NT) **jemandem auf 'n Kopf scheißen:** *jemanden brüskieren, verhöhnen, provozieren* ❖ **Und wenn er si aufn Kopf stellt!** *Was immer er auch macht, es wird ihm nichts nützen!*
❖ **eam an Kopf wåschn:** *ihm Vorhaltungen machen.*
köpfeln, kepflen, kepfln ⟨hat⟩ (Sportlersprache) (auch süddeutsch und schweizerisch; in D ansonsten: köpfen): **1.** *den Ball mit dem Kopf stoßen* **2.** *kopfüber ins Wasser springen.*
Kopf|huder, das [siehe Huder] (Matrei, Def.): *Kopftuch.*
kopf|iber|orsch ⟨Adv.⟩ [eigentlich: Kopf über Arsch]: *kopfüber.*
Köpfler, Kepfler, der (Sportlersprache) (auch süddeutsch und schweizerisch): **1.** *Kopfball* **2.** *Kopfsprung ins Wasser.*
kopfn ⟨hat⟩: *denken, grübeln, intensiv nachdenken.*
Kopf|nuss, die [gehört zu einer Reihe von Bezeichnungen für Schläge, die auf Obstarten zurückzuführen sind: Ohrfeige zu Feige, Tachtel zu Dattel]: *Schlag auf den Kopf.*
kopf|schiach ⟨Adj.⟩ (OT, La.): *Höhenangst habend, nicht schwindelfrei.*

Kopf|stickl, das (ohne Verkleinerungsendung regional auch in D: Kopfstück) (NT): *Schlag auf den Kopf*.
koppm ⟨hat⟩ [mhd. köppeln (= rülpsen) (NT, Pfun.)]: **1.** *zwanghaftes Luftschlucken bei Pferden* **2.** *mit der Zunge schlenkern (vom kranken Rind)* **3.** *rülpsen*.
korassig ⟨Adj.⟩ [1. Bestandteil: kor zu mhd. kiesen (= prüfen, versuchen, wählen) bzw. dessen Partizip gekorn (= erkoren); 2. Bestandteil: zu essen] (ST): *heikel, wählerisch beim Essen*.
korborn ⟨hat⟩ [zu Korb] (Pfun.): *einen Korb machen*.
koscher ⟨Adj.⟩ [jiddisch koscher, zu hebräisch kašer (= einwandfrei); gesamtdeutsch: nach den jüdischen Speisegesetzen erlaubt] (regional auch in D): **1.** *einwandfrei; in Ordnung; unbedenklich, legal:* Is des Gschäft koscher? **2.** (NT) *anständig:* Ist er koscher? (= Kann ich ihm trauen?) – Er ist mir nicht ganz koscher!
Koschpe: *siehe Knoschpe*.
Kotze, der; **Kotzn,** die [mhd. kotze (= grobes, zottiges Wollzeug); Decke oder Kleid davon, ahd. chozzo, chozza, Herkunft unklar, eventuell zu lat. cottus, cotta, das auf griech. kotthybos (= militärisches Ausrüstungsstück) und kosýmbē (= Mantel von Hirten und Landleuten zurückgeht)] (NT) (auch süddeutsch): **1.** *grobe Wolldecke* **2.** *Umhang aus grobem Wollstoff*.
Kowas, Kowis, der: *siehe Kobes, Kåwes*.
Knou, der, Plural: Knoub [mhd. knabe] (Lecht.): *männliches Kind:* „Knou mah!" heißt ein Lied der Lechtaler Musikgruppe „Bluatschink".
Kra, Gra, Kru, der, **Kro,** die [ahd. kraja, krawa, eigentlich: die Krächzerin; auch das Wort krähen gehört in diese Wortfamilie; die u-Form (Kitzbühel) wohl aus dem mhd. Plural kran]: *Rabe, Krähe;* sie bilden zusammen die Gattung *Corvus* in der Familie der Rabenvögel (*Corvidae*).
Kracher, der [zu krachen]: **1.** *heftiger Knall:* es tuat an Kråcher **2.** *Greis:* alter Kråcher.
Kracherl, Kracherle, das [Import aus Wien; vermutlich nach dem Geräusch beim Öffnen des Verschlusses]: *Limonade*.
kråd: *siehe gråd*.
Kraffl: *siehe Graffl*.
kragln ⟨hat⟩ [zu Krågn] (OT): *würgen*.
Krågn, Krogn, der, Plural Kragn [mhd. krage (= Kehle, Schlund)]: **1.** *Hals (von Mensch und Tier)* **2.** *Kragen:* in Krågn nit voll kriagn (= unersättlich, geldgierig sein), in Krogn voll onliagn (= das Blaue vom Himmel lügen).
Kral, der, **Krale,** die [mhd. kröüwel (= Gabel mit hakenförmigen Spitzen)]: *Kräuel, Gerät mit rechtwinkeligen Spitzen zum Aufrauen des Bodens*.

kraln¹ ⟨hat⟩ [siehe Kral] (ST, OI): *kratzen, scharren, die Erde mit einem Kral lockern:* ze kraln hobm (= sich schwer tun, sich sehr plagen).

kraln² ⟨hat⟩ [zu Kral, nicht zu Kralle] (ST, OI): *kleine Diebstähle begehen, stehlen.*

Kråm¹, Krom, Krum, der [mhd. und ahd. krām (= Zeltdecke; Schutzdach über dem Wagen oder Stand eines umherziehenden Händlers; Kaufmannsware)]: **1.** *Kram* **2.** *Handelsware.*

Kråm², Krå̊mm(e), Krom, Krum, der, **Krumme,** die [mhd. kram (= Krampf) neben krampf; belegt auch bei Oswald von Wolkenstein]: *Muskelkrampf.*

Kramasuri, der [Kreuzung von Kram¹ mit wienerisch-österreichisch Remasuri (= Durcheinander, Chaos), das auf rumän. ramas (= restlich, übrig) aus ramane (= bleiben), lat. manere zurückführt]: **1.** *Ramsch, unwerter Kram* **2.** *Unordnung, Durcheinander.*

Kråm|lane, Kron|lane, die [1. Bestandteil: Schatz vermerkt ein Verb kremmen (= sich rollen, zusammenballen); dieses vermutlich zu mhd. kram (= Krampf): der Schnee ballt sich so stark zusammen, dass er sich ganz vom Boden löst; wird in Pass. zu Kronlane; 2. Bestandteil: wie standarddt. Lawine zu ahd. lewina, leina, louwin, zu rätorom. lavina, dieses zu lat. labi (= gleiten)] (Pf., Pass.): *Grundlawine, Nassschneelawine.*

kramplen: *siehe gramplen.*

Krå̊mpm, der: **1.** *Pickel, schwere Haue* **2.** (abwertend) *altes Pferd.*

Krampus, der [da der Krampus eine Teufelsfigur ist, hat er Krallen; vgl. ital. gramputo (= mit Krallen versehen)]: *Begleiter des Nikolaus am 5./6. Dezember, er hat Kette, Rute und Butte.*

Krane|witt, Krane|bitt, der, **Krune|witte,** die; meist Plural: Kranewittn; Kra|wattn; auch: **Kra|met,** der [wie standarddt. Kranewit zu mhd. kranewite, ahd. kranawitu, zu ahd. krano (= Kranich) und ahd. witu (= Holz, Wald), weil der Vogel die Beeren frißt] (auch bairisch-österreichisch): **1.** *Wacholder (Juniperus)* **2.** *Wacholderbeeren.*

Krane|witter, Kraner, Kra|watter, Kre|meter, der (auch bairisch-österreichisch): *Wacholderschnaps.*

Krane|witt|vogl, der; Plural: Kranewittvegl [früher als Krammetsvogel eine bekannte und beliebte Speise; 1. Bestandteil: siehe Kranewitt] (ST): *Wacholderdrossel (Turdus pilaris).*

Kranzl(e), das: **1.** *kleiner Kranz* (z. B. aus Blumen) **2.** *die acht Kegel um den Mittelkegel* **3.** *nach einem Wurf ist von den neun aufgestellten Kegeln nur der Mittelkegel stehen geblieben* ❖ **a Kranzl schiaßn.**

Kranzl|bui, der, **Kranzl|gitsche,** die: *Buben/Mädchen, die bei der Hochzeit Blumen tragen.*

Kranzl|jungfer, die (auch bairisch-österreichisch): *Brautjungfer.*

Kranzl|kraut, das: *Echter Thymian (Thymus vulgaris), auch Römischer Quendel, Kuttelkraut oder Gartenthymian genannt.*
Kranzl|tåg, der [weil beim Umgang die Jungfrauen einen Kranz trugen] (OT): *Fronleichnam.*
Kranzn, die; **Kranz|beer,** die [siehe Kranewitt; das -z- ist aus dem Genetiv kranewites zu erklären; auch die Ortsnamen Kranzach, Kramsach gehören zu diesem Wort] (UI): *Wacholderbeere(n).*
krånzn ⟨hat⟩ [wohl nach den bekränzten Kühen]: *von der Alm abtreiben.*
Kråpfe, Kråpfn, der [ursprünglich: Haken, Klammer, mhd. kräpfe (= hakenförmiges Gebäck), ahd. kräpho (= Haken); demnach war das Gebäck früher hakenförmig] (auch bairisch-österreichisch): **1.** *kleines, (meist) rundes, meist mit Marmelade gefülltes Gebäck, das in schwimmendem Fett gebacken wird* **2.** (abwertend) *dickliches Mädchen.* **3.** (UI) *altes Auto/Gerät u. Ä.* **4.** (UI) *etwas Unförmiges.*
Kråpfn|bettln, das: *Brauch in der Pustertaler Gegend* (ursprünglich zu Allerseelen: es wurden Teller mit Krapfen vor die Haustür gestellt, die von den Armen gegessen werden sollten; heute sinnentleert und als Faschingsbrauch auf den Martinstag verschoben).
krappig ⟨Adj.⟩ [wohl mit ge-Präfix aus dem bei Schatz belegten råppm (= rasch nach etwas greifen) (Lienz, OI): *rührig, aktiv.*
Kra|schinklan, die (Plural) [Krähenfüßchen; wegen der Struktur der Blüte] (OT): *Frühlingsenzian (Gentiana verna), eine der kleinsten Pflanzenarten der Gattung Enziane (Gentiana).*
Krat, der [ital. curato (= Pfarrer, Seelsorger)] (ST): *Kurat, früher der Dorfgeistliche.*
kratzln, kratzlen ⟨hat⟩ [zu kratzen]: **1.** *kritzeln* **2.** *schlecht schreiben.*
krå̊tzn ⟨hat⟩ ❖ **des krå̊tzt mi nit:** *das berührt mich nicht.*
Krauderer, der [wohl irgendwie zu Kraut zu stellen; auch in außerbair. Dialekten mit dem Merkmalen alt und unbehofen] (UI): *alter, ungeschickter, unbeholfener Mann.*
Krauteler, der [abkürzend aus krautwalsch] (Bozner U-Land): *abschätzig für Ladiner.*
Krauterer, der (Bozner U-Land): *Kurtatscher.*
krautern, kreutern ⟨hat⟩: (NT): *hart arbeiten.*
Krautinger, Kraudinger, der [mhd. krūt (= kleinere Blätterpflanze, Kraut, Gemüse); die Kugelige Herbstrübe *(brassica rapa ssp. Rapa),* aus der der Schnaps gebrannt wird, galt im Mittelalter als Hauptnahrungsbestandteil und wurde erst später von der Kartoffel fast vollständig verdrängt; der Schnaps wurde in das „Register der Traditionellen Lebensmittel" aufgenommen]: *spezieller Rübenschnaps aus der Wildschönau.*
Kraut|ståmpfer, die (Plural): [Kraut wurde früher in Bottichen mit den Füßen gestampft] (abwertend): *große, kräftige Füße (= Beine).*

kraut|walsch ⟨Adj.⟩ [1. Bestandteil: laut Finsterwalder wohl zu ital. crudo (= roh, grob); 2. Bestandteil: ahd. wal(a)hisc (= Bezeichnung für die rom. Volkssprachen); das Gegenwort zu krautwalsch wäre ein nicht mehr gebräuchliches kluegwelsch (= feinwelsch) für Italienisch; im Bewusstsein der Sprecher wird es zu Kraut gestellt, weil Deutsch und Italienisch beim Reden wie Kraut und Rüben durcheinandergingen; die lautliche Nähe zu Kauderwelsch ist auffällig]: **1.** (ST) *ladinisch* **2.** *generell für jede unverständliche Sprache, auch für einen ungewohnten Dialekt oder bei groben sprachlichen Mängeln* **3.** (Bozner U-Land) *des Deutschen nicht ganz mächtig.*

Kraut|walsche, die (Pass.): *die ladinischen Täler insgesamt.*

Krawått, Kråwåd, der [kroatisch hrvat, früh als Krabat, Krawat entlehnt] (NT): **1.** *Slowene, Kroate* **2.** (abwertend) *unkultivierter Mann* **3.** (OT) *falscher Mensch, Gauner.*

Krawat|staude, die [siehe Kranewitt]: *Wacholderbeerenstrauch.*

Krawattl, das [Diminutiv von Krawatte, dieses zu franz. cravate; eigentlich: kroatische Halsbinde (von kroatischen Reitern getragen, dann modisches Accessoire am Pariser Hof)]: **1.** *Krawatte* **2.** *(Hemd-)Kragen* ❖ **ea packt 'n beim Krawattel:** *er stellt ihn heftig zur Rede, er ruft ihn zur Ordnung.*

krawutisch/krawutig werdn ⟨ist⟩ [zu Krawot; auf vermeintliche Eigenschaften der Kroaten anspielend; Vermischung mit Wut]: *zornig, wütend, rabiat werden.*

Kraxe, Kraxn, die [mhd. krechse, kräxe weitere Herkunft unklar; der Kraxentrager, ein Berg am Brenner-Pass, trägt seinen Namen nach dem alten Beruf des Kraxntrogers, eines Wanderhändlers, der seinen Kram auf dem Rücken trug]: **1.** (auch bairisch-österreichisch) *Traggestell unterschiedlicher Art; regional auch korbartig* **2.** *großer, magerer Mensch* **3.** *hässliche Frau* **4.** (NT) *unleserlicher Schriftzug.*

Kraxn|troger [vgl. Kraxe]: ❖ **a jeder Kraxntroger** (abwertend): *alle möglichen Leute, jedermann.*

Krea, der: *siehe Kren.*

kreasn ⟨hat⟩ [Herkunft unklar] (Zillt.): *extrem hart arbeiten.*

Kreb, Krebe, die [mhd. krebe (= Korb)] (Vin., Etsch): **1.** *Korb* **2.** *Obstkörbchen.*

krechln, krechln ⟨hat⟩ [Intensivbildung zu mhd. ge- + rohen (= brüllen, grunzen); vgl. krochn]: **1.** *hustend atmen, röcheln, stöhnen* **2.** (Sa.) *kleinlich jammern, lästig sein* **3.** *kränkeln.*

krecke, kreckn ⟨ist⟩ [mhd. krecken (= mit Schall zerplatzen, knacken); bei Oswald von Wolkenstein: „von Schrecken krecken mir die bain"] (NT): *einen Riss bekommen, zerbrechen.*

Kredenz, die [ital. credenza (= Glaube, Vertrauen); aus der Wendung: far la credenza (= als Mundschenk an einem Seitentisch Speisen vorkosten), zu lat. credere (= glauben, anvertrauen, vertrauen)]: *Geschirrschrank mit einer Fläche zum Anrichten der Speisen.*

krefeln ⟨ist⟩ [Präfix ge- zu einem bei Schatz belegten gleichbedeutenden Verb refflen, das auch reiben, streifen bedeuten kann] (NT): *kriechend klettern:* „Und a Körbl, Körbl af 'n Buggl, Buggl, / und a Wurznpickl in die Händ, / fållt åft a Wettar ein, recht weit von Hüttna sein, / müaß ma ummerkrefeln in die Wänd ..." (Aus dem Lied „Wånn i no amål af d Welt kimm", auch „Wurzengråberlied" genannt, bezogen auf die Tätigkeit des Enziangrabens und Schnapsbrennens, die im 19. Jh. einen wichtigen Erwerbszweig für die Bewohner des Zillertales darstellten, SsÖ, S. 334).

kreimp ⟨Adv.⟩ (Tristach): *praktisch.*

kreischtn, kreischte, kreissn ⟨hat⟩ [mhd. krīsten, klīsten (= stöhnen, ächzen)]: **1.** *schwer atmen* **2.** *ächzen, stöhnen:* kreischtn isch di hålbe Årbit.

kreisln ⟨hat⟩ [mhd. krūs (= kraus)] (Ritten): *Heu umdrehen.*

kreitern ⟨hat⟩ [siehe Kraut, Kreitl] (Ulten): *Rüben ernten.*

Kreitl, Kreitle, das; Plural: Kreitln [Diminutiv von Kraut: Kräutlein]: *Petersilie.*

Kreitla|gårte, der, **Kreitlach|gartl,** das (OT): **1.** *Gemüsegarten* **2.** (OI) *kleiner Gartenteil für Tee und Gewürze.*

Krematler: *siehe Kranewitter.*

kremig, kremi ⟨Adj.⟩ [zu Kram² (= Krampf)] (Deutschn.): *verzogen, windschief (von Menschen, z. B. aufgrund von Ischias).*

kremme ⟨Adj.⟩ [wohl auch zu Kram², vgl. mhd. krimmen (= zusammenziehen)] (Pass.): **1.** *gekrümmt* **2.** *pappig (vom Schnee).*

kremmig ⟨Adj.⟩ [wie kremme] (Ehrwald): *starr, muskelsteif.*

Krempl: *siehe Grempl.*

Kren, Krea(n), der [mhd. krēn(e) aus slaw. chrěn, tschech. křen oder einem entsprechenden Wort aus dem Sorbischen] (auch süddeutsch und österreichisch; in D ansonsten Meerrettich): **1.** *Wurzel mit scharf schmeckender Würze (Armoracia rusticana)* **2.** (La.) *Rettich* ❖ (NT) **zu jedn sein Kren dazuatuan:** *ungefragt zu allem seinen Kommentar abgeben* ❖ **zum Krenreibm sein:** *für nichts zu gebrauchen sein.*

Kretla, die (Plural) [laut Schatz eigentlich Krötlein, was aufgrund der Optik einleuchtend ist]: *leichte Steigeisen, Grödeln.*

krette, die [gleichbed. mhd. krette] (Ehrwald): *Korb.*

kretze ⟨Adv.⟩ (Zillt.): *zäh, tüchtig.*

kreutang ⟨hat⟩ (Zillt.): *toben.*

Krewl, das [mhd. krebe (= Korb)] (Ehrwald): *Bretterverschlag für Kleintiere.*

Kriandl, das [aus lat. crena (= Kerbe, Schlitz, Verzahnung)]: **1.** (Pust.) *Einschnitt, Kerbe* **2.** (La.) *Vorrichtung zum Obstklauben.*
krianzn ⟨hat⟩ [mhd. rienen (= jammern, klagen) mit Präfix ge- und Suffix -etzen] (ST): **1.** *leise weinen, sumsen, jammern (bei Krankheit von Kindern)* **2.** *nörgeln.*
kribis|kråbis ⟨Adv.⟩ [Reduplikationsbildung mit Vokalvariation, ähnlich dem standarddt. Krimskrams; als Ausgang vermuten Kluge/Seebold kribbeln bzw. krabbeln] (ST, OT, Ötzt.): *durcheinander.*
Krickl, das [Diminutiv von Krücke, dieses zu ahd. krucka (= Stock mit gekrümmtem Griff)] (Jägersprache): **1.** *Horn der Gämse:* „Vom Gamsbock die Krickln, vom Hirschl die Gweih" ist der Titel eines beliebten Liedes **2.** *Gehörn des Rehs* **3.** *vorderer Griff am Sensenstiel* **4.** (La.) *Eisengabel mit Stiel (zum Einheizen).*
Krimpe, die [Ableitung von mhd. krump (= krumm, verdreht, schief)] (Pass.): **1.** *das Hinken* **2.** *Krümmung.*
krimpm, krumpm ⟨ist⟩ [zu krumm, mhd. krump, ahd. chrump] (Pass.): *hinken.*
kring, gring, ring [mhd. (ge)ringe, ahd. giringi (= leicht)]: *leicht an Gewicht.*
Krinne, Krinde, die [mhd. krinne (= Einschnitt, Kerbe)]: *Rinne, lange Kerbe.*
Krippe, Kripp, Krippm, die [ahd. krippa, laut Kluge/Seebold ursprünglich: etwas Geflochtenes; als relevant erscheint dann das Bedeutungselement, dass dadurch etwas eingeschlossen wird; vgl. mhd. krippe (= Krippe; Futterkrippe; mit Steinen und Erde gefüllter Holzbehälter im Wasser); ähnlich kruppe (= nur Bed. 3)] **1.** *Körper, Leib:* haint tuat mer di gånze Krippe wea **2.** *Abteil im Stall* **3.** *Vogelkäfig* **4.** *Weihnachtskrippe.*
Krippm|flicker, der [1. Bestandteil: siehe Krippe, Bed. 1] (Pass.) (scherzhaft): *Arzt.*
Krisou und Touf verlora [Chrisam (Salb-ÖL) und Taufe verloren] (Ehrwald): *bei einer Person ist alles umsonst.*
Krischpindl, Krispindl, das; auch **Krischpel(e), Grischperle** [nach einer Figur des Altwiener Volkstücks, erstmals bei Philipp Hafner als Crispin; ursprünglich Dienerfigur von charakteristischer hagerer Gestalt aus der Commedia dell'arte; wohl entlehnt aus mittellat. crispus (= kraus)]: *magerer, schwächlicher Mensch.*
Krischtl, der [kurz für Kristianabogen, von Kristianisand, alter Name von Oslo; diese Skitechnik wurde in Norwegen erfunden]: *scharfer Haltebogen mit Innenlage (zum Abschwingen beim Skifahren).*
krochn ⟨hat⟩ [Präfix ge- vor dem Verb mhd. rohen, ruohen (= brüllen, grunzen), das auch dem standarddt. röcheln zugrunde liegt] (ST): *grunzen, zornig röcheln (vom Schwein).*

Krogge: *siehe Grogge.*
krog|hålset ⟨Adj.⟩ [1. Bestandteil: wahrscheinlich volksetymologische Umdeutung von Kra (= Krähe), also krähenhalsig (für ein mageres Rind)]: *dünnhalsig (von Rindern).*
Krogn, der [mhd. krage (= Kehle, Schlund)]: **1.** *Hals (von Mensch und Tier)* **2.** *Kragen:* in Krogn voll onliagn (= das Blaue vom Himmel lügen).
Krom: *siehe Kråm.*
Kron|lane: *siehe Kråmlane.*
kropfat ⟨Adj.⟩ [zu Kropf]: *an einer Erkrankung des Kropfes leidend* ❖ **si kropfat låchn:** *sich totlachen.*
kropfn, kropfetzn ⟨hat⟩ [zu Kropf, mhd. und ahd. kropf; ursprünglich: Rundung, Krümmung]: **1.** *aufstoßen, rülpsen* **2.** *meckern.*
Krot, Krote, die [so wie Kröte zu mhd. krot(te), ahd. krota, kreta, weitere Herkunft unklar]: *Kröte* ❖ **di Krot schluckn:** *etwas Unangenehmes in Kauf nehmen, um sich aus einer Zwangslage zu befreien.*
Krotn|kraut, das [eigentlich: Krötenkraut; vereinzelt auch als Bezeichnung für Pflanzenarten aus den Gattungen Wolfsmilch *(Euphorbia)* oder Milzkräuter *(Chrysosplenium)*] (ST): *Löwenzahn (Taraxacum).*
Krucke, Kruckn, die [mhd. krucke, krücke (= Krücke); laut Fink kommt von daher der ital. Spottname crucchi für die Südtiroler] (ST): **1.** *großer, grobknochiger Mensch* **2.** *Kraftfahrzeug mit wenig PS* **3.** *langsamer Computer* **4.** *hässliche Frau* **5.** (ST, NT, OT) *Krücke.*
Kruckilus, der [vielleicht zu lat. crux, cruc-(is)] (OT, Pass.): *Durcheinander, schwierige Situation:* bring mir nit ålls in Kruckilus!
Kruinze, die [siehe krianzn] (Pust.): *raunzende Person.*
Krum: *siehe Kråm.*
krump ⟨Adj.⟩ [wie standarddt. krumm zu mhd. krump (= gekrümmt, verdreht); die alte Form lebt in der Mundart weiter]: **1.** *krumm, gebogen* **2.** *hinken* ❖ **sich krump und bugglat låchn:** *sich totlachen* ❖ **ausbleibm bis krumpi fuffzen** (eigentlich: bis ungerade fünfzehn): *ewig wegbleiben.*
krumpm ⟨ist⟩ [eigentlich: krumm gehen; vgl. krimpm]: *hinken.*
Krump|mittig, der (OT): *Aschermittwoch.*
Krump|schnåbl, der [eigentlich: Krummschnabel]: *Fichtenkreuzschnabel (Loxia curvirostra);* Vogelart aus der Familie der Finken *(Fringillidae).*
Krune|witt: *siehe Kranewitt.*
kruntschn: *siehe gruntschn.*
kruzi|fix ⟨Interj.⟩ [Kruzifix = Darstellung des gekreuzigten Christus; Kreuz mit dem gekreuzigten Christus; in Österreich und Süddeutschland stattdessen Herrgott] (auch bairisch-österreichisch): *Ausruf der Verwünschung, des Zorns.*

kruzi|tirggn ⟨Interj.⟩ [Zusammenziehung Kuruzen und Türken; als Kuruzen oder Kreuzkuruzen wurden ursprünglich die Kreuzzugsteilnehmer aus Ungarn genannt; im 17./18. Jh. wurden antihabsburgische Aufständische als Kuruzen bezeichnet, die mehrmals als Verbündete der Türken im Osten Österreichs Verwüstungen anrichteten] (auch bairisch-österreichisch): **1.** *Ausruf der Verwünschung, des Zorns* **2.** *Ausruf des Erstaunens.*

Kua: *siehe auch Kui.*

kua|fuaßet ⟨Adj.⟩ (Ulten): *übermütig.*

Kua|loch, das: **1.** *After der Kuh* **2.** (derb) *dummer Mensch, dumme Frau.*

kua|loch|voll ⟨Adj.⟩ [eigentlich: kuhlochvoll] (ST): *völlig sinnlos betrunken.*

kuan|nixi ⟨Adj.⟩ [-nixi aus -nutzig,-nützig]: *nichtsnutzig.*

kuan|pedere: *siehe koanpeder.*

Kua|pech, das [eigentlich: Kuhpech; die Gewinnung von Butterschmalz aus Butter wird mit der Destillation von Pech aus harzhältigen Hölzern verglichen; der Ausdruck findet sich auch im „Bayerischen Wörterbuch", hg. von der Bayerischen Akademie der Wissenschaften, München] (Pass.): *Butterschmalz.*

Kua|schell, die [eigentlich: Kuhschelle; als Kuhschelle oder Küchenschelle *(Pulsatilla)* wird normalerweise eine Pflanzengattung in der Familie der Hahnenfußgewächse *(Ranunculaceae)* bezeichnet]: *Tiroler Windröschen (Anemone baldensis).*

Kua|tàschn, Kua|toaschtn, Kua|tasch, der oder die [2. Bestandteil: der Tasch (= feuchter Klumpen, Erde, Mist), ahd. deisk (= Mist); feminine Variante und Bed. 2 wohl unter Einfluss von Tasche (= Vagina, Vulva)]: **1.** *Kuhfladen* **2.** *dumme Frau.*

Küb: *siehe kilb.*

Kuckuck, Guggugg, der (scherzhaft): *Bundesadler* (auch als Emblem auf der Pfändungsmarke) ❖ **in Kuckuck draufpicken:** *pfänden.*

kugelet, kuglat ⟨Adj.⟩ [Kugel + mhd. Suffix -eht]: *rund.*

Kugelete, der [zu kugln; siehe dort] (ST, OT): *schneller Ländlertanz.*

kugln ⟨ist⟩ [oft mit Präfix her-; wie standarddt. kugeln (= wie eine Kugel sich um sich selbst drehend irgendwohin rollen) aus spätmhd. kugelen]: *fallen, zu Fall kommen.*

Kui|bluime, die [Kuhblume; vgl. Fåcknbloam] (OT): *Gewöhnlicher Löwenzahn (Taraxacum sect. Ruderalia).*

Kuiche, die [ahd. kuohho (= Schlittenschnabel), aus dem dissimilierend das Wort Kufe entstanden ist] (OT): *Fahrrinne auf Feldwegen.*

kuidn, kujen: *siehe koidn.*

Kuije, Kui, die [siehe koidn]: **1.** *Kiefer, Gebiss* **2.** *Kinn.*

Kuisa, der [wohl zu Kuh] (Pf., Pfun.): **1.** *Kalb* **2.** *unbeholfener Mensch.*
Kuisarle, Kuisile, das: *liebevoll für Kalb.*
Kulto: *siehe Goita.*
Kummerl, das oder der (abwertend) (NT, OT): *Kommunist.*
kummula ⟨Adv.⟩ [wie das Standardwort kümmerlich zu mhd. kumber (= 1. Schutt, Unrat, 2. Belastung, Bedrängnis)] (OT): *ganz wenig, gerade noch.*
Kumpf(l), Kimpfi, der [mhd. kumpf (= Schüssel, Gefäß)]: *Kumpf, bei der Sensenmahd länglicher Behälter für den Wetzstein.*
kunig: *siehe konig.*
Kundament, Kundinent, der [Herkunft unklar] (Def.): *Augenblick:* in an Kundinent, im Kundiment.
Kunter, das [mhd. kunder, kunter (= lebendes Wesen, Tier, Monstrum)] (abwertend): **1.** *Kleinvieh* **2.** (ST) *Gesindel:* des Kunter kånn mir gstoln wern (= dieses Gesindel kann mir gestohlen bleiben).
Kur, die; Plural: Kuren [wie standarddt. Kur zu lat. cura (= Sorge, Fürsorge, Pflege); zusätzliche Bedeutung in Südtirol]: *Beeinflussung* ❖ **uan in der Kur hobm: 1.** *auf jemanden einreden* **2.** *über jemanden herziehen* **3.** *tratschen.*
kurn ⟨hat⟩ [wie standarddt. kuren zu Kur; zusätzliche Bedeutung in Südtirol] (ST): *(jemanden) hart hernehmen.*
kus kus ⟨Interj.⟩: *Lockruf für Kühe.*
Kurzer, Kurze, Kuschzn, der: *Kurzschluss.*
kusch ⟨Interj.⟩ [von franz. coucher (= niederlegen), zu lat. collocare (= aufstellen, legen, stationieren, unterbringen)]: **1.** *Befehl an einen Hund, sich hinzulegen und still zu sein* **2.** (derb) *Aufforderung an einen Menschen, still zu sein.*
Kusele, Kusla, Küsal, Kies(ei) [zu kus, kus (= Lockruf für Kühe)] (NT): **1.** *zärtliche Bezeichnung für Kühe* **2.** (Zirl) *Tannenzapfen* (laut Schatz aus der Kindersprache).
Kutte¹, Kutt, Kuttn, die [wie standarddt. Kutte zu mhd. kutte, aus mittellat. cotta, aus altwestfränkisch *kotta (= grobes Wollzeug)]: *Kutte.*
Kutte², die [ahd. cutti, chutti (= Herde)] (ST, OT, Zillt., Ötzt.): **1.** *Herde, Schafherde* **2.** *große Menschenansammlung* **3.** *bestimmte Menge an Menschen oder Tieren.*
kuttern, kudern ⟨hat⟩ [bairisch-österreichisch häufig kudern; mhd. kuteren, kuttern, kittern (= lachen, verlachen)]: *verhalten lachen, kichern (vor allem von Mädchen).*
Kwendl: *siehe Gewendl.*
Kwinte: *siehe Quinte.*
Kwire: *siehe quire.*

L

la: *siehe lei.*
lab, lawe, lob(e) ⟨Adj.⟩ [mhd. lā, lāwes (= lau); dem standarddt. lau entsprechend, also: weder warm noch kalt (von Flüssigkeiten), mild (von der Luft, von der Witterung), in nicht einschätzbarer Weise unsicher, unentschlossen, halbherzig (von Menschen). J. A. Schmeller registriert schon im 19. Jh. in seinem „Bayrischen Wörterbuch" zwei Varianten von Bedeutungsverschlechterung: labet mit den Bedeutungen einfältig, läppisch und låb mit den Bedeutungen abgeschlagen, matt; zuwider, unlieb; vgl. auch labelet]: **1.** *matt, schlecht, wenig wert,* häufig in Form einer Negation: nit låb (= nicht so schlecht) **2.** *lauwarm* **3.** (ST) *zu wenig gesalzen* (also lau schmeckend).
Lab, das [mhd. loup (= Blatt, Laub); vgl. Laber]: **1.** *Blatt* **2.** *Laub.*
Labasse: *siehe Låwisse.*
Lab(e), Lam, Lawe, die, **Lawe,** das [mhd. loube (= Schutzdach aus Laub, leichtes Vordach; bedeckte Vorhalle, Raum unter der Stiege einer Kemenate etc.); es war also zunächst das Dach gemeint, später der darunter befindliche Raum]: **1.** (ST) *Hausflur, ebenerdiger Hausgang* **2.** (ST) *Vorraum* **3.** (UI) *Balkon* **4.** *Söller (= Dachboden) am Bauernhaus* **5.** (Alp., Zillt.) *WC (früher Plumpsklo am Söller).*
labelet, lobelet ⟨Adj.⟩ [låb verbunden mit dem mhd. Suffix -eleht]: **1.** *zu wenig gesalzen, fad schmeckend, fad* **2.** *langweilig, fade:* a labelets Mensch (= eine langweilige Person).
Laber, Leiber, die (Plural) [weil die Ursprungsbedeutung von mhd. loup Blatt war, bezeichnet schon im Mhd. der Plural löuber die Blätter am Baum]: *Blätter des Baums.*
Labl, das [siehe Labe]: *WC-Häuschen im Freien.*
Labm|dille [1. Bestandteil: siehe Labe; 2. Bestandteil: Diele (= Hausflur), mhd. dille, dil, ursprünglich: Bretterfußboden] (OI, Pf., Ridn.): *oberer Hausflur.*
Labratsche, die [wohl zu ital. labbro (= Lippe)] (OI) (derb): **1.** *hässlicher, verzerrter Mund* **2.** *Grimasse.*
Labuschi, der [Herkunft unklar] (Pfun.): *ungeschickter, tölpelhafter Mensch.*
Lach, der [mhd. louc (= Flamme), ahd. auch mit -ch-; vielleicht nach rouch] (Def.): *Dampf, Küchendunst.*
Låcher, der: ❖ **des kost/koschtet mi an Låcher:** *das nehme ich nicht ernst.*
lachn ⟨hat⟩ ❖ **der geht in Keller lachn** [im Mittelalter war Lachen in der Öffentlichkeit verpönt, weil die Kirchenväter fürchteten, man lache sie aus]: *er ist völlig humorlos.*

Låck(e), Låckn, Lågge, die [mhd. lache, ahd. laccha, lacha (= Lache)]: *Lache, Lacke.*
Lạckl, Lạckele, Lạckei, das [Diminutiv von Lache]: **1.** *kleine Lacke* **2.** *wenig von einer Flüssigkeit:* a Lackl Milch/Wein (= ein wenig Milch/Wein); a Lackl rearn (= ein wenig weinen) ❖ **Lạckele måchn:** *urinieren (von Kindern).*
lạckln, lạcklen ⟨hat⟩ [eigentlich: eine Lacke machen]: **1.** *urinieren* **2.** *in kleinen Mengen ausschütten.*
Låd, die [wie standardsprachlich Lade zu mhd. lade (= Behälter); dieses zu einem Verb, das hinbreiten, aufschichten bedeutet hat] ❖ **då fållt einem 's Ladl åwi** [gemeint ist der Kinnladen (= das Unterkiefer); also eigentlich: da sperrt man aus Überraschung den Mund auf] (NT, OT): *es ist nicht zu fassen.*
Lạdal, das [Diminutiv von Laden] (Zillt.): *Kiosk.*
Ladịnern, das [eigentlich: auf ladinische Art spielen]: *Variante des Wattens mit zwei „blinden" Spielern, die nicht wissen, was angesagt ist.*
Lafẹtscha, die [laut Schatz aus ital. laveggio; Schneider belegt alttrentinisch lavetsch, das auf lat. lapideus (= aus Stein) zurückgehen könnte] (OI, La.): *dreibeiniger Kessel für offene Feuerstellen.*
Lạffer, der [aus mhd. loufen (= laufen)] (ST, OI): **1.** *Läuferstein bei der Mühle* **2.** *fruchtbringender Zweig, frischer Trieb des Weinstocks.*
Lạffl, die (Plural) [wohl zu mhd. loufen (= laufen); daneben existiert ein Substantiv louft (= Hülse)] (La.): **1.** *ausgetretene Schuhe* **2.** *leere Kastanien.*
Låff|muaser, der [mhd. laffe (= flache Hand); verwandt zu laffen (= lecken), sowie Löffel + Muaser] (Pass.): *kleine Küchenkelle.*
Låffn, der (Pass.): *Klinge des Rohrbohrers.*
Låge, Lọg(e), die [wie standarddt. Lage, aber mit einer zusätzlichen Bedeutung im Tirolischen] (ST, OT): *Schicht von Holz, Obst etc.*
Lạgg, der [Herkunft unklar; vielleicht Nebenbedeutung von Lack (= Material für einen Anstrich)] (auch bairisch-österreichisch): *Zweck, Sinn:* es hat keinen Lagg mehr.
Lạgge|roller, Lạgge|scheller, der [vielleicht zu dem bei Schatz belegten Adj. lagg (= matt, nicht frisch) zu stellen, weil es sich um Masken handelt, die groteske Alte darstellen] (ST, OI): *Fasnachtsfiguren am Ende des Roller- bzw. Schellerzugs.*
Lạggl, der [die Anknüpfung an den franz. General Melac, dessen Truppen im 17. Jh. Teile der Kurpfalz und Städte in Württemberg und Baden verwüsteten, ist wohl eher Volksetymologie] (auch süddeutsch und österreichisch): **1.** *großer Mann* **2.** *ungehobelter Mann, Grobian* **3.** *Dummkopf.*

Lagl, Lägli, das; Plural: Lagln [mhd. lægel (= Fässchen) aus mittellat. lagena (= Flasche)] (OI, Pass.): **1.** *längliches Weinfässchen zum Transport* **2.** *flacher Bottich.*

lahitzn ⟨hat⟩ [siehe lechatzn] (OT): *schwer atmen.*

laldern ⟨ist⟩ [von Schatz zu mhd. lallen (= lallen) gestellt] (OI, Pust.): *herumschlendern.*

Lålle, die [siehe Lalli]: *ungeschicktes Mädchen.*

Lålli, Lalli, der [zu lallen, ein Babylaute nachahmendes Wort; vgl. auch Lella]: *Dummkopf (gutmütig tadelnd).*

lållitzn ⟨hat⟩ [-etzen-Ableitung von lallen] (OT): *undeutlich sprechen.*

Lam: *siehe Labe und Loam.*

Lamęlle, die; Plural: Lamellen [Verformung von Libelle] (Pass.): *Libelle;* die Libellen *(Odonata)* bilden eine Ordnung innerhalb der Klasse der Insekten.

Låmmer, die [vorrömisches, rätoromanisch vermitteltes Lamara, aus Lama (= Fluss-Senke)] (ST): **1.** *Geröllhalde* **2.** *Steingeröll in Muren.*

Lampl, Lampi, das, **Lampize,** die [Diminutiv von mhd. lamp (= Lamm)]: **1.** *Lamm* **2.** (abwertend) *geduldiger, fügsamer Mensch* ❖ **mir sein ja e di reinschten Lampln:** *wir sind über jeden Verdacht erhaben, wir sind garantiert friedfertig.*

Lampl|schwoaf, der [Schwanz eines Lamms] ❖ **zittern wia r a Lamplschwoaf:** *heftig zittern.*

Lan, Lane, Lene, Lei, die [ahd. leina, lewina, louwin, zu rätorom. lavina, dieses zu lat. labi (= gleiten); siehe auch Kronlane, Wintlane]: **1.** *Lawine* **2.** *Erdrutsch, Mure.*

Lan|bruch, der [1. Bestandteil: siehe Lan]: *Abbruchstelle der Lawine.*

Lånd, Lånt¹, das [mhd. lant (= Land, Gebiet, Heimat)] (ST): **1.** *Land* **2.** *Ebene, Talsohle* (im Gegensatz zu den Hängen) **3.** *Etschland ab der Umgebung Bozen, Etschtal* (vom Puster- und Eisacktal aus) **4.** *Das Land Südtirol bzw. die entsprechende Landesregierung* **5.** *die Meraner Gegend, Burggrafenamt* (vom Passeiertal aus).

Lånd, Lånt², das [wie Land¹] (NT): **1.** *Land* **2.** *Das Bundesland Tirol, die Landesregierung* **3.** (nur mehr als Erinnerungsform) *Hauptal (im Gegensatz zum Seitental und zum aufsteigenden Hang/Mittelgebirge* [deshalb heißt das Unterinntal (von Innsbruck ostwärts) noch heute Unterlånd, das Oberinntal Oberlånd; laut Schatz ging der Innerötztaler *ge lånte,* wenn er ins Inntal ging; die Bewohner des Haupttals hießen **Lånter** bzw. **Landler,** im Ötztal **Låntegar.**

Landler, Landla, Lantler, der (meist im Plural) [Ableitung von Land]: **1.** *Landbewohner* **2.** (Pass.) *Bewohner des Burggrafenamts* **3.** (Pf.) *Bozner, Etschtaler* **4.** (UI) *Bewohner des Inntals* **5.** *Ländler, der Tanz.*

landlerisch ⟨Adj.⟩: *ländlerisch; zum Land gehörig.*

L**a**ne: *siehe Luane.*
l**a**nen ⟨es hat⟩ (unpersönliches Verb) [zu Lan, siehe dort] ❖ **es tuat lanen:** *es gehen Lawinen ab.*
L**a**ner, L**e**ner, der; Plural: Laner [zu Lan, siehe dort]: *Lawinenstrich, steiler Grashang.*
L**an**|flucht, die [1. Bestandteil: siehe Lan] (Pass., Pfun.): *Zuflucht bei Nachbarn, wenn das eigene Gehöft lawinengefährdet ist.*
Långch|wid, die [mhd. und ahd. lancwid (= Langwiede, Langholz); 1. Wortteil: lang; 2. Wortteil aus ahd. witu (= Holz, Wald) wie in Kranewitt] (UI): *Längsbalken, der die Wagenachsen bindet.*
L**a**nges, L**a**ngs, L**å**ngs, L**a**ngis, L**å**nges, L**a**ngez, L**e**ngs, der [mhd. langeʒ, lengeʒ (= Frühling); ahd. langez (= Frühling), eigentlich: Zeit der länger werdenden Tage; geht auf ein nicht belegtes *langa-tina zurück: 1. Bestandteil: lang, 2. Bestandteil: suffixartig verwendete Form von Tag; gleiche Herkunft wie Lenz, das nur noch in dichterischen Texten zu finden ist]: *Frühling, Lenz:* „Wånn der Guggu schreit, åft is Långeszeit, (...) / wird der Schnee vergehn, wern die Wiesland grian" (Aus dem Lied: „Wånn der Guggu schreit", Lied mit dem in Tirol typischen Jodelrefrain, SsÖ, S. 329).
l**a**ngezlen, l**a**ngsln, l**a**ngisln ⟨es hat⟩ (unpersönliches Verb) ❖ **es tut långezlen:** *es wird Frühling, es lenzt.*
L**a**nggele|b**i**re, L**a**nggala|b**ia**ra, Gl**a**nggala|b**ia**ra, die [siehe långgelet; die Birne wird auch in der Schweiz und in Baden Württemberg kultiviert; laut dem „Illustrierten Handbuch der Obstkunde" von Lucas Oberdieck (erschienen in Stuttgart 1859–1875) war der aus ihr hergestellte Most besser und teurer als der von den allermeisten anderen Sorten; auch zum Dörren sehr gut geeignet] (OI): *Langbirne:* „Wenn d' Stadtlar fråga: ‚Wo seids hear', då måch ma it lång Fåxa, / von oban acha, sall isch gwiss, wo d' Långgalabiara wåchsa." (Aus dem Lied „Miar Oberländer fölsaföscht", SsÖ, S. 248).
l**å**nggelet, l**å**ngelet, l**å**nggilat, l**å**nkilit ⟨Adj.⟩ [zu mhd. langeleht, langeliht, Ableitung von mhd. lanc (= lang)]: 1. *länglich* 2. *oval.*
l**å**ng|in**å**nder, l**å**ng|an**å**nder ⟨Adv.⟩ [1. Bestandteil lang, 2. Bestandteil verstärkend gebrauchtes einander] (ST): **1.** *lange Zeit* **2.** *andauernd.*
l**å**ng|seckl**t**, l**å**g|seckl**a**t ⟨Adj.⟩ [vgl. Seckl]: *mit langen Geschlechtsorganen.*
l**å**ng|stanz**a**t ⟨Adj.⟩ [zum Maskulinum Stanze¹] (NT): *langbeinig.*
l**å**ng|stiz**e**t, l**å**ng|schtuz**a**t ⟨Adj.⟩ [zu Stuze] (ST, OT): *langbeinig.*
L**å**nk|wit: *siehe Långchwid.*
L**a**n|strich, L**e**nen|strich, der, L**a**na, das [1. Bestandteil: siehe Lan]: *Lawinenstrich.*

lantschn, in Reutte auch: **rantschn** ⟨hat oder ist⟩ [wohl lautspielerisch aus lanzn]: **1.** *herumstreunen (von Hund, Katze, Kindern)* **2.** (NT, OT) *nichts Rechtes tun, die Zeit vergeuden* ❖ **er ist lantschn gångan:** *er ist herumgestreift, er hat sich herumgetrieben.*

lanzn ⟨hat⟩ [Ableitung mit dem Suffix -etzen von mhd. leinen (= lehnen, sich zur Ruhe begeben)]: (Zillt.): *schlafen liegen.*

lanzl(n) ⟨hat⟩ [Ableitung mit dem Suffix -etzeln von mhd. leinen (= lehnen, sich zur Ruhe begeben), also *leinetzeln]: **1.** (Sa.) *nichts Rechtes tun, die Zeit vergeuden* **2.** *langsam arbeiten, sich mit Kleinigkeiten beschäftigen:* ummerlanzln (= sich nicht recht an die Arbeit machen).

låppat ⟨Adj.⟩ [siehe Låpp]: *dumm, verrückt.*

Låpp(e), der, **Lappin,** die [zu Lappen (= schlaff Herunterhängendes) und lappen (= schlaff werden, herunterhängen; gehört wie Lefze wohl ursprünglich zu Lippe]: *jemand, der sich alles gefallen lässt, einfältiger Mensch.*

Låppm, der [wie Lapp]: *Lappen, Tuchfetzen.*

Larch, die; Plural: Larchn [mhd. lerche, larche aus lat. larix, Akk. laricem)]: *Lärche.*

larchen, larcha ⟨Adj.⟩ [zu Larch; siehe dort]: *aus Lärchenholz:* a Larchener (= widerstandsfähiger Mann: Lärchenholz ist wetterfest und – nach der Eibe – das härteste der europäischen Nadelhölzer).

Lårfn, Lårfe, die [lat. larva (= Schreckgespenst); siehe auch Lorpe]: **1.** *Larve, Maske* **2.** (derb) *Gesicht, Mund* ❖ „Aber dös isch no gar nix: Im Oberland obn, / da sitzt a kloans Ganggerl ganz gleim bei an Grobn, / mit a kohlschwarzn Larvn und glienige Augn, / ja, da siegst bald den Himmel, bald die Höll' außerschaugn ..." (Aus dem Lied „Auf der Umbrückler Alm hockt a Kasermandl") ❖ **hålt di Lårfn:** *sei still!*

larma: *siehe lermen.*

Lasa: *siehe Loase.*

Lasch(e), Lasch, die [lautvariierend aus Låschn, das vermutlich wie Tasche ursprünglich auch eine Bezeichnung der Vulva war] (auch bairisch-österreichisch) (ST, OT): **1.** *Hündin* **2.** *abwertend für Hund* **3.** *Füchsin* **4.** (ST) *Prostituierte.*

Låschn, Låsche, die [wie standarddt. Lasche zu mhd. lasche (= Lappen, Fetzen)] **1.** *Schuhlasche* **2.** (Pf.) *Zunge* **3.** (Pass.) (salopp) *Ohren* **4.** *vordere Abdeckung der Tachtenhose.*

Laschpis, der [Substantivierung zu lasch (= müde träge), zu mhd. laʒ (= matt, träge, saumselig); das Suffix wahrscheinlich aus -etz] (Pass.): *ungeschickter, unverlässlicher Mann.*

Laschtik, die, **Laschtik|bantl,** das [zu ital. elastico (= Gummiband)] (ST, OT): *Gummiband.*

Låschtinger, der (OT): *Lastwagen, LKW.*
Lasse, die [vielleicht zu mhd. laʒʒe, ahd. laʒi (= Müdigkeit, das Nachgeben); gehört (wie standardsprachlich lässig) zu lassen/nachlassen] (Pass., Ehrwald): *Riss, an dem sich ein Stein spalten lässt.*
Latsch, der [siehe Glatsch] (Pass.): *Schneematsch.*
Latsch, Låtscher, Låtschi, der; **Låtsche,** die [eigentlich: ein Mensch von schlurfendem, nachlässigem Gang; zu latschen (= schlurfend gehen, träg gehen); siehe låtschet; Bed. 4 zu Låschn]: **1.** *allzu gutmütiger Mann, allzu gutmütige Frau* **2.** *dummer Mensch* **3.** *Mensch mit Behinderung* **4.** (La.) *Tier, das die Ohren herunterhängen lässt (z. B. Hase).*
Latsche, Latschn, die [alpenrom. Wort, ladinisch lač, dieses zu lat. laqueus (= Schlinge, Fessel)] (auch bairisch-österreichisch): *Legföhre, Bergföhre (Pinus mugo), in D Bergkiefer oder Krüppelkiefer genannt;* strauchartig wachsende Föhre mit niederliegenden Ästen.
låtschet, letschat, låtschat, latschig, letschig ⟨Adj.⟩ [Adjektivableitung von latschen (= nachlässig herumlaufen); dahinter stehen nach Kluge das ursprünglich niederdeutsche Wort lasch wie mhd. laʒ (= matt, träge, saumselig); von lautmalenden Umformungen ist auszugehen]: **1.** *träge, matt, kraftlos (vom Menschen)* **2.** *nassweich (vom Schnee)* **3.** *verkocht, ohne rechten Geschmack* **4.** (Pf.) *blöd, schwach.* **5.** *breit* **6.** (La.) *die Ohren herunterhängen lassend.*
latschn ⟨ist⟩ [siehe hatschn Låtsch und låtschet]: *schlurfend gehen, träg gehen.*
Latschn, die (Plural) [siehe Låtsch und låtschet]: (abwertend) *Schuhe.*
Låtte, Lått(n), die [mhd. late (= Latte, Schindel)]: **1.** *Latte* **2.** *langer, hagerer Mensch* **3.** *Kurzform von Lattenmaß* (laut Schatz urspr. 8 Ellen, bzw. 6,43 m).
lattelig lattrig, lattrat ⟨Adj.⟩ [zu lattern]: *instabil, wackelig.*
Latter, die [zu lattern; siehe dort] (OI, Pass.): *minderwertiges Schießgewehr.*
lattern ⟨ist⟩ [Herkunft unklar, vielleicht zu Låtte]: **1.** *schwanken* **2.** *wackeln (wegen mangelnder Befestigung).*
Lattl|wurf, der [Teil 1 Diminutiv von Latte, Teil 2 nach der Art des Aufbringens des Putzes]: *durch quer aufgenagelte Holzleisten durchsetzter Putz.*
Latz, der, **Latzli,** das [wie Låtz] (OI): *Lätzchen, Vorbindetuch für Kleinkinder.*
Låtz, der [mhd. laz aus ital. laccio, das auf lat. laqueus (= Schlinge) zurückgeht]: *(Faden)Schlinge.*
latzlen, latzeln ⟨hat⟩ [vgl. Låtz] (ST): *ein Bein stellen.*
latzn ⟨hat⟩ (ST): *binden, mit einem Låtz fangen.*

Lauer, der [Schneider belegt roman. lura, laut Schatz zu lat. lura (= Lederschlauch)] (Bozner U-Land): *Trichter.*
laugn ⟨hat⟩ [mhd. lougen(en)]: *leugnen, abstreiten.*
Launitze, die [Herkunft unklar; Schatz kennt das Wort als Bezeichnung der Hundsrose und deren Beere] (OT): *Berberitze.*
Lauser, der [ursprünglich: jemand, der Läuse hat, Lump] (regional auch in D): *Lausbub.*
lauschtern ⟨hat⟩ [mhd. lūstern (= horchen, lauern), ahd. hlūstrēn, lūstrēn; das Wort ist in der Standardsprache ausgestorben, lebt nur noch in einigen Dialekten weiter; es ist vermutlich verwandt mit lauern, mhd. luren] (OI, La.): **1.** *heimlich zuhören* **2.** *spähen, ausschauen.*
Laute, die [Herkunft unklar] (La.): *Eimer.*
lauter[1] ⟨Adj.⟩ [mhd. lūter (= hell, klar) aus einem Verb mit den Bedeutungen spülen, reinigen]: **1.** *weich, matschig* **2.** *dünnflüssig:* a lauters Süppl.
lauter[2] ⟨Adv.⟩ [Sonderbedeutung von lauter[1]]: *nur, alle:* lauter nette Leit.
Lauter|fresser, der [Lauterfresser war der Beiname des Südtirolers Mathias (Matheus) Perger (geboren um 1587; hingerichtet 1645 in Mühlbach); als einem der bekanntesten Magier des Landes sind seine Taten Inhalt zahlreicher Südtiroler Sagen; der Beiname stammt von seiner Vorliebe für lautere (= weiche, flüssige) Nahrung] (ST): *ein die Hexenkunst Ausübender.*
laut|mar, laut|marig ⟨Adj.⟩ [Adjektivbildung zu einem Substantiv Lautmar (= Gerücht); dieses zu mhd. mære (= Kunde, Nachricht, Erdichtung, Märchen)], (NT) (auch bairisch): *ruchbar, offenkundig; in aller Munde.*
Lawe: siehe *Labe.*
lawelat ⟨Adj.⟩ [siehe labelet] (Ötzt.): *lau.*
Lawere, die [spätlat. labarus, labarum (= Standarte); früher auch Zunftfahne] (Imst): **1.** *kleine Kirchenfahne mit einer Abbildung* **2.** *Fahne mit einem Moritatenbild, das beim Fasnachtszug zu den Lawara-Gesängen besungen wird* (heute Projektion von Karikaturen auf eine große Leinwand) **3.** *Gruppe der Lawara-Sänger.*
Låwise, Låbase, Kui|lawis, die [zu lat. lapathum (= Sauerampfer)] (OT, Pfun.): *Großer Ampfer (Rumex alpinus).*
Lazer, Laz, der [siehe lazn] (ST): *Blitz.*
Lazi måchn ⟨hat⟩ [aus ital. lazzo (= Posse, Schwank, Witz)] (NT, OT): *Albernheiten, Späße machen.*
lazn, lanzn ⟨hat⟩ [mhd. louc, louch (= Flamme) mit dem intensivierenden Suffix -etzen), verwandt mit lohen und leuchten, bzw. Licht]: **1.** *blitzen* **2.** *wetterleuchten.*

leachn ⟨hat⟩ [wahrscheinlich Verwandtschaft mit lechetzn] (Pfun., Ehrwald): *schwer atmen.*

leakln ⟨hat⟩ [zu locken]: *ablocken, verführen.*

Leare, die [wie standarddt. Lehre (= Berufsausbildung), mhd. lēre (= Lehre, Unterricht, Anleitung); zusätzliche Bedeutung im Dialekt, die standardsprachlich nur in Komposita (Messlehre usw.) erhalten ist] (ST, OT): *Form, Modell.*

leasln ⟨hat⟩ [umlautende -eln-Ableitung (wie Auge – äugeln) von mhd. loz (= Los, Auslosung); Bed. 2: unter den für militärtauglich Befundenen wurde ursprünglich ausgelost, wer dann tatsächlich eingezogen wurde]: **1.** *das Los ziehen* **2.** (ST) *zur Musterung gehen.*

Leber, die [mhd. leber(e), ahd. lebara; Herkunft unklar; vielleicht ursprünglich: die Fette; das Organ galt früher als Sitz der Gefühle und Urheber der Triebe] ❖ **wås is dir denn über di Leber glafn?** *warum bist du so schlecht gelaunt?* ❖ **di beleidigte Leberwurscht spiln:** *grundlos oder übertrieben beleidigt sein.*

Leber|kas, der [1. Bestandteil: vermutlich zu Leber, weil früher der Masse auch Leber beigefügt war; 2. Bestandteil: wegen der Form (wie ein kastenförmiger Käse); wo die Bezeichnung Leberkäse nicht verwendet wird, gilt Fleischkäse] (Küchensprache; auch süddeutsch und österreichisch): *Gericht aus fein gehacktem Schweine- und Rindfleisch, das in Kastenform gebacken wird, bis sich eine braune Kruste bildet.*

lebern ⟨hat⟩ auch: ummerlebern (Ridn.) [Herkunft unklar; Verwandtschaft mit labern nicht ausgeschlossen]: *trödeln* ❖ **uan zåmmlebern, herlebern:** *viel Zeit bei einer Tätigkeit verlieren.*

leb|frisch ⟨Adj.⟩: *lebenslustig, munter.*

Leb|tåg ❖ in der Wendung **mein, dein, sein L. (nicht):** *so lange ich lebe/gelebt habe.*

lechetzn ⟨hat⟩ [vermutlich aus mhd. lechzen, lechezen (= von Dingen: austrocknen, vor Trockenheit rissig werden; von Menschen: verschmachten), auch wenn der Bedeutungswandel schwer nachvollziehbar ist] (OT, Alp.): **1.** *schnell atmen* **2.** *eilen.*

Leck, Lecke, die [wie standarddt. Lecke (= Stelle, an der Vieh oder Wild Salz leckt; Salzlecke) zu lecken (= mit der Zunge über etwas streichen)]: *Leckfutter für Rinder.*

Lecker, der [zu lecken, dieses zu mhd. lecken, ahd. lecchōn]: *Zunge von Tieren.*

Leck|stetzl, das, **Leck|stotz,** der [1. Bestandteil: zu lecken, siehe Leck; 2. Bestandteil: Stetze, die (= Getreidebehälter in der Mühle) und Stotz, der (= rundes, niederes Holzgeschirr für Milch)] (ST): *kleiner Holzbehälter für Kleie.*

Leck|uasch, Leck|uisch, der [siehe Uasch] (ST, OT): *Rinne, in der den Tieren Salz und Kleie gereicht wird.*
Leff, der [Herkunft unklar] (La.): *Dummkopf.*
Leff, die [mhd. lefse (= Lippe)] (Deutschn.): **1.** *Mund, Lippen* **2.** *Gesicht:* gib dir ans af der Leff (= ich schlage dir ins Gesicht).
Leffzga, die [siehe Leff] (OI, Ehrwald): *Lefze, Lippe der Tiere.*
Lege, Leg, Legge, die [Ableitung von legen]: **1.** *flach gelegte Schicht von Holz, Garben, Obst etc.* **2.** *Ort, an dem etwas abgelegt wird:* Holzleg(e) etc. ❖ **a Legge** (Kartitsch), **a Leggile** (Villgr.): *eine Zeit lang, eine kleine Weile.*
Leger, der; Plural: Leger [mhd. leger (= Lager) aus legen] (ST, OT): **1.** *Strohlager zum Schlafen für mehrere Personen auf Hütten usw.* **2.** *Heuleger in den Bergschuppen* ❖ **Leger man** *das erste Heu mähen* **3.** *Liegeplatz des Wilds oder von anderen Tieren* **4.** *am Tag abgetrennter Teil des Schweinestalls* **5.** *Bodensatz (besonders des Weins).*
legresnent ⟨Adv.⟩ [ital. allegro (= lustig, ausgelassen) + Adverbialsuffix -mente] (Ulten): *fröhlich.*
Legumaziun, Legimazion, die [entstellt aus ital. legittimazione (= Legitimation)] (Ridn.): *Personalausweis.*
lei, la, la ⟨Adv.⟩ [aus mhd. gelīche (= gleichermaßen, auf gleiche Weise, durchwegs; wird in ganz Tirol, in Salzburg und in Kärnten gebraucht – dort durch den Villacher Faschingsruf Lei-lei österreichweit bekannt)]: *nur, bloß* „Tirol is lei oans / Is a Landl a kloans / Is a schians, is a feins / Und dös Landl is meins" (Aus dem Lied: „Tirol is lei oans").
Leibel(e), Leiwi, Leiberl, Leibali, das [Diminutiv von mhd. lip, lib (= Leben, Leib, Körper); dann Erweiterung der Bedeutung auf Bekleidung des Oberkörpers]: **1.** (auch bairisch-österreichisch) *Herrenunterhemd, T-Shirt* **2.** (auch bairisch-österreichisch) *Trikot von Sportlern* ❖ (NT) **a Leiberl håm:** *einen Platz in der Kampfmannschaft sicher haben, etwas erreicht haben* ❖ **koa Leiberl håm:** *keine Chance haben* **3.** *Mieder der Frauentracht* **4.** (ST) *(ärmellose) Weste der Männertracht.*
leibig ⟨Adj.⟩ [mhd. lībec (= beleibt)]: *beleibt, dick.*
Leib|speis, die [Wortbildung wie standarddt. Leibgericht] (regional auch in D): *Speise, die jemand besonders gernhat, Lieblingsspeise.*
leidi ⟨Adj.⟩ [mhd. līdec (= leidend)] (OI, Ehrwald): *schleißig.*
Leierl, Leierle, das [Diminutiv von Lauer; siehe dort] (ST): *Trichter.*
Leila(ch), Leija, Leindl(i), Leilich, das [mhd. lī(n)lach (= Betttuch) zu lin (= Flachs) bzw. lachen (= Decke): *Leintuch.*
leimersch(t), leisomar, leisorum, leissrum ⟨Adv.⟩ [ursprünglich wohl: gleich am ersten] (ST): **1.** *eher* **2.** *lieber, besser* **3.** *halt:* nå kaaf i des leimersch a no (= dann kauf ich das halt auch noch).

L**ei**per: *siehe Laber.*
L**ei**rl, das [von Schatz zu mhd. līre (= Leier, Kurbel) gestellt] (OT) ❖ **s' Leirl håbm**: *unter einer Schwellung des Handgelenks leiden, eine Sehnenscheidenentzündung haben.*
leischiar ⟨Adv.⟩ [1. Bestandteil: lei, siehe dort; 2. Bestandteil: mhd. schier (= schnell, in kurzer Zeit)] (ST): *sehr bald.*
L**ei**sila, der (Pf.) [Herkunft unklar]: *Kot.*
l**ei**sla ⟨Adv.⟩ [aus mhd. līse (= leise, sanft) mit dem Suffix -lich: auf leise bzw. sanfte Weise] (ST): *ruhig, still.*
L**ei**te, L**ei**tn, die [mhd. līte (= Bergabhang, Leite)]: *(steil) ansteigendes Feld, Feldhang.*
L**ei**trachte, die [Ableitung von mhd. liutern, lūtern (= reinigen, läutern, d. h. lauter machen)] (OT): *Tuch zum Reinigen des Ofens.*
L**ei**trat|huder, der [1. Wortteil siehe Leitracht, 2. Wortteil vgl. Huder] (Pust.): *Putztuch für den Holzofen.*
l**ei**t|scheich, l**ei**t|schiache, l**ei**t|schuiche ⟨Adv.⟩ [1. Bestandteil: Leute; 2. Bestandteil: scheu]: *schüchtern, menschenscheu.*
L**e**ller, der, L**e**lle, die [zu lelln; siehe dort]: **1.** *Zunge* **2.** (ST) *dummer oder laxer Mensch* **3.** (Pass.) *Penis.*
l**e**lln ⟨hat⟩ [mhd. lellen, lallen (= die Zunge ungeschickt bewegen, lallen; lautmalend] (ST): **1.** *die Zunge herausstrecken* **2.** *trödeln* **3.** *lutschen, nuckeln.*
L**e**mper|**e**b(e), die [1. Bestandteil: siehe lempern; 2. Bestandteil: umgelautetes mhd. ouwe (= Schaf)]: *Mutterschaf.*
L**e**mper|geir, der [eigentlich: Lämmergeier *(Gypaetus barbatus)*, ein Greifvogel aus der Familie der Habichtartigen *(Accipitridae);* er zählt zu den größten flugfähigen Vögeln der Welt, was die Übertragung des Ausdrucks auf Adler und auf den Steinadler rechtfertigt]: *Adler;* im weiteren Sinn eine nicht genau definierte Sammelbezeichnung für große und kräftige Arten der Greifvogelfamilie Habichtartige *(Accipitridae),* hier ist vermutlich der größte lebende Vertreter gemeint, der Steinadler *(Aquila chrysaetos).*
L**e**mper|gerr, L**e**mper|gerre, L**e**mper|gere, die; Plural: Lempergerrn [zu mhd. gōrec (= klein), ahd. gōrag; ursprünglich: kleines hilfloses Wesen; vgl. norddeutsch Göre (= freches Mädchen)] (ST, OT): *Mutterschaf mit saugendem Lamm.*
l**e**mpern ⟨hat⟩ [vgl. standarddt. Lamm und dialektal Lampl zu mhd. lamp, ahd. lamb, weitere Herkunft unklar; daneben das Adjektiv mhd. lemberīn, lemmerīn (= vom Lamm)]: **1.** *ein Lamm zur Welt bringen* **2.** (Zillt.) *etwas Schweres unbequem tragen* ❖ **nit derlempern**: *schlecht vorwärtskommen* ❖ **ummerlempern**: *herumhängen und anderen zur Last fallen.*

Lemper|tscheck, Lempo|tschek, der [engl. lumberjack (= Holzfäller, Holzhacker), aus lumber (= Schnittholz) und jack (= männlicher Vorname, Mann)]: **1.** *Jacke aus Stoff oder (Sämisch-)Leder* **2.** *grüne Jacke, die mit Lammfell gefüttert ist.*
Lene: siehe Lan.
lene ⟨Adj.⟩ [mhd. len]: **1.** (Def.) *schlapp, müde* **2.** (Def., Alp.) *weich (vom Teig)* **3.** (Zillt.) *dünnflüssig eingekocht.*
lentig ⟨Adj.⟩ [Ableitung von Lånd¹ in den Bedeutungen 2 und 3, siehe dort: ein positives Stereotyp von den Talbewohnern] (ST): *rührig, lebendig, aufgeweckt.*
lentn ⟨hat⟩ [mhd. lenden, lenten (= ans Land kommen machen, landen; ans Ziel bringen)] (ST): *(Holz)lenden, ans Ufer lenken.*
Lento, der [aus ital. lento (= langsam)] (ST): *enger Tanz.*
Lenzel, die [Diminutiv von mhd. lanze (= Lanze); dieses aus altfranzösisch lance] (Deutschn.): *Gänsefingerkraut (Argentina anserina).*
Lep|tå(g), Leppig, Lep|tig, der: *Lebtag.*
Lepf, der (Zillt.): *Rand, Kante.*
Leps, der [könnte zum mhd. Wort lefse, lefs, leps (= Lippe), das auch – u. a. bei Oswald von Wolkenstein – als lebs überliefert ist, gehören; Schatz kennt neben lefze (= Lippe) im Passeiertal auch die Form Leps; semantisches Bindeglied könnte ein davon abgeleitetes und bei Schatz noch zu findendes Verb leppere (= hastig schlürfen) sein; vgl. auch das standardsprachliche zusammenläppern, das wohl meint, etwas in kleinen (Lippen-)Portionen zusammenbringen] (ST): **1.** *Tresterwein* (durch Aufguss auf die Trester und Nachgärung gewonnenes, nur leicht alkoholisches Getränk) **2.** *leichter Wein* **3.** *selbstgemachter Wein, mit Wasser und Zucker gemischt* **4.** *minderwertiger Wein.*
Lerget, Lerga(n)t, das [ladinisch laricatu, zu lat. larix (= Lärche)]: *Lärchenpech, Baumpech.*
Lerget|borer, der [1. Bestandteil: siehe Lerget]: *Bohrer zur Lärchenpechgewinnung.*
lermen, larma ⟨hat⟩ [zu standarddt. Lärm, lärmen, das in nachmhd. Zeit aus dem franz. alarme, alerme (= zu den Waffen) entlehnt wurde; vgl. ital. alle arme]: *jammern, sich beschweren.*
leschpan ⟨hat⟩ [zu mhd. lispen, lispeln (= flüstern); vgl. auch mhd. lefze, lebs (= Mund)] (Def.): *flüstern.*
Lese, die (Zillt.): *Lektüre.*
letschig: *siehe latschat.*
lettig ⟨Adj.⟩ [zu Lettn, siehe dort]: *schlammig.*
Lettn, Lette, der [mhd. lette (= Lehm)]: **1.** *schlammige Masse* **2.** *Erdkot* **3.** (Vin.) *Schlamperei, Chaos.*

letz, letze ⟨Adj.⟩ [mhd. letze, lez (= verkehrt, unrichtig, schlecht); verwandt mit lass (= matt, träge)] (auch süddeutsch und schweizerisch): **1.** *klein, schwach:* a letzes Bürschl (= ein schwächlicher Bursche) **2.** *kränklich, unwohl:* i bin letz beinand (= ich bin gesundheitlich schlecht beisammen); mir is letz wordn (= mir ist übel geworden) **3.** *schlecht, verkehrt, falsch.*

Letze[1], der oder die [eigentlich: der oder die Schwache]: *das Kleine, das jüngste der Kinder.*

Letze[2], die: *niedere Karte beim Kartenspiel (im Gegensatz zu Trumpf, Boch, Mandl).*

Letz|wetter, das (OT, Pass.): *Schlechtwetter.*

leutang ⟨hat⟩ [mhd. liutern (= reinigen); zu lauter] (Zillt.): *sortieren, aussuchen.*

lianen, lian ⟨hat⟩ [mhd. lüejen (= brüllen)] (ST, OT): **1.** *muhen, brüllen (von der Kuh)* **2.** *stöhnen.*

liaschig ⟨Adj.⟩ [lautlich liegt Lisch/Liasch nahe, das allerdings semantisch kaum anknüpfbar ist] (Pass.): **1.** *morsch* **2.** *angefault.*

lichn ⟨hat⟩ [ahd. l(i)uhhen (= waschen); verwandt mit Lauge] (OT): *Wäsche schwemmen.*

Lid, das; Plural: Lider [ahd. lid (= Glied), das mhd. meist mit dem Präfix ge- verwendet wird] (ST, OT, OI): *Glied, Verdickung des Getreidehalms.*

Lid|eisn, das [1. Bestandteil: siehe Lid] (Pf.): *Steigeisen.*

lide|woach, glid|woach ⟨Adj.⟩ [vgl. Lid] (ST, OT): **1.** *gelenkig, biegsam* **2.** *verformbar:* a lidewoacher Drot (= ein leicht verformbarer Draht).

linde, linn ⟨Adj.⟩ [mhd. linde (= weich, sanft)]: **1.** *weich:* an linns Broat (= ein weiches Brot) **2.** *nicht stark gewürzt, mild.*

lingg ⟨Adj.⟩ [mhd. linc (= link, linkisch)] **1.** *schlecht* **2.** *in schlechter Verfassung (körperlich oder moralisch)* **3.** *Richtungsbezeichnung link.*

Lippl, der, meist **Båtzn|lippl** [Lippl kurz für Philipp]: *ungeschickter Mensch, ungeschickter Bub.*

Lisch, Liasch, der [mhd. liesche (= Riedgras), ahd. lisca; im rom. Gebiet verbreitet: vgl. ital. lisca (= Halm, Gräte)] (Pass.): *Sauergrasgewächse (Cyperaceae), auch Riedgrasgewächse oder Riedgräser genannt.*

Lisl, die [Koseform von Elisabeth]: **1.** *Elisabeth* **2.** (NT) *Bierkrug, der zwei Liter fasst.*

Lismer, der [Substantivbildung zu mhd. lismen (= stricken)] (Stilfs): *Strickjacke.*

lisnen, lissn ⟨hat⟩: *siehe losn.*

lischpang ⟨hat⟩ [wie lispeln, aber mit -ern] (Zillt.): *flüstern.*

litig, liti ⟨Adj.⟩ [abgeleitet von līden (= über sich ergehen lassen, ertragen)] (Sa.): *abgehärtet, unempfindlich (z. B. gegen Kälte).*

Littra, der [verwandt mit Loter] (Pf.): *unbeholfener oder schwerfälliger Mensch.*
Littrin, die [siehe Littra und Loter] (Pf.): *große, kräftige Frau.*
Litz, der [mhd. liz (= Begehren, Streben), der Bedeutungswandel geht über die Wendung falscher Litz (= Verstellung, Täuschung)] (La.): *Trick.*
Lo: *siehe La.*
Loab, Loabe, Loabm, der [mhd. leip (= das geformte Brot, Laib)]: **1.** *Laib (Käse, Brot)* **2.** (ST) *träger, langweiliger Mann* **3.** (ST) *Dummkopf.*
Loach¹, das [mhd. lō, lōh- (= ursprünglich: abgelöste Baumrinde); davon die Lohe des Gerbers] (Deutschn.): *zerkleinerte Baumrinden zur Lederherstellung:* der Bam geat in Loach (= die Rinde vom Baum geht leicht ab).
Loach², der [mhd. lōch (= Gebüsch, Wald, Gehölz); eine Parallele zu Loach¹ besteht darin, dass die Blätter als Futter abgerissen wurden; vgl. auch lat. lucus (= heiliger Hain) und des maien loh bei Oswald von Wolkenstein] (La.): *Laubwald* ❖ **in Loach gian:** *der Saft geht in die Bäume.*
loachn¹ ⟨hat⟩ [vermutlich mhd. leichen (= sich spielerisch bewegen, betrügen)] (ST): **1.** *ein Bein stellen, zu Fall bringen* **2.** *behindern.*
loachn² ⟨hat⟩ [zu Loach¹] (La.): *entrinden.*
Loade [Substantivierung von loade] (ST, OI) ❖ **zi Loade gian:** *zugrunde gehen* ❖ **zi Loade legn:** *überlasten, überstrapazieren* ❖ **zi Loade tian:** *jemandem etwas zu Leide tun, antun.*
loade, load ⟨Adj.⟩ [mhd. leit (= betrüblich, böse, widerwärtig)]: **1.** *hässlich, abscheulich* **2.** *zänkisch, streitsüchtig* **3.** (ST) *langweilig, fade:* nit loade (= hübsch, nicht übel).
loadig ⟨Adj.⟩ [-ig-Ableitung von load]: **1.** (OI) *betrübt, Furcht einflößend.* **2.** (UI) *nicht belastbar, schnell beleidigt.*
loadla ⟨Adv.⟩ [leid-lich] (ST) *langweilig, freudlos, verdrießlich.*
Loam, Luem, Lam, der [mhd. leim, ahd. leimo (= Lehm), Entsprechung von standardsprachlich Lehm, dessen langes -e- aus dem Ostmitteldeutschen stammt]: **1.** *Lehm, Ton* **2.** (ST, OT) *Bauernofen.*
loam, luem, loamig, luemig ⟨Adj.⟩ [aus der adverbialen Form des Adj. ahd. luomi, mhd. lüeme (= schlaff, matt); steht im Ablaut zu standardsprachlich lahm]: **1.** *weich, wohlig warm* **2.** *erdig, lehmig* **3.** *lässig.*
Loam|siader, Luem|siader, Lam|siader, Lam|scheißer, der [1. Wortteil zum Adj. loam, luam (siehe dort), das ursprünglich schlaff, matt bedeutete; dann (analog zu hoam – heim, koan – kein etc.) zu leim verhochdeutscht, was die Umdeutung zum Subst. Leim (mhd. lim) zur Folge hatte; standarddt. also Leimsieder (= Hersteller von Leim); diese Tätigkeit galt als eintönig]: *energieloser, langweiliger Mensch.*

Loan: *siehe Luane.*

Loapa(ch), das; in Osttirol auch: **Lape,** die [Kollektivum zu loapm, siehe dort] (Zillt., Pfun.): *Überbleibsel, Reste vom Essen oder von der Ernte auf den Feldern.*

loapm, gloapm ⟨hat⟩ [mhd. und ahd. leipen (= übrig lassen) ohne und mit Präfix ge-]: **1.** *nicht ganz fertig essen, übrig lassen* **2.** *dulden, zulassen.*

Loapm, Gloapm, die (Plural) [siehe loapm, Loapach]: *Essensreste.*

loarfa ⟨hat⟩ [Herkunft unklar]: *undeutlich sprechen.*

Loascht, Lascht, der [mhd. leist (= Weg, Spur; metaphorisch: vorgegebene Form des Leistens]: **1.** *Schusterleisten* **2.** *Stoß von Scheiten* **3.** (Ehrwald) *dummes Weib.*

lob: *siehe låb.*

Loase, Loas, Lasa, die [mhd. leis, leise (= Spur, Geleis)]: **1.** *Wagenspur* **2.** *Spurrille* **3.** *Geleise.*

Loft, Left, die [ahd. loft, louft (= Rinde, Bast) (Ehrwald): *Fichtenrinde, Rindenstück.*

Loge, Log: *siehe Låge.*

Loitl, Luitl, der [mhd. Liutold (= Personenname Leopold)] (OT, Ehrwald): *Tölpel.*

lonkelet: *siehe långgelet.*

Lorgge: *siehe Plorgg(e).*

Lorpe, Lorfe, die [siehe Lårfe]: *Grimasse, fratzenhaft verzogenes Gesicht.*

los håbn [verwandt mit mhd./ahd. los (= los, ungebunden, befreit)]: **1.** *beherrschen, gut im Griff haben* **2.** *vorahnen.*

Los, das; Plural: Laser [Herkunft wie standarddt. Los; Schatz verweist auf mhd. laze]: **1.** (OI) *Waldteil, zugeloster Holzteil* **2.** (Pfun., Ridn.) *steiler, karg bewachsener Geländestreifen in felsiger Umgebung.*

Loser, der [siehe losn]: *Ohr (von Tieren).*

losn, losnen ⟨hat⟩ [mhd. losen neben lüsenen (= hörend achtgeben, zuhören, horchen); dieses verwandt mit mhd. luschen (= lauschen)] (auch süddeutsch und schweizerisch): **1.** *horchen, zuhören* **2.** (AT) *leise ins Ohr sagen.*

Loter, Loda, Lotr, der; Plural: Löter [mhd. loter, lotter (= Taugenichts, Schelm), zu mhd. loter, lotter (= locker, leichtsinnig); daraus entwickeln sich eine Variante mit Kurz-, eine mit Langvokal, die sich auch semantisch auseinanderentwickeln; beide Varianten möglicherweise verwandt mit ahd. liotan (= ausschlagen, keimen), würde dann wie das Wort Leute zu einer germ. Wurzel gehören, die wachsen bedeutet hat; altnordisch lodenn (= bewachsen, haarig, rau) könnte darauf hindeuten, dass der männliche Bartwuchs als Benennungsmotiv in Frage kommt]:

1. (NT) *erwachsener Mann*: ein großer, kleiner, gescheiter Loter; ein sauberer Loda (= ein fescher Mann) „Amål håm s ma r oan gschickt, an Lota, an Månn!" (Bei „Bauer sucht Frau", Luis aus Südtirol; vgl. Weibatz) **2.** (OT) *Bettler* **3.** (ST, OT) *herumstreichender, verdächtiger Mann* **4.** (ST, OT) *unheimliche Gestalt, Teufel* **5.** (OT) *Schlingel* (auch mit der Verkleinerung Lötterle).

Lọtter, Lọtterer, Lotter|lọter, Lọtter|månn, der; Plural: Lotter [siehe Loter]: **1.** *furchterregender Mann* **2.** *Bettler.*

Lọtter|haus, das [zu Lotter] (Pass.): *Altersheim.*

lọttern ⟨hat⟩ [aus Lotter]: **1.** *umherstreunen, ausgehen* **2.** *betteln, bitten* **3.** (Pass.) *einen Kegel mit der zurückspringenden Kugel zu Fall bringen.*

lọttern gian ⟨ist⟩ [zu Lotter]: *umherstreunen, zielloses Ausgehen.*

Lụader, das [mhd. luoder (= Lockspeise)]: **1.** *meist weibliche Person, die als böse, durchtrieben angesehen wird (auch als Schimpfwort)* **2.** *Köder (für Raubtiere).*

luạdern ⟨hat⟩ [siehe Luader]: **1.** *schimpfen* **2.** (Pass.) *ködern.*

Lụag, der [mhd. luoc (= Lager-, Lauerhöhle des Wilds) zu luogen (= lugen), verwandt mit engl. look] (Deutschn.): *Liegeort des Wilds* (z. B. Hase, Reh).

luạgn, luịgn ⟨hat⟩ [eigentlich: lugen und so in gehobener Sprache; mhd. luogen, ahd. luogēn, weitere Herkunft unklar, wahrscheinlich mit engl. to look verwandt] (Pust., La.): **1.** *Ausschau halten, spähen, nach jemandem blicken* **2.** *hervorschauen.*

lụam, luạm: *siehe loam.*

luạm|sealig ⟨Adj.⟩ [1. Wortteil siehe loam, 2. Teil in Analogie zu mühselig, trübselig; diese Adj. sind Ableitungen von Substantiven auf -sal (Mühsal, Trübsal), die dann auf Seele bezogen wurden; ob es im Dialekt eine *luamsal gegeben hat, muss offen bleiben]: *langsam, schwerfällig, zäh*: å luemsealigs Getue (= eine langsame Arbeit).

Luạm|siade: *siehe Loamsiader.*

Luạne, Lọan, Lạne, die [aus mhd. leinen (= lehnen)]: *Einbaumleiter, um auf Bäume zu steigen.*

Lụck, das, **Lịcker,** der [ahd. lucka (= Öffnung, Lücke) geht laut Kluge auf ein germ. Wort zurück, das Schluss, Verschluss bedeutet hat]: **1.** *Deckel* **2.** *oberste Karte im Paket:* Luck und Bodn.

Lụcke, die [Herkunft wie Luck]: **1.** *Lücke* **2.** *Durchgang beim Zaun, mit Holzstangen zu verschließen.*

lụck, lụcket, lụckat ⟨Adj.⟩ [zu Lucke, siehe dort]: *löchrig*: „Wo tuat mans die Bsoffenen begråbm, begråbm, damit sie nou länger nåss håbm, nåss håbm? / In Kellr unt, das Fåss isch båld luck und båld nåss und a luschtiger Friedhof isch dås." (Aus dem Lied „Wo tuat man s die bsoffenen

Leit hin", oft auch unter dem Titel „Wo werden die Sparer begraben", SsÖ, S. 365).

Ludl, der; Plural: Ludl [Substantivableitung eines schwachen Verbs, das gleichbedeutend neben mhd. lüejen (= brüllen) stand; der Stier ist also der Brüller] (Sa.): *Stier.*

lugg, lugge, luggelet ⟨Adj.⟩ [mhd. lugge (= locker)]: **1.** *locker, lose:* lugg låssn (= auslassen, nachgeben) **2.** *unsicher, wertlos:* a luggs Zeug.

Lug(e), die [altbair. luga, abgeleitet vom Ablaut von mhd. liegen (= lügen): *Lüge.*

Lugnale, das [kleiner Lügner, weil es den Frühling vortäuscht] (OT): *Huflattich.*

Lugn|beitl, Lugn|schippl, der [2. Bestandteil: zu Beitl bzw. Schippl, siehe dort]: *jemand, der gewohnheitsmäßig oder häufig lügt.*

Luija ❖ **in der Luija sein** [vermutlich von halleluja] (La.): *ständig unterwegs sein.*

Luitl: *siehe Loitl.*

Lulatsch, der [Herkunft unklar, wird meist für regional gehalten, ist aber gesamtdeutsch]: **1.** *schlaksiger, hoch aufgeschossener (junger) Mann:* långer Lulatsch **2.** *Blödian.*

Luller, der, **Lulle,** die [siehe lulln]: *Schnuller.*

lulln ⟨hat⟩ [lautmalend wie lelln (siehe dort) und lallen; die Bed. 3 leitet sich von Lulu ab]: **1.** *saugen* **2.** *mit der Zunge nach etwas zum Schlecken suchen (vom Vieh)* **3.** *urinieren.*

Lulu, das (kindersprachlich): *Urin.*

Lun, Luner, der [mhd. und ahd. lun (= Achsnagel)] (UI): *Achsnagel* (hält das Rad in der Achse fest).

Luna|park, der [ital. lunapark (= Vergnügungspark, Jahrmarkt)] (ST): *Vergnügungspark, Jahrmarkt.*

Lunte, Lunze, die [Herkunft unklar] (OT): *Spalte, Riss.*

Luppe, die [zu mhd. liberen (= gerinnen); verwandt mit Lab]: *der milchgefüllte Magen eines Kitzes, der zur Käseerzeugung genutzt wurde.*

luppig ⟨Adj.⟩ [siehe Luppe; bei Oswald von Wolkenstein ist luppiklich (= gering) als Bauernwort belegt] (Pf.): *billig, schlecht gearbeitet.*

luppm ⟨hat⟩ [zu Luppe]: *die Luppe in die Milch geben.*

Lura, die [Wurzel ist wohl lat. lura (= Schlauch, Trichter); vgl. auch Lauer] (OI): *Babytrinkflasche:* **d' Lura geba:** *Milch(brei) zu trinken geben.*

lurlen, lurln ⟨hat⟩ [von Schatz ebenfalls zu lat. lura (= Schlauch, Trichter) gestellt] (ST): **1.** *sausen, brausen, ertönen* **2.** *laut weinen und heulen.*

Lurler, der [siehe lurlen] (Schnals): *Abfluss eines Brunnens.*

luschtln, luschtl ⟨hat⟩ [eigentlich: lustig sein] (Pust.): *feiern.*

Lutscher, Lutscher, der [zu lutschen] (NT): *Bonbon am Stiel für Kinder.*

Lutschere, die; Plural: Lutscheren [zu lat. lucerna und ital. lucerna (= Öllampe)] (Pass.): *faltbare Laterne in Form eines Zylinders aus dünner Haut oder Papier.*

Lutter, Luda, Lutter|hegge, -staude, die [ablautend zu ahd. (ar)liotan (= ausschlagen, keimen); Grimm belegt lautgerechtes niederdt. Lode, das auch als Bezeichnung für diese Pflanze belegt wird]: *Grün-Erle (Alnus viridis), auch Alpen-Erle, Laublatsche, Bergerle genannt.*

lutterisch, luttrisch ⟨Adj.⟩ [eigentlich: lutherisch, zu Martin Luther]: **1.** *nicht katholisch, protestantisch* **2.** *sündig, ungläubig:* du Luttarischer! (wenn z. B. ein Bub den Gottesdienst nicht besucht) **3.** *nicht, wie es sich gehört (allgemein).* **4.** (OT) *unehrlich, verlogen.*

Luttern, die (Plural) [siehe Lutterhegge] (ST, OT): *Gebüsch der Grün-Erle.*

Lutze, Luze, die; Plural: Lutzen [siehe Lutschere] (Pass., Pfun.): *Laterne, Lampe.*

M

ma ⟨Part.⟩ [vielleicht verkürztes Maria, Madonna etc., evtl. auch zu ital. ma (= aber) oder deutsch mein]: *Marker am Beginn eines Redebeitrags, expressiv (signalisiert emotionale Beteiligung) und/oder appellativ (will Aufmerksamkeit wecken, vergleichbar mit: hör zu!)*: ma, håm mir glåcht! ❖ In Südtirol auch **ma na!**: *aber nein!* ❖ **ma gea!** (ungläubig oder abwehrend): *aber geh!* ❖ **ma dai!** (ST) (abwehrend, zweifelnd) *aber geh, wirklich?*

Machler, der [siehe machln]: *Bastler.*

Machl|kåmmer, die [siehe machln] (Pfun., Pust.): *Werkzeugkammer.*

machln, machön ⟨hat⟩ [-eln-Ableitung des Verbs machen]: **1.** *basteln* **2.** *herumwerkeln (auch planlos).*

machtig ❖ nit machtig sein [mhd. mæhtec, mehtic (= in der Lage, mächtig)]: *sehr schwach sein.*

Mackiatto, Makiato, der [aus ital. macchiato (= befleckt); gemeint ist: mit einem Schuss aufgeschäumter Milch markiert]: *Macchiato, Espresso mit ein wenig aufgeschäumter Milch.*

Måd, Mode, Mått, die; Plural: Mader [mhd. mat (= Wiese, die gemäht wird); siehe Mader]: **1.** *Bergwiese, Mähder* **2.** *Grasfläche, die gemäht wird* **3.** *das Mähen* **4.** *Graszeile, die beim Mähen entsteht.*

madåja, madoja, madåschga ⟨Interj.⟩ [verhüllend aus Madonna] (ST, OI): *Ausruf des Ärgers, der Ungeduld oder der Verwunderung.*

Mader, die (Plural) [siehe Måd]: **1.** *Mähder* **2.** *Bergwiesen.*

Måder|bischl, die; Plural [zu Måd] (Def.): *Bartnelken.*

Madl, das [mhd. magetlin, Diminutiv zu maget (= Jungfrau; unfreies Mädchen, Dienerin, Magd)]: **1.** *Normalbezeichnung für Mädchen im West- und Mittelteil des Landes, sonst (eher passive) Variante* **2.** *Tochter:* mein ältestes Madl (= meine älteste Tochter) **3.** *Freundin, Geliebte.*

madona, madånna ⟨Interj.⟩ [Madonna]: *Ausruf des Erschreckens oder des Erstaunens; auch Fluchwort.*

Madrailn, Madroaln, die (Plural) [Herkunft unklar] (ST): *gabelförmige Ausläufer der Reben.*

magari, magare, mangare ⟨Adv.⟩ [junge Entlehnung aus ital. magari (= sogar, doch)] (ST): **1.** *vielleicht, schön wärs* **2.** *nun denn, meinetwegen.*

maggaggo ⟨Interj.⟩ (ST): *Ausruf der Bestätigung oder der Verwunderung.*

Magge, Magg, Maggn, der; in Osttirol: **Megge,** die [wohl wie das standarddt. Macke (= absonderliche Eigenart, Verrücktheit, Spleen; Fehler), zu jiddisch macke (= Schlag), hebräisch makkā (= Schlag; Verletzung)]: *durch Schlag entstandene Vertiefung in Holz oder Blech.*

mąggelen ⟨hat⟩ [Herkunft unklar] (Sa., OI): *faulig riechen.*
Mǫ́ggeni, Mǫ́ggn, die (Plural) [zu machen; die deutschsprachigen Fersentaler werden von den Italienern mocheni genannt, weil sie häufig das Verb machen verwenden; das Fersental heißt ital. Val Fersina, Val dei Mocheni] (ST): *Bewohner des Fersentals.*
Maggiarer, Magguarer, der [siehe maggiarn]: *Simulant.*
maggiarn ⟨hat⟩ [aus markieren: Anzeichen (nach)machen; germ. *marka bedeutete ursprünglich das Grenzzeichen und ist über franz. marque als Marke bzw. Markenzeichen ins Deutsche rückgewandert; vgl. March]: *etwas vortäuschen.*
mąggn ⟨hat⟩ [wohl aus Magge, siehe dort]: **1.** *pressen* **2.** *etwas beschädigen, eine Delle hineinmachen.*
Ma|gichtl, der [1. Teil zu mähen; 2. Teil Gürtel] (Zillt.): *Gürtel zum Halten des Kumpfs.*
Mǫ́gn, Mǫ́ge, Mǫgn¹, der [mhd. mage (= Magen)]: *Magen.*
Mǫ́gn, Mǫgn², der [mhd. mâge, mâhen, ahd. mago, á āƀen (= Mohn); laut Duden wahrscheinlich aus einer Mittelmeersprache; siehe auch Mognkrendler, Mognschtåmpf]: **1.** *Mohn (Papaver);* ev. ist die Unterart Weißer Alpen-Mohn *(Papaver alpinum subsp. sendtneri)* gemeint **2.** *Klatschmohn (Papaver rhoeas).*
Mai, Mǫidn, der [mhd. mei(g)e (= der Monat Mai), ahd. meio, aus lat. mensis Maius (= der Monat Mai); vermutlich nach einem italienischen Gott des Wachstums; vgl. auch Moid; die bei Schatz noch erwähnten lautgerechten Formen Moa bzw. Ma sind verschwunden]: **1.** *Monat Mai* **2.** *grünendes Birkenreis.*
Mai|butter, der [1. Bestandteil: der Monat Mai (vgl. Mai); 2. Bestandteil: [mhd. buter, ahd. butera, lat. butyrum, griech. boutyron, zu boūs (= Kuh, Rind); eigentlich: Topfen aus Kuhmilch; Butter ist in den Mundarten ein Maskulinum] (ST): **1.** (auch österreichisch) *Butter von Kühen, die den ersten Weidegang im Frühling haben;* besser und vitaminreicher als Milch von Kühen, die mit Silage (= Silofutter) oder Heu ernährt werden; deutliche Gelbfärbung aufgrund eines höheren Carotin-Gehaltes **2.** *Gericht aus halbgeschlagenem Rahm (Obers), mit Zimt und Zucker bestreut.*
Mǫ́idl, Mǫidl, die [mhd. mait, meit aus maget (= Jungfrau, besonders: Jungfrau Maria; Mädchen)] „Die Äpfalan san süaß, san Kerndlein drein, / wo wird denn heit mei Moidile sein?" (Aus dem Liebeslied „Bleibm miars grǎd amǎl unter dem Bam", ein Liebeslied unbekannter Herkunft, zitiert aus einer Osttiroler Fassung: SsÖ, S. 61): *Maria.*
Mǫ́idn|bliandl, das [Herkunft wie Måjin-; mit Gleitlaut] (Sa.): *Mehlprimel (Primula farinosa) oder Mehlige Schlüsselblume;* gehört zur Gattung der Primeln *(Primula).*

Måi, Kübele|måje, das [wohl auch zum Monatsnamen; die Figur trägt einen mit Puder gefüllten Kübel und staubt die Umgebenden an]: *Fasnachtsfigur (oft von Buben gespielte Mädchen- bzw. Frauengestalt).*
Måjin|pfeife, Mai|pfeifei, Moja|pfeif, die [1. Bestandteil Mai]: *Pfeife aus Weiden- oder Haselnussrinde.*
Måjin|plentn, der [1. Bestandteil Mai; 2. Bestandteil: siehe Plente] (Pass.): *der bereits im Mai (nicht als Nachfrucht) gesäte Buchweizen.*
Måjin|sunntig, der [1. Bestandteil: siehe Måjinpfeife]: *erster Sonntag im Mai.*
Makiato: *siehe Mackiatto.*
malad ⟨ Adj. ⟩ [franz. malade (= krank)]: *schlecht beisammen, kränklich.*
malefitz [entlehnt aus lat. maleficium (= Übeltat), das aus malefacere (= Übles tun) abgeleitet ist]: *Ausruf der Wut oder des Ärgers.*
malefitzn ⟨ hat ⟩ [zu malefitz, siehe dort] (Pf.): *schimpfen.*
Malele, das (ST, OT): *Totenmahl.*
målggn, målgn, målsn ⟨ hat ⟩ [wohl verstärkend aus mhd. maln, malen (= mahlen) mit Bed. 1 als Ausgangspunkt; vgl. Gemalgge] (ST): **1.** *schlecht kauen* **2.** *unverständlich reden* **3.** (Pass., Pf.) *unschön essen.*
Malitzer, der [Wind aus Mallnitz] (Thurn): *warmer Südwind.*
Målt, der [vielleicht zu mhd. maln, malen (= mahlen) mit den Bedeutungen zerreiben, zermalmen etc.; vgl. mhd. malter, malder (= ein Getreidemaß; das, was man auf einmal zum Mahlen gibt; ahd. maltar] (Pf.): *Matsch.*
Malta, Målte, der [ital. malta (= Mörtel), lat. malthe, griech. máltha (= Wachs-Pech-Gemisch)]: *Mörtel (ein Baustoff):* „Des Gendern, na, då kånnscht mi gern håm. (...) Weil ålles verweiblicht wird. I bin iatz amål im Baumarkt gwesn, weil i dahoam renoviern tua, hån i an Malta braucht für die Wånd. Då steht aufm Maltasåck obm: GROBPUTZ INNEN. Auf an Malta!" (Luis von Südtirol; Gambrinusrede 2018, Youtube 14,18).
Målter, Måltere, Måltra, das [mhd. malter, malder (= ein Getreidemaß; eigentlich: das, was man auf einmal zum Mahlen gibt), ahd. maltar; vermutlich zu mahlen] (Pfun.): **1.** *Mulde, Trog* **2.** *Mahlgetreide.*
Malte|vogl, der [1. Wortteil Malta, 2. Bestandteil: siehe Vogl] (Pass.): *Tragbehelf für Mörtel.*
maltiarn, schmaltiarn ⟨ hat ⟩ [siehe Malta] (ST, OT): *mit Mörtel bewerfen oder bestreichen.*
Mamma, Mamme, die [ital. mama]: *Mutter.*
Mamma|reara, Mamme|bua, der [2. Bestandteil: Substantivbildung zu rean (= weinen)]: *Muttersöhnchen.*
Mamma|tschutter, der [2. Bestandteil: siehe Tschutter] (ST): *Muttersöhnchen.*

Mamme|bua, der: *Muttersöhnchen.*
Mammelare, Mammalad, Marmalad, die [verformt aus Marmelade; dieses über franz. marmelade aus portugiesisch marmelada (= Quittenmus) zu marmelo (= Quitte)]: *Marmelade.*
mammelen ⟨hat⟩: *die Nähe der Mutter suchen.*
Mammila, der [mit dem Verbalpräfix -elen aus Mamme] (Pf., Pfun.): *Muttersöhnchen.*
manatscha! ⟨Interj.⟩ [ital. mannaggia! (= verdammt!) (ST): *Ausdruck der Verwunderung.*
måmpfn ⟨hat⟩: *mit vollen Backen kauen.*
man: *siehe moanen.*
Manderlatte, Mandrlatta, die [aus ital. Mandorlato, ein Konfekt aus Honig, Zucker, Eiweiß und Mandeln; die ital. Bezeichnung für Mandel mandorla wird mit dem Suffix -ato versehen (= eigentlich: „mandorlisiert"), spätlat. amandula; zu einer Nebenform von lat. amygdala, aus griech. amygdálē (= Mandel)] (ST): *Mandorlato; ein Mandelkonfekt aus Cologna Veneta, Region Veneto.*
Mander|leit, die (Plural) [1. Bestandteil: Plural von Mann; 2. Bestandteil: Leute]: *(erwachsene) Männer.*
mander|leitig, mander|tamisch, mander|narrisch ⟨Adj.⟩ [siehe Manderleit]: *auf Männer aus sein (von Frauen).*
Mander|mensch, der [siehe Manderleit] (ST, OT): *(erwachsener) Mann.*
Mandl, Mandle, das [Diminutiv von Mann] (auch bairisch-österreichisch): **1.** *kleiner (alter) Mann* **2.** *männliches Tier* **3.** *auf dem Feld gegeneinander aufrecht gestellte Garben gemähten Getreides* **4.** *Vogelscheuche* **5.** *Wegzeichen aus Steinen* **6.** (fachsprachlich in Anspielung auf die Geschlechtsteile von Mann und Frau) *Stecker einer Kupplung* (das Gegenstück heißt Weibl) **7.** *Figur bei einem Brettspiel* **8.** (salopp) *höhere Karte beim Kartenspiel* (die Bilder der Karten vom Unter bis zum König haben Hosen an) ❖ **Mandln machen, sich aufmandln:** *aufbegehren, Schwierigkeiten machen* ❖ **nimmer wissen, ob man a Mandl oder a Weibl is** (zu Mandl in Bed. 2, in diesem Fall scherzhaft auf Menschen bezogen): *sich nicht mehr auskennen, mit sich selbst uneins sein.*
Maneil, Meneil, die [über das Romanische aus lat. manicula (= Händchen), Diminutiv von manus (= Hand)] (ST): *dünne Gerte bzw. Stange zum Erziehen von Reben.*
mangare: *siehe magari.*
mangasmol ⟨Adv.⟩ [mhd. manec, maneges] (OI): *manchmal.*
mangga, manggi ⟨Adv.⟩ [vielleicht aus ital. mancare (= fehlen, mangeln)] (ST, OT): **1.** *wenigstens* **2.** *mindestens* **3.** *doch, nun:* tua mangga weiter.

Manggei, das: *siehe Murmele.*
Mångl, die [mhd. mange (= Bügelpresse, deren Walzen mit Steinen beschwert wurden)] (auch österreichisch, süddeutsch und schweizerisch): *großes Gerät, in dem Wäsche zwischen zwei Walzen gezogen und geglättet wird* ❖ **jemanden in di Mångl nemen/in der Mångl hobm/durch di Mångl drehn:** *jemandem hart zusetzen, jemanden in Bedrängnis bringen.*
Manippele, Manipl, das [wie standardsprachlich Manipel aus lat. manipulus (= Handvoll, Bündel); im Kirchenwesen ursprünglich leinenes Tuch des amtierenden Priesters zum Abtrocknen des Gesichts, seit dem 12. Jh. bloßer Schmuck des Messornats, der als breites Band über dem linken Unterarm getragen wird] (Bozner U-Land): **1.** *Serviette* **2.** *Mundtuch.*
Månn, Mon, Mun, der; Plural: Mander oder Manderleit [verdrängt die alten dialektalen Bezeichnungen]: **1.** *erwachsener Mann* **2.** *Ehemann.*
Mannatz, Månnans, Månnitz, das [aus dem Genetiv des ahd. Adjektivs mannīn (= männlich) abgeleitet]: *Mann.*
Mannischer, ein [Ableitung von Mann; eigentlich substantiviertes Adj.] (Pust., Def.): *ein Mann.*
Månns|bild, das [eigentlich: Mannsbild] (emotional positiv oder negativ besetzt): *Mann:* a feschs Mannsbild (= ein ansehnlicher Mann).
Manschett, Maschett, der [ital. mancetta (= Handgeld, Provision, Taschengeld), Diminutiv zu mancia (= Trinkgeld); siehe Maschettgeld] (ST): *Kaufvermittler.*
Manschn: *siehe Maschn.*
Mantig, Manta: *siehe Muntog.*
Mantile|kraut, das [eigentlich: Mantelkraut]: *Spitzlappiger Frauenmantel, auch Gemeiner Frauenmantel genannt (Alchemilla vulgaris).*
Mantscha, die [aus ital. mancia (= Trinkgeld)] (ST): *Trinkgeld.*
mantschn ⟨hat⟩ [Reiter]: *durcheinandermengen.*
mantua ⟨Interj.⟩ [möglicherweise nach der ital. Stadt, in der Andreas Hofer füsiliert wurde] (ST): *verdammt, verflucht.*
mar, marig ⟨Adj.⟩ [vgl. aufmar]: *bekannt, ruchbar.*
mår, mor(e), mårb, mirbe ⟨Adj.⟩ [ahd. maro, Gen.: marwes, mhd. sowohl mar wie mürwe]: **1.** *mürbe, locker, zart (von Speisen bzw. Futter):* a mårs Flaisch! di Kråpfn sein mor **2.** (NT) *der Zustand einer gedüngten und bewässerten Almwiese* **3.** (ST) *(vom Gewehr) leicht abgehend, mit leichtem Abzug.*
Marbe, das, **Marb,** der [Herkunft unklar] (Pf.): *Oberhaut:* der Marb ist weg (= die Oberhaut ist abgeschürft).
Marbl[1]**,** das [siehe Marbe] (ST): *Hautabschürfung.*

Marbl², der [wohl zu mhd. mar, marwes (= reif, mürbe, zart)]: **1.** (Pass.) *junge Fichtensprossen* **2.** (Deutschn.) *Westalpen-Klee (Trifolium alpinum).*

Marbl|henig, das [1. Bestandteil: siehe Marbl², Bed. 1; Grundwort Honig] (ST, OT): *Sirup aus jungen Fichtensprossen und Zucker.*

March, Marche, Mark, das [ahd. marca, marha (= Grenzgebiet); vgl. maggiern]: **1.** *Markierung* **2.** *Grundgrenze zwischen Feldern* **3.** *Ohrenmarkierung beim Vieh* **4.** *Grenze zwischen Wiese und Wald* **5.** (Alp.) *Gesichtszüge, die auf Verwandtschaft schließen lassen.*

marchiarn ⟨hat⟩ [siehe zu March, siehe dort]: *markieren.*

marchn ⟨hat⟩ [siehe March] (ST, OI): **1.** *Grundstücksgrenzen festlegen* **2.** *Wegmarkierungen anbringen* **3.** *markieren (Schafsohren).*

Marende, Marend, die [rätorom. marenda, dieses zu lat. merenda (= Vesperbrot); zu lat. merere (= erwerben, verdienen, sich Verdienste erwerben)]: **1.** *Zwischenmahlzeit am Nachmittag* **2.** *auch die besagte Uhr- bzw. Tageszeit.*

marendn, marentn, mrenn ⟨hat⟩ [zu Marende, siehe dort]: *eine Zwischenmahlzeit einnehmen.*

Mareschallo, der [ital. maresciallo] (ST): *Kommandant der örtlichen Carabinieri.*

Maria|leitn, Ava|maria|leitn, das [siehe Betleitn]: *dreimaliges Läuten der Kirchenglocken (früher Morgen, Mittag, Abend).*

Maringgele, das [vielleicht zu Maria] (ST): **1.** *Europäische Gottesanbeterin (Mantis religiosa); die einzige in Mitteleuropa vorkommende Vertreterin der Ordnung der Fangschrecken (Mantodea)* **2.** (La.) (verhüllend für Maria) *Ausruf des Erstaunens oder des Ärgers (z. B. wenn etwas misslungen ist).*

marktln ⟨hat⟩ [zu Markt]: *feilbieten, handeln, feilschen.*

Marlang, die (Plural) [mhd. mære (= Kunde, Nachricht, Erzählung), anders als im wort Märchen mit der Verkleinerungssilbe -lein] (Zillt.): *Märchen.*

Marml, Marbl, der, **Marmele,** das [mhd. mærmel, marmel]: **1.** *Marmor* **2.** *kleine Spielkugel.*

marn ⟨hat sich⟩ (reflexives Verb) [mhd. mæren (= bekannt machen, verkünden); vgl. aufmar]: **1.** *sich bemerkbar machen, antworten* ❖ **wiaso marsche di net:** *warum meldest du dich nicht* **2.** *von Verstorbenen: ein Zeichen aus dem Jenseits geben (ein Bild fällt von der Wand, die Uhr bleibt stehen, es knackt im Gebälk).*

marod, marodig ⟨Adj.⟩: *kränklich.*

Marokino, der [ital. marocchino (= Marokkaner) (ST): *nordafrikanischer Wanderhändler, Einwanderer.*

Maroni, die (Plural) [ital. marrone (= Esskastanie); vielleicht zum Adjektiv marrone (= braun)] (auch süddeutsch und österreichisch; schweizerisch mit anderer Schreibung: Marroni): *Esskastanien (Castanea sativa).*

Marterl, Marschterle, das [aus mhd. marter (= Blutzeugnis, speziell die Passion, über das Lateinische aus griech. martyrion (= Zeuge, Blutzeuge); das Marterl war also ursprünglich eine bildliche Darstellung zur Passion (auf Kreuzwegen oder sonstigen Bildsäulen)]: **1.** *Bildstock* **2.** (ST) *Gedenksäulen, Gedenkkreuze mit Texten, die an einen Verunfallten erinnern.*

Marter|woche, die: *Karwoche.*

Martini|markt, Martini|markt, Martis|markt, Marchtis|markt, der: *traditioneller Markt zu Martini (11. November).*

Martl, Marschtl, der [Kurzform des männlichen Vornamens Martin; in Bayern stattdessen Max] (Kartenspielersprache): *Herzkönig im Watten.*

Marzan, der [ital. marza (= Pfropfreis)] (ST): *Querstange am Rebengerüst.*

Maschett|geld, das [siehe Manschett] (ST): *Vermittlungsgebühr.*

maschettn, muschettn ⟨hat⟩ [siehe Manschett] (ST): *vermitteln, beraten.*

Maschger, Maschgra, Maschgara, der [zu ital. maschera (= Maske, Maskenkostüm; Gestalt der Commedia dell'arte; ital. -sk- wird im Deutschen zur Erleichterung der Aussprache -schg-]: **1.** *Maskierter in der Fasnacht:* Maschgera gehen (= als Maskierter gehen) **2.** (ST) *seitenverkehrte Spielmarke.*

Maschn, der [nicht mehr duchschaute Verschmelzung von mhd. māne (= Mond) und mhd. schīn (= Schein)]: *Mond.*

Måschta, die [siehe Marterl] (Alp., Def.): **1.** *Gedenksäulen, Gedenkkreuze mit Texten, die an einen Verunfallten erinnern* **2.** *Bildstock.*

maschtang ⟨hat⟩ [mhd. meistern (= lehrend erziehen, erziehend strafen); zu Meister] (Zillt.): *rechthaberisch befehlen.*

maschtig ⟨Adj.⟩ [wie standarddt. mästen zu mhd. mast (= fett)]: **1.** *dick, fett* **2.** *gemästet.*

Måserun, Moseron, Mussorun, der [wie standarddt. Majoran zu mhd. majeron, majoran, aus mittellat. maiorana, dieses wohl unter Anlehnung an lat. maior (= größer) umgebildet aus lat. amaracum (= Majoran), aus griech. amárakon]: *Majoran (Origanum majorana).*

Måsl: *siehe Mosl.*

Måss, Moß, die [die vom Bairischen ausgehende Variante mit Kurzvokal steht mit der Entwicklungsgeschichte des Wortes im Einklang; mhd. māʒe (= zugemessene Menge), ahd. māʒa; dieses ist von mhd. māʒ (= das Maß) zu trennen; da es sich bei dem Herkunftswort māʒe um einen Zweisilber handelt, tritt im Bairischen keine Dehnung, sondern Kürzung des Vokals ein; wenn das Verständnis für die Herkunft verloren geht, wird gedehnt; vor allem im Osten Österreichs, wo die Vokaldehnung stark ausgeprägt ist, aber auch im größten Teil Tirols] (bairisch): *Menge von 1 Liter Bier:* er hat zwei Mass Bier getrunken.

Masserei, Messerei, die: *Vermessung, Maß* ❖ **do falts bei der Masserei: 1.** *das reicht nicht* **2.** *da wurde ungenau gemessen.*

Maßl[1], das; Plural: Maßler: [Diminutiv zu dem spätmhd. Neutrum māȝ, vermischt aus dem mhd. Femininum māȝe (= Zugemessenes) und dem mhd. Neutrum meȝ (= Ausgemessenes, Richtung, Ziel)] (ST, OT): *kleines Maß* (bei Getreide gilt: 1 Maßl = ½ Star; siehe Star[1]).

Maßl[2], Massl, das [jiddisch massel, zu hebräisch mazzal (= Stern, Schicksal); in Ö meist: das Massel, in D meist: der Massel]: *(unverdientes) Glück.*

matat ⟨Adj.⟩ [vermutlich zu ital. matto (= Narr)] (ST): *dumm.*

Mataun, der [lautliche Beziehung zum lat. Namen mutellina denkbar; volkstümliche Bezeichnungen in anderen Regionen des deutschen Sprachraums sind Muttern, Mutteli und Mutterkraut; das Madautal in den Lechtaler Alpen und der Ort Madau sind nach der Pflanze benannt] (OI, Sa.): *Alpen-Mutterwurz (Ligusticum mutellina).*

Matere, Mateare, die [mhd. materje (= Stoff, Materie, Flüssigkeit im Körper, besonders Eiter), aus lat. materia (= Stoff, Bauholz, Ursache)] (ST, Def.): *dickflüssige Materie, Eiter etc.*

Matsch, der [lautmalend, siehe Glatsch]: *Nassschnee, halbgeschmolzener Schnee.*

matsch ⟨Adv.⟩: *ermattet, erschöpft.*

matschn, dermatschgern ⟨hat⟩ [Herkunft unklar]: **1.** (ST) *skrupellos und schnell handeln, gefühllos vorgehen* **2.** (NT) *zerdrücken, zermalmen.*

Matze, Matz, die [mhd. Metze (= Koseform des Vornamens Mechthild, früher Machthild, unter Verlust des ersten Gutturals bereits ahd. Mathilt, latinisiert Mathildis (vgl. engl. Mathilda); laut Grimm führt die häufige Verwendung des Vornamens zunächst zu einer allgemeineren Bedeutung als Name für eine Frau, die man nicht näher bezeichnen kann oder will, dann für eine unverheiratete Frau; im Zuge einer Bedeutungsverschlechterung auch für Pfaffenköchin, Zuhälterin eines Pfaffen und für eine leichtfertige Frau] (ST): **1.** *Hündin* **2.** *Prostituierte.*

Måtzn, der, **Måtze**, die [Herkunft unklar]: *durch einen Stoß entstandene Delle (in Holz oder Blech).*

mauggetzn, maunggetzn ⟨hat⟩ [lautmalend: miau machen]: *miauen.*

maulat ⟨Adj.⟩ [mhd. mūleht, mūlet (= mit großem Mund; mürrisch); zu mauln]: *scheltend.*

Maul|au, Maul|auf, Mauler, der [eigentlich: der Maulauf bzw. Mundauf: vgl. Maulorgl] (ST): *Angeber.*
maul|fressig ⟨Adj.⟩ (OT): *vorlaut.*
mauln, maulign ⟨hat⟩: *schimpfen, schmähen, aufbegehren:* ❖ **hinter maulign:** *zurückreden.*
Maul|orgl, die [1. Wortteil aus mhd. mūl (= Mund, Maul), das im Dialekt noch bei Schatz noch als Normalform von Mund belegt ist; noch heute: nicht aufs Maul gfalln]: *Mundharmonika.*
Maul|voll, das: *Mundvoll, kleine Menge.*
Maundl, Maunggele, Mau(n)z, Maunza, die [lautmalend zu miauen]: *Katze.*
maunggln, maunggl ⟨hat⟩ [spielerisch zu mhd. munkel (= heimlicher Streich), verwandt mit mukeln, älter munken] (ST): **1.** *etwas vertuschen* **2.** *heimlich tauschen.*
Maure¹, die [Nebenform von Mure] (AT, Pfun.): *Geröllhalde aus größeren Steinen.*
Maure², die [zu Mauer] (AT, Pfun.): *Steinmauer im Feld.*
Maus|geir, der [Mausgeier; der Greifvogel jagt kleine Säugetiere wie Mäuse; das Bestimmungswort Maus- taucht auch in frühen Bezeichnungen auf: mhd. mus-ar (= Mäuseadler), ahd. musari; im Aussehen ähneln sie der Gattung Echte Adler *(Aquila),* unterscheiden sich jedoch durch die geringere Größe und einige weitere Merkmale] (ST, OI): *Bussard;* Bussarde *(Buteo)* sind mittelgroße Greifvögel aus der Familie der Habichtartigen.
Maus|kopf, der: *runder Schuhnagel.*
mausn ⟨hat⟩ [mhd. mūsen (= Mäuse fangen, stehlend oder suchend herumschleichen, betrügen), zu mūs (= Maus); Bed. 2 zu mausen (= etwas heimlich tun, einen Ehebruch begehen)]: **1.** *stehlen* **2.** *koitieren.*
maustrig ⟨Adv.⟩ [eventuell zu mhd. mūzen (= wechseln, mausern), das letztlich auf lat. mutare (= wechseln) zurückgeht] (Ehrwald): *nicht in Form, marode.*
maxn ⟨hat⟩ [Schatz zieht ein abgeleitetes Verb *mach-atzn als Ausgangspunkt in Betracht]: **1.** *hart arbeiten* **2.** *sich abmühen.*
Meal: *siehe Mearl.*
Meal|bern, die: *siehe Melbern.*
mealig, melig, möjig ⟨Adj.⟩ [-ig-Ableitung von mhd. mel (= Mehl, Staub)]: *mehlig* ❖ **a Mealiger:** *ein Schöntuer, Kriecher.*
mear¹, mea, mia ⟨Adv.⟩ [siehe mear²]: *wieder, neuerdings, nochmals:* håts mear gregnet?
mear², meara ⟨Adv.⟩ [ahd. mēr, mēror, mhd. mēr, mēre; ein Komparativ von viel mit verschiedenen zusätzlichen Bedeutungen]: *mehr, mehrere.*

mearer, mearigscht ⟨Adj.⟩ [siehe Adverb mear, hier zum Adjektiv erweitert]: *die meisten:* die mearan, mearigschtn Leit (= die meisten Leute).

Mearl, Meal, das [dialektale Verkleinerungsform von Möhre, vgl. Merche; zu mhd. mörhe, morhe] (OT, UI): *Karotte (Daucus carota subsp. sativus).*

Mearsch, Mearscher, der [umlautend zu mhd. morsære (= Mörser) aus ahd. mortari etc., das aus lat. mortarium entlehnt ist; gleiche Wurzel wie morsch]: **1.** (Pass.) *Mörser, Granatwerfer* **2.** (La.) *Böller.*

mearzig: *siehe merzig.*

Measl: *siehe Moas.*

mechanische Werk|schtått, die [Lehnübersetzung aus ital. officina meccanica] (ST): *Autowerkstätte.*

Mechzn|bliaml: *siehe Merschzwaigerle.*

Megga, der [vgl. Magge] (OT, AT): *Beule, Delle.*

meggitzn ⟨hat⟩: *meckern.*

megn ⟨hat megn⟩ [wie standarddt. mögen (= etwas wertschätzen; für jemanden Sympathie oder Liebe empfinden etc.) zu mhd. mügen, ahd. mugan, eigentlich: vermögen, können; da es im Dialekt das Verb lieben nicht gibt, ist Bed. 2 wichtig]: **1.** *mögen, gern haben* **2.** *lieben* **3.** *dürfen, sollen:* jetzt måggscht auhearn (= 1. jetzt kannst du aufhören, 2. jetzt sollst du aufhören, hör auf!).

mei ⟨Interj.⟩ [gekürzt aus meindrseal, meindrseggs (siehe dort) o. ä.]: *Ausruf des Erstaunens, des Bedauerns, auch des Beteuerns.*

Meigge, die, **Meiggele,** das [siehe Madl] (Paznaun): *Mädchen.*

meindrseal, meinersel ⟨Interj.⟩ [meiner Seele]: *Ausruf der Verwunderung, des Schreckens.*

meindrseggs ⟨Interj.⟩ [verhüllend für meindr Seal] (OI, Pf.): *Ausruf der Verwunderung.*

Meingge, Mengga, die [zu menggn] (OI): *lästiges Weib.*

Meinschgitze, die [Herkunft unklar] (Def.): *Stachelbeere (Ribes uva-crispa).*

me-isch ⟨Adv.⟩ [zweisilbig; Herkunft unklar, auffallend ist die lautliche Nähe zu mehr (= Komparativ von viel)] (Sa.): *sehr stark, heftig.*

Meisl, das [Diminutiv von Maus]: **1.** *kleines Gebäck* **2.** *reizempfindliche Nervenstelle am Ellenbogen.*

meisla ⟨Adv.⟩ [eigentlich: mäuslich, d. h. wie eine Maus; vgl. ummermeisla] (ST): **1.** *leise, ruhig* **2.** *unauffällig.*

Meiter, die, **Meiterer,** der [siehe meitern]: *sich ständig beklagende Frau/beklagender Mann.*

meitern, meitrn ⟨hat⟩ [wie standardsprachlich meutern (= Unwillen, Missfallen über etwas äußern, aufbegehren); laut Kluge-Seebold aus mhd. meuten (= sich empören), unter Einfluss von mittelfranz. meuterie

(= Aufruhr) frühnhd. meutern, meuten (= Aufruhr machen)]: *schimpfen, aufbegehren, sich beklagen.*
melachn, melchn, möchn [neben mhd. melchen (siehe melch) steht auch melihen, das zu ahd. miluh, milih (= Milch) stimmt]: *melken.*
Mel|bern, Meal|bern, Möü|bern, Meal|grantn, die (Plural) [1. Bestandteil: zu Mehl; wird für verschiedene Pflanzen verwendet, meist primär für deren Beeren; 2. Bestandteil: Beere bzw. Grantn: siehe dort]: **1.** *Echte Mehlbeeren; Früchte des Mehlbeerbaums (Sorbus aria)* **2.** *Vogelbeeren, Früchte des Vogelbeerbaums (Sorbus aucuparia), auch Eberesche genannt* **3.** *Echte oder Immergrüne Bärentrauben (Arctostaphylos uva-ursi).*
melch, malch, melchat ⟨Adj.⟩ [mhd. melch (= Milch gebend), zu mhd. melken, melchen (= transitiv: melken; intransitiv: Milch geben); laut Duden ursprünglich abstreifen, wischen; die intransitive Verwendung ist in Südtirol in Form eines Adjektivs erhalten geblieben] (ST): **1.** *Milch gebend (von Kühen, Schafen etc.)* **2.** *Milch machend (von gutem Gras).*
Melcher, der [zu melken]: **1.** *einer der Senner (Funktionsbezeichnung)* **2.** *Fasnachtsfigur (siehe Muller).*
Melcher|muas, das: *fettes, gebackenes Mus in der Sennhütte.*
meldn, si ån|meldn ⟨hat sich⟩ (reflexives Verb): *ein Zeichen geben (von Verstorbenen oder Sterbenden).*
Mel|epfl, der; Plural: Melepfl [wegen mehliger Beschaffenheit]: **1.** *Frucht der Gewöhnlichen Felsenbirne (Amelanchier ovalis), auch Gemeine Felsenbirne genannt* **2.** *Frucht des Weißdorns.*
melig: siehe mealig.
Meli, die [siehe Meni] (Ehrwald): *Großmutter.*
Melter, die; Plural: Melter [Schatz zitiert einen ahd. Glossenbeleg chuhmelhtra (= Melkkübel), was zu lat. mulctra (= Melkkübel) führt, das im Vokal an melken angeschlossen wurde]: **1.** (ST) *ovales Holzgefäß (früher ein Getreidemaß)* **2.** *Gefäß zum Tragen von Flüssigkeiten.*
meltern ⟨hat⟩ [Herkunft unklar, vielleicht von Melter] (OI, Pass.): *sich beschweren, alles weitersagen, petzen.*
Mel|totn, der, **Mel|tatl,** das [siehe Tote] (ST, OT): *Lade für das Mehl im Küchenkasten.*
Mendlen, die (Plural) [siehe Mengile] (Pass.): *Hautanhängsel am Ziegenhals.*
Mene|brugga, die [1. Bestandteil: Gespann, siehe menen; 2. Bestandteil: Brücke] (NT): *Tenne, Auffahrt in die Scheune.*
menen ⟨hat⟩ [mhd. menen, mennen (= ein Zugtier oder Reittier antreiben, auf dem Wagen führen); ahd. mennen, mittellat. minare (= treiben)] (ST): *ein Gespann (Ochsen) lenken.*
Mengga, Meangg, die [zu menggn, siehe dort]: *lästiges Weib.*

męnggn, męanggn, męingge ⟨hat⟩ [Herkunft unklar] (NT, Deutschn.): **1.** *lästig klagen* **2.** *lästig fordern* **3.** *stänkern*.
Męngile, das; Plural: Mengiler [Herkunft unklar] (ST): *Zäpfchen am Kinn der Ziegen.*
męngl ⟨Adv.⟩ [zu mhd. mangel (= Mangel, Gebrechen), mangeln (= entbehren, vermissen)] (ST, OT, Zillt.): *fehlend, ausständig:* mengl sein
❖ **mengl hobm:** *vermissen, fehlen, brauchen:* der Hund håt di Jungen mengl.
Męngl|schtoan, Męngl|schtanlan, die (Plural) [laut Schmeller eigentlich: Engelsteinlein] (OT, Pust., Pfund.): *Krokus, Frühlingssafran;* die Krokusse (*Crocus*) sind eine Gattung der Schwertliliengewächse (*Iridaceae*).
Męni, der [wohl wie Nene (siehe dort) zu ahd. ano (= Großvater)] (Ehrwald): *Großvater.*
męnsch, męntsch ⟨Interj.⟩ [auch in D, dort oft: Mensch Meier]: *Ausruf der Bekräftigung, des Erstaunens:* mensch, is des schön.
Męnsch, Męntsch, das [mhd. mensch(e), ahd. mennisco, älter: mannisco, eigentlich: der Männliche; schon im Mhd. wird mensch(e) als Maskulinum und als Neutrum verwendet; die maskuline Form (der Mensch) wird fortan für Individuen unabhängig von ihrem Geschlecht verwendet und als Kollektivum für das menschliche Geschlecht, die neutrale Form (das Mensch) dient zur Bezeichnung von weiblichen Personen] (abwertend): **1.** *Frau* **2.** (NT) *Geliebte.*
Męnschin, die; Plural: Menschinin (OT, Sa.): **1.** *stattliche Frau* **2.** *Ehefrau* **3.** *unsympathische Frau.*
męnta ⟨hat⟩ [abgeleitet von Sakrament, das auch als Fluch verwendet werden kann] (Ehrwald): *fluchen.*
Męntile, das: *siehe Murmele.*
męntschern, ummer|mentschern ⟨hat⟩ (OT): *mehrere Frauen/Freundinnen haben.*
mer|ålt, mir|ået ⟨Adj.⟩ (ST, Ebbs): *steinalt, sehr alt.*
Męrche, die [wie Möhre zu mhd. mörhe, morhe; das -e- in Merche ist ein entrundetes -ö- von mhd. mörhe; siehe auch: Mearl] (UI): *Karotte* (*Daucus carota subsp. sativus*).
Męrda, die [aus ital. merda] (Ehrwald): *Kot, Dreck.*
Meręnde, die: *siehe Marende.*
meręndn: *siehe marendn.*
męrglen, męrgln ⟨hat⟩ [die Aufbringung von Mergel (aus mittellat. margila) steigert kurzfristig den Ernteertrag, erschöpft aber den Boden, mergelt ihn also aus]: **1.** *sich plagen* **2.** *langsam arbeiten, beim Arbeiten unnötig Zeit verlieren* **3.** *unnötig lange herumprobieren (müssen).*

Mergler, der [zu merglen] (ST, OI): *langsamer und ungeschickter Arbeiter.*

merkn ⟨hat⟩ [mhd. merken (= achtgeben, wahrnehmen; auch: mit einem Zeichen versehen); verwandt mit Marke, das über französisch marque aus germ. *marka (= Zeichen) stammt]: **1.** *etwas kennzeichnen* **2.** *bemerken, sich etwas merken.*

Merle, Merl, die [lat. merula (= Amsel)] (Sa.): *Amsel (Turdus merula) oder Schwarzdrossel.*

Merre, die; Plural: Merren [Herkunft unklar] (Pass.): *stumpfe Klinge.*

Merschz|waigerle (Pf.), **Mechzn|bliaml** (Zillt.), das [1. Bestandteil: zum Monat März; 2. Bestandteil: aus Feigerle (= Veilchen) bzw. Blümlein; die Pflanze gehört zu den ersten Frühjahrsblumen]: *Huflattich (Tussilago farfara).*

merzig, meschzig ⟨Adj.⟩ [zum Monat März; auf die Paarungszeit der Katzen anspielend; vgl. meschzn und jugendsprachlich: geil wie ein Märzkater]: *rollig (von Katzen).*

Meschpele, Neschpele, das, **Mischpla,** die [mhd. mispel, ahd. mespila, zu lat. mespilus aus griech. mespilo; der Ausdruck ist in beiden antiken Sprachen ein Lehnwort unbekannter Herkunft; warum der Name Mispel verwendet wurde, um auch die Vogelbeere damit zu bezeichnen, ist unklar]: **1.** *Mispel (Mespilus germanica) oder Echte Mispel* **2.** *Vogelbeere, häufig auch Eberesche oder Vogelbeerbaum (Sorbus aucuparia).*

Meschpeler, der: *Vogelbeerschnaps.*

mescht ⟨Adj.⟩ (ST) *gemästet, zum Mästen bestimmt:* a meste Kuh (= eine Kuh, die für die Schlachtung angefüttert wird).

meschzn ⟨hat⟩ [siehe merzig]: *läufig sein (von Katzen).*

mes(r)ig, miasig, meso ⟨Adj.⟩ [zu Moos]: *moorig, sumpfig.*

metr sein ⟨ist⟩ [franz. maître]: **1.** *imstande sein* **2.** *jemandem gewachsen/überlegen sein.*

Mette, Mettn, Metting, die [mhd. met(t)en, mettin(e), ahd. mettīna, mattīna, zu kirchenlat. mattina aus matutina (= Morgenandacht)]: **1.** *mitternächtlicher oder frühmorgendlicher Gottesdienst vor einem hohen kirchlichen Fest; Mitternachtsgottesdienst, Mitternachtsmesse* **2.** *Lärm, Geschrei:* a bsoffene Mettn (= Lärm von Betrunkenen), a morz Mettn mächn (= lärmen, Radau machen).

mettn, mettnen ⟨hat⟩ [zu Mette, Bed. 2] (ST): *lärmen, Radau machen.*

mett|siaß ⟨Adj.⟩ [1. Bestandteil: zu mhd. met (= Met, mit Honig gesüßte Flüssigkeit)] (Pass.): *honigsüß, zuckersüß.*

Mett|wasser, das [1. Bestandteil: zu mhd. met (= Met, mit Honig gesüßte Flüssigkeit)] (Pass.): *Zuckerwasser.*

Metze, Metzn, der oder die [mhd. metze, ahd. mezza, mezzo (= Getreidemaß), vermutlich zu messen]: *Getreidemaß (in verschiedenen Größen).*

Mezit, Mezet, die; Plural: Mezitr, Mezetr (Sa.) [zu mhd. metzjen, metzigen (= schlachten), das laut Schatz aus einem lat. matiarius entlehnt ist]: *halbe Speckseite vom Schwein.*

mezz|per|sort ⟨Adj.⟩ (nur adverbial) [eigentlich: die Häfte jeder Sorte, halb und halb; halb ital. halb deutsch] (Bozner U-Land): *gemischtsprachlich (deutsch und italienisch):* er redet mezzpersort.

miade, miad ⟨Adj.⟩ [mhd. müede]: **1.** *müde* **2.** *lästig.*

miarsch, miasch ⟨Adj.⟩ [wohl zu spätmhd. (zer)mürsen (= zerstoßen)] (OI): **1.** *matt, kraftlos* **2.** *morsch, faul.*

Mias, Gmias, das [schon ahd. steht mios ablautend neben mos (= Moos, Sumpf); Grimm hält es für möglich, dass mit mios ursprünglich das Gewächs gemeint war und mit mos das Land, auf dem es wächst; dies stimmt mit der Verwendung von Mias in Tirol überein]: *Waldmoos.*

miaselig ⟨Adj.⟩ [-ig-Ableitung von mhd. müesal (= Mühsal, Beschwerde); das -selig hat also mit selig nichts zu tun, sondern ist eine Kombination aus -sal und -ig]: *lästig.*

Miate, Miat, die [wie standarddt. Miete zu mhd. miete (= Gabe, Lohn, Geschenk)]: **1.** (Pass.) *Kraftfutter fürs Vieh* **2.** (Ridn.) *frische Zweige des Wacholders für den Palmbuschen* **3.** (La.) *Zwergwacholder (Juniperus communis subsp. alpina)* **4.** *Miete.*

miatn ⟨hat⟩ [zu Miate, Bed. 1] (Pass.): *dem Vieh Kraftfutter geben.*

Miat|schtotz, der [1. Bestandteil: zu Miate, siehe dort; 2. Bestandteil: Stotz, siehe dort] (Pass.): *kleine Holzkiste für das Kraftfutter.*

Michl, Much, der [die u-Form ist vermutlich eine Rückbildung, die die Lautung Michl als Verkleinerung auffasst, wie Stickl (= Stücklein) zu Stuck (eigentlich: Stück); das war umso leichter möglich, als der Name auch zur Bezeichnung eines dummen Menschen verwendet wurde]: *Michael:* Michele Machele / brunzt ins Kachele / Kachele rinnt / Michele stinkt. (Kinderreim).

michlat ⟨Adj.⟩ [zu Michl; den Trägern dieses Vornamens wurden früher öfter schlechte Eigenschaften zugeschrieben] (OT): *eingebildet.*

michln, michön ⟨hat⟩ [siehe michlat] (NT): *großtun.*

Mickn: *siehe Mittåg.*

migele [Diminutiv von mhd. mugel (= Brot)] (ST) ❖ **in a migele:** *ein bisschen:* koan migele (= nicht das Geringste).

miglan, migla ⟨Adv.⟩ [mhd. mügelīch(en) (= möglicherweise)]: *beinahe, fast.*

Milch, Müch, die [mhd. milch, milich]: *Milch:* guate Milch (= nicht entrahmte Milch); oergetriebene Milch (= entrahmte Milch) ❖ **Milch gebm: 1.** *Milch geben (von der Kuh)* **2.** *müde werden, nachgeben, den Kürzeren ziehen.*
Milch|bluame, die [vermutlich wegen der milchigen Flüssigkeit des Stängels] (Ridn., Pf.): *Gewöhnlicher Löwenzahn (Taraxacum sect. Ruderalia).*
Milch|frigl|supp, die [siehe Frigl] (ST, OT): *Suppe mit in Milch gekochten Frigeln.*
Milch|kalbl, das; Plural: Kalbler: *Kalb, das noch gesäugt oder mit Milch gefüttert wird.*
Mille|bliaml, das [siehe Gramille] (Pf.): *Kamille.*
Miller|moler, der [Müllermaler] (ST): *Schmetterling.*
minder ⟨Adj.⟩: **1.** *von schlechter Qualität* **2.** *nicht zu gebrauchen, kaum zu gebrauchen* **3.** *moralisch minderwertig.*
Mineschtra, Mineschtrone, die [ital. minestra (= Suppe)]: *gehaltvolle Suppe.*
Mingge, die [Herkunft unklar; Schatz kennt Mingge/Minggele als Bezeichnung für schlecht entwickeltes Getreide; nach Lexer hieß das Jahr 1258 munkeljahr wegen der corruptio vini et frumenti] (Anras): *vertrocknete Kornähre.*
Minggile, das [Herkunft unklar] (La., Pfun.): *Gebäck, kleine Semmel, rundes Hefegebäck.*
Minich, Minnich, Mina, der [scherzhaft aus mhd. münech (= Mönch)]: *kastrierter Widder, Bock.*
Minz, die [ursprünglich: Münze]: *Kleingeld aus Metall.*
Mippl, das [1. Bestandteil: mhd. mütte, mutte (= Scheffel), ahd. mutti, dieses zu lat. modius (= Maß), vgl. Mutt; 2. Bestandteil: -mal (wie in einmal); das anlautende m- bewirkt die Assimilation des vorausgehenden tt zu pp] (ST, OI): *altes Saat- bzw. Flächenmaß (Fläche, für die 1 Mutt Samen nötig ist).*
mir|äet: *siehe merält.*
Mischa, das [-ach-Ableitung von mischen]: *Misch-, Häckselfutter.*
Mischggl, die [mhd. mistel] (Pass.): *Mistel (in Mitteleuropa sind damit vor allem Pflanzen der Gattung Viscum aus der Familie der Sandelholzgewächse (Santalaceae) gemeint.*
mischggln, mischln ⟨hat⟩ [mhd. mischen, geht letztlich auf lat. miscere zurück]: **1.** *mischen, vermischen* **2.** *Karten mischen.*
Mite, die [aus der Präp. mit, vielleicht verkürzt aus einem Kompositum] (ST): **1.** *Jause des Hirten* **2.** *Mahlzeit für unterwegs* **3.** *Lunchpaket.*
mitnui ⟨Adj.⟩ [mhd. iteniuwe (= wieder neu, sehr neu)] (ST): *ganz neu, unerhört:* eppas mitnuis.

Mittåg, Mittog, Mitta, Mickn, der [mhd. mittentac (= Mittag)]: **1.** *Mittagszeit* **2.** *Mittagessen.*

Mittåg, Mittig, der [in diesem Fall wurde Mittwoch den übrigen Wochentagsnamen auf -tag angeglichen]: *Mittwoch.*

Mitte, der [vgl. Mippl]: *Backtrog.*

mitter ⟨Adj.⟩ [aus ahd. mitti, einer Nebenform von mittil, aus dem standarddt. mittler- entstanden ist]: **1.** *mittler:* der mittere Bua (= der mittlere Sohn) **2.** *ziemlich, ziemlich groß:* es ist mitter kålt (= es ist ziemlich, sehr kalt).

mitterle, mittola ⟨Adv.⟩ [mitter + Suffix -lich] (ST, OT): **1.** *halbwegs, mittelmäßig* **2.** *meistens* ❖ **lei mitterle:** *wenn irgend möglich, meistens.*

Mo, das [mhd. māt (= das Mähen, das Gemähte, Heu); vgl. Måd] (Sa.): **1.** *die beim Mähen entstehende Graszeile* **2.** *Bergmahd.*

moadn, moidn ⟨hat⟩ [abgeleitet vom Monatsnamen Mai, mhd. meie; vgl. auch Måjin- und Moide] (Pfun., Pf.): **1.** *die Maiflöte schälen* (von der Weidenrinde, die sich im Frühjahr durch Klopfen mit dem Heft des Taschenmessers vom Holz lösen lässt; währenddessen sangen die Kinder in Pfun.: Moada, Moada Flöte / die Kåtze åt di Stöte / der Hund åt die Beiße / unds Kålb åt die Scheiße) **2.** (Pfun.) *die Rinde von Bäumen lösen.*

Moal, Mol, das [mhd. meil (= Fleck, Mal)] (ST, OI): **1.** *Mal, Muttermal* **2.** *Narbe* **3.** *Fleck von Farbe, Schmutz.*

moalig ⟨Adj.⟩ [zu Moal; siehe dort] (ST): *fleckig, mit einem Mal gekennzeichnet.*

moan(en), muanen, man ⟨hat⟩ [mhd. meinen (= sinnen, denken, wohlwollen, beabsichtigen etc.)]: **1.** *meinen* **2.** (ST) *anspielen* **3.** (ST) *verarschen:* iatz muant er di.

Moas¹, Moaß, die; Plural: Moasn [zu ahd. meizan, mhd. meizen (= hauen, hacken)] (ST, OI): *abgeholzter Waldteil.*

Moas², Moase, die, **Moasl, Measl,** das [mhd. meise]: **1.** *Kohlmeise (Parus major)* **2.** (Pfun.) *Zeisig (Carduelis)* **3.** (ST) *Schwips:* a wian di Moase haben (= leicht beschwipst sein).

Moascht, das [Herkunft unklar] (Pf.): *eine Art Schaufel, Messschaufel.*

moaschtn ⟨hat⟩ [das meiste (mhd. meist) Heu grob rechen, darauf folgt saubr rechn] (OI, Pf., Ridn.): *grob zusammenrechen.*

Moas|håcke, die [zu Moas¹] (Pass.): *Werkzeug zum Aushöhlen von Holzwerkstücken.*

moasn ⟨hat⟩ [vielleicht ebenfalls zu mhd. meizen; vgl. Moas¹]: **1.** (Sa.) *unter schwierigen Bedingungen arbeiten, in Not wirtschaften* **2.** *zögern, langsam arbeiten.*

mọckn ⟨hat⟩ [vgl. umgangssprachlich mucken (= aufbegehren), laut Kluge/Seebold lautmalend aus muck für einen kurzen unterdrückten Ton]: **1.** *trotzen* **2.** *verdrießlich sein.*

Mọd, Mȧ̊tt, die; Plural: Mader [mhd. matte (= Wiese, die gemäht wird); siehe Mader]: *Bergwiese, Mähder.*

mọdan ⟨hat⟩ [siehe Mod] (AT, Alp.): *mähen auf der Alm.*

Mọda, Mọde, die; Plural: Moden [mhd. māde (= Grasschwade) aus mæjen (= mähen)] (ST, OI): *Grasschwade beim Mähen mit der Sense.*

Mọder, der [mhd. mādære, māder (= Mäher); siehe Mo]: *Mäher, Schnitter.*

Mọgn: *siehe Mågn².*

Mọgn|krendler, die (Plural) [2. Bestandteil: Diminutiv von Krone] (Deutschn.): *Mohn (Papaver).*

Mọgn|schtȧ̊mpf, die [eigentlich: Mohnstampfe] (ST): *Gerät zur Verarbeitung des Mohns.*

Mọide, die [Herkunft siehe moidn] (OI, Pf., Pfun.): *Rindenschale.*

Mọidl: *siehe Måidl.*

Mọitn, die [siehe Molt] (UI): *Schneematsch.*

Möitz, Mötz, die [lautlich vorauszusetzen ist eine nicht belegte Form Melz, die u. a. an indogerm. mel (= weich, zart), auch an Mechthild angeschlossen wurde; Herkunft unklar] (in der an den Pinzgau anschließenden Region Nordtirols ursprünglich die Normalbezeichnung für): *junges Mädchen.*

mọle, mọl ⟨Adj.⟩ [wohl zu mhd. molwic (= weich, staubig), das nach Kluge/ Seebold zu ahd. molawen (= verfaulen, weich werden) gestellt werden kann]: **1.** *weich, dem Druck nachgebend* (vom Obst) **2.** *lose, locker* (vom Boden) **3.** *betrunken.*

Mọl|escht, das [1. Bestandteil: zum Adj. mole; 2. Bestandteil: Nest; vgl. Escht] (Pass.): **1.** *Ansammlung reifender Früchte im Heustock* **2.** *kleiner Schatz.*

Mọlgge, Mọlggn, der; Plural: Molggn [siehe Molt] (ST): **1.** *Klumpen aus weicher Masse (Teig, Lehm etc.)* **2.** (AT) *rechteckig ausgeschnittene Grassoden, Gemisch aus Torf und Erde.*

Mọlla, der [siehe Mull²] (Ehrwald): *Jungstier.*

mọln ⟨ist⟩ [siehe mole] (ST): *anfaulen (von Trauben).*

Mọlt(e), der [mhd. molte (= Staub, Erde, Erdboden)] (ST, OI): **1.** *tiefer Waldboden aus Baumnadeln* **2.** *trockener, lockerer Schnee* **3.** *Schneematsch.*

Mọna, der [ahd. mona] (ST): *Trottel.*

Mọnatlen, Mọnele, Mụnele, Mọnat|bliaml, das [eigentlich: Monatlein; siehe Fischer, Oswald/Adler]: *Gänseblümchen (Bellis perennis), auch Ausdauerndes Gänseblümchen, Mehrjähriges Gänseblümchen, Maßliebchen oder Monatsröserl genannt.*

Mone, Mune, Mun, Munne, der [ahd. mano (= Mond), das auslautende -d des Wortes Mond ist erst in neuerer Zeit angewachsen]: *Mond* ❖ **in Mone austrogn** (Pass.): *Symptome der Scheinträchtigkeit zeigen*. **monit** ⟨Adj.⟩ [Mone mit dem mhd. Suffix -echt] (Pass.): *halbmondförmig*: a monits Beil (= Beil mit stark gekrümmter Schneide).
Monseschtr, Moseschtr [entstellt aus Manchester, das für die Herstellung von Baumwollsamten berühmt war] (ST): *Schnürlsamthose*.
Montschalla, Mutschalla, Muntschallo, die [vielleicht entstellt aus lat. buccella; vgl. Bitsche, Bitschei[1], auch Buchl] (Lecht.): *Weißbrot aus vier oder fünf Teilen (entweder zeilenartig oder bretzelartig angeordnet)*.
mor, morb: *siehe mår*.
Morelle: *siehe Amperell*.
Morl, der; Plural: Morl [mhd. mōr (+ diminutives -l) aus lat. maurus (= dunkler Bewohner von Mauretanien)]: **1.** *Kind mit schmutzigem Gesicht* **2.** *Mensch mit dunkler Haut* **3.** *Name für dunkles Tier*.
morlig ⟨Adj.⟩ [siehe Morl]: **1.** *schmutzig im Gesicht* **2.** *dunkelhäutig*.
morz-, morschz-, murz-: verstärkend vor anderen Wörtern [Ausgangspunkt ist laut Schatz ein Stamm, der in ahd. murzilingun (= völlig, unbedingt) erscheint; deshalb findet sich das Präfix sowohl in der Lautung morz- wie auch murz-, und zwar nicht nur bei Substantiven; auch wenn ahd. murzilingun das gemeinsame Herkunftswort war, hat sich morz im Bewusstsein der Sprecher als Gen. von Mord verfestigt]: *enorm, sehr groß*: a Morztrumm/Mordstrumm (= ein riesiges Stück); a morz Klocker (= großer Kerl) ❖ **a morz Tschåch (= morzlar):** *ganz leer*.
morzialisch ⟨Adj.⟩ [Umdeutung des bildungssprachlichen martialisch als morzialisch nach dem verstärkenden morz-]: *enorm, riesig*.
Mos, das; Plural: Meser [mhd. mos (= Sumpf, Sumpfland)]: *Moor, Sumpf(land);* wird im ländlichen Dialekt noch von Mias (siehe dort) unterschieden.
Mosch|bern, Mos|ben, die (fast immer Plural) [1. Wortteil aus Moos] (typisch für ganz NT, mit Ausnahme des Wipptals südlich von Matrei; in ST: Schwarzbeere): *Heidelbeeren (Vaccinium)* ❖ **Moschber|mandl:** *Heidelbeerkompott*.
Mosch|ber, der oder die; **Mosche,** die [mhd. most (= gärender Jungwein, Most), zu lat. mustum; vgl. Moschpir, vermerkt bei Fischer/Oswald/Adler] (Sa.): *Vogelbeerbaum (Sorbus aucuparia), auch Eberesche genannt*.
Mosch|bern, Moschba, die (Plural) (ST): *Beeren des Vogelbeerbaums*.
Mosl, die [mhd. māse, ahd. māsa (= Narbe); das Wort ist laut Grimm seit dem 17. Jh. in der Standardsprache ausgestorben, es lebt nur noch in oberdeutschen Dialekten weiter, auch alemannisch Mosa (= Flecken)]: *Narbe einer Wunde*.

Moß: siehe Måss.
Mossa, die [ital. mossa] (ST): *Bewegung, Muckser* ❖ *er håt kuane Mossa gmåcht: er hat sich nichts anmerken lassen.*
Moßerei|schtengl, der [1. Bestandteil: mhd. māze (= Maß, richtig gemessene, gehörige Größe), vgl. Masserei; 2. Bestandteil: mhd. stengel, Diminutiv von Stange] (Deutschn.): *besonderer, mit Metereinteilung versehener Holzstab zum Abmessen von Baumstämmen* (normalerweise 4 Meter).
Motorino, das [ital. motorino] (ST): *Moped.*
Motsch, Motsch, die oder der; kein Plural [vgl. motschn] (ST, OT, OI): *unfreundliches, trauriges Gesicht, unwillig verzogene Miene:* motschet und plotschet (= unwillig).
motschn ⟨hat⟩ [wie standarddt. motzen; laut Duden eine Nebenform zu mucksen] (ST, OT): *beleidigt sein, schmollen.*
Mottl: siehe Muttl.
mottnen, mottn ⟨hat⟩ [Herkunft unklar] (ST, OI): **1.** *glimmen, schwelen* **2.** *in der Hitze zusammenstehen (von Schafen).*
Mötz: siehe Möitz.
Motze, Moze, die, **Mezl,** das [siehe Motsch] (ST): *unfreundliches Gesicht.*
motzn, mötzn, mouzn ⟨hat⟩ [unsicher, ob es zu standarddt. motzen zu stellen ist] (NT): **1.** *motzen* **2.** (UI) *vormelken: das Melken einleiten, indem man die Zitzen langsam streicht* **3.** (UI) *langsam arbeiten, zögernd handeln.*
Mualter, die, **Multer,** die [aus mhd. muolter, multer, das auf lat. mulctra (= Melkkübel) zurückführt] (OT, La.): *längliches Holzgefäß, Trog; Gefäß zum Verabreichen des Kraftfutters.*
muanen: siehe moanen.
Muar¹, Mure, die [ahd. murberi, mulberi aus lat. mōrus (= Maulbeere); vgl. ital. mora (= Maulbeere, Schwarzbeere)] (ST): **1.** *Maulbeere (Morus), Pflanzengattung in der Familie der Maulbeergewächse (Moraceae)* **2.** *Brombeere (Rubus sectio Rubus);* Sektion aus der Pflanzengattung Rubus innerhalb der Familie der Rosengewächse (Rosaceae).
Muar², Muare, die [ahd. salzmuora (= salziges Wasser) und zillertalisch die Muer (= Bachstauung, Wasserfall) deuten auf Wasser als Ausgangsbedeutung hin; möglicherweise semantische Einwirkung von mhd. überliefertem muor (= Sumpf, Morast)]: *bei schwerem Regen abgehende Erd-, bzw. Geröllmasse.*
muarig, muirig, mualig, muarlt ⟨Adj.⟩ [Herkunft unklar; eventuell aus Muar²]: **1.** *schmutzig, dreckig* **2.** *verkrustet.*
Muas, das [mhd. muos (= Speise, besonders für breiartiges Essen)]: **1.** *Mus* ❖ **Muas måcht an stårkn Fuåß:** *Mus macht dich kräftig* **2.** *Beerenbrei* **3.** (UI) *Schmarrn.*

Muaser, Muiser, der, **Muas|kelle,** die [zu Mus]: **1.** *flache Kochkelle* **2.** *Mensch, der undeutlich spricht.*
muasn, muisn ⟨hat⟩ [zu Mus: als ob man Mus im Mund hätte]: **1.** *undeutlich sprechen* **2.** *um den heißen Brei herumreden.*
Muater|gottes|vogl, der [Schwalben tragen nach folgenden Bauernregeln auch den Beinamen Muttergottesvögel: „Am Tag von Maria Geburt fliegen die Schwalben furt." (8. September); „Marienverkündigung kommen sie wiederum." (25. März)] (ST): *Mehlschwalbe (Delichon urbicum).*
Much, der: *siehe Michl.*
Muffe, Muffn, die [zu Muffe (= Verbindungsstück); dieses ist eine norddeutsche Nebenform von Muff (= eine Art Pelzhandschuh); in der Redewendung unter 2. steht Muffn verhüllend für Arsch] **1.** *Rohrverbindung* **2.** *Angst:* mir geat di Muffe.
muffelen, muffilan, muffn ⟨hat⟩ [mhd. müffeln (= faulig riechen)] (regional auch in D, dort oft müffeln): *modrig riechen, faulig riechen.*
muffelet, miffilat ⟨Adj.⟩ [zu muffelen]: *faulig riechend.*
mufle(n), muffeln, mulfe ⟨hat⟩ (NT, OT) [Herkunft unklar; Schatz kennt in Kiens Muffl als Bezeichnung für den Mund]: **1.** *einen Bissen nach dem anderen nehmen, mit vollem Mund kauen* **2.** *zahnlos kauen* **3.** *undeutlich sprechen.*
Mugge, Muggn, die [mhd. mücke, ahd. mucka; lautmalend]: *Mücke* ❖ **do bischt du no mit di Muggn gflogn:** *da warst du noch nicht geboren.*
Muggetzer, Mutzger, der [Substantivbildung zu muggetzn]: *Muckser, kurzer Laut* ❖ **koan Muggetzer toan:** *sich ganz still verhalten.*
muggetzn, muggitzn, mutzgen ⟨hat⟩ [verwandt mit standarddt. mucksen; Intensivsuffix -atzn, siehe dort]: **1.** *mucksen* **2.** *raunen:* ma muggetzt im Dorf über dich (= man raunt im Dorf über dich).
muggig ⟨Adj.⟩ [siehe Mugge]: *voller Mücken.*
Mugl, die [mhd. mugel (= Brot), weitere Herkunft unklar]: **1.** *(zu) kleiner Knollen* **2.** *kleines Brot, Rippe einer Zeile* **3.** *kleiner Hügel.*
mugln ⟨hat⟩ auch: omugln [Herkunft unklar, vielleicht zu Mugl]: **1.** *knautschen, den aufgeblähten Bauch von Tieren kräftig massieren, damit die Luft entweicht* **2.** *liebkosen, knuddeln* **3.** *einen Säugling herzen, bis er vor Freude kräht.*
Muime, die [wie standarddt. Muhme (= Tante) zu mhd. muome, ahd. muoma (= Schwester der Mutter)] (AT): *Großtante.*
Muine, Muinze, die: *Katze.*
mulfn ⟨hat⟩ (OT): *undeutlich reden.*
Muli, der oder das, **Mulle,** die [zu ital. mulo (= Maultier, Maulesel; Dummkopf, Tölpel) und lat. mulus = Maultier, Maulesel; Muli ist auch öster-

reichisch und süddeutsch; gemeint ist in erster Linie das Maultier, aber auch der Maulesel wird hin und wieder als Muli bezeichnet; Maultiere werden als Zug- und Reittiere verwendet, sie gelten als gutmütig, Maulesel sind hingegen störrisch und träge; dies erklärt die unterschiedlichen Redewendungen: brav wie ein Muli (Maultier), laufen wie ein Muli (Maultier); eine Mulle machen: ein störrisches Gesicht wie ein Maulesel aufsetzen]: **1.** *Maultier (Kreuzung zwischen Pferdestute und Eselhengst)* **2.** *Maulesel (Kreuzung zwischen Pferdehengst und Eselstute)* **3.** *Hausesel (Equus asinus asinus)* ❖ **a Mulle machen, Milli-Mull måchn:** *ein mürrisches oder zorniges Gesicht aufsetzen* (Mulle ist auch ein abwertender Ausdruck für eine mürrische Frau).

Mull¹, der [wie standarddt. Müll ein Lehnwort aus dem Norddeutschen (= Staub, trockene Erde); verwandt mit mhd. müllen (= zerstoßen, zermahlen)]: *Müll.*

Mull², der [Herkunft unklar; vielleicht wie Mull¹] (OI): *Stier.*

Muller, der [namengebende Figur für den Fasnachtsbrauch des Mullens (siehe mulln²); sie stehen neben Figuren der Spiagltuxer, Kletzler, Melcher, Zåggeler und Hexen; da sie nach Th. Nussbaumer historisch gesehen die Fortsetzung der Huttler (siehe auch Huttl) sind, liegt es nahe, das Wort etymologisch zu Mull¹ zu stellen]: *Fasnachtsfigur.*

mullet, mulat ⟨Adj.⟩ [vgl. muttlt]: **1.** *stumpf, hornlos* [siehe Mull²] **2.** *mürrisch* [siehe Muli].

mulln¹ ⟨hat⟩ [siehe Mulle]: **1.** *beleidigt sein* **2.** *den Beleidigten spielen, sich störrisch gebärden* **3.** *weinen.*

mulln² ⟨hat⟩ [siehe Muller] (NT): *einen lokalen Fasnachtsbrauch in Innsbruck-Land (mit feststehenden Figuren und mit ritualisierten, sowie freien Abläufen) durchführen.*

Multa, die [ital. multa (= Bussgeld)]: *Strafgeld.*

Multer: *siehe Mualter.*

mumbln ⟨hat⟩: *Speise im Mund hin- und herschieben, kauen.*

Munatl, Munele, das: *siehe Monatlen.*

Mune, Mun, die: *siehe Mone.*

munggetzn, munggitzn ⟨hat⟩ [wohl zu muggetzn]: *herumdrucksen, nicht mit der Sprache herauswollen.*

munggn ⟨hat⟩ [Herkunft unklar; denkbar eine Ableitung vom Muh-Laut der Kuh wegen der Ähnlichkeit mit den Kieferbewegungen beim Wiederkäuen] (Ehrwald): *zahnlos (nur mit den Kiefern) kauen.*

Mun|tog, Mun|ta, Mon|tig, Man|tig, der [mhd. mantac, geht auf eine Lehnübersetzung aus lat. dies lunæ zurück; dieses auf griech. hemera selenes]: *Montag.*

muntschn ⟨hat⟩ [vielleicht spielerisch zu motschn] (Deutschn.): *das Gesicht verziehen.*

Muraggl, der [mhd. mōr aus lat. maurus (= dunkler Bewohner von Mauretanien) mit Erweiterung] (UI): *Mensch mit dunkler oder stark gebräunter Haut.*
Mure: *siehe Muar.*
Murfl, die [siehe Murre und murflen] (abwertend): *Mund, Gesicht:* a Murfl ziachn: *beleidigt sein.*
murflen, murfln, murfn ⟨hat⟩ [laut Grimm ein Iterativum zu mhd. murfen (= nagen), alemannisch mürpfen und murpfen; Bed. 2 möglicherweise unter Einfluss von murmeln, mhd. murmeln, ahd. murmulōn; lautmalend]: **1.** *undeutlich reden* **2.** *mit geschlossenen Lippen kauen (wie alte zahnlose Leute).*
Murfler, der [zu murfln]: **1.** *jemand, der undeutlich redet* **2.** *undeutlicher Laut.*
Murmele, Murmentile, Mentile, Murmentl, Murbl, Urmentl, Turmentl, Formenta, Furamenta, Hurmenta, Manggei, das: [wie Murmeltier aus ahd. murmunto, murmuntīn, zu spätlat. mus (Akk. murem) montis (= Bergmaus), volksetymologisch an murmeln angelehnt]: *Alpenmurmeltier (Marmota marmota);* ein vor allem in den Alpen verbreitetes Nagetier; süddeutsch und österreichisch auch Mankei oder Murmel.
Murre, die [belegt bei Schatz für Tirol, bei Lexer für Kärnten und bei Schmeller für den bairisch-österreichischen Raum; mit gleicher Bedeutung im Schwäbischen; zu murren mit unklarer Herkunft]: *verdrießliches Gesicht:* a Murre måchn.
murre, murrig ⟨Adj.⟩ [zu Murre, siehe dort]: **1.** *mürrisch, mühsam* **2.** *lästig, störend, auch streng.*
Murx, der [laut Kluge/Seebold zu Murk (= kleiner Brocken, kleines Kind), zu murken (= zerdrücken, zerbrechen)]: **1.** *unsachgemäße Arbeit* **2.** (ST) *schwierige Arbeit.*
Murxer, der [zu Murx, siehe dort]: **1.** *unsachgemäßer Arbeiter* **2.** (ST) *langsamer Arbeiter.*
murxn ⟨hat⟩ [zu Murx, siehe dort]: **1.** *unsachgemäß arbeiten* **2.** *unter schwierigen Bedingungen arbeiten.*
murz-: *siehe morz-.*
Muschett, der [siehe Manschett] (ST, OT): *Vermittler beim Wareneinkauf* (v. a. für Bauern auf den Märkten).
muschettn ⟨hat⟩ [siehe maschettn] (ST, OT): *vermitteln, beraten.*
Musi, Musig, die [wie standarddt. Musik zu mhd. music, ahd. musica; aus lat. musica; zusätzliche Bedeutungen in Tirol]: **1.** *Musikkapelle* **2.** *Musik* ❖ **one Geld koa Musi:** *ohne Bezahlung keine Leistung; Geld regiert die Welt* ❖ **da spilt di Musi!** *hier herhören!* **3.** (ST) *Schimpftirade:* do isch di Musig losgågen.

musign ⟨hat⟩ [wie musiziarn zu Musi, siehe dort] (ST, OT): **1.** *musizieren* **2.** *aufdrehen, protestieren, schimpfen.*
Musl, Mussl, die oder (ST, OT) der [mhd. musel, müsel (= abgesägter Prügel, Klotz)]: **1.** *langes Rundholz (zum Schneiden von Brettern)* **2.** *großes Holzscheit, Spaltstück zum Heizen* **3.** *gespaltener Holzprügel.*
musper, musperlig ⟨Adj.⟩: *frisch, rührig, gut gelaunt.*
Mussorun: *siehe Måserun.*
Mutt, die [mhd. und ahd. mutte (= Scheffel), zu lat. modicus (= Maß)] (Deutschn.): *altes Getreidemaß.*
muttelet, muttlet, muttlt ⟨Adj.⟩ [laut Schneider führen gleichbedeutende roman. Adjektive auf eine Wurzel *mutt, die mit dem beliebten Suffix ahd. -ilat verknüpft wurde; daneben steht im Ostteil von Gesamttirol (inkl. Eisacktal) mullet, das Schneider auf eine illyrische Wuzel *mull zurückführt; auffällig bleibt die lautliche Nähe zu ital. mutilare (= verstümmeln)]: **1.** *hornlos (vom Widder)* **2.** *schlecht gelaunt* **3.** *abgespannt, gesundheitlich labil* **4.** *niedergeschlagen.*
Muttl, Mottl, der [aus dem Romanischen, siehe muttelet]: **1.** *hornloses Tier (bei Widder, Kuh, Geiß)* **2.** (OT) *Griesgram.*
Mutt|mål, das [siehe auch Mippl]: *altes Sämaß* (Menge, die einem Mutt entspricht).
mutzgen, Mutzger: *siehe muggetzn, Muggetzer.*

N

na, na ⟨Interj.⟩ [Kluge/Seebold vermutet eine gedehnte Form der Negationspart. indogerm. *ne und verweist auf ähnliche Interj. im Griechischen, Lateinischen, Russischen und Lettischen; Schatz stellt es zu mhd. nū (= nun, jetzt); in der Lautgebärde können auch unterschiedliche Ausgangspunkte – nicht zuletzt die Part. nein – zusammengefallen sein]: *Ausdruck des Zögerns, der Ungeduld, des Unglaubens, des Erstaunens, aber auch der Überraschung, des Zuspruchs, der Freude (leitet einen Satz ein):* na ischs soweit (= ist es endlich so weit); na Målzeit, na serwus (= oh weh); na gea decht! (= jetzt geh doch endlich!); na des geat decht (= das geht durchaus); na gea! (= nicht möglich, ist das wirklich so?).

na, noa, nua ⟨Part.⟩ [mhd., ahd. nein; aus ahd. ni (= nicht) und ein; eigentlich: nicht ein]: *nein.*

Na¹, das, **s' Na** [Substantivableitung zu na, siehe dort]: *das Nein.*

Na², das, **s' Na** [von Schatz wird ein Zusammenhang mit Na¹ (Zeit, in der das Mondlicht fehlt) erwogen; eher Substantivierung des mhd. Adv. nou (= eng, knapp, kaum), das auch im Wort genau steckt] (OT, Brixental, Kitzbühel): *Neumond.*

Nåch-, nåch-: *siehe auch Noch-.*

nåch-, noch- als Präfix von Verben: nåch|antern (= nachäffen; siehe antern); **nåch|gebm** (= nachgeben, nachlassen); **nåch|kemmen** (= einholen, aufholen, nachkommen); **nåch|lempern** (= hinterhertrotten wie ein Lamm); **nåch|rechn/-rechnen** (= sauber nachrechnen); **nåch|schlogn** (= einem Vorfahren nacharten); **nåch|schmeissn** (= nachwerfen; billig verkaufen); **nåch|teifln** (= hinterherschimpfen/-fluchen, schnell nachlaufen/-fahren).

nåcher, nåcha, nåchat, nor, noar, noa ⟨Adv.⟩ [nach + her]: **1.** *nachher, anschließend:* zerscht an kloan Spaziergång und nåcha zan Wiarscht **2.** *jetzt, nun:* wås willst nåcher måchn?

Nåch|gschwister(et)|kind, das [siehe Gschwisterkind] (NT, Pfun.): *Enkel von Geschwistern.*

nåchi ⟨Adv.⟩ [ursprünglich nach + hin] (UI, Pfun.): *hin-nach:* i bin eam nåchi (= ich bin ihm nachgegangen).

nåch|kårtn ⟨hat⟩: **1.** *nachträglich den Spielverlauf analysieren* **2.** *(abwertend) etwas, das entschieden ist, erneut zur Diskussion stellen.*

nåch|meln, nåch|plan, nåcht|plickn ⟨hat⟩ [zu Nåchple (bzw. Nåchmel; siehe dort)] (OI, Pfun., Ridn., Def.): *zu Abend essen.*

nachnt, nåchnt, nåchet ⟨Adv.⟩ [mhd. næhent, nahent (= nahe)]: *nahe:* nåchnt bei der Kirch.

nachnter, nechner ⟨Adv.⟩ [Komparativ von nachnt]: *näher.*
Nåchple, Nåch|mel, das [vgl. Nåchtmål und nåchmeln]: *Abendessen.*
Nåch|schwoab, die [eigentlich: Nachschweibe; siehe nåchschwoam] (UI) (auch bairisch): *feuchtfröhliche Nachfeier; Umtrunk nach einem Fest.*
nåch|schwoam ⟨hat⟩ [eigentl.: nachschweiben; mhd. sweiben (= schwenken, spülen)] (UI) (auch bairisch): **1.** *nachschwemmen, nachspülen* (z. B. ein Glas, einen Teller) **2.** *einen weiteren Schluck nehmen* (z. B. vom Wein) **3.** *feuchtfröhlich nachfeiern.*
Nåcht, die: *Nacht;* aus dem Genetiv des Nachts abgeleitet: **gschnåchts, tschnåchts, znåchts, znåcht(s):** *am Abend, abends;* im Stubaital auch: **Gschnåcht,** der: *Abend.*
nacht, nachtn, necht ⟨Adv.⟩ [mhd. nähten, nehten, näht (= in vergangener Nacht, gestern) aus einem Dat. Plural] (NT): **1.** *gestern Abend* **2.** *gestern.*
Nåchtal, das(Zillt.): *Nachtmahl, Abendessen.*
nåch|t(a)roggn ⟨hat⟩ [zu Tarock] (NT, Pfun.): **1.** (Kartenspielersprache) *dem Partner Tarock nachbringen, wenn dieser zuvor Tarock angezeigt (ausgespielt) hat* **2.** (Kartenspielersprache) (abwertend) (als Substantiv auch bairisch: Nachtarock): *nachträglich den Spielverlauf analysieren* **3.** (abwertend) *etwas, das bereits vereinbart wurde, erneut zur Diskussion stellen.*
Nåcht|kastl, das: *kleines Möbelstück neben dem Bett.*
Nåcht|mål, das [Nachtmahl; vgl. Nåchmel]: *Abendessen.*
Nåcht|scheatl, das [Tag- und Nachschatten ist ein im deutschen Sprachraum regional weit verbreiteter Trivialname für diese Pflanze; im Dialektwort ist der 2. Wortbestandteil vermutlich Diminutiv zu Schote (= Hülse einer Frucht); Scheatl taucht aus diesem Grund in auch anderen mundartlichen Pflanzennamen auf] (OI, Ridn.): *Stiefmütterchen (Viola tricolor);* eine Pflanze aus der Gattung der Veilchen *(Viola)* innerhalb der Familie der Veilchengewächse *(Violaceae);* dient oft als Grabschmuck und ist ein Symbol des Andenkens, der Erinnerung.
Nåch|zapf, Nåch|zipf, der [2. Bestandteil: ablautend zum Verb zapfn (= mündlich prüfen), siehe dort; in der Variante Nåchzapf ist der Vokal des Herkunftsverbs noch erhalten] (NT): *Wiederholungsprüfung nach einer negativen Jahresnote.*
nåckat, nåckit ⟨Adj.⟩ [mhd. nacket, ahd. nackot (= unbekleidet, nackt, entblößt)]: **1.** *nackt* **2.** (ST) *bartlos, ohne Bartwuchs* ❖ **jemandem mitn nåckatn Årsch ins Gsicht hupfn:** *jemanden grob anfahren.*
Nåcka|patzl, das [2. Bestandteil zu Patzl, siehe dort; Analogie zu Schneggapatzl Schleckapatzl, Schnellapatzl] (NT, OT): *nacktes Kind, nackter Mensch* ❖ **geistigs Nåckapatzl:** *dummer Mensch.*

Nådarin: *siehe Notarin.*
Nådl|pfluag, Nodl|pfluag, der [1. Bestandteil: zu Nadel; siehe auch Orlpfluag] (ST): *Arl (ein kleiner Pflug, der auf steilen Hängen verwendet wird).*
Nådn, der: *siehe Åtn.*
Naffetzer, naffetzn: *siehe Napfetzer, napfetzn.*
Nafta, das [ital. nafta (= Erdöl, Heiz- oder Dieselöl); über griech. náphtha, vermutlich aus dem Persischen] (ST): *Dieselkraftstoff.*
Nagele, Nagei, das [Diminutiv von Nagel; zu mhd. nagel (= Nagel an Händen und Füßen; Nagel aus Holz oder Metall); aus der älteren norddeutschen Nebenform negelke ist der Pflanzenname Nelke entstanden]: **1.** *kleiner Nagel* **2.** *Nelke; die Nelken (Dianthus) bilden eine Gattung in der Familie der Nelkengewächse (Caryophyllaceae)* **3.** (OT) *Gewürznelke* **4.** (NT) *(leichter) Rausch.*
Någer, Noger, der; Plural: Noger [eigentlich: der Nager; Gegenstück ist Kliaber; siehe dort] (ST): *Pfirsich, dessen Fruchtfleisch sich schwer vom Kern ablösen lässt.*
naggelen ⟨hat⟩ (La.): *übel riechen (vor allem von altem Speck).*
Någgitzer, der [zu någgitzn] (ST): *kurzer Schlummer* ❖ **an Någgitzer tian:** *kurz schlummern.*
någgitzn ⟨hat⟩ [lautvariierend zu napfetzn; siehe dort] (ST): *einnicken, leicht schlummern.*
någglen, någgln, någgeln; in (ST) auch **någgitzn, naggitzn** ⟨hat⟩ [laut Grimm zu Nacken, dieses zu mhd. nac, nackes, ein Wort, das weitgehend durch das ablautende Kollektivum Genick zu mhd. genic, genicke mit gleicher Bedeutung ersetzt worden ist; möglicherweise einfach variierend zu wackeln, gleichbedeutend mhd. wackeln] (auch bairisch-österreichisch): **1.** *wackelig sein, wackeln, sich locker bewegen:* der Tisch nagglt **2.** *zittern, beben (vor Kälte, Angst)* **3.** *etwas durch Hin- und Herbewegen lockern, rütteln* **4.** *koitieren.*
Någgler, Någgler, der [zu någglen, siehe dort]: *rüttelnde Bewegung:* der Tisch håt koan Någgler tun (= der Tisch ist ganz fest gestanden).
Någl, Nogl, der [vgl. Nagele]: **1.** *Nagel* **2.** (Ridn.) *Nelke.*
någln, nogl(e)n ⟨hat⟩: **1.** *nageln* **2.** *koitieren.*
Naja, die [ital. naia (= Wehrdienst); seit Abschaffung der Wehrpflicht kaum mehr gebraucht] (ST): *Wehrdienst.*
Najoni, der [siehe Naja] (ST): *Präsenzdiener.*
Na|kischtl, Nan|kischtl, das (OT): *Nähkörbchen.*
Nåle, Nole, die [mhd. āle, das N- am Wortanfang ist durch Agglutination des vorhergehenden unbestimmten Art. entstanden; vgl. noln]: *Ahle.*

namin ⟨hat⟩ [zu Name] (Pass.): *Namen geben, benennen, Übernamen geben.*
namle woll (Def.): *freilich, nämlich, schon.*
Nåmmitåg(e), der: *Nachmittag.*
Nandl, Nanne, Nani, Nanni, die [weiblicher Vorname]: *Anna.*
Nandl, Nale, Nanle, Nane, Nadei, Nune, Nona, die [mhd. āne (= Großmutter) aus ahd. ana, dem Gegenstück von ano (siehe Nene); das anlautende N- ist aus dem vorausgehenden unbestimmten Art. agglutiniert]: *Großmutter*: „mamma / naale / boosa / fromme haut / olle tooge / sella / züig: / peetn / foschtn / nutschrgrollen / pöppelen / wicklen / kreizle drau / faatscha / IHS ..." (Aus „religio tyroliensis & ötztaliensis II" von Hans Haid). ❖ **di Nandl gibusst håm:** *Zahnlücken haben.*
Nangger, der [vielleicht abgeleitet von nein, vgl. mhd. neinen (= jemanden von seiner Meinung abbringen)] (Pass.): schwankender, unentschlossener oder unzufriedener Mensch.
Nanggerle: *siehe Naunggerle.*
nanggn¹ ⟨hat⟩ [wohl zu ahd. nagan, älter gnagan zu stellen; vgl. gnangen] (OI, La.): *beißen, nagen.*
nanggn² ⟨hat⟩ [vielleicht zu Nangger]: **1.** (Pass.) *sich hin- und herbewegen; mit starker Hüftschwankung gehen* **2.** *zerren, zudringlich sein (betteln)* **3.** *jammern* **4.** (Sa.) *lästig und zudringlich schwätzen.*
Nåpf, Nåpfe, Nopfe, der, **Napfl,** das [mhd. napf, naph (= hochfüßiges Trinkgefäß); metaphorich vergleichbar Stotze]: **1.** (Pfun.) *kleiner Bub* **2.** (Pass.) *klein gewachsener Mensch.*
Napfetzer, Naffetzer, Nåpfetzer, Någgitzer, der, **Nasperli,** das [siehe naffetzn, sowie Knapperle und Gnäpsala] (NT): *kurzer Schlummer* ❖ **an Nåpfetzer tian:** *kurz schlummern.*
napfetzn, naffetzn, nåpfetzn ⟨hat⟩ [ahd. naphezen, naffezen, Intensivbildung mit Endung -ezen; mhd. nafzen (= schlummern); vgl. engl. nap; siehe auch naggitzn und -atjan] (NT, Def.): *einnicken, leicht schlummern.*
Napserli, das [vergl. Knapperle und napfetzn] (OI): *leichter, kurzer Schlaf (im Sitzen):* a Napserli måchn.
når: *siehe nåcher.*
narisch, narrisch ⟨Adj.⟩ [wie standarddt. närrisch zu Narr]: **1.** *verrückt:* bist narrisch? (= bist du verrückt?) ❖ **i wea narrisch:** *Ausdruck großer Freude* **2.** (zur Steigerung) *sehr, besonders schnell, stark etc.:* es tuat narisch weh ❖ **narische Schwammerln gfressn/gessn håbm:** *hyperaktiv und übermütig sein.*

nårrat, nåret ⟨Adj.⟩ [wie narrisch zu Narr]: **1.** *verrückt, närrisch* **2.** *missraten, schlecht gewachsen:* nårete Kerschn (= verschrumpfte Kirschen) **3.** *zur Steigerung:* nårrat schian, nåret guat.

nårretzn ⟨hat⟩ [-etzen-Ableitung von Narr] (Pass., Pfun.): *närrisch tun, albern.*

nårrn ⟨hat⟩ [zum Narren machen]: **1.** *narren, foppen* **2.** (Pass.) *in den April schicken.*

Nårrn|kastl, das [eigentlich: Narrenkasten (= Käfig, in dem im Mittelalter Narren eingesperrt und zur Schau gestellt wurden)] ❖ **ins Nårrnkastl schaun** [hat mit der ursprünglichen Bedeutung wohl nichts zu tun; gemeint ist: wie ein Narr mit starrem Blick in einen imaginären Kasten hineinschauen]: **1.** *Löcher in die Luft starren, einen Tunnelblick haben, völlig geistesabwesend sein* **2.** (scherzhaft) *fernsehen.*

nås-, Nås-: *siehe nos-.*

Nåsperli: *siehe Naffetzer.*

Naterin, die (Tristach): *Weißnäherin.*

Nåtsche, Nåtsch, die, **Nåtscher,** der [nach dem gleichlautenden Lockruf für Schweine (nåtsch; auch: nutsch)]: *Schwein* (Sau oder Eber).

nåtschn, nåtschl, nåtsche ⟨hat⟩ [eigentlich: wie ein Schwein essen]: *schmatzend essen.*

nåtsch-nåtsch: *Lockruf für Schweine.*

nåttig ⟨Adj.⟩ (OI, Pass.): *verklebt (von den Haaren).*

Nåtza, der [zu nåtzn, siehe dort] (Pf.): *Nickerchen.*

nåtzn ⟨hat⟩ [zu mhd. nafzen (= schlummern); siehe naffetzn] (Pf.): *schlafen, dösen.*

Naunggerle, das [wohl sprachspielerisch aus noaggn, Noagger; siehe dort] (ST): **1.** *Schläfchen* **2.** *kurze Rast.*

Naunitze, die [Herkunft unklar] (OT): *Hagebutte (Rosa canina).*

naurit ⟨Adj.⟩ [wohl zu naret, narrisch] (La.): *verrückt, sehr:* naurit schian.

Nawiger, der [zu standarddt. Näber, Naber (= Bohrer); mhd. nabeger, ahd. nabegero; eigentlich: Nabenspeer; ursprünglich wohl für ein Gerät, mit dem Naben gebohrt wurden] (Pust.): *Bohrer.*

Neader, Neder|seite, Neder, Nerder, die [mit Umlaut aus mhd. norder (= nördlich)] (NT, Pass.): **1.** *Nordseite* **2.** *Schattenseite* (z. B. nordseitige Felder).

neader|seitig ⟨Adj.⟩ [siehe Neader] (OI): *nördlich, schattseitig.*

Neas, die [ursprünglich: Kurzform für Agnes] (Bozen): *Freundin, Liebste.*

Neassa, Neasser, die (Plural) [zu mhd. nōʒ (= Vieh, Nutzvieh; besonders Rind, Pferd, Esel und kleineres)] (OI): *Kleinvieh.*

Neater, der [Nomen Agentis zu neatn]: *jemand, der sich schwer tut.*

neatig: *siehe noatig.*
neatlach ⟨Adj.⟩ [zu Not] (Zillt.): *heikel.*
neatn ⟨hat⟩ [Ableitung von Not]: **1.** *mühsam arbeiten* **2.** *sich mit wenig abfinden müssen* **3.** *nötigen, aufdrängen.*
nebm|aus ⟨Adv.⟩ [neben + aus] **1.** *daneben* **2.** *auf die Seite* ❖ **do geat ze vil nebmaus:** *da wird zu viel unrechtmäßig abgezweigt* ❖ **nebmaus hobm:** *diskriminieren.*
nebm|he, nebm|her ⟨Adv.⟩ [neben + her]: *nebenbei, zugleich.*
nebm|um ⟨Adv.⟩: *auf die Seite* (gehen oder legen).
nederig ⟨Adj.⟩ [siehe Neader] (Pass.): *nördlich, schattseitig.*
nedln ⟨hat⟩ (Zillt.): *laienhaft arbeiten, herumprobieren.*
Neff, Gneff, die [Ableitung von neffn]: *lästiges Weib.*
neffn, auf|neffn ⟨hat⟩ [Herkunft unklar]: *reiben, scheuern:* sich die Haut aufneffn.
Neger|hexe, die [lautlich entstellt aus mhd. egidehse; vgl. Hegedexe] (Pass.): *Eidechse.*
Neggn, der [mhd. nac, nacke neben neckel (= Nacken)] (ST): *Nacken, Genick.*
Neggn|hucker, der [Schmerz, der im Nacken hockt; gleiche Vorstellungswelt wie Hexenschuss] (ST): **1.** *Nackenstarre* **2.** *Hexenschuss.*
neglen, negln; auch: **durchnegln, unnegln** ⟨hat⟩ [wie oanigln, siehe dort; in der vorliegenden Form an (Finger-)Nägel angeschlossen] (ST, OI): **1.** *Frostprickeln in den Fingern spüren* **2.** *den spezifischen Schmerz empfinden, wenn eiskalte Hände oder Füße wieder warm werden.*
Neid|hamml, der [siehe Hamml]: *neidischer Mensch.*
Neidl, Neidei, Neiderl, das [wohl mit Agglutination des vorausgehenden unbestimmten Art. zu Heidl)] (UI): *Liebkosung mit der Wange.*
neidln, neiln ⟨hat⟩ [siehe Neidl] (UI): *die Wange eines Kinds liebkosen.*
Nei|giwirz, Nei|gwirz, das [eigentlich: Neugewürz] (ST, OT, OI): **1.** *Piment (Pimenta dioica) oder Nelkenpfeffer* **2.** *das aus dieser Pflanze gewonnene Gewürz.*
Neiner, Neindra, das [eigentlich: Neuner; siehe neinern]: **1.** *Jause* **2.** *Halbmittag.*
Neiner|brett, das [als Spielfiguren werden neun schwarze und neun weiße Spielsteine verwendet] (Pass.): *Brett für das Mühlespiel* (mit Bohnen).
neinern ⟨hat⟩ [zu neun] (OT, Pf., Pfun.): *eine Zwischenmahlzeit um 9 Uhr einnehmen.*
Neiner|ziachn, das (Pass.), **Neintn ziagn,** der (Deutschn.) [siehe Neinerbrett]: *Mühlespiel.*

Nene, Nena, Nen, Nendl, Ne, der [ahd. ano (= Großvater); ursprünglich wohl ein Lallwort aus der Kindersprache; maskulines Gegenstück zu Nandl, siehe dort]: **1.** *Großvater* **2.** (Tuxertal) *Enkelkind.*

Nerggele, das; Plural: Nerggeler [Diminutiv von Norgge]: *Kobold, Zwerg.*

nerfig ⟨Adj. bzw. Gradpart.⟩ [zu Nerv, im 16. Jh. entlehnt aus lat. nervus (= Sehne, Flachse, Nerv)] (ST, OT): **1.** *stark* **2.** *anständig* **3.** *heftig* **4.** *lästig, auf die Nerven gehend.*

Neschpl, die; **Neschpele,** das: *siehe Meschpel.*

net: *siehe nit.*

Netsch, Netsch, der [Anlaut entstanden durch falsche Abtrennung von Art. und Substantiv: ein-Etsch wird zu ei-Netsch; bei Einführung des Kreuzers in Tirol (um 1270) hatte jener einen Gegenwert von 20 damals schon stark entwerteten Veronesern, also Kleinmünzen, die „von der Etsch" kamen]: **1.** *kleine Münze* **2.** *ganz wenig Geld* ❖ **nur a pår Netsch verdianen:** *nur ganz wenig verdienen* ❖ **der håt koan Pfnetsch a da Tåschn:** *er hat kein Geld mit* (UI).

nett, netta ⟨Adv.⟩ [aus dem auch im Dialekt gängigen Adj. nett, das im 15. Jh. aus frazös. net, nette über das Niederländische ins Deutsche kam] (NT, OT, Pfun.): *gerade, eben, just* ❖ **nett aso** (= gerade so).

Niale, Nial, die; Plural: Nialen [vielleicht verdreht aus Liane; vgl. schweizerdeutsch Niele] (ST): *Gewöhnliche Waldrebe (Clematis vitalba), auch Echte oder Gemeine Waldrebe genannt.*

niamer, niama, nimmer ⟨Adv.⟩ [mhd. nimmer, ahd. niomēr (= nie mehr)]: **1.** (auch gesamtdeutsch, aber veraltend) *zu keiner Zeit, niemals, nie* **2.** (auch süddeutsch und österreichisch) *nicht mehr.*

niane, neane ⟨Adv.⟩ [mhd. niener (= nirgends, oft nur ein verstärktes nicht, keineswegs); vgl. nindert]: *nirgends.*

niarsch ⟨Adj.⟩ [Herkunft unklar] (OI): *locker, porös.*

nicht, nix, im OI auch **nui(ch)t** ⟨Indefinitpron.⟩ [i- Form: mhd. niht, ni-wicht, ui- Form: ahd. ni + eo (= je) + Wicht (= Ding, Wesen); immer öfter werden die alten Formen durch nix ersetzt (in den Städten immer), das aus nichts, einer Verstärkung von nicht durch einen vorangehenden Gen. (nihtes niht), entstanden ist; siehe auch nit]: *nichts:* **i sich nicht** (= ich sehe nichts, da gibt es nichts).

nicht ette [siehe it, nit und nicht: Verstärkung durch variierende Wiederholung] (OT): *ganz und gar nicht.*

nicht|folgit ⟨Adj.⟩ [nicht + Partizip Präs. von folgen] (ST): *ungehorsam, unfolgsam.*

nicht|wertig ⟨Adj.⟩ (ST): **1.** *wertlos* **2.** *schwach* **3.** *unfähig.*

nider- als Präfix beim Verb: **nider|gian** (= durchs Dach regnen); **nider|hebm** (= nach unten drücken oder ziehen); **nider|hockn** (= sich setzen); **nider|legn** (= sich oder ein Kind schlafen legen); **nider|schmiarn** (= umwerfen, flach legen); **nider|tuan** (= entbinden).

nider¹, nidrig ⟨Adj.⟩ [mhd. nidere, nider (= nieder, niedrig, tief)]: *niedrig*.

nider² ⟨Adv.⟩ [mhd. nider (= hinunter, herunter)] (ST, OT): **1.** *hinunter* **2.** *herunter*.

Nider|leger, der [nieder + mhd. leger (= Lager)]: *der untere Lagerplatz der Alm*.

nider|on ⟨Adv.⟩ [nieder + an] (Pass.): *flach, nahe am Boden*.

Nigl, der, **Nigele,** das [außer in Bed. 3, die auf Igel zurückzuführen ist, letzlich zu Nikolaus; semantisches Bindeglied ist das volkskundlich belegte Gegensatzpaar kleiner Nickel – großer Hans, das laut Grimm damit zu tun hat, dass Nickel ein Unterschichtname war) (ST): **1.** *etwas Kleines, besonders kleiner Bub* **2.** *Zwerg* **3.** *Igel* **4.** (OT) *kleines Schmalzgebäck*.

-nigl als 2. Bestandteil: *macht die charakterlichen Eigenschaften, die im 1. Bestandteil genannt werden zum Persönlichkeitskern:* **Bos|nigl** (= boshafter Mensch), **Grant|nigl** (= übellauniger Mensch), **Filz|nigl** (= geiziger Mensch) [Filz bedeutet seit dem 15. Jh. auch: grobschlächtiger Bauer (wegen seiner Kleidung)], **Not|nigl** (= armer Schlucker) etc.

nigl|nagl|nei, nigl|nogl|nui ⟨Adj.⟩ [verdoppelnde Bildung mit Ablaut zu nagelneu] (auch süddeutsch und schweizerisch): *völlig neu*.

nimpfn ⟨hat⟩ [zu mhd. impfen, ahd. impfōn, lat. imputare, Lehnübersetzung von griech. emphyteuein (= pfropfen, veredeln)] (Pass.): *impfen*.

nindert, ninderscht, ningascht, nindercht ⟨Adv.⟩ [mhd. niener, nienert, ni(e)ndert (= nirgends; oft nur ein verstärktes nicht)]: *nirgends, nirgendwo*.

Niocka, die [ital. gnocca (= sehr vulgär für das weibliche Genitale oder eine attraktive Frau)]: *attraktive Frau*.

nischggn ⟨hat⟩ [da Schatz dazu noch die Varianten nistn, nistlen belegt, wohl zu mhd. nestel (= Schnürriemen, Schuhband) zu stellen, auf das auch standarddt. nesteln zurückgeht]: **1.** *herumkramen* **2.** *Kleinarbeit machen*.

nit, nit, nitte, nit, net, it, et, ette [ahd. nio-wiht (= nicht etwas, nichts; Verschmelzung der alten Verneinung) zu mhd. wiht (= Geschöpf, Ding, etwas) ist zur Verneinung geworden; in der traditionellen Mundart wird zwischen nit einerseits und nicht/nix andererseits unterschieden, siehe nicht]: **1.** *nicht:* i sich is Haus nit (= ich sehe das Haus nicht) **2.** *nicht wahr* (als Kontaktpart. am Ende der Äußerung, um Zustimmung zu erhalten).

nix: *siehe nicht*.

noa: *siehe na*.

noadig ⟨Adj.⟩ [siehe noatig] (Alp.): *sexuell fordernd.*
Noagger, der [siehe noaggn] (Ridn.): *Nickerchen, Schläfchen.*
noaggn ⟨hat⟩ [intensivierend aus mhd. neigen (= neigen machen, beugen), dieses zu mhd. nīgen (= neigen); vgl. standardsprachlich nicken, das auch zu neigen gehört]: *zur Seite neigen.*
Noagl, Noagei, das [Verkleinerung von Neige, mhd. neige (= Neigung, Senkung); vgl. zur Neige gehen] (NT): *Rest im Trinkglas.*
noar, noa: *siehe nåcher.*
Noaße, die; Plural: Noaßn [siehe noaßn] (Pass.): *langweilige Person.*
Noaßer, der; Plural: Noaßer (Pass.): **1.** *langweilige Person* **2.** *jemand, der sich vor dem Zahlen drückt* **3.** *Schnorrer.*
noaßlen ⟨hat⟩ [wohl zu noaßn] (Ötzt.): *aus dem Futter das Beste herausfressen.*
noaßn ⟨hat⟩ [zu mhd. neizen (= bedrängen, plagen)] (OI, Pass., Pfun.): **1.** *subtil um Nahrungsmittel betteln* **2.** *extrem langsam weitermachen.*
noatig, neatig, notig, nodig ⟨Adj.⟩ [mhd. nōtec, nōtic (= Not habend, bedrängt, dürftig); zu Not] (auch süddeutsch): **1.** *armselig, Not leidend* **2.** *geizig, schäbig.*
noatla ⟨Adv.⟩ [mhd. nōtlich (= mit Not verbunden)] (Ridn.): *beinahe, fast.*
Noat|nigl [siehe -nigl], **Not|nigl, Noat|nogl,** der [1. Bestandteil: Not, 2. Bestandteil: Nikolaus]: *armer Schlucker.*
Noat|schnitz, das [-schnitz ist Ableitung von schneiden] (ST): *vorzeitige Lese, erzwungene Abnahme der Trauben.*
nobl, nowi ⟨hat⟩ [französ. noble]: **1.** *vornehm, freigiebig* **2.** *hochmütig, vornehm tuend.*
noch-, Noch-: *siehe nåch-, Nåch-.*
Noch|pofl, der [2. Bestandteil: siehe Pofl] (Pass., Pfun.): *vierter Grasschnitt.*
Nocke, Nock, Nockn, der [laut Kluge zu einer Gruppe von Wörtern für etwas Kurzes, Gedrungenes (Knolle, Knopf etc.)]: **1.** *Mehlkloß* **2.** *Nockerl (aus Mehl, Grieß etc.)* **3.** *Felskopf, kleine Erhebung* **4.** *Zeichen für den Verlierer beim Kartenspiel* **5.** (NT) *eingebildete Person.*
Nod-, Nog-, Nol-: *siehe Nåd-, Någ-, Nål.*
Nole: *siehe Nåle.*
Nolle, Nole, Noller, der [Herkunft unklar, vielleicht wie die folgenden Verben letztlich zu *Nåle, Nole;* zufällig ist die Ähnlichkeit mit norddeutsch Nöler (= langsamer, schwerfälliger Mensch), zu norddeutsch nölen (= etwas auf ärgerliche Weise sehr langsam tun)] (OI): **1.** *täppischer, dummer Mensch* **2.** *jemand, der ohne Fachkenntnisse an etwas werkt.*
nolln, noln ⟨hat⟩ [siehe Nolle] (OI, Zillt.): *ohne Fachkenntnisse herumwerken.*

noln¹ ⟨hat⟩ [siehe Nåle] (OT, Pass.): **1.** *mit der Ahle stechen* **2.** *nachfragen, nachbohren* **3.** *koitieren vom Mann (bzw. vom Männchen bei Tieren).*
noln², umma|noln ⟨ist⟩ (OI): *sich entspannt geben.*
Nolpe, der oder die; **Ölpm, Olpe,** der [Herkunft unklar]: *vorstehender Kopf eines Balkens.*
Nomrelle: *siehe Åmperell.*
Nomisler, der [zu Name] (Pass.): *Mensch gleichen Namens:* mein Nomisler.
Norgg, Orgge, der; Plural: Norggn [wie die literarische Figur des Oger, die ein ital. orco als Ausgangspunkt hat, das vielleicht auf latein. orcus (= Unterwelt) Bezug nimmt]: *sagenhafter Zwerg, Kobold.*
norle, orle ⟨Adv.⟩ [orle aus mhd. ordelich (= ordentlich)] (Pass.): *geschwind, gleich, sofort.*
nos-, Nos-: *siehe nås-.*
noset ⟨Adj.⟩ [zu Nase] (ST, OT, OI): *hochnäsig.*
Nosn|bliater, der, **Nosn|bliaterle,** das [nach einem Volksglauben, nach dem Nasenbluten bekommt, wer zu lange an der Blume riecht] (ST): *Braunelle, Brunelle (Prunella);* eine Pflanzengattung in der Familie der Lippenblütler *(Lamiaceæ).*
Nosn|bliater, der (OI): *hilfloser, feiger Mensch.*
Not, die [mhd. nāt (= Naht, Zusammenheftung knopfloser Kleider)] (Pfun.): **1.** *Naht* **2.** *Gelände- oder Felskuppe (die noch kein Grat ist).*
Notarin, Nådarin, die [schon mhd. næterin (= Näherin): **1.** *Schneiderin* **2.** *Näherin.*
notig: *siehe noatig.*
nua, nuan [mhd. nein; siehe na]: *nein.*
nuagn ⟨hat⟩ [Herkunft vgl. noaggn] (OI, Deutschn.): *dösen.*
Nuasch, Niasche, Nuisch, die [mhd. nuosch(e) (= Rinne, Wassertrog); vgl. Uasch]: **1.** *Holzrinne, ausgehackter Trog* **2.** (ST) *Ausguss* **3.** (NT) *beschädigtes und wieder verwachsenes Baumstammstück.*
Nudl|suppm, Nudl|suppe, die (Küchensprache) (auch bairisch-österreichisch): *Suppe mit Nudeln als Einlage* ❖ **nit auf der Nudelsuppm dahergschwommen sein:** *nicht naiv sein, sich gut auskennen.*
nui, noi [mhd. niuwe (= neu, frisch)]: *neu.*
nuidn, noidn ⟨hat⟩ [mhd. niuwen (= stampfen, stampfend enthülsen)] (Pf., Pfun.): **1.** *zerstoßen, zerstampfen* **2.** *enthülsen.*
Nuie, der, **der nuie Wein** [siehe nui] (ST): *Heuriger.*
Nuinze, die [Herkunft unklar] (Kiens): *Wassergeist, Schreckgespenst für Kinder.*
nuitnutzig ⟨Adj.⟩ [siehe nicht und nutz] (OI): *unnütz.*
Nullerl, das [Verkleinerung von Nuller] (NT, Pfun.): **1.** *kleine Null* **2.** *unbedeutende Person.*

null|komma|josef [letzteres durch Nullkommajosef ® für ein alkoholfreies Bier österreichweit popularisiert, aber schon vorher in Gebrauch] (NT, OT, Pfun.): *gar nichts.*
null|komma|nix ⟨Indefinitpron.⟩: *gar nichts* ❖ **in nullkommanix:** *sofort.*
Nummerelle, die [ital. ombrello, zu spätlat. umbrella (= kleiner Schatten); vgl. engl. umbrella (= Regenschirm); das Wort hat also im Pass. die Bedeutung Regenschirm, in seinem Herkunftsland Italien die Bedeutung Sonnenschirm] (Pass.): *Regenschirm.*
Numal, das [Diminutiv von mhd. am, ome (= Spreu) mit einem aus dem unbestimmtem Art. stammenden n-Anlaut] (OT): *Dreschabfall, Spreu.*
nunet ⟨Adj.⟩ [mhd. nāhent (= nahe)] (Deutschn.): *nahe.*
Nunne, die [wie standarddt. Nonne zu mhd. nonne, nunne, ahd. nunna, spätlat. nonna (= Amme); zusätzliche Bedeutung in Tirol] (ST): **1.** *die unteren, nach oben schauenden der halbrunden Dachziegel der Biberschwanztechnik* **2.** *verschnittenes weibliches Jungschwein.*
nuschggn, nuschtern ⟨hat⟩ [wohl zu naschen] (Pass.): *naschen.*
nuschpan ⟨hat⟩ [wie standardsprachlich nuscheln zu Nase zu stellen] (NT): *murmeln.*
Nuschter, Noster, Noschter, der [zu Pater noster (= Vater unser)] (ST, OI): *Rosenkranz* ❖ **in Nuschter beten:** *den Rosenkranz beten.*
nuslen, nusln ⟨hat⟩ [wie standarddt. nuscheln zu Nase] (ST): *durch die Nase sprechen, näseln.*
Nuss|gratsche, die [siehe Gratsche] (Pfun.): *Eichelhäher (Garrulus glandarius).*
nussn ⟨hat⟩ [Kopfnuss: gehört zu einer Reihe von Bezeichnungen für Schläge, die auf Obstarten zurückzuführen sind: Ohrfeige zu Feige, Tachtl zu Dattel] (NT): **1.** *auf den Kopf schlagen* **2.** *prügeln.*
nutz ⟨Adj.⟩ [mhd. nütz (= nützlich, brauchbar); verwandt mit genießen] **1.** *nützlich, tüchtig* **2.** (ST, OT): *brav, nett, lieb.*

O

o ⟨Adv.⟩ (= ab): *siehe å*.
o ⟨Adv.⟩ (= auch): *siehe a*.
o|a, o|er: *siehe åcha*.
-oa-: entspricht oft standarddt. *-ei- oder (alt)langem o:* Oach, Oache (= Eiche); oagn (= eigen); koan (= kein); hoach (hoch) etc.
Oacher, Acher, Oacherling, der, **Oach|horn, Oachl**, das [-er, bzw. -erling-Ableitung von mhd. eich (= Eiche); -er ist wohl der Rest des 2. Wortteils von mhd. eich(h)orn (= Eichhörnchen), der zum maskulinen Wortbildungselemt -er umgedeutet wurde]: *siehe Oachkatzl*.
Oach|katzl, Ach|katzl, das [1. Wortteil siehe Oacher, 2. Teil: Diminutiv von Katze]: *Eichhörnchen (Sciurus vulgaris)*.
Oach|katzl|schwoaf, Ach|katzl|schwoaf, der: *Eichhörnchenschweif* [Schibboleth (siehe Einleitung); wird daher scherzhaft benützt, um Fremde zu testen, inwieweit sie tirolerische Laute aussprechen können].
oachl gehn [laut Schatz verhüllend für Eid] (NT): *da spielt sich nichts ab*.
Oa|fleck, der [eigentlich: Eifleck, siehe Oar] (AT): *Omelett*.
oagn, agn ⟨Adj.⟩ [wie standarddt. eigen zu mhd. eigen, ahd. eigan, ursprünglich Partizip Perfekt zu einem Verb, das so viel wie haben, besitzen bedeutet hat; Bed. 1 ist standarddt., Bed. 2 ist in der Standardsprache veraltet und lebt in Dialekten weiter]: **1.** *eigen, zugehörig:* in oagnen Haus **2.** *eigenwillig:* an oagner Mensch (= ein Sonderling).
Oagner, Oagniner, der; Plural: Oagnineren [zu oagn, siehe dort] (ST): **1.** *einer, der seinen Weg geht* **2.** *Eigenbrötler*.
Oagnkit, die; Plural: Oagnkitn [wie standarddt. Eigenschaft, aber mit Suffix -keit] (Sa.): **1.** *Eigenschaft* **2.** *Eigenheit*.
Oal: *siehe Årl*.
Oamber, die (Pust.) [Ein + Beere]: *Vierblättrige Einbeere (Paris quadrifolia), kurz Einbeere*.
oan-, oa-: *siehe auch uan-*.
oan/oaner – oane – oans; uan/uaner – uane – uans; an/an(d)er – ane – ans [mhd. einer]: *einer, eine, eines (allein), jemand*.
oan|aggad, uen|agget, uen|egget, an|aggad, daneben immer öfter **oanaugat** ⟨Adj.⟩ [mhd. einöuge, einöugec, ahd. einougi (= einäugig)]: *einäugig*.
Oanat|hof, Anat|hof, der [mhd. einöte, einœte (= Einsamkeit, allein stehender Bauernhof)] (OT, Stubai): *Einzelhof*.
oanding, uanding ⟨Adv.⟩ [eigentlich: ein Ding] (OI, Pass. Sa.): *egal, einerlei*.

Oanigl, Hornigl, Hüenågl, Un|negl, Unigler, der [siehe oanigln] (NT, OT): *heftiges Frieren in den Fingern.*

oanigln, un|negln, hornigeln ⟨hat⟩ [umgebildet aus hornigeln, in dem unverstandenes mhd. hornunc (= Februar) steckt; das Wort ist in tirolischen Dialekten in vielen Formen belegt (darunter auch hornigln, hurnigln)]: **1.** *Frostprickeln in den Fingern spüren* **2.** *den spezifischen Schmerz empfinden, wenn eiskalte Hände und Füße wieder warm werden (siehe negln).*

oanlitz, oanletzig, uanlatz [mhd. einlütze, einlützec (= allein, einzeln, einsam)]: *einzeln.*

oanpedere, uanpedere, anpedere, der, die, das ⟨Pron.⟩ [mhd. eindeweder, eintweder (= einer von beiden): 1. Wortteil ist ein, der zweite Wortteil zu mhd. weder (= welcher von beiden; vgl. oatpeder] (ST, OT, OI): *einer, eine, eines von beiden:* s' uanpedere muasch tuan (= eines von beiden musst du tun).

oanthålm ⟨Adv.⟩ [-hålm aus -halben] (Sa.): **1.** *einerseits* **2.** *halbbürtig.*

Oan(t)hålm|gschwisterat, Oanhåim|gschwisterat, die (Plural) [eigentlich: Einhalb-Geschwister] (UI): *Stiefgeschwister.*

Oan|schicht, An|schicht, die [2. Bestandteil zu mhd. schicht (= Lage, Wechsel in der Arbeitsgruppe)] (NT, OT): *einsame Lage, Einöde.*

oan|schichtig ⟨Adj.⟩: *einsam gelegen:* oanschichtig wohnen.

oanz|unt|alloan, anz|unt|allan ⟨Adv.⟩ [verschliffen aus: einzig und allein] (OT, Sa.): *mutterseelenallein.*

Oar, Oa, Ar, das [mhd. ei]: *Ei.*

o|ar [ab + her; siehe åcher]: *herunter.*

O

Oar|hun, Oar|hone, Oa|hun, Ör|hune, der [aus mhd. orhan (= Auerhahn); daneben schon ūrhan, das von mhd. ūr (= Auerochse) beeinflusst ist; der zweite Wortteil hat mit Huhn nichts zu tun, sondern ist die lautgerechte Entsprechung von mhd. a vor Nasal]: *Auerhahn (Tetrao urogallus).*

Oar|heler, Oar|holer, der [1. Bestandteil: Ohr, 2. Bestandteil: mit bzw. ohne Umlaut zu hohl (Hohlmacher), aus dem Aberglauben, dass der Zangenkäfer durchs Ohr ins Gehirn kriecht; vgl. Oarnschliafer und Oarwuzl] (OI, Pass.): *Gemeiner Ohrwurm (Forficula auricularia).*

Oar|in|schmålz, das (Singular) [eigentlich: Ei in Butter] (OI, Sa.): *Spiegelei.*

O(a)rt, Uascht, Easchtl, das (nur Bed. 2), das [mhd. ort (= Stelle; Anfang, Ende; Spitze)] (UI): **1.** *Ende, Endstück* ❖ **mir geht's Ort her:** *meine Geduld ist zu Ende* **2.** *Bauerngut.*

Oarn|schliafer, der [vgl. Oarheler; 2. Wortteil siehe schliafn]: *Ohrwurm (das Insekt).*

Oar|waschl, Oar|waschtl, das [Waschel: verwandt mit wacheln, nicht mit waschen] (auch bairisch-österreichisch): **1.** *Ohrmuschel* **2.** *Ohr* ❖ **er**

is no feicht hinter di Oarwaschln: *er ist noch jung und unerfahren*
❖ **koa Oarwaschl rian:** *nicht reagieren, nicht aktiv werden* ❖ **auf di Oarwaschln sitzn:** *nicht hinhören können oder wollen.*

Oar|wuzl, der [2. Bestandteil: zu Wuzl, siehe dort; vgl. Oarheler] (ST): *Ohrenschliefer, Ohrwurm (Dermaptera; eine Ordnung der Insekten, gehört zu den Fluginsekten (Pterygota).*

Oaß, Oas, Aß, das [eigentlich: Eiß; mhd. und ahd. eiz (= Geschwür); gehört zu einer indogerm. Wurzel, die Schwellung bedeutet hat]: **1.** *Eitergeschwür* **2.** *Furunkel.*

Oaschter|glock, die; Plural: Oaschterglockn [eigentlich: Osterglocke; oft wird regional auch Gelbe Narzisse *(Narcissus pseudonarcissus),* auch Märzenbecher genannt, als Osterglocke bezeichnet, weil sie in der Regel um Ostern herum blüht); siehe Fischer/Oswald/Adler] (ST): *Schwarze Küchenschelle, auch Wiesen-Kuhschelle genannt (Pulsatilla pratensis, subsp. nigricans).*

oatpeder (OI): *siehe oanpedere.*

oa|werts ⟨Adv.⟩ [sieche åcher]: *herunterwärts.*

ob ⟨Präp.⟩ [mhd. obe, ahd. oba (= oberhalb)]: *oberhalb:* obm Dach, ob der Kirchn [in OT und im westlichen OI gebräuchlich (sonst **ober**); daher auch die Ortsnamen Obladis, Obkirch etc.].

Ober|bodn, der (ST, OI): *Zimmerdecke, Plafond.*

Ober|lånd, das: **1.** (NT) *Oberinntal* **2.** (Deutschn.) *Vinschgau* **3.** *Pustertal, von Lienz aus gesehen.*

Ober|länder, der (OT): *Pustertaler.*

Ober|landler, Ober|lantler, der (NT): *Oberinntaler:* „Bevorst von an Obalandla a Bussl kriagst, kriagst von an Untalandla a Kind!" (Internetbeleg, Kitzbühel).

Oberaut, der [Oberaut ist wie Eberraute lautlich entstellt aus lat. abrotonum; mit Raute hat der Name nichts zu tun] (ST): *Eberraute (Artemisia abrotanum).*

Ober|wind, der (Vin.): *Wind aus dem Norden.*

Obers, das [eigentlich: das Obere der Milch, das besonders fetthältig ist] (auch bairisch-österreichisch, ansonsten in D: süße Sahne)]: *süßer Rahm.*

obrelln: *siehe oprilln.*

Obschtler, Obstler, der [zu Obst, mhd. ob-ez, ahd. ob-az; ursprünglich: das Dazu-essen, die Beikost (also nicht nur Obst, sondern auch Gemüse)]: *Obstschnaps.*

och, ouch, oche ⟨Interj.⟩ [siehe åchetzn] (ST, OT, OI): *ach (Wehlaut).*

Ocher: *siehe Ahorn.*

ocher, oer, or: *siehe åcha.*

ochetzn: *siehe åchetzn.*

ochn: *siehe åchi.*
o|er ⟨Adv.⟩ [ab + her]: *siehe åcha.*
o|er|werts: *siehe åchawerts.*
Ofl(e), Åfl, Åfü, der [mhd. afel (= eiternde Materie in Geschwüren; entzündete Stelle überhaupt)]: *Eiter.*
ofl(e)n, åfln, afün, ⟨hat⟩ [zu Ofl, siehe dort]: *eitern, Eiter absondern.*
Ofn|brugge, die (ST): *Ofenbrücke, Bretterboden über dem Bauernofen.*
Ofn|gobl, Ofn|krucke, die(ST): *Ofengabel, Ofenkrücke (zum Einlegen des Holzes).*
Ofn|helle, die (ST): *Ofenhölle, enger Raum zwischen Ofen und Stubenwand.*
o|ge|drant: *siehe ådrat.*
Ogn(en): *siehe Ågn.*
o|helzig, o|helzi ⟨Adj.⟩ [zu Holz] (OI, Deutschn.): *verwachsen.*
oi, oicha, oichi, oidn: *siehe åchi.*
oidn|tian, oitian ⟨hat⟩ [eigentlich: hinuntertun] (ST): *erniedrigen.*
ojo ⟨Adv.⟩ [siehe auch aja] (OT): *wohlmeinende Bestätigung.*
Olpm, Olpm|stådl, der [siehe Nolpe] (OI): *Stadel aus unbehauenen Stämmen.*
Omassn, Omassn, die (Plural) [wie standarddt. Ameise zu mhd. ameiʒe (= Ameise); ursprünglich: die Abschneiderin: vgl. Umassn und Moas[1]]: *Ameisen.*
Omp(a)rell, Ombrelle, Omrel: *siehe Åmperell.*
on-, un-, ån- ⟨als Präfix bei Nomen, Adjektiven und Adverbien⟩: **On|fånger, On|fangler** (= Anfänger); **On|gelege** (= abwertend für Kleidung); **on|gschpeist** (= verärgert); **on|gschtochn** (= leicht angefault; leicht betrunken); **On|rång,** der (= Anfang, Beginn); **on|habig** (= anhänglich); **an|hebi** (= emsig, fleißig) (Ehrwald); **On|heb** (= Henkel, Griff); **on|lag, on|lage, on|lagig** [mhd. læge (= niedrig, flach)] (= leicht ansteigend, ein wenig geneigt vom Gelände); **on|lassig** [mhd. an(e)lāʒ (= Ort, von dem das Rennen ausgeht)] (= sexuell zudringlich); **On|renn,** der (Vin.) (= Anlauf, Ansprung); **On|schåffer,** der (auch süddeutsch und österreichisch) (= jemand, der Arbeiten anordnet und beaufsichtigt, Vorarbeiter); **On|schåfferei,** die (auch süddeutsch und österreichisch) (= unangenehmes Anschaffen).

on-, un-, a(n)-, ån-, ån-, als Präfix bei Verben [wie in der Standardsprache an-, allerdings öfters mit zusätzlichen oder anderen Bedeutungen; im Basisdialekt wird a vor Nasal zu u- oder o-: wir ordnen das Präfix nach der standardnäheren Form on- ein, weil sie eine der beiden Hauptvarianten ist; weiter verbreitet ist allerdings die Form un-, die östlich einer ungefähren Linie Telfs – Meran im Großteil Nord- und Südtirols üblich ist; a-Formen gibt es im Außerfern; in der Umgangssprache der

Städte setzt sich allmählich die als standardnäher empfundene Form mit verdumpftem å durch]: on|bantln (= mit jemandem flirten/Streit suchen); un|brunzn (= anurinieren); un|brusn (= mit Bröseln verunreinigen); on|dran (= anstänkern); on|facklen (= beschmutzen, verschmieren); on|fichtn (= Verlangen, Lust erwecken): es fichtet mi on (= ich möchte es haben; siehe fichtig); on|filln (derb) (= schwängern); si on|flaschlen (= sich betrinken); jemanden on|fliagn (= jemanden agressiv angehen); on|foaln (= zum Kauf anbieten, anpreisen; nach dem Preis fragen); an|gattiga (= veranlassen, in Gang bringen) (Ehrwald); a|roda (= Gras ausbreiten); on|gian (= berühren: du bist bei mir ongången; betreffen; anfangen; ersuchen; zur Rede stellen); on|glufn (= mit Stecknadeln befestigen); un|hebm, un|hefm (= anfangen, beginnen); ån|kåltn (= Kleider anbehalten); on|keglen (= das Anschlagen der Sonne auf den Bergspitzen); jemandem etwas on|kennen (= eine Eigenschaft/Stimmung bemerken); on|kentn (= anzünden); on|leitn (= anrufen); on|legn (= Kleider anziehen, anlegen); on|lisnen (= anhören); si on|påmpfn (= sich vollessen); on|pemslen (= anmalen, anpinseln); on|pumpm (derb) (= schwängern); on|rachn (= ohrfeigen); jemanden on|rearn (= bittend belästigen); etwas on|rigeln (= etwas locker machen); on|ruaßn (= mit Ruß anschwärzen; reflexiv: sich betrinken); on|sågn (= im Kartenspiel eine Ansage machen bzw. Schlag und Trumpf angeben, etwa beim Watten); on|san (= säen, pflanzen); on|schåffn (= befehlen, anordnen); on|schaugn (= anschauen; reflexiv: eine Überraschung erleben); on|schupfn (= einen Schups geben, in Bewegung setzen, beschleunigen); on|segn (= schade ercheinen); on|soachn (= anurinieren); on|schtiflen (= anstiften); on|tåtzn (= angreifen, begrapschen); on|tauchn (= sich besonders anstrengen); (si) on|trenzn (= (sich) bekleckern); jemand on|tian (= jemanden betreuen, versorgen); si wås on|tian (= sich viel Mühe geben; sich umbringen); on|weige(r)n (= Verlangen wecken); on|weiln (= Heimweh haben, von einer guten Erinnerung nicht losgelassen werden); on|zigln [zigln; eigentlich: züchten] (= sich eine Krankheit oder Ungeziefer zuziehen). u. a.

One|wånt: *siehe Ånewånt.*

On|sechn, Un|sechn, das (Pust., OI): *Aussehen* ❖ **etwas hat kuan Unsechn:** *es sieht nicht gut aus.*

On|setz, die (Etsch): **1.** *Gärraum (ebenerdig oder im Keller)* **2.** *Raum für die Torggel.*

On|trog, der [wie standarddt. Antrag] (Pass.): *Absicht, Plan:* in Ontrog hobm (= beabsichtigen).

oper, opern: *siehe aper(n).*

Oppm, Öppm, der [Herkunft unklar] (Ötzt.): *Buckel im Gelände.*
oprilln, obrelln ⟨hat⟩ [zum Monatsnamen April, mhd. aberelle, ahd. abrello, aus lat. Aprilis (mensis); die Wortbildung spielt auf das typische Aprilwetter an] (ST, OT): *graupeln, hageln, Eis regnen* (ein Niederschlag zwischen Schauer und Schnee).
Optant, der (ST): *jemand, der bei der Option 1939 für die Auswanderung ins Deutsche Reich optierte (vgl. Dåbleiber).*
Or, die [vgl. Åhorn] (Deutschn.): *Ahorn (Acer).*
orle, norle ⟨Adv.⟩ [Herkunft unklar; Haller-Lanthaler vermutet einen Zusammenhang mit mhd. ē(r), ahd. ēr, ursprünglich komparativisches Adverb zu einem Positiv mit der Bedeutung früh] (Pass.): *zeitig, bald.*
Orl|pfluag, der [1. Bestandteil: mhd. arl (= kleiner Pflug), vermutlich slaw. Ursprungs] (ST): *Arl (ein kleiner Pflug, der auf steilen Hängen verwendet wird).*
ormai ⟨Adv.⟩ [ital. ormai (= jetzt)]: *inzwischen, mittlerweile.*
Ormenta, das (Stubaital): *siehe Murmele.*
Orsch, orsch-: *siehe Årsch.*
Ort, Ourt, Uascht, das oder der [wie standarddt. Ort (= Platz, an dem sich jemand befindet, Platz, wo etwas geschehen soll); mhd., ahd. ort (= Spitze; äußerstes Ende, auch: Gegend, Platz); die alten Bedeutungen sind erhalten geblieben]: **1.** *Ende* **2.** *Endstück* **3.** *Rand.*
Ort|scheit, das [siehe Anzscheit] (OT): *Anzscheit, beidseitig mit Eisen beschlagenes Holz.*
Ort|seil, die: *Anfangs- bzw. Endsäule beim Spalierobst.*
Orts|stånge, die: *Randstange im Weinberg.*
-ou (Pass.): *dem Vornamen angehängte Silbe beim Rufnamen:* Hansou, Seppou, Frånzou etc.
ös: *siehe es* [ö ist traditionell eine Schreibung für geschlossenes e].
Öwesa, Öwesn, die [mhd. obense (= Vordach)] (Ötzt.): **1.** *Hausgang* **2.** *Vorraum der Kirche* **3.** *Halle am Friedhofseingang.*
Oxn|aug(e), das [eigentlich: Ochsenauge; vgl. schweizerisch Stierenauge]: *Spiegelei.*
Oxner, der: *Viehhirte auf der Alm.*

P

Påchn, der: *siehe Båchn.*

Påcht, die [eigentlich Zusatzbedeutung zu dialektalem **Påcht** (= Pacht) und **eppas in Påcht håben,** denn mhd. paht hatte neben der Bedeutung Zins, Pacht auch die Bed. Recht, Gesetz, weil es auf latein. pactum (= das Vereinbarte) zurückführt, das als Pakt (= Abmachung) noch einmal entlehnt wurde; über die unter 2. angeführte (ursprünglich rechtssprachliche) Wendung nahm Pacht die unter 1. angeführten Bedeutungen an] (OT): **1.** *Kraft, Munterkeit* **2. koan Påcht und koan Kråft:** *kraftlos, gehaltlos.*

Påck, der [siehe påckn]: *Bündel, Pack.*

påckn ⟨hat⟩ [wie das standardsprachliche Wort aus hansasprachlichem paken, dieses aus mnd. pac, pack(e) (= Pack, Packen)]: **1.** *ergreifen, fassen* **2.** *einpacken* **3.** (Pfun.) *koitieren.*

Påcktl, Påckl, das [Diminutiv von Påck]: *Paket, Packerl* ❖ **si auf oan Packl haun:** *koalieren, gemeinsam kämpfen.*

påcktln, påckln, påcktlen ⟨hat⟩ [gehört zu Packtl; siehe dort die Redewendung]: **1.** *heimlich mit jemandem paktieren* **2.** *faule Kompromisse schließen.*

Pafese, Pofesn, Profesa, die (Plural) [mhd. pafese, pavese, zu ital. pavese (= aus der ital. Stadt Pavia)] (NT) (Küchensprache) (auch bairisch): *zwei zusammengelegte, mit Marmelade oder einer anderen Füllung bestrichene und in einen Teig gelegte Weißbrotscheiben, die in Fett herausgebacken werden.*

påfn, pofn ⟨hat⟩ [mittellat. bava (= Speichel)] (NT, OT, Pfun.): **1.** *Speichel absondern (bei Kindern)* **2.** *gierig sein.*

pagat ⟨Adj.⟩ [mhd. bouc, bouges (= Ring, Spange); vgl. paschinkat] (Pfun.): *o-beinig.*

pågglet, påggilat ⟨Adj.⟩ [vielleicht zu mhd. bouc (= Ring, Spange), das zu biegen gehört; also ursprünglich gebogen im Gegensatz zu gerade] (NT, OT): **1.** *gebrechlich* **2.** *verwachsen* **3.** *o-beinig.*

påggln ⟨hat⟩ [wohl Erweiterung von ahd. bagen (= streiten, Einspruch erheben), mhd. bagen (= laut schreien, streiten)] (ST) (veraltet): **1.** *beanstanden* **2.** *Vorwürfe machen* **3.** *nörgeln.*

paggschiarig, paggschirig, pakschiarig, patschiarig ⟨Adj.⟩ [Hornung leitet das Adj. von beigeschirrig (= zweites, kleineres Zugtier im Geschirr eines Wagens) ab, Schatz von mhd. bãges giric (= streitsüchtig); beides kann richtig sein, wenn man den Zusammenfall von zwei ursprünglich getrennten Wörtern annimmt: die Bed. 1. bis 3. deuten auf beigeschirrig, die übrigen eher auf bãges giric]: **1.** *zierlich, possierlich* **2.** *drollig,* *spaßhaft* **3.** (UI, Alp.) *geschickt, fähig* **4.** (ST) *schwach, dürftig* **5.** (ST) *hinfällig, baufällig* **6.** (Matrei) *schlecht, minderwertig.*

paggrahạ̈n ⟨Adj.⟩ (Zillt.): *gesund und lebendig.*

pạgschinkat: *siehe paschinkat.*

palạndern, palạntern ⟨hat⟩ [Herkunft unklar] (NT, Bozner U-Land): *wegjagen, hinausweisen.*

Pạl(e), die [alpenromanisch pala (= Schaufel)] (NT): *kleine Schaufel aus Holz, kleine Kelle.*

Palẹstra, Palẹschtra, die [ital. palestra (Sport-, Turnhalle)] (ST): *Fitnessstudio.*

Pạ̊lfe, Pạlfn, Bọ̈fn, Pạ̊lfn, die [laut Grimm Palfen, Balfen (= großer, überhängender Felsen; Felsenhöhle); von Schatz zu ahd. balvin gestellt; Form mit l-Vokalisierung findet sich in der Verschriftlichung als (Großer und Kleiner) Pölven, einem Bergnamen bei Bad Häring]: **1.** *kleine überwachsene Bodenerhebung, wie sie durch Viehtritte zustande kommt* **2.** *Felsvorsprung.*

Pạllawatsch, Bạllawatsch, der [vermutlich zu ital. balordaggine (= Dummheit, Unbesonnenheit)] (auch bairisch-österreichisch): **1.** *Durcheinander* **2.** *Wirrwarr.*

Pạlle, die (ST): *aufwändige, sinnlose Dinge.*

Pạ̊lm(e), Pạ̊ln, Pạ̊lle, Pạ̊lwe, Pạ̊im, die oder der [mhd. palme, im Ahd. entlehnt aus lat. palma (= ursprünglich: flache Hand, weil sich die Blätter des Baums wie Finger ausnehmen): **1.** *Palmweide (salix caprea)* **2.** *Palmbuschen für den Palmsonntag.*

Pạ̊lm|bẹsn, der [2. Bestandteil: wie standarddt. Besen zu mhd. bes(e)me (= Kehrbesen), ahd. bes(a)mo]: *Gebinde aus Zweigen, das am Palmsonntag in der Kirche gesegnet wird.*

Pạ̊lm|buschn, der [2. Bestandteil: siehe Buschn]: *Gebinde aus Zweigen, das am Palmsonntag in der Kirche gesegnet wird.*

Pạ̊lm|ẹsl, Pạ̊im|ẹsl, der: **1.** *Kind, das die Palmstange fallen läßt* **2.** *Kind, das am Morgen des Palmsonntags als letztes aufsteht.*

Pạ̊lm|katzl, Pạ̊ll|katzl, Pạ̊lgn|katzl, Pạ̊im|katzl, das (auch süddeutsch und österreichisch): *Blütenstand der Salweide (Salix caprea).*

Pạlln, Pẹlln, die (Plural) [wohl zu lat. palea (= Spreu)] (ST): **1.** *Heublumen, Grassamen, Spreu beim Korndreschen* **2.** *kleinste Teilchen:* zi Palln schlogn.

Pạll|reiter, Pạlln|reiter, die [siehe Palln; 2. Bestandteil: aus mhd. riter (= grobes Sieb)] (ST): *Sieb zum Trennen der Heublumen von Heuresten.*

På̊mmarạntsche: *siehe Pummerantsche.*

Pạmper, der; **Pạmpile, Pạmperle,** das [dieses Wort ist im bairisch-österreichischen Dialektraum recht häufig und hat vielfältige Bedeutungen;

ursprünglich vielleicht: kleines rundes Ding]: **1.** *kosendes Wort und Lockruf für Schafe* **2.** *Lamm.*

pamper sein [wohl zum Substantiv Pamper, im Sinn von: vital wie ein Jungtier]: **1.** *tüchtig sein* **2.** *gut beisammen sein.*

påmpfet ⟨ Adj. ⟩ [wohl zu süddeutsch Pampf (= dicker, zäher Brei; lautmalend nasalierte Nebenform von Papp)]: **1.** *aufgedunsen* **2.** *aufgeblasen.*

påmpfn ⟨hat⟩ [lautmalend] (auch bairisch) (NT): **1.** *sich den Mund vollstopfen* **2.** *schnell essen, schlingen.*

pampilat ⟨Adj.⟩ [zu Pamper, siehe dort] (Pf.): **1.** *wollig* **2.** *weich.*

Pams, Påms, der [altfranz. panse (= Bauch), dieses zu lat. pantex; verwandt mit Pansen] (NT) (auch bairisch): **1.** *dicker Bauch* **2.** *(lästiges) dickes Kind.*

Panade, die [franz. panade (= eigentlich: Brotsuppe), ital. panata, provenzalisch panada zu lat. panis = Brot] (NT) (Küchensprache; auch in D, allerdings mit der Bedeutung Panier (= Backhülle aus Mehl, Ei und Semmelbröseln): **1.** *Brandteig (= Mehl wird in kochendes Wasser mit Butter und Salz gestreut und solange gerührt, bis sich die Teigmasse vom Geschirr löst)* **2.** *Weißbrotteig als Streck- und Bindemittel für Farcen.*

Panadl|supp(e), Panandl|supp(e), die [vgl. Panade] (Küchensprache): **1.** *Suppe mit geriebenem Brot und Ei* **2.** heute meist: *Rindssuppe mit einer Einlage aus Weißbrotschnitten.*

Pania, Panier, die [siehe paniarn] (Küchensprache): *Backhülle beim Panieren.*

paniarn ⟨hat⟩ [franz. paner (= mit geriebenem Brot bestreuen), zu lat. panis (= Brot)] (Küchensprache): **1.** *panieren* **2.** (NT) (österreichische Sportlersprache) *hoch besiegen: die Gegner paniern.*

Pantsch[1], der: *durch pantschn (siehe dort) verschlechtertes oder übelriechendes Getränk (z. B. verwässerter Wein, warmes Bier, schwacher Kaffee).*

Pantsch[2], der [vermutlich wie Pånze aus lat. pantex (= Wanst)]: **1.** *Wanst, Fassbauch* **2.** (Pass.) *seitliche Fläche des Heuballens.*

Pantscherl, das [Verkleinerung von Pantsch[1]] (NT, Pfun.): *Liebelei, Affäre.*

pantschn ⟨hat⟩ [mischen, besonders Getränke mit etwas mischen und dadurch verfälschen; vermutlich eine Kombination von patschen und manschen; erstes Vorkommen im 15. Jh.: Pansch-Wein]: **1.** *ein Getränk mit Geringerwertigem vermischen (Wein oder Milch mit Wasser) und dadurch verfälschen* **2.** *leicht schlagen (Kindersprache)* **3.** (Zillt.) *necken.*

Pånze, Pånzn, der [Panzen, Nebenform von Pansen; alpenrom. zu ital. pancia (= Wanst, Bauch); vgl. auch franz. panse (= Wanst, Bauch, Pansen); beides geht auf lat. pantex (= Wanst) zurück]: **1.** *Fass, Holzzuber (für Wasser, Bier, Wein)* **2.** *jeglicher großer, sichtbarer Tankbehälter* **3.** *großer Bauch (eines Menschen)* **4.** *Magen der Wiederkäuer.*

Pånzer, der [siehe Pånze] (Kindersprache) (Pass.): *Bauch.*

papiarln ⟨hat⟩ [-len-Ableitung von Papier] (ST): *jemanden zum Besten halten, jemanden narren.*

Påpp, der [mhd. pappe, peppe (= Brei); lautmalerisches Kinderwort; siehe auch Pappele]: **1.** *Mehlkleister, Brei* **2.** *Klebestoff.*

Pappa, das [siehe Pappele]: *Babynahrung.*

Pappe, Pappm, die [laut Hornung verwandt mit Papp (= Brei) und letztlich lautmalend; genauer Zusammenhang unklar] (derb): *Mund* ❖ **halt di Pappm!** *halt den Mund!* ❖ **jemand di Pappm einschlagn/poliern:** *jemanden ins Gesicht schlagen;* **Pappm|schlosser,** der (scherzhaftgrob): *Zahnarzt.*

Påppe, die [Bed. 1 wie standarddt. Papp (ursprünglich der aus Papierbrei gefertigte Buchdeckel) aus Påpp; Herleitung von Bed. 2 unklar]: **1.** *Papp* **2.** (Pf.) *Wange, Backe.*

Pappele, Pappal, Pappei, das [gleiches Wort wie Påpp (= Mehlkleister), siehe dort; Diminutiv von mhd. pappe, peppe (= Brei); lautmalerisches Kinderwort]: **1.** *Mehlmus für Kinder* **2.** *Babynahrung generell* **3.** *Keks, Gebäck, Süßigkeiten für Kinder.*

Påppi|geir, Påppå|geir, der [volksetymologische Umdeutung des 2. Bestandteils von Papagei zu Geier]: *Papagei.*

Påppl¹, Poppl, Påpple, die [mhd. papel(e), ahd. popilboum, entlehnt aus lat. populus (= feminin: Pappel; maskulin: Volk, Bevölkerung, Nation); weitere Herkunft unklar; Pappel diente nicht nur als Bezeichnung für den Baum, sondern laut Grimm auch für Pflanzen verschiedener Art, die man nicht benennen konnte; daher ahd. popilboum zur Unterscheidung von diesen anderen Pflanzen; siehe Kaspappele]: **1.** *Pappel (Populus)* **2.** *Malve (Malva) (im Kompositum Kaspappele, siehe dort).*

Påppl², die; Plural: Påppln [aus lat. papula (= Blatter)]: **1.** (ST) *Fieberblase* **2.** (OT) *Knospe.*

pappm¹ [zu Påpp] **1.** (transitiv) ⟨hat⟩: *(ver)kleben* **2.** (intransitiv) ⟨ist⟩: *kleben bleiben.*

pappm² ⟨hat⟩ [zu Pappa] (La.): *essen* (kindersprachlich).

Påppm|deckl, Påppe|deck, der [zu Påppe, Bed. 1]: *Karton.*

pår und pår: *paarweise.*

Paradeis, Paredeiser, der [Paradeis (= ältere Form von Paradies); demnach paradiesische Frucht, vielleicht die, die zur Vertreibung aus dem Paradies geführt hat: vgl. Paradeisepfl]: *Tomate (Solanum lycopersicum).*

Paradeis|epfl, die (Plural) (Pfun.): *Hagebutten.*

Parapli, Paraplui, der [franz. parapluie, aus griech. pará (= gegen) und franz. pluie (= Regen)] (nur noch scherzhaft): *Regenschirm.*
pårggln ⟨hat⟩ [nach der Interj. oder direkt aus mhd. parc, -ges (= verschnittenes Schwein)] (La.): *schimpfen, fluchen.*
pårggo, pårzo ⟨Interj.⟩ [ital. porco (= Schwein) oder italianisierend aus mhd. parc; siehe pårggln]: *verflucht.*
Parl, das [Diminutiv zu Paar]: **1.** *Pärchen, Paar* **2.** *zweiteilige Brotform.*
Pårlåggn: *siehe Perlåggn.*
Pårschte, die [mhd. barte (= Beil; Streitaxt)] (Pf.): *Haumesser.*
Parte|zettl, der [vgl. ital. dare part (= Nachricht geben) und franz. un billet de part (= schriftliche Geburts-, Heirats- oder Todesanzeige); nach dem früher üblichen Einleitungssatz einer derartigen Nachricht: „Herr ... gibt Parte von ..."]: *Todesanzeige.*
parterr ⟨Adj.⟩ [siehe Parterr]: **1.** *ebenerdig:* parterre wohnen **2.** *erschöpft, niedergeschlagen:* ich bin ganz parterr.
Parti, die [franz. partie, gesamtdeutsch heute mit: eine Partie Schach; eine Landpartie, eine gute Partie sein etc.]: **1.** *für eine bestimmte Arbeit zusammengestellte Gruppe von Arbeitern* ❖ **då stet di Parti:** *da geht nichts weiter* ❖ **di Parti aufhåltn:** *den Fortgang einer Sache behindern* **2.** *ein geselliges Zusammentreffen zu Spiel oder Sport:* se spieln heit a Parti Watten **3.** *ein Eheschluss:* a guate Parti måchn (= eine (finanziell) vorteilhafte Ehe schließen).
Parti|fiarer, der [zu Parti, Bed. 1]: *Vorarbeiter.*
Partschunggele: *siehe Porzjunkele.*
parzn[1] ⟨hat sich⟩ (reflexives Verb) [ahd. parren (= sich emporstrecken/ aufrichten) mit Suffix -etzen; mhd. barzen; vgl. Porze]: **1.** *sich aufrecken* **2.** *sich brüsten.*
parzn[2]**, parschzn** ⟨hat⟩ [kausativ (mit -jan) zu parzn[1]] (ST): **1.** *lockern, um einen Hebelpunkt zu finden, stochern* **2.** *etwas leicht bewegen, mit Hebelwirkung anheben* **3.** *den Fuß verstauchen.*
Påsch, der [über das Niederländische aus franz. passe-dix (= überschreite zehn); wer bei diesem Würfelspiel mehr als zehn Augen wirft, hat gewonnen]: *Wurf von mehreren Würfeln mit gleicher Augenzahl.*
paschinkat, pagschinkat ⟨Adj.⟩ [1. Bestandteil mhd. bouc (= Ring), 2. Bestandteil: mhd. schinke (= Schenkel)]: *o-beinig.*
påschn[1] ⟨hat⟩ [zu Påsch, siehe dort]: *das bekannte Würfelspiel spielen.*
påschn[2] ⟨hat⟩ [aus rotwelsch baaschen (= kaufen)] (ST): **1.** *verschwinden lassen* **2.** *schmuggeln.*
Pass[1]**,** die [zum Verb passen, Bed. 3] (NT): *Lauerstellung* ❖ **auf der Pass sein:** *lauernd auf jemanden oder etwas warten.*
Pass[2]**,** die [ebenfalls letztlich zu franz. passer, doch im Sinn von Leuten, die zugleich gehen; Schatz belegt für Tux noch Passe in der Bedeutung

Weggesellschaft] (UI): *Gruppe, die am Krampustag Tänze u. A. aufführt.*

passian, passiarn ⟨ist⟩ [franz. passer, dieses zu lat. passus (= Schritt)] (im bairisch-österreichischen Dialektraum das gängigste Wort für dieses Bedeutungsfeld): *geschehen, sich ereignen, zutragen* ❖ **da is was passiart/da is nix passiart:** *da ist etwas Schlimmes geschehen (auch da ist etwas vorwärts gegangen) / da ist nichts (Schlimmes) geschehen.*

Passl-: *siehe Poassl-.*

Påssl, die [laut Haller/Lanthaler aus lat. rapa brassica]: **1.** (Pass.) *kleine Rübe* **2.** (Sa.) *gekochte, kleine Weißrübe.*

påsslt ⟨Adj.⟩ [zu Påssl] (Pass.): *verschrumpelt.*

passn ⟨hat⟩ [zu franz. passer; dieses zu lat. passus (= Schritt); gesamtdeutsch: das Kleid passt; erst im 17. Jh. mit zusätzlicher Bedeutung: an etwas vorübergehen] **1.** (auch süddeutsch und österreichisch) *in Ordnung sein, ausreichen:* Von der Sprache Südtirols: „Südtirol: Mir redn so, weils ånders nit passt." (Luis von Südtirol: Die Entstehung der Sprachen) ❖ **Passt alles?** *Frage des Kellners, ob das Essen in Ordnung ist oder noch etwas bestellt wird* ❖ **Passt scho!** *Feststellung des Gastes, dass der Kellner das Restgeld behalten darf* **2.** (auch bairisch-österreichisch) *bekömmlich sein, zuträglich sein:* des passt ma **3.** (regional auch in D) *auf jemanden oder etwas gespannt warten, auf der Lauer liegen* **4.** *im Kartenspiel: aussetzen, warten.*

Pataun, der [rätorom. oder oberital. ponton(e) (= Gerüst)] (ST): *Rebengerüst im Weinberg, entspricht der Pergl.*

Patent, das [ital. patente, zunehmend auch Führerschein] (ST): *Führerschein.*

Patentino, das [ital. patentino] (ST): *Zweisprachigkeitsnachweis für Deutsch und Italienisch:* ohne Patentino kånnsch beim Lånd nit låndn (= ohne Zweisprachigkeitsnachweis bekommst du in der Landesverwaltung keine Stelle).

Pater, påtter: *siehe Patter.*

Pater|bruader, der (ST, OT): *Laienbruder.*

Påtsch, Påtscher, der, **Påtschele, Påtschei,** das [zu patschen (= ein klatschendes Geräusch verursachen); Patsch ist keine Kurzform von Tollpatsch]: **1.** *gutmütiger, unbeholfener Mensch* **2.** (kein Diminutiv) *dumpfer Knall.*

Påtschåchter, der [1. Bestandteil: zu patschen (= schwerfällig gehen); 2. Bestandteil: achter, eine Nebenform zu norddeutsch after (= hinterher); also eigentlich: einer der unbeholfen hinterherpatscht: *unbeholfener, ungeschickter Mensch.*

påtschat, påtschit ⟨Adj.⟩ [zu påtschn]: *ungeschickt.*

Påtsch|gåggl, der [1. Bestandteil: zu patschn und påtschat, siehe dort; 2. Bestandteil: vielleicht zu gåggln, siehe dort] (NT): *ungeschickter Mensch* ❖ **du Påtschgåggl:** *milder Tadel für jemanden, dem ein Missgeschick passiert ist.*
patschiarig, pakschiarig: *siehe paggschiarig.*
patschn ⟨hat⟩ [lautmalend] (ST, OI): **1.** *schmatzen, mit offenem Mund kauen* **2.** *mit der Zunge schnalzen.*
påtschn ⟨hat⟩ [lautmalend] (auch bairisch-österreichisch) **1.** *klatschen, die Hände zusammenschlagen* **2.** *dumpf klingen.*
Påtschn, Påtsche, der [lautmalend nach dem Geräusch derartiger Schuhe] (auch bairisch-österreichisch, aber selten): **1.** *Hausschuh* ❖ **di Påtschn aufschtelln:** *sterben* **2.** *Reifendefekt, platter Reifen.*
Påtschn|kino, das [zu Påtschn, Bed. 1] (scherzhaft): *Fernsehgerät.*
påtsch|woach ⟨Adj.⟩ [vgl. bazwoach]: *sehr weich.*
patter, pato ⟨Adv.⟩ [zu Pater (= Mönch), mit Blick auf das Armutsgelübde] (ST, OT): *mittellos:* er ist patter.
Patter¹, Påtter, Påttr, der [von Pater noster; vgl. auch Nuschter] (Sa., Pfun.): *Rosenkranz.*
Patter², Pater, der [siehe auch patter sein]: **1.** *Mönch* **2.** (ST) *Bremse (Tabanidae).*
Patter|zedl, der [Umdeutung von Parte zu Pater; siehe Partezettl] (UI): *Todesanzeige.*
påttlt ⟨Adj.⟩ [wohl spielerisch aus knåttl] (ST): *voll Schmutz, kotig.*
Patullia, die [ital. pattuglia] (ST): *Polizeistreife.*
Påtzeide, Påtzeid, Patzeid, die [aus dem Rätoromanischen; alttrientinisch bazeda, das auf ein gallisches Wort bacca (= Gefäß) zurückgeht] (ST): *Gefäß für Wein (groß wie ein Eimer).*
Påtzer, der [zu påtzn]: **1.** *jemand, der viel kleckst* **2.** *jemand, der Fehler macht; Stümper* **3.** *Fehler, Klecks* **4.** *Letzter im Wettkampf.*
Påtzerei, die [zu påtzn]: **1.** *Kleckserei* **2.** *Anhäufung von Fehlern.*
Påtzer|preis, der [1. Bestandteil: siehe Påtzer, Bed. 4] (ST): *Trostpreis für den letzten Platz.*
Patzl, Patzele, das [siehe Påtzn]: *kleine Menge.*
påtzn ⟨hat⟩ [ursprünglich: zusammenkleben, zusammenhängen; vermutlich Intensivbildung von backen mit dem Suffix -etzen]: **1.** *bei einer Tätigkeit einen kleinen Fehler machen* (auch bairisch-österreichisch): **2.** *klecksen* ❖ **jemandem oane påtzn:** *jemandem eine Ohrfeige geben.*
Påtzn, Påtze, der (auch bairisch-österreichisch): **1.** *Klecks* **2.** *Klumpen* **3.** *größere Menge, größeres Stück von etwas:* ein Påtzn Geld (= viel Geld); eine Påtzngschicht (= eine großartige Sache); einen Påtzn Rausch haben (= stark betrunken sein).

Påtzn|lippl, der [1. Bestandteil: zu påtzn, siehe dort; 2. Bestandteil: Kurzform von Philipp, siehe Lippl] (NT, OT): **1.** *jemand, der herumpatzt, sich bekleckert* (meist von Kindern) **2.** *jemand, der unnötige Fehler macht.*

Paunze, Paunzerl: *siehe Baunze, Baunzerl.*

Påx, der (OT): *Taschenmesser.*

Paze, der [Herkunft unklar] **1.** (Ridn.) *großer Mitesser am Mund* **2.** (Bozner U-Land, Pfun.) *Fieberblase.*

Peater|mobile, das (Pass.): *Perpetuum mobile.*

Peater|schlissl, der [eigentlich: Peterschlüssel; der Apostel Petrus wird heraldisch mit einem goldenen und einem silbernen Schlüssel dargestellt; der goldene ist für das Himmelreich („Ich werde dir die Schlüssel des Himmelreichs geben", Matth. 16,19), der silberne für das irdische Reich; der Blütenstand der Pflanze erinnert an einen Schlüsselbund] (ST, OT): *Echte Schlüsselblume (Primula veris);* Pflanzenart aus der Gattung der Primeln *(Primula)* in der Familie der Primelgewächse *(Primulaceae).*

Peatsche, Peatsch, der [vielleicht eine Vermengung von Bär und Nåtsch] (ST, OI): *(kastrierter) Eber.*

Pech|el, das (ST): *Pechöl* (zum Einschmieren der Bergschuhe).

Pech|mandl, Pech|manei, das (NT): *Sandmännchen.*

Pecker, der [zu peckn]: **1.** *Schnabelhieb, kurzer, schneller Hieb, spitze Bemerkung* **2.** (NT) *Spleen, Tick, Dachschaden:* der håt an Pecker.

peckn ⟨hat⟩ [mhd. becken, eine Nebenform von picken (= stechen, hacken); vgl. auch Eierpeckn] (auch bairisch-österreichisch; in D ansonsten nur: picken): **1.** *mit dem Schnabel aufnehmen* **2.** *mit dem Schnabel hacken* **3.** *mit kleiner Haue die Erde lockern z. B. Erdäpfel peckn* **4.** *ein Spiel, bei dem man mit Geldstücken ein Ziel treffen muss* **5.** (NT) (salopp) *bezahlen:* da kann der Papa peckn (wenn der Sohn etwas angestellt hat).

Pedele, Peduli, die (Plural) [ital. pedula (= Kletterschuh)] (ST): *leichte Schuhe.*

pefern, pefn, peffln, pelfern, pålfern ⟨hat⟩ [Herkunft unklar; vielleicht spielerisch aus bellen] **1.** *nachmaulen, nachäffen* **2.** *brummen, schelten.*

peffn, peffl ⟨hat⟩ [siehe pefern]: **1.** *bellen* **2.** *jemanden anschnauzen.*

peff |tian (Kindersprache) (ST): *mit den Köpfen zusammenstoßen, mit dem Kopf hart anstoßen.*

Peggl, der [gekürzt aus mhd. beckelhube, bickelhube (= beckenförmige Blechhaube unter dem Helm)]: *kleiner (alter) Hut.*

peggln ⟨hat⟩ [Herkunft unklar] (Sa.): *kränkeln.*

Pegl|goaß, die [Pegl kam nach Schöpf in Nordtiroler Dialekten als Bezeichnung für diesen Vogel vor; 2. Bestandteil: offenkundig von **Hąwer|goaß,** übertragen; siehe dort] (Pass.): *Waldkauz (Strix aluco), gilt wegen seines Schreies „Kuwitt", der als „Komm mit!" interpretiert wird, als Todesvogel.*
Peg|radl, das: *siehe Bege.*
peinign ⟨hat⟩ [zu peinigen]: **1.** *Vieh misshandeln* **2.** *peinigen.*
Peint(e), Puite, die [mhd. biunte, biunde (= freies, besonderem Anbau vorbehaltenes und eingehegtes Grundstück, Gehege); ahd. biunt; weitere Herkunft unklar] (OT, Pass., Pfun.): **1.** *(eingezäuntes) Stück Feld* **2.** *Gemüseacker mit Kraut, Mohn, Bohnen* **3.** (Pass.) *Freiplatz bei Kinderspielen.*
Peinte|loter, der [Peinte + Loter nach dem Ort, wo er aufgestellt wird] (Assling): *Vogelscheuche.*
Pelln: *siehe Palln.*
Pelschterle, das [Diminutiv von Polster] (Pass.): **1.** *Stängelloses Leimkraut (Silene acaulis), bekannt auch als Polsternelke;* gehört zur Gattung der Leimkräuter *(Silene)* und zur Familie der Nelkengewächse *(Caryophyllaceae)* **2.** (Pfun.) *Polstergewächs jeder Art.*
Pelzer, Pötzer, Pålzer, Petza, der [zu pelzn]: *Pfropfreis, Setzling.*
pelzn[1], pötzn, palzn ⟨hat⟩ [mhd. pelzen, belzen, ahd. pelzōn, laut Kluge aus einem rekonstruierten vorrom. impeltare (= einpfropfen), zu lat. pelta (= kleiner, leichter Schild), so wurde übertragen das Auge des Edelreises genannt]: **1.** *pelzen, veredeln* **2.** *Blumen pflanzen.*
pelzn[2] auch: **eini|pelzn, ani|pelzn** ⟨hat⟩ [zu Polz(e), siehe dort] (OI): *hineinstoßen, hinaufschlagen.*
Pemsl, Pemstl, Pensl, der [mhd. bensel, pinsel aus altfranz. pincel, das auf lat. penicillus (= Pinsel), dem Diminutiv von penis, zurückgeht]: *Pinsel.*
pemsn: *siehe bemsn.*
Penal, Penale, das [lat. pennale, zu lat. penna (= Feder)]: *Etui für Bleistifte etc.*
Pene, die [mhd. pēn(e) (= Strafe), zu lat. pœna (= Strafe)] (NT): **1.** *Sorge, Mühe* **2.** *Buße.*
Pengga, der; Plural: Pengga [Herkunft unklar]: *Rollkragenpullover.*
penig ⟨Adj.⟩ [zu Pene] (OI): *schwierig:* a peniger Mensch (= ein schwieriger Mensch).
Penn(e), Wenne, die [laut Schneider über das Roman. aus gall. benna (= Wagenkorb)]: *tiefer Wagenkorb zum Führen von Mist oder Steinen.*
Pent, der [vielleicht aus Ende] ❖ **einen Pent håbm** (Zillt.): *in Eile sein.*
penzn: *siehe benzn.*
peppitzn ⟨hat⟩ (OT): *zurückreden, schnattern.*

Percht, Pechte, Peaschtl, die oder der [mhd. berhte (= dämonisches Wesen im Volksglauben der Alpenländer); Herkunft unklar] (NT): **1.** *brauchtümliche Maske* (Schönpercht und Schiachpercht) **2.** *Schreckfigur, die mit dem Nikolaus kommt* **3.** *Hexe.*
Perchtl, das [zu Percht] (Alp.): *als alte Frau verkleidete Person mit Besen zum Auskehren der bösen Geister.*
Pergl, die [ital. pergola aus lat. pergula (= Vor-, Anbau)] (auch süddeutsch – Bed. 1 allerdings Neutrum]: **1.** *Stangengerüst im Weinberg* **2.** *berankter Laubengang.*
Perlågg, der; Plural: Perlåggn [laut Schatz zu einem in der Gegend von Salurn, aus der die Bezeichnung stammt, geläufigen ital. Wort berlicche für den Teufel, siehe Perlåggn]: **1.** *taufbare Karte beim Perlaggn* **2.** *geistig beschränkter Mann.*
Perlåggn, das [im 19. Jh. entstanden und heute noch in Südtirol, im Bozner Oberland und im Raum Innsbruck praktiziert; siehe Perlågg] (ST, OI): *ein Kartenspiel.*
pern ⟨hat⟩ [mhd. bern (= klopfen, schlagen, kneten)] (ST): **1.** *mit einer sandigen/krümeligen Substanz hantieren:* in Dreck pern (= mit Dreck hantieren, im Dreck wühlen) **2.** *herumtollen und Unordnung schaffen:* die Kinder hobm im Bett dinnen gepert.
per|rechnen, per|rechn ⟨hat⟩ [1. Bestandteil: zu pern, siehe dort; 2. Bestandteil: Rechen] (Ridn.): *abgemähtes Gras mit dem Rechen gleichmäßig verteilen.*
Pertschine [Pergine Valsugana/Fersen im Suganertal, eine Gemeinde in der Provinz Trient] ❖ **nach Pergine kommen** [in Pergine befand sich von 1881 bis 2002 eine Nervenheilanstalt – auch für Südtiroler Patienten; in der NS-Zeit wurden viele von ihnen im Zuge der Option nach Deutschland deportiert und im Euthanasie-Programm der Nationalsozialisten ermordet] (ST): **1.** *in eine Irrenanstalt eingeliefert werden* **2. pertschine sein:** *verrückt sein, nicht ganz bei Trost sein.*
Perzel, das [Diminutiv von Porze] (Deutschn.): **1.** *Unebenheit, Verdickung* (z. B. auf der Haut oder bei Bäumen) **2.** *kleiner Hügel.*
perzn, perschzn ⟨hat⟩ [siehe Porze] (Deutschn., Pfun.): *einen Baumstamm mit dem Zepin drehen.*
Petsch, der [siehe Peatsche] (ST): *Eber.*
Petsche, die [siehe Pfetsche] (ST): **1.** *breit verzweigter, dürrer Baum* **2.** (Pf.) *Busch.*
Petscher, der (La.): *Schaf mit krausem Haar.*
Petschl, die [zu Petsche] (Vin.): *Fruchtzapfen der Zirbe.*
Petschunggile: *siehe Porzjunkele.*
Petze, der [von Schatz zu ital. pezzo gestellt] (OT): *(Mehl-)Sack.*

Pfåffn, die (Plural) [das Wort ahd. pfaffo, mhd. pfaffe (= Geistlicher) wurde wahrscheinlich von einer frühen gotischen Mission in den Süden des deutschen Kulturraums gebracht; gotisch papa (= Geistlicher) aus griech. papas (= Kleriker); ähnliches Benennungsmotiv wie Pfåffnkappl (siehe dort)] (La., Pfun.): *Windröschen (Anemonen).*

Pfåffn|kappl, das [siehe Pfåffn; die Kapselfrucht ähnelt dem Birett, einer Kopfbedeckung katholischer Geistlicher]: *Gewöhnlicher Spindelstrauch (Euonymus europaeus), auch Pfaffenhütchen genannt.*

Pfålz, Pålz, der [wie standardsprachlich Balz, aber mit verstärktem Anlaut; mhd. balz (= Liebesspiel bestimmter größerer Wald- und Feldvögel, z. B. Auerhahn, Birkhahn, Fasan, Schnepfen etc.)] (NT, OT): *Balz der Wildvögel:* „Wer will af'n Hahnpfalz gehn, ja der muß früh aufstehn, ja vor dem Tag, ja der muß früh aufsteign, auf denselben Platz, ja wo der Spielhahn sein Pfalz hat." (Aus dem Lied „Der Spielhahn").

Pfandl, das (ST, UI): *kleine Pfanne* ❖ **Pfandl måchn:** *das Gesicht zum Weinen verziehen (von Kindern).*

pfandl(n) ⟨hat⟩ [Herkunft unklar, wahrscheinlich zu Pfanne, vgl. plattln] (Pfun.): *Steine auf die Oberfläche eines Sees oder Flusses werfen, sodass sie einige Male aufspringen.*

Pfånn|holz, das: *Gerät zum Abstützen einer Pfanne.*

Pfånn(en)|knecht, der: *Gerät zum Abstützen einer Pfanne.*

Pfap|folder, der: *siehe Pfeifälter.*

Pfårbe, der [wahrscheinlich anlautverstärkt aus Farn]: *Farn.*

Pfårfl[1]: *siehe Fårfl.*

Pfårfl[2], Pfårflach, das [wohl mit Anlautverstärkung aus mhd. varm, varn] (OT): *Farnkraut (Polypodiosida).*

Pfårfler, der [zu Pfårfl[1]] (Villgr.): *Schwerenöter.*

Pfårrer|schuale, die [eigentlich: Pfarrerschule] (Pf.): *Religionsunterricht.*

Pfat, die: *siehe Pfoat.*

pfåtschn ⟨hat oder ist⟩: **1.** *leise knallen* **2.** *bersten* **3.** *in Konkurs gehen.*

pfauchn ⟨hat⟩ [wie standarddt. fauchen zu mhd. pfüchen, zu pfüch (= fauchen von Tieren); lautmalend]: *fauchen (von der Katze).*

pfausat ⟨Adj.⟩ [zu Pfose[1]] (Pfun.): *zerzaust, struppig.*

Pfeache: siehe Feache.

Pfeangge, die (OT): *Hupe.*

pfeanggn: *siehe pfengen.*

Pfearscher, Pfeascha, der [mhd. pfersich, lat. persica arbor (= persischer Baum) oder persicum malum (= persischer Apfel); die Pflanze gelangte über Persien nach Europa]: *Pfirsich (Prunus persica).*

Pfei|fålter, Pfaf|folderer, der [mhd. vīfalter (= Schmetterling)] (Pass.): **1.** *Schmetterling* **2.** *Falter* ❖ **zem bisch du no mit di Pfeifålter gflogn:** *da warst du noch nicht geboren.*

Pfeits|bluame, die [anlautverstärkt zu Veit (= Vitus)] (Pass.): *Gewöhnliches Kohlröschen (Nigritella rhellicacni); eine Pflanze innheralb der Familie de Orchideen (Orchidaceae).*

pfeits|grode ⟨Adj.⟩ [in Anlehnung an Veit: Umbildung von pfeilgerade] (OI, Ridn.): *kerzengerade.*

Pfelf, der [eigentlich: Behelf] (Pass., Pfun.): **1.** *Nutzen* **2.** *Verdienst.*

Pfempfe, Pfrempfe, die; Plural: Pfempfm [siehe pfempfn] (Pass., Pfun.): *Hupe.*

pfempfn ⟨hat⟩ [Herkunft unklar, vgl. pfengen] (Pass., Pfun.): *hupen.*

Pfen, der: *siehe Fen.*

pfengen, pfenggn, pfeanggn ⟨hat⟩ [Herkunft unklar; auffällige Nähe zu fenggln] (ST, OT): **1.** *(unschön) blasen, dudeln* **2.** *pressen* **3.** (OT) *hupen.*

Pfengger, der [wohl zu pfengen, weil die Kinder mit dem hohlen Stängel tuten] (Def.): *Löwenzahn;* unter dieser Bezeichnung firmieren zwei verschiedene Pflanzen: *Leontodon* und *Taraxacum*, beide sind eine Gattung innerhalb der Familie der Korbblütler *(Asteraceae).*

pfengitzn, pfenggetzn ⟨hat⟩ [pfengen + Suffix -etzn] (Pf.): **1.** *jammern, quengeln* **2.** *überblasen, (bei Holz- und Blechblasinstrumenten) durch stärkeres Blasen des Grundtones die höheren Teiltöne hervorbringen.*

pfent ⟨Adv.⟩ [Zusammenrückung von mhd. bī hende (= bei Hand)]: **1.** *schnell, geschwind* **2.** *dicht gedrängt, eng sitzend* **3.** *kraftvoll, kräftig gebaut.*

Pferscher: siehe *Pfearscher.*

pfesern ⟨hat⟩ [Herkunft unklar; vgl. fesln]: **1.** (Deutschn.) *spritzen* **2.** (La.) *tröpfeln (von einem undichten Rohr).*

pfeschtern ⟨hat⟩ (Zillt.): *notdürftig zustande bringen.*

Pfetsche, Pfętsche, der [zu lat. picea (= Pechföhre)]: *junger Nadelbaum* **2.** (OI) (abwertend) *Strauchgewächs.*

Pfette, die [frühnhd. pfette; Kluge-Seebold stellt es trotz der Lautung zu mittellat. patena (= Firstbaum)]: *waagrechter Baum am Dachstuhl.*

pfetzn ⟨hat⟩ [mhd. pfetzen (= zupfen, zwicken)] (OT): *klemmen, zwicken.*

Pfiam, der: *siehe Fen.*

Pfiampf, der; Plural: Pfiampf [Nähe zu ahd. pfipfitz, laut Kluge zurückgehend auf lat. pituita (= Schleim)]: (Pf.) *Pips* (volkstümliche Bezeichnung für die Atemnot bei schweren Entzündungen der Schnabelhöhle beim Geflügel, wie sie beispielsweise bei Vogelpocken auftritt, früher als eigene Krankheit begriffen).

pfiane ⟨es hat⟩ (unpersönliches Verb) [siehe Fen] (OI, Paznaun): *föhnen:* es tuat pfiane (= es föhnt, es weht ein warmer Wind).

pfiati, pfiati Gott; Plural: **pfiat enk, pfiat eich** [behüte dich bzw. behüte euch Gott]: *Abschiedsgruß.*

pfisn: *siehe pisn.*

Pfifferling, der [siehe Pfiffra] (NT): **1.** *Echter Pfifferling, Eierschwamm oder Rehling (Cantharellus cibarius)* **2.** (Zillt.) *alle Arten von Pilzen (auch giftige).*

Pfiffra, der [mhd. pfefferlinc, ahd. phifera, zu Pfeffer; nach dem pfefferartigen Geschmack] (Pfun.): *Echter Pfifferling, Eierschwamm oder Rehling.*

Pfilgen|tåg, der [anlautverstärkt aus Vigilius] (AT): *Tag des hl. Vigilius von Trient (26. Juni).*

Pfinz|tåg, Pfinz|tig, Pfinz|ta, Pfinzn|tåg, der [über das Gotische aus griech. pempte (hemera) (= der fünfte Tag der Woche, beginnend beim Sonntag; vgl. Erchtag)]: *Donnerstag.*

Pfitsche|pfeil, Pfitscher|pfeil, der [mhd. vitzer (= Pfeil); also verdeutlichende Verdoppelung; vgl. pfitschn]: *von einem Bogen abgeschossener Pfeil* (Bogen meist aus Weidenholz oder Ähnlichem).

pfitscherlen ⟨hat⟩ [zu Pfitsch, eine Südtiroler Gemeinde, benannt nach dem Pfitschtal, in dem sie liegt]: *Pfitscherisch reden.*

pfitschn ⟨ist⟩ [siehe Pfitscherpfeil]: **1.** *flitzen, huschen, entschlüpfen* **2.** *aufzischen.*

pfladern: *siehe fladern.*

Pflånke, die: *siehe Plånk(e).*

Pflanz, der [zu pflanzn]: *Neckerei: des is a Pflanz* (= das ist nicht ernst gemeint).

Pflånz, der [ursprüngl.: Pflanzenschmuck; zu Pflanze]: *Schmuck* ❖ **Pflånz machen:** *sich eigenmächtig zu etwas machen, sich eitel zeigen, wohlhabend tun.*

Pflånze, die [ahd. pflanza, zu lat. planta (= Sohle) und plantare (= den Boden um den Setzling herum mit der Sohle festtreten)]: *Setzling, Jungpflanze.*

pflanzn ⟨hat⟩ [zu österreichisch Pflanz, der (= Schwindel, Vorspiegelung); laut Duden zu Pflanze mit der Bedeutung Pflanzenschmuck, übertragen im Sinn von Beschönigung]: **1.** *zum Narren halten* **2.** *necken.*

Pflåschter, die [bei Schatz masc. oder neutr. belegt] (Def.): *Heubüschel.*

Pflåtsche: *siehe Bletschn.*

Pflåtsch(er), Plåtsch, der [wohl lautmalend aus der Wortgruppe um Påtsch, påtschn]: **1.** *zerdrückte Masse* **2.** *Fladen* **3.** *klatschendes Aufprallen* (von Regen oder stürzender Masse).

pflåtschelet ⟨Adj.⟩ [zu Pflåtsch, siehe dort] (ST, OT): **1.** *platt* **2.** *flach.*

Pflåtsch|zånge, die [1. Bestandteil: siehe Pflåtsch und pflåtschelet] (OT, Pass.): *Flachzange.*
pflåttere, pflådere ⟨ist⟩ [wie standardsprachlich flattern zu mhd. vladeren; laut Duden vermutlich verwandt mit Falter] (NT): *flattern.*
Pflaum, der, **Pflaume,** die [wie standarddt. Flaum zu mhd. pflūme, ahd. pflūma, aus lat. pluma (= Flaumfeder)]: **1.** (ST) *Gesamtheit der Flaumfedern bei Vögeln* **2.** *feiner, zarter Haarwuchs eines Säuglings* **3.** *erster Bartwuchs* **4.** (ST) *weicher, pelziger Überzug, z. B. eines Pfirsichs.*
pflennen: *siehe flennen.*
Pferra, der [mhd. pherrich] (Pfun.): *Pferch (= eingeschlossene Fläche, auf der Schafe oder anderes Vieh zusammengetrieben werden).*
P(f)lerre, die [Herkunft unklar] (NT): *großer Schmutzfleck.*
Pflettaling, der [Ableitung von Pflåtscher] (Def.): *Kuhfladen.*
Pfletsche: *siehe Bletschn.*
pfliantschn ⟨hat⟩ [vgl. die sprachspielerische Sequenz flennen, pflennen, fliantschn, pfliantschn] (OT): *heftig weinen.*
Pflichta, die: *siehe Flichter.*
pfluttern, pflittern, pfnuttern ⟨hat⟩ [lautmalend wie pfnattern, siehe dort]: **1.** *brodeln, beim Sieden Blasen werfen* **2.** *kichern, verhalten lachen.*
Pfluttl, Pluttl, die [zu pfluttern, siehe dort] (abwertend): *dicke Frau.*
Pfnåtsch, der [lautmalend, siehe pfnattern] (ST): **1.** *(gedämpfter) Knall* **2.** *kleine Menge:* ein Pfnåtsch Heu (= eine kleine Menge Heu).
Pfnåtsch|gewer, das; Plural: Pfnåtschgewer [1. Bestandteil: siehe Pfnåtsch] (Pf.): *Luftdruckgewehr.*
pfnåtschn ⟨hat⟩ (ST): **1.** *gedämpft knallen* **2.** *rauchen.*
pfnattern, pfnuttern ⟨hat⟩ [lautmalend wie knattern, knittern] (ST, OT): **1.** *knattern, knallen* **2.** *eine Darmblähung geräuschvoll entweichen lassen* **3.** (ST) *verhalten lachen* **4.** (ST) *tuscheln.*
pfnåttln ⟨hat⟩ [zu den vorigen] (ST): *Aufkochen bei Mus und Polenta; Blasen werfen.*
pfnausn, pfnasn ⟨hat⟩ [mhd. pfnūsen (= niesen, schnauben)] (NT): **1.** *fauchen, zischen* **2.** *schwer atmen* **3.** *schnauben.*
pfnechn, pfnichn ⟨hat⟩ [Herkunft unklar] (Zillt.): *hart atmen, schnauben, seufzen.*
Pfnetsche, die [zu Pfnåtsch, siehe dort] (Pass.): *Gewehr.*
pfnetschn ⟨hat⟩ [siehe Pfnetsche] (Pass., Pfun.): **1.** *schießen* **2.** *leicht knallen* **3.** *Klagelaute ausstoßen.*
pfnisn ⟨hat⟩ [umlautend zu mhd. phnūsen (= niesen, schnauben), einer Variante schallnachahmender Wörter, zu denen auch standarddt. niesen gehört] (ST): **1.** *schwer atmen* **2.** *schnauben.*
pfnitschn ⟨hat⟩ [siehe pfnisn] (Sa.): *niesen.*

pfnugitzn ⟨hat⟩ [siehe pfnisn] (Pf.): **1.** *leicht husten* **2.** *niesen.*
pfnurtschn, pfnurzen ⟨hat⟩ [siehe pfnisn, pfnutschn]: *niesen.*
pfnuttern: *siehe pfluttern.*
pfnuttilat ⟨Adj.⟩ (Pf.): *schwach.*
Pfnuttler, der; Plural: Pfnuttler (Pf.): *Schimpfwort für einen unbeholfenen Menschen.*
Pfoam: *siehe Foam.*
Pfoat, Pfoad, Pfat, die [zählt im bairisch-österreichischen Dialektgebiet zu jenen alten Kennwörtern, die man über das Gotische (in diesem Fall paida) auf das Griechische, in diesem Fall baitē (= Hirtenrock) zurückführt] (auch bairisch-österreichisch): *Hemd:* „Spinn, spinn, Spinnerin, sitzt am goldnen Radl, / Seidnfådn auf der Spindl zu an Pfoadl für mei Kindl ..." (Aus dem Lied: „Spinn, spinn, Spinnerin") ❖ **di letzte Pfoat håt koane Taschn** [eigentlich: das Totenhemd hat keine Taschen; ähnlich auch in anderen Dialekten des deutschen Sprachraums]: *du kannst dir nichts ins Grab mitnehmen.*
pfoat|er|blig, pfoat|ermlat, pfat|er|blig ⟨Adv.⟩ [eigentlich: hemdsärmelig; 1. Bestandteil: siehe Pfoat; 2. Bestandteil: ärmelig)] (ST, UI): *ohne Jacke.*
Pfoatn|loascht, der [1. Bestandteil: Pfoat, siehe dort, 2. Bestandteil: mhd. leiste (= Form, Schusterleisten)]: **1.** (ST) *nur teilweise bekleidete Person* **2.** (Lienz) *naiver/schlampiger Bub.*
Pfose[1]**,** die [anlautverstärkt aus mhd. vase (= Faser)] (ST, OT): **1.** *Franse* **2.** *Gänsehaut* ❖ **di Pfosn aufschtelln:** *frieren* **3.** *Quaste.*
Pfose[2]**,** der [mhd. phose (= Beutel, Gürteltasche), slaw. Herkunft] (ST, OT): **1.** *Fingerschutz aus Stoff, Leder o. Ä.* **2.** *Wadenstrumpf ohne Socken.*
pfoset ⟨Adj.⟩ [zu Pfose[1]] (ST, OT): **1.** *zerzaust* **2.** *fransig* **3.** *struppig.*
Pfossn, die (Plural) (Ahrnt.): *Hausschuhe, Patschen.*
Pfotsch(n), der: **1.** *Quaste* **2.** (OT) *Fingerverband* **3.** *abgehauener Baumwipfel, junges Bäumchen.*
Pfott, die [mit agglutiniertem Art. aus mhd. fut (= Vagina)] (ST) (abwertend): *Frau.*
Pfowar, der [wie standarddt. Pfau zu mhd. pfā(we), ahd. pfāwo, aus lat. pavo] (Sa.): **1.** *Blauer Pfau (Pavo cristatus)* **2.** *Ährenträgerpfau (Pavo muticus).*
Pfraume, Pfram, die, **Pfraumer,** der [wie standarddt. Pflaume zu mhd. pflūme, pfrūme, ahd. pfrūma; lat. prunum, griech. proūmnon; die alte Anlautvariante Pfr- hat sich im Tirolischen erhalten, während in der Standardsprache Pfl- gängig ist]: *Pflaume (Prunus domestica).*
pfregget ⟨Adj.⟩ [siehe Gregg] (ST, OI): *mager, hager.*
Pfreim, der [siehe Reim[2]] (OI, Alp.): *leichter Reif zur Winterzeit.*
pfreimig ⟨Adj.⟩ (OI, Alp.): *mit Reif bedeckt.*

Pfrenger, der [mhd. phrenger (= Bedränger) und mhd. phrengen (= pressen, drängen, bedrücken)] (Pass.): *Pferch (siehe Pferra).*
Pfriangge, die [Variante von Priaggele; siehe dort] (OI, Pf.): *weinerliche Miene.*
Pfriggl, die [zu Frigl; siehe dort] (Villgr.): *Frigl-Suppe.*
Pfrille, die [gleichbedeutend mhd. phrille] (ST, OI): *Elritze (Phoxinus phoxinus), ein Kleinfisch aus der Familie der Karpfenfische (Cyprinidae).*
Pfrosl, Pfrosle, Pfrusle, die (Plural) [aus bündnerrom. frosla, dieses zu lat. rosa (= Rose) aus griech. roson; die lat. Bezeichnung Rosa canina bedeutet so viel wie Hundsrose (eigentlich: gemeine Rose)]: **1.** (ST, OT, OI) *Hagebutten, Früchte der Hundsrose (Rosa canina)* **2.** (ST) *der Rosenstrauch selbst.*
Pfrull, der; Plural: Pfrulln [Herkunft unklar] (Pass.): *beleidigtes Gesicht.*
pfrulln ⟨ist⟩ [zu Pfrull; siehe dort] (Pass.): *beleidigt sein.*
Pfuam, Fuam, der [anlautverstärkt aus mhd. veim (= Schaum)] (ST): *Schaum auf heißem Schmalz, heißer Milch oder heißer Marmelade.*
pfuchetzn ⟨hat⟩ [verwandt mit fauchen; zugrunde liegt eine Lautgebärde für das Ausstoßen von Luft aus den Backen] (NT): **1.** *zischend aufbrennen, fauchen* **2.** *sich schnaubend vom Rauch abwenden* **3.** *lachen oder unterdrückt lachen.*
Pfurfile, das [siehe Pfurfl]: *zierliches, kleines Mädchen.*
Pfurfl, die; Plural: Pfurfln [aus lad. fürfora (= Spreu, Kleie) aus lat. furfur (Kleie) – nach dem Muster Pfrosl aus roman. frosla); vgl. Fårfl, Pfårfl]: **1.** *Krümel, Teigbrösel als Suppeneinlage* **2.** *Knöllchen (z. B. Kartoffelbrösel als Hühnerfutter* **3.** *geistig beschränkte Frau.*
pfurfln ⟨hat⟩ [zu Pfurfl]: *bröckeln, zerbröseln.*
Pfurfl|suppm, die; auch: **Pfirfile|suppm,** die: *Eintropfsuppe.*
Pfurz, Furz, Fårz, der [siehe pfurzn] (derb): *laut entweichende Darmblähung.*
pfurzn, fårzn ⟨hat⟩ [wie furzen, aber mit verändertem Anlaut; zu mhd. vurz und verzen, ahd. ferzan; lautmalend] (derb): *eine Darmblähung (geräuschvoll) entweichen lassen.*
Pfuscher, der [siehe pfuschn]: **1.** *jemand, der sein Geschäft nicht versteht* **2.** *Schwarzarbeiter.*
pfuschn ⟨hat⟩ [vermutlich zu futsch; laut Duden ursprünglich lautmalend z. B. für das Geräusch von schnell abbrennendem Pulver oder für das Reißen von schlechtem Stoff; gesamtdeutsch: schlecht arbeiten]: **1.** *etwas schlecht machen* **2.** *schwarzarbeiten* ❖ **pfuschn gian,** an **Pfusch gian** ⟨ist⟩: *mit Schwarzarbeit Geld verdienen.*
pfusig ⟨Adj.⟩ [Herkunft unklar] (Ridn.): *nett, drollig, lustig (von Kindern).*

pfutsch ⟨Adv.⟩ [Lautgebärde wie futsch]: *weg, verschwunden.*

Pfutsch, Pfutscher, Pfutschinger, Pfutsch|kinig, Pfutsch|kini, der, **Pfutscherle,** das [zum Adverb pfutsch oder zum ablautenden Verb pfitschen; König als 2. Bestandteil: nach einer Fabel des Äsop (um 600 v. Chr.), wonach einst die Vögel denjenigen von ihnen zum König machen wollten, der am höchsten fliegt; dies gelang dem Adler, aber als er wieder niedergehen musste, erhob sich der kleine Zaunkönig, der sich in seinem Gefieder versteckt hatte, flog noch höher und rief: „König bin ich!"; zu Bed. 2: der Vogel ist nach dem Winter- und Sommergoldhähnchen der drittkleinste Vogel Europas] (ST, OT): **1.** *Zaunkönig (Troglodytes troglodytes)* **2.** *kleiner Mensch.*

pfutschn, pfnutschn ⟨hat⟩ [Herkunft unklar] (ST): *rauchen.*

Piantsch, der [wohl lautmalend zu Peatsch] (La.): *kastriertes männliches Schwein.*

Piascht, Piast, Pianscht, der [mhd. biest, ahd. piost (= erste Milch der Kuh nach dem Kalben)]: *erste Milch der Kuh nach dem Kalben.*

Piascht|kuchn, der, **Pianscht|turt,** die [1. Bestandteil: siehe Piascht; 2. Bestandteil: Torte]: *mit Piastmilch gemachter Kuchen.*

Piasl, das [Diminutiv von mhd. buosen (= Brust, das die Brust bedeckende Tuch)] (ST): **1.** *Besatz, Rand am Hemd* **2.** *Hemdkragen* **3.** *Manschette* **4.** (Pf.) *unzuverlässiger Mensch.*

Piasl, der [mhd. bieze (= weiße Rübe, Bete), ursprünglich entlehnt aus lat. beta; vgl. Biassl] (Pfun.): *Mangold (Beta vulgaris), eine Kulturform der Rübe.*

Pick, der, **Picke,** die [zu pickn]: **1.** *Klebstoff* **2.** *Abneigung* ❖ **auf jemanden an Pick hom:** *jemanden nicht mögen, verabscheuen.*

pickat, pickig ⟨Adj.⟩ [zu pickn]: *klebrig.*

pickl ❖ **pickl sein z'älln** [mhd. bickel (= Pickel, Spitzhacke); hatte nach Schatz im alten Ahrntaler Dialekt die Bedeutung stämmiger, widerstandsfähiger Mann] (AT, Pfun.): *zu allem geeignet sein.*

pickn ⟨hat⟩ [mhd. picken, Nebenform von pichen; dieses zu Pech]: *kleben* ❖ **pickn bleibn:** *an einem Ort/in einem Land bleiben, obwohl es nicht geplant war* ❖ **jemandem oane pickn:** *jemanden ohrfeigen* ❖ **wås ligt, des pickt** [Kartenspielregel: eine bereits gespielte Karte darf nicht zurückgenommen werden]: *die Entscheidung kann nicht revidiert werden* ❖ **Sackl pickn:** *im Gefängnis sitzen.*

pick|siaß ⟨Adj.⟩ [1. Bestandteil: siehe pickn]: *übertrieben süß (auch von Personen).*

pidnen, pidn, pimen ⟨hat⟩ [mhd. bidemen (= beben, zittern)] (ST): **1.** *beben, rütteln* **2.** *poltern.*

Pidner, der [aus pidnen] (OT): *Knall mit Vibration.*

Pifke, der [geht auf Piefke, eine Figur des Berliner Schriftstellers Adolf Glasbrenner zurück; 1848 taucht die Witzfigur in der Wiener Zeitschrift „Der Humorist" auf; kein Zusammenhang mit Gänserndorfer Militärparade 1866; auch in D, allerdings mit der ursprünglichen Bedeutung dümmlicher Wichtigtuer] (abwertend): *Bundesdeutscher, Norddeutscher.*
Pifkei, die (abwertend oder scherzhaft) (NT, OT): *Bundesrepublik Deutschland.*
pifkinesisch 〈Adj.〉 [zu Piefkinese] (abwertend): *(nördlich gefärbtes) Deutsch.*
Pilg|oar, Pilg|oa, Pill|oa, das [gleichbed. mhd. pilgei]: **1.** *Ei, das ins Nest gelegt wird, als Anreiz für Hühner, ein Ei zu legen* **2.** *nachgemachtes Ei, falsches Ei.*
Pill(e), der, die oder das (je nach Region) [Herkunft unklar] (NT): **1.** *Heustadel, Heuhütte* **2.** *Heuabteil im Stadel.*
pilln, pill, pün 〈hat〉 [siehe pillrietig] (UI, Pf.): *brüllen.*
pill|riatig, prill|ritig 〈Adj.〉 [1. Bestandteil: aus mhd. bellen in der allgemeinen Bedeutung brüllen; 2. Bestandteil: aus nicht mehr verstandenem ritig (= aufreitend)] (ST, UI): **1.** *unruhig:* a pillriatige Kue (= eine unruhige, nicht aufnehmende Kuh) **2.** (Pass.) *nymphoman.*
Pimper, der [rückgebildet aus pimpern (= koitieren), dieses zu niederdeutsch pümpern (= im Mörser zerstoßen)] (ST): *Penis.*
Pims, der [mhd. bümeʒ (= Bimsstein); ahd. bumiʒ, aus lat. pumex (Gen. pumicis), eigentlich: Schaumstein]: **1.** (scherzhaft) *Brot* **2.** (Pass.) *Brotlaib.*
Pine, die (Zillt.): *Weißbrotzeile.*
pinebm 〈Adj.〉 [1. Bestandteil: wie standarddt. Bühne zu mhd. büne (= Bretterbühne, Zimmerdecke)] (ST, OI): *ganz flach.*
Pinggeir: *siehe Punteir.*
Pinggl: *siehe Binggl.*
Piniolo, der [ital. pignolo] (ST): *Pedant, kleinlicher Mensch.*
Pipe, Pip, Pippm, die [ital. pipa (= Röhre, Pfeife), zu lat. pipare (= pfeifen)] (auch bairisch-österreichisch): **1.** *Wasserhahn* **2.** *Zapfhahn* **3.** (abwertend) *frecher, unerzogener Kerl:* Rotzpippm.
Pipele, Pipei, das [siehe auch Pisele]: *Kücken.*
Piper, der [vermutlich nach dem Lockruf für das Tier oder nach dessen Zornlauten] (ST, OT): *Truthahn, Puter (Meleagris gallopavo); gemeint ist das Haustruthuhn.*
pippln, pipplen 〈hat〉 [Ableitung von Pipe]: *viel und genüsslich trinken; häufig Alkohol trinken.*
Pirch|aug, das [wohl zu mhd. birke, birche (= Birke) nach deren auffällig weißgefleckter Rinde] (ST): *Auge mit weißlicher Pupille.*

Pirl: *siehe Birl.*
Pisele, Pisle, das [siehe Pusele] (ST): *Kücken.*
pisn, Pisna, pfisn: *siehe bisn.*
Piss: *siehe Biss.*
Pitsche: *siehe Bitsche.*
pitschn ⟨hat⟩ [vielleicht zu pitzlen] (ST, OT): **1.** *zwicken, zusammendrücken (z. B. die Ränder von Krapfen)* **2. es pitscht:** *es klemmt* **3.** *die Mundwinkel zum Weinen verziehen.*
Pittra, Pitter, der, **Pitterle,** das: *siehe Bittra.*
Pitzaiolo, der [aus geichbed. ital. pizzaiolo entlehnt] (ST): *Pizzabäcker.*
pitzlen ⟨hat⟩ [wie süddeutsch bitzeln (= prickeln, kribbeln) zu beißen] (ST, OT): **1.** *leicht stechen, jucken* **2.** *einen Stromschlag spüren: dieser pitzelt.*
Pitzler, Pitzla, der [zu pitzlen, siehe dort] (ST, OT): **1.** *Stromschlag* **2.** (Pfun.) *elektrischer Hüterzaun* **3.** (Pfun.) *Hüterbub.*
Plabling, Plebling, der, **Plewei,** das [zu mhd. blā, ahd. blāo, eigentlich: schimmernd, glänzend] (NT): *Täubling (Russola) (mit vielen Untergattungen).*
Plåche, Ploche, die [mhd. blahe (= grobes Leintuch, Wagentuch); wie österreichisch Plache]: *leinenes Tuch zum Heutragen.*
Plachile, das (OT): *Windel.*
Plader, Pladra, der; Plural: Pladern [siehe pladern]: **1.** *ausgeschüttete Flüssigkeit am Boden* **2.** *Kuhfladen* **3.** *dicke Frau.*
pladern ⟨ist⟩ [vielleicht lautmalend aus Bloter; siehe dort] (Pass.): *auseinanderrinnen.*
plader|nåcket ⟨Adj.⟩ [wohl zu pladern] (Pass.): *splitternackt.*
Plall, Plalle, Plalli, der [Plall nannte man die altösterreichische Vier-Kreuzer-Münze, die nach Schatz plump war]: **1.** (ST) *Medaille* **2.** (OI) *Kerl* **3.** (OI, Pass.) *unverlässlicher, ungeschickter Mensch* **4.** (OI) *männliches Glied.*
Plan, Plon, Plun(e), der [mhd. plān(e) (= freier Platz, Ebene), zu lat. planus (= eben, flach), wie standarddt. plan (= eben) und Plan (= Vorhaben)] (ST): **1.** *Holzdeckel für Kessel* **2.** *großer Holzteller, Schneidbrett, Tragbalken für das Dach, ebener Platz in den Alpen.*
plan|ebm ⟨Adj.⟩ [siehe Plan] (NT): *ganz flach.*
Plånke, die [mhd. planke (= dickes Brett, Planke)]: *dickes Brett.*
Plantsch, Plan(t)schi, der [zu plantschn, planschn (= herumspritzen); nasalierte Nebenform von lautmalendem platschen] (OI): **1.** *unbeholfenes Kind* **2.** *dicker, schwerfälliger Mensch:* „Dr Bauar zur sei Bairin seit: / „Du kånnsch da Knecht vertreiba, / weil sou an Planschi brauch i it / åbr d' Diarna dia kånn bleiba." (Aus dem Lied „Mir Oberländer fölsaföscht").

plantschn ⟨hat⟩ [siehe Plantsch]: **1.** *im Wasser wühlen, plätschern* **2.** *herumspritzen.*
Plåpper, die [aus plappern, das wie ahd. blabbezon und mhd. blebzen lautmalend ist]: *großes Mundwerk.*
plårgg-: *siehe plorgg-.*
plårpm ⟨hat⟩ [lautmalend] (Pass.): **1.** *langsam sieden* **2.** *Blasen bilden (vom Mus).*
plarpm ⟨hat⟩ [lautmalend] (Pass.): *schrill tönen* (beim Zurückschnellen einer Sense).
Plårre, Plå(r) der [wohl spielerisch aus Plader]: **1.** *Fladen* **2.** *Unmenge.*
Platenigl, das [mhd. batenie, batonje, aus lat. betonia, betonica] (NT, OT, Pfun.): *Aurikel, Alpenaurikel (Primula auricula).*
Plåtsch, Plåtscher, der [lautmalendes Wort wie klatsch und patsch; siehe Pflatsch]: **1.** *klatschendes Aufprallen* (von Regen oder stürzender Masse) **2.** *kleine Menge* (von Heu, Gras, Wasser etc.).
platschedern ⟨hat⟩ [bei Grimm ist vermerkt: rotwelsch platschieren (= das Volk mit Märchen betören) und Platschierer (= der auf dem Markt, auf den Bänken Wunderlügen erzählt)]: **1.** *wortreich und großspurig daherreden* **2.** *plaudern.*
platschn ⟨ist⟩ [lautmalend]: *klatschend fallen, in Nasses treten:* er is einiplatscht.
platsch|nåss ⟨Adj.⟩: *völlig durchnässt.*
Plåtte, Plåttn, die [wie standarddt. Platte; dieses entlehnt aus mittellat. platta (= Platte), das auf spätlat. plattus (= flach) zurückgeht; aus griech. platýs (= eben, breit)]: **1.** *Platte, Dachziegel* **2.** *flacher Geländeteil* **3.** (ST, OI) *Henne.*
Plåttele, das [das kleine Platte, das Kammlose; siehe Platte] (ST, OI): *weibliches Kücken.*
plattelet, plattilat ⟨Adj.⟩ [Ableitung von Plåtte]: *flach, eben.*
plattern, plåttern ⟨hat⟩ [eigentlich: mit der flachen Hand schlagen]: **1.** *wiederholt schlagen* **2.** *den Hintern versohlen.*
Plattler, der [Kurzform, siehe Schuachplattler]: *Schuhplattler.*
plåttln ⟨hat⟩ [zu platt; siehe Platte und plattern]: **1.** *flache Steine auf die Oberfläche eines Sees oder Flusses werfen, sodass sie einige Male aufspringen* **2.** *schuhplatteln* **3.** *schnell rennen, schnell unterwegs sein.*
Plåttn, der [wie Platte]: *defekter Reifen.*
Plåttn, die [Herkunft unklar; gesamtdeutsch sind: Holzplatte, Schallplatte etc.] (NT): **1.** *Verbrecherbande, Gang* **2.** *Clique.*
Plåttn|bruader, der [zu Plåttn] (NT): **1.** *Mitglied einer Verbrecherbande, Gang* **2.** *Mitglied einer Clique.*
Plåttn|tinele, das: *siehe Blatenigl.*

Plått|schelle, die; Plural: Plåttschelln [1. Bestandteil: zu plått (= flach, glatt)] (Pass.): *flache Kuhglocke.*
plauge ⟨Adj.⟩ [mhd. blūc, bliuc (= zaghaft, schüchtern, unentschlossen)]: **1.** (Zillt.) *ängstlich* **2.** (Pfun.) *zurückhaltend, schüchtern, scheu.*
Plausch, der [zu plauschn, siehe dort]: *Plauderei.*
Plauscher, der [siehe plauschn]: *Vielredner, Plauderer.*
plauschn ⟨hat⟩ [abwertend von mhd. pludern (= plaudern)]: **1.** *plaudern* **2.** *harmlos lügen:* jemanden anplauschen (= jemandem die Wahrheit vorenthalten).
pleade: *siehe bleade.*
plearn, plern, plerrn ⟨hat⟩ [wie standarddt. plärren (= laut und gequetscht reden) zu mhd. blēren, blerren (= blöken, schreien); lautmalend]: **1.** *blöken* **2.** *durchdringend schreien* **3.** *(laut und jammernd) weinen.*
Pleaß, die [eigentlich: Blöße; zu bloß] (ST, OI): **1.** *Lichtung im Wald* **2.** *baumlose Fläche auf Hängen.*
Plebling: *siehe Plabling.*
Plech, der (Zillt.): *Schmutzfleck.*
Pleck-: *siehe Bleck.*
pleck-: *siehe bleck-.*
Pledaling, der [siehe Ploder¹] (OT): *Hosenröhre.*
plefern ⟨hat⟩ [Erweiterung eines spätmhd. blaffen (= kurz bellen), das in die Wortfamilie von bellen gehört] (Zillt.): **1.** *Unverständliches Lallen* **2.** *heulen, jammernd schreien.*
pleggern: *siehe bleggern.*
Pleisse, Pleise, die; Plural: Pleissn, Pliesn [laut Schneider ein vorröm. Alpenwort] (ST, OT, OI): *steile Grasfläche in waldigem oder felsigem Gelände.*
Plempl, der [siehe plempln] (auch bairisch-österreichisch): **1.** *wertloses Zeug* **2.** *großer, schwerfälliger Mensch.*
plempln, plempern ⟨hat⟩ [mhd. plampen (= baumeln); in der Soldatensprache für das Seitengewehr, weil es am Koppel baumelt; später auch: durchgeschütteltes und deshalb minderwertiges Getränk] (auch bairisch-österreichisch): **1.** *trödeln* **2.** *Flüssigkeit verschütten.*
plendern ⟨hat⟩ [wie plindern] (OT): *umstellen, aufräumen.*
plenggetzn ⟨hat⟩ [verwandt mit blinken] (ST): **1.** *kurzes Aufzucken des Lichts* **2.** *Wetterleuchten.*
plensn ⟨hat⟩ [Nebenform von standarddt. flennen, früher auch pflennen; eigentlich: den Mund verziehen; vgl. mhd. vlans (= Mund)] (OI, Pass.): *weinen.*
Plente, der und die, **Plent, Plentn,** der [ital. polenta (= Brei aus Maismehl oder Maisgrieß, der erkaltet in Scheiben geschnitten, gebraten und mit Parmesankäse bestreut wird)]: **1.** (ST) *Mais* **2.** (ST) *Buchweizen*

3. *Polenta:* Sprüche wie „Bäuerl sein, Bäuerl sein, umadum nix håben, / bei Plentnkoscht und Ruabnkraut zu hintersch in an Tål ..." (Aus dem Lied „I bin der Håns vom welschen Lånd") oder „Eardepfl, Knedl und Plentn sein die vier Südtiroler Elementn" (aus Lana), „Plentn bleib entn und Gulasch geh her" belegen, dass Polenta wie in ganz Südeuropa auch in Tirol ein verbreitetes Arme-Leute-Essen war; in Südtirol gibt es deshalb Anfang des 19. Jh. auch Berichte über Pellagra, eine Mangelkrankheit, die auftritt, wenn die Ernährung hauptsächlich aus Mais besteht.

Plentn|seckl, Plen|seckl, der [1. Bestandteil: Plente; 2. Bestandteil: siehe Seckl, Bed. 3] (ST, OT): *fauler, ungeschickter Kerl.*

Plepper, die [wie plappern lautmalend]: *Plappermaul* (meist von Frauen).

pleppern, pleppara ⟨hat⟩: **1.** (OT) *(schnell) reden* **2.** (OI) *(Unwichtiges) daherreden.*

Plerche: *siehe Bletschn.*

plergat ⟨Adj.⟩ [siehe plorggat] (OI, Pf.): *unförmig, schwerfällig.*

Plerger, der [siehe Plorgg(e)] (OI, Pf.): *Tölpel, ungeschickter Mensch (auch als Schimpfwort).*

plerrn: *siehe plearn.*

Plesch, die (Plural) [zu pleschn, siehe dort]: *Schläge:* der håt Plesch kriagt.

Plescher, der: **1.** *großer Mensch* **2.** *grober Mann* **3.** *heftiger Rausch.*

pleschn ⟨hat⟩ [lautmalend nach dem Schall von Schlägen]: **1.** *krachen, aufprallen* **2.** *schlagen, verprügeln* **3.** *heftig regnen* **4.** *grob und schnell auftreten, schnell gehen/fahren.*

Pless, die, **Plesser,** der: *jemand, der leicht/viel weint.*

plessn ⟨hat⟩ [Herkunft unklar; vielleicht lautmalerisch zu plärren] (UI): *(übertrieben oder laut) weinen.*

Pletsche: *siehe Bletschn.*

pletschedra: *siehe platschedern.*

Pletze¹, die **Pletzn,** der [mhd. beletzen (= verletzen, schädigen; siehe Fletzn] (ST, OT): *Hautwunde, Abschürfung.*

Pletze², die [ahd. plezzo (= freier Platz im Gelände, Weideplatz)] (OT): *Weideplatz.*

plindern ⟨hat⟩ [umlautend zu Plunder, Bed. 2]: **1.** *umziehen, die Wohnung übersiedeln* **2.** *ausrauben* **3.** (ST) *sich aus dem Staub machen* **4.** (Pass.) *jagen, in die Flucht schlagen:* den hån i geplindert.

Pliss, Plisse, die: *siehe Blissn.*

Ploch, der [zum mhd. Part. belochen (= verschlossen); verwandt mit Luke und Loch] (OT): *hölzernen Fensterladen.*

Ploder¹, Pluder, die [vgl. plodern] (OI, Zillt., Pfun.): **1.** *Hosenbein* **2.** *Hose* **3.** *Durchfall.*

Ploder², der (Pass.): *tiefe Stelle in fließendem Wasser.*

Ploderer, der [zu plodern, siehe dort]: *Schwätzer.*
plodern ⟨hat⟩ [mhd. pludern (= plaudern) neben spätmhd. blodern (= rauschen, schwätzen); lautmalend; entspricht norddeutsch pludern; vgl. Pluderhose] **1.** *viel daherreden, plauschen* **2.** *prahlen* **3.** *plätscherndes Stürzen des Bachwassers.*
plodn ⟨ist⟩ [Herkunft unklar; vgl. Eisplode] (OT): *zufrieren.*
Plon, der: *siehe Plan.*
Plorgg(e), Lorgg(e), Plårgg, der [siehe plorggat] (ST): *Tölpel.*
plorggat, plårggat, plorpat ⟨Adj.⟩ [Herkunft unklar] (ST): *ungestalt, dick (von Menschen).*
Ploze, Ploz, Plotze, der; Plural: Plozn, Plotzn [variierend zu Klotz?] (ST): **1.** *Klotz* **2.** *unförmiger Gegenstand* **3.** *dicker Mensch.*
plozet ⟨Adj.⟩ [zu Ploze, siehe dort] (ST, OT): **1.** *unförmig, sperrig* **2.** *dick.*
Plumme, Plum, die [laut Schneider rom. plomia, aus lat. pilumen, zu pila (= Haufen)] (ST): *Stoß aufgeschichteter Baumstämme.*
plummen ⟨hat⟩ auch: auplumm [zu Plumme, siehe dort] (ST): *(Baumstämme) stapeln.*
Plumpf, der [lautmalend wie Plumps] (ST, OT): **1.** *tiefe Stelle im Wasser, im Bach* **2.** *dumpfes Geräusch beim Fall ins Wasser.*
plunnan ⟨hat⟩ [zu Plunder, Bed. 2; vgl. plindern] (Alp.): **1.** *umziehen, die Wohnung übersiedeln* **2.** *tragen.*
Plun: *siehe Plan.*
Plunder, der [laut Kluge seit dem 14. Jh. für kleines Hausgerät, Kleider; später Bedeutungsverschlechterung im Sinn von gebrauchter Hausrat, wertloses Zeug]: **1.** *wertloses Zeug* **2.** (NT) *Hausrat, Geräte des Handwerkers* **3.** (Pass.) *Menstruation:* den Plunder haben.
plundern: *siehe plindern.*
Plun|huat, der [1. Bestandteil: siehe Plan] (ST): *schwarzer, zylinderförmiger Trachtenhut.*
pluttern, pludern ⟨hat⟩ [österreichisch pludern (= sich bauschen, zu weit sein) geht zurück auf spätmhd. pludern in der Bedeutung flattern; verwandt mit mhd. plōdern, blōdern (= rauschen, schwatzen), auch Herkunftswort von plaudern]: **1.** *eine Flüssigkeit verschütten oder damit spielen* **2.** *ein sprudelndes Geräusch machen* (wie beim Koten von Rindern mit Durchfall).
Plutzer, der [der Plutzger oder Blutzger (= alte Scheidemünze in Graubünden) war von so geringem Wert, dass sie außerhalb Graubündens keinen Kurs hatte] (ST): **1.** *Fehler* **2.** (Pf.) *Nichtsnutz (kleines Kind).*
plutzet, plutzelet, pluttilat ⟨Adj.⟩ [zu Plutzer, siehe dort] (ST): **1.** *schwächlich* **2.** *bleich im Gesicht (nach einer Krankheit)* **3.** *klein, zurückgeblieben.*
Poar|kirche: *siehe Porkirche.*

Poarze: *siehe Porze.*
Poaßl -, poaßn: *siehe Boassl-, boassn.*
pochn ⟨hat⟩ [mhd. bochen hat bereits neben der Bedeutung pochen die Bedeutung trotzen, d. h. laut auf sein Recht bestehen] (OT): *schimpfen.*
Pocht, Pącht, das [mhd. bāht (= Unrat, Kehricht)]: **1.** (OT) *Kehricht* **2.** (OI) *Schmutz, Dreck.*
Pocht|grutte, der [1. Bestandteil: mhd. bāht (= Unrat, Kot), 2. Bestandteil: siehe Grutte) (OT, Sexten): *Kehrichtschaufel aus Holz mit hohem Griff.*
Pofe, Pofer: *siehe Båfe, Båfer.*
Pofesn: *siehe Pafese.*
Pofl, der [Bed. 1–3 zu jiddisch. babel, bafel (= alte, minderwertige Ware); Bed. 4: mhd. povel (= Volk, Leute), so auch bei Hans Vintler, 15. Jh.] (auch süddeutsch und österreichisch): **1.** *schlechtes, kurzes Gras, auch dritte Mahd* **2.** *wertloses Zeug:* den Pofel wegwerfen **3.** *Gerede, Geschwätz* **4.** *fragwürdiges Volk (Pöbel).*
pofn: *siehe båfn.*
Point: *siehe Peint(e).*
Poise, Poisl: *siehe Boisl.*
poitern, poipern ⟨hat⟩ (ST, OT) [da Schatz dazu auch ein altes poitern in der Bedeutung Verstecken spielen und auspoitern in der Bedeutung ausrauben belegt, vielleicht zu mhd. biuten (= erbeuten, tauschen, handeln)]: *verstecken spielen.*
Polderer, der [siehe poldern]: *Angeber.*
poldern ⟨hat⟩ [wie standarddt. poltern (= mehrmals dumpfe Geräusche hervorbringen, laut scheltend seine Meinung sagen) lautnachahmend, spätmhd. buldern, mnd. bolderen (= poltern)] (ST): **1.** *gemütlich reden* **2.** (Pass.) *angeben.*
Poleisl, das [auch die Formen Puleisile und Problassen sind in der Osttiroler Datenbank zu finden; diese werden zwar von den Gewährspersonen nicht bestätigt, aber Schatz kennt parleisslen und (Pust.) Prolasslen, Parliasken; das deutet darauf hin, dass Crocus die – unverstandene – Ausgangsform sein könnte, die dann (Cro- zu Pro-) weiterentwickelt wurde; ähnlich Krokusle, das in der Schweiz zu Krokasli wird] (Def.): *Krokus, Frühlingssafran (Crocus vernus).*
Poliar, Paliar, der [wie gesamtdeutsch Polier zu spätmhd. parlier (= Sprecher, Anordner) zu mhd. parlieren (= gewählt reden) aus franz. parler (= reden, sprechen)]: *Vorarbeiter am Bau.*
polittisch ⟨Adj.⟩: **1.** *politisch* **2.** (Pass.) *tückisch* ❖ **a polittischs Mandl.**
polln: *siehe bolln.*
Polze: *siehe Bolze.*
Ponte måchn [ital. ponte (= Brücke, Brückentag, Fenstertag, Zwickeltag)]: *den Tag zwischen einem Feiertag und dem Wochenende frei nehmen.*

Popp(e), Poppm, Puppe, die, meist mit dem Diminutiv **Poppele, Poppei,** das [wie standarddt. Puppe (= Spielpuppe der Mädchen) zu mhd. puppe, poppe, entlehnt aus lat. puppa, einer Nebenform von lat. pūpa (= kleines Mädchen, Larve)]: **1.** *Kleinkind (ausschließlich im Diminutiv)* **2.** (NT) *Spielpuppe der Mädchen.*

Poppl¹, die [zu bei Schatz belegtem popplen (= tropfend fallen)] (Pf.): *dicke Träne.*

Poppl², die [Herkunft unklar) (OT): *Knospe.*

porggn ⟨hat⟩ [aus porggo; siehe auch pårggn] (Pf.): *schimpfen.*

porggo, porko, porkodio, porkokane ⟨Interj.⟩ [ital. porco (= Schwein) (ST): *Fluchwörter der Verärgerung.*

Por|kirche, Poar|kirche, die [mhd. bor, borkirche, ahd. por; vgl. mhd. enbor(e), ahd. inbor (= empor, in die Höhe); das Wort bezeichnet nicht nur Höhe, sondern meist einen spezifischen Raum im oberen Teil eines Hauses] (NT, OT, Deutschn.): *Empore in der Kirche.*

Porschze, der [wie Porze] (Pfun.): *steile Wiese, die für den Ackerbau ungeeignet ist.*

Porze, Porz, Porzn, der [mhd. borzen (= hervorstehen, strotzen), zu ahd. bor (= oben); vgl. parzen]: **1.** *kleine Erhöhung, Wulst im Feld* **2.** *Böschung* **3.** *kleiner Baum* **4.** *zu kleiner Mensch.*

Porz|junkele, Porz|junkula, Port|schunggele, meist ohne Art. [lat. portiuncula (= kleiner Flecken Land); ital. Porziuncola (= Portiunkula) ist der Name der Kapelle Santa Maria degli Angeli in Assisi („Unsere Liebe Frau von den Engeln"), wo Franz von Assisi im Jahr 1208 die franziskanische Bewegung gründete; das Datum des Festtags erinnert an die Gewährung eines Ablasses mit vollkommener Vergebung der zeitlichen Sündenstrafen; Papst Honorius III. bewilligte diesen auf Bitten von Franziskus im Jahr 1223 auf ewige Zeiten und setzte ihn auf den 2. August fest]: *Fest im Orden der Franziskaner und der Kapuziner am 2. August* ❖ **um Porzjunkele:** *Anfang August.*

Porzl, die (Deutschn.): *Hagebutte, Frucht der Hundsrose (Rosa canina).*

porzn|grod ⟨Adj.⟩ [zu Porze] (Pass.): *kerzengerade.*

Poscht|kaschtl(e), Post|kastl, das (auch bairisch-österreichisch; Postkasten, also die Form ohne Verkleinerung, ist gesamtdeutsch): **1.** *von der Post aufgestellter Kasten zum Einwerfen von Briefen* **2.** *Kasten beim Eingang eines Hauses zum Deponieren von eingehender Post.*

Posserant, der [aus dem veralteten standarddt. poussieren (= umschmeicheln, flirten, schöntun); zu franz. pousser (= drücken, stoßen) aus lat. pulsare (= klopfen, schlagen stoßen)] (Pass.) (abwertend): *Homosexueller.*

possln ⟨hat⟩ [zu standardsprachlich Possen (= plumpe, alberne Späße); ursprünglich verschnörkeltes, oft groteskes bildnerisches Beiwerk

an Bauten (daher die Wendung Possen reißen, d. h. ritzen); auch die Bezeichnung der Posse als literarische Gattung geht darauf zurück] (ST, OT): **1.** *spielen (von Kindern)* **2.** *herumspielen:* **pọssl nit manånder! Pọssl|zoig,** das [zu possln, siehe dort] (OT): *Spielzeug.*
Pọsse|liạdle, das (OI): *Schnaderhüpfl* (= kurzes, meist vierzeiliges Lied mit lustigem, oft auch anzüglichem Inhalt).
pọtschn ⟨hat⟩ (OT): *verschütten.*
Pọwidl, der [zu tschech. povidl(a); über das Wienerische nach Tirol gelangt; in D: Pflaumenlatwerge] (NT, OT) (Küchensprache): *Zwetschken werden entkernt, halbiert und langsam einreduziert, bis ein Karamellisieren des Fruchtzuckers eintritt* (ist also strenggenommen weder ein Pflaumenmus, noch eine Pflaumenkonfitüre).
pọwidl ⟨indekl. Adj.⟩ **pọwidl sein:** [aus dem Wienerischen entlehnte Analogiebildung zu: das ist mir wurst; das indeklinable Adjektiv wurst (= egal, gleichgültig) wurde von Reichskanzler Otto von Bismarck populär gemacht] (NT, OT): *egal, gleichgültig sein.*
Pọxile|volk, das: *siehe Boxilevolk.*
pọ̈tz-: *siehe pelz-.*
Prạ̈cht, prạchtn, prạchtign: *siehe bracht-, Bracht.*
prạde ⟨Adv.⟩: **die Kuh hat prạde** (OT): *die Kuh hat ein volles Euter.*
Prạgger, Prạggser: *siehe Bragger.*
Prạ̈mft, der, **Prạnfte,** die; Plural: Pranftn [mhd. ramft, ranft (= Brotrinde) mit Agglutination (und Assimilation) des vorausgehenden Art.; gehört (mit Dentalsuffix) zur gleichen Wurzel wie Rahmen, vgl. råmft] (Pf.): *Brotrinde.*
Prạ̊nggln, die (Plural) [Herkunft unklar] (Deutschn.): *langstielige Grasart (für Schweinefutter); vielleicht Wiesen-Goldhafer (Trisetum flavescens).*
Prạ̈schgl, Prạ̈schglt, Prạ̈chgglet, die [laut Schneider eine Ableitung von trentinisch braská (= Traubenstengel) zu lat. brassica (= Kohl)] (ST): *Maische.*
Prạ̈schgln, die (Plural) [siehe Prǎschgl] (La.): *traubiger Fruchtstand von Holunder (Sambucus) und von ähnlichen Pflanzen.*
prạtschn: *siehe bratschn.*
Prạ̊ttiche, Prạ̊ttinge, Prạ̊ttl, die [mittellat. practica (= Kalender)]: **1.** (Pass., Pfun., Zillt.): *dickes (altes) Buch, Kalender* **2.** (Alp.) *Zeitung.*
Prạ̊ttl, die [Herkunft unklar] (Pf.): **1.** *Gleichgewicht* **2.** *Schwebe* ❖ **auf der Prattl:** *in der Schwebe.*
Prạ̈tz(e), Prạ̈tzn, die [Herkunft wie Pratze aus ital. braccio, lat. brachium (= Arm, Unterarm); gesamtdeutsch: Pranke, große, grobe Hand]: *Pratze, große Hand* ❖ **er håt di Hend voller Prǎtzn** (Kartenspielersprache, scherzhaft): *er hat ein hervorragendes Blatt.*

Prątzl, das [Diminutiv von Pråtze]: *Pfote eines Hundes.*
prątzln ⟨hat⟩ [wie prasseln zu mhd. brastel, prasteln; lautmalend] (ST, OT): **1.** *prasseln* **2.** *knistern* **3.** *sanft regnen.*
Prąxe, Prąxn, Prąx, die [eigentlich: Brächse, Bragse; aus einer Verbalbildung brächsen; dieses wohl eine Nebenform von brechen; vgl. mhd. bræche (= das Brechen, das Abbrechen)]: **1.** *großes Hackmesser (zum Hacken von Streu)* **2.** (Pfun.) *schlechtes Messer.*
Prę, das [lat. præ (= vorn)] (NT) ❖ **er hat das Pre, er ist pre:** *er hat den Vorzug, er ist voran.*
Prę als 1. Bestandteil eines Kompositums (NT): *verstärkend in Bezug auf die Eigenschaften des 2. Bestandteils:* Preschütz (= bester Schütze); Prelump (= besonders arger Lump); Presau (= besonders schmutziger Mensch) etc.
preąfln ⟨hat⟩ (Untertilliach): *sinnlos daherreden.*
preągglen ⟨hat⟩ [Herkunft unklar] (OI, Pass.): *langsam kurieren.*
pręchtn: *siehe brechtn.*
Pręfileggser, der [zu prefileggsn, siehe dort] (Pf.): **1.** *Fantast* **2.** *Aufschneider.*
pręfileggsn ⟨hat⟩ [Schatz vermerkt für das Osttiroler Defreggental ein Verb prefl (= großsprecherisch reden); vgl. preafln] (Pf.): *wahnwitzige Ideen haben.*
Pręil, der [aus lat. prelum (= Presse)] (ST, OT): *Torggelbaum (= Pressbalken an der Kelter).*
Pręgler, der [aus mhd. breglen (wohl lautmalend) zu noch bei Schatz belegtem pregln, preaglen = brodeln, langsam kochen, braten (z. B. Fleisch), das in ähnlichen Bedeutungen weit verbreitet ist;] (OT): *Osttiroler Edelbrand aus Äpfeln und Birnen, ev. zusätzlich aus Zwetschken;* nach dem Lebensmittelkodex geschützte Bezeichnung.
Pręlln, der [Substantiv zu mhd. prellen (= abprallen, zurückstoßen); die Form prallen kommt erst im 16. Jh. auf] (La.): *Standplatz im Stall für Kühe und Pferde.*
pręmen, prįm(en) ⟨hat⟩ [mhd. bremen (= brummen, brüllen)]: *brünstig sein (vom Schwein).*
Pręm|radl, das [siehe premen, die Bedeutung brummen, summen liegt zugrunde] (Pf.): *Kreisel.*
pręngen: *siehe brengen.*
Pręnta: *siehe Brente.*
pręsch ⟨Adv.⟩ [aus ital. presto (= bald, früh, schnell)] (ST): *schnell, hurtig.*
Pręsche, die [ital. presa (= Fang, Griff, Prise)] (ST): *Prise Schnupftabak.*
pręschtern[1] ⟨hat⟩ [mhd. brœsten (= rösten, braten)] (Pf.): *kochen, rösten.*
pręschtern[2] ⟨ist⟩ [Herkunft unklar] (Ridn.) **1.** *herumlungern* **2.** *sinnlose Dinge tun.*

pressiarn, pressian ⟨hat⟩ [franz. presser, eigentlich: pressen, dieses zu lat. pressare (= drücken, quetschen)] (schweizerisch: sich beeilen; D: drängen, drängeln): *dringend sein.*

Press|wurscht, die: *Sulz von Schweinskopf und Schweinsmagen in Form einer dicken Wurst* (wird aufgeschnitten und mit Essig, Öl und Zwiebelscheiben serviert).

Pretsch, pretschn: *siehe Bretsch, bretschn.*

Priaggele, das [aus mhd. brieke (= Flenngesicht); in alten Nordtiroler Dialekten auch Priagge; siehe Pfriengge] (NT): *weinerlich verzogenes Gesicht (von Kindern);* praktisch nur in der Wendung a Priaggele machen.

Prigl, der [wie standarddt. Prügel zu mhd. brügel (= Knüppel, Knüttel), aber mit zusätzlicher Bedeutung in Tirol]: **1.** *Prügel* **2.** (NT, Pf.) *kräftiger Mann, Muskelprotz.*

prill|ritig: *siehe pillriatig.*

prim(en): *siehe premen.*

Printsche: *siehe Brinze.*

prischtig ⟨Adj.⟩ [mhd. brust (= Bruch, Gebrechen); dieses ist abgeleitet aus bresten (= brechen, reißen), das mit Umstellung des R zu bersten gehört; heute erinnern die veralteten Worte bresthaft und Gebresten an diesem Stamm] (ST): *brüchig.*

Pritsche, Pritsch, Pritschn, die [mhd. britze, brütsche (= Pritsche); ahd. britissa (= Bretterverschlag), Kollektivum zu Brett]: *Pritsche, einfache Lagerstätte aus Brettern.*

pritschln, prizln ⟨hat⟩ [ursprünglich pritschen zu Pritsche: mit der Hand auf Flaches schlagen und so ein Geräusch erzeugen; -eln ist iterativ]: **1.** *planschen, mit Wasser herumspielen, plätschern* **2.** *herumspritzen, Wasser verschütten:* Warum muasch du beim Duschen immer so britschln?

pritschl|nass ⟨Adj.⟩ [zu pritschln, siehe dort]: *sehr nass.*

pritschn ⟨hat⟩ [steigernd zu pritschln]: *heftig regnen.*

Proatn, der; Plural: Proatn [zu breit, bei Schatz noch als Femininum belegt] (Pf.) (veraltet): *großer Acker.*

probm ⟨hat⟩: **1.** *proben (z. B. eine musikalische Darbietung)* **2.** (OI, Pass.) *viele kleine Blasen bilden (vom Schnaps).*

prodln ⟨hat⟩ [siehe progln] (Def.): *aufschneiden, prahlen.*

profn ⟨hat⟩ [ahd. profa (= Rebsetzling), altes Lehnwort aus lat. propago (= Setzling, Ableger)] (ST) **1.** *Setzlinge stecken* **2.** *Rebe durch Veredeln vermehren.*

Profesn, die (Plural) [italien. pavese (= pavianisch, d. h. aus Pavia)]: *in Ei getauchte, mit Käse belegte und dann gebackene Brotschnitten.*

Pro|frånzn, Pre|frånzn, Pre|fransl, das [franz. preference (= Vorzug), zu preferer, lat. præferre (= vorziehen); Gewinner des Bietens ist in diesem Kartenspiel, wer seine beste Farbe durch Höchstgebot als Trumpffarbe durchsetzt] (OT, OI, Pass.): *Preference; ein Kartenspiel für drei Spieler mit 32 Karten.*
progln, progle ⟨hat⟩ [mhd. brogen (= sich erheben, groß tun, prunken)] (NT): *prahlen, aufschneiden.*
pronto ⟨Adv.⟩ [ital. pronto]: **1.** *bereit:* bisch pronto **2.** *hallo? (am Telefon).*
propper ⟨Adj.⟩ [französ. propre (= eigentümlich, tadellos etc.] (OI, Ehrwald): *kräftig, groß.*
prottlen, prottln ⟨hat⟩ [Schöpf vermutet ital. baratta (= Zank)] (Etsch, Pass., Sa.): **1.** *schimpfen* **2.** *zanken* **3.** *brummen.*
prottlet ⟨Adj.⟩ [Herkunft unklar, vgl. pruttelet] (OI): *kräftig gebaut, dick.*
Protzn, der [laut Kluge im Bairischen seit dem 15. Jh. als Bezeichnung für den Karren belegt; geht auf oberital. birozzo zu ital. birroccio (= Wagen) zurück; vgl. galloroman. birotium (= Zweirad)] (ST): *für verschiedene Arbeiten (Holz-, Heutransport) verwendeter Vorderteil eines Leiterwagens.*
Prumbl, Pumml: *siehe Brumbl.*
Prus, die, **Prusn, Prosn,** der [wie standarddt. Brosame zu mhd. brōs(e)me, ahd. brōs(a)ma, ursprünglich: etwas Zerriebenes, Zerbröckeltes]: *Brosame.*
pruttelet ⟨Adj.⟩ [Herkunft unklar, vgl. prottlet] (La.): *schmächtig, mager.*
Puchele, Puchel, das; Plural: Puchelen oder Pucheler (ST): **1.** *kleines Brot aus Nachmehl* **2.** *Laiblein aus Roggenmehl* **3.** (Sa.) *Doppellaibchen.*
Pucher, der [mhd. bochen, buchen (= pochen)] (Pass.): *das Pochwerk im Bergwerk auf dem Schneeberg (Passeiertal); Pochwerk, auch Stampfwerk, Stoßwerk oder Schlagwerk genannt, war eine zum Zerkleinern von Erzen dienende Maschine.*
Puchl, Puchi, die [mhd. buchel, puchel (= Fackel); vgl. Pichele] **1.** *Kienspan, Fackel* **2.** *Feuer in einer Pfanne, um den Weg zu beleuchten.*
Puchl|musig, Puchi|musig, die [1. Bestandteil: siehe Puchl] (OT): *wilde Musik mit Puchlbeleuchtung, die man jemand zum Spott darbringt.*
Pudele: *siehe Budl.*
Pudl, der [pudla pudla (= Lockruf für Schafe)] (Pf.): *Schaf (Jahrling).*
Puffer, der, **Puffm,** die [nach lautmalendem puff] (salopp): **1.** *Pistole, Waffe* **2.** (Alp.) *Messer.*
Puite: *siehe Peint(e).*
Pulge, die [mhd. bulge (= Sack aus Leder); verwandt mit Balg]: **1.** (La.) *kleiner Sack* **2.** (Pf.) *großes als Sack verwendetes Tuch* **3.** (Ehrwald) *dicke Frau.*

Pulgge, Pulggn, der [siehe Pulte]: **1.** *Polenta* **2.** *zäher Brei (aus Buchweizen oder Polenta).*
Pulle, die; [nach dem Lockruf pul, pul, pulla, pulla; das Wort vergleicht sich mit lat. pullus (= Huhn)]: *Henne.*
Pullele, Pulei, Pujei, das: *Kücken.*
Pulte, der [aus dem Roman. zu lat. puls, pultem] (Ehrwald): *gekochter Brei aus Maismehl.*
pummalitza ⟨hat⟩ (Ehrwald): *heftig schimpfen.*
Pummerantsche, Påmmarantsche, Prumrantsche, die [standardsprachlich wird eine andere Zitrusfrucht so bezeichnet: die Pomeranze oder Bitterorange *(Citrus × aurantium)*; zu ital. pomarancia, aus ital. pomo (= Apfel) und ital. arancia; in Tirol ist allerdings immer die herkömmliche Orange gemeint] (ST, OT): *Orange (Citrus × sinensis).*
Pumperer, Pumpra, der [zu pumpern, siehe dort] (auch bairisch-österreichisch): *pumpernder Laut durch Fall oder Schlag.*
pumperl|gsunt, pumperle|gsunt ⟨Adv.⟩ [1. Bestandteil: Pumperl (= das pumpernde, pochende Herz des Menschen]: *kerngesund.*
pumpern ⟨hat⟩ [lautmalend] (auch bairisch-österreichisch): **1.** *laut und heftig klopfen* **2.** *dröhnen.*
Pumper|sudl, der (Zillt.): *minderwertiger Krimskrams.*
Pundl, Pundal, Pundla, die [Herkunft unklar]: **1.** (ST, Zillt., Virgen, Ehrwald) *Kanne (als Milchgefäß)* **2.** (ST) *Dose.*
Punggile: *siehe Bunggile.*
Punteir, Pinggeir, die [roman. punchera (= Bewässerungsgraben) zu lat. punctum, also angezapfter Waal]: *Kanal, der vom Hauptwaal in die kleineren Kanäle führt.*
punzet ⟨Adj.⟩ [Herkunft unklar]: *rundlich, dicklich.*
Purre: *siehe Burre.*
Purzi|gågl, der oder die, **Purzi|gagele,** das [1. Bestandteil: lautmalerisch zu spätmhd. burze(l)n (= stürzen); 2. Bestandteil: vgl. nordtirolerisch Gågl (= kleines Kind, kleiner Mann)]: **1.** *Purzelbaum* „... di Büabalan, di Madalan, di måchn Purzigagalan, båld aufi, båld åwi, båld hin und båld her, båld unterschi, båld überschi, dås gfreut sie umso mehr ..." (Aus: „Es håt sich hålt eröffnet" ein in Tirol in etlichen Varianten verbreitetes Weihnachtslied, SsÖ, S. 136–137; gemeint ist: Die Engel schlagen Purzelbäume hinauf und hinunter, hin und her, nach vorn und nach hinten – also in jenen drei Richtungen, die in einem dreidimensionalen Raum möglich sind) **2.** (Zillt.) *Frühlingskrokus (Crocus vernus).*
Purzi|nigele, das [1. Bestandteil: lautmalerisch zu spätmhd. burze(l)n (= stürzen); 2. Bestandteil: vermutlich Kurzform des Namens Nikolaus] (ST): **1.** *kleines Kind* **2.** *sagenhafter Zwerg.*

Puschgawịll, das [zu ital. pasquinata = Schmähschrift; Pasquino ist das Fragment einer antiken Statuengruppe in Rom; an diesen Torso wurden ab dem frühen 16. Jh. Spottverse über Politiker und ihre Skandale angeheftet; der Pasquino diente vor allem in Zeiten unterdrückter Meinungsfreiheit als Ventil für die Unzufriedenen; vgl. gesamtdt. Pasquill = anonyme Schmähschrift, Spottschrift; schriftlich verbreitete Beleidigung] (Anras): *Spottlied, Spottgedicht.*
Puschtebịll, das; Plural: Puschtebiller [Herkunft: siehe Puschgawill]: **1.** (Vin.) *Spottreime über eine Person* **2.** (Pass.) *anonyme Spottaufschrift.*
Pụsele, Pụssele, Pịsele, Pụschgele, das [laut Schatz aus dem alten Lockwort bus]: *Kücken.*
putạna, putẹga ⟨Interj.⟩ [ital. puttana (= vulgär für Prostituierte) (ST): *Ausdruck der Verwunderung.*
Pụtz¹, der [ahd. puzza aus lat. puteus (= Brunnen)]: *Teich, Weiher.*
Pụtz², Pụz, der [mhd. butze (= klopfender Kobold, Schreckgestalt)]: *Polizist:* pass auf, hinterm Haus stehn die Putz (= hinter dem Haus stehen Polizisten).
Pụtze, die [wie Putz¹] (OT): *kleine Ansammlung von Wasser, Pfütze.*
Pụtzele, das [siehe Butz]: *kosend für kleines Kind, kleines Jungtier.*
pụtzn ⟨hat⟩ [ursprünglich: einen Butzn (= kleinen Klumpen) entfernen] (auch süddeutsch, westdeutsch, österreichisch, schweizerisch): **1.** *sauber machen, aufwischen* **2.** *bei Lebensmitteln nicht zum Verzehr geeignete Teile entfernen:* die Schwammerln putzn **3.** *eine Mauer mit Mörtel glätten* **4.** *im Wettkampf hinter sich lassen* ❖ **einen nicht verputzn können:** *jemanden nicht ausstehen können.*
Putz|rạngge, der [Schatz belegt es in der Bedeutung Kinderschreck; Umdeutung von Posserant (siehe dort), wobei Putz² und Rannge, Ranggl mitgespielt haben] (Pass.) (abwertend): *Homosexueller, Schwuler.*
Pụze: *siehe Butz.*

Q

Quadr̲a̲tt- als 1. **Bestandteil von Komposita** (auch bairisch-österreichisch): [wie standardsprachl. Quadrat mit der Bed. eine Zahl zum Quadrat erheben, d. h. mit sich selbst multiplizieren; die Schreibung mit -tt signalisiert die Vokalkürze; vgl. die umgangssprachl. Wendung: im Quadrat, zum Quadrat = in besonders gesteigerter Weise, z. B.: das war Pech zum Quadrat] (auch bairisch-österreichisch): *drückt aus, dass es sich um ein besonders großes Exemplar handelt:* Quadrattlatschen, Quadrattschädel.

qu̲a̲ggetzn ⟨hat⟩ [zu quaken]: (OI): *quaken.*

Qu̲a̲rgl, der [mhd. quarg; dieses zu sorbisch twarog (dieselbe Wurzel wie Quark)] (NT): **1.** *stark riechender, fettarmer Käse aus Sauermilch* **2.** *etwas Wertloses, Unsinniges:* red koan Quargel!

qu̲a̲rgln ⟨hat⟩ [lautmalend, verwandt mit norddt. quarren (= weinerliche Laute von sich geben, einen schnarrenden Laut von sich geben] (NT): **1.** *unverständlich reden* **2.** *viel und unnütz reden, schwätzen.*

Quarti̲a̲r|leit, die (Plural) [1. Bestandteil: aus ital. quartiere (= Stadtteil, Wohnung), zu lat. quartarius (= Viertel)]: *Mietpartei, Mietparteien.*

Qu̲e̲ndl: *siehe Gewendl.*

Queschtu̲r, die [ital. questura (= Polizeidirektion, Polizeipräsidium), zu lat. quæstor, eigentlich: Untersuchungsrichter, zu quærere (= untersuchen); im antiken Rom war ein Quästor ein hoher Finanz- oder Archivbeamter] (ST): *Polizeidirektion, Polizeipräsidium.*

Qu̲e̲tschn, die [zu quetschen, mhd. quetzen (= zusammendrücken, zusammenpressen)] (auch bairisch-österreichisch): **1.** (scherzhaft) *Ziehharmonika, Akkordeon* **2.** (NT) (abwertend) *kleiner gewerblicher oder handwerklicher Betrieb.*

Qu̲i̲nte, die [zu lat. quintus (= der Fünfte); beim Fechten kommt nach Grimm in den älteren Fechtbüchern die fünfte Stoßart nicht vor, weil sie – wie die Finte (ital. finta) – eher ein listiger, trügerischer Stoß war; daraus die Verallgemeinerungen Kniff, Ausflucht und dann Schrulle, Laune, Grille (französ. quinte)] (OI, Ehrwald): *Launen, Schrullen.*

qui̲re, que̲re ⟨hat⟩ [ahd. queran (= knarren, seufzen)] (OI, AF): *weinerlich tun, stöhnen.*

R

r: *Einschub zwischen einem Wort, das mit einem Vokal endet, und einem Wort, das mit einem Vokal beginnt* [soll offensichtlich die Aussprache erleichtern]: wia r i kimm auf die Ålm.

Råb(a), Råwe, Rab, die [die Lautung geht zurück auf mhd. rābe, ahd. rāba, daneben Ruabe, das wie standardsprachlich Rübe auf mhd. rüebe, ahd. ruoba zurückgeht; verwandt mit griech. rháp(h)ys und lat. rapa (= Rübe)] (NT): *(weiße) Rübe.*

Raber|loata, Reiwa|loata, Reiber|latara, die [wie standarddt. Räuberleiter zu mhd. roubære (= Räuber) und mhd. leiter(e), verwandt mit lehnen]: *Steighilfe für einen Partner (über Hände, die vor dem Bauch zusammengefaltet sind, und über die Schultern).*

Rå(b)m|bratl(e), Robm|bratl, das [1. Bestandteil: mhd. rabe, raben, ahd. hraban, eigentlich: der Krächzer; der Rabe ist nach dem Volksglauben ein Galgentier – vor allem wegen seiner schwarzen Farbe und weil er Aas frisst; Råbenbratl im ursprünglichen Sinn: jemand, der es verdienen würde, am Galgen von den Raben gefressen zu werden]: *jemand, der Böses tut, gemein oder niederträchtig handelt.*

Rå(b)m|vich, Robm|vich, das [nach einer mittelalterlichen Vorstellung wirft der Rabe seine Jungen aus dem Nest, weil er zu faul ist, diese zu füttern; daraus resultieren auch die gesamtdeutschen Ausdrücke Rabenmutter, Rabenvater, Rabeneltern]: *hinterhältiger, gewissenloser Mensch.*

Rach, Rouch, der [mhd. rouch, ahd. rouh (= Rauch); zu riechen]: **1.** *Rauch* **2.** *Dunst* **3.** *Nebel.*

rache ⟨Adv.⟩ [siehe Rach] (OT): *sehr salzig, versalzen.*

råchetzn ⟨hat⟩ [mhd. rache (= Rachen)]: *räuspern, röcheln, grunzen (beim Schwein).*

Rach|gång, der (OT): *Kamin.*

rachig ⟨Adj.⟩ [siehe Rach]: *nebelig.*

Rach måchn ⟨hat⟩ [siehe Rach]: *brauchtümlich räuchern.*

rachn ⟨hat⟩: **1.** *rauchen* **2.** *(aus)räuchern des Hauses in den Rauchnächten:* i geh rachn; i hun schun geracht.

Rach|nåcht, die [an den drei Abenden vor Weihnacht, Neujahr und Dreikönig wurde im Haus mit Weihrauch geräuchert und Weihwasser verspritzt]: *Rauchnacht, Rauchabend.*

Råck, der [Bedeutungen 2 bis 4 belegt bei Schöpf] (ST, OT): **1.** *Gewöhnlicher Baumbart (Usnea filipendula); eine Flechte, die von Bäumen herabhängend wächst und charakteristische Flechtenbärte ausbildet* **2.** *Bodensatz in Gefäßen* **3.** *Schimmelbelag auf Speisen* **4.** *Kruste in Tabakpfeifen* **5.** *feine Eisschicht.*

Radi, Ratig, Ratach, Rattich, der [mhd. rætich, ahd. rātih zu lat. radix (= Wurzel)] (NT, Pfun.): *großer, weißer Rettich, Bierrettich (Raphanus sativus subsp. niger var. albus).*
Radl, Radle, das: **1.** *Rad* (es gibt auch die nicht verkleinerte Form Råd, besonders für Bed. 1, häufiger wird Radl verwendet) **2.** *Fahrrad* **3.** *Scheibe einer Wurst, einer Gurke etc.* **4.** *wiederkehrende Diensteinteilung in Schichtbetrieben.*
Radler, der: *Radfahrer.*
Radl|gråtte, der, **Radl|grutte,** die [2. Bestandteil: siehe Gråtte bzw. Grutte]: *Schubkarren.*
radln [Ableitung von Rad]: **1.** ⟨ist⟩ *mit dem Rad fahren* **2.** ⟨hat⟩ *mit dem Schubkarren befördern.*
Radl|bege, Radl|beg, Radl|truch, die [1. Bestandteil: Diminutiv von Rad, 2. Bestandteil: Plural von Bogen bzw. Truhe]: *Schubkarren.*
Rådont, Rådon, die [bündnerroman. radont (= rund), das auf lat. rotundo zurückgeht] (Vin.): *Grasstreif als Ackergrenze.*
Råfe, Råfn(er), Rofn, der [mhd. rave, ahd. rafo (= Balken)]: *Dachsparren, der schief liegende Tragbalken des Daches.*
Råffetschåll, Råggatschålln, die [siehe Rawatschel] (Deutschn.): *Gewöhnliche Waldrebe (Clematis vitalba).*
Raffele, das; Plural: Raffelen [zu raffln, siehe dort] (ST, OT, OI): *dreisaitige Zither.*
Raffl, die [wie Råffl]: *geschwätzige alte Frau.*
Råffl, die [mhd. raffel (= Getöse, Lärm)]: **1.** (NT, OT) *laut lärmende Maschine* **2.** (ST) *Gerät zum Beerenpflücken* [siehe Riffl[1]] **3.** *grobe Reibe* **4.** (NT) *großer, hässlicher Mund* **5.** (NT, OT) *geschwätzige alte Frau.*
raffln, råffln, råffl(e) ⟨hat⟩ [mhd. raffeln (= lärmen, klappern, schelten); Intensivbildung zu raffen; siehe Råffl]: *klappern, rasseln, Lärm machen:* mit einer Kette raffln; der Bach rafflt (wenn er Steine führt).
Raftl, Raftli, das [Diminutiv von Råmft] (OT, OI): *Anschnitt des Brotweckens.*
Rågal, Rågei, das [wie Ragwurz zum Verb ragen, weil der Saft der Pflanzen als männliches Aphrodisiakum galt] (NT): *Zweiblättrige Waldhyazinthe (Platanthera bifolia).*
Rågattn, die: *siehe Rugattn.*
Raggaun, Rogaun, Ruggaun, der [vgl. friaulisch ronkone (= Rebmesser) zu spätlat. runcare (= stutzen)]: **1.** (ST) *halbmondförmiges Messer, Halbsichel* **2.** (NT) *Hackmesser.*
Raggele, das; Plural: Raggeler [Diminutiv zu Ragger] (ST, OT, OI): **1.** *schmächtige, schwächliche Person* **2.** *schwächliches Tier.*
Ragger, der [vermutlich Herkunft wie Racker, das aus dem Niederdeutschen stammt; mnd. racker (= Abdecker, Schinder); Bedeutungsver-

schiebung, da die Beseitigung von Tierkadavern als harte und unangenehme Arbeit gilt; angelehnt an gesamtdeutsch rackern (= hart arbeiten)]: *hart Arbeitender.*

Rågger, der [wohl zu mhd. ragen (= in die Höhe stehen, ragen)] (Pass.): *gebogene Eisenhacke.*

raggern ⟨hat⟩ [vgl. Ragger]: *sich abplagen.*

Råggl, Raggl, der und die [vielleicht Ableitung von mhd. ragen (= in die Höhe stehen, ragen, eng beisammen sein)] (ST, OT): **1.** *dürrer, kleiner Ast (Brennholz)* **2.** *magere, unscheinbare Kuh* **3.** (in der femininen Form) *Schimpfwort für Frauen.*

raggln ⟨hat⟩ [nach Schatz zu lat. coraculum (= Abwasserkanal)] (OT, OI): *Jauchegrube entleeren.*

ragotn ⟨hat⟩ [lautlich entstellt aus roboten (= schwer arbeiten, sich plagen; früher auch: Frondienst leisten), neben spätmhd. roboten, das standarddt. geworden ist, auch spätmhd. robāten]; aus tschech. robota (= Fronarbeit, Arbeit)] (Welschn.): *roboten.*

Raler, der [Herkunft unklar] (Pass.): **1.** *Bremsspur* **2.** *kurzes Kratzgeräusch (eines schnellen Bremsvorgangs).*

raln ⟨hat⟩ [Herkunft unklar] (OT): *zornig sprechen.*

råmblt, råmmilet, råmmig ⟨Adj.⟩ [mhd. rām (= Staub, Schmutz)] (ST, OT): **1.** *schmutzig, schmierig* **2.** *dunkel gefleckt* **3.** *verkrustet, mit Krusten im Gesicht.*

rameiln ⟨hat⟩ [bündnerrom. ramler aus remagulare, siehe auch grameiln] (ST): *wiederkäuen.*

Råmft, Råmpf, Råmft, Pråmft, der, **Ranftle, Reftle,** das [mhd. ranft (= Rand, Brotrinde); gehört (mit Dentalsuffix) zur gleichen Wurzel wie Rahmen; vgl. Pranfte]: **1.** *Anschnitt (Rand) des Brotweckens* **2.** *Rand* **3.** *genähter Rand.*

ramig: *siehe ranig.*

råmilat ⟨Adj.⟩ [siehe ranig] (OT): *schmutzig.*

Ram|mandl, das [1. Bestandteil: Rahm; 2. Bestandteil: Diminutiv von Mann] (Obervin.): *fette Speise aus Rahm und eingekochtem Brot.*

Ramml, die [Herkunft unklar]: **1.** *steiler, unnützer Hang* **2.** *unproduktives Gelände.*

Ramml, Rambl, der [mhd. ram (= Widder), ahd. rammilōn (= rammeln, bespringen)]: **1.** (ST, OT) *Widder* **2.** *ungezogener, rauflustiger Bub* **3.** (ST) *getigerte Katze* **4.** (NT) *ungehobelter Kerl.*

rammlen, rammln, remmln ⟨hat⟩ [wie standarddt. rammeln (= sich paaren, vor allem von Hasen und Kaninchen) zu mhd. rammeln, ahd. rammalōn, eigentlich: brünstig sein (vom Schaf), bocken]: **1.** (ST, OT) *brünstig sein (vom Schaf)* **2.** (ST, OI) *sich herumbalgen.*

Råmpfnar, der [Substantivierung von mhd. ampfer, ahd. ampfaro (= sauer), also der Saure; das anlautende R- ist wohl eine falsche Abtrennung und stammt aus dem schon mhd. belegten, verdeutlichenden sūrampfer] (Tux.): *Wiesen-Sauerampfer (Rumex acetosa).*
Ram|pult, der [1. Bestandteil: Rahm, 2. Bestandteil: über das Romanische aus lat. puls, pult (= Mehlbrei)] (Vin.): *Rahmmus der Vinschgauer Almleute.*
Råms¹, der [laut Grimm auch Råmser und viele andere Formen; im Mhd. und Ahd. nicht belegt, mnd. ramese, remese; vgl. engl. ramsons (= Bärlauch); laut Kluge vielleicht aus einem indogerm. Wortstamm, der Wurzel bedeutet hat] (NT): *Bärlauch (Allium ursinum).*
Råms², der [wohl zu mhd. rām (= staubiger Schmutz)]: *angeschwemmter Schutt.*
råms ⟨Adv.⟩ [der Begriff aus der Kartenspielersprache geht auf franz. ramasser (= zusammenraffen, auflesen) zurück; ursprünglich also ein Spiel, bei dem eingesammelt wurde; bei Ramschspielen gewinnt jener Spieler, der die wenigsten Punkte aufweist; im bayerischen Kartenspiel Schafkopf gibt es dann ein Ramschspiel, wenn keine Spielansage stattgefunden hat; es gewinnt jener Spieler, der die wenigsten (Augen) Punkte aufweist] (NT) ❖ **råms gehn:** *keinen einzigen Stich machen.*
ran ⟨Adj.⟩ [umlautend aus mhd. ran (= schlank, dünn)]: *schlank, zierlich.*
Rane: *siehe Roan.*
Rån(d)e: *siehe Rone.*
Rånft: *siehe Råmft.*
Rånftl, das [Diminutiv von Ramft, siehe dort]: *Brotrand, Anschnitt.*
Rangge, Rangga, der, **Ranggele, Rianggele,** das [eigentlich Ranken, Runken (= großes Stück Brot); Herkunft unklar, wohl zu renken; laut Schatz mit einem nicht verdunkelten a] (auch bairisch): *größeres abgerissenes Stück von Brot, Speck etc.*
Rångge, Rånggn, der [wohl zu mhd. ragen (= in die Höhe stehen, ragen), vgl. auch rank (= schlank), dessen Ausgangsbedeutung aufgerichtet ist; vgl. auch Ranke (= Teil einer Pflanze, der sich hinaufschlingt, damit die Pflanze Halt hat); dabei handelt es sich allerdings um ein Femininum] (ST, OT): **1.** *dürrer oder verwachsener dünner Baum* **2.** *Latte* **3.** *Gemüsestrunk.*
Rangge, die: **1.** *längliche Wolke* **2.** *Föhnwolke.*
Rångger, der [mhd. ranken (= sich hin- und herbewegen)]: **1.** (OT) *Maikäfer (Melolontha)* **2.** (belegt bei Mayr) *großer, fresslustiger Käfer.*
Ranggl, die; Plural: Ranggler [zu Rangge, siehe dort] (Sa.): **1.** *Stange* **2.** *aufgeschossener Nadelbaum.*
Ranggler, der; Plural: Ranggler [zu ranggln, siehe dort]: *Ringer, Ranggler nach Regeln.*

rǎnggln ⟨hat⟩ [-eln-Erweiterung von mhd. ranken (= ringen), einen ranc (= das Ringen, schnelle Wendung) tun]: **1.** *sich balgen, raufen* **2.** *volkstümliche Art des Ringens (beliebte Sportart).*
rånggn ⟨hat⟩ [mhd. ranken (= sich hin- und herbewegen)]: *sich reiben.*
Rånggn|zaun, der [zu Rångge, siehe dort] (NT, Deutschn.): *Lattenzaun.*
rǎni ⟨Adj.⟩ [-ig-Ableitung von mhd. rein (= begrenzende Bodenerhöhung, Rain)] (Deutschn.): *steil.*
rǎnig, rǎmig ⟨Adj.⟩ [Ableitung von mhd. ram, ran (= staubiger Schmutz, Ruß)] (ST): *dunstig, rauchig.*
Rǎnk, Rǎng, die (Plural) [mhd. ranc (= das Ringen, schnelle Bewegung), Ableitung von ringen)] (ST): *Schwierigkeiten, Kämpfe:* mit den werts es di Rank hobm (= mit dem werdet ihr Schwierigkeiten bekommen).
Rǎnt, der (OI, Sa.) [siehe ranti(g)]: *Scherzerzählung.*
Rånt, der [Ableitung von rennen; nicht verwandt mit Rand (= Begrenzung)] (Pfun.) (auch bairisch): **1.** *Bewegung, Umtrieb* **2.** *Eigenart, lustiger Streich* ❖ **Rante machen:** *scherzen* ❖ **a Rantle håbm:** *ein bisschen verrückt spielen* **3.** *kurze Zeitspanne* ❖ **auf an Rånt vorbeischauen:** *überraschend vorbeikommen.*
Rǎnte, die (OT): **1.** *(schlechte) Gewohnheiten* **2.** (Pf.) *letzter Moment:* do hosche Rante ghopt (= das hast du noch knapp geschafft) ❖ **Rante haben:** *Mühe haben* ❖ **rante putante:** *auf geht's, jetzt geht's.*
rǎnti(g) ⟨Adj.⟩ [siehe Rånt] (auch bairisch): **1.** *fesch angezogen* **2.** *stolz, großspurig* **3.** (Sa.) *lustig, unterhaltsam* **4.** (Zillt.) *wohlhabend.*
rǎntschi(g), rǎntsch, rǎnzi ⟨Adj.⟩ [wie standarddt. ranzig über das Romanische aus lat. rancidus (= stinkend); zu rancere (= stinken, faulen)]: **1.** *verdorben riechend* **2.** *ranzig (von verdorbenem Fett).*
Rånze, Rånzn, der [vielleicht zu mhd. rans (= Bauch, Wanst)]: **1.** *Bauch, Wanst* **2.** *der schmucke Bauchgurt der Männertracht.*
rånzn ⟨hat⟩ [mhd. ransen (= die Glieder dehnen und strecken)] (Sa., Pass.): *nach dem Schlaf die Glieder strecken, sich faul herumwälzen.*
rǎpidi|cǎpi ⟨Adv.⟩ [vgl. ital. per sommi e rapidi capi (= grob und schnell zusammengefasst)] (Sa.): **1.** *sofort* **2.** *unerwartet, überraschend schnell.*
Rǎpp, der, **Rǎppe,** die; Plural: Rappm [mhd. rappe (= Hautkrankheit, Schuppenflechte)] (ST): **1.** *Wundkruste* **2.** *Schorf.*
Råpp, Råppe, der [mhd. rabe, rappe (= Rabe); die Variante mit Lenis ist standarddt. geworden, im Dialekt ist Kurzvokal mit Fortis erhalten geblieben]: *Rabe.*
Råppauf, der [zu altem råppm (= raffen)] (Zillt.): *gieriger Mensch.*
råppig ⟨Adj.⟩ [siehe Rapp] (ST): **1.** *krustig, verkrustet* **2.** (Pf.) *mit rauen Auswüchsen (von der Kartoffel).*
Rǎppl, der [Substantivbildung zum gesamtdeutschen Verb rappeln (= ein klapperndes, rasselndes Geräusch von sich geben), in Ö zusätzliche

Bedeutung: nicht ganz bei Verstand sein]: **1.** *Anfall von Verrücktheit, Wut oder Zorn:* er kriegt an Rappl **2.** *wirrer Sinn, Aussetzer.*

rapplen, rappln ⟨hat⟩ [zu Rappl, siehe dort]: **1.** *etwas übereilt tun, sich stressen* **2.** *spinnen, verrückt sein.*

rapplet ⟨Adj.⟩ [zu rappeln und Rappl, siehe dort] (ST, OT): *störrisch.*

Rappl|kopf, der [siehe Rappl] (NT, OT): *Mensch, der oft verrückte Anwandlungen hat.*

Råppm|vich, das (Deutschn.): *siehe Råbmvich.*

rar, rare ⟨Adj.⟩ [wie standarddt. rar (= selten, gesucht) zu mittellat. rarus (= selten), aber mit zusätzlichen Bedeutungen]: **1.** *selten* **2.** *exquisit, wertvoll, gefragt:* a rares Essen **3.** (ST) *tüchtig:* a rarer Bub **4.** (ST) *angenehm, freundlich* **5.** (ST, OT) *sich wohl fühlend:* im Bett bin i der rarischti Mensch.

Råschpl, die [wie standardsprachlich Raspel (= grobe Feile; Küchengerät zum Zerkleinern von Gemüse) zu raspeln, Iterativbildung zu raspen, raffen (= zupfen, rupfen, eilig an sich reißen), dieses zu ahd. raspôn (= raffen, an sich reißen)] (abwertend): **1.** *grobe Feile* **2.** *leichtfertiges Weibsbild.*

Råscht(e), Råst, die [wie standarddt. Rast (= Pause, in der jemand rastet) zu mhd. rast(e), ahd. rasta (= Ruhe, Rast), aber mit zusätzlicher Bedeutung in Tirol]: *Rastplatz.*

Råschterle, Råsterle, Råschtl, das [Diminutiv zu Rast]: **1.** *kleine Rast, Mittagsruhe* **2.** (Pass.) *Metallgestell für heiße Bügeleisen* **3.** *metallischer Schuhabstreifer vor der Tür.*

raschunisch ⟨Adj.⟩ [entstellt aus franz. raison; siehe reschunisch] (Ritten): *schüchtern.*

Rasl, das [aus lat. resecare (= abschneiden), daraus resex (= das Stück der Wurzel, das übrig bleibt, wenn der Senkler der Rebe abgeschnitten wird); trientinisch res, resol] (ST): *Rebensetzling, junge Rebe.*

Rass, der [vielleicht metaphorisch zu rass (= scharf, rau); siehe dort] (La.): *schwarzer Lodenstoff.*

rass, raß, raße, rasse ⟨Adj.⟩ [mhd. ræʒe (= scharf von Geschmack, herb, ätzend)]: **1.** *scharf von Geschmack* **2.** *stark gewürzt, überwürzt* **3.** *stark gesalzen, versalzen.*

råssln, rassln ⟨hat⟩ [wie standarddt. rasseln, mhd. razzeln, einer Weiterbildung von razzen (= toben)]: *schnarchen.*

Rass|nagele, rasse Nagele, das; **Rossa|nagale, Russa|nagele** (Deutschn.) [1. Bestandteil: siehe rass, 2. Bestandteil: eigentlich Nägelein, ursprüngliche Bezeichnung für Nelke, nämlich mhd. negelīn (= kleiner Nagel); gemeint waren laut Kluge ursprünglich nur Gewürznelken, die wegen ihrer Form mit kleinen handgeschmiedeten Nägeln verglichen wurden; erst im 15. Jh. wurde die Bezeichnung wegen des Duftes auf Gartennelken übertragen; die heutige Bezeichnung im Standarddt., Nelke, stammt von niederdeutsch negelke ab, eine lautliche Entstellung des alten Wortes] (veraltet): *Gewürznelke.*

Rass, die [wie Rasse zu franz. race (= Geschlecht, Stamm, Rasse), zu ital. razza, weitere Herkunft unklar; zusätzliche Bedeutung in Tirol] (abwertend): *Gesindel, Pack:* a setti Rass; *so ein Gesindel.*

Råt¹, Rot, der [mhd. rate (= der Raden)] (ST): *Kornrade (Agrostemma githago);* ein Ackerunkraut im Getreidefeld.

Råt²: ❖ **eppas Råt håben** [mhd. rāt (= Rat, Vorrat] (OT): *etwas übrighaben.*

Ratig, Rattich: *siehe Radi.*

ratlach, radla, ratli 〈Adv.〉 [mhd. rāt (= 1. Ratschlag, daraus die Bed. 1 und 2; 2. Vorrat, Nahrungsmittel, Vermögen, daraus die Bed. 3)]: **1.** *ungefähr annähernd* **2.** (ST, OI) *ziemlich:* ratla wienk z'essn (= ziemlich wenig zum Essen) **3.** (Sa.) *reichlich, von gutem Maß.*

Ratsch(e), Ratschn, die [zu ratschn, siehe dort] (auch süddeutsch und österreichisch): **1.** *hölzernes Instrument, das laute, knarrende Geräusche erzeugt:* Karfreitagsratschen (mit der lärmend der Beginn der Messe angezeigt wird, weil die Glocken nicht geläutet werden) **2.** *tratschsüchtige Frau* **3.** *Frau, die Geheimnisse weitergibt.*

Ratscher, der; Plural: Ratscher [zu ratschn, siehe dort]: **1.** *gemütliches Gespräch, Plauderei* **2.** *vertratschter Mann* **3.** *jemand, der Geheimnisse weitergibt.*

Ratsch|kattl, die [1. Bestandteil: zu ratschn, siehe dort; 2. Bestandteil: siehe Kattl]: *geschwätzige oder indiskrete Frau, Tratschweib (auch als Schimpfwort), Frau, die Geheimnisse weitergibt.*

ratschn 〈hat〉 [mhd. retschen, *rätschen (= schnarren; schwatzen, quaken) (auch süddeutsch und österreichisch): **1.** *plaudern, tratschen* **2.** *ausplaudern* **3.** *jemanden verpfeifen, anschwärzen.*

Ratschn, Ratsche, die (Plural) [Herkunft unklar]: **1.** *dürrer Zweig* **2.** *Reisig.*

Rattachle, das [Diminutiv von Rattach, vgl. Radi] (OT): *Radieschen.*

Rattler, der; Plural: Rattler [zu standardsprachlichem Ratte; ursprünglich: für den Rattenfang geeigneter Hund]: **1.** *Pinscher und Schnauzer (Hunderassen)* **2.** *abschätzig für einen Menschen oder ein Tier.*

Råtz, Råtze, der [mhd. ratze neben ratte; volkstümlich wird Ratz auch für Siebenschläfer *(Glis glis)* verwendet; der Winterschlaf dieser Nagetiere dauert von Anfang September bis Anfang Mai] (auch bairisch-österreichisch, regional auch in D): *Ratte* ❖ **schlåfen wia r a Råtz** [in Anlehnung an die Bedeutung Siebenschläfer]: *lange und tief schlafen.*

Ratz, Ratzn, Ratznar, der [eigentlich: wie der Bart der Ratte]: *Schnurrbart.*

Rauchele, das [wohl diminuierende Ableitung von mhd. rūch (= zottig, rau) – wegen der silbrig-seidigen Behaarung der Blume]: **1.** (OT) *Gewöhnliche Küchenschelle, auch Kuhschelle genannt (Pulsatilla vulgaris)* **2.** (NT) *Innsbrucker Küchenschelle (Pulsatilla oenipontana).*

Rauch|pa, die [1. Bestandteil: mhd. rūch (= rau, haarig, zottig) 2. Bestandteil: mhd. bere, also Raubeere, wegen der Stacheln des Strauchs] (OT): *Stachelbeere (Ribes uva-crispa).*

raumen ⟨hat⟩ [mhd. rūmen (= Raum schaffen, wegziehen)]: **1.** *im Frühjahr das Feld von Steinen und Unrat reinigen* **2.** *die Straßen vom Schnee säubern* ❖ **es raumt'n:** *er stirbt.*

Raunze, die [Nomen Agentis zu raunzn, siehe dort] (auch bairisch-österreichisch): *weinerlich klagende Frau.*

Raunzer, der [Nomen Agentis zu raunzn, siehe dort] (auch bairisch-österreichisch): *nörgelnder Mann.*

Raunzerei, die [zu raunzn, siehe dort; das Suffix -ei drückt aus, dass ein Vorgang wiederholt eintritt und besonders unangenehm ist] (auch bairisch-österreichisch): *dauerndes oder heftiges Raunzen.*

raunzet, raunzig ⟨Adj.⟩ [zu raunzn, siehe dort] (auch bairisch-österreichisch): **1.** *zum Raunzen neigend* **2.** *weinerlich klagend* **3.** *in einer Stimmung sein, die durch Raunzen zum Ausdruck gebracht wird:* heut bin i raunzig.

raunzn, raunzge ⟨hat⟩ [ahd. rūnezōn (= murren); verwandt mit raunen] (auch bairisch-österreichisch): **1.** *weinerlich klagen, nörgeln, dauernd unzufrieden sein* **2.** (Deutschn.) *quietschen (von einer Tür, einem Rad etc.).*

Rausch|ber, die; Plural: Rauschbern [eigentl.: Rauschbeere; die Früchte wirken aufgrund ihres Gehaltes an Andromedotoxin leicht berauschend und sind schwindelerregend]: *Schwarze Krähenbeere (Empetrum nigrum).*

Rausch|grante, die; Plural: Rauschgrantn [1. Bestandteil: siehe Reisch; 2. Bestandteil: siehe Grante (= Preiselbeere)]: *Echte oder Immergrüne Bärentraube (Arctostaphylos uva-ursi).*

Rausch|kugl, die: *Trunkenbold.*

rautn ⟨hat⟩ [ablautend zu riuten (= urbar machen, reuten; Ausreißen von Unkraut und Gestrüpp)] (La.): *umstechen, pflügen im Rebgarten.*

Rawatschel, der [geht – wahrscheinlich über das Romanische (vgl. ladin. raicia für den Ackersenf) – auf vulgärlat. rapiceolum, eine Ableitung von lat. rapum bzw. rapa (= Rübe), zurück; vgl. auch Raffetschal] (Vin.): **1.** *Ackersenf (Sinapis avensis)* **2.** *Raps (Brassica napus).*

razn ⟨hat⟩ [von reizen; vgl. roazn] (Sa.): *reiben, anreiben (von einem Zündholz).*

Reach, Rech, das [wie standarddt. Reh zu mhd. rē(ch), ahd. rēh(o), ursprünglich: das Gesprenkelte, nach der Farbe des Fells; vgl. auch Rechei]: *Reh:* „Und an Ålmhütt isch mei Häusl und an Edlweiß mei Troad / und a Gams und a Reach isch mei Viech auf der Woad ..." (Aus dem Lied „Und an Ålmhütt isch mei Häusl", das vor allem in Tirol und in der Steiermark verbreitet ist, SsÖ, S. 308–309).

Reach|brett, Reaf|brett, das [mhd. rē, ahd. hrēo, hrewes (= Leichnam, Tod, Grab, Totenbahre)] (ST): *Totenbett.*

Reach|wetter, das (Pass., Pfun.): **1.** *nebelig, trübes Wetter* **2.** *Regenwetter.*

Readl, das; Plural: Readler [Diminutiv von Roade] (ST): *ein bisschen, ein Weilchen.*

Rearer, der [Nomen Agentis zu rearn, siehe dort]: **1.** *Jammerlaut* **2.** *Jammerer.*

rearln ⟨hat⟩ [eigentlich: röhreln] (ST): *mittels Ringokulation veredeln (vor allem bei Kastanienbäumen; am Edelreis wird ein ganzer Rindenring gelöst und auf eine entsprechend passende, von Rinde befreite Stelle auf der Unterlage befestigt).*

rearn ⟨hat⟩ [mhd. rēren (= blöken, brüllen)]: **1.** *weinen:* Die Gruppe Bluatschink in „Lisa": „Du håsch oafåch mit mir glåcht und greaht, håsch mi so guat v'rschtånda ..." **2.** *plärren, blöken (von Tieren).*

reasch, reasche ⟨Adj.⟩ [wie süddeutsch rösch lautlich zu mhd. rösch (= schnell, frisch, hart, spröde, scharf), ahd. rosc(i) (= hitzig, schnell), verwandt mit rasch; hingegen geht bairisch-österreichisch resch auf mhd. resch (= schnell, rührig, lebhaft, trocken, spröde) zurück; die zwei schwer unterscheidbaren Wörter (Wortvarianten) haben sich vermischt, Bed. 2 von rösch gilt auch für resch]: **1.** *(vom Heu) dürr, trocken* **2.** *(vom Gebäck) scharf gebacken, knusprig* **3.** *(vom Menschen) lebhaft, draufgängerisch* **4.** *schnell, rasch.*

reaschn ⟨hat⟩ [vgl. reasch] (Pfun.): *Speisen in Öl bzw. Fett erhitzen.*

Reaße, die [siehe reaßn] (ST): **1.** *Weiher, Teich* **2.** *Wasserspeicher, Quellfassung.*

reaßn¹ ⟨hat⟩ [mhd. rœʒen (= faulen lassen) zu mhd. rœʒe (= mürbe), bairisch-österreichisch rössen (= Flachs faulen lassen)] (Pass.): *Flachs durch mehrfaches Netzen und Trocknen spröde machen.*

reaßn² ⟨ist⟩ [zu mhd. rœʒe (= mürbe): rœʒe werden] (Pfun.): *Sprödewerden des Heus im Wechsel von Sonne und Regen.*

Reb|åcker, der: *Weinberg.*

Rebe¹, die [mhd. rebe (= Rebe); ursprünglich vermutlich die generelle Bezeichnung für Ausläufer der Pflanzen, dann Spezialisierung auf den Wein]: *Rebe* ❖ **Rebm schneiden:** *den Rebschnitt vornehmen (Nebentriebe abschneiden).*

Rebe², die [Herkunft unklar] (ST): *Boden über der Tenne.*
Reber: *siehe Rewer.*
Rebl, der [wohl zu Rebe¹, siehe dort] (ST): *kurz gehacktes Reisig.*
reblen, rebeln ⟨hat⟩ [zu Rebe¹] (ST): *Traubenkerne abbeeren, rebeln.*
Reb|messer, das [siehe Rebe¹] (ST): *sichelartiges Hack- und Schneidemesser für leicht abtrennbare Objekte, Rebmesser.*
Reb|schar, die [eigentlich: Rebschere]: *Gartenschere, Werkzeug zum Abschneiden von Reben, anderen Pflanzen (z. B. Himbeeren) und von Zweigen.*
Rech: *siehe Reach.*
Rechei, das [ursprünglich wohl Diminutiv von Reh: Benennungsmotiv ungeklärt] (UI): *Echter Pfifferling, Eierschwamm oder Rehling.*
Recht|bret, das (Sa.): *siehe Reachbrett.*
Rechte, der [eigentlich der richtige, d. h. die richtige Karte, weil sie sowohl in Zahl/Höhe wie in der Farbe der Ansage entspricht]: *Spielkarte, die sowohl Schlag wie auch Trumpf ist und nicht gestochen werden kann*
❖ **drei die Rechten** (= der Rechte in Verbindung mit zwei anderen Schlagkarten).
Reck|bantl, Recka|bantle, Reckale, das; Plural: Reckbantln [siehe reckn¹]: *Gummiband, Elastik.*
reckn ⟨hat⟩ [wie standarddt. recken (= den Körper strecken) zu mhd. recken, ahd. recchen] **1.** *strecken* **2.** ❖ **es reckt mi:** *ich muss gleich erbrechen, es ekelt mich* **3.** (Deutschn.): *zurückfordern, einfordern.*
Reckolda, der [ahd. weckolder, wehhaltar, mhd. wecholter zu quec (= lebendig, lebhaft)] (Kiens): *Gemeiner Wacholder (Juniperus communis), auch Heide-Wacholder genannt.*
Red|haus, das: **1.** *einer, der gern und gut redet* **2.** *Schwätzer.*
Refer, der [zu refn] (ST): *kleiner Bub.*
reffln ⟨hat⟩ [vielleicht Intensivum von reiben, wie rubbeln, ribbeln]: **1.** *reiben* **2.** *hin- und herrutschen.*
refitiarn ⟨hat sich⟩ (reflexives Verb) [ital. rifiutare (= verweigern, ablehnen, ausschlagen)] (ST): *sich zu helfen wissen, sich durchsetzen:* da muas i mi selber refitiarn.
refn ⟨hat⟩ [siehe reffln] (ST): **1.** *reiben* **2.** *am Boden rutschen.*
Reggl, der (Pass., Pfun.), **Reggl,** die, **Reggile,** das [Herkunft unklar]: *kleine Pfeife.*
Regn|dåch, das: *Regenschirm.*
Regn|mandle, das (Prägraten): *Alpensalamander.*
Reibe, Reib, die [das mhd. Verb rīben (= reiben) bedeutet auch: sich drehen; vgl. reidn): **1.** *Wegbiegung* **2.** *Kurve.*
reichs|deitsch ⟨Adj.⟩ [aus einer Zeit, als es ein Deutsches Reich gab; die Gleichsetzung von Standarddt. und Norddeutsch wirkt im Sprach-

bewusstsein bis heute nach] (ST, OT): *standarddeutsch oder norddeutsch klingend – im Gegensatz zum österreichischen Deutsch.*

Reichs|deitsche, der; Plural: Reichsdeitschn [siehe reichsdeitsch] (ST, OT): noch als verdeutlichendes Synonym für *Deutsche* im Gebrauch.

Reide, Rei, die [zu reidn, siehe dort] (ST, OT): *Kehre eines Wegs, Kurve.*

reidn ⟨hat geridn⟩ [mhd. rīden (= drehen, wenden)] (ST, OT): **1.** *wenden, drehen, kuven* **2.** *sich bessern* **3.** *auswinden (Wäsche).*

Reif, die [mhd. rīf (= Ufer) aus lat. ripa (= Ufer); vgl. Oswald von Wolkenstein: und swam ich zu den reiffen] (ST): *Ufer.*

Reim[1], der [zu altfranz. rimer (= in Reihen ordnen, reimen); gesamtdeutsch ist Versreim]: *Glück, gutes Gelingen:* der håt an Reim.

Reim[2], **Rein**, der; **Reindl**, das [mhd. rīm (= gefrorener Tau, Reif), während sich der heutige standarddt. Ausdruck von mhd. rīfe, rīf mit gleicher Bedeutung ableitet]: **1.** (ST, OT) *(Herbst)-Nebel* **2.** (ST) *gefrorener Nebel, Raureif an Bäumen.*

Reindl, das, **Rein(e)**, die [spätmhd. reindel, ahd. rīna; das -d- in Reindl ist ein Gleitlaut zur Erleichterung der Aussprache]: *flaches Kochgeschirr, Kochtopf.*

reinig ⟨Adj.⟩ [zu Reim²]: *nebelig trüb.*

Reis, der; ❖ **mir geat der Reis** [verhüllend für das sich mit Reis reimende Scheiß (= Kot)]: *ich habe Angst.*

Reisch, die; Plural: Reischn [die nicht übliche Singularform ist Rausch, wie es im bairisch-österreichischen Wort Almrausch erhalten ist; Ausgangspunkt ist das mhd. Verb rūschen (= ein Geräusch machen, rauschen), davon rūsch (= Helmputz; nach dem rauschenden Ton beim Bewegen des Kopfes)] (ST): *Latsche, Latschenkiefer (kurz Latsche), Bergföhre, Legföhre, Legkiefer, Krummholzkiefer oder Krüppelkiefer genannt.*

Reischggerle, das; Plural: Reischggerler [wohl Ableitung von einem Intensivum zum mhd. Verb riuschen, einer Variante von rūschen (= ein Geräusch machen, rauschen)] (ST): *kleines Geräusch.*

Reise, Ris, die [mhd. rīse (= Wasser-, Stein-, Holzrinne an einem Berg), zu rīsen (= aufsteigen; abfallen); vgl. Rise] (NT, OT): *Rinne oder steiler Hang, auf dem Geröll abrutscht.*

reissn ⟨hat⟩ [mhd. rīʒen (= reißen, zerreißen); ahd. rīʒan, ursprünglich: ritzen] (NT, OT) *reißen:* **eppas reissn** ❖ **i håb nix grissn:** *ich war nicht erfolgreich.*

Reissn[1], die; ❖ **jemanden in der Reissn håm** (auch bairisch-österreichisch): *jemandem zusetzen, jemanden peinigen.*

Reissn[2], das: *Gliederschmerzen wie Rheuma o. Ä.:* das Reissn, das Reissate haben.

Reiste, die [mhd. rīste] (OT): *Haarsträhne.*

Reiter¹, Reitra, die [mhd. rīter, ahd. hrītara (= Sieb), laut Duden ein westgerm. Wort, vgl. altengl. hridder (= Sieb)]: *grobes Sieb.*
Reiter², Schwedn|reiter, der [zu rīten (= reiten); 1. Teil wohl zu mhd. swade(n) (= Reihe abgemähten Grases, Schwade)]: *Holzgestell zum Trocknen von Heu.*
reitern ⟨hat⟩ [zu Reiter¹, siehe dort]: *sieben.*
Reitl, das [zu reitn¹, siehe dort] (ST): *Ried (gerodetes Land).*
reitn¹ ⟨hat⟩ [ahd. riuten (= urbar machen)] (Deutschn., auch süddeutsch und schweizerisch): *roden, urbar machen.*
reitn² ⟨ist⟩ [mhd. rīten (= reiten)]: **1.** *reiten* **2.** *bespringen (von der brünstigen Kuh)* **3.** (Sa.) *fahren.*
Reit|schlitn, der; Plural: Reitschlitn [siehe reitn²] (Sa.): *Rodel.*
Reiwach: *siehe Rewach.*
Rem, Remm, die [mhd. reme, rame (= Stütze, Gestell)] (UI): *Bühne über dem Stadel, Obergeschoß des Stalls.*
remmln, rempln ⟨hat⟩ [mhd. rammeln (= bespringen) aus ahd. rammo (= Bock)]: **1.** *brünstig sein* **2.** *begatten (von Schafen).*
Rempler, der [wohl aus remmln, siehe dort]: **1.** (NT, OT, Pfun.) *Stoß:* **er gip iam an Rempler** **2.** (Ridn.) *Ruck, ruckartige, instinktiv vollzogene Bewegung (z. B. aus Schreck).*
Rendl: *siehe Drendl.*
rendln ⟨hat⟩ [mhd. rennele (= Schüttelvorrichtung in der Mühle), das die Stampfmühle bezeichnete, die Kleie und Gerste trennte] (ST): *Hafer oder Gerste enthülsen.*
Renner, der [zu anrennen] (NT, OT): *heftiger Stoß.*
Renn|tråppl, die; Plural: Renntråppln [2. Bestandteil: siehe Tråppl] (ST): *Tellereisen, Fangeisen.*
Repfling, der (Zillt.): *Schwächling.*
repfn, au|repfn ⟨hat⟩ [ahd. ropfōn, mhd. rupfen, rüpfen, Intensivbildung zu raufen (= rupfen); das Dialektwort mit Umlaut zu einer o-Form des Verbs] (La., Pfun.): **1.** *ritzen, sich eine kleine Verletzung zuziehen* **2.** *schnitzeln, schneiden.*
resch(e) ⟨Adj.⟩ [vgl. reasch] (NT) (auch bairisch): **1.** *scharf gebacken:* eine resche Semmel **2.** *lebhaft, munter, resolut:* a reschs Madl (= eine energisches Mädchen) **3.** *dürr, spröde* **4.** *schnell.*
Reschtl, Restl, das [Herkunft unklar, vielleicht zu mhd. rost (= Gitterwerk, Stangen, Gerüst); wohl kein Zusammenhang mit Restl (= Überrest eines Essens)] (NT): *großer, starker Mensch.*
Reschon, Reschun, die [lautlich entstelltes Raison, aus franz. raison, aus lat. ratio (= Vernunft)] (OT): **1.** *Gefühl für Anstand* **2.** (OT, Pf.) *Vernunft.*
reschunisch ⟨Adj.⟩ [zu Reschon, siehe dort]: *ordentlich, gesittet.*
reschandle ⟨Adv.⟩ [zu Reschon, siehe dort] (Def.): *genügsam.*

Rewach, Reiwach, Rewack, Rewagg, der [wie standarddt. Reibach, Rebbach zu jiddisch rewach (= Zins)]: **1.** *(unverhältnismäßig hoher) Gewinn bei einem Geschäft:* an guatn Rewack måchn **2.** *Geld* **3.** *Aktion mit reduzierten Preisen.*
rewelln ⟨hat⟩ [direkt von Rebell abgeleitet; Substantiv zu franz. rebeller, dieses aus lat. rebellare (= sich auflehnen, rebellieren)] (Deutschn.): *lärmen.*
Rewer, Reber, der [Kurzform für Rebmesser] (ST): *sichelartiges Hack- und Schneidemesser für leicht abtrennbare Objekte, Rebmesser.*
Rewiak, der [siehe Rewack] (Deutschn.): *Schaden.*
Rex|glås, Rex|glos, das [Rex® ist eine Firmenbezeichnung]: *Einmachglas.*
riabig, riawi, riawig ⟨Adj.⟩ [mhd. *rüewic aus ruowe (= Ruhe)] (ST, OT, OI): **1.** *ruhig,* **2.** *ohne Hast* **3.** *ohne Bedenken.*
Riacher, der [zu riechen]: *Gefühl, Gespür* ❖ **an guatn Riacher håbm:** *ein gutes Gespür haben.*
riachn ⟨hat⟩ [mhd. riechen (= rauchen, dampfen, einen Geruch von sich geben)] (Pass.): *Rauch erzeugen:* in Wåld entn ruichts (geht Rauch auf).
Riad, das; Plural: Riader [mhd. riet (= ausgereuteter Grund); verwandt mit reuten, roden] (ST): **1.** *Rodung, Weiler* **2.** *mit Moos oder Schilf be- wachsenes Feuchtgebiet.*
Riadl, Ridl, Ri(e)l, der [mhd. *rideln zu mhd. rīden (= drehen, wenden); ahd. ridilon (die Haare ordnen)]: *Heuzeile, (Heu-)Schwaden.*
riafn ⟨hat⟩ [mhd. rüefen (neben ruofen)]: *rufen.*
rial ⟨hat⟩ [von Schatz zu rühren gestellt; -l aus -len] (Pfun.): *Seil oder Kette mit Hilfe eines Scheits enger drehen.*
Ria|milch, die [Rührmilch] (Def.): *Buttermilch.*
Rianzl, der; Plural: Rianzler (ST): *schmaler Streifen (Stoff oder Land).*
Riapa, die, **Riape,** die, **Geriap,** das [von Schneider zu illyr. *rowja gestellt] (OI): *kahle Stelle im Gelände.*
Riapl, der [wie standarddt. Rüpel zum Namen Ruprecht; wohl nach Knecht Rupprecht, dem groben Begleiter des Nikolaus]: **1.** *Rüpel* **2.** (OT, Pass.) *Wildfang.*
Riarer, der [abgeleitet von mhd. rüeren (= sich rühren, bewegen)]: **1.** *Rühr- löffel* **2.** *(einzelne) Bewegung:* koan Riarer machn.
Rib, der [das mhd. Verb rīben (= reiben) bedeutet auch: sich drehen]: *Wendung des Wegs.*
ribig, ribi ⟨Adj.⟩ [aus dem Präteritalstamm von reiben] (Deutschn.): *grif- fig, körnig (beim Schnee).*
Ribisl, Ribesl, Risl, die [eigentlich: Ribesbeere; 1. Bestandteil zu ital. ribes, aus mittellat. ribes(ium) (= Johannisbeere); dieses aus persisch rībās (= eine Rhabarberart); laut Kluge/Seebold wurde die Ribiselmarme- lade wie Rhabarber als Magenmittel verwendet; deshalb übernahm sie

im 16. Jh. von diesem die Bezeichnung, die dann auch auf die Beeren überging; die Bezeichnung Ribisel ist auch in Ö, Bayern gängig]: *Johannisbeere (Ribes).*

Ribl, Ribler, der [aus dem Präteritalstamm von reiben]: **1.** (ST, OT) *Speise aus Buchweizen, Roggen oder Weizen* **2.** (OI) *Speise aus Maismehl, trocken abgeröstet* **3.** (NT, OT) *Grieß- oder Kartoffenschmarren.*

ribl(e)n, riwin, rippln, riwwl [Intensivum und Frequentativum mit -l-Einschub zu mhd. riben (= reiben)]: **1.** *reiben* **2.** *rasch und kräftig reiben:* Mist riblen (= Mist auf steilen Wiesen verreiben) **3.** (ST) (mit Dat. der Person) *jemand etwas vorwerfen:* des wear i dir no amoll riblen.

Ribm, Ribe, die [aus roman. ruvina, rovina (= Mure), das als *ruwin ins Ahd. entlehnt und umgelautet wurde; steckt auch in typisch tirolischen Namen wie Rubner, Rofner, Raffeiner] (OT): *Schotterreise.*

richlen, richin ⟨hat⟩ [Iterativum ahd. ruhilōn zu ahd. rohōn (= grunzen)] (NT, OT): *röcheln, wiehern, grunzen, röchelnd atmen.*

richtn ⟨hat⟩ [ahd. rihten (= gerade machen, in eine Richtung bringen, aufrichten); zum Adjektiv recht, das früher auch gerade, in gerader Linie bedeutet hat] (auch süddeutsch und schweizerisch): **1.** *reparieren* **2.** *kochen, Essen vorbereiten* **3.** *für einen bestimmten Anlass den Tisch, die Betten, das Zimmer vorbereiten* **4.** *dafür sorgen, dass etwas in Ordnung geht:* die Mama wearts schon richtn **5.** *sich bessern, zum Besseren wenden:* iatz kannt si 's Wetter schon richtn.

Rickal, das [dialektale Interpretation des lat. Namens auricula] (Zillt.): *Aurikel (Primula auricula), auch Alpenaurikel;* eine Pflanzenart, die zur Gattung der Primeln *(Primula)* gehört.

Rickl, das [Diminutiv von Ruck] (ST): *eine kleine Weile:* håsch no a Rickl Zeit.

Rid, das oder der, **Ride,** die [ablautend zu mhd. rīden (= drehen, wenden)]: *Biegung, Kurve.*

Rida, Ridahaufn, der, **Ridach,** das [vgl. Rid] (OT, Pfun.): *verworrener Knäuel, verworrene Sache oder Situation.*

rid|aus kemmen ⟨ist⟩ [zu Rid, siehe dort] (Pass.): **1.** *eine Kurve schaffen* **2.** *mit etwas zurechtkommen.*

Ride|pånzn, der [vgl. Rida] (Def.): *verworrener Knäuel.*

Ridl¹, der [zu Rid]: **1.** *Heuzeile* **2.** *Haarknoten* **3.** *Rolle des aufgerollten Strumpfs* **4.** *Büschel, Bündel* **5.** *Falte.*

Ridl², der [mhd. rigel (= ursprünglich: Querholz)] (ST): *Riegel, Türriegel.*

Ridl³, Ril, der [mhd. rüde, rude, rüede (= großer Hetzhund)]: *Rüde, männlicher Hund.*

ridln ⟨hat⟩ [zu Ridl¹]: **1.** *Falten werfen (von rutschenden Strümpfen)* **2.** *mit dem Rechen Heuzeilen machen.*

Ridl|wånd, die; Plural: Ridlwente [zu Ridl²] (ST): *mit Mauerwerk verkleidete Holzwand, Fachwerk.*
Rif, Rifn, Rifa, die (Plural) [ahd. ruwin aus alpenromanisch rovina]: **1.** (NT) *Geröllhalde.* **2.** (ST) *felsiger Abhang, murbrüchiger Hang an Bächen.*
Rife: siehe Rufe.
Riffl¹, Riffi, der oder die [in der Flachsbearbeitung mhd. riffeln, rifelen (= durchhecheln, durchkämmen)]: *kammartiges Gerät zum Beerenabstreifen.*
Riffl², der (La.): *unachtsamer oder frecher Bub.*
riffln ⟨hat⟩: *mit dem Riffl¹ arbeiten.*
Riggl, die; Plural: Riggln [zu rigglen, siehe dort] (ST): *Behälter zum Säubern der gebratenen Kastanien.*
rigglen, riggln ⟨hat⟩ [wie standarddt. ruckeln zu Ruck, dieses zu mhd. ruc (= Ruck, schnelle Ortsveränderung), ahd. rucch] (ST, OT): **1.** *rütteln* **2.** schütteln.
Riggler, der; Plural: Riggler [zu rigglen, siehe dort]: *Schüttelvorrichtung in der Mühle.*
Rigl, die [lat. regula (= abgegrenzter Feldbereich)]: *Parzelle.*
riglen, rigln ⟨hat⟩ [bei Oswald von Wolkenstein rügel dich (= setz dich in Bewegung), verwandt mit rogl und standarddt. regen]: **1.** (ST) *bewegen* **2.** (OI) *lockern* **2.** (Zillt.) *sich rühren.*
riglsum ⟨Adj.⟩ (Zillt.): *beweglich, aufgeweckt.*
rimpfla ⟨Adj.⟩ [zu rimpfn] (Pf.): *glimpflich.*
rimpfn ⟨hat⟩ [mhd. rimphen (= in Falten zusammenziehen, rümpfen)] (Pf.): *flicken.*
ringe ⟨Adj.⟩ [mhd. ringe (= leicht, ohne Mühe)]: *leicht (Gewicht), einfach*
❖ **ringe Kost:** *leicht verdauliches Essen.*
ring|feartig ⟨Adj.⟩ [erster Wortteil siehe ringe; 2. Teil aus mhd. vertic (= beweglich, gangbar, geschickt), das zu fahren gehört] (OT): *handlich, praktisch.*
Ringge, die [mhd. rinke, ringge (= Spange, Schnalle an Gürtel oder Schuh); Weiterbildung von Ring] (NT, La.): *Eisenverschluss bei Lederriemen und alten Stofftaschen.*
Ringlo, Ringlotta, die [zu reineclaude (= Königin Claude, Gemahlin des franz. Königs Franz I.)] (in D meist Reneklode): *Ringlotte, eine Edelpflaume (Prunus domestica var. claudiana).*
Ringl|schpil, Ringl|gschpil, das [Ausgangspunkt ist das mittelalterliche Ringelstechen, bei dem Reiter von einem sich drehenden Holzgestell aus nach einer Scheibe stechen mussten]: *Karussell.*
Ring|reasl, das [wie Ringelblume nach den Schließfrüchten im Blütenkorb] (OT): *Ringelblume (Calendula officinalis).*

rinkl(e) ⟨Adv.⟩ [Nebenform von ringe, siehe dort] (ST, OT): *leicht, leichtfüßig.*

Ripfling, der [zu rupfen: Pflanze, die gerupft gehört] (La.): *aufgeschossene, kraftlose Pflanze.*

Ripperln, Rippelen, die (Plural) [wie standarddt. Rippe, mhd. rippe, ahd. rippa, eigentlich: Bedeckung (der Brusthöhle)] (Küchensprache): *(gebratenes) Rippenstück.*

Ris, der, die oder das, **Rise, Risn,** die [mhd. rise (= Wasser-, Stein-, Holzrinne an einem Berg)]: **1.** *steile Rinne im Wald zum Herablassen des Holzes* **2.** *Ziehweg für Holz oder Heu:* a Rise autien oder risn (= einen Ziehweg herrichten) **3.** (OI, AF) **auf dem Ris sein:** *ausgehen, unterwegs sein.*

Ris|bere, die [vgl. Ribisl] (Pf.): *Johannisbeere (Ribes).*

Rischt, der [mhd. rüsten (= ausrüsten, schmücken), abgeleitet von rust (= Pferdeschmuck)]: **1.** (Def.) *schöne Kleidung* ❖ **an Rischt håm:** *schön angezogen sein* **2.** (Tuxertal) *Lebendigkeit, Rüstigkeit.*

rischtig ⟨Adj.⟩ [siehe Rischt) (Def.): *schön und passend gekleidet.*

Rise, die oder **Riser,** die (Plural) [Bed. 1 führt zu mhd. rizze, das auch bei Oswald von Wolkenstein bezeugt ist und auf die Verwandtschaft von reißen und ritzen deutet] (ST, OI): **1.** *Kratzer* **2.** *Spuren ausgelaufener Flüssigkeit (z. B. an der Wand).*

Risl|blia, die [1. Bestandteil: siehe risln; 2. Bestandteil zu blühen); eigentlich: Blühwerk, aus dem es hageln wird] (NT): *Wolken, die Hagel anzeigen.*

risln ⟨hat⟩ [mhd. riselen, Iterativum zu ahd. rīsan (= abfallen, niederfallen, aufsteigen); siehe Rusln] (ST, OI): **1.** *hageln* **2.** *körnig schneien* **3.** *langsam herunterfallen.*

risn ⟨hat⟩ [siehe Ris]: *Holz durch die Ris treiben.*

Rispach-Raspach, Rischpei-Raschschpei, Rispal-Raspal, Risplraspl, das [wohl aus ahd. rispachi (= Gebüsch), das im nhd. Wort Rispe noch erhalten ist; verwandt mit lat. crispus (= kraushaarig, kraus); bei Rispal und Raspal wird die zweite Silbe des ahd. Wortes zu einer Verkleinerungsendung uminterpretiert; Risplraspl ist eine sprachspielerische und sich reimende Ablautform; die Pflanze ist eine polsterförmig wachsende Strauchflechte und wurde daher bei der ursprünglichen Benennung mit einem Gebüsch verglichen] (NT): *Isländisch Moos (Cetraria islandica).*

ritig ⟨Adj.⟩ [zu reiten]: **1.** *brünstig (von der Kuh)* **2.** *manns- oder weibstoll.*

Ritling, der; Plural: Ritling [zu reiten]: **1.** *Kuh, die gerne aufreitet* **2.** *sexuell aktive Person.*

Ritsche, die [Herkunft unklar] (OT): *Kette zum Bremsen von Schlitten.*

Ritsche, Ritsch, die [mhd. rütsche aus lateinisch (ar-)rugia, vgl. ital. roggia] (ST, OI): *Waal/Kanal durch einen Ort.*
ritschilat ⟨Adj.⟩ [aus ital. riccio (= Haarlocke); lautspielerische Varianten: ruschilat und rutschilat; siehe dort] (OT): *dicht, viel.*
Ritter|binggl, der (ST): *letztes Bündel ausgedroschenes Stroh auf der Tenne.*
Rittl, der [Ableitung von mhd. rütelen (= rütteln, zerzausen)] (ST): *verworrener Knäuel, verworrene Sache oder Situation.*
Ritz, der; Plural: Ritze [ritzen als Intensivum zu reißen]: *Ritze, kleine Schramme* ❖ **a Ritzl** heit håts a Ritzl gschnibm: *heut hat es ein bisschen geschneit.*
Roach|gåbl, die; Plural: Roachgåbln [eigentlich: Reich-gabel zu mhd. reichen (= darreichen)] (Sa.): *zweispitzige Gabel, um Garben (hinauf) zu reichen.*
roada ⟨hat⟩ (OI): *Gras auseinanderstreuen, verzetteln (zum schnelleren Trocknen).*
Roade, Road, die [wahrscheinlich entlehnt aus rom. rōda, lat. rota (= Rad); hingewiesen wird auch auf mhd. antreite (= richtige Reihenfolge)] (ST): **1.** *Reihenfolge (richtige Reihenfolge oder Rad) in der Verteilung des gemeinsam genutzten Bewässerungswassers* **2.** *Maß des zugeteilten Wassers* **3.** *Zeitraum der Wassernutzung* **4.** *Waal* **5.** *große Menge:* a gånze Roade **6.** (Ötzt.) *Schwade von gemähtem Gras.*
roadln ⟨hat⟩ [mhd. reidel, reitel (= Drehstange)] (ST): *Holzstämme mit Kettenzug aufladen, indem man Seil oder Kette mit Hilfe eines Scheites enger dreht (siehe rial).*
Roaf|messer, das [mhd. reif (= Reif, Ring, Gürtel); nach der geschwungenen Form des Messers] (ST, OT): *Messer mit beidseitigen Haltegriffen (zum Schnitzen oder Spänemachen).*
roage ⟨Adj.⟩ [Herkunft unklar] (Pf.): *dürr.*
roaln ⟨ist⟩ [Herkunft unklar] (Ulten): *klettern.*
Roan, Ruan, Ran, der [mhd. rein (= begrenzende Bodenerhöhung, Rain)]: **1.** *Abhang, Böschung* **2.** *steile Geländestelle (die das Stehen erschwert).*
Roam|ba, die, **Roabale**, das, **Roabelen, Roapa**, die (Plural) [nach dem beliebten Standort mhd. rein in der Bedeutung Rain, Wegrand + Beere] (OT): *Walderdbeere (Fragaria vesca); eine Pflanzenart aus der Gattung der Erdbeeren (Fragaria) innerhalb der Familie der Rosengewächse (Rosaceae).*
Roasner, der (Sa.): *Rosenkranz.*
Roating, die; Plural: Roatingn [mhd. reitunge (= Rechnung, Rechenschaft); verwandt mit bereiten; vgl. roatn] (ST): *Rechnung.*
Roat|krepfl, Roat|brantele, das [2. Bestandteil: Diminutiv von Kropf bzw. Brantele, siehe dort]: *Rotkehlchen (Erithacus rubecula).*

Roat|leibl|jos, roat|leiblte Jos, der [eigentlich: Josef mit rotem Hemd] (Kartenspielerspr.) (ST): *Herz-König* (höchste Stichkarte beim Kartenspiel Perlåggn).
roatn ⟨hat⟩ [mhd. reiten (= fertig machen, berechnen)] (Pass.): **1.** *rechnen* **2.** *berechnen, überlegen.*
Roaze, (Def.) **Raza, Supparaza** (OI), die: [aus roazn]: *Schaukel.*
roazn, razn [mhd. reizen (= reizen, anregen)] (Def.): *schaukeln.*
Robler, der [Herkunft unklar] (Pf., Pfun.): *Gewinner bei Rangordnungskämpfen.*
Roblerin, die: **1.** *stärkste Kuh* **2.** *Gewinnerin bei Rangordnungskämpfen.*
Robm|vich: *siehe Råbmvich.*
Robot, die [zu roboten (= schwer arbeiten, sich plagen; früher auch: Frondienst leisten), spätmhd. roboten aus tschech. robota (= Fronarbeit, Arbeit)]: **1.** (ST) *schwere Arbeit* **2.** *freiwillige Arbeit (z. B. für einen Nachbarn beim Hausbau).*
rochn ⟨hat⟩ [mhd. rohen (= brüllen, grunzen)]: **1.** (OT) *brünftig (vom Schwein)* **2.** (Sa.) *feindselige Gurgellaute ausstoßen (von Tieren: Hund, Stier).*
rochzn ⟨hat⟩ [intensivierende -ezen-Ableitung von rochn, siehe dort] (ST): *grunzen.*
Rodl, der: *Quirl, Schneebesen.*
Rodl, die; auch der [Herkunft unklar] (auch bairisch-österreichisch): *kleiner Sportschlitten* ❖ **immer auf der Rodl sein, rodln** (OT) (vgl. Schellrodl): *immer unterwegs sein, nie zu Hause sein.*
Rod|loase: *siehe Råd, bzw. Loase.*
Rofn: *siehe Råfe.*
Rog|eis, das [mhd. rac (= rege, beweglich)] (ST): **1.** *dünne Eisschicht auf fließendem Wasser* **2.** *vereisendes Wasser.*
rogl, roglig, roglat ⟨Adj.⟩ [mhd. rogel (= locker)]: **1.** *gelockert, lose, nicht fest* **2.** *unruhig, wackelig* „Und der Guggu im Wåld / is a schlauer Vogl, / 's Dirnal passt auf 'n Buam / drum schlåft 's går so rogl." (Aus dem Lied „Und der Guggu im Wald", SsÖ, S. 314) **3.** (ST) *schwach, kränklich:* rogl beisammen sein.
rogla ⟨Adv.⟩ [mhd. rogel (= locker, lose) + -lich] (ST): **1.** *locker* **2.** (La.) *hastig und unachtsam arbeitend.*
rogln, rogle; auch: **aufrogln** ⟨hat⟩ [mhd. rogelen (= locker legen, aufschichten)]: **1.** *locker aufschichten* **2.** *locker machen, auflockern.*
roichn ⟨hat⟩ [mhd. riuchen neben riechen (= rauchen, dampfen); siehe riachn] (OT): *rauchen, dampfen.*
Roll, die; Plural: Rolln [zu rollen] (Sa.): *Herumstreunerin (Mädchen, das sich in der Gegend herumtreibt).*
roldern, die [mhd. rollen] (OT): *ständig unterwegs sein.*

Roller, der [zu altmundartlich Rolle (= Blechkapsel mit kleinen Kugeln am Pferdegeschirr u. ä.; mhd. rollen (= rollen) aus französ. rouler, das auf lat. rotula (= Rad) zurückgeht]: *prächtige Fasnachtsmaske der Imster Tradition (weiblich, jugendlich, aber dargestellt von Männern in Männerkleidung). Gegenstück des Schellers; namengebend ist der breite Ledergürtel, der mit mehr als 40 runden Schellen (= Rollen) besetzt ist.*

Romft: *siehe Råmft.*

Rone, Rona, Rån(d)e, Rune, die [zu mhd. rān (= schlank, schmächtig); die Knollen dieser Pflanze waren ursprünglich länglich, bei den heutigen Zuchtformen sind sie kugelförmig]: *Rübe mit rotem Fleisch, rote Bete.*

Rosl, die oder das [Herkunft unklar] (Brixental, Pfun.): *Sieb.*

Rosilen: *siehe Rusln.*

Ross-, Roß- als 1. Bestandteil für (große oder wilde) Pflanzen [wie Ross zu mhd. ros (= Pferd, Streitross, Wagenpferd), ahd. (h)ros, weitere Herkunft unklar; das Wort bedeutet einerseits in der gehobenen Sprache (edles) Pferd, außerdem ist es im Oberdeutschen dialektal die Normalform, während Pferd im Dialekt nie verwendet wird; im Volk werden die Eigenschaften groß und wild dem Pferd zugeschrieben und auf Pflanzen übertragen]: **Ross|beiche, Ross|bäuche** (= große Pflaumen); **Ross|bråtn** (= Zwetschkenart); **Ross|keschtne** (= wilde Kastanie); **Ross|kim** (= Rosskümmel); **Ross|minze**(= langblättriges Minzkraut); **Ros(s)|nagele** (= wilde Nelke).

Ross|himml, der (ST): *großes Getöse oder Durcheinander.*

Ross|knedl, Ross|epfl, Ros|knedl, Röss|gogl, der: *einzelnes rundliches Stück Pferdekot.*

Rotz-, Roz- als 1. Bestandteil verstärkend bei Komposita, die als Schimpfwort dienen: [wie Rotz zu mhd. ro(t)z, ahd. (h)roz (= Nasenschleim), zu ahd. (h)rūzan (= schnarchen, knurren)]: **Rotz|binggl** (= schmutziger, unerzogener Mensch); **Rotzpippm** (= frecher, unerzogener Kerl), **Rotz|klachl, Rotz|leffl, Rotz|bua** (= unerzogener, ungepflegter, frecher Bub) ❖ **jemanden wia r an Rotzbuam behåndln:** *jemanden nicht für voll nehmen.*

Rotz|gloggn, die [2. Bestandteil: Glocke]: *Nasenschleim, der tropfenförmig aus der Nase rinnt.*

Rotz|klachl, der [2. Bestandteil: siehe Klachl] (derb): **1.** *Nasenschleim, der tropfenförmig aus der Nase rinnt* **2.** *rotzhaltige Spucke.*

Ruab(e), Ruam, Ruiwe, die [mhd. ruobe, rüebe]: *Rübe.*

Ruach(e), der [siehe ruachn]: **1.** *rücksichtsloser Mensch, Rohling* **2.** (ST) *Geizhals, habgieriger Mensch* **3.** (NT, OT) *unbekümmerter, leichtsinniger, sein Leben aufs Spiel setzender Mensch.*

ruachn ⟨hat⟩ [mhd. ruochen (= wünschen, begehren), weitere Herkunft unklar]: **1.** *Raubbau betreiben* **2.** *mit großem Kraftaufwand arbeiten* **3.** *rasen, rücksichtslos fahren* **4.** (NT) *geizig sein.*
Ruan: *siehe Roan.*
ruaschn ⟨hat⟩ [vielleicht lautmalerisch aus rascheln, Schatz kennt es als raschelnd herumsuchen] (Def.): *Unordnung machen.*
Ruassl, der [zu mhd. ruoz (= Ruß)]: *Kaminkehrer.*
ruassln, ruasslen, ruissign, inruissn ⟨hat⟩ [Bed. 1 von Ruß; 2 und 3 wohl Einfluss von rasseln, siehe dort] (NT): **1.** *etwas oder jemanden mit Ruß schwärzen* (z. B. eine Aufgabe der Krampusse) **2.** *schnarchen* **3.** *lang und gut schlafen.*
Ruf(e), Ruff, Rifn, der und **Rifl, Rifei,** das [mhd. ruf (= Schorf, Aussatz)]: *Wundschorf.*
rufig ⟨Adj.⟩ [siehe Rufe] (ST): *schorfig (von der Kälte aufgesprungen).*
Rugattn, Rågattn, die (Plural) [lat. eruca (= Raupe des Kohlweißlings) mit Suffix -ata; das Wort dient nur als Bezeichnung für spezielle Raupen im Weinberg, sonst Gossn, siehe dort] (Etsch): *Raupen des Eulenfalters (Noctuidae), auch Erdraupen genannt;* sie befallen im Frühjahr die frisch austreibenden Weinreben (= Garzen); meist handelt es sich um Raupen der Hausmutter *(Noctua pronuba),* manchmal auch der Bunten Bandeule *(Noctua fimbriata).*
ruggapetze trågn ⟨hat⟩ [das Wort enthält eine dialektale Lautform von Rücken sowie das Suffix -etzen; eigentlich: auf den Rücken laden] (OT): *auf dem Rücken tragen.*
Ruggaun: *siehe Raggaun.*
ruissign ⟨hat⟩ (OT): *etwas oder jemanden mit Ruß schwärzen* (z. B. eine Aufgabe der Krampusse).
Ruiss|kera, der [zu mhd. ruoz (= Ruß)] (OT): *Kaminkehrer.*
rumpflig ⟨Adj.⟩ (OI) [aus dem Partizip Perfekt des mhd. Verbs rümpfen; vgl. die Nase rümpfen]: *faltig, runzelig.*
rumpl(n) ⟨ist⟩ (OT): *ständig unterwegs sein.*
rumpl|di|pumpl ⟨Adv.⟩: *stracks mit viel Lärm (z. B. zu Boden fallen).*
Rumse, die [Herkunft unklar] (Ötzt.): *Gespenst auf der Alm.*
Rune: *siehe Rone.*
Runggl¹, Runggle, die [aus mittellat. runcula; vgl. ital. roncola (= Hippe)] (ST): **1.** *sichelartiges, grobes Messer* **2.** *kleines, rundes Hackmesser.*
Runggl², Runggla, die [laut Grimm vermutlich zu Runken, eine Nebenform von Ranken (siehe Rångge), also ursprünglich: großes Stück]: *Runkelrübe, Futterrübe (Beta vulgaris subsp. vulgaris, Crassa-Gruppe).*
Runggunggl, Runggunggle, die [eigentlich: Runkunkel, so in vielen Regionen des deutschen Sprachraums; laut Grimm vergleichbar mit Wörtern wie Rumpumpel, Schlampampe etc.; es sind im Reimspiel

geformte Bildungen, bei denen etymologisch zunächst nur das erste Glied relevant ist, in diesem Fall mhd. runke, runze (= Runzel, Falte in der Haut)] (scherzhaft) (ST): *alte Frau*.

Runs(e), Runscht, die; **Runscht,** der [mhd. die runse, der runst (= das Rinnen, Rinnsal, Kanal, Flussbett), ahd. runsa, runst; zu rinnan (= rinnen)] (ST, OT): **1.** *Rinnsal, rinnendes Wasser* **2.** *Bachbett, Rinne.*

rupfan, ropfan, rupfin, rupfet ⟨Adj.⟩ [siehe Rupfn]: *aus grobem Leinenstoff/Rupfen bestehend.*

Rupfn, der [durch Substantivierung des Stoffadjektivs mhd. rupfin (= aus Werg), das zum Verb rupfen (= rupfen, zausen, zupfen) gehört; Werg besteht aus Fasern, die bei der Verarbeitung von Flachs oder Hanf abfallen; ursprünglich also: das, was von der Hechel abgerupft wurde): *grobe Leinwand aus Werg.*

ruschgern, ruschgn ⟨hat⟩ [lautmalend wie rascheln, rischeln etc.] (ST): *leise rascheln.*

ruschilat, rusilat ⟨Adj.⟩ [Variante von ritschilat; siehe dort] (ST): **1.** *lockig, gekraust, wuschelig (von den Haaren)* **2.** (Pf.): *körnig, bröckelig.*

Ruschti, die (OI): *Unordnung, Durcheinander.*

Rusele, das [wie Pfrousl (= Hagebutte) zu lat. rosa (= Rose); dieses zu griech. roson, entlehnt aus einer iranischen Sprache] (OI): *Stachelbeere (Ribes uva-crispa)* eine Pflanzenart innerhalb der Familie der Stachelbeergewächse *(Grossulariaveae).*

Rusl, die, **Rusele,** das [zu risln (= hageln), siehe dort] (NT): *Hagelkorn.*

Rusln, Roslen, Ruselen, Ruschgl, die (Plural) [zu lat. rosa (= Rose); übertragen als Krankheitsbezeichnung wegen der rosa Farbe der Pusteln bzw. des Hautausschlags]: **1.** *Röteln, Masern* **2.** *Hautausschlag.*

Russ, der [eigentlich: der Russe; Ungeziefer wird in den deutschen Dialekten öfter xenophob mit einem Völkernamen in Verbindung gebracht; eine alternative dialektale Bezeichnung für Russ ist: der Schwabe; bei diesem Wort spielt die lautliche Ähnlichkeit zwischen dem Insekt Schabe und der Volksgruppe der Schwaben eine Rolle]: **1.** *Gemeine Küchenschabe (Blatta orientalis), auch bekannt als Kakerlake* **2.** *gesalzene Sprotte, Salzhering* **3.** *ein Mischgetränk aus Weizenbier und Limonade.*

Rutscher, der [zu gesamtdeutsch Rutschen (= einzelnes Ausrutschen)]: **1.** *kurze Fahrt, kurze Reise, kurzer Ausflug:* an Rutscher aufs Land machen **2.** *Augenblick, Moment:* auf an Rutscher vorbeischauen.

rutschilat: *siehe ritschilat.*

S

's¹ ⟨bestimmter Art. – Kurzform⟩: *das*.
's² ⟨Personalpron. – Kurzform⟩: *es*.
's³ ⟨Gen. des bestimmten Art. der⟩ (Pass.): *des:* 's Hansn Joppm (= der Rock von Hans).
Sabl, der; Plural: Sabl [wie standarddt. Säbel zu spätmhd. sabel, wohl über poln. szabla und ungarisch szablya zu szabni (= schneiden)]: *Säbel*.
sabl(e)n, sabl ⟨ist⟩ [zu Sabl, siehe dort; Bed. 1: säbeln wird lautspielerisch mit sausen in Verbindung gebracht; Bed. 3: mit dem Säbel, d. h. kräftig dreinschlagen]: **1.** (salopp) *schnell laufen, schnell fahren* **2.** *mit einem Messer schnell schneiden* **3.** (ST) (salopp) *fluchen, schimpfen*.
Sach(e), die [wie Sache aus mhd. sache, ahd. sahha (= Gerichtssache, Streit, Ursache), zu ahd. sahhan (= prozessieren, streiten); ablautend zu suchen; ursprünglich wohl: einen Täter suchen]: **1.** *Eigentum, Besitz* **2.** *Angelegenheit:* des isch mei Såch (= das ist meine Angelegenheit) **3.** *Sache:* schene Såchn heart ma von dir (ironisch).
Sacher, die; Plural: Sachern [mhd. saher (= Riedgras, Spitzen der aufgegangenen Saat)]: **1.** (NT) *Grasart mit scharfkantigen Blättern, Unkraut* **2.** (ST) *Granne, Ährenborste*.
Sachr, sachn: *siehe Soacher, soachn*.
Såck, der [mhd. und ahd. sac (= Sack, Tasche), zu lat. saccus aus griech. sakkos (= grober Stoff aus Ziegenhaar; Sack aus diesem Stoff)]: **1.** *Sack* **2.** *Hosentasche* ❖ **jemanden in Såck steckn:** *jemandem überlegen sein* **3.** *Geldtasche* ❖ **in eigenen Såck steckn:** *in die eigene Tasche stecken* ❖ **aussackln:** *die Taschen leeren, jemanden um sein Geld bringen* **4.** (abwertend) *Mann:* er is a alter Såck **5.** *Prämie beim Tarockspiel*.
Såck|messer, das [mit Såck gemeint ist die Hosentasche]: *Taschenmesser*.
Såckner, der [zu Sack, weil die Figur mit ballonartigen, strohgefüllten Säcken auf die Zuschauer schlägt, um den Weg für den Fasnachtszug frei zu halten]: *Ordnungsmake beim Fasnachtszug*.
såck|orschet ⟨Adj.⟩ (Pass.): **1.** *mit tiefem Gesäß* **2.** *niedergeschlagen, entmutigt*.
Såck|tiachl, das: *Taschentuch*.
såffra ⟨Adj.⟩ [mhd. saffran (= Safran), über das Romanische aus dem Arabischen; Safran ist das teuerste Gewürz] (Deutschn.): *teuer*.
Sågara: *siehe Sågrach*.
Såge¹, Soge, Soget, die [wie standarddt. Sage zu mhd. sage, ahd. saga (= Rede, Erzählung, Gerücht; eigentlich: das Gesagte)] (ST, OT, OI): **1.** *bloßes Gerede* **2.** *Erzählung*.

Såg(e)², Soge, die [zu sägen] (NT): **1.** *Säge* **2.** *Sägewerk.*
saggern ⟨hat⟩ [zu saggra, siehe dort] (ST): **1.** *schimpfen* **2.** *toben (vom Gewitter).*
såggetzn, soggetzn, sotzgern, sutzgen, såpfetzn ⟨hat⟩ [siehe såppm; lautmalerisch vom Geräusch, wenn man auf nassem Boden geht oder Wasser in den Schuhen hat] (NT): *glucksen.*
saggra, saggere, saggri, saggerment; stärker verhüllend auch **sapperlot, sapperment, sappere** ⟨Interj.⟩ und ⟨Adj.⟩ [mhd. sagkermente, sacrament aus kirchenlat. sacramentum (= religiöses Geheimnis, Mysterium); zu sacer (= heilig)]: *verdammt, verflixt (harmloses Fluchwort):* Und 's Diandl von Tux (...) / wenn ma 's ugreift, åft zuckt 's (...) / wenn ma 's frågt um an Tånz (...) sågt 's du saggara Schwånz. (Aus dem Lied „Und an Tux an schian Tål").
saggrisch, saggerisch ⟨Adj.⟩ [zu saggra, siehe dort]: **1.** *schlimm, verflixt:* ein saggrischer Mensch (= ein übler Mensch) **2.** *hervorragend:* ein saggrischer Mensch (= ein verdammt tüchtiger Mensch).
saggrisch, saggerisch ⟨Adv.⟩ *besonders:* saggrisch weit, schön etc. Håst a Pulver in da Tåschn, / bist a Jaga, tuast gern nåschn / håst an Gamsbårt auf 'n Huat, / jå meiner Seel, der steht dir sakrisch guat." (Aus dem Lied: „Blaue Fensterl, greana Gatta", in Tirol und in ganz Österreich verbreitet).
Sagler, Sogila, der [Ableitung von sagln]: *Person, die sägt.*
sagln ⟨hat⟩ [wie sägen zu Säge, mhd. sege, sage; ahd. sega, saga, ursprüngliche Bedeutung wohl: Gerät zum Schneiden]: **1.** *sägen* **2.** *schnarchen.*
sagn ⟨hat⟩ [mhd. söugen, ahd. sougen, Veranlassungswort zu saugen; eigentlich: saugen machen oder saugen lassen] (Pass.): **1.** *säugen* **2.** *saugen lassen.*
Sågrach, der, **Sågara,** das [mhd. sagrer aus lat. sacrarium (= Ort, wo heilige Dinge aufbewahrt werden); zu lat. sacer (= heilig); vgl. Sogritt] (OT, Pfun., Alp.): *Sakristei.*
Såg|schoatn, Sog|schoatn, die (Plural) [2. Bestandteil: mhd. scheite (= Holzspan); eigentlich: Abgetrenntes; zu scheiden]: *Sägespäne.*
Såiss, Söss, die [mhd. salse (= gesalzene Brühe)] (Alp., Wildschönau): *Marmelade, Gelee, eingekochte Früchte.*
Sålch(e), Sålfe, Såif, die [mhd. salhe, ahd. sal(a)ha (= (Sal)Weide; entlehnt aus lat. salicem, dem Akk. von salix] (ST, Alp.): *Sal-Weide (Salix caprea); Pflanzenart in der Gattung der Weiden (Salix) innerhalb der Familie der Weidengewächse (Salicaceae).*
Saldo|gschirre, das [1. Bestandteil: Plural von Seil, 2. Bestandteil (= Geschirr)] (OT): *Zaumzeug.*

Sålfach, Såifei, Sålf, Såfla, Sålwei, der [mhd. salvīe, aus mittellat. salvia, das letztlich auf lat. salvus (= gesund) zurückgeht; Såfla nach dem Muster von Zwiebel, Knoblauch umgebildet, als wäre -la (aus Lauch) das zweite Wortelement]: *Salbei (Salvia).*

Salige, die; Plural: Saligen [mhd. sælec (= selig)]: *Salige, salige Frau;* die saligen (= seligen) Frauen, auch Salaweiber oder Salkweiber genannt, sind Gestalten der Sagenwelt; die hilfsbereiten, aber menschenscheuen Wesen sollen in einem sehr trockenen Jahr den noch unbekannten Buchweizen in den Vinschgau gebracht haben.

Såliter, der [mhd. salitter aus lat. sal nitrum (= schwarzes Salz)]: *Salpeter.*

sall ⟨Pron.⟩ [mit Oberinntaler Lautung aus mhd. selb (= selb, selbst); vgl. auch sell] (OI): *das, dieses:* sall isch wahr (= das ist wahr); moansch den salln (= meinst du den); sallwånder (= selbander): „Wenn d' Stadtlar fråga: ‚Wo seids hear', då måch ma it lång Fåxa, / von oban acha, sall isch gwiss, wo d' Långgalabiara wåchsa." (Aus dem Lied „Miar Oberländer fölsaföscht") ❖ **jå sall(e):** *das will ich meinen* ❖ **sall woll:** *ja natürlich.*

Sallnuiter, der [salt + nuit; siehe dort] (scherzhaft): *Oberinntaler* (ihnen wird nachgesagt, dass sie knausrig seien und Bettler mit den Worten abweisen: mir håwe salt nuit (= wir haben selbst nichts).

salt ⟨indeklinables Demonstrativpron.⟩ (OI): *selbst:* „Miar Oberländer fölsaföscht, miar wölla salt regiera, / miar schicka d' Büabla ins Stadtlan åha und låssa s' döt studiera." (Aus dem Lied „Miar Oberländer fölsaföscht", SsÖ, S. 248).

Såltner, der [spätlateinisch saltuarius (= Förster) zu lateinisch saltus (= Waldgebirge, Waldschlucht)] (Bozner U-Land, Pfun.): *Flurwächter* (besonders zur Erntezeit und zum Schutz der Trauben).

Salze, die, **Salzer,** der [Ableitung von salzn] (ST): *Salzstelle fürs Vieh.*

salzig ⟨Adv.⟩ [anders als sålzig auf salzn zu beziehen; ursprünglich also: des Salzens bedürftig] (ST): *an Salzmangel leidend:* di Galtling sein salzig (= die Jungrinder leiden an Salzmangel).

sålzig ⟨Adj.⟩: *salzig.*

sålzn[1] ⟨hat⟩: *(eine Speise) salzen.*

sålzn[2] ⟨hat⟩: *dem Vieh Salz geben.*

Sam, der [wie standarddt. Saum (= Last) aus mhd. ahd. soum (= Lasttier) über mittellat. sauma (= Packsattel) und lat. sagma aus dem Griechischen entlehnt] (ST): *Jochübergang mit Saumsteig.*

samen ⟨hat⟩ [siehe Sam]: **1.** *einen Saum nähen* **2.** *auf dem Rücken eines Tragtiers transportieren.*

såmp ⟨Präp. und Konjunktion⟩ [mhd. sament (= zusammen mit) aus ahd. saman (= zusammen); verwandt mit engl. same und standarddt. sammeln]: **1.** *mit, mitsamt* **2.** (ST) *obwohl, trotz:* såmp ers gsechn håt, håt er nicht geton.

Sąndler, der [mhd. seine (= langsam, träge); vgl. sandln; kein Zusammenhang mit Sand: vgl. soandln] (auch bairisch-österreichisch) (NT, OT): **1.** *heruntergekommener, arbeitsscheuer Mensch* **2.** *Obdachloser.*

sąndln ⟨hat⟩ [vgl. Sandler] (Bed. 2 auch bairisch-österreichisch) (NT, OT): **1.** *statt zu arbeiten, die Zeit vertrödeln* **2.** *als Obdachloser leben* ❖ **gånz versandlt sein:** *völlig heruntergekommen sein* ❖ **etwas sandln:** *schnorren:* i hab a Tschigg gsandlt.

Sånd|plerche, die; Plural: Såndlplerchn [1. Bestandteil: die Pflanze wächst oft in Steinschuttfluren; 2. Bestandteil: Plerche (= großes, breites Pflanzenblatt)] (Pass.): *Alpendost (Adenostyles).*

sąnggern, sęnggern ⟨hat⟩ [siehe sempern] (OI): *murren, nörgeln.*

Sånggra, der (Zillt.): *lästiger Mensch.*

Sąn|kelle, die; Plural: Sankellen [1. Bestandteil: zu san aus mhd. sæjen (= säen)] (OT, Pass.): *Lochkelle* ❖ **a Hirn wia r a Sankelle:** *äußerst vergesslich.*

Sąnse: *siehe Segnse.*

Santa Klås (Ehrwald): *heiliger Nikolaus.*

såpfetzn: *siehe såggetzn.*

Sapin, Sąppl, Sąppe: *siehe Zapin.*

såppm ⟨ist⟩ [mhd. sappen (= plump gehen)] (Zillt.): *im Nassen stapfen.*

Sąrggele, das; Plural: Sarggelen [Diminutiv von Sårggl, siehe dort] (ST): *kleine Hacke zum Jäten.*

Sårggl, der [aus lat. sarculum (= Gartenhacke, Jäthacke, kleine Hacke); vgl. ital. sarchio] (Pass.): *Gartenhacke.*

sårggln ⟨ist⟩ (Deutschn.): **1.** *schnell gehen* **2.** *mit dem Gesäß schwingend gehen* **3.** (Pfun.) *herumpatzen, spritzen, unsauber arbeiten.*

Sąrner, der: **1.** *Bewohner des Sarntals* **2.** *schafwollene Strickjacke nach Sarntaler Art.*

Såss(e), die [mhd. sāʒe (= Sitz, Rast, Lage), zu sitzen] (NT) (veraltet): *Vertiefung im Gelände.*

Sąssl, das [Verkleinerung von Såss] (NT): *kleine Felsnische.*

sątzn ⟨ist⟩ [mhd. satz hat auch die Bed. Sprung]: (salopp) *laufen, rennen.*

Såtz|rasl, das [siehe Rasl] (Bozner U-Land): *Rebsetzling.*

sau- ⟨Präfix⟩ [aus dem Substantiv Sau]: **1.** *verstärkend vor Adjektiven:* **sau|grob; sau|guat; sau|kålt; sau|schlecht; sau|teier 2.** *verstärkend vor Substantiven:* **Sau|beitl; Sau|hund; Sau|kerl; Sau|schwånz; Sau|teifl; Sau|wetter; Sau|mogn** (= Schuft); **Sau|vich** (= Schimpfwort für Tiere); **Sau|ruggn** (= Schuft, schäbiger Kerl).

Sau, die [mhd. gleichbed. sū]: **1.** *weibliches Schwein* **2.** *(Kartenspiel) Ass.*

Sau|bär, der [mhd. bēr (= Zuchteber); vgl Bear]: **1.** *männliches Schwein, Eber* „Die zwei, die håm si zsammgschmuggt, grch, grch (...) und håm dabei den Saubärn dadruckt ..." (Aus dem Lied „Es wår einmal ein

Holzknecht so stolz", auch „Der Saubärgrunzer" genannt, SsÖ, S. 144 f.)
2. *schmutziger Mensch.*

Sau|bartl, der [zum männlichen Vornamen Bartholomäus] (NT) (regional auch in D): *schmutziger, charakterlich unmoralischer Mensch.*

sauber, sauwa ⟨Adj.⟩ [mhd. süber, süfer (= rein, schön, hübsch); ahd. sübar; aus lat. sobrius (= nüchtern); gesamtdeutsch: rein] (auch süddeutsch und schweizerisch): **1.** *sauber, rein* **2.** *von angenehmem, nettem Aussehen, hübsch:* Pfiat die Gott, du schöne Hüttn, / pfiat die Gott, du schöne Alm, ja, Pfiat die Gott, du saubers Diandl, / håst mir a amål recht saggrisch gfålln!" (Aus dem Lied „Von der hohen Alm").

sauber, sauwa ⟨Adv.⟩ **1.** *überhaupt, gänzlich, vollends:* sauber nit, sauber hin **2.** *beachtlich, ordentlich:* der hat uns sauber einiglegt ❖ (Pass.): **sauber und ginoat** [ahd. ginōti (= bedrängend, beengt)] (Pass.): *ganz und gar.*

Sau|blåter(e), Sau|blåda, die [2. Bestandteil: dialektal für Blase] (NT): *Schweinsblase.*

Sau|bluame, die; auch: **Schweins|blume, Schwei(n)|blüema** (Imst) und andere dialektale Varianten [die Bezeichnung Löwenzahn wird für zwei verschiedene Pflanzen verwendet, daher ist unklar, welche gemeint ist; aus Imst wird uns Bed. 1 gemeldet; wurde als Schweinefutter gemäht bzw. gesammelt, wegen der weichen Blätter] (NT): **1.** *Gewöhnlicher Löwenzahn (Taraxacum sect. Ruderalia)* **2.** *Löwenzahn (Leontodon).*

Sauer|penzeler, die (Plural) [1. Bestandteil: sauer; 2. Bestandteil: Plural von Pånze, siehe dort; vgl. Boasslbern] (Deutschn.): *Gewöhnliche Berberitze (Berberis vulgaris) auch Sauerdorn, Essigbeere oder Echte Berberitze genannt.*

Sauffe, Zauffe, die [Herkunft unklar] (Imst): *Ribes, Johannisbeere.*

saufn ⟨hat⟩ ❖ **saufn wia r a Bürschtenbinder** [vermutlich zu bürschteln (= trinken); in Anlehnung an den mit Staubentwicklung verbundenen Beruf der Bürstenbinder, was deren Durst erklären soll]: *viel (Alkohol) trinken.*

Sau|fuater, Sau|fuada, das [eigentlich: Futter für die Säue]: *schlechtes Essen* ❖ **zum Saufuatern:** *im Überfluss.*

Sau|gloggn läuten (NT): *unanständige Reden führen.*

Saum|ban, die (Plural) [verschliffen aus (die) sauern Beeren; siehe Ribisl] (Def.): *Johannisbeeren (Ribes).*

saumen ⟨hat⟩ [mhd. sūmen (= zögern, säumen)] (Pass.): *zurückbleiben, versäumen, langsamer sein:* der saump enk nicht (= der ist kein bisschen langsamer als ihr).

Saur|åmpfer, der, **Saur|ånze,** die (Zillt.): [ahd. ampf(a)ro (= Sauerampfer), ursprünglich: der Saure, der Bittere; Bezeichnung für eine auf Wiesen wachsende Pflanze mit säuerlich schmeckenden Blättern, zur Verdeutlichung wird das Wort sauer vorangestellt]: *Wiesen-Sauerampfer (Rumex acetosa), auch Großer Sauerampfer oder nur Sauerampfer genannt.*

Sauremus, der [scherzhafte Latinisierung von sauer, also: sauern wir! (wie oremus lasset uns beten)] (ST): *schlechter, saurer Wein.*

Sauret, die; Plural: Sauretn [Ableitung von sauer; das Wasser wurde ursprünglich für die nächste Gerinnung – oder auch für Salat verwendet] (Sa., Pfun.): *Topfenwasser.*

Sau|tal, das [eigentlich: Sau-Teil] (NT): *Schweinefutter.*

sau|tan, sau|tang ⟨hat⟩ [Lautform und Bedeutung deuten auf Herleitung von Sau] (Zillt., Alpb.): **1.** *unachtsam verstreuen* **2.** *verschmutzen.*

sax, saxile hittn, sex, saxn ⟨Interj.⟩ [vermutlich verhüllende Abwandlung von saggra, bzw. Sakrament]: *Zusatz für ein harmloses Fluchwort:* meiner sex, saxile Hittn, Herrgott saxn.

sch (mit durch die Zähne eingezogener Luft): *ja.*

scha ⟨Part.⟩ [vermutlich abgeschwächt aus schau] (Sa.): *weißt du, nicht wahr:* die Zelger, scha, sein mit die Lanthaler verwandt.

Schab(e), Schaub, Schop, der; **Schapl,** das [mhd. schoup (= Bündel, besonders Strohbund)]: *Bündel oder Garbe von Stroh, Heu, Reisig etc.*

Schaber, Schawa, der [Schatz verweist auf mhd. schaperūn (= Mantel mit Kapuze), das auf mittellat. capa (= Mantel) zurückgeht] (NT): *Männerschurz.*

schabign ⟨hat⟩ [zu Schabe, siehe dort] (ST): *überschüssige Triebe oder Laub bündeln und entfernen (besonders im Weinberg).*

Schacher, der [siehe schachern]: *(unehrlicher) Handel.*

Schacherer, der [siehe schachern]: *Händler.*

schachern ⟨hat⟩ [aus dem Rotwelschen; entlehnt aus westjiddisch sachern (= Handel treiben); lautlich von Schächer beeinflusst, mit dem das Wort in Verbindung gebracht wurde] (leicht abwertend)]: *privat Handel treiben* ❖ **verschachern:** *unter der Hand verkaufen.*

Schachn, Tschochn, der [mhd. schache (= einzeln stehendes Waldstück, Waldrand)] (NT): *einzeln stehender oder ins Feld ragender Wald.*

Schachtele, Schachterl, das [Diminutiv von Schachtel]: *kleine Schachtel* ❖ **wia r ausn Schachtele:** *sauber und ordentlich.*

Schachtl, die [mhd. schahtel aus ital. scatola, dieses zu mittellat. scatula (= Schachtel, Schatulle] ❖ **a jede Schachtl findt irn Deckl:** *auch die hässlichsten Frauen finden einen Partner* (vgl. gesamtdeutsch alte Schachtel = hässliche alte Frau).

Schachtl|wirt, der [auf den hohen Verpackungsaufwand bei McDonald's anspielend; nicht genuin tirolerisch, aber in Nordtirol mit steigender

Verbreitung] (NT, OT) (jugendsprachlich, scherzhaft): *McDonald's-Restaurant:* håb ma gestern beim Schåchtlwirt zwoa Hamburger einikhaut.

schad(l)n: *siehe schoadn.*

Schadn(e), die ❖ in di Schadne gian [eigentlich: in die Schäden gehen] (Pass., Pfun.): *auf fremden Wiesen und Äckern grasen.*

Schåffer, der; Plural: Schåffer [zu schåffn]: **1.** *Befehlshaber* **2.** *Aufsichtsperson* **3.** *Vorarbeiter* **4.** *tadelnd für Besserwisser.*

Schaffl, Schaffle, das [lautlich Diminutiv von Schåff, mhd. schaf (= offenes Gefäß), ahd. scaph (= Gefäß); Schaffl ist (so wie Radl) nur der Form nach ein Diminutiv] (auch süddeutsch und österreichisch): *offenes, wannenartiges Gefäß mit ein oder zwei Griffen* ❖ **schütten wia r aus Schaffln:** *stark regnen.*

schaffl|weis ⟨Adj.⟩ [zu Schåff, siehe dort] (auch süddeutsch und österreichisch): *in großen Mengen.*

schåffn ⟨hat⟩ [mhd. schaffen (= hervorbringen, aber auch bewirken, verordnen, befehlen)]: *befehlen.*

Schafl, das [Diminutiv von Schaf, aber nur der Form nach]: **1.** *Schaf* **2.** *dummer oder unachtsamer Mensch (meist Kind).*

Schaggarin, der [französisch chagrin (= Gram, Kummer, Leid, Verdruss] (Def.): *Kummer, Verdruss.*

Schålder, die [siehe Schålter] (NT): *großer Holzsplitter.*

Schålk, Schålch, der [zu mhd. schalc (= Knecht, Diener), das in Wörtern wie Marschall oder Seneschall steckt] (NT, OT): *Trachtenbluse, spezielle Frauenjacke.*

Schålle|boan, die [1. Wortteil zu mhd. schellen (Präteritum schall), das nicht nur aus den Fugen bringen, erschüttern, sondern auch spalten, (mit Lärm) bersten machen bedeutet (vgl. standardsprachlich zerschellen); bei den Schalenbohnen (wie es jetzt heißt) werden die Schoten geöffnet, die Samen herausgeholt und nur diese gegessen – die Schoten werden weggeworfen; im Gegensatz dazu können bei den Schnappbohnen sowohl die Samen als auch die Schoten gegessen werden, 2. Teil aus mhd. bōne, bōn (= Bohne)] (OT, Pfun.): *Ackerbohne (Vicia faba),* auch Saubohne genannt.

schallig, schalli, schal ⟨Adj.⟩ [zu mhd. schele (= Zuchthengst); siehe schellig[1,] vgl. standarddt. beschälen] (OT, Pfun., Sa.): *brünstig (vom Pferd).*

schåln ⟨hat sich⟩ (reflexives Verb) [abgeleitet von Schale] (NT, OT): *sich fein kleiden* ❖ **gschålnt:** *fein gekleidet* ❖ **si außa schåln:** *sich fein herausputzen.*

Schallur, das: *siehe Schellu.*

Schålper(e): *siehe Schelper.*

Schålter, die [mhd. schalte (= Stange)] (Bozner U-Land): **1.** *langes Spaltstück* **2.** *Querstange auf dem Weingerüst, auf der Pergel.*
Schamizl, das, **Scharmitz,** der: *siehe Stanitzl.*
Schåml, die [zu Schem] (Def.): *Maske, Larve.*
Schammal, Schamele, Scheml, Schemele, das [Diminutivform von mhd. schamel, schemel (= Fußbank)] (NT, OT): *Schemel, Fußbank.*
Schåmme|såck, Schåmm|såck, der [nach Schatz zu mhd. schamelāt, schamelōt (= aus Kamelhaaren) aus altfranz. chamelot, das zu lat. camelus (= Kamel) zurückführt] (Pass., Pfun.): **1.** *grober Kartoffelsack, Jutesack* **2.** *auch: großer Plastiksack.*
Schandarm: *siehe Schendarm.*
schandern ⟨hat⟩ [Herkunft unklar, möglicherweise zu Schande: Schatz kennt schant gehen (= einen gefährlichen Weg gehen); vgl. schant]; vgl. gleichbedeutend tschandern] (Stubaital): *sich herumtreiben.*
Schandi, Schanti, Schanti, Schandi, Schantinger, der [eigentlich Scherzwort für ein Mitglied der Gendarmerie und damit nur noch historisch; wird aber in Nordtirol auch nach der Zusammenlegung von Gendarmerie und Polizei weiterhin verwendet; siehe Schendarm] (NT, OT, Pfun.) (salopp, scherzhaft): *Polizist:* „Karl Friedrich: ‚Kennen wir uns?' Erster Gendarm: ‚No, was denn freilich. Mir sein die Schantinger. Gendarmarie! Dorfpolizei!'" (Felix Mitterer: Die Piefke-Saga, 4. Teil, S. 242–243)
❖ **Räuber und Schanti:** *ein Kinderspiel.*
Schånk, die [mhd. schanc (= Gefäß, aus dem eingeschenkt wird), zu schenken] (auch bairisch-österreichisch): **1.** *Theke, an der Getränke ausgeschenkt werden* (von dort werden sie vom Kellner zu den Gästen gebracht) **2.** *Raum, in dem sich die Theke befindet.*
schant, schantla(ch), schantlan, schantli ⟨Adj.⟩ [umlautende Ableitung von mhd. schande (= Schande)] (ST, OI, OT): **1.** *schändlich, schlimm, schlecht* **2.** *hässlich, unschön:* die schanta Hand (= die linke Hand); die schanta Seitn (z. B. eines Tuches), schanta prachtn (= grob reden).
schantln ⟨hat⟩ [-eln-Ableitung von schantn] (OT, Pfun.): *verunstalten.*
schantn ⟨hat⟩ [mhd. schänden, schenden (= entehren, beschimpfen)] (Pf.): *schänden, schelten.*
schånzn ⟨hat⟩ [zu Schanze (= Erdwall): Erdarbeiten zum Anlegen einer Schanze waren hart und anstrengend] (NT): **1.** *hart arbeiten, sich abmühen:* „... hab' g'schanzt von frueh bis spat und hab' g'moant, woaß Gott was i tue. Die Kameraden (...) hab'n mir tausendmal g'sagt: (...) sei nit so dumm und schind' di für'n Geldsack, er wirft die do weg, wenn's aus ist mit deiner Kraft.'" (Aus: „Um Haus und Hof" von Franz Kranewitter") **2.** (Pfun.) *Erde (beim Pflügen) von unten nach oben schanzen* **3.** (Alp.) *etwas vorhaben:* wås schånzts es?

Schåpf, Schåpfn, der [ahd. scapf (= Gefäß)] (NT): *Schöpfkübel an einer Stange.*

Schår|brett, das [siehe Schor-] (OT): *Deckbrett auf dem Dach.*

Schår|dåch: *siehe Schordåch.*

Schare, Schar, die [mhd. schære, ahd. scāri, dem Plural von scār (= Messer, Schere), das im Wort Pflugschar noch erhalten ist]: **1.** *Schere* **2.** *scherenartig gefächerter Gegenstand* **3.** *Stoß (Gesamtheit der Schwanzfedern) des Auerhahns (Tetrao urogallus), Stoß des Spielhahns, Birkhahns (Lyrurus tetrix oder auch Tetrao tetrix)* **4.** (Pfun.) *beim Kegeln: schräg hinein geschnittene Kugel.*

scharig ⟨Adj.⟩ [zu Schare: schräg verlaufend]: *beim Kegeln über einen Wurf, der die Kegel nur streift.*

Scha(r)ling, der [mhd. scherlinc, schirlinc, ahd. scer(i)linc zu einem untergegangenen germ. Wort mit der Bedeutung Mist (weil die Pflanze gern auf Düngerhaufen wächst)] (NT): *Gefleckter Schierling (Conium maculatum).*

scharn ⟨hat⟩ [wenn die Füße wie eine Schere auseinandergehen; vgl. Turnersprache] (Pass.): *ausrutschen und fallen.*

Scharniggl, Saniggl, der [eigentlich: Sanikel, zu lat. sanare (= heilen); die Pflanze war früher ein Heilmittel gegen Zahnschmerzen, Husten, Brüche und innere Wunden] (NT, Deutschn.): *Quirlblättrige Zahnwurz (Cardamine enneaphyllos), auch Neunblatt-Zahnwurz oder Weiße Zahnwurz genannt.*

Scharnitzl, Scharmitzl, das: *siehe Stanitzl.*

Schar|nogl, der; Plural: Scharnegl [zu Schar (wegen der Form); vgl. Schuasternagele] (ST): *Schusternagel für die Sohlen.*

Schårre, Schorn, die [zu schårrn, siehe Scherre, Schurre]: **1.** *Pfannenkruste* **2.** *Kette als Hemmung unter der Schlittenkufe.*

Schårrer, der [siehe schårrn; als Bezeichnung für die Bewohner jener Regionen, wo das Zäpfchen-r gesprochen wird] (ST): **1.** *(scherzhaft) Villnösser* **2.** *(scherzhaft) Grödner.*

schårrn, schårre, schearn ⟨hat⟩ [mhd. scharren, scherren (= scharren, kratzen, schnarchen)]: **1.** *scharren, kratzen* **2.** *mit Zäpfchen-r sprechen (wie es in Nordtirol die Imster und in Südtirol die Grödner und die Villnößer tun) (Zäpfchen-r im Gegensatz zu dem im übrigen Tirol üblichen Zungenspitzen-r; das Zäpfchen-r wird durch eine Geräusche erzeugende Enge zwischen Gaumenzäpfchen und Hinterzunge gebildet).*

Schår|schintl: *siehe Schorschintl.*

Schårtn, die (Plural) [zu mhd. schart(e), ahd. scart (= verstümmelt, zerhauen)] (NT, OT): *Späne.*

Schar|wånd, die [1. Bestandteil: zu scharig] (Pass.): **1.** *mit Brettern verkleidete Wand auf der Tenne oder Kegelbahn* **2.** *Seitenwand der Scheune.*

scharwęnzln: *siehe scherwenzln.*

Schạrze, die (Plural) [Herkunft unklar] (OI): *Hautschrunden, Hautflechten.*

Schạs, der [Lehnwort aus dem Wienerischen, als weniger grob empfunden als das heimische Schoas (siehe dort), das auch in den Bed. 2 und 3 nicht verwendet wird] (derb) (NT, OT): **1.** *abgehende Darmblähung, Furz* **2.** *Unsinn, Blödsinn* **3.** *Kleinigkeit:* Und wegen so an Schas ruckt die Polizei aus ❖ **des geht di an Schas ån!** *Das geht dich überhaupt nichts an!* ❖ **wegen jedn Schas rean:** *wegen jeder Kleinigkeit weinen.*

schạt-: *siehe schoat.*

schạtnen, schạttn ⟨hat⟩ [zu Schatten] (ST): **1.** *Schatten machen* **2.** *sich im Schatten aufhalten (von Tieren).*

Schatọ, der oder das; auch: **Weinschatọ** [franz. chaudeau, zu chaud, chaude (= heiß)]: **1.** *Weinschaumcreme* **2.** *Eierpunsch.*

Schaub: *siehe Schab.*

Schauer, Schaur, der und die [mhd. schūre (= Gewitter, Hagel) und schūren (= hageln)]: **1.** *Hagelwetter* **2.** *Hagelkorn.*

Schauer|kugl, die, **Schauer|schtuan,** der; Plural: Schauerkugln, -schtuane (ST, OT): *Hagelkorn.*

schauern, schaurn ⟨hat⟩: *hageln.*

Schaufl(a), die ❖ **jemanden auf di Schaufl nemen:** *jemanden verspotten, hänseln* ❖ **dem Tod no amol von der Schaufl gschprungen sein** (auch bairisch-österreichisch): *dem Tod gerade noch entkommen sein, gerade noch einmal davongekommen sein.*

Schaupe, der: *siehe Tschaupe.*

Schawes, der [aus jiddischem Schabbes zu hebräisch šabbat (= geheiligter Ruhetag), zu: šavat (= ausruhen); greift das unter Antisemiten anzutreffende Vorurteil auf, dass Juden schmutzig und sonderbar sind] (Def.): *unordentlicher, sonderlicher Mensch.*

-sche, -sch (Verbform mit impliziertem du): **geasche, geasch** (= gehst du), **machsche, machsch** (= machst du), **muasche, muasch** (= musst du).

Scheanas, Scheanere, Schianere, das [eigentlich: Schöneres bzw. schönere Karten]: *Wendung, mit der beim Kartenspiel dem Gegner vorschlagen wird, die Karten neu auszuteilen.*

scheanggln ⟨hat⟩ [zu den ält. Dialektformen (t)schieggln, (t)schienggln, (t)scheankln (= schielen); verwandt mit standardsprachlich scheel (z. B.: jemanden scheel anschauen), das aus dem Niederdeutschen stammt und ursprünglich schief, schräg, dann auch schiefäugig bedeutet hat] (NT): *schielen.*

Schear: *siehe Scher.*
schear: *siehe auch scher-.*
Schearza, die (Plural) [Herkunft unklar] (OI): *Hautschrunden, Hautflechten.*
Scheb, Schewe, die [schon ahd. scaba, skebido in dieser Bedeutung; wie das Wort schäbig wohl von schaben abgeleitet, wegen des von der Krankheit ausgelösten Juckreizes und seiner Folgen]: *Räude (bei Schafen), Krätze.*
schebig, schewig ⟨Adj.⟩ [siehe Scheb]: **1.** *an Räude leidend* **2.** *schäbig, verwerflich* **3.** *arg knausrig.*
Schebm, die [zu schaben; siehe Scheb] (Zillt.): *Kopfschuppen.*
schechte ⟨hat⟩ [zu jüdisch schächten (= schlachten)] (OI): *heftig streiten, wild disputieren* [das Wort ist ein Beispiel für das Fortleben ursprünglich antisemitischer Wortbildungen].
Scheck, Schegge, der oder die [mhd. schecke, entlehnt aus franz. eschiec (= Schach), also schachbrettartig]: *scheckiges Tier.*
scheckat, gschegget, scheggit ⟨Adj.⟩ [siehe Scheck]: *(bunt)scheckig.*
scheder|weit ⟨Adj.⟩ [zu ahd. skerdar (= Türangel); Schatz kennt noch Scheder in der Bedeutung Mundwinkel] (ST): *sperrangelweit.*
scheder|wenggat: *siehe schellewengget.*
Schedl|we(a), das: *Kopfweh.*
scheftn ⟨hat⟩ [mhd. scheften (= mit einem Schaft versehen)]: **1.** *schräg verleimen* **2.** *Schuhe mit neuem Schaft (Überschuh) versehen* **3.** *durch schräge Verstrebung fixieren.*
Scheib(a), Scheibm, Scheiwe, die [wie standarddt. Scheibe zu mhd. schībe, ahd. scība, ursprünglich: vom Baumstamm abgeschnittene runde Platte]: **1.** *Scheibe* **2.** *Schießscheibe* **3.** (NT, OT) *Rad aus einem Brett* **4.** (ST) *zu Streifen gerechtes Gras in den Mähdern und in Randbereichen der Wiesen:* Scheibm rechn.
scheibm ⟨hat⟩ [wie scheiben und schieben zu mhd. schīben (= rollend fortbewegen); Kegl scheibm (= kegeln)]: **1.** *fallen, stürzen* **2.** *fallen machen, rollen:* Kegl scheibm.
Scheibm schlågn (Volkskunde): *am Scheibmsunntåg, dem ersten Sonntag in der Fastenzeit, Holzscheiben treiben.*
Scheib|truchn, die [zu scheibm] (auch bairisch-österreichisch): *Schubkarre.*
Scheifele, Scheiferl, das [Diminutiv zu Schaufel] ❖ **a Scheifele nåchlegn:** **1.** *die Anstrengungen erhöhen* **2.** *einen Konflikt noch weiter verschärfen, eskalieren lassen.*
scheindl ⟨Adj.⟩ [mhd. schīnlich (= leuchtend, glänzend), aus schīnen (= leuchten, glänzen)] (ST): *hübsch, ansehnlich:* a scheindls Haus.

scheindla, scheindli ⟨Adv.⟩ [wie scheindl]: **1.** *offensichtlich* **2.** *scheinbar.*
scheints ⟨Adv.⟩: *anscheinend:* di Nåcht håts scheints gregnet.
scheipm ⟨hat gschipm⟩ [mhd. schīben (= sich drehen, rollen lassen); dazu mhd. schīp (= Schub, Wurf)]: *hinfallen.*
Scheire, die; Plural: Scheirn [mhd. schiure (= Scheune, Scheuer) aus schiuren (= schützen, beschützen)] (ST): **1.** *Scheuer* **2.** *großes, unschönes Gebäude* **3.** *Mensch oder Tier von hässlicher Gestalt.*
scheisch, seisch ⟨Adj.⟩ [gehört zu Wortfamilie von standarddt. scheu (also scheu + isch), für die es im Mhd. mehrere Anknüpfungsformen gibt; der s-Anlaut deutet auf Einwirkung von säuisch; verwandt mit schiach und mit standarddt. scheußlich] (ST, OT): **1.** *hässlich, schmutzig* **2.** *grausig, ekelerregend.*
Scheisse, Scheiss, die [mhd. schīʒe (= Durchfall)]: **1.** *Kot* **2.** *Durchfall.*
Scheisser, der [gesamtdeutsch: unangenehmer Mensch, widerlicher Kerl]: *Feigling.*
Scheiss|målbme, die [1. Bestandteil: weil die Pflanze leich abführend wirkt; 2. Bestandteil: ital. malva (= Malve)] (Pass.): *Guter Heinrich (Blitum bonus-henricus), auch Grüner Spinat genannt.*
scheitln ⟨hat⟩ [Ableitung von Scheit]: *Holz spalten.*
schelch, schalch, schöch ⟨Adj.⟩ [mhd. schelch (= schief, schielend), Nebenform von scheel]: **1.** *schief, geneigt:* **schelchhaxat:** *krummbeinig,* **schelchkråget:** *steifhalsig (Hexenschuss)* **2.** *scheel, verschlagen.*
Schelcho, der [Schelcher aus schelch] (Pfun.): *undurchsichtiger, falscher Mensch.*
Schele, die [wie Schelfe, Einwirkung von Schale] (Pfun.): **1.** *Schale von Obst* **2.** *Schale von Kartoffeln.*
Schelfe, Schelfa, Schilf(t)ere, die [mhd. schelve, Labialerweiterung von mhd. schāle, ahd. scāla, eigentlich: die Abgetrennte; verwandt mit Schelper¹ und standarddt. Schale] (ST, OI): **1.** *Schale von Obst* **2.** *Schale von Kartoffeln.*
Schelfeler, der [zu Schelfe] (NT): *gekochte Kartoffel in der Schale.*
Schella|kraut, das [-kraut aus mhd. krūt in der Bedeutung „kleinere Blätterpflanze" (damit hat der 2. Wortteil -kraut eine unterscheidende Bedeutung); Schella- direkt zu latein. selinum; bairisch-österreichisch Zeller ist hingegen aus ital. sellero entlehnt] (Zillt.): *Schnittsellerie (Apium graveolens var. secalinum).*
Schell|bogn, der; Plural: Schellbegne (Pass.): *Bogen aus dünnem Holz als Glockenträger am Hals des Tiers.*
Schell(e), die; Plural: Schelln [mhd. schelle aus mhd. schellen (= laut tönen)]: **1.** *kleine Blechglocke, Kuhglocke* **2.** *Person, die viel unterwegs ist:* auf der Schelle sein (= herumstreunen) **3.** (immer einsilbig) *eine Farbe der Spielkarten.*

Schęllele, Schęllile, das; Plural: Schellelen [siehe Schellakraut] (ST): *Echter Sellerie (Apium graveolens);* Pflanzenart aus der Familie der Doldenblütler *(Apiaceae).*

Schęller, der [aus Schelle, weil die Figur mit großen Kuhglocken bestückt ist]: *prächtige Maske der Imster Fasnachtstradition; Gegenstück des Rollers (d. h. männlich, unfreundlich, alt).*

schęlle|wengget, tschạla|wanggat, tschęll|wengget, tschęll|wenket, tschẹder|wengget, tschẹr|wengg(il)et ⟨Adj.⟩ [1. Bestandteil: wohl ursprünglich zu ahd. skerdar (= Türangel), wie aus tscheder- noch ersichtlich (vgl. auch schederweit), dann lautlich spielerisch weiterentwickelt; 2. Bestandteil: zu wanken, ursprünglich: krumm gehen, wackeln]: **1.** *verbogen, krumm, schief* **2.** *wackelig.*

schęllig[1] ⟨Adj.⟩ [ahd. ist scelo (= Sprunghengst) belegt; gleiche Wurzel wie mhd. schellic (= scheu, aufgeregt); siehe schallig, scherig] (ST): **1.** *erschreckt, scheu gemacht* **2.** *aufgebracht, wild* **3.** *brünstig (vom Pferd).*

schęllig[2] ⟨Adj.⟩ [durch falsche Abtrennung aus mhd. brātes hellic bestehend aus brāt (= Fleisch, Weichteile am Körper; davon der standarddt. Braten) und dem Adj. hellic, hellec (= erschöpft, abgemattet; vgl. hellig); nach der Assimilierung des Genitiv-s wurde das Wort als Kompositum brat + schellig aufgefasst] (ST): **1.** *ermüdend* **2.** *schlecht, vernachlässigt* **3.** *in argem Zustand (vorwiegend von Wegen).*

schęllign ⟨hat sich⟩ (reflexives Verb) [zu schellig[2]] (Pf.): *sich verletzen.*

Schellįtter, der [mhd. salitter aus lat. sal nitrum (= schwarzes Salz)] (OI, Deutschn.): *Salpeter.*

Schell|kịnig, der: *Schellkönig (Spielkarte):* **übern Schell|kịnig lobn:** *über die Maßen loben.*

Schęll|kraut, das [mhd. und ahd. schelkrūt, scheliwurz; beides geht auf die botanische Bezeichnung chelidonium zurück, dieses zu griech. chelidon (= Schwalbe), weil die Pflanze beim Eintreffen der Schwalben zu blühen begann]: *Schöllkraut (Chelidonium majus),* auch Warzenkraut genannt, weil der Milchsaft zur Behandlung von Warzen verwendet wurde.

Schęll|rodl, die ❖ **immer auf der Schellrodl sein** [laut Schöpf war Schellrodel ein Kinderschlitten; eine Verbindung zum veralteten Adjektiv schell (= schallend, laut tönend; aufgeregt, wild, rasch) liegt nahe; bei der Redewendung könnte auch der Gedanke eine Rolle gespielt haben, dass Schlitten und Pferde manchmal mit Glocken behangen waren; vgl. Rodl] (ST): *immer unterwegs sein, nie zu Hause sein.*

Schellụ, Schellụn, Schalụn, die, **Schallụr,** das [wie standarddt. Jalousie aus franz. jaloux (= eifersüchtig), zu spätlat. zelus, griech. zēlos (= Eifer, Eifersucht); die Benennung bezieht sich laut Duden darauf, dass der eifersüchtige Ehemann seiner Frau zwar gestatten wollte, auf die Straße zu sehen, sie aber nicht den Blicken anderer preisgeben wollte; die Eigenart dieser Vorrichtung ist, den Durchblick von innen nach außen, aber nicht von außen nach innen zuzulassen; wohl nach dem Vorbild der typischen Fenstergitter in orientalischen Harems] (ST): *Jalousie.*

Schelm, der [mhd. schelm(e) (= Pest, Seuche, ab dem Spätmhd. auch: Betrüger, Bösewicht, Scherzbold); die ursprüngliche Bedeutung ist in Südtirol vereinzelt noch erhalten]: **1.** (ST) *Viehseuche* **2.** (OT) *Dieb.*

Schelper¹, Schǎlper(e), die [Labialerweiterung von mhd. schāle, ahd. scāla, eigentlich: die Abgetrennte]: **1.** *bei der Bearbeitung von Holz oder Stein entstehender Splitter* **2.** *Glasscherbe* **3.** (ST) *magere Kuh* **4.** (ST) *dürre Frau* **5.** *Schale (von Früchten, Erdäpfeln usw.).*

Schelper², Schǎlper(e), die [Labialerweiterung von mhd. schellen (= schallen, tönen)]: *Blechschelle für Kleinvieh.*

schelpern ⟨hat⟩ [siehe Schelper¹]: *sich abspalten, aufspalten.*

Schem, der [mhd. scheme (= Larve, Maske), ahd. auch mit der Bedeutung Unhold] (Vin.): *Maskierter, der mit anderen Schemen am Vorabend von St. Nikolaus mit Schellen, die an einem Kuhriemen hängen, auszieht, den Nikolaus zu wecken.*

Schem: *siehe auch Schebm.*

Schemen|lauf, der [vgl. Schem]: *standardsprachlich gewordene Bezeichnung der Imster Fasnacht.*

Scheml, der: *siehe Schammal.*

Schemo, der [ital. scemo] (ST): *Dummkopf.*

Schendǎrm, Schandǎrm, Schǎndi, (ST) **Schiandǎrm,** der [frz. gendarme, zu gens d'armes (= bewaffnete Männer)]: *Gendarm.*

Schenk, der [Ableitung von schenken] ❖ **der Schenk isch in Bǎch gfålln** (Pass.): *hier wird nichts verschenkt.*

Schepfer, der [zu schöpfen, mhd. schepfen (= schöpfen)]: **1.** *Schöpfkelle* **2.** *(nur) eine schöpfkellengroße Portion.*

Schepper, Scheba, die [zu scheppern] (NT): **1.** *Rassel, Klapper, Tamburin* **2.** *(abwertend) Sängerin mit starkem Vibrato* **3.** (Alp.) *dümmliche Frau.*

Schepperl, Tschepperle, das [zu scheppern] (NT): *Babyrassel.*

scheppern, tscheppern, schewan ⟨hat⟩ (NT): **1.** *klappern, grell tönen* **2.** *zittern, Angst haben.*

scheps ⟨Adv.⟩ (Ehrwald, Alp.): *quer.*

Schepser, der [zu schepsn, siehe dort]: *eiserner Schaber zum Schepsn.*

schepsn ⟨hat⟩ [laut Schatz zu schaben; dann mit dem Intensivsuffix -etzn, was auf eine ursprüngliche Form schabezen schließen lässt]: *Bäume entrinden.*

schepsn, schepses, schepsans ⟨Adj.⟩ [wie standardsparchlich schöpsern zu Schöps (= Hammel), mhd. schopʒ, schöpʒ; dieses aus einer slaw. Sprache, vgl. tschech. skopec (= verschnittener Schafsbock)]: *vom Schaf.*

Scher, Schear, der, **Schere, Schear|maus,** die [mhd. scher (= Scherer, Maulwurf); ahd. scero, zu ahd. scerran(= scharren, kratzen), während das Wort Scher das Verhalten des Tieres gut umschreibt, ist Maulwurf ein Musterbeispiel für Volksetymologie: laut Kluge ist das Ursprungswort Haufenwerfer, mit einem 1. Bestandteil, der Haufen, Hügel bedeutet hat; dann erfolgte eine Umdeutung zu mhd. molte, ahd. molta (= Staub, Erde), also Erdwerfer; als molte nicht mehr verstanden wurde, deutete man den ersten Bestandteil zu Maul um; allerdings wirft das Tier nicht mit dem Maul die Erde in die Höhe, sondern mit seinen großen Grabschaufeln] (auch süddeutsch, österreichisch und schweizerisch) (ST, Alp.): *Europäischer Maulwurf (Talpa europaea).*

Scherfa: *siehe Schirfe.*

scherfn ⟨hat⟩ [wie standarddt. Scherbe eine labiale Erweiterung von scheren, verwandt mit scharf und schürfen] (Pf.): *ein schalenloses Ei legen* ❖ **jemanden wia r a gscherfts Oar behandeln:** *jemanden wie ein rohes Ei (= ganz vorsichtig) behandeln.*

Scherger, Schergler, Scherg|hofn, der [zu schergn; 2. Bestandteil von Scherghofen: Hafen] (abwertend): **1.** *Verräter* **2.** *Kind, das andere verpetzt:* do Scherga isch selbo erga (Pfun.).

schergn; auch: **verschergn, verschergeln** ⟨hat⟩ [mhd. schürgen, schergen (= anzeigen, verraten); vielleicht zu Scherge (= Gerichtsdiener), das zu Schar gehört; als Scherge konnte jede einer Schar vorgesetzte Amtsperson bezeichnet werden]: *verraten, verpetzen.*

Scher|haufn, Schear|haufn, Scher|haufe, der; Plural: Scherheifne [1. Bestandteil: siehe Schere]: *Maulwurfshügel.*

scherig ⟨Adj.⟩ [mit r-l-Wechsel zu ahd. scelo (= Sprunghengst); mhd. schel (= laut aufspringend); vgl. schellig¹] (ST): *rossig (von der Stute).*

Scher|lane, Schear|lena, die [1. Bestandteil zu ahd. skerran (= scharren, kratzen); 2. Bestandteil ahd. lewina, leinna aus romanisch lavina (= Lawine)] (NT): *Grundlawine, den Boden aufscherende Lawine.*

Scherm, der; Plural: Scherm [mhd. scherm, schirm (= was zum Schutz dient, auch schon Schutzdach)] (ST, OT, Zillt., Alp.): **1.** *Unterstand, Schutzdach bei Regen:* geh in Scherm (= geh unters Dach) **2.** (Dölsach) *Regenschirm.*

Scherm|feichte, die; Plural: Schermfeichtn [1. Bestandteil: siehe Scherm, 2. Bestandteil: siehe Feichte] (ST, OT): *zottige Fichte als Unterstand.*

Schęrm|fleck, der; Plural: Schermflecke (ST, OT): *Lodenumhang der Hirten oder Jäger.*
Schęrm|tax, die (Alp.): *großer Nadelbaum.*
Schęrpal, das [Verkleinerung von Scherper] (UI): *kleines Küchenmesser.*
Schęrpe, die [wie standarddt. Schärpe aus frz. echarpe (= Armbinde)] (ST, OT): **1.** *Schal* **2.** *Kopfbedeckung für Frauen.*
Schęrper, der [mhd. scherper (= Stechmesser) aus gleichbedeutendem mittellat. sarpa, das in franz. serpe (= Hippe) erhalten ist] (UI): *einfaches Messer.*
schęrrat, schęrat ⟨Adj.⟩ [siehe scherrn]: *krustig.*
Schęrre, Schęrpm, Scheam, Schęre, die [mhd. scherre (= Werkzeug zum Scharren bzw. Abgeschabtes), vgl. scherrn, Schårre, Schurre]: *Kruste, Pfannenkruste.*
Schęrrer, Scheara(r), Schurrer, der [siehe Scherre]: *Küchengerät zum Scharren in der Pfanne.*
schęrrn ⟨hat⟩ [ahd. skerran (= kratzen, scharren)] (ST): *bremsen.*
Scher|trappl, die; Plural: Schertrappln [1. Bestandteil: siehe Schere, 2. Bestandteil: Ableitung von trappen (= hart gehen), laut Grimm ursprünglich das Trittbrett, durch dessen Berührung mit dem Fuß das Tier den Mechanismus der Fangvorrichtung auslöst und eingeklemmt wird; später die ganze Falle; schließlich in Begriffserweiterung jedes Tierfanggerät] (ST): *Maulwurfsfalle.*
scherwęnzln, scharwęnzln ⟨hat⟩ [lautmalerische Weiterbildung von schwänzeln]: *herumstreichen, sich liebedienerisch bemühen:* er ist um ihn umanånd scherwenzlt (= er hat ihm schöngetan).
Schęrz, der, **Scheaschz, Schęrzl,** das [mhd. scherzel (= kleine Schnitte); wie ahd. scurz, scurt eigentlich: Abgeschnittenes; verwandt mit Schurz; vgl. auch neuengl. short (= kurz); die indogerm. Wurzel hat wohl schneiden bedeutet] (NT): *Endstück eines Brotlaibes oder Brotweckens.*
schęrzn ⟨hat⟩ [mhd. scherzen (= fröhlich, übermütig springen)] (Pass., Alp.): *herumspringen, übermütiges oder fluchtartiges Springen und Laufen der Kühe.*
Schęrzn, die (Plural) [wohl zu ahd. skerran (= kratzen, scharren)] (Deutschn.): *Hautschrunden, Hautflechten.*
Schęsa, die [franz. chaise de poste (= Postkutsche)] (OI, Ehrwald): *Kutsche.*
schęwan[1]: *siehe scheppern oder schiwan.*
schęwern[2] ⟨hat⟩: *Kornschober machen.*
Schgapuliar: *siehe Schkapuliar.*
schiach, schiache ⟨Adj.⟩ [mhd. schiech (= scheu, verzagt; abschreckend, scheußlich); ursprünglich: scheu]: **1.** *hässlich, abscheulich:*

ein schiachs Haus, schiachs Wetter, ein schiachs Madl; då geat's owa schiach hea (= da rührt sich ordentlich was) ❖ **schiach wia di Nåcht sein:** *besonders hässlich sein* **2.** *zornig, wütend* **3.** (OT) *schüchtern, zurückgezogen.*

schiache ⟨Adv.⟩ [wie schiach] (ST): **1.** *scheu:* die Kühe schiache måchn; nit schiache sein **2.** *schüchtern, ängstlich* **3.** ⟨Steigerungspart.⟩ (Pust.): *sehr, äußerst:* schiach schiane (= sehr schön) ❖ **ze schiache hobm:** *Angst haben, sich fürchten.*

schiaga(r) ⟨Adv.⟩ [eigentlich schier gar (= fast ganz); vgl. standardsprachlich schier (= geradezu, nahezu, fast), das ursprünglich schnell bedeutet hat und standardsprachlich gar (= fertig gekocht), das ursprünglich ganz bedeutet hat; also: (= fast ganz)] (NT): *beinahe, nahezu.*

Schial, der [vermutlich zu mhd. schiel (= abgesprungenes oder abgerissenes Stück, Splitter): *Hautabschürfung.*

schian-: *siehe schean-.*

schianen ⟨Adv.⟩ [eigentlich schön machen; siehe schean] (ST): *den Wein klären.*

Schianen, die (Plural) [siehe schean]: *zentrale Fasnachtsfiguren in Westtirol.*

Schiape, die; Plural: Schiapm [mhd. schiepe, schuope, schiep] (Pass.): *Schuppe, Kopfhautschuppe.*

schiar ⟨Adv.⟩ [mhd. schiere (= schnell eintretend; fast)]: *fast, beinahe.*

Schiaße, die [mhd. schieze (= Giebelseite eines Gebäudes)] (OI, Pf.): *Giebel.*

Schiaßer, der [zu schiaßn] (Bozner U-Land): *Murmel, Spielkügelchen.*

schiaßn ⟨hat gschossn⟩ [wie standarddt. schießen zu mhd. schieʒen, ahd. scioʒan (= schießen, werfen); zusätzliche Bedeutungen im Dialekt] (ST): *Heuballen über Draht herablassen* ❖ (NT) **jemandem oane schiaßn:** *jemanden ohrfeigen.*

Schibl, Schippl, Schiwi, der [mhd. schübel, schubel (= Heubüschel; eine Menge); verwandt mit Schober und schieben; vgl. auch Tschippl]: **1.** *Menge; Gruppe:* a Schibl Leit **2.** *Haarschüppel.*

Schicht, die [mhd. schicht (= Ordnung, Einheit der Arbeitszeit, nach der gewechselt wird)]: **1.** *Arbeitsschicht* **2.** *Gang beim Essen.*

schichtig ⟨Adj.⟩ (OI): *scheu, zornig.*

Schidum, Schiding, Schirom, Schirm läuten ⟨hat⟩ [mhd. schidung (= Trennung, Scheidung)]: *Totengeläute (am Tag) vor dem Begräbnis.*

schiffn ⟨hat⟩ [ahd. skif, skef hat nicht nur die Bedeutung Schiff, sondern auch Gefäß; laut Kluge entwickelte sich daraus eine studentische Bezeichnung des Nachttopfs] **1.** *urinieren* **2.** *stark regnen.*

schiffrig ⟨Adj.⟩ (OT): *reizbar, gereizt.*

schilchn ⟨hat⟩ [mhd. schilhen (= schielen, blinzeln) zu schelch (= quer, verkehrt, schielend)]: *schielen*.
Schild, das [Ausgangsbedeutung von Schild war Brett] (Zillt.): *Nudelbrett*.
Schimpl, der [zu schimpln, siehe dort]: *Schimmel, Schimmelpilz*.
schimplig ⟨Adj.⟩ [zu schimpln, siehe dort]: *schimmlig*.
schimpln, tschimpln ⟨hat⟩ [mhd. schimelen, ahd. scimpalon (= schimmeln); verwandt mit scheinen (wegen der weißen Oberfläche)]: *schimmeln, verschimmeln*.
Schinaggl, das [ungarisch csonak (= Boot, Kahn); auch ital. dialektal (Comersee) ginaccio (= Boot)] (NT): **1.** *Kahn* **2.** *Ruderboot* **3.** *altes Fahrzeug*.
schinagglen, schinaggln ⟨hat⟩ [gaunerspr. Schinagel (= harte Arbeit)] (OI, Pass.): *schwer und fleißig arbeiten*.
Schindeln am Dach! (auch bairisch) (NT, OT): *Redewendung, um den Gesprächspartner darauf aufmerksam zu machen, dass jemand mithört, der das Gesagte nicht hören sollte (z. B. Kinder).*
Schine, die; Plural: Schinen [wie standarddt. Schiene zu mhd. schin(e) (= Schienbein, Schiene, schmaler Streifen); zusätzliche Bedeutung in Pass.] (Pass.): *Holzstreifen zum Korbflechten*.
Schinke, Schunkn, der [mhd. schinke (= Schenkel, Schinken), verwandt mit Schenkel] (NT, OT): *Oberschenkel*.
Schin|larchn, der [1. Bestandteil: zu Schine; siehe dort] (Pass.): *Lärchbaum, der sich zum Abspalten von Flechtstreifen für das Korbgeflecht eignet*.
Schinter, der [siehe schintn]: **1.** (NT, OT) *jemand, der andere plagt* **2.** (NT, OT) *jemand, der hart arbeitet* **3.** (NT) *mühsamer Weg über einen Steilhang* **4.** (NT) *Abdecker, jemand, der verendete Tiere abdeckt (= beseitigt)*.
Schinter|latschn, die [ist wie viele Rhododendron-Arten giftig; besonders gefährdet sind Wiederkäuer, wenn sie auf der Weide wegen Futtermangels von diesen Pflanzen fressen; daher Schinter als 1. Bestandteil] (NT): *Bewimperte Alpenrose (Rhododendron hirsutum); Rostblättrige Alpenrose, Rostroter Almrausch (Rhododendron ferrugineum)*.
schintig: *siehe schuntig.*
Schintl[1], die [wie standarddt. Schindel aus mhd. schindel, ahd. scindula, scintala, zu lat. scindula, dieses zu lat. scandere (= steigen), weil Schindeln treppenförmig angelegt sind]: *(Dach-)Schindel*.
Schintl[2], die [vgl. schintn, Bed. 3, also abgezogene Haut] (OT): *Schale von Obst/Gemüse*.
Schintl|eisn, das [1. Bestandteil: siehe Schintl]: *Werkzeug zum Abspalten der Schindeln*.

Schintl|holz, das [1. Bestandteil: siehe Schintl]: *Lärchenholz zum Schindelmachen.*

Schintl|messer, das [1. Bestandteil: siehe Schintl]: *Messer zum Schindelschnitzen.*

schintl|reitn ⟨ist schintlgrittn⟩ [1. Bestandteil: siehe Schintl] (Pass., Pfun.): *auf glatten Schindeln in den Bergwiesen rutschen/surfen (mit einer Reitschintl).*

Schint|luader, das [eigentlich: Schindluder (= totes Tier, das abgedeckt, d. h. das dem Schinder verfallen ist); 1. Bestandteil: schinden (= abdecken), siehe schintn; 2. Bestandteil: totes Tier, das als Köder für Raubwild verwendet wird; Federspiel, mit dem der zur Beizjagd abgerichtete Greifvogel angelockt wird; die Wendung Schindluder treiben (= jemanden schändlich behandeln) ist gemeindeutsch]: *jemand, der als verschlagen, hinterhältig angesehen wird (meist als derbes Schimpfwort).*

schintn ⟨hat⟩ [mhd. schinden, schinten (= enthäuten, schälen), früh in der übertragenen Bedeutung (= misshandeln, quälen)]: **1.** *hart arbeiten* **2.** *quälen* **3.** *schinden, die Haut abziehen.*

Schippl, der: *siehe Schibl, Tschippl.*

schippln ⟨hat⟩ (auch süddeutsch und österreichisch): *beim Haarschopf packen, an den Haaren ziehen.*

schippl|weis ⟨Adj.⟩ (auch süddeutsch und österreichisch): *in Schüppln, auch haufenweise:* die Haare gehn schipplweis aus.

Schirfe, Scherfa, Scherpfe, die [wie Schirpe zu einer Wurzel *sker- (= schneiden), die in mhd. scherbe, schirbe, ahd. scirpi (= Scherbe) und mhd. schürfen (= aufschneiden, schürfen) vorliegt]: **1.** *Scherbe* **2.** *Eierschale.*

Schir|hanggl, der; Plural [1. Bestandteil: schirn; 2. Bestandteil: Hanggl, siehe dort: Schirhanggl: *Schürhaken.*

schirn ⟨hat⟩ [mhd. schürn (= das Feuer stochernd anfachen): **1.** *feuern, einheizen* **2.** *aufhetzen* **3.** (ST) (salopp) *schnell fahren.*

Schirpe, Schiarpa, die [siehe Schirfe]: **1.** *Scherbe* **2.** *Eierschale.*

Schissal|nudln, die [Wortteil 1 ist Schüssel] (Zillt.): *Käsenudeln.*

schissln ⟨hat sich⟩ [vom Töpfern: in Schüsselform bringen]: **1.** *ordnen* **2.** *sich geben:* es wert si schun schissln.

Schittl|brot, das [Teig wird vor dem Backen geschüttelt; Südtiroler Spezialität, auch in Nordtirol bekannt und beliebt]: *Schüttelbrot, Roggenfladenbrot mit Kümmel.*

schiwan, schewan, schöbern ⟨hat⟩ [umlautend aus mhd. schuberen, schoberen (= zu einem Schober/Haufen zusammenbringen)] (NT, OT, Pfun.): *schöbern, Schöber aufstellen.*

Schiwi: *siehe Schibl.*

Schixe, die [rotwelsch schikse (= Mädchen) aus jiddisch schickse(n) (= Christenmädchen; Dienstmädchen); zu hebräisch šęqęz (= Unreines; Abscheu); in Tirol (OI) nur mit abwertender Bedeutung]: *Geliebte, Braut.*
Schixeler, der oder die [siehe Schixe, die]: *Liebhaber, Bräutigam.*
Schkapuliar, Schgapuliar, Stapuliar, Stapiliar, das [zu lat. scapulare (= Schulterglied): *frommes Anhängsel (um den Hals getragen)*: „Auf der Höttinger Alm hockt a Kaserweibl. Dös hat auf die Zottlan a wollerns Häubl. / Und wenn d' die z'gleim hinhocksch und 's Gsicht umibiegsch, / ja, da kann da passieren, dass'd in Hexenschuss kriagsch. / Den bringscht nimmer weg, do kannst tuan, was du magst, / wenn d' nit unterm Leibl an Skapulier umma tragst ..." (Aus dem Lied „Auf der Umbrückler Alm hockt a Kasermandl").
Schkontrino, der [ital. scontrino] (ST): *Kassenzettel.*
schkusi ⟨Adv.⟩ [ital. scusi] (ST): *entschuldigen Sie.*
Schkwillo, der [ital. squillo (= Läuten) (ST): *Telefonanruf:* måchsch ma an Schkwillo.
schlachtign ⟨hat⟩ [-igen-Ableitung von mhd. slahten, ahd. slahtōn, zu schlagen]: *schlachten.*
Schlåg, der [Ableitung von schlagen]: **1.** *Schlagobers, Schlagrahm, Schlagsahne:* Kaffee mit Schlag **2.** *Schlaganfall* **3.** *Holzschlag und in Analogie Beerenschlag, Latschenlager* **4.** *Schicksalsschlag* **5.** ❖ **vom ålten Schlåg:** *zu einem alten Menschenschlag gehörig, wie es früher war.*
Schlåge, die [siehe Schlagele] (OT): *Vogelfalle.*
Schlagele, Schlagl, das; Plural: Schlageler [vgl. standarddt. Schlagbauer (= Vogelkäfig mit Falltüren, die zuschlagen); vgl. auch Schlagle]: **1.** *Kastenfalle für Kleinvögel* **2.** *kleines Holzgebäude* **3.** euphemistisch für *Schlaganfall.*
schlågge, schlåggl ⟨ist⟩ [zu mhd. slach (= schlaff, welk)] (OI, Pfun.): *lose hängen.*
schlåggetzn [Intensivbildung zu schlågge mit der Endung -etzn] (NT): **1.** *schlottern* **2.** *glucksend essen* **3.** (Pf.): *stottern.*
Schlaka, der [abzuleiten aus mhd. slac (= Schlag) und mhd. kar (= Geschirr, Schüssel); eigentlich: Schlagschüssel; vgl. mhd. slegelmilch (= Buttermilch)] (OT): *Rührkübel zum Butterschlagen.*
Schlaka|milch, die [siehe Schlaka]: *Buttermilch.*
Schlamassl, das [jiddisch schlimasl (= Pech, Unglück); hebräisch masál mit hebräischer Verneinungspart., also: schelomasal (= was nicht Glück ist)]: *missliche Lage, verfahrene Situation, Unannehmlichkeit.*
Schlåmperer, Schlåmper, Schlåmpian, der [zu Schlåmpm, siehe dort]: **1.** *nachlässiger Mensch* **2.** *unordentlich Arbeitender.*

schlåmpet, schlåmpat ⟨Adj.⟩ [siehe Schlåmpm; mhd. Suffix -eht]: *schlampig*.

Schlåmpm, der [Ableitung von mhd. slampen (= schlaff herunterhängen); daraus seit dem 17. Jh. das Adjektiv schlampig]: *abgerissenes Stück Tuch*.

Schlåmpm, Schlåmpa, die [siehe Schlåmpm, der]: **1.** *schlampige Frau* **2.** *liederliche Frau*.

schlạnggelet, schlạnggilat ⟨Adj.⟩ [siehe Schlanggl]: **1.** (ST) *müde, schwächlich* **2.** (ST) *zerlumpt* **3.** (OI) *schlaff, unkonzentriert (in der Schule)*.

schlạnggern ⟨hat⟩ [spätmhd. slenkern (= schleudern), mhd. slenker, slenger (= Schleuder)]: **1.** *baumeln* **2.** *schlenkern* **3.** *(ab)schütteln*.

Schlạnggl, der [gehört wie Schlingel zu schlenkern (schlanggern) und schlendern; ursprüngliche Bedeutung Faulpelz]: **1.** *Schlingel, Kind oder junger Mann, der zu Streichen aufgelegt ist:* „Seppele, du Schlanggele, nimm du dei gmästes Lampele (...) und i nimm mei foasts Fåckele und renn damit davon" (Aus: „Es håt sich hålt eröffnet", ein in Tirol in etlichen Varianten verbreitetes Weihnachtslied, SsÖ, S. 136–137). **2.** (ST, OT) *unverlässlicher oder arbeitsscheuer Mann*.

Schlạnz¹, Schlạtz, der; Plural: Schlanze [siehe schlanzn] (ST, OI): *ein wenig (ausgeschüttete) Flüssigkeit*.

Schlạnz², ❖ **koan Schlạnz håbm** (OI): **1.** *keinen Auftrieb haben, passiv sein* **2.** *langsam gehen* **3.** *nicht heimgehen (wollen)*.

schlạnzn, schlạnzlen, schlạnzn ⟨hat⟩ [lautmalend, ev. aus mhd. slenken (= schwingen, schleudern); siehe schlanggern] (ST): **1.** *etwas Flüssiges hin- und herbewegen* **2.** *sich bewegen (von etwas Flüssigem):* **3.** *etwas wegbewegen:* über den Rand aussischlanzn.

Schlạpfm, Schlạpper, Schlạpp, Schlạppm, der [vielleicht zu dem unter schlåppoarat erwähnten Verb]: **1.** *Hausschuh* **2.** *Sandale*.

schlåpp|oaret ⟨Adj.⟩ [mhd. slappe (= klappenförmig herabhängender Teil der Kopfbedeckung) und slappen (= nachschleifen)]: **1.** *mit herabhängenden/abstehenden Ohren* **2.** *niedergeschlagen, mutlos*.

Schlårfe, der [siehe schlårggn, schlurfn] (OI): *alter, schlechter Schuh*.

Schlårgg, Schlọrgg, der [siehe unter schlårggn bzw. schlerpm]: *nachlässig gekleideter Mensch*.

Schlårgger, Schlårpm, der [siehe schlårggn, schlerpm] (Ötzt.): *alter Schuh*.

schlårggn, schlårfn, schlårpm [siehe unter schlerpm] ⟨ist⟩: *den Boden streifend gehen, schlurfen*.

schlạrpm: *siehe schlerpm*.

Schlạtter, die; Plural: Schlattern [vgl. schlåttern] (ST): **1.** *Hosenröhre, Hose* **2.** *Leinensack zum Obstpflücken*.

Schlạtterer, der (ST): *unzuverlässiger Mensch*.

schlåttern ⟨hat⟩ [lautmalerisch wie standarddt. schlottern aus mhd. slottern, Intensivbildung zu sloten (= zittern, klopfen)] (OT, OI, Pf.): **1.** *schütteln vor Kälte oder Fieber* **2.** *schlabbern, hängen (z. B. die Hose)* **3.** (Ridn.) *aufschütteln (das Bett)*.

Schlåtz, Schlaz, der; **Schlątzl,** das [wohl variierend zu Schleim, Schlutz] (auch bairisch-österreichisch): **1.** *Schleim, Speichel* **2.** *schleimartiger Schmutz* **3.** (ST, OT) *Schluck Wasser oder Milch* **4.** (ST) *kleiner Schwall Wasser* ❖ **auf jemanden an Schlaz** (nur a-Form) **håbm:** *über jemanden verärgert sein*.

schlazig ⟨Adj.⟩ [siehe Schlatz]: *schleimig, schlüpfrig*.

Schlawągg, der [aus Slowake] (OI, Ehrwald) (abwertend): *Ausländer*.

Schlawiner, der [vielleicht Wortmischung aus dem Adjektiv schlau und aus Slawe (bzw. Slowene), ursprünglich wohl negatives Stereotyp] (auch bairisch- österreichisch): *raffinierter, durchtriebener Kerl, Schlingel, Gauner*.

Schleaksner, der [Herkunft unklar] (Ridn.) (abwertend): *sich als leger gebender Mensch*.

schleaßln ⟨hat⟩ [umlautend zu Schloass; siehe dort] (OT): *das Bein stellen*.

Schlęcka|patzl, das [wird auch so interpretiert: Leck dir den Bart; 2. Wortteil möglicherweise zu Patzl wie in Nåckerpatzl]: *Naschkatze (von Kindern)*.

Schlęcker, der [zu schleckn, siehe dort] (NT): **1.** *Person, die schleckt* **2.** *Süßigkeit auf einem kleinen Stab zum Abschlecken, Lutscher* **3.** (Def.) *Zeigefinger (Finger, mit dem man schleckt)*.

Schleckerei, die [zu schleckn, siehe dort]: *Süßigkeit*.

schlęckn ⟨hat⟩ [mhd. slecken, verwandt mit lecken, dieses dominiert im Norden von D] (auch süddeutsch, österreichisch und schweizerisch): **1.** *mit der Zunge über etwas streichen:* der Hund schleckt sich die Pfote **2.** *mit der Zunge Nahrung aufnehmen:* das Kind schleckt Eis; die Katze schleckt Milch **3.** *Leckereien zu sich nehmen* ❖ **jemandem den Arsch schlęckn:** *sehr unterwürfig, dienstbar sein*.

schlęgern ⟨hat⟩ [Weiterbildung von schlagen]: **1.** *Holz fällen* **2.** *raufen, sich schlagen*.

Schlęgl, der [mhd. slegel (= schwerer Hammer, Keule); ahd. slegil, zu schlagen; die ursprüngliche Bedeutung war Werkzeug zum Schlagen und wurde dann wegen der Form auf diesen Teil des Schlachttieres übertragen; in D Keule, wobei sich die Bedeutung ähnlich entwickelt hat] (Küchensprache) (auch süddeutsch und österreichisch): **1.** *Schlegel, Vorschlaghammer* **2.** (ST) *unverlässlicher, gleichgültiger Mann* **3.** *Keule, das hintere Viertel vom Kalb, Reh, Lamm etc.*

Schlegl|milch, die [eigentlich: die mit einem Schlegl gerührte Milch]: *Buttermilch:* Grüaß Gott, liabe Sennrin, / mách auf gschwind die Tür, / an Bock hån i gschossn, / låss mi eini zu dir! / An frisch triebnen Butter / und Schlöglmilch dazua / håt d' Sennrin glei auftischt / ihrn Bua." (Aus dem Lied „Schian blau is der Morgen", SsÖ, S. 274–275).
schleichn ⟨ist gschlichn⟩ [ahd. slīhhan, eigentlich: gleiten] ❖ **si schleichen** ⟨hat sich gschlichn⟩: *verschwinden* ❖ **schleich di!** *verschwinde!*
Schleif|holz, das: *dünnes, kurzes Rundholz (für Papiererzeugung).*
schleinen, schlein, gschleinen ⟨hat sich⟩ (reflexives Verb) [mhd. sliune, sliume (= Eile), sliunen (= beeilen)]: *sich beeilen.*
schleissig ⟨Adj.⟩ [zu schleißen (= abnützen, zerreißen)] (auch bairisch-österreichisch): *abgenützt, verschlissen.*
schleissn ⟨hat⟩ [mhd. slīzen (= spalten, zerreißen); vgl. spleissn] (ST): *Drahtseile durch Verschränkung der einzelnen Stränge verbinden.*
Schlempm, der [siehe Schlåmpm]: **1.** *Teil, Stück:* an Schlempm åchareißn **2.** (Def.) *Risswunde.*
schlems ⟨Adv.⟩ [mhd. slem, slim, slimp (= schräg, schief); daraus auch standarddt. schlimm; vielleicht auch Variante von schrems] (Pass.): *schräg, diagonal:* nach schlemms (= quer hinüber).
Schlenggl|tåg, der (Erinnerungsform; vgl. Schråcktog): *Tag, an dem früher die Dienstboten den Posten wechselten (2. Februar).*
schlenzn ⟨ist⟩ [möglicherweise aus einem nicht belegten schlendezen oder schlenkezen zu standardsprachlich schlendern] (NT, OT): **1.** *müßig gehen, ziellos herumschlendern* **2.** (OI) *eislaufen, rutschen.*
Schlepper, der: **1.** (ST) *Traktor* **2.** (NT) *Transporter (Landmaschine).*
Schlerper, der oder die; Plural: Schlerpern [siehe schlerpm]: (OI, Pass.) *Zunge.*
schlerpm, schlearpa, schlerggn, schlarpm, schlårfn ⟨hat⟩ [lautmalend zur Wortgruppe um schlürfen: dessen älteste Form ist sürpfeln, sürfeln; lautmalerisch unter Einwirkung von schlucken weiter verändert: vgl. schlurfen (= mit schleifenden Füßen gehen)]: **1.** *schlürfen, schlürfend lecken* **2.** *Luft schlucken (bei Tieren)* **3.** *den Boden streifend gehen.*
schliafn, schloifn ⟨ist⟩ [mhd. sliefen (= schliefen, schlüpfen)]: *Platz haben, sich irgendwo hinein- oder durchzuwängen; durchschlüpfen.*
schlianggan ⟨ist⟩ [vgl. schlenzn] (Zillt.): *auf dem Eis dahinschleifen.*
Schlich, der [aus mnd. sli(c)k (= schlammige Masse)] (Pass.): **1.** *Schlick* **2.** *aufbereiteter Erzschlamm.*
Schlichte, die [Ableitung von mhd. sleht (= eben, gerade), also der Körperteil, der gerade bzw. aufrecht macht] (OT): *Leiste, Lendenbeuge.*

schlifere, schlifern ⟨ist⟩ [Herkunft unklar, vielleicht zu schleifen, dieses zu mhd. slīfen (schleifen) oder zu schlurfen mit Nebenform schlürfen (= schleifend gehen)] (OI): **1.** *auf Eis (oder rutschigem Untergrund) dahinrutschen* **2.** *eislaufen.*

Schlimber, die [eigentlich Schlingbeere, wegen der biegsamen Zweige dieser Pflanze] (Deutschn.): *Frucht des Wolligen Schneeballs (Viburnum lantana).*

Schlingge, die [wegen des biegsamen Holzes wohl zu mhd. slingen (= winden, flechten)] (Ehrwald): *Wolliger Schneeball (Viburnum lantana).*

schlintn ⟨hat⟩ [mhd. slinden (= schlucken, schlingen): **1.** *schlucken* **2.** *schnell essen.*

Schlipf|kråpfn, der [mhd. slüpfen (= schlüpfen), Intensivbildung zu sliefen] (OT): *Schlutzkrapfen.*

schlitln ⟨ist⟩ [zu Schlitn, siehe dort] (ST, OI): *rodeln (auf dem Reitschlitten).*

Schlitn, der [mhd. slite (= Schlitten)]: **1.** *Schlitten* **2.** (Pass.) *törichte Frau (auch als Schimpfwort)* **3.** (Ridn.): *einfältiger Mensch (auch als Schimpfwort).*

Schlitze, die (OT): *Türklinke.*

schloachn ⟨hat⟩ [vgl. Schloaker]: *schlagen, ohrfeigen.*

Schloaker: *siehe Schlaka.*

Schloapfe, Schloafe, die [siehe schloapfn]: *großer, niederer Schlitten für bäuerliche Arbeiten.*

schloapfn ⟨hat⟩ [wie schleifen zu mhd. sleifen, sleipfen (= schleifen, schleppen)]: **1.** *Lasten (z. B. Baumstämme) am Boden ziehen* **2.** *schlurfend gehen.*

Schloar, die [zu schloare] (ST): *faule, schlampige Frau.*

schloare ⟨ist⟩ [lautliche Mischung von schlurfen (vgl. schlerpm) und schleifen (vgl. schloapfn)] (OI): *schlurfend gehen.*

Schloarfer, der [siehe schlårggn, schlurfn] (OI): *alter, schlechter Schuh.*

Schloarl, der [siehe schloare] (ST): *törichter, einfältiger Mensch.*

schloarlat ⟨Adj.⟩ (ST): **1.** *töricht* **2.** *schwach auf den Beinen, elend (bei Krankheiten).*

Schloaß, Schleß, der [mhd. slōz (= Riegel, Band, Verschluss)] (ST): *(Doppel)schleife, Schlinge, Latz.*

schlopan ⟨hat⟩ [mhd. slappen (= nachschleifen) (Zillt.): *tratschen.*

Schlorgg: *siehe Schlårgg.*

schlorgget ⟨Adj.⟩: *schlampig, mit zu großen Kleidungsstücken bekleidet.*

Schlotter, die; Plural: Schlottern [siehe schlottern] (ST): **1.** *lose Haut am Rinderhals* **2.** *Hosenbein.*

Schlotterer, der [mhd. sloterære (= Schwätzer)]: *nicht ernst zu nehmender, flegelhafter oder leichtfertiger Mann.*
schlottern ⟨ist⟩ [mhd. slotern (= locker sein, lose hängen)]: *lose hängen.*
Schlottrer, der [zu schlottern]: **an Schlottra håbm:** *angsterfüllt sein.*
Schluate, die; Plural: Schluatn [vgl. mhd. sluot (= Schlamm, Pfütze) neben slāte (= aufgeschossene Pflanze, Schilf)] (Pass.): **1.** *Schössling, Trieb.*
Schluff, Schluf; auch **Schlupf,** der [mhd. sluf zum Verb sliefen (= schliefen)]: **1.** *Stelle zum Hineinschlüpfen, Durchlass, Ausweg* **2.** *Versteck, Schlupfwinkel:* „Und auf der schwårzn Wånd, / da springt da Bock umanånd, / i kenn ja längst sein Schluff, / wo er sie einidruckt, / i låss mei Stutzal knålln, / der Bock is åbagfålln, jetzt miaß ma n auffa holn, den i hab gstohln ..." (Aus einem Wildschützlied, das im steirischen Salzkammergut erstmals aufgezeichnet wurde, aber im gesamten Alpenraum verbreitet ist; die Titelzeile „Wohl auf die Zitteralm", ein fiktiver Ort, wird jeweils den örtlichen Begebenheiten angepasst **3.** (NT) *kleines Zimmer, schmaler Gang.*
Schlufrer, der [vgl. schlerpm] (Pf.): *beim Essen Schlürfender.*
schluggatzn, schluggitzn ⟨hat⟩ [mhd. sluckezen, Intensivum zu slucken (= schlingen, schlucken, schluchzen)]: **1.** *krampfhaft Atem aufstoßen* **2.** *Schluckauf haben* **3.** (OT) *stottern.*
Schluggitze, die (OT): *Schluckauf.*
Schluit, die [mhd. sluot (= Schlamm, Pfütze)] (Def.): *Entwässerungsgraben.*
schlumpat, schlumpet ⟨Adj.⟩ [siehe schlåmpm] (NT): *schlampig, unsauber.*
Schlumpe, Schlumpa, die [siehe schlåmpm] (Ötzt.): *schlampiges Weib.*
Schlumper, die [mhd. slump (= lose herabhängend, schief); vgl. Schlåmpm] (Pass., Pfun.): *Herumtreiberei, Herumschlendern* ❖ **in der Schlumper sein:** *nichts tun (statt zu arbeiten).*
schlumpern ⟨hat⟩ (Pfun.): *gemütlich etwas trinken.*
schlunggetzn ⟨hat⟩ [lautmalend] (Tux): **1.** *schlingern, schlottern* **2.** *glucksen (von Flüssigkeiten in Gefäßen).*
schlunzig: *siehe schlutzig.*
Schlurf, der [Erinnerungsform; siehe schlurfn] (NT) (abwertend): **1.** *außerhalb der Gesellschaft stehender Jugendlicher* (vor allem im Nationalsozialismus auf Jugendliche bezogen, die sich heimlich trafen, um Jazzmusik zu hören und deswegen verfolgt wurden; in den 1950er Jahren allgemein für Jugendliche, die von den gesellschaftlichen Normen abwichen) **2.** *gerader Haarschluss am Hinterkopf.*
schlurfn, ⟨ist⟩ [wie standardsprachlich schlürfen, schlurfen zu mhd. sürfeln (= schlürfen), lat. sorbere; lautmalend für „mit schleifenden Füßen gehen"] (NT): *schlurfend gehen.*

Schlutter, die mhd. slotern (= schlottern, klappern] (OT): *Kinderrassel.*
Schlutz, Schluz, der [Nebenform von Schlatz]: **1.** *Schleim* **2.** *schlüpfrige, dicke Masse.*
schlutzig, schluzig ⟨Adj.⟩ [siehe Schlutz]: **1.** *schleimig (auch charakterlich)* **2.** *schlüpfrig, glitschig.*
Schlutz|kråpfn, Schluz|kråpfn, Schlutzer, der [die Speise wird mit heißer Butter übergossen und dadurch schlutzig]: *Teigtasche, gefüllt mit Käse, Spinat u. Ä.* (eine typische Tiroler Speise).
Schluzian, der (Pass.) [zu schluzn; Suffix wie in Fadian (= fader Mensch), Schludrian/Schluderjan (= schludriger Mensch), Dummian/Dummjan (= dummer Mensch), Schlendrian (= Nachlässigkeit, Trägheit) etc.; laut Kluge-Seebold zum Vornamen Jan, norddeutsche Kurzform von Johannes, oder zu frühnhd. jan (= Arbeit); eine Verbindung zur lat. Endung -ianus hält er für unwahrscheinlich]: *schleimiger, hinterhältiger Kerl.*
schluzn, schlutzn ⟨ist⟩ [siehe Schlutz]: *rutschen, gleiten, schleimen.*
Schmächt|fetzn, der (NT): *kitschiger Schlager.*
schmafu, schmefu ⟨Adv.⟩ [entstellt aus franz. je m'en fous (= ich mach mir nichts draus)] (ST, OI): *gleichgültig.*
Schmafuiler, der; Plural: Schmafuiler [zu schmafu; vgl. auch Schmefeler] (OT, Pass.): **1.** *schäbiger Kerl* **2.** *Spion.*
schmaggetzn ⟨hat⟩ [siehe Schmatz]: *schmatzen.*
Schmä: *siehe Schme.*
Schmalchn: *siehe Schmelchn.*
Schmål|goas, Schmåi|goas, die [1. Bestandteil: standardsprachlich schmal, zu mhd. smal (= klein)] (NT) (Jägersprache): **1.** *Rehgeiß* **2.** *dünne Frau.*
schmaln ⟨hat⟩ [vielleicht zu mhd. smal (= klein, gering), d. h. ursprünglich klein/gering machen, herabsetzen]: **1.** *bemerken* **2.** *heimlich beobachten* **3.** (Pass.) *herausfinden, ausspionieren.*
schmaltiarn: *siehe maltiarn.*
Schmålz, das [wie standarddt. Schmalz aus mhd. smalz (= ausgelassenes Fett); zu schmelzen; siehe auch: Schmålzpfandl, Schmålzpundl)]: **1.** *Butter* **2.** *Schmalz* **3.** *Kraft, Stärke* ❖ **der håt koa Schmålz** (der ist schwach, hat keine Kraft).
Schmålz|gåggele, das (OT): *Spiegelei.*
Schmålz|pfandl, das; Plural: Schmålzpfandln [siehe Schmålz: beide Pflanzen haben buttergelbe Blüten] (ST, OI): **1.** *Acker-Hahnenfuß (Ranunculus arvensis)* **2.** *Sumpfdotterblume (Caltha palustris).*
Schmålz|pundl, die; Plural: Schmålzpundln [1. Bestandteil: siehe Schmålz und Schmålzpfandl; 2. Bestandteil: siehe Pundl] (Sa.): *Sumpfdotterblume (Caltha palustris).*

Schmålz|stötzl, das [2. Wortteil: Diminutiv von Stotz, siehe dort] (Pfun.): *Sumpfdotterblume*.
Schmålz|wurm, der [1. Bestandteil: siehe Schmålz; 2. Bestandteil: wie standarddt. Wurm zu mhd., ahd. wurm (= Kriechtier, Schlange, Insekt); am Hinterkopf dieser Schlange befinden sich zwei gelbe halbmondförmige Flecken] (ST): *Ringelnatter (Natrix natrix)*.
Schmạnggerl, Schmạnkerl, das [Intensivbildung zu schmiegen; durch -n-Einschub ist Schmankerl entstanden, ursprünglich: das Angeschmiegte in der Rein, in der Rein angelegte süße Kruste] (NT) (auch bairisch): *besonderer Leckerbissen:* sie servieren lauter Schmanggerln.
Schmạrggl, der; **Schmạrgele**, das (OI): *gewärmtes Mus*.
schmạrggln, schmạrgilan, schmẹrggelen, schmirggele ⟨hat⟩ [zu mhd. smer (= Fett)]: **1.** *nach schlechtem Fett riechen* **2.** *übel riechen.*
Schmårrn, der [vermutlich verwandt mit standarddt. Schmer (= Fett); gesamtdeutsch ist die Bedeutung „unsinnige Äußerung, wertloses Zeug" etc. bekannt; dazu einen Schmårrn daherreden; das geht dich einen Schmårrn an (= überhaupt nichts an)] (Küchensprache, auch süddeutsch und österreichisch.): **1.** *in Fett geröstete Speise aus Mehl, Grieß oder Erdäpfeln* **2.** *Blödsinn*.
Schmatt, der [jiddisch schmate (= Fetzen, Lappen), pol. szmata (= Fetzen, auch Inflationsgeld)]: *Geld, Reichtum* ❖ **der håt åber Schmatt:** *der ist aber reich*.
Schmạtter, der [wie norddeutsch Schmadder (= Matsch, Brei) eine lautmalende Bildung; laut Kluge/Seebold vielleicht zu schmeißen]: *Dreckmasse, breiige Masse*.
schmạttig ⟨Adj.⟩ [zu Schmatt, siehe dort]: **1.** *reich:* von di Schmattign kånnst des Spårn lernen **2.** (Pass.) *dick.*
Schmåttl, die; Plural: Schmåttln [vgl. schmattig, Bed. 2] (OT, Pass.): *dickes Wesen*.
Schmåtz, der [eigentlich: schnalzender Lärm; aus mhd. *smaketzen (= den smac = Geschmack genießen), kontrahiert zu smatzen (= schmatzen, laut essen, mit schmatzendem Laut küssen; laut auffallen lassen); siehe Schmitz] (NT nur Bed. 1): **1.** *Kuss* **2.** *Latz* **3.** *Seilkringel* **4.** *Knallfaden an der Geißel* **5.** *große Masche*.
Schmạtz, die (Plural) [umgelauteter Plural von Schmåtz (= schnalzender Lärm)] (Pass.): *Schläge*.
Schmạtze, die [vielleicht zu schmattig; vgl. Schmåttl] (Pf.): *dicke Frau*.
schmạtzn ⟨hat⟩ [zu Schmatz] (Pass., Alp.): *schlagen, den Hintern versohlen* (Kindersprache).
schmåtzn ⟨hat⟩ [zu Schmåtz]: **1.** *schmatzen* **2.** *küssen.*
Schmẹ, der [wie standarddt. Schmäh wohl zu jiddisch sch'ma oder schema (= Gehörtes, Erzähltes); ev. unter Einfluss von schmähen]:

1. *Kunstgriff, billiger Trick, Schwindelei, Unwahrheit* ❖ **jemandem an Schme derzählen:** *jemandem eine Lüge auftischen* ❖ **des is koa Schme!** *das ist nicht gelogen!* ❖ **a aufglegter Schme:** *eine offensichtliche Lüge* **2.** *unterhaltsame Redeweise, vor Geist und Witz sprühend* ❖ **Schme måchn:** *Witze machen* ❖ **der Schme rennt:** *eine Pointe jagt die andere* (in einer geselligen Runde) ❖ **(an) Schme fiarn:** *sich einer unterhaltsamen Redeweise bedienen, durch witzige Bemerkungen die Unterhaltung bestimmen.*

Schme- als Erstglied von Komposita:

Schme|bruader, der (NT): *unseriöser Mann, Angeber, Aufschneider.*

Schme|fiara, der (NT): *Stimmungskanone.*

schme|stad ⟨Adj.⟩ [2. Bestandteil laut Sedlaczek (Wörterbuch des Wienerischen) aus der Kartenspielersprache zu ital. scarto (= das Verlegen der Karten, die verlegten Karten selbst), das zu lat. charta (= Blatt, Karte) gehört; vgl. amtssprachlich skartieren (= alte Akten ausscheiden); lat. sk- wird volksetymologisch zu scht- umgedeutet] (NT, OT): *sprachlos, mit seiner Weisheit am Ende.*

Schme|tantler, Schme|tandler, der [1. Bestandteil: siehe Schme; 2. Bestandteil: bairisch-österreichisch Tandler (= jemand, der die Zeit vertrödelt; Altwarenhändler, vgl. tantln)]: **1.** *unseriöser Mensch* **2.** *Geschichtenerzähler.*

Schmecker, der [siehe schmeckn]: **1.** (salopp) *Nase* **2.** *Riecher:* an Schmecker håbm (= mit sicherem Gefühl etwas erraten).

schmeckn ⟨hat⟩ [wie standarddt. schmecken zu mhd. smecken (= schmecken, riechen, duften, stinken); neben der Bedeutung schmecken haben sich im Dialekt die alten Bedeutungen erhalten] (auch süddeutsch, österreichisch und schweizerisch): **1.** *riechen, duften* „Enzeler und Kranewittn / schmöckn aus der Brennerhüttn, / drein die Burgl sagt ihr Sprüchl, / braucht dazua koa Zauberbüachl." ... (Aus dem Gedicht „Bei der Schnapsbrennerin" von Anni Kraus) ❖ **den/des kånn i nit schmeckn:** *den/das kann ich nicht leiden* **2.** *stinken:* des Fleisch schmeckt schon a bissl (= das Fleisch hat schon einen üblen Geruch) **3.** *schmecken.*

schmeissn ⟨hat⟩ [mhd. smīzen (= streichen, schmieren); laut Kluge zum Bewerfen der Hauswände mit Lehm und dem damit verbundenen Verschmieren]: **1.** *werfen* **2.** *beim Ranggeln zu Boden werfen* ❖ **es håtn gschmissn:** *er ist gestürzt.*

Schmelche, Schmelch, Schmelchn, die [mhd. smelehe (= Schmiele); zu schmal]: *Schmiele (Deschampsia), langes dürres Gras.*

Schmell, die; Plural: Schmelln (OI, Sa.): *Halm der Kriech-Quecke (Elymus repens), auch Gemeine Quecke, Gewöhnliche Quecke oder einfach Quecke genannt.*

Schmelz|pfandl, das [in der Schmelzpfanne wurde früher Butter geschmolzen] (ST, OT, OI): *Hahnenfuß (Ranunculus).*
schmerfelen, schmerggelen ⟨hat⟩ [mhd. smer, Gen.: smerwes (= Schmer, Fett), also nach Fett riechen] (ST, OI): **1.** *nach schlechtem Fett riechen* **2.** *übel riechen* **3.** *spionieren.*
Schmerfeler, der; Plural: Schmerfeler [zu schmerfelen] (OI, Pass.): *jemand, der herumspioniert.*
schmerggelen: *siehe schmarggln.*
Schmetterer, Schmettrer, der, **Schmetterbuxe,** die [zu schmettern, siehe dort]: *Aufschneider, Angeber.*
schmettern ⟨hat⟩ [mhd. smetern (= klappern, schwatzen)]: *angeben, lügen, großsprecherisch reden:* schmetter nit schon wieder!
Schmiarer, der [siehe schmiarn] **1.** *schwerer Schlag:* des håtn an Schmiarer gebm (= das hat ihn schwer getroffen) **2.** *Ohrfeige* **3.** *Spur eines Schlags, Bluterguss* **4.** (ST) *Rausch* **5.** (NT, OT) *unerlaubtes kleines Buch mit Übersetzungen der klassischen Lateinlektüre (bei Schularbeiten oder Hausaufgaben).*
schmiarn, schmirbm, schmirm ⟨hat⟩ [mhd. smiren, smirn (= schmieren, salben) führt zu schmiarn, mhd. smirwen führt zur Variante schmirbm)]: **1.** *einfetten, ölen salben* **2. jemand oane schmiarn:** *jemandem eine Ohrfeige geben (wie jemandem eine kleben; von der Vorstellung ausgehend, dass der Schlag kleben bleibt)* **3.** *bestechen* **4.** *beim Kartenspiel dem Partner hochrangige Karten in den Stich geben.*
Schmirb, Schmirbe [mhd. smirwe (= Schmiere)]: *(Heil-)Salbe, Schmiere.*
Schmirb|tegl, der [eigentlich: Schmiertiegel; gemeint ist: jemand, der oft kleinere Fehler bei der Ausführung einer Tätigkeit macht] (OT, OI, Pf.): **1.** *Kleckerer* **2.** *unsauberer, unappetitlicher Mensch.*
schmirggln, schmirgln ⟨hat⟩ [siehe Schmirgglpapia]: *abreiben, glätten (mit Schmirgglpapier).*
Schmirggl|papia, das [frühnhd. smirgel, entlehnt aus ital. smeriglio (= Schmirgel)]: *Schleifpapier.*
Schmisl, das [zu französisch chemise (= Hemd)] (NT): *spezielles Hemd zur weiblichen Tracht.*
Schmitz, Schmitzl, der [mhd. smitzen (= schnell zücken), smitze (= Hieb), Intensivbildung zu schmeißen]: **1.** *Knallfaden an der Peitsche* **2.** (NT) *Schlag mit der Geißel* **3.** (ST) *Haarsträhne.*
Schmoaß, der [Herkunft unklar] (Ötzt.): *Glück.*
Schmoaße, Schmoaze, die, Schmoaßn [mhd. smeizen (= schmeißen, Kot ausscheiden); die Fliege legt auf geruchsintensives verwesendes Fleisch ihre Eier ab; die Eier wurden für Kot gehalten] (OI, Pass.): *Schmeißfliege.*

schmodn ⟨hat⟩ [lautvariierend zu mhd. (bairisch-österreichisch) smouch (= Rauch, Dunst); vgl. schmauchen] (Pass.): *schwelen, ohne Flamme brennen.*

Schmonzes, der [jiddisch schmonzeß (= Blödsinn)]: *leeres Gerede, Unsinn.*

Schmus, der [jiddisch schmuo (Plural: schmuoss), zu hebräisch šĕmūä (= Gerücht; Gehörtes)]: **1.** *leeres Gerede, Geschwätz* **2.** *Unfug.*

Schmuz, Schmutz, der; kein Plural [mhd. smuz (= Schmutz), ursprünglich: Feuchtigkeit, feuchter Schmutz] (ST, OI): **1.** *Wagenschmiere* **2.** *schlechtes Fett* **3.** *leichte Fettschicht in der Pfanne.*

schmuzig ⟨Adj.⟩ [zu Schmuz] (OI, Pass.): **1.** *fettig, schmierig* **2.** *schäbig.*

schnobilat ⟨Adj.⟩ [aus schnåbln] (Pfun.): *vorlaut, schnippisch.*

Schnåbl, Schnobl, der [wie Schnabel (= von Tieren auf den Menschen übertragen: Mund) zu mhd. snabel, ahd. snabul, wohl verwandt mit schnappen; zusätzliche Bedeutung in Tirol]: *freches Mundwerk.*

schnåbln, schnåblen, schnobl(e)n ⟨hat⟩ [Ableitung von Schnåbl]: **1.** *vorlaut oder schnippisch reden* **2.** *(frech) zurückschimpfen* **3.** (OT) *ein Schnoferl (eine Schnute) machen* **4.** (OT) *küssen.*

schnabuliarn ⟨hat⟩ [Weiterbildung zu Schnabel mit der Endung -ieren]: *genüsslich essen.*

schnådere, schnadre, schnåttern ⟨hat⟩ [vgl. schnattern] (NT): **1.** *schnattern* **2.** *schwätzen.*

Schnader|hipfl, das [aus dem Stegreif gesungener Vierzeiler, oft auch mit anzüglichem Inhalt; 1. Wortteil unsicher, von Schmeller zu schneiden gestellt, was auf den Tanz beim Erntefest Bezug nehmen könnte; 2. Teil zu hupfen (= tanzen)] (auch bairisch-österreichisch): *Schnaderhüpfel.*

Schnågg, der (ST, OI) [siehe Schnaggele]: *kleines Kind.*

Schnågge, die (meist Plural) [vermutlich wie standarddt. Schlacke, dieses laut Kluge-Seebold zu mnd. slagge; ursprünglich: beim Schmieden abspringender Metallrest, Rest beim Verbrennen von Kohle und beim Gießen von Metall] (ST): **1.** *Kaminrückstand* **2.** *Rest von verbranntem Holz* **3.** *Rest von verbrannter Speise.*

Schnaggele, Schnaggerl, das [zu schnaggln, siehe dort]: **1.** *kleines Kind* **2.** *verniedlichendes Beiwort:* Schnaggerlverein (= kleiner, unbedeutender Verein); Schnaggelebahn (= eine kleine, unbedeutende, wacklige Bahn).

Schnaggl, die, **Schnaggl(er),** der [siehe schnaggln]: **1.** *Schluckauf* **2.** (NT) *knackendes, schnalzendes Geräusch* **3.** (Pass.) *Biss.*

Schnaggler, Schnaggl|påx, der [1. Wortteil zu schnaggln, weil das Messer klappt; vgl. auch Påx] (OT): *Klapp-Taschenmesser.*

schnąggln, schnąggetzn ⟨hat⟩ [ein alter Ausdruck des bairisch-österrreichischen Mundartraums, Herkunft unklar]: **1.** *ein schnalzendes Geräusch verursachen:* mit den Fingern, mit der Zunge schnaggln **2.** *am Schluckauf leiden* **3.** (ST) *kurz zubeißen* **4.** *zittern* (von den Knien bei Angst oder Überanstrengung): mir schnaggln die Knie ❖ **es håt bei iam gschnagglt: 1.** *er hat sich plötzlich verliebt* **2.** *er hat es begriffen, verstanden.*

schnąggsln: *siehe schnaxln.*

Schnạ̊ll, Schnoi, der [mhd. snal (= eine rasche Bewegung, z. B. das Schnalzen mit den Fingern oder das Zuklappen einer Falle; verwandt mit schnell; danach für einen Mechanismus mit einer solchen Bewegung, z. B. eine Schließe]: *Knall, klatschender Schlag, Schuss* ❖ **auf Schnåll und Fåll** [vom Fall nach dem Schuss]: *ganz plötzlich, auf einmal* ❖ **auf jemanden an Schnåll håbm:** *unübersehbares Interesse an (sexuellem) Kontakt mit jemandem haben.*

Schnạ̊lle, Schnoin, Schnolla, die [siehe Schnåll; Bed. 3 erklärt sich nach Kluge/Seebold dadurch, dass in der Jägersprache das Geschlechtsorgan weiblicher Tiere (nach der Form bestimmter Schnallen) so bezeichnet wurde]: **1.** *Schnalle, Schließe, Klinke* **2.** *Schweif, Schwanz* **3.** *Hure* **4.** *Klatschtante (auch als Schimpfwort).*

schnạ̊lln, schnoin ⟨hat⟩ [mhd. snallen (= sich mit einem snal – siehe Schnåll – bewegen, plötzlich bewegen), wovon mit dem Suffix -etzen schnålzn abgeleitet wird, das die Betonung von der schnellen Bewegung zu dem damit verbundenen Geräusch verschiebt]: **1.** *knallen, krachen:* Wånn 's Diandl sauber is und håt sinst a an Schmiss, wånn ihr der Hoangascht gfållt ... wånn s' mir die Treu verspricht, åft låss ma 's schnålln! SsÖ, S. 268–269; ein in Tirol verbreitetes Volkslied, dessen Spuren bis 1866 zurückreichen, handschriftlicher Beleg aus Schwaz **2.** *ohrfeigen* ❖ **jemandem eine schnålln, da håt's gschnållt:** *da knallte eine Ohrfeige* **3.** *begreifen:* der håts gschnållt (= er hat es begriffen) **4.** (ST) *tratschen.*

Schnạ̊lzer, der [von schnålzn; die in Bed. 2 gemeinte Pflanze erzeugt ein schnalzendes Geräusch, wenn man die aufgeblähten Blütenkelche verschließt und auf dem Handrücken zum Platzen bringt] (OI, Pass.): **1.** *Schnalzgeräusch* **2.** *Leimkraut (Silene Vulgaris), Klatschnelke.*

schnạ̊lzn, schnoitzn ⟨hat⟩ [siehe schnållln]: *ein knallendes Geräusch erzeugen (mit Zunge, Findern, Peitsche).*

Schnạ̊pper, der; Plural: Schnåpper [siehe schnåppm] (ST, OI): *kleine Sense für steiles, felsiges Gelände.*

schnạ̊ppet, schnoppat ⟨Adj.⟩ [siehe schnåppm, gschnappig] (ST, OT): *schnippisch.*

schnåppm, schnåpplen ⟨hat⟩ [mhd. snappen, ursprünglich: Lautgebärde für eine zuschnappende Bewegung] (ST): **1.** *schnappen* **2.** *frech/schnippisch antworten* **3.** *mit dem Schnåpper mähen.*

Schnåpp|vich, das; Plural: Schnappviecher [auch Wudel genannt (Volkskunde)] (ST): *Teil eines Faschingsbrauchs in Tramin, immer in ungeraden Jahren am Faschingsdienstag* (Figuren, die wie ein Rucksack übergezogen werden; Form und Halt gibt ein Brett am Rücken, der Kopf hat meist Hörner, meist auch einen Pferdeschwanz und ein großes schnappendes, klapperndes Maul, weil das Unterkiefer mit einer Kordel auf und ab gezogen werden kann; der Träger ist nicht sichtbar, das Gewand besteht aus Jute; ab Dreikönig rennen die Kinder täglich mit kleineren Wudelen durchs Dorf).

schnåpsn ⟨hat⟩ [zu schnappen; die Ableitung von Schnaps, weil angeblich oft um eine Runde Schnaps gespielt wird, ist eine Legende]: *das Kartenspiel Schnapsen spielen.*

Schnårfer: *siehe Schnerfer.*

Schnårra, die [zu schnårrn, siehe dort] (Ehrwald): *grob für Mund.*

Schnårrer, der [vgl. schnarrn] (Ehrwald): *giftige, ungehaltene Äußerung.*

Schnårretzer, der; Plural: Schnårretzer [zu schnårrn; auf den Ruf dieses Vogels anspielend] (ST): *Misteldrossel (Turdus viscivorus).*

schnårrn ⟨hat⟩ [mhd. snarren (= schnarren, schmettern)]: **1.** (OI, Pf.) *poltern* **2.** (Pfun.) *ungehalten zurückreden.*

Schnater: *siehe Schnoater.*

Schnåtter|bixe, Schnåtter|buxe, die [eigentlich: Schnatterbüchse]: *Vielredner, Plaudertasche.*

Schnåtzn|teppich, der [Schatz belegt Schnåtz als herabhängenden Fetzen am Kleid] (OT): *Fleckerlteppich.*

schnaufn ⟨hat⟩ [mhd. snüfen (= schnaufen]: **1.** *Normalbezeichnung für atmen* **2.** *schnaufen.*

Schnax, der; Plural: Schnax [verwandt mit niederdeutsch snacken (= reden, plaudern), laut Grimm ursprünglich: eine schnappende, schnellende Bewegung des Mundes machen; Zehetner vermerkt bairisch-österreichisch Schnaxen (= Faxen, lustiger Einfall, Schabernack)]: **1.** *Dummheiten* **2.** *Blödsinn.*

Schnaxler, der; Plural: Schnaxler [siehe Schnax] (Pass.): *lustiger Vierzeiler, Spottlied.*

schnaxln ⟨hat⟩ [vielleicht Weiterbildung zu schnackeln, schnacketzen (= einen schnalzenden Laut verursachen, eine rasche Bewegung machen)]: *koitieren.*

Schnea, Schne, der [wie standarddt. Schnee zu mhd. snē, Gen. snēwes, ahd. snēo, ein altes indogerm. Wort]: *Schnee* ❖ **anno Schnea** [eigent-

lich: im Jahre Schnee]: *in längst vergangener Zeit* ❖ **ausm Jåhr Schnee:** *sehr alt.*
Schnea|kada, die (Plural) [Plural von Schneekater] (Achental): *Frühlingskrokus (Crocus Vernus) auch Frühlingssafran genannt.*
Schneale, die [zu Schnea, siehe dort] (Pf.): *Albino, weißblonder Mensch.*
Schnea|ridl, die [vgl. Ridl]: *längliche Schneezeile.*
schnea|wodln ⟨ist⟩ [1. Bestandteil: siehe Schnea; 2. Bestandteil: mhd. wadelen (= schweifen, schwanken); vgl. standardsprachlich Wedel] (ST): *stapfen, Spur in den Schnee ziehen.*
schnedere: *siehe schnådere.*
schnegern ⟨hat⟩ (Pass.): *besiegen, hereinlegen:* lei nit schnegern låssn (= nur nicht unterkriegen lasssen).
Schnegga|patzl, Schlecka|patzl ⟨Interj.⟩ [wohl anknüpfend an die Interj. schneggn; Ausruf zum Ausdruck der Schadenfreude und des Spotts, oft verbunden mit einer besonderen Geste, wobei der Sprecher mit einem Zeigefinger über den anderen streicht; Schleckapatzl (siehe dort) ist wohl sekundär; zur Geste vgl. Schnellapatzl] (Kindersprache): *Ätsch!*: ein Schneggapatzl måchn.
schneggn! ⟨Interj.⟩ [in anderen Mundarten auch: Jå, gfüllte Schnecken! Jå, Schnecken wird's regnen; belegt bei Wander; schon im Vormärz bedeutet Schnecken: etwas Wertloses] (auch bairisch-österreichisch): **1.** *Ausruf der Enttäuschung* (wenn etwas, das man erwartet hat, nicht eintritt) **2.** *höhnische Ablehnung einer Forderung oder einer aufgestellten Behauptung.*
Schneggn|kechl, das [1. Bestandteil: siehe Schneggn!; 2. Bestandteil: siehe Kåchl] (Deutschn.): *Schneckenhaus.*
Schnegl, der [vielleicht aus mhd. snegel (= Schnecke) nach der Schleimspur des Tiers] (ST): *Rotfaden von Kindern.*
schneibelen, schneiwelen ⟨es hat⟩ (unpersönliches Verb) [mhd. snīwen (= schneien) mit verkleinerndem Suffix -elen]: *leicht schneien:* es schneibelet, es regnelet, es geht a kühler Wind (Kinderreim).
schneiberisch, schneiwerisch ⟨Adj.⟩ [mit Adj.-Suffix zu schneibm (siehe schneibelen)]: *nach Schneefall aussehend, Schnee ankündigend (vom Wetter).*
Schneid, die [wie standarddt. Schneide zu mhd. snīden (= schneiden, scharf sein); zusätzliche Bedeutungen in Tirol] (auch süddeutsch und österreichisch): **1.** *(draufgängerischer) Wagemut* ❖ **Schneid håbm:** *mutig sein* „An iader frische Bua, der håt gråd Schneid genua / steckt a Feder auf und geaht der Ålma zua." (Aus: „Es wearn die Wieslan grüan", SsÖ, S. 146; vermutlich dichtete Paul Prosliner, ein Bauernbursch und späterer Wirt aus Kastelruth, Ende der 1830er-Jahre den Text.)
❖ **jemandem di Schneid abkaufen:** *jemanden einschüchtern* **2.** *Kante*

eines Berggrats: „Auf tirolerischen Ålmen, då singen die Schwålmen (= Schwalben) / då schleichn die Gamslen frisch her über d' Schneid ..." (Aus dem Lied „Auf tirolerischen Ålmen").

schneidern ⟨hat⟩ [zusätzliche Bedeutung in der Kartenspielersprache]: *den Gegner zu null schlagen.*

schneidig ⟨Adj.⟩ **1.** *wagemutig, kühn* **2.** *schneidend.*

Schnell, der [zu schnelln, siehe dort]: **1.** *Knall* **2.** *dumpfes Geräusch.*

Schnella|patzl, Schnelz|patzl, das [1. Bestandteil: zu schnelln bzw. schnalzen; 2. Bestandteil: Påtzn hatte in der 1. Hälfte des 20. Jh.s noch die Bedeutung: strafender Schlag des Lehrers auf die Hand des Schülers; daher das Diminutiv Patzl für einen Schnipser; die Geste hat offenbar auch im Wort Schneggapatzl eine Rolle gespielt] (ST): *Fingerschnipser auf die Wange.*

Schneller, der; Plural: Schneller [zu schnelln, siehe dort]: **1.** *Peitschenknaller* **2.** (ST) *Besucher beim traditionellen Junggesellenabschied.*

schnelln, schnella ⟨hat⟩ [mhd. snellen (= einen Schnall erzeugen, schießen, sich schnell bewegen usw.); wie schnalln von mhd. snal abgeleitet: siehe dort]: **1.** *(mit der Peitsche) knallen*: Bluatschink in „Funka fliaga": „Wenn epper so total verruckt isch, wenn epper so ausgezuckt isch / då muaß es schnölla, muaß es kråcha, / då wera wieder Funka fliaga." **2.** *dumpf knallen* **3.** *ohrfeigen, schlagen*: **jemandem eine schnellen**: *jemandem eine Ohrfeige geben* **4.** (ST, Alp.) *ein Kartenspiel.*

Schnerfer, Schnarfer, Schnurfer, der [siehe schnerfn] (ST, OT): *(kleiner) Rucksack.*

schnerfn ⟨hat⟩ [mhd. snerfen (= sich biegen, krümmen, einschrumpfen), ahd. snerfan (= sich zusammenziehen); verwandt mit Schnur]: **1.** (Tuxertal) *sich zusammenziehen, schrumpfen* **2.** (UI) *mit einer Schnur zuziehen.*

Schnerre, die; Plural: Schnerrn [mhd. snerren (= schnarren, schwatzen); der Gesang der Singdrossel kann manchmal schnarrend und schrill sein – vor allem im Vergleich zur kehlig-flötenden Charakteristik des Gesangs der Amsel] (Pass.): *Singdrossel (Turdus philomelos);* Vogelart, die zur Familie der Drosseln *(Turdidae)* und zur Ordnung der Sperlingsvögel *(Passeriformes)* gehört.

Schneuerl, das [siehe Schnea] (Zillt.): *leichter Schneefall.*

Schniarl, das [Diminutiv von Schnur] (auch bairisch-österreichisch): *dünne Schnur* ❖ **es rennt wia r am Schnürl** [ursprünglich vielleicht bezogen auf das Beten des Rosenkranzes]: *es geht ohne Stockungen und Schwierigkeiten, flüssig, reibungslos* ❖ **jemanden am Schnürl håbm**: *jemanden nach Belieben dirigieren und manipulieren* (wie eine Marionette).

Schniarl|regn, der (auch bairisch): *feiner, lang anhaltender Regen.*

schnitig ⟨Adj.⟩ [Ableitung von mhd. snīden (= schneiden)]: **1.** *scharf, schneidig* **2.** *angriffslustig, mutig.*

Schnitla, Schnidla, Schnittla(ch), Schnitzlig, der [zu schneiden, mhd. snitelouch]: *Schnittlauch (Allium schoenoprasum)* ❖ **ein Schnittla auf jeder Suppm sein:** *sich überall einmischen, sich wichtigmachen.*

Schnitz, der [mhd. sniz (= Schnitt, Schnitte); zu schneiden, also ursprünglich: abgeschnittenes Stück Fleisch; Basiswort für (gebackenes) Schnitzel]: **1.** *abgeschnittene Obstspalte, die gedörrt wird* **2.** *abgeschnittener Brettrand.*

Schnitzl|bånk, die: *Holzbank mit Fußhebel zum Festklemmen von Werkstücken.*

schnitzlen, schnitzln ⟨hat⟩ [-eln-Ableitung von mhd. snitzen (= in Stücke schneiden, holzschnitzen); dieses ist eine Intensivbildung von snīden (= schneiden); siehe Schnitz]: **1.** *mit dem Messer zurechtschneiden, schnitzen* **2.** *holzbildhauen.*

Schnitzler, der [zu schnitzln]: **1.** *Holzbildhauer* **2.** *verschnittener Hengst.*

Schnitzl|messer, das: *Messer mit beidseitigem Handgriff.*

Schnoater, Schnater, Schnoatler, der [zu schnoatn, siehe dort]: *Hackmesser.*

schnoatn, schnatn, schnoate ⟨hat⟩ [mhd. sneiten, Intensivum zu snīden (= schneiden)]: **1.** *stutzen (z. B. Bäume), Äste/große Stücke wegschneiden* **2.** *Viehklauen zurechtschneiden* **3.** (NT) *(ziemlich gierig) aufessen.*

schnoazet, schnozet ⟨Adj.⟩ [zu mhd. snūze, auch snōz (= Schnauze)] (Pass., Ridn.): *blass, mager, schmächtig:* lei a so schnozet (= noch ganz weiß um die Nase; Zeichen körperlicher Schwäche).

Schnobln, schnoblen: *siehe Schnåbl, schnåbln.*

schnogern ⟨hat⟩ [Herkunft unklar] (Zillt.): *naschen.*

Schnorz, Schnorchz, der [Schnorr(z)e ist als dialektale Bezeichnung für die Schnauze belegt; das Wort steckt wohl auch in Schnurrbart (= Schnauzbart)] (NT, OT): *Rotz.*

schnorzig ⟨Adj.⟩ [zu Schnorz, siehe dort] (OT): *rotzig.*

Schnuder, die ❖ **di Schnuder hobm** [Ableitung von schnudern, ursprünglich: Nase] (Pfun., Bozner U-Land): *Katarrh haben* ❖ **di Schnuder ochnhengen** [eigentlich: die Nase hängen lassen]: *welk aussehen, die Blätter hängen lassen.*

schnudern ⟨hat⟩ [mhd. snuderen (= schnaufen, schnarchen), vgl. schnuflen] (ST): **1.** *durch die halb verschlossene Nase Luft ziehen, schnäuzen* **2.** (auch OT) *leicht schneien* **3.** *viel und missmutig reden.*

schnufetzn, schnufern ⟨hat⟩ [bezeichnet wie schnupfetzn oder standarddt. schnauben, schnüffeln usw. Nasenlaute oder das Nasensekret]: *den Nasenschleim hochziehen.*

schnuflen, schnurflen, schnufflen ⟨hat⟩ [gehört zu einer großen Zahl von Wörtern, die Aktivitäten der Nase, den Nasenschleim etc. bezeichnen: vgl. standardsprachlich schnauben, schnaufen, schnüffeln; auch der Schnupfen (= grippaler Infekt) gehört dazu; mhd. snūfen, snūben (= schnauben): **1.** schnüffeln **2.** schnüffelnd suchen, nachspüren **3.** spionieren **4.** spekulieren **5.** herausfinden **6.** den Rotz aufziehen.

schnupfetzn ⟨hat⟩ [mhd. snupfezen, Intensivum zu mhd. snupfen (= schnaufen, schluchzen)]: schluchzen, verhalten weinen.

Schnupfitze, die [zu schnupfetzn, siehe dort] (Pf.): Schnupfen.

Schnurfer, der: siehe Schnerfer.

Schnürl: siehe Schniarl.

Schoadl¹, Schoal, Schatl, der [wie standarddt. Scheitel zu mhd. scheiden (= Stelle, an welcher die Haare sich scheiden, d. h. sich nach verschiedenen Seiten legen)]: Haarscheitel.

Schoadl², die [wie standarddt. Scheide zu mhd. scheide (= Trennung, Abschied, Messerscheide), ahd. sceida, eigentlich: Geschnittenes, Gespaltenes (verwandt mit scheiden und somit auch mit Schoadl¹); Bed. 2: übertragen von der Hülle einer Stichwaffe auf Hülse einer Frucht; abgeleitet von Schote] (ST): **1.** Messerscheide **2.** Schote der Bohne.

Schoadler, Schoadlen, die (Plural) [zu Schoadl², Bed. 2, siehe dort] (Deutschn.): grüne Bohne in Schotenform (Phaseolus vulgaris).

schoadn, schadl(n), schade ⟨hat⟩ [mhd. scheiden (= teilen, spalten) mit Suffix -eln]: trennen: d' Schof schade.

schoan ⟨Adv.⟩ ❖ **bitt schoan** [mhd. schōne ist das Adverb von schön] (Sa.): bitte sehr.

schoandlig, schoandli [-ig-Ableitung von mhd. schōnen (= Rücksicht nehmen, schonen)] (OI, Sa.): leise.

Schoas, der [mhd. scheiz (= Darmwind); siehe auch Schas]: entweichende Darmblähung ❖ **1.** Bestandteil in zahlreichen Schimpfwörtern: **Schoas|blåda** (eigentlich: Schoasblatter); **Schoas|gåttan** (eigentlich: Schoasgatter); **Schoas|trummi** (eigentlich: Schoastrommel) etc.

schoasn, schasn ⟨hat⟩ [siehe Schoas] (NT): eine Darmblähung entweichen lassen.

Schoarlen: siehe Scherlane.

Schoate, Schate, Schoat, die; meist im Plural Schoate, Schoatn [mhd. scheite (= Holzspan, Schindel), während standarddt. Scheit auf mhd. schīt, ahd. scīt, eigentlich (= Gespaltenes, Abgetrenntes) zurückgeht; beides verwandt mit scheiden]: **1.** Holzabfälle, Späne **2.** Rinde.

schoatlen, schoa(d)ln, schatl ⟨hat⟩ [wie standarddt. scheiteln (= einen Scheitel ziehen) zu mhd. scheiteln (= scheiteln); zusätzliche Bedeutung in Tirol]: **1.** scheiteln, einen Scheitel ziehen **2.** kämmen **3.** (Pfun.) Vieh trennen.

schoatn ⟨hat⟩ [siehe Schoate]: **1.** (ST) *Bäume schneiden* **2.** (OI, La.) *Hufe beschneiden.*

Schöberl, das [Lehnwort aus Ostösterreich, Verkleinerung von Schober (= geschichteter Heuhaufen); mhd. schober (= Schober, Haufen)] (NT) (Küchensprache): *Suppeneinlage aus gesalzenem, gebackenem Biskuitteig.*

schöbern: *siehe schewan².*

Schobm, die (Plural) [ursprüngliche Bedeutung von mhd. schabe, die ein schabendes Insekt ist; die süddeutsche Bedeutung von Schabe (= Kakerlake) entsteht unter Einfluss eines dialektalen ital. sciavo (= ursprünglich Slawe); vgl. Schwobe]: *Kleidermotte.*

schofl, schoflig ⟨Adj.⟩ [rotwelsch, zu jiddisch schophol (= gering)]: **1.** *schäbig, minderwertig* **2.** *geizig, erbärmlich.*

Scholder, der; Plural: Scholder [Herkunft unklar] (OI, Pass.): *weiße Bluse (Teil der Frauentracht).*

Scholderer, der [zu scholdern, siehe dort] (ST): *Großsprecher, Angeber, Aufschneider.*

scholdern ⟨hat⟩ [die Bedeutungen 1 und 2 könnten auf mhd. schallen (= schreien, lärmen, prahlen) zurückführen; Bed. 3 ist das bei Grimm verzeichnete scholdern (Würfel spielen)]: **1.** *plaudern* **2.** *laut und unentwegt schwätzen* **3.** (NT, La.) *strawanzen, unterwegs sein, nicht dort sein, wo man sollte.*

Schole, Schol, die; Plural: Scholn [von mhd. schale (= Schale); zur südtiroler Spezialbedeutung siehe schiaßn]: **1.** *Schale* **2.** (ST) *Eisenhaken zum Herablassen von Holz oder Heu.*

scholig ⟨Adj.⟩ [Ableitung von Schole, mhd. schale (= Schale)] (ST): *von Holzstämmen, bei denen sich die Außenschichten vom Kern lösen.*

Schomutz, Schomitz: *siehe Stanitzl.*

Schopf|bratn, Schopf|brotn, der [mhd. schopf (= Haar auf dem Kopf); in diesem Fall übertragen auf den Nackenbereich] (Küchensprache): *Nackenstück vom Schwein* (bairisch Halsgrat; ansonsten in D: Kamm).

Schopp, der [zu schoppm, siehe dort] (ST): **1.** *ein Haufen, eine Menge* **2.** *Heupfropfen, mit dem das Murmeltier im Herbst den Bau verschließt.*

Schopper, der [zu schoppm] (Pfun.): *Stöpsel.*

Schopp|loch, das [zu schoppm, siehe dort]: *Futterloch vom Stadel in die Futterkrippe.*

schoppm, tschoppm ⟨hat⟩ [Intensivbildung zu schieben, gebildet vom Präteritumstamm schob] (auch bairisch-österreichisch und schweizerisch): **1.** *(hinein)stopfen* **2.** *sich bauschen, einen Wulst bilden* **3.** *gierig essen* **4.** *Gänse mästen.*

Schor|dåch, das [1. Bestandteil: mhd. schar (= Schar, Menge), da die Schindeln mit Nägeln in einer Schar befestigt sind, d. h. sich in einer Reihe von sich links und rechts überdecken; siehe Schorschintl] (ST, OT): *Dach(teil) mit genagelten Schindeln.*

Schor|mischt, der [1. Bestandteil: zu schårrn, siehe dort] (Pass.): *Mist ohne Streu, der durch ein Schorloch auf den Misthaufen befördert wird.*

schorn ⟨hat⟩ [mhd. schoren (= stoßen, mit der Schaufel arbeiten)] (Pass.): *mit Gewalt hinauspressen.*

Schor|schintl, die [siehe Schordåch] (ST, OT): *durch Sägen, nicht durch Spalten entstandene Schindel.*

Schorra, der [vgl. Schor-]: **1.** *Mist* **2.** *Mistkratzer.*

Schoss, der, **Schesser** [zu schießen im Sinn des Aufschießens der Pflanze] (ST, OT): *frischer Baumtrieb.*

Schotte|bålla, der [siehe Schottn] (OT): *Topfen.*

Schotte|blattlan, die (Plural) (Pfun.): *Süßspeise, die beim Almabtrieb verteilt wird.*

Schottn, Tschottn, der, **Schotte,** der und die [mhd. schotte; ahd. scotto; über das Romanische zu lat. excocta (materia) (= ausgekochte Substanz)]: *Topfen* (in D: Quark).

Schowo, der [eigentlich schab ab (= scher dich fort) aus mhd. schaben (= kratzen, scharren etc., auch sich fortscheren); mhd. schabab ist auch als Zeichen der Abweisung eines Liebhabers belegt und nimmt die Bedeutung „am Ende" an] (Achental, Sa.): *Gemeiner oder Großer Augentrost (Euphrasia officinalis, Euphrasia rostkoviana).*

Schpuila, das [zu mhd. spüelen (= spülen) (OT): *Entwässerungsgraben.*

Schrackl, der [zu schråckn] (ST): **1.** *Geck, Vornehmtuer* **2.** (abwertend) *Beamter.*

schråckn ⟨hat⟩ [Ableitung von schrecken (Imperfekt), das ursprünglich springen, aufspringen bedeutete (vgl. standarddt. Heuschrecke)] (ST): **1.** *den Ablauf unterbrechen* **2.** *abgehacktes Sturm- oder Feuerläuten.*

Schråck|tog, der [1. Bestandteil: zu schråckn, siehe dort; siehe auch Schlenggltåg] (Pass.): *freier Arbeitsplatzwechseltag der Dienstboten (2. Februar).*

schråff, schroff ⟨Adj.⟩ [mhd. schraf, schrof (= rau, zerklüftet, scharf, kantig); wie standardsprachlich schroff, wobei im Tirolischen genauso wie im Mhd. der Vokal zwischen -a- und -o- wechselt]: *rau, grob.*

schraftig ⟨Adj.⟩ [Ableitung von schråff] (ST): **1.** *rau, grob* **2.** *an der Oberfläche hart (z. B. von einer Speise)* **3.** *mit einer dünnen, eisigen Schicht überzogen (vom Schnee).*

Schrågn, Schrogn, der, [mhd. schrage; verwandt mit schräg] **1.** *Holzgestell als Arbeitshilfe* **2.** *Sägebock* **3.** (abwertend) *hagere oder wenig attraktive Frau.*

Schrarmitz: *siehe Stanitzl.*
Schrånn(e), die [mhd. schranne (= Bank zum Feilbieten oder zum Verhandeln); das Wort bezeichnete ursprünglich den Ort der Rechtsprechung, ahd. scranna; es vergleicht sich mit ital. scranna (= der Richterstuhl), wobei nicht klar ist, ob der ital. Ausdruck aus dem Deutschen entlehnt ist oder umgekehrt; da dieser Ort meist auch sehr zentral lag, entstanden um ihn herum die Getreidemärkte, Fleischbänke und andere Märkte; in Tirol heute nur noch als Ortsbezeichnung mit veränderter Bedeutung]: *benachbarte Gegend:* (bei Kufstein): die obere Schranne (= innaufwärts), die untere Schranne (= innabwärts); (im Leukental): die obere Schranne (= Gebiet um Kitzbühel), die untere Schranne (= Gebiet um St. Johann).
Schransln, Schrånsl, Schranzln, die (Plural; gelegentlich auch femininer Singular) [wegen der Form der Blüten wohl – meist – umlautend zu mhd. schranz (= Riss, Spalte); das -l ist ursprünglich Diminutivsuffix] (OT): *Herbstzeitlose (Colchicum autumnale).*
Schråppe, Schroppe, Schröppe, die [zu mhd. schroffe, schrove gehörig, siehe Schrofn] (NT): **1.** *brüchiges Gestein auf dem Boden* **2.** *kleine Erhebung, Eiskruste am Weg.*
Schråppm: *siehe Gschråpp.*
Schratl, das; Plural: Schratl [eigentlich: Schrätel, Diminutiv von mhd. schrat (= Waldgeist)] (Pass.): *Haarwirbel:* di håts Schratl geleckt (= du hast über der Stirn einen Haarwirbel).
Schratl|gåtter, das [1. Bestandteil: siehe Schratl] (ST): *Unheil abwehrendes Gitter (z. B. vor dem Hühnerstall).*
Schreat, die [umlautend zu Schroat] (Pfun.): *Schrotkugel.*
Schreatl, das [Verkleinerung zu Schroat, siehe dort] (NT): *das Balkenende.*
Schrecke, die; Plural: Schreckn [mhd. schrecke (= Schrecken, Hüpfer, Springer), zu mhd. schrecken (= auffahren, erschrecken, aufspringen, in Schrecken versetzen)] (OI, Pass.): *Heuschrecke (Orthoptera).*
Schremme, Schrämme, die; Plural: Schremmen [zu mhd. schram, schramme (= Schwertwunde), dieses zu schramen (= aufreißen)]: *Schramme, Riss.*
schrems ⟨Adv.⟩ [eigentlich: quer, vgl. schlems; verwandt mit mhd. schræmen (= schräg machen, krümmen, biegen)] (Alp., Deutschn.): *schräg, schief.*
Schrepfer, der [zu schrepfn²]: **1.** *Bremsklotz am Wagenrad, Kugelbremse des Leiterwagens* **2.** *letzter Rang bei einem Wettkampf (= Verlierer)*
  ❖ **den Schrepferpreis kriagen:** *verlieren.*
schrepfn¹ ⟨hat⟩ [mhd. schrepfen, schreffen (= ritzen, zur Ader lassen); wie standarddt. schröpfen] (Pf.): *entrinden.*

schrepfn² ⟨hat⟩ [wie schrepfn¹; vgl. die standardsprachliche Nebenbedeutung von schröpfen: die Entwicklung zu üppig wachsender Saat bewusst unterbrechen]: *bremsen.*
Schrettl, der oder das [mhd. schretel, Verkleinerung von mhd. schrat(te) (= Waldschrat, Waldteufel, Kobold), ahd. scrato; im süddeutschen Raum oft mit der Form Schrätel] (OT, Pust.): *Schmetterling.*
Schrial, der; Plural: Schriale [vielleicht aus mhd. slier (= Schwäre, Geschwür)] (Pass.): *Riss, tiefe längliche Wunde.*
Schroat, der; kein Plural [mhd. schröt (= Hieb, Schnitt, abgeschnittenes Stück)]: **1.** *Schrot, geschrotetes Getreide* **2.** (ST) *Merkstrich (ursprünglich eine ins Holz gehauene Kerbe).*
schroatn ⟨hat⟩ [zu mhd. schröten (= hauen, schneiden, zuschneiden); siehe Schroat]: **1.** (NT) *einhacken, grob hacken* **2.** (Pass.) *das Korn in der Mühle brechen.*
schroff: *siehe schråff.*
schrofig ⟨Adj.⟩ [siehe Schrofn]: *rau und felsig (von einem Gelände).*
Schrofn, der [mhd. schrove, schroffe, schrave (= rauer zerklüfteter Fels, Felsklippe, Felswand); verwandt mit standarddt. schroff]: *steiler Fels, steile felsige Klippe* (häufig in Bergnamen und als Name von Berghütten, der Wamperte Schrofen ist beispielsweise ein Berg der Mieminger Kette).
Schrogn: *siehe Schrågn.*
schroppm ⟨hat⟩ [vielleicht verwandt mit Schrofn; vgl. schrofig]: **1.** (Pass.) *reiben* **2.** (Pass., Ehrwald) *die Holzoberfläche grob bearbeiten.*
schrotn, au|schrotn ⟨hat⟩ [Herkunft unklar] (Pfun.): *Schuppen mit Rundhölzern aufstellen.*
Schrottn, die (Plural) [ebenfalls zu Schrofn, schroppm gehörig] (Deutschn.): *Felsen.*
Schrud, die [zu schroaten] (NT): *Schrotung, Ergebnis des Schrotens.*
Schruanzn, der; (Plural) Schrianzn [vgl. ahd. scruntissa (= Spalt); mhd. schrinden (= spalten), dazu schranz (= Spalte, Bruch, Riss)] (Pass.): *Stück, Abschnitt:* a Schruanzn Speck.
Schrunt(a), der [wie standarddt. Schrund zu mhd. schrunde (= Spalt, Riss), ahd. scrunta (= Riss, Spalt, Felshöhle), zu veraltetem schrinden, schrinnen (= bersten, aufreißen)]: **1.** *Hautriss* **2.** *(Rand)Spalte eines Gletschers.*
schruntig ⟨Adj.⟩ [wie standardsprachlich schrundig; siehe Schrunt(a)] (NT, OT): *rissig und rau (von der Haut).*
Schuach|nogl, der; Plural: Schuachnegl [Schuhnagel] (Pass.): *Kaulquappe.*
Schuach|plattler, der [Ableitung von schuachplattln, also: Schuhplattler; 2. Bestandteil vgl. Plattern und Platte; auch in Kärnten und Ober-

bayern]: *die Bezeichnung des entsprechenden Tanzes oder die Bezeichnung des Tänzers.*

schuach|plattln, schuach|plattlen ⟨hat⟩ [2. Bestandteil vgl. plattern und Platte]: **1.** *Volkstanz, bei dem die Männer hüpfend und springend sich mit Handflächen auf Schuhsohlen, Knie und Lederhose schlagen* **2.** *der Tänzer eines Schuhplattlers.*

schuandl, schuindl ⟨Adj.⟩ [-lich-Ableitung von mhd. schōnen (= schonen)] (ST): *vorsichtig, sorgsam, schonend.*

Schuaschter, Schuaster, der [geht auf mhd. schuoch-suter zurück (1. Bestandteil: Schuh; 2. Bestandteil: zu lat. sutor (= Näher), also eigentlich: jemand, der Schuhe näht; die in Tirol gängigen Familiennamen Schiestl, Schuchter und Schiechtl und gehen ebenfalls auf Schuster zurück]: **1.** *Schuster* **2.** (ST) *Menstruation.*

Schuaschter|nagele, Schuaster|nagei, das [eigentlich: Schusternägelchen oder Schusternelke; vgl. Nagele]: *Frühlings-Enzian (Gentiana verna).*

Schub(i)|gråttn, Schub|grottn, der; Plural: Schubgråttn [siehe Gråtte]: *Schubkarren.*

Schub|pege, Schub|pege, die [2. Bestandteil: siehe Bege] (OI, Pf.): *niederer Schubkarren.*

Schuchtl, die [Ableitung von schuchtln, siehe dort] (ST, Alp.): *fahrige, oberflächliche Frau.*

schuchtln ⟨hat⟩ [Herkunft unklar, gehört nicht zu schusseln (= hastig rennen, fahrig sein)] (ST): *überhastet handeln.*

Schuffa, die [aus rom. sufa, dieses aus mhd. sufe oder bereits aus ahd. sūf (= Suppe) entlehnt] (Welschn.): *ortstypische Suppe aus Milch und Maismehl.*

Schuffeler, die (Plural) [siehe Schuffa, also Schuffa-Esser] (ST): *Übername der Welschnofener.*

schummlen, schummln ⟨hat⟩ [wie standarddt. schummeln (= unehrlich handeln, mogeln); laut Duden vielleicht ursprünglich: sich hastig bewegen; schlenkern, schaukeln, dann bezogen auf die schnellen Bewegungen der Taschenspieler] (ST): **1.** *schieben* **2.** *stoßen.*

schuntig, schintig ⟨Adj.⟩ [zu Schund (= etwas Wertloses, Minderwertiges); ursprünglich: was beim Schinden (= Abhäuten) eines Tieres abfällt]: *schäbig (auch vom Benehmen).*

Schupfal machn ⟨hat⟩ (Zillt.): *Lippenschürzen der Kinder vor dem Weinen.*

Schupfe, Schupf, die, **Schupfm,** der [mhd. schupfe (= Schuppen, Scheune)] (auch süddeutsch und österreichisch): **1.** *Verschlag, Schuppen* **2.** *einfache Feldscheune, meist auch mit Unterstand für das Vieh.*

Schupfer, der [zu schupfn, siehe dort] (auch österreichisch): **1.** *leichter Stoß, Schubs* **2.** *leichter Wurf (z. B. mit einem Ball).*

Schupferl, das [zu schupfen] (Fußballersprache) (NT): *Stoß, der den Ball über den Gegner hebt.*

schupfetzn ⟨hat⟩ [Intensivbildung zu schupfn] (Zillt., Pf.): *stoßweise weinen.*

schupfn ⟨hat⟩ [mhd. schupfen (= schwanken, stoßen); wie schubsen verwandt mit schieben] (auch süddeutsch und österreichisch): **1.** *leicht (an)stoßen, schubsen* **2.** *werfend weiterreichen:* Ziegl schupfn **3.** *mit geringem Kraftaufwand werfen:* den Ball schupfn ❖ **etwas schupfn** (salopp): *etwas (gut) managen.*

schüppln: *siehe schippln.*

schurigeln ⟨hat⟩ [zu schurgeln, schürgeln, Iterativbildung zu mhd. schürgen, schurgen (= schieben, stoßen; mit -l-Einschub und Sprossvokal -i-] (auch ostmitteldeutsch): *jemanden quälen, unterdrücken.*

Schurre, die [ablautende Verbalableitung von mhd. scherren (= schaben, kratzen); vgl. Scherre] (OT): *Kruste, Angebranntes in der Pfanne.*

Schuss, Schus, der, **Schussl,** der oder die [in Anlehnung an gesamtdeutsch schusseln (= auf Unachtsamkeit beruhende Fehler machen, gedankenlos arbeiten)]: *schusseliger Mensch.*

Schuss|luggis, der; Plural: Schussluggis [1. Bestandteil: siehe Schuss, 2. Bestandteil: der Vorname Lukas] (Pass.): *schusseliger Mensch.*

Schutza|reite, die [1. Wortteil zu schutzn, 2. Teil zu mhd. rīten (= reiten, aber auch sich fortbewegen, eine Richtung einschlagen)] (Zillt.): *Kinderschaukel.*

Schutze, die [zu schutzn, siehe dort] (ST): *Schaukel.*

Schutz|engile|trogn, das [1. Bestandteil: Schutzengel mit wortspielerischem Bezug zu schutzn, siehe dort; 2. Bestandteil: eigentlich Engel, gemeint ist ein kleines Kind; 3. Bestandteil: tragen] (OT, Pass.): *ein Kind an beiden Händen haltend schwingen (ein Kinderspiel).*

schutzn, schucketzn ⟨hat⟩ [Intensivum zu mhd. schucken (= mit Schwung werfen, schleudern); verwandt mit schupfen]: **1.** *durch einen Stoß in Bewegung setzen* **2.** *schaukeln* **3.** *schleudern, schubsen* **4.** (salopp) *jemand entlassen (Arbeit).*

schwachelet, schwächilat, schwächli ⟨Adj.⟩ [Erweiterung von schwach]: *schwächlich.*

schwadern ⟨ist⟩ [Schatz kennt die Bedeutung Wäsche schwenken] (OT): *schlampig/ungenau arbeiten.*

Schwafler, der [siehe schwefln] (Zillt.): *Redhaus, Aufschneider.*

schwalch: *siehe schwelch.*

Schwǫmm, der; Plural: Schwemme [mhd. swamm (= Schwamm, Pilz)] (auch bairisch-österreichisch) (ST, OI): **1.** *Pilz:* in die Schwemme gian (= Pilze suchen gehen) **2.** *Schwamm.*

Schwạmmal, Schwạmml, Schwạmmerl, das (auch österreichisch; bairisch ist Schwammerl nicht Neutrum, sondern Maskulinum: der Schwammerl) [mhd. swam, swamp (= Pilz, Schwamm)]: **1.** (NT, OT) *Pilz* ❖ **wia Schwammaln ausm Boden schiaßn** [in D: wie Pilze aus der Erde schießen]: *rasch in die Höhe wachsen* ❖ **narische Schwammal gessn håbm:** *ausgelassen sein* **2.** *kleiner Schwamm (zum Aufsaugen von Flüssigkeit).*

schwạmmerig, schwụmmerig ⟨Adj.⟩ [lautspielerische Variation des gesamtdeutsch bekannten schwummerig (= schwindlig, benommen), das laut Duden zu schwimmen gehört (ursprünglich: das Gefühl des Schwimmens, Schwankens empfinden)] (ST, OI): *benommen, bang.*

schwạnzig ⟨Adj.⟩ [zu schwanzn] (OT): **1.** *schön, sauber* **2.** *sich reich gebend, ohne es zu sein.*

schwạnzn ⟨hat⟩ [zu mhd. swanzen (= hin- und herschwanken); wohl Intensivbildung zu mhd. swanken (= jemanden ins Schwanken bringen; in Unruhe versetzen); weitere Bedeutungen von mhd. swanzen waren: herumstolzieren, sich tanzartig oder geziert bewegen; verwandt mit (Schule) schwänzen] (OI) (auch bairisch): **1.** *ärgern* **2.** *herumstolzieren, sich zur Schau stellen:* er schwanzt herum wie ein Pfau ❖ **sich schwanzn:** *sich ärgern:* des schwanzt mi gewaltig.

schwǻrggln: *siehe schwerggln.*

schwạr ⟨Adj.⟩ [mhd. swære]: *schwer.*

schwạrn, in|schwạrn [mhd. swæren (= schwer machen)]: **1.** *beschweren* **2.** *das Schindeldach mit Steinen beschweren:* onschwarn.

Schwạr|dåch, das [siehe schwarn; vermutlich umgedeutet aus Schordåch (siehe dort)] (Pass.): *beschwehrtes Schindeldach.*

Schwạr|schintl, die; Plural: Schwarschintln (Pass.): *große Schindel für das Schwardåch (= beschwerte Dach).*

Schwạrtling, Schwạrtling, Schwạrschtling der; Plural: Schwartling [wie standarddt. Schwarte (= dicke, derbe Haut vom Schwein) zu mhd. swarte (= behaarte Kopf- oder Tierhaut, Schwartenbrett); Schatz kennt noch Schwårte in der Bedeutung Rinde]: **1.** *äußeres Brett eines Sägeblocks (mit Rindenrest)* **2.** *ungesäumtes Zaunbrett.*

Schwạrz|ba, Schwạrz|ber, Schwạrschz|ber, Zwạrsch|ba(r), die [eigentlich: Schwarzbeere] (ST, OT): *Heidelbeere (Vaccinium myrtillus).*

Schwạrz|pila, Schwạrz|berila, der [1. Bestandteil: siehe Schwạrzba, 2. Bestandteil: Suffix -eler] (ST, OT): *Heidelbeerschnaps.*

Schwạrz|plentn, Schwạrz|plent, der [eigentlich: schwarze Polenta] (ST, OT): **1.** *Buchweizen* **2.** *Polenta aus Buchweizen.*

Schwåttl(a), die; Plural: Schwåttln [zu schwåttlen, siehe dort] (ST, OI): *(watschelnde) dicke Frau*.

schwåttlen, schwåttln ⟨ist⟩ [vielleicht mit Konsonantentausch aus watscheln; Ausgangspunkt ist vermutlich ahd. wagōn (= sich bewegen, schwanken), das im modernen Verb be-wegen sichtbar wird; dazu eine jüngere Intensivbildung waggelen (= wackeln), die mit Suffix -etzen zu watscheln führte] (ST, OT): **1.** *watscheln* **2.** *schwimmen.*

Schwefler, der: **1.** *Dampfplauderer* **2.** *Angeber.*

schwefln ⟨hat⟩: *beim Erzählen übertreiben, unseriös daherreden.*

Schweina(n)s, Schweinernes, Schweinis, das [substantiviertes Neutrum von mhd. swīnin (= aus Schwein)] (ST): *Schweinernes.*

Schweins- als 1. Bestandteil in Fleischbezeichnungen (vorwiegend mit Fugen-s, nicht mit -e!): *Schweinsbraten, Schweinsgulasch, Schweinsripperln, Schweinsschnitzel, Schweinsstelze etc.* (und nicht Schweinebraten etc.).

Schweizer, der; **Schweizerin**, die [nach dem Land benannt] (ST): *Käser(in):* „Bin a frischs Schwaizermadl, / drallat sein meine Wadl, / i fåhr der Ålm zua, / melch meine Küah. / Kimmt glei der Hüeterbua, / schreit ma von weitn zua: / ‚Schwaizerin, Schwaizerin, / du liegst mir im Sinn!" (Aus dem Lied „Bin a frisch's Schwaizermadl").

Schweizgal, Schweizal, das; **Schweizgar**, der [Herkunft unklar] (Zillt., Alp.): *Gänseblümchen (Bellis perennis), auch Maßliebchen genannt; eine Pflanzenart innerhalb der Familie der Korbblütler (Asteraceae).*

schwelch, schwalch ⟨Adj.⟩ [mhd. swelc, oberdeutsche Nebenform zu welk; laut Grimm im Mhd. nur ganz vereinzelt und spät bezeugt, kurz erscheint es in der Literatur des 16. Jh. und lebt dann nur noch in Dialekten weiter] (NT): *welk.*

Schweller, der; Plural: Schweller [wohl Weiterbildung von mhd. swelle (= Balken unterschiedlicher Art)]: **1.** *Schwelle, Türschwelle* **2.** *Stauvorrichtung zur Wasserregulierung.*

schwentn ⟨hat⟩ [mhd. swenden (= schwinden machen)] (NT): *einen Wald ausreuten, Gestrüpp aushacken.*

Schwerggl, die; Plural: Schwergglen [zu schwergglen]: **1.** *Mensch mit torkelndem Gang* **2.** *torkelnder Gang.*

schwergglen, schwerggln, schwårggln, schwoarggla ⟨ist⟩ [Herkunft unklar]: *torkeln, schwankend gehen.*

Schwerzer, der; Plural: Schwerzer [zu schwarz (= illegal)] (Pass.): *Zollschmuggler.*

Schwetter, Schwetta, der [engl. sweater zu to sweat (= schwitzen), das ursprünglich ein Kleidungsstück bezeichnete, das man trug, um zu schwitzen und so Gewicht zu verlieren; entlehnt im 19. Jh.]: *(dünne) Wolljacke, Pullover.*

Schwick, der [zu altem schwickn (= flüchtig blicken); dieses wohl zu mhd. swicken (= hüpfen, tanzen, winden)]: *Augenblick, Moment* ❖ **auf an Schwick vorbeikommen:** *auf einen Sprung vorbeikommen.*

Schwibl, der [mhd. swibel (= Holzriegel)] (OT, Pfun.): *Holzriegel.*

Schwibler, der [Ableitung von mhd. swibelen (= taumeln); zu sweben (= sich fließend hin- und herbewegen)] (Pfun.): *jemand, der herumprobiert, herumspielt.*

Schwilch, Schwiller, der [Herkunft unklar] (Alp.): *Zuchteber.*

Schwinggl, Schwintl [zu schwingglen, siehe dort]: **1.** *Schwindelgefühl* **2.** *Höhenangst.*

Schwinggl|ber, die (Plural) [die Beeren können, in großen Mengen genossen, Schwindelgefühl auslösen] (OI, Pass.): *Gewöhnliche Moosbeere (Vaccinium oxycoccos).*

schwingglen, schwintln ⟨hat sich⟩ [mhd. swinden (= schwinden, das Bewusstsein verlieren), dazu swintel] (ST): **1.** *Schwindelgefühl haben* **2.** *unter Höhenangst leiden.*

Schwinggl|henne, die; Plural: Schwingglhennen [1. Bestandteil: siehe Schwinggl] (ST): *an Höhenangst leidende Person.*

schwintlig, schwindlig ⟨Adj.⟩ [zu Schwindel (= Gefühl, als schwanke der Boden, Betrug, Täuschung); vgl. Schwinggl]: **1.** *schwindlig* **2.** *fragwürdig, anrüchig, von zweifelhaftem Ruf*: dem schwintlign Handler hätt i nix abkauft.

Schwintn, das (Pass., Pfun.): *Schwindsucht in Gliedern.*

Schwipl, der [mhd. swibel (= Riegel)] (Zillt.): *Türriegel.*

Schwips, der [verwandt mit mhd. wipfen (= hüpfen) und wipfel (= Baumspitze, also das, was sich hin und her bewegt); seit dem 19. Jh. dafür die norddeutsche Lautung wippen (= schwanken)]: *leichter Rausch.*

Schwitz, Schwitz, der [zu schwitzen]: *Körperschweiß.*

schwoa(b)m ⟨hat⟩ [mhd. sweiben (= sich schwingen, schwanken)] (NT): **1.** *Wäsche im Wasser schwenken* **2.** *schwemmen:* „In der Floitn drin im Gråbn / håt 's Brügglan vertrågen, / håt 's die Weglan ausgschwoabt, / åber a bissl a Schneid håt 's uns gloabt." (Aus dem Lied „Und an Ålmhütt isch mei Häusl").

Schwoaf, Schwåf, der [aus mhd. sweif, von sweifen (= schwingende Bewegungen machen)]: **1.** *Schwanz* **2.** (ST) *(Pfahl-)Wurzel von Rüben.*

Schwoaf|råffl, die; Plural: Schwoafrafflen [1. Bestandteil: Schweif (= Penis); 2. Bestandteil: siehe raffln] (Pass.): *ältere Nymphomanin.*

Schwoage, die [wie standarddt. Schwaige zu mhd. sweige (= Viehhof, Sennerei mit dazugehöriger Weide)] (ST): *Sennhütte mit zugehöriger Alm.*

schwoarggla: *siehe schwerggln.*

Schwobe, Schobe, der; Plural: Schwobn, **Schwobkefer,** der; Plural: Schwobkefer [Umdeutung von Schabe zu Schwabe; die Bezeichnung

der Küchenschabe durch Umdeutung eines Völkernamens ist in Europa weit verbreitet; vgl. Schobm] (ST, OI): *Küchenschabe*.
se, sea ⟨Demonstrativpart.⟩ [mhd. sē (= siehe da, da, nimm)]: *hier!, nimm!:* se, då håst es (= sieh, da hast du es), se woasche (= ja natürlich).
Seacht, die [zu seachn] (ST, OT): *Aschenlauge (zum Bleichen).*
seachn ⟨hat⟩ [verwandt mit standarddt. seihen] (ST, OT): *die Wäsche mit Seach bleichen.*
Seachte, die (OT): *Feuerstelle mit Kessel zum Wäschekochen.*
Seach|trögele, das [seach zu seihen; 2. Wortteil Trog] (OT): *Quellfassung.*
Seaftr, die; Plural: Seaftrn [mit Umlaut (durch Verbableitung) zu *soafter, dieses zu mhd. seifter (= Speichel, Geifer, Schaum), das auf german. *seipan (= tropfen) zurückführt] (Sa.): *spärlich fließende Quelle, die im Boden versickert.*
seare: *siehe sere.*
seart ⟨Konj.⟩ [aus: so erst, nach dem Muster so wie] (Pass.): *sobald, sofort wenn:* seart er mi sicht (= sobald er mich sieht).
Sech, der oder die [mhd. sech (= Pflugschar)] (NT): *Messer am Pflug, das die Erde aufschneidet.*
Seche, die [mhd. sehe (= das Sehen, Blick, auch: Anblick)] (ST): *Unordnung, Durcheinander:* so a Seche (= so eine Unordnung).
Sechter, der [mhd. sechter (= Gefäß, ursprünglich eines von bestimmter Größe, deshalb das Zahlwort sechs) aus mittellat. sextarius abgeleitet] (Alp.): *Holzkübel:* „Und zum Melchn an Sechter / und zum Seichn a Sieb ..." (Aus dem Lied „Und an Ålmhütt isch mei Häusl", Almlied, das vor allem in Tirol und in der Steiermark verbreitet ist, SsÖ, S. 308–309).
Seckl, der [ahd. seckil (= Sack)]: **1.** *Hodensack* **2.** *männliche Geschlechtsorgane insgesamt* **3.** *Mann:* a kamotter Seckl **4.** (derb) *Schimpfwort für Männer.*
secktisch ⟨Adj.⟩ [zu mhd. secte (= Sekte), zu lat. secta, substantiviertes Partizip Perfekt von secare (= schneiden, abtrennen); also: vom Ganzen abgetrennt]: **1.** *mürrisch* **2.** *absonderlich, widerspenstig* **3.** (OT) *wählerisch.*
Secktn, die (Plural) [die Entwicklung der heutigen Bedeutung ging offenbar über das Adjektiv sektisch (= zunächst einer Sekte angehörend, ketzerisch, dann generell anders- bzw. eigenartig)]: *Launen, Grillen:* den wear i seine Sektn schon ogwenen (= dem werde ich seine Grillen schon abgewöhnen).
sedn ⟨Interj.⟩ [wohl aus sehen] (Sa.): *Ausruf der Entrüstung, des Erstaunens.*
seffl [Sonderform von soufl, aus: so + viel; siehe auch sofl] (ST): *so viel.*
Sege, die; Plural: Segn [mhd. sege (= gesenkte Rinne)] (ST): *Senke, Mulde.*

seg(e)rugget, serugget ⟨Adj.⟩ [1. Wortteil siehe Sege; 2. Teil Adj.-Ableitung von mhd. rugge, ruck (= Rücken)] (Pass., Pfun.): *mit Hohlkreuz:* a seruggete Kua.

seget ⟨Adj.⟩ [zu Sege, siehe dort] (Pass.): **1.** *eingebuchtet* **2.** *muldenartig.*

seggant ⟨Adj.⟩ [zu seggiarn, siehe dort]: **1.** *lästig, nörgelnd* **2.** *peinlich genau.*

Seggiarerei, die [zu seggiarn, Bed. 1, siehe dort]: *ständige bösartige Belästigung.*

seggiarn, seggian ⟨hat⟩ [aus ital. seccare (= ärgern, stören; ursprünglich: trocknen); mit franz. Endung] (auch bairisch-österreichisch): **1.** *belästigen, quälen, ärgern:* bis aufs Bluat seggian **2.** *necken.*

seggo ⟨Interj.⟩ [ital. secco (= trocken)] (ST): *Ausruf des Erstaunens: echt, wirklich!*

Segnse, Segnes, Segese, Sans(e), die; Plural: Segnsen [mhd. segense, ahd. segansa, das auf eine Wurzel *sek- zurückgeht, die im lat. secare (= schneiden) und standarddt. Säge erhalten ist]: *Sense.*

seibern ⟨hat⟩ [mhd. siubern neben sūbern (= säubern, reinigen, von der Nachgeburt befreien)]: *die Nachgeburt abwerfen (bei Kühen).*

Seiche, die; Plural: Seichn [mhd. sīhe (= Seihe)] **1.** *Sieb* **2.** (ST) *Blechrinne.*

Seicher, der; Plural: Seicher [aus mhd. sīhen (= seihen)]: *Sieb.*

seider ⟨Adv.⟩ [mhd. sīder (= hernach, seitdem), das neben sīt steht; vgl. sider] (ST): *seit.*

seierlen ⟨hat⟩ [mit Umlaut zu sauer]: *säuerlich schmecken.*

Seige, die [zu ahd. sigan (= einsinken)] (ST): *Senke, Mulde.*

Seini|hanser, Sankt|johanner, die (Plural) [Seinihåns = dialektale Ortsbezeichnung für St. Johann in Tirol] (NT): *stärker geräucherte Schweinswürstchen, die in ihrer Form etwas länger und dünner sind als herkömmliche Frankfurter Würstl (Wiener Würstl)* [werden mit scharfem Senf, Kren (= Meerrettich) und einem Bitschei, siehe Bitschei², gegessen].

Sela|kraut: *siehe Schelakraut.*

Selch(e), Salch, Söch, die, in der Bed. 1 auch **Selch|kåmmer, Selch|kuchl,** die [siehe selchn]: **1.** *Selchkammer* **2.** *Räucherung von Fleisch.*

Selch|fleisch, das (Küchensprache, auch bairisch-österreichisch): *geräuchertes Fleisch.*

Selch|karee, das (Küchensprache, auch bairisch-österreichisch): *geräuchertes Rippenstück.*

selchn, salchn, söchn ⟨hat⟩ [wie standarddt. selchen zu mhd. selhen; ahd. arselchen (= getrocknet), weitere Herkunft unklar] (auch bairisch-österreichisch)]: *räuchern:* er hat es Fleisch gselcht; ein gselchtes Fleisch.

Sele, die (Pass.): *siehe Fisele.*

sell, hell ⟨Pron.⟩ [aus mhd. mhd. selb (= selb, selbst); Wendung (das) selbe; siehe auch sem, selm; das Wort ist ein innertirolisches Schibboleth, weil es in den e-Formen nur in ST und in OT vorkommt; im OI entspricht sall, siehe dort] (ST, OT): **1.** *das, dieses:* sell glab i nit (= das glaube ich nicht), sell war no schianer (= das wäre noch schöner) **2.** (Sa.) *so, wirklich?* **3. 2.** Bestandteil der Pronomina dersell, disell: *eben der/ die* **4. sell woll:** *ja, freilich* **5.** Weiterbildungen sind wegn semm und sell(et)wegn: *deswegen.*

seller, söja, sellener, selliger, sellander, a sellener, a sellene, a sellenes etc. ⟨Demonstrativpron.⟩ [mhd. solich, sölch (= so gestaltet, so beschaffen, solch)]: *(ein) solcher* ❖ **a sellener Mensch:** *solch ein Mensch.*

Sell|suppe, die [siehe Sele] (Pass.): *typische süße Suppe mit Bohnen und getrockneten Kastanien.*

sem, selm, zelm, zem ⟨Adv.⟩ [mhd. selben bzw. da selben (= dort)] (wie sell nur in ST, OT): **1.** *dort* **2.** *dann, damals.*

sembegn ⟨Adv.⟩ [sem + wegen]: *deswegen.*

Semml, die, **Semmele,** das [mhd. semel(e) (= Brot aus Weizenmehl); ahd. semala (= fein gemahlenes Weizenmehl); dieses zu lat. simila (= Weizenmehl)] (auch bairisch-österreichisch, daneben außerhalb des bairisch-österreichischen Raums auch regional in D; ansonsten in D: Brötchen)]: *rundes oder längliches Gebäck aus Weizenmehl in vielerlei Ausformung* ❖ **weg|gen wia di wårmen Semmeln/wia wårme Semmeln:** *sich schnell und gut verkaufen lassen; reißenden Absatz finden.*

Semml|knödl, der (Küchensprache) (auch bairisch-österreichisch): *aus Semmeln zubereiteter Knödel.*

Semperer, der: *Nörgler.*

sempern, simpern ⟨hat⟩ [wohl lautmalerisch wie summen und sumpern] (auch bairisch) (NT): **1.** *nörgeln, jammern* **2.** *etwas in aufdringlicher Weise verlangen, insistieren.*

sen ⟨Part.⟩ [Herkunft unklar] (Deutschn.): *Marker zur Gesprächseröffnung oder zur Satzeinleitung.*

Senkl, Senktl, der [mhd. senkel aus dem Verb senken (= sinken machen)]: *Senkblei, Lot.*

senkln ⟨hat⟩ [siehe Senkl]: *mit dem Lot die Senkrechte bestimmen.*

sennen, sennern ⟨hat⟩ (auch bairisch-österreichisch und schweizerisch): *als Senn oder Sennin arbeiten.*

Senner, Senn, der [mhd. sennære, ahd. senno, vielleicht zu einem keltischen Wort, das Melker bedeutet hat] (auch bairisch-österreichisch und schweizerisch): *Almer, der die Milch zu Butter und Käse verarbeitet; erster in der Hierarchie des Almpersonals.*

Sęnnerin, die [siehe Senner]: *Almerin (siehe Senner).*
sepparat, sepprat ⟨Adj.⟩ [lat. separatus (= getrennt, abgesondert), im 17. Jh. entlehnt]: **1.** *getrennt, extra* **2.** (ST) *extrem, besonders:* zemm gangs sepprat au (= da wäre erst richtig etwas los).
ser, sere ⟨Adj.⟩ [mhd. sēre (= schmerzlich, wund); das mhd. Wort wurde zur Steigerung verwendet und entwickelte so die Bedeutung sehr; im Dialektwort ist die Ursprungsbedeutung erhalten (wie auch im Verb versehren)]: *wund, entzündet (von einer Wunde).*
sęrbm ⟨hat⟩ [wohl zu mhd. serwen, serben (= kränkeln, dahinwelken); vgl. ser] (Pf.): **1.** *schwelen* **2.** *glosen* **3.** *schmoren.*
sęrchln ⟨hat⟩ (OT): *röcheln.*
Serfelade|wurscht, Safelade, die [französ. cervelas, ital. cervellata zu lat. cerebellum (Hirn, Gehirn)]: *Zervelatwurst.*
Sęrfl, die; Plural: Serflen [vgl. serflen] (Pass.): **1.** *sich dauernd beklagender Mensch* **2.** *sein Klagelied.*
sęrflen ⟨hat⟩ [wohl variierend zu mhd. serwen; serben (= entkräftet werden, dahinwelken, kränkeln)] (ST, OT): *sich beklagen:* ållm sumsn und serflen.
Sęrggl, der [Herkunft unklar]: *Nasenschleim, Eiter, schlüpfriger Brei.*
sęrugget: *siehe segerugget.*
sęrvus, seavas [aus lat. servus (= ich bin dein Diener); Grußformel unter Du-Freunden; auch in Bayern, doch dort auch zwischen Personen, die miteinander per Sie sind)]: *freundschaftlicher Gruß beim Abschied und zur Begrüßung unter Du-Freunden.*
sętta(n), sętten, sęttina, sęttig ⟨Pronominaladj.⟩ [mhd. sō-getān; gleiche Bedeutung wie seller, siehe dort]: *solch:* **a sęttener, settiger, -e, -es.**
sętte [gekürzt aus settene]: *solche.*
Sętze, die [abgeleitet von mhd. setzen (= sitzen machen, setzen)] (ST): **1.** *gemauerte Bank an der Hauswand* **2.** *Heubüschel* **3.** *Einsatz beim Kartenspiel.*
Sętz|nogl, Sęss|nogl, der; Plural: Setznegl, der (ST): *massiver Holznagel (Splint) zum Fixieren der Deichsel.*
Siach, der [aus mhd. siech (= krank, aussätzig)]: *(krankhaft) habgieriger Mensch, Geizhals.*
siadn ⟨hat gsotn⟩ [wie standarddt. sieden (Wasser so weit erhitzen, dass kleine Blasen aufsteigen), zu mhd. sieden, ahd. siodan, weitere Herkunft unklar; zusätzliche Bedeutungen in Südtirol] (ST): **1.** *lästig sein, sich beschweren:* gråd sumsn und siadn **2.** *schmerzen* ❖ **einen siaden:** *sehr zornig sein.*
Siaßer, der (ST): *noch nicht vergorener Wein.*
siawet|amål: *siehe atiem, tiawet.*
sichat ⟨Adj.⟩ [Ableitung von Siche] (ST): *krank, leidend.*

Siche, die [mhd. siuche (= Krankheit), zur Wortsippe von siech] (ST): *Seuche.*
sider, seider ⟨Präp.⟩ [mhd. sider, sīder (= hernach, später; seit), ahd. sidero, ein Komparativ von sīd, mhd. sīt (= seit)]: *seit.*
Siffl, der [eigentlich Süffel, zu saufen; in einigen Mundarten des deutschen Sprachraums mit der Bedeutung Trinker] (OI, Pf.): *kräftigendes Getränk, das die Kuh nach der Geburt bekommt.*
sifflen ⟨hat⟩ [wie standarddt. süffeln (= ein alkoholisches Getränk genüsslich trinken) zu saufen; siehe sipflen] (Pass.): *ein Kalb mit kräftigender Nahrung versorgen.*
sim-, sibm- als erster Bestandteil eines Adjektivs [ursprünglich bezogen auf das Studium der sieben freien Künste, entstanden in der Antike]: *bringt zum Ausdruck, dass eine Eigenschaft in hohem Maß vorhanden ist* (heute meist ironisierend und abwertend): z. B. simgscheit (= besserwisserisch); simsüß (= übertrieben freundlich, geheuchelt liebenswürdig).
Sim|fuas, Sibm|fiaßler, der [Siebenfüßler; in der Tat hat dieses Spinnentier acht Füße; vgl. Simhax] (ST): *Weberknecht;* Weberknechte *(Opiliones)* sind eine Ordnung innerhalb der Spinnentiere *(Arachnida).*
Sim|hax, Sim|schink, der [Hax, Hachse (= Unterschenkel und Fuß); Schinken (= Schenkel)] (NT): *Weberknecht (Opiliones).*
sindan, bsindorn ⟨hat⟩ [mhd. sündern, sundern (= absondern)]: *aussortieren.*
Singasa, die [siehe Singes] (OI): *Altarglöcklein.*
Singasli, das [Diminutiv von Singes] (Ehrwald): *in Bronze gegossenen Viehglocke mit schönerem Klang als die Blechglocken.*
Sing|eisn, das; Plural: Singeisn [volksetymologische Umdeutung von Singes, siehe dort] (Pass.): *gegossenes Glöckchen (für den Stall).*
Singes, Singis, Singitze, die, Plural: Singesn, Singitzn [mhd. singōz (= kleine Glocke); weitere Herkunft unklar] (ST, Def.): *gegossenes Glöckchen.*
Singesler, der: *wichtigste Maske der Fasnacht von Arzl im Pitztal.*
sinnilirn, simmiliarn, sindln ⟨hat⟩ [Erweiterung von sinnieren (in sich versunken über etwas nachdenken, grübeln)] (ST, OT, OI): *grübeln.*
sint und schåd(e) ⟨Adv.⟩ [eigentlich: Sünde und Schade]: *jammerschade.*
sipflen, siffl(n) ⟨hat⟩ [intensivierende -eln-Ableitung von mhd. sūfen (= saufen)]: *langsam vor sich hin trinken.*
Sippschåft, die [mhd. sippe, ahd. sippa (= Sippe); vgl. gotisch sibja (= Verwandtschaft)]: *Verwandtschaft* ❖ (abwertend) **a nette Sippschaft:** *zweifelhafte Leute.*
Sir, der [aus sirig, siehe dort] (ST): *schlechte Laune.*

sirig, siri ⟨Adj.⟩ [Ableitung von mhd. sēre (= Leid, Schmerz)]: **1.** *zornig, auf jemanden böse* **2.** *schlecht gelaunt, reizbar.*
Sirm-Sårm, der [vermutlich zu einem oberdeutschen und ostmitteldeutschen surmen, sürmen, dieses verwandt mit surren; spielerisch ablautend wie mundartliches Gschisti-Gschasti (= sinnloses Herumgetue)] (Ridn.): *Zerstreutheit.*
sirn ⟨hat⟩ [siehe sirig] (ST): **1.** *zornig werden, sich ärgern* **2.** *Brennen einer Wunde.*
Skapulier: *siehe Schkapulier.*
so, sö ⟨Kontaktpart.⟩ Diskursmarker am Ende oder am Beginn eines Satzes; der Sprecher signalisiert, dass er Zustimmung erwartet⟩ [in der Gegend von Haiming (im Inntal bei der Einmündung des Ötztals) sagt man hoa, im Ötztal hö, im Stanzertal he, aber nur am Redeschluss; im Oberinntal ist also sö ein Schibboleth; wer dort statt sö einen anderen Diskursmarker verwendet (hoa, ho oder gell), wird sofort als Fremder erkannt] (OI): *nicht wahr:* das stimmt woll sö?
Soach, der [zu soachn, siehe dort]: *Urin.*
Soach|blåter, Soach|blåder, die [1. Bestandteil: zu soachn, 2. Teil: mhd. blāter (= Blase, Blatter)] (NT, OT): *Harnblase.*
Soach|blieml, das (NT), **Soacha|bischile,** das, (OT) [1. Bestandteil: siehe soachn (die Pflanze riecht nach Pferdeharn); 2. Bestandteil Blume]: *Mehlprimel (Primula farinosa)* gehört zur Gattung der Primeln *(Primula).*
soachelen, soachilan ⟨hat⟩ [zu soachen, siehe dort]: *nach Urin riechen.*
Soacher, der [ursprünglich: einer, der in die Hose uriniert]: **1.** *Feigling.* **2.** *kleiner Bub.*
soachn ⟨hat⟩ [mhd. seichen, ahd. seihhen; Veranlassungswort zu ahd. sīhan (= tröpfeln, seihen), also: tröpfeln bzw. ausfließen machen]: **1.** *urinieren:* „Spielleit, spielt 's auf / und spart 's nit 'n Kolfun (= Kolophonium), / sinscht schmeiß mr enk ausn / und soachn enk un." (Aus „Zillertaler Reimkunst" von Erich Hupfauf) **2.** *heftig regnen.*
soach|nåss ⟨Adj.⟩ [1. Bestandteil: zu soachn, siehe dort]: *sehr nass.*
soach|wårm ⟨Adj.⟩ [zu soachn, siehe dort]: *widerlich warm.*
soaffign ⟨hat⟩ (Sa.): *einseifen.*
soandlen, soandln, suandln ⟨hat⟩ [mhd. seinen (= verspäten, versäumen), seine (= langsam, träge); entspricht dem wienerischen – inzwischen auch in Norttirol üblichen – Sandler; auch: umma-, zåmm-, ummanåndersuandln; vgl. Sandler] (ST, OT, OI): *langsam, träg arbeiten.*
Soate, die [mhd. überlappen sich stark flektiertes und schwaches seite (= Strick, Schlinge, feiner Darm, Saite); danach verdrängt Saite die anderen Bedeutungen]: *Saite.*

soatere ⟨es hat⟩ (unpersönliches Verb) [wie das bei Grimm belegte Verb sottern (= aus einem engen Gefäß mit großem Geräusch ausfließen) zu mhd. sōt (= das Wallen; Wasser, in dem etwas gesotten wird; Brunnen); vgl. sottern]: (Stubaital): es soateret: *es ist schlechtes Wetter*.

Soatling, der; Plural: Soatling [wie standarddt. Saitling (= Schafdarm als Haut für Würste), abgeleitet von Saite; ursprünglich wurden die Saiten von Zupf- und Streichinstrumenten aus Darm gedreht (vgl. Soate)] (ST): *Schafdarm*.

sofl, seffl, sofla ⟨Adv.⟩ [so + viel]: *so viel*.

sofl sein ⟨ist⟩ [eigentlich: so viel sein]: *imstande sein:* wenn er sofl isch (= wenn er es schafft/kräftig genug ist); **sofl und sofl** (Pfun.) *sehr spät*.

Soge: *siehe Såge*.

Sogritt, die, **Sogilått**, die (Pass.) [roman. sacratu zu lat. sacristia; siehe Sågrach]: *Sakristei*.

Sog|wiare, die [1. Bestandteil: Såg²; 2. Bestandteil: mit Umlaut zu mhd. wuore (= Damm, Wasserwehr)] (OT, Pass.): *Wasserkanal zum Sägewerk*.

Sol, der [wie Solder] (Bozner U-Land): *oberer Hausflur*.

Solder, Soja, der; Plural: Selder [wie standarddt. Söller (= Altan, Dachboden) aus mhd. sölre, soller (= Boden über einem Zimmer oder Haus, Vorplatz, Flur), ahd. solari, aus lat. solarium (= der Sonne ausgesetzter Ort), zu solarius (= zur Sonne gehörig); das moderne Wort Solarium hat die gleiche Herkunft]: **1.** *Balkon, Söller* **2.** *offener Gang am Haus* **3.** (Ötzt.) *Vorbau am Haus* **4.** (NT) *zweiter Stock, Dachboden* **5.** (NT) *gemauerter Stiegenaufgang zur Haustür*.

sott ⟨Kontaktpart.⟩ (Deutschn.): *nicht wahr, gell*.

Sotter, die; Plural: Sottern [zu sottern, Bed. 3, siehe dort] (ST): *entnervende Frau*.

sottern ⟨hat⟩ [siehe soatere] (ST): **1.** *langsam sieden, köcheln* **2.** *entzündet sein, schmerzen* **3.** *lamentieren*.

sottrat ⟨Adj.⟩ [wohl von sottern ausgehend; Schatz belegt die Bedeutung geschwollen] (OT): *untersetzt*.

sotzga: *siehe såggetzn*.

spåchtn, spachtn ⟨hat⟩ [spächten als Bauernwort bei Oswald von Wolkenstein; Ableitung von mhd. spaht (= Geschwätz); dieses aus spahen (= laut sprechen, schwatzen)]: *sich angelegentlich unterhalten*.

Spackl, der; Plural: Spackl [mhd., ahd. speht, weitergebildet aus mhd. spech, ahd. speh; die Form ohne auslautendes -t hat sich möglicherweise mit -hackl des Maskulinums Bamhackl vermengt] (ST): *Specht (Picida);* artenreiche Familie aus der Ordnung der Spechtvögel *(Piciformes)*.

spạckn ⟨hat⟩ [siehe speckn] (ST): *durch Druck seitlich ausbrechen.*
Spågat, Spågåt, Spọgat, der [wie standarddt. Spagat zu ital. spago (= Schnur, Bindfaden); die Verkleinerung spaghetto ist das Herkunftswort für Spaghetti] (auch süddeutsch und österreichisch): *feste Schnur, Bindfaden.*
Spågåt: einen Spågåt måchn (NT): **1.** *einen großen Schritt machen, sich sehr überwinden* **2.** *mehrere Dinge unter einen Hut bringen.*
Spågga, der (NT): *siehe Specker.*
spạkn ⟨ist⟩ [Herkunft unklar] (ST, OI): *durch Hitze (oder Bremsen) ausgelöstes Herumlaufen (vom Rind).*
Spạn|brenna, der [jemand, der Holzspäne verbrennt; vgl. Sponfudla] (Wildschönau): *übertrieben sparsamer Mensch.*
Spạ(n)lig, Spẹling, Gspạlig, der [eigentlich: Spilling; mhd. spillinc, spenelinc (= Frucht des gemeinen Pflaumenbaumes)]: *Spilling, auch Spille oder Katharinenpflaume genannt (Prunus domestica subsp. pomariorum).*
spạnnen ⟨hat⟩ [wie standarddt. spannen (= etwas so dehnen, dass es straff oder glatt ist) zu mhd. spannen, ahd. spannan (= (sich) dehnen; ziehend befestigen); zusätzliche Bedeutung im Dialekt] (auch süddeutsch und österreichisch): *bemerken, einer Sache gewahr werden.*
spårrat ⟨Adj.⟩ [siehe Spårrn] (Pfun.): *mit dünner Eisschicht.*
Spårrn, Spårre, der [Herkunft unklar]: *dünne Eiskruste auf dem Schnee.*
Spårtele, das; Plural: Spartelen [aus ital. sporta (= Einkaufstasche, Tragtasche)] (ST): *schmales Körbchen, geflochtene Handtasche.*
Spårz, Spårschz, Spẹrz, der [zu spårzn, siehe dort]: *Fußtritt, kleiner Stoß mit dem Fuß.*
spårzn, spårschzn ⟨hat⟩ [Verbalableitung mit -etzen von mhd. sparre (= Stange, Balken); verwandt mit standarddt. sperren (= abschließen; ursprünglich: mit einem Sparren/Balken/Riegel versehen)] (ST): **1.** *sich stark abspreizen, gegen etwas stemmen* **2.** *bremsen (beim Heu- und Holzziehen)* **3.** *etwas abstützen.*
Spåttl[1]**, Spạtl, Spạ(d)l,** die [mhd. scatel, schattel, mittellat. scatula, ital. scatola (= Büchse, Dose, Gehäuse, Schachtel); die Wörter Schachtel und Schatulle haben dieselbe Herkunft]: **1.** *Dose aus Blech oder Holz* **2.** *Schachtel.*
Spåttl[2]**,** die [vermutlich wie standarddt. Spatel zu spätmhd. spatel, laut Duden aus lat. spat(h)ula (= kleiner Rührlöffel, Schulterblatt, Spatel); vgl. ital. spatola (= Spatel, Spachtel)] (Pass.): *Stütze.*
spåttln ⟨hat⟩ [zu Spåttl²] (Pass.): *stützen.*
spåtzge ⟨hat⟩ [vielleicht spielerisch-variierend aus spitzen in der Bedeutung „aufmerken"] (OI): *auf etwas lauern, spitzen.*

Spatz|tum, der (OT) [lat. spatium (= Raum, Strecke; Zeit, Zeitraum)]: **1.** *Zeitraum, Frist* **2.** *Platz, Raum* ❖ **koan Spatztum håbm:** *keine Zeit mehr haben oder keinen Platz mehr haben.*

spear: *siehe sper.*

spechtln ⟨hat⟩ [Weiterbildung von mhd. spehen (= schauen, betrachten, suchend oder kundschaftend)]: **1.** *spähen, spionieren* **2.** *sich als Voyeur betätigen.*

Speck, der [mhd. spec, ahd. spek; gesamtdeutsch mit folgender Bedeutung: zwischen Haut und Muskelschicht liegendes Fettgewebe des Schweins, das durch Selchen haltbar gemacht wird; zusätzliche Bedeutung in Westösterreich und von dort ausgehend auch im gesamten Bundesgebiet]: **1.** *roh eingesalzenes und geräuchertes Stück Fleisch vom Schwein mit Fett und Schwarte:* Bauchspeck, Schopfspeck, Schinkenspeck, Karreespeck **2.** *im übertragenen Sinn auch die Fettschicht bei Menschen* ❖ **koan Speck håbm:** *wenig Muskelkraft haben.*

Specker, Spågga, Speckter, Spicker, der [zu speckn]: *Murmel, Spielkügelchen aus Glas.*

Speck|loter, der [zu spechn] (Def.): *Kreisel.*

speckn, spacke, spåggern ⟨hat⟩ [vielleicht Intensivbildung zu mhd. spachen (= bersten, springen machen)]: *wegschnellen, indirekt hinauswerfen, aus dem Spiel werfen (beim Spiel Mensch ärgere dich).*

Speck|pfinzta, -tig, der [Speck und Pfintstag; siehe dort] (OT): *Gründonnerstag.*

speibm ⟨hat gspibm⟩ [mhd. spīwen, das auch zu speien wurde] (auch bairisch-österreichisch): *sich übergeben, erbrechen* ❖ **speibn wia r a Reier** [verdeutlichend und verstärkend; der Reiher füttert seine Jungen aus dem Kropf, würgt die Nahrung also heraus; daher auch reihern (= sich übergeben)]: **1.** (ST) *spucken* **2.** *erbrechen* ❖ **ausschaugn wia r a gschpibens Koch/Gerschtl:** *sehr schlecht ausschauen.*

Speib|sackl, das: *Papiersack für Erbrochenes (z. B. im Flugzeug).*

Speib|tatl, das; Plural: Speibtatler [2. Bestandteil: Tatl, siehe dort] (ST): **1.** *Spucknapf* **2.** *kleines, wertloses Ding* **3.** (Pfun.) *kleines Auto (Ente).*

Speib|tisl, der [2. Bestandteil: siehe Tisl] (ST, OT, Alp.): *Magengrippe mit starkem Brechreiz.*

Speier, der; Plural: Speier [mhd. spīre (= Spierschwalbe, Turmschwalbe); wohl verwandt mit Sperling, Sperber; der Mauersegler ähnelt den Schwalben, ist aber mit diesen nicht näher verwandt] (ST): *Mauersegler (Apus apus); eine Vogelart aus der Familie der Segler (Apodidae).*

Speik, der; auch: Blauer Speik oder Roter Speik [lat. spica (= Ähre), ursprünglich für den Lavendel, wegen seiner ährenförmigen Blüte, dann auf andere Pflanzen übertragen]: *Klebrige Primel (Primula glutinosa).*

Speis, Speise, die [mhd. spīse (= Speise, Lebensmittel, Kommunion), ahd. spīsa; lat. spe(n)sa (= Ausgaben; Vorratsbehälter, Nahrung)] (auch süddeutsch und österreichisch): *Vorratskammer für die Küche.*
Speis|gåtter, das [1. Bestandteil: mhd. spīse in der Bedeutung kirchliche Kommunion, 2. Bestandteil: mhd. gater, ahd. gataro (= Gatter als Zaun oder Tor; Pforte aus Gitterstäben), verwandt mit Gitter]: *Gitter zwischen Altarraum und Kirchenschiff, an dem die Kommunion gereicht wird, Kommunionbank.*
Speis|glander, das [1. Wortteil siehe speisn; 2. Wortteil Geländer, Kollektiv zu mhd. lander (= Stangenzaun)] (OT): *Kommunionbank.*
speisn gian, å|speisn gean ⟨ist speisn gången⟩ [gemeint ist: Spendung und Empfang der Gaben von Brot und Wein, die den Leib und das Blut Christi repräsentieren]: *zur Kommunion gehen.*
Spektif, Spektif|roar, das [zu Perspectiv (= zeitweilige Bezeichnung für das Fernglas im 17. Jh.); zu lat. perspicere (= hindurchschauen, genau schauen)]: *Fernrohr.*
speldern ⟨hat⟩ [mhd. spellen (= reden, schwatzen)] (ST): *(groß) reden, angeben.*
Spelte, Speltn, Spilta, die [mhd. spelte, spilte (= abgespaltenes Holzstück, Scheit)]: **1.** *gespaltene Stange* **2.** *Zaunlatte.*
Speltn|zaun, der [1. Bestandteil: siehe Spelte]: *Zaun aus Spelten.*
Spendir|hosn, die [1. Bestandteil: zu spenden mit Suffix -ieren] ❖ **di Spendirhosn ånhåm:** *freigiebig sein, großzügige Einladungen aussprechen, großzügige Geschenke machen.*
spenen, spen ⟨hat⟩ [mhd. spenen (= der Mutterbrust entwöhnen); das Wort ist auch enthalten in standarddt. Spanferkel und tirolerisch Spenfackl, siehe dort]: *der Muttermilch entwöhnen (von Tieren).*
Spen| fackl, Span| fackl, das [1. Bestandteil: siehe spenen, 2. Bestandteil: siehe Fåck]: *Jungschwein.*
Spen|kalbl, das [1. Bestandteil: siehe spenen]: *Kalb.*
Spenling: *siehe Spanling.*
Spen|nådl, Spen|nodl, die [mhd. spenel, spendel (= Stecknadel), aus lat. spinula (= der kleine Dorn), Diminutiv von lat. spina (= Dorn); das Wort wurde volksetymologisch an Nadel angeglichen]: **1.** *Stecknadel* **2.** *Sicherheitsnadel* **3.** *Haarnadel.*
Spenser, der [aus engl. spencer (= kurze, eng anliegende Jacke)] (ST, OT): **1.** *(Unter-)Laibchen* **2.** *dünner Pullover.*
sper, speare, spöre ⟨Adj.⟩ [mhd. spör(e), sper (= hart und rau vor Trockenheit)]: **1.** *sparsam, kärglich:* es geat spear her (= es ist ärmlich) **2.** *saftlos, ausgetrocknet, zäh* (von Speisen, vom Boden, vom Holz; von Personen: humorlos) **3.** *bitter* (vom Obst, das dem Mund Feuchtigkeit entzieht).

Spergeméntn, Spergaméntln, die (Plural) ❖ **Spergeméntn måchn** [Schatz vermerkt die Wendung sperges machen (= Umstände machen); mit Bezug auf das liturgische asperges me (= du besprengst mich) aus dem Psalm 51, das unter Fuchtelbewegungen des Weihwedels abgesungen wird]: **1.** *Umstände oder Schwierigkeiten machen* **2.** *Ausflüchte machen* **3.** (Pass.) *Grimassen schneiden.*

Spęttlach, Spęttlich, der [eigentlich: der Spöttlich; zu mhd. spotlich, spötlich (= verächtlich), weil die Pflanze erst kommt, wenn der Graswuchs nachlässt; die aus dem Suffix -lich stammende Endsilbe trat in Analogie zu dialektal Knouflach (= Knoblauch)] (OT): *Augentrost (Euphrasia).*

Spęzi, der [Kurzform von Spezial] (auch süddeutsch und österreichisch): **1.** *enger Freund, Kamerad* **2.** *Mischung aus Cola und Limonade.*

Spiagl|tuxer, der [2. Wortbestandteil nach der Lodenjacke, die ihren Namen nach der Tuxer Tracht hat; 2. Teil vom spiegelübersäten Kopfaufbau der Maske] (NT): *schönste Fasnachtsfigur der Muller-Tradition.*

Spial|huder, der [1. Bestandteil: zu spülen, mhd. spüelen; 2. Bestandteil: siehe Huder]: *Putzlappen.*

spiass|egget, spis|eggat ⟨Adj.⟩ [Adjektiv zu Spießeck (= spitzer Winkel, schiefer Winkel) zu mhd. spiez (= Spieß), verwandt mit Spitze, spitz] (ST, OT): **1.** *nicht im rechten Winkel* **2.** *spitzwinkelig* **3.** *verdreht, windschief.*

Spicker: *siehe Specker.*

spickern, spickelen ⟨hat⟩ [zu Spicker, siehe dort] (ST, OI): **1.** *mit Murmeln spielen* **2.** *herumtun, tändeln.*

Spiggl, Spigget, Spicket, der [zu Speik, siehe dort] (ST): *Breitblättriger Lavendel (Lavandula latifolia), auch Großer Speik oder Speiklavendel genannt.*

spiglen, spigln ⟨hat⟩ [rätorom. und oberital. spigolare aus lat. spica (= Ähre)] (ST, OT): *Reste von Getreide, Obst oder Trauben sammeln.*

spilde ⟨Adj.⟩ [mhd. spildec (= verschwenderisch), verspilden (= unnütz vertun); das Adjektiv benennt also das Ergebnis des Vorgangs] (ST, OT): **1.** *nicht ergiebig, schwächlich:* es Korn is spilde, a spilde Kuh (= eine Kuh, die wenig Milch gibt) **2.** *zart.*

Spil|hån, Spil|hon, Spil|hune, der [1. Bestandteil: Spiel (= Verhalten bei der Balz; auch Schwanz des Birkhahns, aber auch des Auerhahns)] (Jägersprache): *Birkhahn (Lyrurus tetrix oder auch Tetrao tetrix).*

Spilte, die: *siehe Spelt(e).*

spineisln ⟨hat⟩ [spielerisch aus spionieren] (OT, Alp.): *ausspionieren.*

Spinęll, Spinęlle, die [trientinisch, venetisch spinel, ital. spinella (= Spund) aus lat. spīna (= Dorn, Stachel) mit einem Suffix -ellu abgeleitet]: **1.** (OT) *Wasserhahn* **2.** (Bozner U-Land) *Probespund der großen Weinfässer.*

Spinne, die [mhd. spünne, spüne (= Muttermilch, -brust); gehört zu spenen] (ST): *Muttermilch.*

Spinne|wette, Spinn|wettn, Spinne|weppe, die; Plural: Spinnewettn [1. Bestandteil: wie standarddt. Spinne zu mhd. spinne; 2. Bestandteil zu weben]: *Spinnwebe.*

Spinne|wett|hudern, Spinne|wett|huttln, die (Plural) (Deutschn.): *Spinnwebe.*

Spinne|wettn|haus, das; Plural (ST, OI): Spinnewettnheiser: *Spinnennetz.*

spis|eggat ⟨Adj.⟩: *siehe spiaßegget.*

Spiss, der; Plural: Spisse [mhd. spiz (= Span, Splitter, Bratspieß)]: **1.** *Stricknadel* **2.** *Span zum Feueranzünden.*

Spitz, der: *die Sieben in Eichel, der dritthöchste Krit beim Watten.*

spleissn ⟨hat⟩ [mhd. splizen (= spalten, trennen); vgl. norddeutsche Seemannssprache spliten (= Enden von Seilen trennen und zusammenflechten)] (OI, Pass.): *Drahtseile durch Verschränken der einzelnen Stränge verbinden.*

Spoche, Spoiche, die; Plural: Spochn [mhd. spach (= dürr, trocken)]: *junge Ziege (die noch nicht trächtig ist).*

Spoget: *siehe Spågåt.*

Spol, der; Plural: Spal [zu mhd. spal(e) (= Leitersprosse); wohl wie standardsprachlich Spalier zu ital. spalla (= Schulter); vgl. Sp] (ST): **1.** *Schulter (beim Tier)* **2.** *Keil zum Binden des Heufuders.*

Spompanad(l)n, die (Plural) [ital. spampanata (= Aufschneidereien)]; ursprünglich: Weinlesefest im Weingarten mit pantomimischen Vorführungen der Mädchen; zu spampanare (= aufschneiden, prahlen)] (NT): *Schwierigkeiten; überflüssiger und zeitraubender Aufwand:* Måch koane Spompanadeln! (= Mach keine Umstände!).

Spon: *siehe Span.*

Spon|fudler, der; Plural: Sponfudler [1. Bestandteil: Span; Schmeller belegt Spanfudel für Kienholz; Sedlaczek Spanfudler (= kleiner Mann/Hund, Pedant)] (Pass.): **1.** *schlechter Tischler* **2.** *abwertend für (minderwertig gehaltenen) Mensch oder (lächerliche) Sache.*

Spon|schintl, die [1. Bestandteil: siehe Spon; 2. Bestandteil: Schindel] (OT, Pass.): *Schindel mit Spaltrichtung zum Kern (ohne Maserung).*

Spor|lått, die [1. Wortteil mhd. spore; 2. Teil Latte]: *Spreizstange im Weinberg.*

spreggilat ⟨Adj.⟩ [wie standarddt. Sprenkel (= kleiner Fleck auf einer andersfärbigen Fläche) zu mhd. sprinkel, sprenkel, nasalierte Form von mhd. spreckel] (ST, OT): **1.** *gesprenkelt* **2.** *bunt.*

Spreissl, das [mhd. sprīzel (= Splitter)] (NT): *Holzspan.*

Spreissl|holz, das [siehe Spreissl] (NT, OT): *Holz zum Spänemachen.*

Spres, Spress, der [laut Schatz zu mhd. sproʒ (= das, was hervorsprosst) (ST): *Topfen.*

Spriber, die [wohl zu mhd. spriu (= Spreu), abgeleitete Formen mit -w: spriuwes etc., Plural auch spruwer] (Deutschn.): *Spreu.*

Spriber|dillel, das [1. Bestandteil: siehe Spriber; 2. Bestandteil: wie standarddt. Diele zu mhd. dil(le), ahd. dilla, eigentlich: Boden] (Deutschn.): *Abteil für die Spreu.*

Spridl, Spreidl, der [mhd. sprīden (= sich zerstreuen, zersplittern)] (ST, Zillt.): *kleingehacktes Brennholz zum Anfeuern.*

Spring|ginggl, Spring|ginggeler, der, **Spring|ginggal,** das; Plural: Springginggl, Springinggeler [1. Bestandteil: zu springen; 2. Bestandteil: Reduplizierung in Anlehnung an zu Ganggerl (= Teufel; besonders lebhaftes Kind) mit Vokalangleichung von a zu i]: **1.** *rühriges, aufgewecktes (Klein-)Kind* **2.** (ST) *unruhiger und nicht ernst zu nehmender Mensch.*

Sprissl, Spritzl, Sprissler, der und die [mhd. spriuʒʒel neben sproʒʒe (= Leitersprosse), zu mhd. spriuʒen (= stützen, spreizen); verwandt mit Spross und sprießen, weil die Leiter ursprünglich aus einem Baumstamm mit stehengelassenen Aststümpfen bestand] (auch bairisch-österreichisch): **1.** *Leitersprosse.* **2.** (NT) *waagrechter Stab, Sitzstange im Vogelkäfig* **3.** (OT) *Holzspan.*

Sprozer, der; Plural: Sprozer [zu sprozn]: **1.** (salopp) *Auge, starrer Blick* **2.** (Pass.) *Gebildebrot in Männchenform (mit Rosinenaugen).*

sprozn ⟨hat⟩ [laut Schmeller zu brozen (= die Augen, den Mund weit aufreißen)]: *glotzen, starr schauen.*

Sprutza, Spritza, der [mhd. sprutze, sprütze (= Spritze)] (OT): *Gießkanne.*

spruzn ⟨hat⟩ [wie standarddt. spritzen zu mhd. sprützen (= spritzen, sprießen); ursprünglich: hervorschießen] (OT): *spritzen, Blumen gießen.*

Spuckerl, das [zu Spucke, Hingespucktes] (NT): *kleines Auto.*

spudern ⟨hat⟩ [Bed. 2 legt nahe, dass die Vorformen des Worts mit lat. spuere sowie mit speien und Speichel verwandt sind]: **1.** (ST) *leicht sprühend regnen* **2.** (ST, Alp.) *feucht reden (ausatmen).*

Spuma, der (ST): *Limonadengetränk.*

Spundus, Spundes, Spundis, der [studentensprachlich und latinisierend zu Spund; eigentlich: Angst vor dem Anzapfen]: *Respekt, Furcht:* vor dem håt er an Spundus.

Spuni|reiser, die (Plural) [2. Wortteil aus mhd. ris (= Zweig, Reis); 1. Teil möglicherweise zu mhd. span (= Span); vgl. Spunt] (Bozner U-Land): *Reisig der Gewöhnlichen Felsenbirne (Amelanchier ovalis).*

Spunt, der [Herkunft unklar; vgl. aber Spunireiser] (Deutschn.): *Gewöhnliche Felsenbirne (Amelanchier ovalis).*

spusn ⟨hat⟩ [ital. sposa (= Braut)] (OI, Def.): *eine Liebschaft (Gspusi) haben.*

sputaniarn ⟨hat⟩ [ital. sputtanare (= mies machen)] (ST): *dahinreden, sich über etwas lustig machen.*

spuzn ⟨hat⟩ [aus spud mit dem Suffix -etzn; siehe spudern] (ST, OI): *sprühen, spritzen.*

Stackl, Staggl(a), der; Plural: Stackl [ahd. stackulla, mhd. stachel; zu stechen]: **1.** *Eisenspitze, langer Holzstab mit Eisenspitze zum Bremsen beim Heu- und Holzziehen* **2.** *die Eisenspitze selbst* **3.** (ST) *Zahnstumpf.*

stacklen, stackln ⟨ist⟩ [vgl. Stackl] (ST, OT, OI): **1.** *geziert gehen, staksen* **2.** *mit dem Stackl bremsen.*

stad ⟨Adj.⟩ [mhd. stæt(e) (= beständig)]: *still, ruhig, leise* ❖ (ST) **stad amål:** *auf die Dauer.*

ståfeln ⟨ist⟩ [zu mhd. staffen (= schreiten)] (Zillt.): *stolpern.*

Staffl, der [mhd. staffel, stapfel (= Stufe)]: **1.** (ST) *Stufe, Treppenabsatz* **2.** *Leiter mit 1 bis 2 Stufen.*

Stagg, Staggl, die; Plural: Staggn, Staggln [siehe Stackl] (Sa.): *Stechmücke;* die Stechmücken *(Culicidae)* sind eine Familie von Insekten innerhalb der Ordnung der Zweiflügler *(Diptera).*

staggetzn, ståggetzn ⟨hat⟩ [vermutlich mit Endung -etzen zu stottern; vgl. ståtzge]: *stottern.*

Ståggl|steckn, Staggl|steckn, der [siehe Stackl] (OT, Zillt.): *Wanderstock mit Eisenspitze.*

Stamm|beisl, das [aus dem Osten Österreichs ins Tirolerische gelangt] (NT): *Gasthaus, das jemand oft besucht; Gasthaus, wo jemand Stammgast ist.*

Stampanei, Stempinei, die; meist Plural [mhd. stampenīe (= heiteres Lied, Zeitvertreib, Unnützes, Mühsal)]: **1.** *Mühe, Anstrengung, Umständlichkeit* **2.** *Schererei* ❖ **Stampanei(d)n machen:** *unnötige Schwierigkeiten machen.*

Stamperle, Stamperl, das [gehört vermutlich zur germ. Wortfamilie stampōn (= stampfen); auf den meist schweren Fuß solcher Gläser bezogen; vgl. Stampfe (= Gerät zum Stampfen); verwandt mit Stumpen (= etwas Kurzes, Gedrungenes)] (auch süddeutsch und österreichisch): *kleines, massives Glas ohne Stiel für Schnaps oder Likör:* drei Stamperln Schnaps trinken.

stampern, auch: **weg|stampern, verstampern** etc. ⟨hat⟩ [vermutlich aus ital. stampare (= wegdrücken)] (auch bairisch-österreichisch): *wegjagen, (ver)scheuchen, wegweisen.*

stan-, Stan-: *siehe Stoan-, stuan-.*

Stånder, Stånter, der [wie standarddt. Ständer (= Gestell, um etwas aufzubewahren) zu spätahd. stanter (= Stellfass) aus ahd. stantan (= stehen)] (ST): *stehendes Fass für Wein.*

Stångge, die, **Stångger,** der [wie standarddt. Stange zu mhd. stange (= Stange)]: **1.** *dicker Stängel, Strunk* **2.** *derber Mensch* **3.** (NT) *Stange mit Querhölzern zum Trocknen von Gras, Heu.*

Stångger, der [siehe Stångge] **1.** (OI, Pf.) *Mücke* **2.** *Weberknecht.*

stångget ⟨Adj.⟩ [siehe Stångge]: *grob, dick, steif (vom Gras, das mühsam abzumähen ist).*

Stanitzl, Schanitzl, Stanitzl, Schomutz, das [das Wort existiert in vielen veschiedenen Lautformen, ältere Varianten: Starnitze(l), Skarnitze(l), Scharnitze(l) etc.; wohl eine Vermischung von triestinisch scartoccio mit lat. charta cornuta; dieses zu cartotius (= aus Papier); vgl. slowen. škrnicelj; auch ein Zusammenhang mit ital. scarnuzzo (= abgeschabte Innenseite von Fellen) zu scarnire (= vom Fleisch trennen) ist möglich] (bairisch-österreichisch; in D ansonsten: Tüte): **1.** *kleiner trichterförmiger Papiersack* **2.** *trichterförmiges Gebäck aus Waffelteig für Speiseeis, für Creme u. a.*

stantape, stantepe, stantepede ⟨Adv.⟩ [lat. stante pede (= stehenden Fußes)]: *sofort.*

Stanz(e)¹, der [zu ahd. stantan (= stehen) zu stellen] (NT): **1.** *Bein, Fuß* **2.** *große, dünne Frau.*

Stanz(e)², die [laut Schatz möglicherweise aus langstanzet, weil das Tier lange Beine hat; siehe Stanze] (veraltet) (Alp.): *Stechmücke, Schnake.*

stanzn ⟨hat⟩ [Herkunft unklar; vermutlich verwandt mit stoßen; gesamtdeutsch heute mit folgender Bedeutung: maschinell in eine bestimmte Form pressen; etwas in ein Material prägen] (auch süddeutsch und österreichisch): **1.** *wegjagen, vertreiben:* wegstanzen, fortstanzen, heimstanzen **2.** (NT) *stehlen:* jemandem die Geldtasche stanzen (vgl. staxn).

Stapiliar: *siehe Schkapuliar.*

Star, das; Plural: Star [lat. sextarium (= sechster Teil eines Maßes), ital. staro, mhd. ster]: *Getreidehohlmaß (ca. 24 Liter).*

starchelen, starkelen ⟨hat⟩ [vielleicht zu stark, dialektal stårch] (ST): *verdorben riechen.*

Stårfe, der: *siehe Storfn.*

Stårgge, Stårgg, Stårggn, die [mhd. staren, älter storren (= steif sein, steif werden); nach dem Muster Stångge]: **1.** (ST) *Kohlstängel* **2.** *dünne, große Frau* **3.** *langer, magerer Mensch.*

stat: *siehe stad.*

state ⟨Adv.⟩ [Adv. zu mhd. stæt(e) (= beständig)] (ST): **1.** *gemächlich, langsam* **2.** *manchmal.*

statl, statle ⟨Adv.⟩ [state + -lich] (Pass.): *langsam, aber stetig, gemächlich:* statl gian, statl regnen.
Stattler, Stattlinger, der; Plural: Stattler, Stattlinger: *Städter, Stadtbewohner (oft abwertend).*
statzge, stotzge, staggetzn ⟨hat⟩ [Intensivum mit Endung -etzen zu stottern, dieses ist eine Iterativbildung zu stoßen; vgl. ståggetzn] (OI): *stottern.*
Staudn|vintschger: *siehe Edlvintschger.*
sta|wetzig: *siehe stuanwetzig.*
staxn, stapsn ⟨hat⟩ [wohl verhüllend für stehlen]: *stehlen.*
Steaßl, der; Plural: Steaßl [eigentlich Stößel, Stößer]: **1.** *Stampfer, Stößel* **2.** (ST) *Sperber, junger Habicht.*
Ste|auf|mandl, Stea|au|mandl, das [eigentlich: Stehaufmännchen]: **1.** *kleine Spielzeugfigur, die aus jeder Lage in die Senkrechte zurückkehrt* **2.** *jemand, der nach Schicksalsschlägen oder Niederlagen immer wieder auf die Beine kommt.*
steckl: *siehe stickl.*
Stefte, die, **Steftn,** der [wie standarddt. Stift zu mhd. steft, stift, ahd. steft (= Stachel, Dorn); zu steif]: **1.** *Nagel* **2.** *(Metall-)stift.*
Stelaun, Stalaun, der [ital. stelo (= Stiel) mit Suffix -one] (ST, OT): **1.** *Stangen für Gerüste* **2.** *Querstangen für Rebengerüste.*
Stele, die [mhd. stele (= Stelle, Sitz), verwandt mit Stelle, Stall] (ST): **1.** *Ablage, Stellage* **2.** *waagrechtes Grasband im Fels, Geländeterrasse.*
stelln, stön ⟨hat sich⟩ (reflexives Verb) ❖ **si auf di Fiaß stelln:** *unnachgiebig sein, Widerstand leisten* ❖ **si mit jemandem guatstelln:** *gute Beziehungen zu jemandem unterhalten.*
Stell|wågn, der [zu stellen (= anhalten); ein Pferdefuhrwerk, das durch Winken angehalten werden konnte] ❖ **jemandem mit n Stellwagn ins Gsicht fårn:** *jemanden ganz grob anfahren.*
Stelzn, Stözn, Stalzn, die [mhd. stelze; ahd. stelza (= Holzbein, Krücke); gesamtdeutsch: auf Stelzen gehen etc., außerdem als Vogelname] (Küchensprache): **1.** *Unterschenkel vom Schwein, Kalb oder Lamm* **2.** *kurz für Schweinsstelze.*
Stempineien, die: *siehe Stampanei.*
Stempl, der (OT): *Pfahl, Pflock.*
stempln gen ⟨ist stempeln gångan⟩ [eigentlich: sich beim Arbeitsamt einen Stempelabdruck holen] **1.** *die Arbeitslosenunterstützung beziehen und sich regelmäßig beim Arbeitsamt melden* **2.** *als Saisonarbeiter (z. B. im Tourismus) Arbeitslosengeld beziehen.*
Stenggn, Stangge, Stangga, der [Intensivum zu Stange]: **1.** *Stängel, Stiel* **2.** *langer Mensch.*

stentn ⟨hat sich⟩ (reflexives Verb) [aus ital. stentare (= sich abmühen, sich quälen)] (ST, OT): *sich abmühen, sich anstrengen.*

stepern ⟨hat⟩ [mhd. stöuber (= Jagdhund), zu stouben (= aufscheuchen); daraus das Wort stöbern] (NT): *etwas heimlich suchen.*

sterbm, sterm ⟨ist⟩ (NT) ❖ **jemanden dumm sterm låssen:** *jemanden in einer Fehlmeinung belassen.*

Stesser, Stessa, Steasser, der [eigentlich: Stösser; zu stoßen]: **1.** *Stoß* **2.** *Anstoß* ❖ **si håt si an Stessa gebm:** *sie hat sich aufgerafft.*

stetn ⟨ist⟩ [Herkunft unklar] (Sa.): *großspurig gehen* (von Buben, die groß erscheinen wollen).

stialn, stiarln ⟨hat⟩ [Weiterbildung von stiarn¹] (NT): *stöbern, in einer Lade, einem Zimmer etc. (verstohlen) herumsuchen.*

Stiar, der [wie standarddt. Stier (= männliches geschlechtsreifes Rind) zu mhd. stier, ahd. stior), zusätzliche Bedeutungen in Südtirol] (ST): **1.** *Dickschädel* **2.** *grober Mensch.*

stiarn¹, stin ⟨hat⟩ [Bed. 1: mhd. stürn (= stören, stöbern, stochern); vgl. stialn]: **1.** *etwas suchen* **2.** *verdrießen* ❖ **des tuat mi iatz stiarn:** *das ärgert mich.*

stiarn² ⟨hat⟩ [Ableitung von Stier]: **1.** *brünstig sein (von der Kuh):* die Kuh tut stiarn: „Triho, gestern håt 's Kuahlein gstiert / triho, heit håt s a Kalbl kriagt. / Triho, des is a rare Kuah, triho / de gibt Milch no gnua ... (Aus dem Schnaderhüpfellied „Triho, kafts ma an Kuahdreck å", das in Tirol und Salzburg verbreitet ist). **2.** (UI) *locker, lustig sein.*

Stich, Stich, der [mhd. stich (= Stich; aber auch abschüssige Stelle, steile Anhöhe); metaphorisch zu stechen]: *steiles Weg-, Straßenstück.*

stickl ⟨Adj.⟩ [mhd. stickel, stichel (= spitzig, jäh, steil)]: *steil.*

Stickl, die [zu stickl, siehe dort]: *Steilhang, Steilheit.*

Stifl¹, Stifla, der [mhd. stivel (= Stütze, Stange) aus ahd. stifulen (= stützen); wohl verwandt mit steif)]: **1.** *Stange mit Querhölzern zum Heutrocknen* **2.** (ST) *Stecken, Stange.*

Stifl², die [in anderen Tiroler Dialekten gab es nach Schatz auch die Form Stigl, was die Ableitung von steigen klar macht] (Sa.): *Überstieg über einen Zaun.*

Stifl|reis, der und das; Plural: ...er [1. Bestandteil: zu Stifl¹; 2. Bestandteil: zu mhd. rīs (= Zweig, Reis)] (Bozner U-Land): *Stecken für Ranken.*

Stifl|zeil, die; Plural: Stieflzeiln [1. Bestandteil: zu Stifl¹] (Bozner U-Land): *neu angelegte Rebzeile.*

stiftn gen, stiftn gian ⟨ist⟩ [aus der Soldatensprache, Motiv unklar]: *sich aus dem Staub machen.*

stimmlen ⟨hat⟩ [mhd. stumel (= Stummel), vgl standarddt. verstümmeln] (Pass.): *einen stehenden Baum entasten.*

Stingl, der; Plural: Stingl [mhd. stingel, stengel (= Angelrute, Stängel); auch im Ahd. stingil neben stengil, die Lautvariante mit i ist im Dialekt erhalten geblieben]: *Stängel, Fruchtstiel,* auch *Halm* ❖ **mit Butz und Stingl** (also mit Butzen und Stängel): *vollständig, ganz.*

Stingler, der [siehe stingln] (ST): *mit Trester vergorener Wein.*

stingln [zu Stingl] ❖ **es håt mi gschtinglt:** *ich bin gestürzt.*

Stinker, die (Plural) [nach dem intensiven Geruch]: *Geranien.*

Stipfl, der; Plural: Stipfl [mhd. stuphel (= Ansatz des Federkiels), ahd. stuphila, aus lat. stipula (= Halm, Stoppel)] (ST): *Pfosten* (auch kurz für Zaunstipfl).

Stirger, Stirgger, der; Plural: Stirger, Stirgger [zu stirggn, siehe dort; vgl. Pfeifenstierer (= Instrument zum Reinigen einer Pfeife)]: **1.** *Stocherwerkzeug (Draht, Nagel)* **2.** *Mensch, der nichts vorwärts bringt.*

stirggln ⟨hat⟩ [Iterativbildung zu stirggn]: **1.** *stochern* **2.** *stöbern.*

stirggn ⟨hat⟩ [Intensivbildung zu mhd. stürn, stüren (= stöbern, stochern)]: *stochern, mit einem Stirgger eine verstopfte Öffnung freimachen.*

stirgn ⟨hat⟩ [Nebenform von stirggn, siehe dort] (ST): **1.** *stochern* **2.** *genau nachfragen, insistieren* **3.** (auch OI) *langsam arbeiten.*

Stiwich, Stibich, der [mhd. stübich (= Packfass)] (OT): **1.** *Holzfass* **2.** *Mehlzuber.*

stixln, stitzga ⟨hat⟩ [Herkunft unklar; von Schatz ist im Oberinntal noch stitzge belegt; vgl. auch strixnen] (NT): *(heimlich) herumsuchen.*

Stiz, der; Plural: Stizn [mhd. stütze und mhd. stützel (= Stütze, Säule) (ST): **1.** *Schenkel* **2.** *Bein* ❖ **kuan Stiz** (= niemand).

Stoan, Stuan, Stan, der [wie standarddt. Stein zu mhd. stein; zusätzliche Bedeutung in Südtirol] (ST): *Felsen.*

stoan-, stuan-, stan- (Präfix zur Verstärkung wie in standarddt. steinalt (= sehr alt): **stoan|ålt** (= sehr alt), **stoan|krånk** (= sehr krank); **stoan|narsch** (= närrisch, verliebt).

Stoan-, Stuan-, Stan-: als 1. Bestandteil von Tier- und Pflanzennamen bezeichnet es Arten, die in den Felsregionen vorkommen: **Stoa|nbock** (= Alpensteinbock); **Stoan|bliaml** (= Alpenaurikel); **Stoan|larche** (= Heidelerche); **Stoan|nagele** (= Steinnelke).

Stoaß, Stoß, der [wie standarddt. Steiß (= Steißbein, Gesäß) zu stoßen]: **1.** *Stoß, Stapel* **2.** *Schwanzfedern des Spielhahns* **3.** *hinterer Handgriff am Sensenstiel.*

stoaßet ⟨Adj.⟩ [zu stoßen]: **1.** *stößig:* a stoaßeter Stier **2.** *widerspenstig.*

Stoaß|geir, der [eigentlich: Stoßgeier] (ST): *Turmfalke, Rüttelfalke (Falco tinnunculus).*

stoaßn ⟨hat⟩: **1.** *stoßen* **2.** *schieben, bohren:* der Wialschger håt in Åcker gstoaßn (Matrei) (= der Maulwurf hat im Acker gewühlt).

Stock, der [mhd. stoc (= Stock, Baumstumpf)]: **1.** *Wurzelstock eines gefällten Baums* **2.** (Pfun.) *schlechter Schüler.*
Stockerl, das [Verkleinerung von Stock] (auch bairisch, in D ansonsten Hocker): **1.** *Sitzgelegenheit ohne Lehne* **2.** *Siegerpodest:* am Stockerl stehn (= unter den ersten drei platziert sein).
Stockerl|platz, der [Stockerl = Siegespodest]: *1., 2. oder 3. Platz.*
stocket, gschtockat ⟨Adj.⟩ [zu Stock (= Wurzelstock des Baums)]: *gedrungen, stämmig.*
stodn ⟨ist⟩ [Herkunft unklar] (ST): *gerinnen, dick werden (von Milch, Blut).*
Stoffl, der [Kurzform von Christoph] (NT): *dummer, plumper Mann.*
Stoif-, meist Stiaf- [ahd. stiuf-] (NT): *Stief-: Stiefmutter, Stiefvater etc.*
Stoif|kintl, das (Zillt.): *Gartenstiefmütterchen (Viola wittrockiana).*
Stoin, der [mhd. stolle (= Stütze, Pfosten), vermutlich zum Verb stellen] (Ebbs): *Stellage in der Speis.*
Stongger, der [vgl. Stångge] (Pf.): **1.** *Weberknecht (Opiliones, Ordnung der Spinnentiere)* **2.** *langer Mann.*
Stopstl, Stopsl, der [wie standarddt. Stöpsel zu stoppen; zusätzliche Bedeutung im Dialekt] (nur leicht abwertend): *Tölpel.*
Storfe(n), Stårfe, Storzn, der [mhd. storre (= Baumstumpf), zu mhd. storren (= starr sein oder werden, aufragen)]: **1.** *etwas Abgerissenes* **2.** *dünner Baumstrunk, alter Baum* **3.** *Besenstumpf* **4.** *unvollständiger Zahn.*
storfet ⟨Adj.⟩ [zu Storfe, siehe dort] (ST, OT): **1.** *spitzig* **2.** *scherzhaft für mager, hager* (Spottlied der Schneeberger Knappen: „Wia wearchts an ins Knåppm in Toljosifat gian, wenn mer recht storfetr untr die Baurn drein stian? Do wearcht der Hear sogn „Gerechte heraus, Baurn zerugg und Knåppm voraus!").
Storpe, Storpion, Storpm, der [lautlich entstellt aus Skorpion, ahd. scorpiōn, aus lat. scorpio, dieses aus griech. skorpio] (Pass.): *Skorpion.*
Storzn: *siehe Storfe.*
Stotz(n), Stoz(n), der [mhd. stotz, stutze (= Trinkbecher, Stutzglas); vgl. Napf]: **1.** *kleiner Mensch* **2.** *unbeholfener oder unfreundlicher Mann* **3.** *Topf, Behälter, großer Eimer* **4.** *Schöpfgefäß, Holzzuber.*
stotzet ⟨Adj.⟩ [zu Stotz, Bed. 2] (ST, OT): *mürrisch, unfreundlich.*
stotzn ⟨hat⟩ [zu Stotz, Bed. 2] (ST, OT): **1.** *mürrisch sein* **2.** *ziellos herumgehen.*
Stra, die: *siehe Streb.*
strafn: *siehe stroafn.*
stragglen [zu straggo, siehe dort] (Vin.): *sich abmühen.*
straggo ⟨Adv.⟩ [aus ital. stracco (= müde, erschöpft)] (ST): *müde, fertig, abgespannt.*

strampfn ⟨hat⟩ [Nebenform von stampfen] (auch bairisch-österreichisch) (NT, Pf.): *mit den Beinen herumschlagen, strampeln.*

stran(en), strale ⟨hat⟩ [dialektale Form von streuen; zu mhd. ströu(we)n, ahd. strewen, strouwen (= streuen)]: **1.** ⟨hat⟩ *streuen:* sie håm gstrat; es is gstrat **2.** (NT) ⟨hat mich⟩ *stürzen, hinfallen:* es håt mi gstrat.

Stranggelen, die (Plural) [wohl zu mhd. stranc (= Strick, Strang), weil sie als Stangenbohnen hochgebunden wurden; vgl. Fisole] (OT): *Stangenbohnen, Buschbohnen (Phaseolus vulgaris).*

schtrano, stranös ⟨Adv.⟩ [ital. strano] (ST): *seltsam, eigenartig.*

strappl(e)n ⟨hat⟩ [Spielform von stragglen oder Bildung zu strappazzo (= Anstrenung), strapazzare (= strapazieren)]: **1.** *hart arbeiten* **2.** *mühevoll das Leben fristen.*

Straube, die, meist Plural: Strau(b)m [Straube, zu mhd. strūbe (= eine Art Backwerk, Spritzkrapfen); dieses zu mhd. strūben (= starr stehen, emporstarren); eigentlich: Backwerk mit rauer Oberfläche] (auch süddeutsch und österreichisch): *gebackene, schnurartige Mehlspeise* (der Teig wird durch einen Trichter ins heiße Schmalz gegossen).

Strauche, Strauke, Strauch, die [mhd. strūche (= Katarrh); vermutlich slaw. Ursprungs, vgl. tschech. strouha (= Wasserrinne)]: *Schnupfen.*

straupig, gstraupig ⟨Adj.⟩ [intensivierend zu mhd. strūben (= starr (empor)stehen); teilweise mit ge-Präfix; vgl. struppig] (NT, OT): *struppig, grobhaarig.*

Strawanzer, der [zu strawanzn, siehe dort] (auch bairisch-österreichisch): *jemand, der strawanzt.*

strawanzn; auch **herum|schtrawanzn** ⟨hat⟩ [vielleicht Dehnform von mhd. stranzen (= müßiggehen; auch Ableitung von ital. stravaganza (= Extravaganz) wird in Erwägung gezogen] (auch bairisch-österreichisch): *sich herumtreiben, vagabundieren.*

Streb, Strewe, Stra, die [zu streuen, dieses zu mhd. strewen, ströuwen, ahd. strewen (= streuen); ursprünglich: aufschichten]: **1.** *Streu aus aufgehackten Nadelholzzweigen* **2.** *Streu aus Sägemehl und Stroh* ❖ **Streb håckn:** *Zerkleinern von Zweigen.*

strebm ⟨hat⟩ [mhd. strewen, ströuwen (= streuen)] (ST, OT, OI): **1.** *dem Vieh einstreuen* **2.** *ungewollt oder unachtsam verstreuen.*

streichn ⟨hat gstrichn⟩ [wie standardsprachlich streichen (= anstreichen, bemalen) zu mhd. strīchen (= streichen); zusätzliche Bedeutungen im Dialekt]: **1.** *Messer mit dem Streicher (= raues Eisen) schärfen* **2.** *beim Kartenspiel das Ergebnis der Partei durchstreichen, der nur mehr zwei Punkte zum Sieg fehlen.*

Streim, der [mhd. strīme, strīm (= Streifen)] (NT): *Striemen, blutunterlaufener Streifen auf der Haut.*

streimig ⟨Adj.⟩ [zu Streim] (Def.): *rußig*.
Strei|mes, Strei|mas, das [eigentlich: Streichmaß; zu streichen] (NT): *Getreidemaß (etwa 25 Kilogramm):* „Huira hat's viel Türgga gmacht, und ou drei Streimes Woaze. / Ja, wachsa tuats, des isch a Pracht, es wachsa ou die Kloaze." (Aus dem Lied „Miar Oberländer fölsaföscht").
Strempfl, Stempfl, der [mhd. stempfel, strempfel (= Stößel) zum Verb stampfen]: *Werkzeug, um Löcher in ein Blech zu stanzen.*
strialn, striale, strualn ⟨hat⟩ [in vielen oberdeutschen Dialekten anzutreffen; Herkunft unklar]: *durchwühlen, durchsuchen.*
Strick|spiß, Strick|spiss, der: *Stricknadel.*
Strif, Striaf(e), Strifl, der [seit dem 17. Jh. bezeugte Nebenform von Streifen, wohl ablautend zu mhd. *strīfen] (ST): **1.** *Streifen (von Farbe, Feld, Wald)* **2.** (Pass.) *Streifen, Striemen.*
strifln ⟨hat⟩ [zu Strif, siehe dort]: **1.** (ST) *Streifen machen, in die Rinde von Laubholz Streifen schneiden* **2.** (Pass.) *drankriegen, draufzahlen machen* **3.** (Pass.) *beim Kartenspiel Laubbieten durch Striche die Pluspunkte anzeigen.*
Stritzeler, der [vermutlich zu Strizl] (Zillt.): *Garten-Fuchsschwanz (Amaranthus caudatus), auch Tausendschön genannt.*
strixnen ⟨hat⟩ [vgl. stixln] (Pass.): *unerlaubt und heimlich herumsuchen.*
Strizi, der; in der Schriftform oft auch Strizzi, obwohl das Wort mit Langvokal ausgesprochen wird; eventuell zu Striezel (siehe dort); auch eine Herkunft von tschech. strýc (= Onkel, verhüllend für Zuhälter) wird erwogen] (auch süddeutsch, österreichisch und schweizerisch): **1.** *liebenswürdiger, frecher Bub:* Na, du kloaner Strizi? **2.** *leichtsinniger, arbeitsscheuer Bursch* **3.** *Zuhälter.*
Strizl, der oder das [mhd. strützel (= längliches Brot von feinem Mehl)] (NT): *Striezel, längliches, geflochtenes Germgebäck.*
stroafn, strafn ⟨hat⟩ [ahd. stroufen, parallel zu mhd. streifen (= streifend berühren, streifen)]: **1.** *streifen, berühren:* in håt a Schlagl gstraft (= er hat einen leichten Schlaganfall erlitten) **2.** *schleppend ziehen (Holz)* **3.** *abstreifen (Laub).*
Strobl, Strubl, der [mhd. strobelen (= struppig machen); vgl. Strubelpeter]: *ungekämmter Haarbüschel* ❖ **gstroblat** (= ungekämmt).
Stronzo, der [ital. stronzo] (ST): *Idiot.*
strubilat ⟨Adj.⟩ [siehe Strobl] (Pfun.): *struppig.*
Strudl, der [spätmhd. strudel, strodel, zu ahd. stredan (= wallen); die Speise heißt vermutlich deshalb so, weil sich beim Durchschneiden ein schneckenförmiges Muster ergibt, das wie ein Wasserwirbel aussieht; gesamtdeutsch ist die Bedeutung Wasserwirbel] (Küchensprache) (auch süddeutsch und österreichisch): *Speise aus dünn ausgezogenem Teig, der ursprünglich mit Äpfeln belegt und dann zusammengerollt*

und gebacken wurde; heute dienen auch Marillen, Zwetschken, Mohn, Topfen oder Fleisch, Kraut, Bohnen und Spinat als Fülle.
Strudl|toag, der ❖ **si ziachn wia r a Strudltoag:** *lange dauern und langweilig sein.*
strupelantisch ⟨Adj.⟩ [entstellt aus skrupelantisch (= skrupulös); Skrupel aus lat. scrupulus (= kleines spitzes Steinchen)]: *geistig verwirrt.*
Stupfer, der [aus mhd. stupfen (= stechend stoßen)] (OT, OI): **1.** *Dorn(en)* **2.** *Distel.*
strupfn ⟨hat⟩ [mhd. strupfen (= streifen, rupfen)] (Pass.): *mit der Hand melken.*
Strutzn|tuach, das [1. Bestandteil: zu einem veralteten Strutzn (= Heureste, Heublumen auf der Wiese)] (Deutschn.): *Tuch für den Heutransport.*
Struze, der [vielleicht Rückbildung von Striezl]: **1.** *längliches (gekerbtes) Weißbrot* **2.** *Roggenbrot* **3.** (Stubaital): *Mehlspeise aus gezogenem Teig.*
Stuan, stuan-: *siehe auch Stoan.*
stuan|wetzig ⟨Adj.⟩ [eigentlich: steinwetzig, zu Wetzstein] (ST): *hart (vom Brot, wobei nicht ein steinhartes Brot, sondern ein Brot mit harter Rinde gemeint ist).*
Stuck, das [mhd. stucke, stück (= Teil von etwas, Stück)]: **1.** *Stück* **2.** (Bozner U-Land) *Obstwiese* **3.** (Bozner U-Land) *Weinacker.*
stuckn ⟨hat⟩ [wohl eine Nebenform von stocken] (auch süddeutsch und österreichisch): **1.** *aus Stücken zusammenfügen* **2.** *angestrengt studieren, büffeln.*
Student, der [wie standarddt. Student (= jemand, der an einer Hochschule studiert) zu mhd. studente (= Lernender, Schüler) aus mittellat. studens (Gen.: studentis), Partizip Präsens von lat. studere; die mhd. Bedeutung hat sich in Südtirol erhalten]: **1.** *Student* **2.** (ST) *Schüler.*
stuff ⟨Adv.⟩ [wie ital. stufo (= gelangweilt, genervt, überdrüssig)]: **1.** *verärgert, beleidigt* **2.** *überdrüssig.*
stuidl ⟨hat⟩ [mhd. stuodelen (= Stütze, Pfosten); verwandt mit stehen; ursprünglich also die Beine so stellen, dass der Intimbereich sichtbar werden kann] (Pfun., Villgr.): *sich ungehörig halten, die Knie geschlossen halten (von Mädchen).*
Stumpf, der, Plural Stimpfe [mhd. stumpf, das ursprünglich (Baum)stumpf, dann auch Halbhose bedeutete]: *Strumpf.*
stumpf|sockat ⟨Adj.⟩ (Zillt.): *ohne Schuhe, nur mit Socken an den Füßen.*
Stupfer, Stupf, der [zu stupfn, siehe dort]: **1.** *leichter Stoß* **2.** *leichter Stich* **3.** (OT) *Distel;* als Disteln werden umgangssprachlich mit Dornen bewehrte Pflanzen bezeichnet.

Stupfer|staude, die (OT): *Staude mit Stacheln (Wacholder, Berberitze).*
stupfn ⟨hat⟩ [mhd. stupfen (= stechend stoßen, antreiben, wegstoßen)] (auch süddeutsch und schweizerisch): **1.** *leicht anstoßen, antippen, anstupsen* **2.** *stechen* (z. B. mit einer Nadel, Injektion).
Stupp, das oder die, **Stuppe,** die [ahd. stubbi, stuppi steht neben ahd. stoub; aus ersterem ist Stupp geworden, aus letzterem Staub] (auch bairisch-österreichisch): **1.** *Puder* **2.** *Fussel* **3.** (Vin.) *Werg.*
stuppern ⟨hat⟩ [wohl zu Stupp] (OT, Pass.): *beim Kartenspiel gewinnen, ohne dass der Gegner einen Punkt gemacht hat.*
Sturl, der [Ableitung von stur, dieses laut Kluge im 19. Jh. aus dem Niederdt. entlehnt] (Pass.): *Sturheit, Trotz, Groll:* an Sturl auhobm.
sturlt, sturl ⟨Adj.⟩: (ST): *stur, trotzig.*
sturnig, sturlig, sturni ⟨Adj.⟩ [vgl. sturlt] (ST): **1.** *stur, schwerhörig, störrisch* **2.** *widerspenstig, engstirnig* **3.** (Sa.) *närrisch:* sturni tien (= den Hanswurst machen).
Stutzn, Stuz, Stuzn, der [zu stutzen (= kurz schneiden)]: **1.** *Kniestrumpf, Wadenstrümpfe* **2.** *Gewehr mit kurzem Lauf* **3.** (NT) *Handschuh ohne Fingerteil* **4.** (ST) *hohes Trinkglas.*
Stutz|kinig, Stuz|kinig, der (OT): *Zaunkönig.*
Stuz, Stuze, Stuzn, Stitzn, der [verwandt mit stützen]: **1.** *Bein, Unterschenkel* **2.** *Tisch- oder Stuhlbein.*
stuzat ⟨Adj.⟩ [siehe Stutzn] (Pfun.): *zu kurz (Kleid).*
stuzit ⟨Adj.⟩ [eventuell Stutzn; vgl. stuzschnållet] (Pass.): *tückisch.*
stuz|schnållet ⟨Adj.⟩ [2. Bestandteil: siehe Schnålle; wohl das Bild des verängstigten Hundes mit dem Schwanz zwischen den Beinen] (Pass.): **1.** *eingeschüchtert* **2.** *deprimiert.*
suandlen: *siehe soandlen.*
Sucht, die [mhd., ahd. suht (= Krankheit), ablautende Bildung zu siechen; in der Standardsprache v. a. als 2. Bestandteil von Krankheitsbezeichnungen (z. B. Gelbsucht)]: *Verkühlung, Schnupfen* (Kitzbühel).
Sud, der [mhd. sut (= das Sieden, das Gesottene)]: **1.** *Sud* **2.** (ST) *larmoyante Person* **3.** (NT) *Rausch.*
Sudl, die [siehe sudln] (Def.): *langsame Frau.*
sudln ⟨hat⟩ [mhd. sudelen (= beschmutzen)]: **1.** *schmieren, klecksen* **2.** *langsam und mit geringer Effizienz arbeiten.*
Sudl|wetter, das [1. Bestandteil: zu sudn, sudln, siehe dort] (ST): *anhaltend schlechtes Wetter.*
sudn ⟨hat⟩ [verwandt mit sudln, siehe dort Bed. 2] (ST, OT): *leicht regnen.*
sui ⟨Personalpron., Plural⟩ (Vin.): *sie, ihnen:* sui hobm an Auto (= sie haben ein Auto); i gea mit sui (= ich gehe mit ihnen); des isch fir sui (= das ist für sie (= Plural)).

suiane ⟨Personalpron., Plural⟩ (Ötzt.): *ihnen.*
Suiche, die [ahd. suohha (= Furche) (OT): *Wasserrinne über den Weg.*
suine ⟨Possesssivpron.⟩ (Vin.): *ihre:* suine Kinder (= ihre Kinder).
Suire, Suirlen, die [mhd. siure (= Krätzmilbe), zu mittellat. siro] (ST): **1.** *Pickel, Hautausschlag, kleine Eiterblase* **2.** *Sorge:* i hån a groaße Suire (= ich habe eine große Sorge).
Sulle, die [schon früh stehen bei ahd. und mhd. sol, sul die Bedeutungen Salzwasser und Suhle (= Kotwasser, in dem sich das Wild wälzt; auch Sumpf) nebeneinander; im Standarddt. steht Sole für Salzwasser, Suhle für das verschmutzte Wasser] (Pass.): *Jauche.*
Sull|gruabe, die; Plural: Sullgruabm [1. Bestandteil: Sulle, siehe dort] (Pass.): *Jauchegrube.*
Sulze, die [mhd. sulze (= Salzbrühe, gallertartige Masse) aus der gleichen Wurzel wie Salz, Sole und Sulle]: **1.** (NT, OT) *Fleisch, Fisch oder Gemüse in Gelatine/Aspik* **2.** (NT, OT) *Salzfutter fürs Wild* **3.** (NT, OT) *nasser Frühlingsschnee* **4.** (ST, OT) *Fruchtmus, Beerenmarmelade:* Glan- und Himpersulze.
Sum|erdepfl, Sum|earepfl, der [1. Bestandteil: mhd. same (= Samen), verwandt mit sähen, 2. Bestandteil: Erdäpfl] (ST, OT): *Saatkartoffel.*
Summer|frische, die [vermutlich Lehnübersetzung aus dem Italien.; venetianisch prendere il fresco (= spazieren gehen, eigentlich: Kühlung nehmen); die erste belegte Verwendung im Deutschen stammt aus dem Bozener Raum, wo die Bürger aus dem heißen Talkessel in die kühlen Sommerwohnungen des Mittelgebirges auf dem Ritten und nach St. Konstantin bei Völs am Schlern zogen]: *Sommerfrische.*
Summer|herte, die (Pass.): *Verfestigung oder Verhärtung des Schnees in der warmen Jahreszeit (Schutz vor Lawinenabgang).*
Sumper, die; **Sumperer**, der [zu sumpern] (NT, OT): *eine Frau, ein Mann die fortwährend sumpern.*
sumpern ⟨hat⟩ [mhd. sumbern (= die Handtrommel schlagen)]: **1.** *unzufrieden sein, nörgeln, jammern* **2.** *langsam arbeiten, trödeln* **3.** *lästig bitten.*
Sumse¹, die; **Sumser**, der [zu sumsn, siehe dort]: *eine Frau, die/ein Mann, der fortwährend sumst (Bed. 3. und 4 von sumsen).*
Sumse², die [ebenfalls zu sumsn, siehe dort] (OT): *Wespe.*
sumsn ⟨hat⟩ [Nebenform von summen]: **1.** *summen* **2.** *eintönig reden* **3.** *lästig bitten* **4.** *jammern, quengeln.*
sunggetzn ⟨hat⟩ [im Anschluss an mhd. sengen (= sengen, brennen)]: *angebrannt riechen.*
Sunne|huam [1. Bestandteil: Sonne; 2. Bestandteil: heim] (Pass.): *Sonnenuntergang:* åfter Sunnehuam wert's glei kålt.

sunnelen ⟨hat⟩ [Verbalbildung zu Sonne] **1.** (OI) *sich sonnen* **2.** (Pass.) *schlecht schmecken (von Milch, die in Blechgefäßen an der Sonne stand.*
Sunnen|ring, der [= Sonnenring] (Ridn.): *Regenbogen.*
supplauter ⟨Adj.⟩ [1. Bestandteil: Suppe; 2. Bestandteil: mhd. lūter (= hell, rein, klar)] (Pass.): *dünnflüssig.*
suppm ⟨hat⟩ [Ableitung von Suppe]: *Flüssigkeit absondern, rinnen.*
Sure, Sur, die [mhd. sūr (= sauer, herb, scharf)] **1.** *Mistwasser, Jauche* **2.** (in D: Pökel) *Salzlake, in der Fleisch eingelegt wird, um es haltbar zu machen oder den Geschmack zu verbessern:* Surfleisch, gebackenes Surschnitzel.
surflen ⟨hat⟩ [wahrscheinlich lautmalend wie andere Schallwörter auf der Grundlage *sur- oder *swer-] (ST): **1.** *surren, murmeln* **2.** *lästig sein* **3.** *sich beschweren.*
Surm, der [mhd. surm (= Getöse); gehört zu einer Gruppe von lautmalenden Wörtern mit dem Element sur, wie auch standarddt. surren, sirren]: **1.** *Geräusch, Getöse, Lärm* **2.** *lästiges (fades) Gerede* **3.** *lästiges Redhaus.*
surn ⟨hat⟩ [zu Sure, siehe dort]: **1.** *das Feld düngen* **2.** *Fleisch pökeln* **3.** (Pfun.) *auf Sauftour sein.*
Suser, der [zu sūsen (= brausen, rauschen); vielleicht alemann. Entlehnung] (ST): *Traubenmost.*
sutzln ⟨hat⟩ [vgl. zutzlen] (ST, OT): *saugen, nuckeln.*

T

tab, tap(e), tabig, top ⟨Adj.⟩ [mhd. toup (= taub, empfindungslos, stumpfsinnig, nichtig etc.)] (ST): **1.** *blöd, geistlos* **2.** *abgestorben, gehaltlos* **3.** (ST, UI) *müde, niedergeschlagen* **4.** (Pass.) *benommen* **5.** (OI) *zornig, unsinnig* ❖ **der|toupe** ⟨ist⟩: *wildzornig werden* ❖ **der|depe** ⟨hat⟩: *jemanden in Wallung bringen.*

Tache, Tachl, Toche, Tochl, Tochte, die [mhd. tahele, tāle (= Dohle), Diminutiv zu mhd. tahe, ahd. taha (nach dem Lockruf)] (NT): *Dohle (Corvus monedula).*

tacheles ⟨Adv.⟩ [aus westjiddisch tachles (= Ziel, Zweck); zu hebräisch taklit (= Äußerstes, Ende)] (NT) ❖ **tacheles reden:** *ernsthaft, offen, freimütig reden; zur Sache kommen.*

Tachiniara, Tachaniarer, der [zu tachiniarn]: **1.** *Faulenzer, Drückeberger* **2.** (ST) *Herumstreuner.*

tachiniarn, tachaniarn ⟨hat⟩ [Herkunft unklar; vielleicht besteht ein Zusammenhang mit rotwelsch Tarchener (= Bettelbetrüger)]: **1.** *sich von der Arbeit drücken, untätig sein, faulenzen* **2.** (ST) *herumstrolchen.*

tachln, tachln ⟨hat⟩ [Herkunft unklar; vgl. tasln] (ST, OT): *nieseln, leicht regnen.*

Tachtl¹, die [mhd. tahtel (= Dattel); gehört zu einer Reihe von Bezeichnungen für Schläge, die auf Obstarten zurückzuführen sind: Ohrfeige zu Feige, Kopfnuss zu Nuss]: *Ohrfeige.*

tachtln, tachtlen ⟨hat⟩ [aus Tåchtl] ❖ **jemandem oane tachtln:** *jemanden ohrfeigen.*

Tachtler, der [vgl. tåchtln] (ST): *Schlag mit der Hand.*

Tackere, Taggere, der [verhüllend für Sackre, Sagger von lat. sacrum (= heilig)] (Pass.): *verflixte Sache, verflixter Mensch, Teufel:* sell isch der Taggere.

Taferl|klass(e), die [Taferl: gemeint ist eine kleine Schiefertafel, auf die Schulanfänger noch im 20. Jh. geschrieben haben] (NT, OT): *erste Volksschulklasse.*

Taferl|klassler, der (NT, OT): *Schüler der ersten Klasse Volksschule, Schulanfänger.*

Tafl, Tofl, die; Plural: Tofln [mhd. tavel(e) (= Tafel, Gemälde, Altargemälde), ahd. taval, über das Romanische aus lat. tabula (= Brett, Schreibtafel)]: **1.** *Tafel* **2.** (ST, OT) *Bild.*

Tafl|rome, Tofl|rume, der; Plural: Tåflromen [eigentlich: Tafelrahmen; siehe Tåfl, Bed. 2] (ST, OT): *Bilderrahmen.*

Tåfl|schpitz, der [weil das Fleischstück spitz zuläuft] (Küchensprache): **1.** *Rindfleisch von der Hüfte* **2.** *eine Speise aus gesottenem Fleisch vom Tafelspitz* (oft in einem großen Suppentopf zusammen mit Scheiben von Markknochen serviert).
Taf|tet(e), der; Plural: Taftetn, **Taf|tota,** die; Plural: Taftotn [1. Bestandteil: mhd. touf(e) (= Taufe); 2. Bestandteil: siehe Tete] (ST): *Taufpate, Taufpatin.*
Taggere, der: *siehe Tackere.*
Tåg|wercher, Tog|wercher, der; Plural: Togwercher [abgeleitet von Tagwerk, mhd. tagewerc, d. h. die Arbeit, die an einem Tag, getan werden kann; der sozialgeschichtliche Aspekt wird auch im standarddt. Taglöhner (= wer seinen Lohn tageweise erhält) sichtbar]: **1.** *Tagelöhner* **2.** (ST) *nichbäuerlicher Handarbeiter.*
Taje, Tåje, die [romanisch tegia, teja zu lat. attegia (= Hütte); vgl. auch Ortsnamen wie Kühtai, Niedertai] (NT): *Sennhütte auf der Alm.*
takt ⟨Adj.⟩ [zu Takt (= Taktschlag); dieses zu lat. tactus (= Berührung, Gefühl)] (auch bairisch-österreichisch): **1.** *tüchtig, verlässlich, brauchbar* **2.** *angenehm, verständig, umgänglich.*
tåldern ⟨hat⟩ [Herkunft unklar; Ableitung von Tal (vgl. Telderer) prinzipiell möglich] (NT): *unbefangen daherreden.*
tålfn ⟨hat⟩ [vgl. tålggen] (Def.): *undeutlich sprechen.*
Tålgge, Tålgg(n), der [anders als standarddt. Talg zu mhd. talke (= klebrige Masse; auch: Stoff, aus dem etwas besteht); siehe tålggn]: **1.** *breiige Masse* **2.** *unausgebackenes Brot* **3.** *ungeschickter Mensch, Dummkopf.*
Tålgger, der; **Tålgge,** die [Ableitung von tålggn]: *ungeschickter Mann, ungeschickte Frau.*
Tålggerei, die [aus tålggn, siehe dort]: *sinnloses Getue.*
tålgget, tåiggat ⟨Adj.⟩ [abgeleitet aus Tålgge bzw. tålggn]: **1.** *ungeschickt, unbeholfen* **2.** *dumm, einfältig* **3.** *klumpig* ❖ **tålgget redn:** *undeutlich, unbeholfen reden.*
tålggn ⟨hat⟩ [wie Tålgge aus mhd. talke also ursprünglich mit einer teigigen Masse herumarbeiten, dann treten die Bedeutungselemente formlos bzw. unausgebacken/dumm in den Vordergrund – vielleicht unter Einwirkung von talsn bzw. talzet]: **1.** *in Breiigem herumwühlen* **2.** *undeutlich, unbeholfen reden* **3.** *kindisch, dumm reden* **3.** *lallen.*
taliato ⟨Adv.⟩ [ital. tagliato (= abgeschnitten, zugeschnitten)] (ST): *schlau, gewieft.*
Taller, Taja, Teller, der oder das [mhd. teller, teler; zu altfranz. tailleor (= Vorlegeteller), auf dem das Fleisch zerteilt wird; dieses zu altfranz. tailler (= zerschneiden), letztlich zu lat. taliare (= spalten, schneiden); das sächliche Geschlecht geht auf ein älteres tällirprett (= Schneidbrett)

zurück; das Wort Teller war noch im Mittelalter ein Neutrum; es gehört zusammen mit Butter, Knödel, Schokolad(e) und Zwiebel zu den auffälligsten Genusabweichungen des Standards gegenüber dem Dialekt] (auch bairisch-österreichisch): *Teller*.

talsn ⟨hat⟩ [vgl. tålggn, siehe auch talzet] (Sa.): *schwerfällig reden*.

Tålz, Tålzn, der [siehe talsn und talzet] (ST): **1.** *teigige, nicht durchgegarte Mehlspeise* **2.** *speckiges Brot*.

tålzet, tålzig ⟨Adj.⟩ [siehe talsn und Talz] (ST, OI): **1.** *teigig, nicht durchgegart:* der Ribl isch heit talzig gwesn **2.** *speckig*.

tamisch ⟨Adj.⟩ [Ableitung von mhd., ahd. toum (= Dampf, Dunst, Rauch); semantisch beeinflusst von taumeln] (auch süddeutsch und österreichisch): **1.** *betäubt, benommen, schwindelig:* der Wein håt mi gånz tamisch gmacht **2.** *dumm, verrückt:* ein tamischer Kerl **3.** *sehr groß:* a tamischer Brockn **4.** *zornig, wütend:* måch mi nit tamisch **5.** intensivierend bei Adjektiven und Verben: *sehr:* es is tamisch hoas; mia håm tamisch gschwitzt.

Tamper, der oder die [mhd. tambur (= Handtrommel) zu franz. tambour (= Trommel), dieses aus dem Persischen]: *kleine Trommel*.

Tamperer, Tamprer, der [zu Tamper, siehe dort]: *Trommler*.

tampern ⟨hat⟩ [zu Tamper, siehe dort]: **1.** *trommeln* **2.** *klopfen*.

tantln, tantlen ⟨hat⟩ [Iterativum zu mhd. tanten (= Possen treiben), aus mhd. tant (= Possen, leeres Geschwätz), das vielleicht auf span. tanto (= Spielgeld) und lat. tantum (= so viel) zurückgeht; vermutlicher Ausgangspunkt der heutigen Bedeutung: mit Tand handeln, im Tand herumkramen]: **1.** *tändeln, herumspielen* **2.** (ST) *herumkramen* **3.** (NT) *mit Händen und Fingern unruhig sein*.

Tanz, die (Plural) [Umlaut Tänze; das Wort hat in der Einzahl regulär den verdunkelten Vokal -å]: **1.** *Grillen, Flausen* **2.** *ungute Eigenschaften, Ausflüchte* ❖ **måch koane Tanz!** *mach kein Theater! führ dich nicht so auf!*

tape: *siehe tab*.

taper ⟨Adj.⟩ [vielleicht zu tap] (ST): **1.** *schwach, matt* **2.** *ruhig, zurückhaltend*.

Tapp, Tappe, die; meist Plural: Tappm, die [laut Schatz zu tåppm: meist auf Menschen bezogen, aber auch Maschinen können Tappm haben (wie das Verb spinnen, das ebenfalls im doppelten Sinn verwendet werden kann)]: *Schrulle, Grille:* das sind Tappm (= das sind sonderbare Einfälle).

Tåpper, der [zu tåppm, siehe dort] (salopp): **1.** *Abdruck der Hände/Finger auf einer glatten Fläche (z. B. auf einem Spiegel)* **2.** *unsichere Schritte* **3.** *ungeschickter Mensch* **4.** *(plumper) Hausschuh* **5.** *schwere, grobe Hand*.

tåppln ⟨hat⟩ [wohl zu tåppm, Bed. 4] (OI): *Steinchen in die Höhe werfen und wieder fangen.*
tåppm ⟨hat⟩ [mhd. tāpe, tappe (= Tatze, Pfote), eigentlich: ungeschickt wie ein Tier mit den Händen greifen]: **1.** *tappen* **2.** *plump gehen* **3.** (NT) *plump nach etwas greifen* **4.** (NT) *etwas, das sich bewegt, rasch fangen.*
Tåpp|schedl, der [1. Bestandteil: zu Tapp]: *Dickschädel, Dummkopf.*
Tårga, Tårge, die; Plural: Targn [aus ital. targa (= Plakette, Türschild, Nummernschild, Kennzeichen)] (ST): *amtliches Kennzeichen eines Fahrzeugs, Kenntafel, Kennnummer.*
tårggln ⟨ist⟩ (UI) [wohl wie „torkeln" letztlich zu lat. torculare (= die Kelter drehen)]: *torkeln, stolpern, stolpernd gehen;* **tårgglat:** *unsicher gehend.*
tårlen ⟨hat⟩ [zu torn mit Suffix -eln, siehe dort] (ST, OI): **1.** *Essensreste zurücklassen* **2.** *ausschütten* **3.** *vertropfen.*
Taroggn, Troggn, das [Tarocken; ital. tarocco; das Spiel ist ital. Ursprungs und hat sich in der Habsburgermonarchie stark ausgebreitet; wird in geringem Umfang in Tirol gespielt; das Wort dafür dürfte arab. Wurzeln haben]: *in verschiedenen Formen meist zu viert gespieltes Kartenspiel.*
tårtschn ⟨hat⟩ [Herkunft unklar] (ST): **1.** *plantschen* **2.** *mit Schlamm/ Teig spielen.*
Tårze, Tårschze, Torzn, die; Plural: Tårzn [mhd. torze (= gewundene Wachsfackel), aus franz. torche (= Fackel, Pechfackel, heute auch: Taschenlampe); aus mittellat. torchia, zu lat. torquere (= drehen)]: *tragbarer Kerzenständer in der Kirche.*
Tasch, Tåsch, Toascha, die [wie standarddt. Tasche zu mhd. tasche (= Tasche; Vagina; auch verächtlich für Frau)]: *dummes Weib.*
Tåsch, die [wohl zu ahd. deisk, mhd. teische (= Mist)]: **1.** *Kuhfladen* **2.** *feuchter Klumpen* **3.** (ST) *begriffstütziger Mensch.*
tåschat, tåtschet ⟨Adj.⟩ [siehe toaschet; vielleicht unter Einwirkung von påtschet] (ST, OT): *ungeschickt.*
Tasche, Tåsche, die, auch: **Tåtsche**, die [vgl. Maultasche, Maultatsche; zu taschen, tatschen (= etwas in plumper Weise anfassen) und zu Tatsche (= Nebenform von Tatze)] (NT, OT): *klatschender Schlag auf die Wange, Ohrfeige.*
Tasche, die: *siehe Taxe.*
Tåscher, der [wohl als Gegenstück zu Tasch] (ST): **1.** *unbeholfener, ungeschickter Mensch* **2.** *begriffstütziger Mensch.*
Taschl(e), Tåschei, das [Diminutiv von Tasche (= sackförmiger Tragbehälter mit zwei Henkeln)]: **1.** *Handtasche* **2.** *Geldtasche* **3.** (Küchensprache) *gefüllte Teigtasche:* Topfentaschl.

tasig: *siehe dasig.*
Tåschn|feitl, der [1. Bestandteil: Tasche (= aufgenähter Teil an einem Kleidungsstück, wo kleinere Gegenstände aufbewahrt werden); 2. Bestandteil: Feitel (= einfaches, billiges Taschenmesser); von Schatz zum Namen Veit gestellt] (NT) (auch süddeutsch): *einfaches Taschenmesser.*
Tåscht, der (ST): *Brei, Pampe.*
Tase, die: *siehe Taxe.*
tasig: *siehe dasig.*
tasln ⟨hat⟩ [Herkunft unklar; vgl. tachln] (Sa.): *leicht regnen.*
Tåte: *siehe Tote.*
Tatl(e), das; Plural: Tatln [laut Schmeller seit dem 16. Jh. im Oberdeutschen; Diminutiv von Tote (siehe dort)] (ST, OT): *Lade, Schublade.*
Tatl|kromer, Tatl|krumer, der; Plural: Tatlkromer, Tatlkrumer [1. Bestandteil zu Tatl: die Waren lagen in den Schubladen eines kleinen Kastens, der auf einer Kraxe montiert war; 2. Bestandteil: Krämer; siehe Kråm]: *Kurzwarenwanderhändler.*
Tåtsch, der [zu tåtschn, siehe dort]: **1.** *Schlag* **2.** *Zusammengedrücktes, breiige Masse* **3.** *unbeholfener Mensch.*
Tåtscha [Herkunft unklar] (OI): *Gewöhnliche Felsenbirne (Amelanchier ovalis), auch Gemeine Felsenbirne, Felsenmispel oder Edelweißstrauch genannt; Pflanzenart aus der Familie der Rosengewächse (Rosaceae).*
Tåtsche, die, Tåtscher, der [wohl Variante von Påtsch; siehe dort]: **1.** *ungeschickte Frau, ungeschickter Mann* **2.** *Fliegenklatsche.*
tåtschig ⟨Adj.⟩ [aus Tåtsch]: *breiig, matschig.*
Tåtschle, Tatschle, Tåtscher, Tatscha, die [Herkunft: siehe Taxe] (NT): *Fruchtzapfen der Nadelholzbäume.*
tatschn, tåtschn ⟨hat⟩ [mhd. tetschen (= einen Schlag geben; vgl. nhd. tätscheln); ähnlich wie patschen lautmalend; vgl. tetschn] (Kindersprache): *schlagen.*
Tått|årsch, der [1. Bestandteil: zu tåttern, siehe dort; 2. Bestandteil: Gesäß] (Sa.): *Traumichnicht.*
Tatte, Tåtta, Tatti, Tate, der; Plural: Tattn [zu mhd. atte (= Großvater, Alter), einem idg. weit verbreiteten kindersprachlichen Wort]: *Vater.*
Tåtterer, Tåttra, der [zu tåttern, siehe dort]: *alter, kraftloser Mann:* an åler Tåtterer.
Tåtter|mandl, Tatter|mandl, Totto|mandl, das, Tåtter|månn, der [1. Bestandteil: mhd. taterman (= Tatar, gespenstiger Kobold)]: **1.** *Feuersalamander (Salamandra salamandra), Alpensalamander (Salamandra atra)* **2.** *schwächlicher, ängstlicher Mann* **3.** *Pantoffelheld* **4.** *Kaulquappe.*

tåttern ⟨hat⟩ [tattern (= stottern; mit den Fingern oder am ganzen Körper zittern); laut Kluge lautsymbolische Bildung; vgl. verdattert, Tatterich]: **1.** *zittern* **2.** *aus der Fassung sein* **3.** (ST) *stottern* **4.** (ST) *dummes Zeug reden.*

Tåttl, der; Plural: Tåttlen [wahrscheinlich verwandt mit Tatze und mit tappen] (Pass.): **1.** *Fuß* **2.** *Huf, Pfote* **3.** *Hausschuh* **4.** (nur Plural) (Ridn.) *abwertend für Finger.*

Tåttl|krumer, der: *siehe Tatlkromer.*

Tåttl|schuaschter, Tåttl|måcher, der [1. Bestandteil: zu Tåttl, siehe dort] (Pass.): **1.** *Hausschuhproduzent* **2.** *jemand, der nichts zustande bringt.*

Tåttn, der; Plural: Tattn [Herkunft unklar]: **1.** (Sa.) *(Mist-)Fladen* **2.** *dicker Mensch* **3.** (La.) *Bettunterlage für Kinder.*

Tåtze, die [mhd. tatze (= Tatze)]: **1.** *Tatze* **2.** *grob für Hand.*

Tåtz|kugl, die [siehe Tåtze] (OT): *Murmel, Spielkügelchen (aus Glas).*

tåtzlen, tåtzn, tåtzn ⟨hat⟩ [abgeleitet von Tåtze]: **1.** *antasten.* **2.** *grapschen* **3.** *mit Tatzkugeln spielen.*

Tåtzler, die (Plural) [zu tatzlen, siehe dort] (La.): *gestrickte Handschuhe ohne Finger.*

Tåtzl|wurm, der [zu Tatze (= Diminutiv von Tatze); also im Volksglauben die Vorstellung eines Wurms (= einer Schlange) mit Tatzen]: **1.** *Drache* **2.** *Lindwurm.*

tåtzn ⟨hat⟩ [zu Tåtze] (OT): *eine Murmel wegschnellen.*

Tau, der ❖ **koan Tau håbm:** *keine Ahnung haben.*

tauchat ⟨Adj.⟩ [mhd. tūchen (= tauchen, eintauchen); vgl. gedaucht] (OI, Ehrwald): *gebückt.*

Taufa, die [seit dem 16. Jh. fachsprachlich aus mittellat. dova, doga (= Fassdaube)] (Ehrwald): *Fassdaube.*

taugn ⟨hat⟩ [mhd. tugen, das sich aus dem unpersönlichen Verb ahd. toug (= es taugt, es nützt) entwickelt hat; vor allem in verneinter Form gesamtdeutsch: das Messer taugt nichts]: *eine bestimmte Güte, einen bestimmten Nutzen haben* ❖ **des taugt ma:** *das passt mir, gefällt mir.*

Taxe, Tas(n), Tase, Tasche, die; Plural: Tasn, Taxn [wird von einem keltischen *dagisia abgeleitet, das im Mund der Romanen zu *dasia oder *daxia (= Reisig von Nadelbäumen) wurde: *Nadelholzzweige, Nadelholzäste.*

Taxler, Taxlar, der [Nomen Agentis zu Taxi]: *Taxifahrer.*

teachtln, teaklen: *siehe deachtln.*

tealig, tealn: *siehe tellig, telln.*

tear, tearisch, tersch, tearlas ⟨Adj.⟩ [eigentlich: *törisch aus dem Substantiv Tor (= unkluger Mensch), denn in der Kommunikation mit Schwerhörigen kommt es oft zu Missverständnissen, inadäquaten Antworten etc.; -las ist ein Synonym von -lich; vgl. mhd. tōreht, tœrisch

(= töricht, närrisch, dumm); siehe toaret]: **1.** *schwerhörig* **2.** *unfügsam, starrköpfig, widerspenstig.*

Teare, die [vielleicht Variante von Tearn] (OT): *Ohrfeige.*

Tearl, das [Diminutiv von mhd. tor (= Tor, Tür]: **1.** *Name von Jochübergängen* **2.** (OT) *Lage zwischen zwei Sprossen einer Harpfe (siehe dort).*

tearn ⟨hat⟩ [zu Teare] (OT): *ohrfeigen.*

Tearn, der [Substantivbildung zu mhd. teren, tern (= schädigen, verletzen), geht wie engl. tear (= reißen, zerreißen) auf indogerm. *teran zurück; vgl. Terwarze] (La.): *Abschürfung an der Haut.*

teasn ⟨hat⟩ [wohl umlautend zu mhd. dōsen (= tosen)] (OT, OI, Pf.): *lamentieren, sumsen.*

teatisch ⟨Adj.⟩ [zu teatn] (Pass.): **1.** *absterbend sein* **2.** *wie der Tod sein:* teatisch herschaugn.

Teatling, Tedling, der [zu tot]: **1.** *totes Tier* **2.** *sehr schwaches Tier (Kümmerling)* **3.** *Lamm, Kitz ohne Muttertier* **4.** *unnützer Mensch.*

teatn ⟨hat⟩ [wie standarddt. töten aus mhd. tœten, ahd. tōden, Ableitung von tot, also eigentlich: totmachen; eigene Bedeutung im Dialekt] (ST, OT): *(einen Baum) zum Absterben bringen (durch einen Stich mit der Ahle oder Ähnlichem).*

tebelen ⟨hat⟩ [kein Zusammenhang mit tebilat]: **1.** *modrig riechen* **2.** (ST, OI) *nach Rauch riechen* **3.** (ST, OI) *schimmeln.*

tebilat, tebelet ⟨Adj.⟩ [verwandt mit ahd. toub, das nicht nur taub, sondern auch närrisch bzw. empfindungslos bedeutet hat; vgl. standarddt. betäuben] (ST, OT): **1.** *wirr im Kopf* **2.** *unwohl.*

tedere ⟨hat⟩ [umlautend zu mhd. todern (= undeutlich reden)] (OI): *hastig daherschwätzen.*

tedn, ten, teijen ⟨hat⟩ [zu mhd. tīen (= saugen, säugen); die zu erwartende Form teien ist bei Schatz neben tedn noch reichlich belegt] (NT): *säugen, säugen lassen (von Tieren).*

Tefter(er), Teftra, der [wohl zu teftn] (ST): *Nichtsnutz, nichtsnutziger Mensch.*

teftern, teftn ⟨hat⟩ [vielleicht zu tiftnen; siehe dort] (ST): *sickern, allmählich hervorquellen (z. B. von Wundflüssigkeit).*

teftn ⟨hat⟩ [altösterreichisch deften (= durch Tadel oder Schaden niederdrücken), verwandt mit tief] (NT, OT): *demütigen, zum Schweigen bringen:* er ist gefeftet (= er ist niedergeschlagen, entmutigt).

Teggn, Tegger, der [vgl. ital. tacca (= Kerbe, Schlag, Fehler)]: **1.** *Fehler, Schaden* ❖ **der håt an Teggn:** *der ist verrückt* **2.** *Anflug von Krankheit.*

Tegl, der; Plural: Tegl [wie standarddt. Tiegel zu mhd. tegel, tigel, ahd. tegel (= irdener Topf)]: *Gefäß, Tiegel.*

tegln, teglen ⟨hat⟩ [zu Tegl, siehe dort]: **1.** *in Gesellschaft trinken* **2.** *viel trinken.*

teichn: *siehe deichn.*
Teie: *siehe Taje.*
Teifis ⟨Interj.⟩ [eigentlich: des Teufels; verhüllend; siehe Teifl] (ST): *Ausruf der Bewunderung, des Staunens.*
Teifl, Teifi, Toifi, Tuifl, der, verhüllend auch: **Teigl, Teisl, Teixl,** der [wie standarddt. Teufel zu mhd. tiuvel, tievel, ahd. tiufal, über das Kirchenlateinische vermutlich zu griech. diábolus (= Verleumder)]: *Teufel:* Teifl no amål! (mäßiger Fluch); auch als Ausdruck der Bewunderung oder des Erstaunens: Teifl, is des bärig; und als Präfix: **Teiflszeug, Teiflsgråttn** (wenn der Wagen nicht funktioniert).
teiflisch ⟨Adv.⟩ [zu Teufel]: **1.** *sehr, außerordentlich:* teiflisch kålt **2.** *zornig:* måch mi nit teiflisch!
teifln ⟨hat⟩ [zu Teufel]: **1.** *fluchen* **2.** *heftig (be)schimpfen* **3.** (ST) *zusetzen:* mi teiflt di Hitze.
teigl, teigls ⟨Interj.⟩ [verhüllend für Teifl, siehe dort] (ST, OT): *ach komm!, was du nicht sagst!, ich weiß nicht so recht!*
teischln ⟨hat⟩ [zu tauschen] (NT, OT): *tauschen (von kleinen Dingen).*
Teisl, Teixl: *siehe Teifl.*
Telderer, Teldra, der; Plural: Telderer [eigentlich der aus dem Tal] (ST): **1.** *Bewohner eines hinteren Tals: entweder im Gegensatz zu Städter oder zu benachbarten Seitentälern* (etwa im Pustertal zu den Einwohnern des Ahrntals) **2.** *plumper, beschränkter Mensch.*
teldern ⟨ist⟩ [siehe Telderer]: *plump dahergehen.*
Tell, Teal, Tö, der [vielleicht aus mhd. twelen, einer Ableitung von mhd. twalm (= Betäubung; betäubender Dunst, Qualm)] (NT): **1.** *Dunst, schlechte Luft* **2.** *Hitze.*
Teller|fleisch, das [in Bayern ausschließlich Rindfleisch und nicht in der Suppe serviert] (NT) (Küchensprache): *gekochtes und in Stücke geschnittenes Rind- oder Schweinefleisch, das in der Suppe mit Fadennudeln serviert wird.*
tellig, tealig ⟨Adj.⟩ [Ableitung vonTell, siehe dort; vgl tealig] (OT): *schwül.*
tell(n), tealn ⟨hat⟩ [vielleicht zu mhd. twalm (= Betäubung; betäubender Dunst, Qualm)] (NT, OT): **es tut tealn:** *es ist dunstig.*
tempfn: *siehe dempfn.*
tempftn, temftn, teftn ⟨hat⟩ [Herkunft unklar] (ST): *insisitieren, lästig fordern.*
Templ|hupfn, das [auch Himmel und Hölle genannt]: *altes Kinder-Hüpfspiel auf einem mit Kreide auf den Gehsteig gezeichneten Raster, der Tempel genannt wird;* die Spieler hüpfen auf einem Bein durch den Tempel, drehen im letzten Feld („Himmel") um und hüpfen zurück.
Tendl, der [Herkunft unklar; vgl. trenzn] (Ridn.): *aus dem Nasenloch triefender Nasenschleim.*

Tęngge, der; Plural: Tenggn [zu tengge, siehe dort]: *Linkshänder*.
tęngge, tęngg, tęngget ⟨Adj.⟩ [mhd. tenk, tenc (= links, link)]: **1.** *links:* die tengge Seite (= die linke Seite) **2.** *linkshändig* **3.** *verkehrt, falsch:* ålles tengg gången (= alles schiefgelaufen) **4.** *seitenverkehrt bei der Sense* (zum Kornscheiden) **5.** *nicht vertrauenswürdig, hinterlistig.*
Tęngge|watsch, Tęngg|watsch, Tęngga|naz, der [1. Bestandteil: zu tengg; 2. Bestandteil: eigentlich: Ohrfeige, aber wie Patsche auch mit der Bedeutung (schlagende) Hand; -naz im UI verhüllend für -watsch]: **1.** *Linkshänder* **2.** (ST) *linkischer Mensch.*
Tępp, der: *siehe Depp.*
tęppm ⟨hat⟩ [Haller/Lanthaler vermuten eine Ableitung von standarddt. Topp (= oberster Abschluss von etwas)] (ST): *sättigen, stopfen:* a wiacher Ribl tuat teppm.
tęrba ⟨Adj.⟩ [Herkunft unklar] (La.): *kraftlos, nicht ganz gesund.*
Tęrche, Tęrcha, die; Plural: Terchn [zu terchn, siehe dort] (OT, Pass.): *Frau, die viel unterwegs ist.*
Tęrcher, der [siehe terchn] (OI): *Tagedieb.*
tęrchn ⟨ist⟩ [eigentlich: tärchen (= von einem zum anderen betteln gehen), aus dem Rotwelschen; in vielen verschiedenen Lautvarianten im deutschen Sprachraum, auch talchen und talfen] (ST, OT): *herumstrolchen, streunen.*
Tęrgg, Tęrggl, der [da Schöpf noch die Bedeutung Zwerg kennt, von Schatz zu südtirolerisch Orgg (= Gespenst, dann auch Zwerg; vgl. Nerggele); letztlich zu lat. orcus (= Gott der Unterwelt)] (NT): **1.** *Schmutz* **2.** *minderwertiges Zeug* (Internetbeleg, Kitzbühel).
tęrggelen: *siehe törggelen.*
Tęrgger, der; Plural: Tergger [siehe Tergg] (ST, OT): *kleiner Mensch.*
tęrn ⟨hat⟩ [mhd. turren, Präteritum torste (= wagen, sich getrauen)] (ST, OT): *dürfen.*
Tęrno, der [ital. fare terno (= eine Dreierkombination haben), terno al lotto (= Hauptgewinn)] (Ehrwald): *Lotteriegewinn* ❖ auch ironisch: der håt an Terno gmåcht (= Unsinn gemacht).
tęrpe ⟨Adj.⟩ [mhd. derp (= ungesäuert, ohne besonderen Geschmack); standarddt. derb hat erst unter dem Einfluss eines gleichlautenden niederdeutschen Wortes die Bedeutung grob, roh etc. angenommen] (ST): **1.** *geschmacklos* **2.** *trocken (bei Speisen).*
Tęrpl¹, Tąrpl, der [laut Schatz aus ahd. deraper flado (= ungesäuerter Kuchen)] (NT): *geröstetes Laibchen aus Mehl.*
Tęrpl², der [wohl zu Terggl, Tergger] (Pfun.): *kränkliches Tier, kränklicher Mensch.*
Terrone, der [ital. terrone (entweder zu terra mit der Bedeutung: Menschen, die an die Erde gebunden sind, oder Hinweis auf Terra di Lavoro (Land

der Arbeit), eine historische Region in Süditalien)] (ST): *Schimpfwort für die Süditaliener.*

tersch¹ ⟨Adj.⟩ [gleiche Herkunft wie tearisch, siehe dort] (Sa.): **1.** *hartherzig* **2.** *anstrengend.*

tersch² ⟨Adj.⟩ [mhd. derren (= dörren, trocknen)] (OI, La.): *halb trocken (von Wäsche, Heu etc.).*

tersch³: *siehe tearisch.*

Ter|warzn, die (Plural) [1. Bestandteil: mhd. tern (= verletzen, schädigen); 2. Bestandteil: Warze; vgl. Tearn] (Pass.): *Geschwulst beim Rind.*

Terz, der; Plural: Terze [zu lat. tertius (= der Dritte), ursprünglich Jungochse im dritten Jahr, d. h. noch nicht ganz ausgewachsen, aber noch nicht als Zugtier verwendbar] (ST): *kleinwüchsiger Mensch.*

Tes, die; Plural: Tesn [zu Taxe, weil der Sekundärumlaut im Dialekt von Deutschnofen nicht zu -a- geworden ist] (Deutschn.): *Zweig:* tånnene Tesn (= Tannenzweige).

Teschek, der [aus dem Osten Österreichs; nach der Lehrmeinung von ungarisch tessek (= bitte sehr) abgeleitet; da aber die Ungarn – verglichen mit anderen Völkern der Monarchie – in Österreich zu den weniger Benachteiligten zählten, ist die Ableitung fraglich; lautlich und semantisch nahe ist kroatisch težāk (= Bauer, Landarbeiter, Taglöhner, Schwerarbeiter] (NT): **1.** *der Benachteiligte, der Ausgenützte* **2.** *der Untergeordnete.*

Teschge, der [mhd. test in der Bedeutung Tiegel] (OT): **1.** *Kochgeschirr* **2.** *Schöpfkelle.*

Teschges, Teschgis, Teschtus, Teschtas, der [mhd. test in der Bedeutung Kopf; vgl. ital. testa (= Kopf) und spätlat. testa (= Hirnschale)] (ST, OI): *Kopf.*

Tescht, der (Pf.) [Bed. 2 deutet auf mhd. test (= Kopf) als Ausgangspunkt]: **1.** *kurzes, dickes Gras, Unkraut* **2.** *dichtes Haar.*

Teschtn, der, **Teschge**, die [vermutlich mhd. test, das neben Kopf auch Tiegel, Topf bedeutet] (ST): **1.** *Pfanne ohne Stiel* **2.** *rechteckige Backform (für Buchteln).*

Tessera, die [ital. tessera (= Ausweis)] (ST): **1.** *Ausweis* **2.** *Netzkarte in öffentlichen Verkehrsmitteln.*

Tessra, die [zum Vorigen] (Lienz): *Holz- und Berechnungsliste.*

Tet, Tete, Teti der; Plural: Tet, Tete [wie Göd, Ged, Get zu ahd. gota; vermutlich schon in vorchristlicher Zeit die Bezeichnung für einen Elternersatz; laut Kluge zu altnordisch gode (= Priester, der zu Gott Gehörige); vgl. Gotl, Totl] (auch bairisch-österreichisch): **1.** *Taufpate, Firmpate* **2.** (ST) *männliches Patenkind.*

Teta: *siehe Tote.*

tętscht, ge|tętscht ⟨Adj.⟩ [Partizip Perfekt von tetschn; siehe dort]: **1.** *zerdrückt* **2.** *kaputt* **3.** *übermüdet.*
Tętsch(e), Tętschn, die [siehe tetschn]: *Ohrfeige.*
tętschn ⟨hat⟩ [aus dem lautmalenden mhd. tetschen (= klatschen, patschen); vgl. tatschn]: *(mit einem Schlag) flachdrücken.*
Tętter, die; Plural: Tettern [zu tettern, siehe dort] (ST, OI) (abwertend oder Kindersprache): *Mund, Plappermaul:* heb amål di Tetter! (= sei endlich still!).
tęttern ⟨hat⟩ [umgelautet zu mhd. tateren (= schwätzen, plappern)] (ST, OI) (abwertend oder Kindersprache): *plappern.*
tęwelen: *siehe tebelen.*
Tęx, der; auch: **Tęx|nagele,** das [Plural von engl. tack]: *kleiner Stift, Nagel ohne Kopf.*
tęxn ⟨hat⟩ [Herkunft unklar] (Ridn.): *mit dem Feuer spielen.*
Tiach, der; Plural: Diachn [Bed. 1, eventuell auch Bed. 2 aus mhd. diech (= Fuß, Bein, Oberschenkel)]: **1.** (NT) *Oberschenkel* **2.** (Pass.) *Kufe des Schlittens.*
tiamål, tiawet: *siehe atiam.*
tiamisch: *siehe tirmisch.*
tianat ⟨Adj.⟩ [Partizip Präsens von tien (= tun) (ST, OI)]: **1.** *rührig, aktiv* **2.** *gut gedeihend, wirkungsvoll.*
Tiar, das [mhd. tier (= Wildtier)]: *Hirschkuh, weibliches Rotwild.*
Tichet, das; Plural: Ticheter [laut Haller/Lanthaler zu mhd. tücken, tucken (= ducken), also Raum, in dem man nur gebückt gehen kann)] (Pass.): **1.** *enger Raum* **2.** *enges Loch.*
tickisch ⟨Adj.⟩ [Adjektivableitung von mhd. tuc (= Stoß, böser Schlag); siehe Tuck]: **1.** *tückisch* **2.** (ST, OT, OI) *mit großer Gewalt* **3.** (ST, OT, OI) *arg, problematisch.*
tickn¹, tiggn ⟨hat⟩ [siehe Tuck]: **1.** *necken* **2.** *jemandem einen Streich spielen* **3.** (ST, OT) *jemanden überlisten* **4.** (ST, OT) *sich täuschen, draufzahlen.*
tickn² ⟨hat⟩ [ebenfalls Tuck] (Pfun.): *sich verletzen:* den Arm tickn.
tiftnen, tifta ⟨hat⟩ [mhd. tüften (= Feuchtigkeit abgeben, dampfen) zu mhd. tuft (= Dunst, Nebel, Tau, Reif); vgl. teftern] (Sa., Ehrwald): *sickern.*
tiggn ⟨hat sich⟩ (reflexives Verb) [zu Tuck, siehe dort] (Deutschn.): *sich wehtun, sich verletzen.*
tiggsla: *siehe diggsla.*
tilt: in tilt gången [aus engl. tilt (= Neigung, Schieflage, Verkippung), vom Engl. ins Ital. entlehnt, und von dort ins Südtirolerische; in der Sprache der Flipper-Spieler ist Tilt ein unerlaubtes Anheben des Spielautomaten, um den Lauf der Kugel zu beeinflussen] (ST): *kaputt gegangen.*

tịmper, tịmpla: *siehe dimper.*
tịnen ⟨hat⟩ [mhd. tœnen, tünen (= schallen), mhd. dōn, tōn (= Melodie, Lied; auf einem Instrument gespieltes Lied)]: *tönen.*
Tịngge, Tịnggn, die [gleiche Herkunft wie standarddt. Tinte, zu mhd. tinte, tincte, ahd. tincta, aus mittellat. tinctum, Partizip Perfekt von tingere (= färben)] (ST, Alp.): *Tinte.*
Tịnne, die; Plural: Tinnen [mhd. tinne (= Stirn; Plural: Schläfen)] (Pass.): **1.** *Stirn* **2.** *Schläfe.*
Tịntinger, der [zu Tinte; laut Grimm bildlich in Redensarten und Sprichwörtern: wer so handelt, muss Tinte getrunken, gesoffen haben (= unklug, närrisch sein); vgl. die Redensart: er sitzt in der Tinte (= er ist in Verlegenheit, in einer schlimmen Lage)]: *Leidtragender, Geprellter* ❖ **der Tintinger sein:** *der Dumme sein, das Nachsehen haben.*
Tịppl, Tịbl, Tịwi, der [mhd. tübel (= Pflock, Zapfen, Nagel)]: **1.** *Zapfen aus Kunststoff, mit dessen Hilfe eine Schraube in der Wand fest verankert werden kann* **2.** *Beule; Anschwellung durch Schlag, Stoß, Gelsenstich etc.* **3.** *kleine Münze, kleine Menge (von Geld):* koan Tippl Geld håbm (= kein bisschen Geld haben).
tịrchl: *siehe dirchl.*
tịrggen, tịrgg ⟨Adj.⟩ [zu Tirggn, siehe dort]: *aus Mais:* a tirggis Mehl.
Tịrggn, Tịrgg(e), Tịrgga|plentn, Tịrggn|plent, der, Tịrgga|mẹl, das [eigentlich: Türken; Christoph Columbus hatte die Pflanze in der Karibik entdeckt und nach Spanien mitgebracht; die ersten größeren Anbaugebiete waren in der Türkei; vgl. auch ital. grano turco]: **1.** *Mais (Zea mays)* **2.** (OT, nur Simplex) *Schlaukopf.*
Tịrggn|flitschen, Tịrggn|filsen, die (Plural) [2. Bestandteil Flitschen: eigentlich: Flügel, vermutlich zu Flittich, dialektale Nebenform von Fittich] (NT): *die Deckblätter des Maiskolbens.*
Tịrggn|kol(b)m, Tịrggn|tschurtsche, Tịrggn|zåpfn, Tịrggn|zepfn, der: *Fruchtkolben von Mais:* „Bei uns dahoam im Oberlånd, då wåchsa Türggakolba ..." (Aus dem Lied „Miar Oberländer fölsaföscht").
Tịrggn|reastl, das (Alp.): *Speise aus geröstetem Maisgrieß.*
Tịrggn|wixa, der [2. Wortteil wie standarddt. wichsen; siehe unter Wix] (UI): *Speise aus geröstetem Maisgrieß.*
Tịrmi, der [mhd. türmel (= Taumel, Schwindel); vgl. Turm] (Alp.): *ungeschickter Mensch.*
tịrmisch, tiamisch, tịrmlig, tụrmisch ⟨Adj.⟩ [zu mhd. türmel (= Taumel, Schwindel)]: **1.** *schwindlig, benommen* **2.** *starrköpfig.*
Tịr|schnåll, Tịr|schnålle, die, Tịr|klachl, der (auch bairisch-österreichisch): *Türklinke.*
Tịrschn|el, Tịrschn|bluet, das [eigentlich Thyrschenöl; der Sage nach handelt es sich um das Blut des Riesen Thyrsus, der vom Riesen Hay-

mon bei Zirl im Kampf getötet wurde; Haymon verletzte Thyrsus an der Ferse, das versickernde Blut des Riesen, das Thyrsenblut, wurde im Stein eingeschlossen und als sogenanntes Thyrschenöl konserviert] (NT, Deutschn.): *Tiroler Steinöl;* ein schwarzes, stark riechendes Öl, das seit dem Mittelalter im Gebiet von Seefeld aus einem kerogenhaltigen Gestein gewonnen und in der Medizin als Heilmittel gegen Hauterkrankungen und als Zugsalbe verwendet wird.

Tirschtlan, die (Plural) [Diminutiv von altdialektalem Turte aus französ. Tourte (= Pastete)] (ST, OT): *Teigtaschen nach Pustertaler Art.*

tischkerian: *siehe dischgeriarn.*

Tisl, der: *siehe Disl.*

titi ⟨Adv.⟩: *schön gekleidet, hübsch (von Kindern).*

tittisch ⟨Adj.⟩ [Herkunft unklar] (OT): **1.** *zornig, aufgebracht* **2.** *ungeschickt, töricht.*

Tiwagg|gelt, das [1. Bestandteil: entstellt aus Tabak, dieses aus span. tabaco, laut Duden vielleicht aus einer Indianersprache der Karibik] (ST, OI): **1.** *Geld für Tabakkonsum* **2.** *lächerlich kleiner Betrag.*

tiwaggnen ⟨hat⟩ [eigentlich: tabakenen; aus Tabak] (ST, OT, OI): *rauchen.*

Tö, der: *siehe Tell.*

Toafåll, das [eigentlich: Todesfall; Genus wohl nach Mahl] (Deutschn.): *Leichenschmaus, Mahl nach dem Begräbnis.*

Toag|åff, Toag|åffe, der; Plural: Toagåffn [eigentlich: Teigaffe; im deutschen Sprachraum regional auch ein Spitzname für Bäcker]: *dummer, unbeholfener Kerl (meist als Schimpfwort).*

Toal, Tal, der (ST, OI, Stubai): *Teil* ❖ **a Toal:** *einige:* a toal welln des nit (= einige wollen das nicht): a toal Leit sein heit so gscheit ... daß oan' Dummsein a wieder gfreit (H. Muigg).

toaret, toarlat, toarles ⟨Adj.⟩ [mhd. tōreht (= töricht, dumm), weil Schwerhörige oder Taube am Gespräch nicht teilnehmen konnten; siehe tearisch] (ST): *taub, schwerhörig.*

Toas, der, [mhd. dōz (= Schall, Geräusch)]: *Unsinn, uninteressantes Gerede, dummes Zeug:* an Toas zåmmredn.

toasln ⟨hat⟩ (OT): *nieseln.*

toaschet ⟨Adj.⟩ [zu Toaschn, Bed. 2 und 3; siehe dort]: *beschränkt, unbeholfen.*

Toaschn, Toascha, Toaschgn, Toaschtn, die [Bed. 1: mhd. deisc (= Mist); die anderen Bedeutungen könnten wie standardsprachlich Tasche (= sackförmiger Tragbehälter mit zwei Henkeln) zu mhd. tasche, ahd. tasca, zasca gehören; Lehnbeziehung zu ital. tasca, ist evident, doch ist die Entlehnungsrichtung nicht bekannt; schon im Mhd. Bedeutungserweiterung von Behälter zu weibliche Schamteile und verächtliche Frauensperson; die Vokalveränderung von -a- zu -oa- könnte auch zur

Verschleierung des Tabuwortes dienen]: **1.** *Kuhfladen* **2.** *widerwärtige Frau* **3.** *dumme Person.*

Toaser, der [zu Toas] (ST, OI): *dahinleiernder Sprecher.*

toasn ⟨hat⟩ [siehe Toas] (ST, OI): **1.** *leiern* **2.** *etwas unnötig in die Länge ziehen, ohne auf den Punkt zu kommen.*

Toatn|råschte, die: [eigentlich: Totenrast] (ST): *Rastplatz auf dem Begräbnisweg zur Kirche.*

Toatn|raschterle, das [2. Bestandteil: Diminutiv zu Rast] (Pass.): *kurzzeitige Besserung auf dem Sterbebett.*

Tobl, das [mhd. tobel (= Waldschlucht)]: **1.** (NT) *steile Bachklamm, kleiner Wasserfall* **2.** (ST) *verbauter Graben.*

Tochl, Tochte: *siehe Tåche.*

Todl, Tötl, der [Herkunft unklar, vielleicht zu mhd. todern (= undeutlich reden, stottern); Schatz belegt todl (= stottern) im Pustertal]; vgl. Tottl (NT, OT): *ungeschickter Mensch, Dummkopf.*

Tofl: *siehe Tåfl.*

Togger, Toggeler, der [Herkunft unklar; die angenommene Verwandtschaft mit furlanisch tuc (= Schlag, Prügel) ist fraglich] (ST, OT): *dummer, einfältiger Mensch.*

Toggl: *siehe Doggl.*

Toifl|åbiss, der [eigentlich: Teufel-Abbiss; der Name bezeichnet die besondere Gestalt seines Wurzelstocks (Rhizoms); dieser stirbt allmählich unten ab und sieht dann wie abgebissen aus; der botanische Name Succisa kommt vom Lat. succisus (= unten abgeschnitten); weitere Bezeichnungen: mhd. abbiz, lat. morsus diaboli und herba sancti Petri; auch Teufelwurz, Teufelabbiss genannt] (NT): *Gewöhnlicher Teufelsabbiss (Succisa pratensis).*

tol, tole ⟨Adj. und Adv.⟩ [mhd. tol (= unsinnig, dumm, aber auch ansehnlich, schön)]: **1.** *ausgiebig, sehr:* si håt mer schun tol gholfn; tol kriagn **2.** *schön, angenehm* **3.** *ordentlich* **4.** *stattlich* **5.** *wohlgenährt.*

Tolm, Tolp, Tolba, der [trotz des Spruchs „Tolm isch a Fisch wia du oana bisch" eher unterschiedliche Herkunft; Herkunft von Bed. 1 unklar; Bed. 2 wird von Grimm zu Tölpel gestellt, das als Deminutiv von Tolp verstanden worden sei (dann Tolpe zu Tolm wie Alpe zu Alm)]: **1.** *dummer Kerl* „... die Stadtlarheara ålle zsamm, sein gegn ins gråd Tolba." (Aus dem Lied „Miar Oberländer fölsa-föscht") **2.** (OI) *Koppe, Groppe (Cottus gobio), auch Kaulkopf, Rotzkopf, Kaulquapp genannt (ein Südwasserfisch)* **3.** (ST) *Kaulquappe* **4.** (ST) *Bergmolch.*

tolpet ⟨Adj.⟩ [zu Tolm, Bed. 1] (ST, OT, OI): *ungeschickt, schwerfällig.*

Tonder|buschn: *siehe Dondrbuschn.*

Toni, der [vielleicht Kurzform des Vornamens Anton] (ST): *blaues Arbeitsgewand.*

top: *siehe tåb.*
Topfn, Topfm, der [vermutlich von Topf (= Gefäß), nach der Form] (auch bairisch-österreichisch): **1.** *cremige Masse aus saurer Milch;* in D ansonsten: Quark **2.** *Unsinn:* an Topfn zsåmmredn.
Topfn|golatschn, der oder die [2. Bestandteil: tschech. koláč (= Kuchen), zu kolo (= Rad), wegen der ursprünglichen Form] (Küchensprache, österreichisch): *mit Topfen gefüllte Kolatsche.*
Topfn|strudl, der (Küchensprache): *Strudel mit Topfenfülle.*
törggelen, terggelen ⟨hat⟩ [Verbalableitung von Torggl, siehe dort]: *den neuen Wein zusammen mit brauchtümlichen Speisen konsumieren.*
Torggl, die [ahd. torcula aus mittellat. torcula, das zu lat. torquere (= drehen) gehört; die Weinbauern des Südens verwenden andere Bezeichnungen als beispielsweise die Rheinländer; dort heißt dieses Gerät Kelter, zu lat. calcare (= treten), weil die Trauben vor dem Pressen mit den Füßen zerstampft wurden]: *Presse zur Gewinnung von Traubensaft oder anderem Obstsaft.*
torggln ⟨hat⟩ [siehe Torggl]: **1.** *die Trauben zu Most zerstampfen* **2.** *Fruchtzapfen zertreten, damit die Kerne herausfallen.*
torn ⟨hat⟩ [mhd. taren, tarn (= schädigen), laut Duden Bedeutungsentwicklung über vernichten und vertilgen zu verbrauchen] (ST): **1.** *Essensreste zurücklassen* **2.** *ausschütten* **3.** *kleinweise verschütten.*
Torze: *siehe Tårze.*
Tosch(gg)er, Tuscher, Toschg, Toschtl, der, **Tosche,** die [zu tuschen (= schlagen, stoßen), ev. entlehnt aus franz. toucher, lautmalend]: *unbeholfener, ungeschickter Mensch, Tollpatsch.*
tosma ⟨hat⟩ [verwandt mit mhd. dōsen (= sich still verhalten, schlummern)] (OI, Ehrwald): *dösen, eingenickt verharren.*
tos|oarat ⟨Adj⟩ (OI, Ehrwald): *schwerhörig.*
Tote, Tot, Totn, die [Herkunft unklar; entweder ist Tatl (siehe dort) Diminutiv von Tote oder – wahrscheinlicher – Tote eine Rückbildung von Tatl; Bed. 2 gehört vermutlich zu Tottl] (ST, OT): **1.** *Schublade* **2.** *dumme Frau (ein Schimpfwort).*
Totl, Tote, Tota, Teta, die [siehe Gotl und Tet]: **1.** *Patin* **2.** *weibliches Patenkind.*
Tottl, Tottler, der; Plural: Tettl [Herkunft unklar, wohl Variante von Todl]: **1.** *Dummkopf* **2.** (ST) *ungeschickter Mensch:* a guater Tottl (= gutmütiger Mensch, der sich leicht übervorteilen lässt).
tottlet, töttlat ⟨Adj.⟩ [zu Tottl, siehe dort]: **1.** *ungeschickt* **2.** *benommen* **3.** *dumm, schwachsinnig.*
Totto|mandl: *siehe Tåttermandl.*
Toz, der; Plural: Teze [zu tozn, siehe dort] (ST): **1.** *Sturkopf* **2.** *Dummkopf* **3.** *Trottel.*

Toze, Tozn, der [Herkunft unklar] (NT): **1.** *klein gewachsener Mensch* **2.** *(kleiner) Kreisel* ❖ **Tozn hăckn:** *altes brauchtümliches Kinderspiel für Buben.*

tozn ⟨hat⟩ [Herkunft unklar] (Pass.): **1.** *beleidigt sein* **2.** *trotzig sein.*

Trăchter, der [das -a- statt -i- geht auf eine ältere Wortform zurück, die sich in Tirol erhalten hat; mhd. trahter, trihter, spätahd. trahtare, trahter, laut Duden aus lat. traiectorium, eigentlich: Gerät zum Hinüberschütten, aus trans (= hinüber) + iacere (= werfen, schleudern)]: *Trichter.*

Traf|kendl, Traf|kăndl, die [mhd. kenel (= Röhre, Rinne); vgl. Kendl] (OT): *Dachrinne.*

Traf|nuisch, Dăch|nuisch, die [1. Bestandteil: zu mhd. troufe, trouf (= Traufe, Dachtraufe) bzw. zu Dach; 2. Bestandteil: siehe Nuasch] (ST): *Dachrinne.*

Traf|rindl, Traf|ringl, das [siehe Trafnuisch; Grundwort: Rinne]: *Dachrinne.*

trăgat, trogat, trăgit ⟨Adj.⟩ [Partizip Präsens von tragen]: *trächtig (von Tieren).*

trăgn, trogn ⟨hat⟩: **1.** *tragen* **2.** (unpersönlich gebraucht: es trägt nicht) *nicht ausreichen.*

Trăge, Trăga, die [Substantivbildung zu tragen]: **1.** *Gerät zum Tragen* **2.** *Bahre.*

Trăg|wăl: *siehe Trogwol.*

Trăll, Trălle, Trulla, die [laut Grimm in den oberdeutschen Dialekten weit verbreitet; auch Trull; Nebenform von Troll (= dicker, unbeholfener Mensch; plumper Kerl); gehört vermutlich zu der Wortsippe trollen, trüllen (= wälzen, rollen)] (NT, OT): *dummes Weib, Mädchen.*

Tram, Tramm, der; Plural: Trame [aus der Pluralform von mhd. drâme (= Balken, Baumstamm): in Deutschnofen daher lautgerecht Trem]: **1.** *behauener Baumstamm* **2.** *waagrechter Balken bei Bauten.*

tram|happet ⟨Adj.⟩ [1. Bestandteil: mhd. troum (= Traum), 2. Bestandteil: häup(t)echt (= häuptig)] (auch österreichisch): *verschlafen, noch nicht richtig wach, unkonzentriert.*

Trămpl(a), die [trampeln, eine Intensivbildung zu trampen (= treten, stampfen)] (auch österreichisch): *plumpes, ungehobeltes Weib.*

tranquillo ⟨Interj.⟩ [ital. tranquillo] (ST): *nur mit der Ruhe!*

Trantscher, der [zu trantschn, siehe dort] (ST): *Verräter.*

Trantsch|kattl, die [1. Bestandteil: zu trantschn, siehe dort; 2. Bestandteil: Kurzform von Katharina] (ST): *Verräterin.*

trantschn ⟨hat⟩ [wohl variierend zu ratschen und trătschn] (ST): *verpetzen.*

Tråppl, die [am Anfang steht wohl lautmalendes trappen (= treten), dazu nasalierend trampen, trampeln; vgl. engl. Trapper (= Pelztierjäger, Fallensteller) und ital. trappola (= Falle)] (ST): **1.** *Falle, Fangeisen* **2.** *(schlecht funktionierende) Maschine, minderwertiges Fahrzeug* **3.** *unangenehmer Mensch (auch als Schimpfwort)* **4.** (OI, Ehrwald) **Tråppla:** *Mausefalle.*
Traschender, die [rätorom. traschender (= durchgehen), zu lat. transcendere (= hinübersteigen)] (ST): *schmaler Durchgang zwischen zwei Häusern.*
Traschgele, das; Plural: Traschgelen [siehe Dråschgl] (ST): *einzelner Zweig der Weinrebe.*
Tråte, Trote, Trot, die; Plural: Trotn [mhd. trat (= das Treten, der Tritt, Weide, Viehtrift); ablautend zu treten] (ST): **1.** *vorübergehend brach liegende oder ganz aufgelassene Äcker* **2.** *Wiese, die früher Acker war, ebene Wiese.*
Tråtsch, der [zu tråtschn]: *Gerede, Geschwätz.*
tråtschn ⟨hat⟩ [wie ratschen lautmalend]: **1.** *herumschwätzen* **2.** *ausplaudern.*
Tråtschn, die [zu tråtschn]: **1.** *Frau, die leeres Gerede verbreitet* **2.** *Waschweib.*
tratzn ⟨hat⟩ [mhd. trätzen, tratzen, tretzen (= trotzen, reizen, necken, zum Besten halten); Ableitung von mhd. und ahd. reizen (mit Präfix der- durchaus möglich; vgl. aber niederdeutsch triezen (= foppen, quälen)]: **1.** *ärgern, zum Zorn reizen* **2.** *necken:* „Woaßt, daß i di schon in der Schuel', als zwölfjährig's Madl, gearn g'sech'n hab'? Und wenn i di nacher beim Spiel'n tratzt hab', so hab' i di nur aus Lieb' tratzt ..." (Aus „Die Eav", Einakterzyklus „Die sieben Todsünden" von Franz Kranewitter) **3.** *Schwierigkeiten machen:* wenns bei der Arbeit tratzt.
Treape, Treapn, die, **Treapele,** das [Schatz belegt noch treapat (halb närrisch); Herkunft ungeklärt] (OT): *dummes, unbeholfenes Weib.*
Treber, der: *aus der Treber destillierter Schnaps, Grappa.*
Treber, die [mhd. treber] (ST): *Traubenrückstand beim Keltern.*
Treide, Treidn, die, **Treijin,** der [siehe Troidn]: *ausgetretener Viehweg.*
Tremml: *siehe Dremml.*
Trendilan, die (Plural) [gleicher Ursprung wie Trendl] (Terenten): *Ringelblume (Calendula officinalis).*
Trendl, Trendilan: *siehe Drendl, Drendilan.*
trensn ⟨hat⟩ [mhd. trensen (= ächzen, schnauben)] (ST): *leises Wimmern von Rindern.*
Trenzer, der [siehe trenzn]: **1.** *jemand, der trenzt* **2.** *Speichel, der aus dem Mund fließt* **3.** *Vorbindelatz für Kleinkinder.*

Trenzerl, das, **Trenser**, der [siehe trenzn] (NT): *Vorbindelatz für Kleinkinder.*
trenzn, trensn ⟨hat⟩ [mhd. trene (= Tropfen, Träne) mit dem Suffix -etzen] **1.** (auch bairisch-österreichisch) *Speichel, Getränke oder Essen aus dem Mund fließen lassen* **2.** (auch bairisch-österreichisch) *speicheln (von Hunden).*
treschettn: *siehe trischettn.*
Treschter, die; Plural: Treschtern [mhd. trester, ahd. trestir, zu trübe; eigentlich = mit trübem Bodensatz Versehenes]: *feste Rückstände, die beim Keltern von Trauben anfallen.*
Tret, Tred, der oder das [wohl zu treten] (NT): *Grasplatz bei der Almhütte:* „Von der hohen Alm auf die Niederalm, von der Niederalm aufs Tret, und vom Tret zu meinem Diandl, übern Almasåttl geht da Weg." (Aus dem Lied „Von der hohen Alm").
Trettl, der [Herkunft unklar, im OI auch Trettler]: **1.** (Def.) *weiche Masse, Dreck* **2.** (OI) *jemand, der sich beim Essen anpatzt.*
trettln ⟨ist und hat⟩ [zu treten]: **1.** *trippeln, kurze Schritte machen* **2.** (NT) *(den Schnee) glatt treten* **3.** (NT) *unschlüssig von einem Fuß auf den anderen steigen.*
triafn, triafln, triflen ⟨hat⟩ [mhd. triefen] (ST): *Tropfen hinterlassen, triefen.*
Triale, Trial, der und die [mhd. triel (= Lippe, Mund, Maul)]: *Ober- oder Unterlippe* ❖ **den Trial hengen låssn:** *in gedrückter Stimmung sein.*
triandln ⟨hat⟩ [Herkunft unklar] (Ridn.): *(herum-)trödeln.*
Trib, der [zu treiben, wie in Viehtrieb]: *Weg für den Viehtrieb.*
tribiliarn, tribiliara ⟨hat⟩ [zu ital. tribolare (= leiden; jemanden bedrängen, quälen), aus lat. tribulare (= drücken, peinigen, pressen)]: *belästigen, bedrängen, nötigen.*
Tribl, Triwi, Triwler, der [mitellat. tribulum (= Dreschflegel) mit Anlehnung an treiben]: *Teigwalker, Nudelwalker.*
tribln ⟨hat⟩ [Ableitung von Tribl] (OT): *Teig walken.*
Trickne, Tricknt, die [umlautend zu truckn]: **1.** *Trockenheit* **2.** *Trockenperiode.*
Trifl, Trifi, die [siehe triflen] (OI): *beim Triflen entstehender Strang.*
Trift, die [mhd. trift (= das Treiben, Schwemmen, Flößen von Holz)]: *das Holzflößen.*
triftn ⟨hat⟩ [zu Trift, siehe dort]: *Holz im Bach flößen.*
trillisch ⟨Adv.⟩ [auch bei Oswald von Wolkenstein trilitsch, trillisch (= dreifach); zu lat. tri- (= drei-)] (Pass.): *dreifädig gestrickt.*
Trimmaler, der [zu Trummel] (OI, Ehrwald): *Musikant, der die kleine Trommel schlägt.*

Trimml, das [Diminutiv von Trumm): *ein Stück von etwas.*
trimsig, trimslig ⟨Adj.⟩ [zu trumsn, trümsen; siehe dort] (NT): *schwindelig, taumelig.*
Trimsler, der [zu trumsn, siehe dort] (NT): *langsamer, zielloser Mensch:* „Nun kann es sein, daß Sie dieses Lied nicht versteh'n! (...) / A ‚Buchl' isch a Semml und a ‚Gsalz' a Marmelad'! / A ‚Trimmsler' isch a Mensch, der nix tuat, und dem isch fad!" (Aus dem Lied „Knou mah!" der Lechtaler Musikgruppe „Bluatschink").
trinkn ⟨hat (ge)trunkn⟩ [wie standarddt. trinken zu mhd. trinken, ahd. trinkan, weitere Herkunft unklar; zusätzliche Bedeutung in (Pass.): *unkontrollierbar tropfen (von Gefäßen, wenn man schüttet);* der Hafen trinkt; er ist trinket (= er tropft beim Ausschenken).
trintschln ⟨hat⟩ [Intensivbildung zu trenzn, siehe dort] (OT, Pfun.): *Speichel verlieren.*
Trintschler, der (OT): **1.** *jemand, der trenzt* **2.** *Speichel, der aus dem Mund fließt.*
trischaggn, trischaggn ⟨hat⟩ [zu tschech. držák (= Stiel)] (NT): *verprügeln:* „Es geit d'r Leit, dia s'orme Viech / trischagge und derschloge. / Döis konn sig voar die Schteaß und Schlöig / derwöire n'it und kloge." (Aus dem Gedicht „D' Viechschinter" von Karl Jais).
trischettn, treschettn ⟨hat⟩ [aus ital. Tressette] (ST, OT): *das Kartenspiel Tressette spielen.*
Trischibl, Trischiwi, der [mhd. drischüvel, drischübel, ahd. driscupuli, driscufli (= Türschwelle)]: *Türschwelle.*
Trischte: *siehe Drischte.*
tritl|boaßn ⟨hat⟩ [1. Wortteil zu treten, 2. Teil zu mhd. bozen (= schlagen, klopfen)] (Zillt.): *auf jemand ungeduldig warten.*
Triwi: *siehe Tribl.*
Troad, der [mhd. treid(e), tregede zu tragen (also: was getragen wird; was der Erdboden trägt; Getreide)] (NT): *Getreide.*
troadign ⟨hat⟩ [wie Getreide zum Verb tragen, dem in Nordtirol Troad entspricht; siehe dort] (ST): *ausbaden, büßen:* er sauft und si kånns troadign.
Troale, Troala, die; Plural: Troalen [zu troaln]: **1.** *einfältiges weibliches Wesen* **2.** (ST) *langsame Person.*
troaln ⟨hat⟩ [vielleicht aus einer Variante von mhd. trollen (= sich in kleinen Schritten bewegen); dieses möglicherweise zu trol (= gespenstisches Wesen, ungeschlachter Mensch, Tölpel); vgl. nhd. Trulle]: **1.** *trödeln, die Zeit vergeuden* **2.** (NT, OT) *Unnützes tun.*
trogat: *siehe trågat.*
Troge: *siehe Tråge.*
Troggn: *siehe Taroggn.*

Trog|wol, das [eigentlich: Tragwaal; siehe Wol]: *Hauptwaal (= Hauptrinne), aus dem das Flusswasser abgeleitet wird;* es läuft von dort über den Wasserwal in kleinen, von den Bauern künstlich angelegten Bachbetten weiter, bis es beim zu bewässernden Acker ankommt.
Troidn, Troije, Trui, der [*tregh-/trogh- (= laufen), idg. Alpenwort sowohl in deutschen wie in rom. Dialekten; vgl. griech. trechō (= ich laufe); siehe Treide, Treijin] (ST, OT): **1.** *vom Vieh ausgetretener oder von Zäunen eingegrenzter Viehweg zwischen den Wiesen* **2.** *Hohlweg.*
Troll, der [laut Duden aus dem Skandinavischen, vgl. schwedisch troll, vermischt mit älterem Troll, mhd. trolle, trol (= gespenstisches zauberhaftes Ungetüm, Unhold, ungeschlachter Mensch, Tölpel); wohl zu mhd. trollen (= sich in kurzen Schritten laufend fortbewegen)] (NT): **1.** *dämonisches Wesen, das männlich oder weiblich sein kann, die Gestalt eines Riesen oder eines Zwergs annimmt* **2.** *unbeholfener Mann.*
tropfetzn: siehe trupfetzn.
Tropp, der [ital. troppa, gleiche Herkunft wie Truppe] (OT): *Haufen:* „De Madlan, de tuan ma lei foppm, / miar bleibm viel liaber alloan, / und iatzt laffns uns nåch gånze Troppm, då greif ma lei glei um an Stoan" (Aus: „Miar pfeifm auf die Weiberleit auffi", auch „Buamalied" genannt, aufgezeichnet in Anras in Osttirol, SsÖ, S. 249).
Trose, Trosa, die [Lexer verweist im Nachtrag seines Mittelhochdeutschen Wörterbuchs auf mhd. truosen, drusene, drusine (= Bodensatz; was beim Auspressen von Früchten übrigbleibt), ahd. truosana; in D regional auch Drusen (Plural) mit der Bedeutung Bodensatz, Weinhefe] (ST): *Rückstand beim Zerlassen der Butter.*
trosn ⟨hat⟩ [zu Trose, siehe dort] (Pf.): *kleckern.*
trottan ⟨ist⟩ (Zillt.): *holpern, auf holprigem Weg gehen/fahren.*
Trote: siehe Tråte.
truckn ⟨Adj.⟩ [mhd. trucken (= trocken)]: *trocken.*
Trud: siehe Trute.
Trulla, Trulle, die [laut Grimm in den oberdeutschen Dialekten weit verbreitet; auch Trull; Nebenform von Troll (= dicker, unbeholfener Mensch; plumper Kerl); gehört vermutlich zu der Wortsippe trollen, trüllen (= wälzen, rollen)]: **1.** *dummes Weib, dummes Mädchen* **2.** *gutgenährtes, liebenswertes kleines Mädchen.*
Trullele, das [siehe Trulla] (liebevoll): *kleines Mädchen.*
Trumm, das [mhd., ahd. drum (= Endstück, Ende, Stück, Splitter)] (regional auch in D): *großes Stück, großes Exemplar von etwas:* dieser Koffer ist ein schweres Trumm; a Trumm Bua (= ein groß gewachsener, kräftiger Bub), a Trumm zu gehen (= ein weiter Weg).
Trumser, der [zu trumsn, siehe Trimsler] (ST): *langsamer, zielloser Mensch.*

Trumsl, die [zu trumsn, siehe dort] (NT): *ungeschickte Frau.*
trumsn ⟨ist⟩ [rückgebildet von trumseln, trümseln; zu trümmeln (= taumeln, schwerfällig gehen; unschlüssig sein; schläfrig, trunken sein); laut Grimm ein weit verbreitetes oberdeutsches Dialektwort]: **1.** *schwerfällig herumgehen* **2.** *taumelnd wanken.*
trupfetzn, tropfetzn ⟨hat⟩ [Intensivum zu tropfen]: *tröpfeln.*
Trupf|rinne, die (Zillt.): *Dachrinne.*
Trute, Trud, Trutte, die [mhd. trute, trut (= weiblicher Alp)]: **1.** *weibliches Gespenst* **2.** *Alpdrücken* (die Unholdin setzt sich auf die Brust) **3.** (ST, Ehrwald) *böse Frau.*
Truter, der [nach dem Lockruf trut, trut; so auch 1. Bestandteil von standarddt. Truthahn; nach einem ähnlichen Benennungsmotiv geht standardsprachlich Puter auf einen vor allem im Niederdeutschen gebräuchlichen Lockruf put, put zurück] (ST, OT): *Truthahn.*
Trutschala, der [zu Tschurtsche; vgl. dort]: *Nadelholz-, Tannenzapfen.*
Trutsche, Trutschn, die [vermutl. zu Trude unter Einfluss von mhd. trutschel (= kokette Gebärde und trüte (= Geliebte)] (NT, OT) (auch bairisch) (abwertend): *dumme, eingebildete Frau.*
Trutscherl, das [Trutsche mit Verkleinerungsendung] (NT, OT): *einfältiges Mädchen.*
Tschab, Tschapm, der [mit Agglutination des Art. aus Schab] (Pf.): *zusammengebundenes Reisig.*
Tschåber|någg, der [wie standarddt. Schabernack zu mhd. schabernac, schavernac (= grober, den Nacken reibender Winterhut; höhnischer, neckender Streich), andere Bedeutung in Latzfons] (La.): *unbeholfener Mensch.*
Tschåch, der [vermutlich zu tschechern (= hart arbeiten; saufen), aus dem Jiddischen entnommener Rotwelschausdruck schecher (= berauschendes Getränk) und jiddisch schochar (= trinken, sich berauschen), woraus sich die wechselnden Formen mit -e- und -å- erklären lassen; Tsch- im Anlaut ist verstärkend)]: siehe morz- **1.** *mühevolle Arbeit* ❖ **des wår a Mords-Tschåch:** *das war eine Riesenanstrengung* **2.** (ST, OT) *Missgeschick.*
tschachern: *siehe tschechern.*
Tschåggat: *siehe tschoggat.*
Tschåggali, das (OI): *Babyjäckchen.*
Tschaggele, Tschiggile, das; Plural: Tschaggelen [vgl. Tschåggl²]: **1.** *Quaste* **2.** (ST) *(hängen gebliebene) Traube von Weinbeeren, Kirschen etc.*
Tschåggl, der [Herkunft unklar] (ST): *Klaubsack, Umhängesack beim Obstpflücken.*

Tschåggl¹: *siehe Tschogg.*
Tschåggl², der [wohl aus ital. ciocca (= Strähne, Büschel)]: **1.** (ST) *Büschel* **2.** *Quaste am Hut, auf der Kappe* **3.** (ST) *eine größere Menge:* a Tschåggl Schåfe.
Tschåggl³, Tschåggler, der [siehe Tschåggl¹; Einwirkung von Tschoggl und Tschåppele tschåppet]: *unbeholfener Mensch.*
tschaggn ⟨hat⟩ [Herkunft unklar] (ST): **1.** *glucksen* **2.** *Geräusch der Schritte im Schlamm* **3.** *schwappen.*
Tschaggo, der [eigentlich Tschako, ungarisch csáko (= Husarenhut, helmartiger Hut); früher als Bezeichnung für eine Kopfbedeckung im Heer und bei der Polizei und mit dieser Bedeutung gesamtdeutsch] (NT): **1.** *salopper Hut* **2.** *Uniformkappe.*
Tschagrin haben [französ. chagrin (= Kummer)] (Def.): *schlechter Laune sein.*
tschala|wanggat: *siehe tschellewengget.*
Tschall, die; Plural: Tschalln [Herkunft unklar; vielleicht Vermengung von Schale und Tschill] (ST): *Fruchthülse, Fruchtschale.*
Tschålle, die; Plural: Tschalln [Herkunft unklar] (ST, OT): *geistig beschränkte Frau.*
Tschåller, der [Herkunft unklar] (ST, OT): **1.** *gutmütiger Tölpel* **2.** *Vieh, das herumtrottet.*
tschallig ⟨Adj.⟩ [mit Anlautverstärkung aus mhd. schellec (= laut tönend, scheu, aufgeregt, wild, toll); vgl. schellig] (La.): *brünstig (vom Pferd).*
Tschålper, der [Dentalerweiterung von mhd. schāle, ahd. scāla, eigentlich: die Abgetrennte; vgl. Schelper] (ST): **1.** *langer Splitter von Holz oder Stein* **2.** *Glasscherbe* **3.** *Schale (von Früchten, Erdäpfeln usw.).*
tschålpern ⟨hat⟩ [Verbalbildung zu Tschålper, siehe dort] (ST): *in kleine Stücke brechen, splittern.*
Tschaltsche, Tschaltsch, die; Plural: Tschaltschn [vielleicht Bezug zu Schale] (ST): **1.** *Hülle* **2.** *Hülse* **3.** *Kleie* **4.** *alter Schuh.*
tschaltschn ⟨hat⟩ [ursprünglich wohl lautmalend aus Bed. 2] (ST): **1.** *unklar sprechen (von zahnlosen Alten)* **2.** *einen Sch-Sprachfehler haben.*
Tscham, Tschaum, der [durch Verschmelzung mit dem vorausgehenden Art. zu mhd. schoum; vgl. Tschoam] (Deutschn.): *Schaum (auf dem Honig, auf der Milch).*
Tschamsterer: *siehe Gschamsterer.*
Tschanderer, der; Plural: Tschanderer [zu tschandern¹] (ST): **1.** *Wanderhändler* **2.** *Strolch.*
tschandern¹ ⟨hat⟩ [Herkunft unklar] (ST): **1.** *handeln, schachern, Wanderhandel treiben* **2.** *herumschwätzen* **3.** *verpetzen.*

tschandern² ⟨ist⟩ [vermutlich gleiche Herkunft wie tschandern¹] (OI, Deutschn.): **1.** *behaglich gehen* **2.** *herumwandern, strolchen, sich herumtreiben.*

Tschandl, Tschanl, der [vermutlich zu Zanni (= venetische Dialektform von ital. Gianni, Diminutiv von Giovanni = Johann), archetypische Figur des Dieners in der Commedia dell'arte, häufiger Vorname von Bauern in der Provinz Bergamon, die im Zuge der Landflucht in die Städte Venedig, Genua und Neapel kamen] (Ridn.) (stark abwertend): **1.** *einfältiger Mensch* **2.** *Alkoholiker und Nichtstuer.*

Tschangg, der [laut Schatz zu ital. zanco] (Pfun.): *linkischer Mensch.*

tschanggern ⟨hat⟩ [siehe tschanggn] (OT): *grob kauen.*

tschånggat ⟨Adv.⟩ (OT): *schlecht gekleidet.*

tschanggn, tschånggn ⟨hat⟩ [vielleicht variierend zu mhd. zant (= Zahn); vgl. standarddt. zanken, das ebenfalls auf Zahn zurückgeht] (ST, OT): *(laut) kauen.*

tschapian, tschapiarn ⟨ist⟩ [aus dem Romanischen, vgl. ital. scampare (= jemanden/etwas bewahren, retten, entkommen) und franz. echapper (= jemandem entschlüpfen, entkommen)]: **1.** *entkommen* **2.** *abhauen, weglaufen.*

Tschappot, das [2. Wortteil siehe Pocht; wie die im Tiroler Sprachatlas ebenfalls belegte Form Kaschpot, zeigt, ist der erste Wortteil der Rest von Kehr-] (OT): *Kehricht.*

Tschåppele, das, **Tschåppe,** der, **Tschåppl,** die [Herkunft unklar; Parallele zu Tschåggl und tschågget] (auch bairisch-österreichisch): **1.** *einfältiges, ungeschicktes Kind* **2.** *ungeschickter, aber gutmütiger Mensch.*

tschåppet, tschåppelet ⟨Adj.⟩ [zu Tschåppe(le), siehe dort]: **1.** *ungeschickt* **2.** *einfältig:* der isch nit tschåppet (= der ist schlau).

tschåppln ⟨hat⟩ [zu den vorigen] (OT, La.): *kleckern.*

Tschåpprer, der; Plural: Tschåpprer [zu Tschåppele, siehe dort] (Sa.): **1.** *einfältiges, ungeschicktes Kind* **2.** *ungeschickter, aber gutmütiger Mensch.*

tscharfln: *siehe tscherfln.*

tschari gen [da Schatz als Variante noch tschadri kennt, vielleicht zu (t)schädern (= zerspringen, zerbrechen) und tschäderig, schätterig (= klirrend, scheppernd, gebrechlich, hinfällig); die häufig zu lesende Ableitung von tschech. čary (= Hexerei, Zauberei) ist verfehlt]: **1.** *verloren, verschwunden, weg* **2.** *bankrott gehen* **3.** *bankrott sein.*

Tschåsch, der [Herkunft unklar] (salopp) (ST): *Geld, (beträchtliche) Geldmenge.*

Tschasch, der [siehe tschåschn] (Deutschn.): **1.** *Almarbeiter* **2.** *Heuarbeiter.*

T

Tschåscher, Tschạscher, Tschạschler, der [zu tschåschn, siehe dort] (ST): *armseliger (alter) Mann.*
tschåschet, tschạschlet, tschåtlat ⟨Adj.⟩ [zu tschåschn, siehe dort] (ST): *ältlich, gebrechlich.*
tschạschln ⟨ist⟩ [zu tschåschn] (ST): *gebrechlich dahintrotten.*
tschåschn ⟨hat⟩ [lautmalend zu mhd. zaspen (= scharren, schleifend gehen)]: **1.** (OI, La.) *beim Gehen die Schuhe nachziehen, die Füße kaum vom Boden heben* **2.** (ST) *kleine Heuzeilen aus dem Weg räumen, Gras zusammenschieben* **3.** (ST) *leichte Arbeiten verrichten.*
tschạtschn[1] ⟨ist⟩ [vgl. tschåschn und hatschn] (ST, OT, OI): *schlurfend, schleifend gehen.*
tschạtschn[2] ⟨hat⟩ [erinnert an ratschn] (Sa.): *plaudern, schwätzen.*
Tschåttl, die; Plural: Tschattln [vgl. tschåttlat] (ST, OT): *dumme Person.*
tschåttlat ⟨Adj.⟩ [wegen der Bedeutung zu tschåschlet] (OT, OI, Ridn.): *alt und gebrechlich (meist mit schleifendem Gang).*
tschạu [ursprünglich aus venezinanisch scia(v)o, Nebenform von ital. schiavo (= Sklave); also eigentlich: ich bin dein Diener; dieses ist eine Lehnübersetzung der gleichbedeutenden österreichischen Grußformel servus, aus lateinisch servus (= Sklave, Knecht, Diener)] (salopp): *freundschaftlicher Gruß (meist) zum Abschied.*
Tschạupe, Tschạup, der [zu Schabe/Schaub, ursprüngliche Bedeutung Garbe; später auf Haare übertragen] (ST): *Büschel, Schopf.*
tschạupet ⟨Adj.⟩ [zu Tschaupe, siehe dort]: *unfrisiert.*
Tschạup|moase, die, **Tschạup|measl,** das [eigentlich: Schopfmeise, 1. Bestandteil: siehe Tschaupe; Bennenungsmotiv ist die schwarz-weiß gemusterte, leicht nach vorne gebogene Federhaube dieses Vogels] (ST, OT): *Haubenmeise (Lophophanes cristatus, Syn. Parus cristatus).*
Tschẹader[1], die [vgl. Schear] (NT): **1.** *Maulwurf (siehe Scher)* **2.** *Wühlmaus.*
Tschẹader[2], die [am ehestenzu ahd. skerdar (= Türangel); siehe schederweit] ❖ **ba der Tscheader aussn** (La.): *vom Weg abgekommen, auf die Seite geraten.*
Tschẹader|haufn, der: *Maulwurfshaufen.*
tschẹagget, tschẹaggn: *siehe tschergget, tscherggn.*
Tschẹaggla, das [Herkunft unklar] (Deutschn.): *aus Blut, Gerste und Greipn bestehende Reste, die bei der Herstellung von Blutwurst übrigbleiben.*
Tschẹap: *siehe Tschoape.*
tschẹchern, tschạchern ⟨hat⟩ [zu Tschåch, siehe dort]: **1.** *hart arbeiten, sich schwer tun* **2.** *trinken, zechen.*
tschẹdern, tschẹttern ⟨hat und ist⟩ [lautmalerisch für plätscherndes Geräusch; zu den Bedeutungen 4 und 5 siehe platschedern]: **1.** *plät-*

schern **2.** *scheppern* **3.** *fallen* **4.** *plaudern, plauschen* **5.** (ST, OI) *angeben, groß reden* **6.** (ST, OI) *schnell fahren* **7.** (ST) *koten, urinieren.*
Tscheggeler, die (Plural) [Plural von Tschoggl]: *Quasten.*
tschegget, tscheckat ⟨Adj.⟩ [wie standarddt. scheckig zu mhd. scheckeht (= scheckig)]: *scheckig.*
Tscheggl, der: *siehe Tschåggl¹.*
Tschelatti, das [ital. gelato; im Verschwinden, heute essen die Kinder Eis] (ST): *Speiseeis.*
tscheldern, tschildern ⟨hat⟩ [siehe tschelln] (OT, OI): *scheppern.*
tschelle|wengget, tschell|wengget, tscheder|wenggat etc. ⟨Adj.⟩ [vgl. schellewengget]: **1.** *verbogen, krumm* **2.** *wackelig.*
tschelln, tschalln ⟨hat⟩ [mhd. schellen (= ertönen; ertönen lassen) zu standarddt. Schall und Schelle] (ST): *verpetzen.*
tschelpern ⟨hat⟩ [mit Anlautverstärkung zu Schalper²; siehe dort]: *blechern läuten* ❖ **so a Gitschelpere:** *so ein minderes Geläut.*
Tschelper, die (OT): *Kuh- oder Schafglocke.*
Tschepe: *siehe Tschoape.*
Tschepli, das [anlautverstärktes Diminutiv von mhd. schoup (= Bündel, besonders Strohbund)]: *Bündel oder Garbe von Stroh, Heu, Reisig etc.*
tscheppern ⟨hat⟩ [wie lautmalend scheppern, aber mit Anlautverstärkung von sch- zu tsch-]: *scheppern, klappern, blechern tönen, lärmen* ❖ **koan Tschepper hobm:** *eine Sache geht nicht vorwärts, läuft nicht gut.*
tscherflen, tscherfn ⟨hat⟩ [wohl verwandt mit scharren, schürfen]: **1.** *schlürfend gehen* **2.** *stehend die Sohlen abstreifen.*
tschergget, tscheagget ⟨Adj.⟩ [lautmalend an bestehendes Wortmaterial anknüpfend]: **1.** *schief* **2.** *hinkend* „Sie gieh'n leicht zehn Jahr schon / mit 'n Heirat'n um, / vor lauter lang Wart'n / sein d' Füeß ihnen krumm. / Die Lena weard tscherket / und triefet dazue / und schreit sich fast hoaser, / Wann nimmst mi denn, Bue?!'" (Aus „Um Haus und Hof" von Franz Kranewitter; Strophe der Katzenmusik) ❖ **tscheagget gian:** *schlurfend gehen.*
tscherggn, tscheaggn, tschiarggn ⟨ist⟩ [zu tscheagget und Tscheader, siehe dort]: **1.** *schief gehen, hinken* **2.** *schleppend gehen.*
tscherwennggat [vgl. schellewengget] (Tristach): *schwach auf den Beinen.*
tscherpfln ⟨hat⟩ [vgl. scherfn] (Anras): *ein schalenloses Ei legen.*
Tschesch, der [Herkunft unklar] (Ridn.): *Verwirrter, geistig Behinderter.*
tschess ⟨Interj.⟩: *Fuhrmannsruf: zurück.*
Tschess, der; Plural: Tschess [wohl aus der Interj.] (salopp): *die Schulnote Nicht genügend (wobei in Italien völlig anders benotet wird).*

Tschętt, die [da Schatz auch die Variante Kontschette kennt: letztlich wohl auf lat. concipire bzw. conceptum zurückgehend] (ST): *ummauerter Teich zur Wasserspeicherung.*
tschęttern: *siehe tschedern.*
Tschettone, der; Plural: Tschettone [ital. gettone (= Einwurfmünze); nach Abschaffung der Telefonmünzen zwar bekannt, aber außer Gebrauch] (ST): *Einwurfmünze (früher Telefonmünze).*
tschiangle: *siehe schia(n)gln.*
tschiarggn: *siehe tscheaggn.*
Tschidale, das [vgl. tschudern[1]] (Def.): *Schwall Wasser.*
tschigg 〈Adv.〉 [wohl zum Substantiv]: *hundemüde.*
Tschigg, Tschick, der oder die [von friaulisch cic (gesprochen wie Tschick) mit der Bedeutung Splitter, Zigarettenstummel; ursprünglich nur für den Zigarettenrest und abwertend für Zigarette; vgl. Georg Danzer in „Der Tschick: „... des hǻb i dem Tschick hoit voraus,/ is mei Leben nur mehr Tschick,/ dämpf i mi söba aus"]: **1.** *Zigarette* **2.** *Priem* **3.** *Kautabak.*
tschiggn 〈hat〉 [zu Tschigg, siehe dort]: **1.** *(eine Zigarette, eine Zigarre oder Ähnliches) rauchen* **2.** (ST) *Tabak kauen.*
Tschigol, Tschigole, die; Plural: Tschigoln [ital. cicala (= Zikade)] (ST): *verschiedene Arten der Singzikade (Cicadidae); z. B. die Große Zikade (Lyristes plebejus) und die Bergsingzikade (Cicadatra atra).*
Tschille, Tschill, die [laut Schatz zu slaw. skulja (= Schale)] (ST): **1.** *Hülse* **2.** *Deckblatt des Maiskolbens* **3.** *Fruchtschale.*
Tschilse, die (Def.): *Eierschale.*
tschimpln: *siehe schimpln.*
tschildern: *siehe tscheldern.*
tschindern 〈hat und ist〉 [mhd. schindern (= polternd schleppen, schleifen) mit Anlautverstärkung von sch- zu tsch-]: **1.** *klirren, knallen, dröhnen, lärmen, polternde Geräusche verursachen* **2.** *taumeln, schwankend gehen* ❖ **(es) tschindern lǻssn: 1.** *lautstark beginnen* **2.** *sehr schnell fahren, es sausen lassen* **3.** (ST) *etwas sich selbst überlassen.*
tschinggilen, tschinggln, tschinggl, tschunggilan 〈hat〉 [mhd. singen, sungen, sunkeln (= knistern, prasseln), sunken (= anbrennen, versengt werden)] (ST, OT): **1.** *mit Feuer spielen* **2.** *nach Angebranntem riechen.*
Tschinggiler, Tschinggela, Tschingala|mora, der [Bed. 1 zu dem in Italien gängigen Fingerspiel Mora oder Morra; hier kommt es auf rasches Abschätzen der nach einem Kommando nach vorn schnellenden gezeigten gemeinsamen Anzahl von Fingern an: sobald die Faust geöffnet wird, ruft jeder laut die Anzahl aus; wer richtig oder besser schätzt, erhält die Differenz als Pluspunkte gutgeschrieben; der beim Mora

häufige Ausruf „cinque a la mora" (fünf) diente zunächst als Bezeichnung für ital. Gastarbeiter] (auch schweizerisch) (abwertend): **1.** *Italiener* **2.** (Bozner U-Land) *Lederstrick aus fünf Riemen.*
Tschippl, der [wie Schippl, siehe dort, aber mit Anlautverstärkung von sch- zu tsch-; verwandt mit Schopf]: **1.** *Büschel* **2.** *Portion Heu* **3.** *eine kleinere Menge:* a Tschippl Vögel.
tschippln, tschipplen ⟨hat⟩ [zu Tschippl, siehe dort]: *bei den Haaren beuteln.*
tschischn ⟨hat⟩ [zu zischen mit Anlautverstärkung] (La.): *mit dem Feuer spielen.*
tschisn ⟨hat⟩ (OT): *zischen.*
tschitschn, tschitschlen ⟨hat⟩ [lautmalerisch zu mhd. zispen, standarddt. zischen] (ST): **1.** *zischend brennen* **2.** (salopp) *rauchen.*
Tschitscho, der [ital. ciccio] (ST): *Dickwanst.*
tschmarggelen: *siehe schmarggln.*
tschnachts ⟨Adj.⟩: *abends.*
Tschoam, Tschuam, der [Variante zu mhd. schūm (= Schaum)] (ST): *Schaum.*
Tschoape, Tschoapm, der, **Tscheapl, Tscheapile,** das [mhd. schōpe (= Obergewand bei Frauen und Männern); aus dem Romanischen, vgl. ital. giubba (= Joppe), franz. jupe (= Rock, Damenrock), das im Deutschen als Joppe, erscheint]: **1.** *Männerjacke, Männerbluse* **2.** (Pass.) *Frauenjacke der Tracht* **3.** (Ehrwald) *grobe Strickweste.*
Tschochn, der [mit Anlautverstärkung aus mhd. schache (= einzeln stehendes Waldstück; Waldrand)] (Pfun.): *Waldstück mit dicht wachsenden Jungbäumen.*
Tschock, der [mhd. schoc (= Haufe, Bündel)] (OT): *Haufen.*
Tschodele, das; Plural: Tschodeler [nach Haller/Lanthaler zu ciodi, einem Übernamen der Belluneser nach der für sie typischen Allerweltspart. ciò; die Anknüpfung an ital. ciodo (= Nagel) wegen der genagelten „Knospen" ist wenig wahrscheinlich] (historisch) (Pass.): *Erzscheiderin am Bergwerk Schneeberg im Passeiertal (dies waren großteils Italienerinnen).*
Tschogg(e), Tschoggl, Tschåggl, Tscheggl, der [aus ital. ciocco (= Baumstumpf, Holzklotz); siehe auch Tschoggl]: *Dummkopf, Grobian.*
tschoggat, tschogglat, tschopplat, tschåggat ⟨Adj.⟩ [siehe tschåppat und Tschåggl³]: *ungeschickt.*
Tschogge|nagilan, Zoggl|nagelen, die [vgl. Tschogg und Tolm] (OT): *Kaulquappen, Larven der Froschlurche.*
Tschoggl(e), Zoggl, der [ital. zoccolo (= Holzschuh, Sockel)]: *Holzschuh.*
Tschoggla, die [wohl zu Tschoggl]: *Schimpfwort für Frauen:* a bledi ålti Tschoggla.

Tschọlder, der [Herkunft unklar; vgl. Scholder]: (NT) *Männerjacke.*
tschọldern ⟨ist⟩ [vgl. scholdern] (ST, OT, OI): *herumschlendern und plaudern.*
Tschọpf, der; Plural: Tschepfe [zu Schopf]: *Büschel, Haarbüschel.*
tschọpfit|ẹchrig ⟨Adj.⟩ [1. Bestandteil: siehe Tschopf; 2. Bestandteil: Ähre, siehe Echer] (Pass.): *mit büscheligen Ähren.*
Tschọpf|moase, die: *Haubenmeise (Lophophanes cristatus).*
tschọpfn ⟨hat⟩ [zu Tschopf, siehe dort]: *an den Haaren ziehen.*
tschọppm: *siehe schoppm.*
Tschọrgg, der [zu tschorgget, siehe dort] (ST): **1.** *verkrüppelter Ast* **2.** *ungeschickter oder ungebildeter Mensch* **3.** *wipfelloser Baum.*
Tschọrgge, der [wie Tschorgg] (Pfun.): *alter abgetragener Schuh.*
Tschọrgg(e): *siehe auch Tschåggl.*
tschọrgget ⟨Adj.⟩ [Nebenform von tschogget (mit Einwirkung von tscheagget), siehe dort] (ST): **1.** *unbeholfen* **2.** *ungebildet* **3.** *grobschlächtig.*
Tschọtte, Tschọtt, Tschọttn, der [siehe auch Schottn; mhd. schotte; ahd. scotto; über das Romanische zu lat. excocta (materia) (= ausgekochte Substanz)] (ST): *Topfen* (in D: Quark).
tschọttern ⟨hat⟩ [anlautverstärkt zu soatere] (Def.): *tröpfeln.*
tschọttn ⟨ist⟩ [siehe Tschotte] (ST): *gerinnen, flockig werden.*
Tschuchui, der [lautmalerisch aus mhd. juchetzen (= juch/juhu rufen); vgl. standarddt. jauchzen] (Ridn.): **1.** *(Alkohol-)Rausch:* an nettn Tschuchui hobn (= stark betrunken sein) **2.** (Bozner U-Land) *lebenslustiger, übermütiger Mensch.*
Tschuder, die [vielleicht mit tschudern² verwandt, weil als Wiesenegge ein Bündel von Dornstauden verwendet wurde]: *Wiesenegge.*
Tschuder, der [vgl. tschudern¹] (Def.): *Schwall Wasser.*
tschudern¹ ⟨hat⟩ [Herkunft unklar, wohl lautmalend; vgl. tudern]: **1.** *undeutlich, überhastet reden* **2.** *schwätzen* **3.** (Ehrwald) *sprudeln.*
tschudern² ⟨hat⟩ [siehe Tschurl] (OT): *bei den Haaren ziehen.*
Tschugg, der [Herkunft unklar] (Deutschn.): **1.** *Ochse mit verwachsenem Horn* **2.** *einfacher, tollpatschiger Mensch.*
Tschugge, der oder die [Nebenform von Tschuppe; siehe dort] (ST): **1.** *Legföhre* **2.** *kleiner, buschig gewachsener Nadelbaum* **3.** *Nadelbaumsetzling.*
tschugget ⟨Adj.⟩ [siehe Tschugge] (ST): **1.** *verkrüppelt* **2.** *verwachsen.*
tschuggo ⟨Adv.⟩ [aus ital. ciucco (= besoffen, betrunken)] (ST): *besoffen, betrunken.*
Tschull, der [Herkunft siehe Zull] (La.): *Feldmaikäfer (Melolontha melolontha), auch als Gemeiner Maikäfer bezeichnet.*

Tschumpus, der [laut Hornung zu tschech. žumpa (= Senkgrube, Gefängnis)]: *Kerker.*
Tschunggl, die; Plural: Tschungglen [wohl Nebenform von Tschungl] (ST): **1.** *Strick zum Einspannen der Ochsen* **2.** (Pass.) *schlecht klingende Kuhschelle.*
Tschungl, die; Plural: Tschunglen [über das Rätoromanische aus lat. jungula zu jungere (= verbinden); vgl. ital. (con)giungere (= vereinigen, verbinden)] (ST): *Rohlederriemen um das Gehörn der Zugtiere.*
Tschuppe, Tschup, die [laut Schneider durch roman. Vermittlung aus keltisch *juppos (= Wacholder)] (ST, OT): **1.** *junges Nadelholz, buschiger Ast, kleiner Baum* **2.** (Vin.) *Legföhre.*
Tschur, der; Plural: Tschurn [zu Tschurl, siehe dort] (ST): *Mann mit lockigem Haar.*
tschuret, tschurilat ⟨Adj.⟩ [zu Tschurl, siehe dort] (ST): **1.** *lockig* **2.** *kraus.*
Tschurl, der [wohl ablautende Ableitung von mhd. schern (= scheren); Schatz belegt auch die Bedeutung gefallenes Mädchen] (ST): *Locke.*
Tschurele, das [Diminutiv von Tschurl]: *Lockenköpfchen.*
Tschurtsche, Tschurtschn, Tschutschn, Tschutschala, Tschurschl, die [die Varianten der alten Dialekte (Zurschn, Zirschn etc.; vgl. auch Ziche) im Tiroler Raum lassen sich laut Schatz unter einer nicht belegten Grundform zürse vereinigen, daneben ist aus slowen. šiška die Form Zischge entstanden; vgl. auch Trutsche]: **1.** *Fruchtzapfen der Nadelhölzer* **2.** (Tristach) *Maiskolben* **2.** *einfältige Frau.*
Tschurtscheler, der [zu Tschurtsche, siehe dort]: *Föhrenschnaps.*
Tschusch, der [wohl nicht von serbokroatisch čuješ? (= hörst du?) abzuleiten, sondern von serbokroatisch ćuš, das früher in Bosnien-Herzegowina von Treibern als Ausruf verwendet worden war, um Lasttiere anzutreiben; die Treiber wurden Tschuschen oder Tschutschen genannt; erst später Bedeutungsverschlechterung] (abwertend) (NT): *Ausländer vom Balkan.*
tschusn ⟨hat⟩ (ST, OT): *trödeln.*
Tschutsch, der [zu tschutschn, siehe dort]: *Spritzer.*
tschutschn ⟨hat⟩ [lautmalend] (ST): *spritzen.*
Tschutter, die; Plural: Tschuttern [Herkunft unklar] (ST): **1.** *Korbflasche, Feldflasche* **2.** *unbeholfene Frau* **3.** *Jungtier, das noch mit der Flasche gefüttert wird* **4.** *sehr anhängliche Person (z. B. Mammatschutter).*
Tschwall, der [aus franz. cheval (= Pferd)] (La.): *mieser Kerl (ursprünglich auf Pferde bezogen).*
tschwalln ⟨hat⟩ [zu Tschwall] (ST): *verpetzen.*
tschwergglet ⟨Adj.⟩ [siehe schwerggln] (OT): *schwankend.*
tschwoarggln, tschwoagln ⟨ist⟩ [Herkunft unklar; siehe schwerggln]: *torkeln, wankend gehen.*

Tuach, das [wie standarddt. Tuch zu mhd. und ahd. tuoch; bei Grimm findet sich folgende Wendung: der hat ein leichtes Tuch am Kittel (= er ist ein leichtsinniger Mensch); daraus im Oberdeutschen: a leichts Tuach (= eine leichtsinnige Person); bei Schöpf für Tirol belegt: das Tuech (= Schelte für einen liederlichen Menschen); ein faules, liederliches, grobes Tuch]: *liederlicher Mensch.*

Tuam, der [vgl. mhd. tam (= Damm)] (NT): *Damm, Böschung.*

Tuchent, die [vermutlich zu tschech. duchenka mit Endungswechsel] (NT) (auch bairisch): *mit Federn gefüllte Bettdecke* (in D meist Federbett) ❖ **etwas unter da Tuchent håltn:** *danach trachten, dass etwas im Verborgenen bleibt.*

Tuck, Tuk, Tugg, der [mhd. tuc (= Schlag, Streich, Arglist)]: **1.** *hinterhältiger Streich* ❖ **an Tuck åntian:** *einen (bösen) Streich spielen* **2.** (ST) *Bösartigkeit.*

Tuck|mauser¹, der [zu (sich) ducken, mhd. tucken, dazu mhd. dockelmūs (= Maus, die sich duckt)]: **1.** *jemand, der sich vorschnell unterordnet, unterwürfig ist.* **2.** *Drückeberger* ❖ **sich tuckn:** *sich vor der Arbeit drücken* **3.** *jemand, der jeder Gefahr aus dem Weg geht.*

Tuck|mauser², der [nach dem Muster von Tuckmauser¹, aber nicht zu ducken, sondern zu Tuck] (OI): *jemand, der einem anderen einen Streich spielt.*

Tuder, die, **Tuderer**, der [zu tudern]: *Vielredner, Plappermaul.*

tudern ⟨hat⟩ [Herkunft unklar, vgl. tschudern]: **1.** *undeutlich sprechen, lallen* **2.** *hastig sprechen.*

Tuffo, der [ital. tuffare (= untertauchen)]: *Sprung ins Wasser* ❖ **an Tuffo måchn:** *eine Runde schwimmen.*

Tugschta, der [Herkunft unklar] (Pf.): *Bocksbart; Bocksbärte (Tragopogon) sind eine Pflanzengattung in der Familie der Korbblütler (Asteraceae); ist die Pflanze verblüht, erinnert sie an einen Bocksbart.*

Tuifele|moler, der [volksetymologisch: Maler von Teufelchen; laut Schöpf ursprünglich: ländlicher Maler, Tafel-Maler (siehe dort) oder Anstreicher bäuerlicher Mobilien oder Totenkreuze und dergleichen]: *ungelenker, schlechter Maler.*

Tuifl|haut, die [eigentlich: Teufelshaut; der Stoff aus einem speziell gewebten Baumwollgarn wird nach dem Weben geschmirgelt und aufgeraut, was ihm das Aussehen von Wildleder oder Samt verleiht] (ST): *Baumwollstoff, Schnürlsamt:* tuiflstårke Hosn (= Hosen aus Schnürlsamt).

Tulje, der [eigentlich: ein beim Jodeln ausgestoßener Freudenschrei]: *Rausch.*

Tulle, Tull, der; Plural: Tulln [zu einem regional auch in D vorkommenden Dolle(n) (= Holzdübel, Holzzapfen; ungeschickter, unbeholfener

Mensch)] (ST, OT): **1.** *stumpfer Gegenstand, Stumpf* **2.** *männliches Schaf, (hornloser) Widder* **3.** *Kuh mit hässlichen, abwärts gerichteten Hörnern* **4.** *bulliger Mensch* **5.** *ungeschickter, unbeholfener Mensch.*
Tuller, der (Ötzt.): *Rausch.*
tullet 〈Adj.〉 [zu Tulle, siehe dort]: **1.** (ST) *stumpf* **2.** (OT) *stur, dickköpfig.*
Tummat, Tunget: *siehe Dummat.*
tumlwitzig 〈Adj.〉 [zu taumeln; witzig wie in wahnwitzig] (Def.): *schwindlig.*
Tumpe, die, **Tumpm,** der [vgl. Gumpm und Tumpf] (NT): *tiefe Wasserstelle.*
Tumper, der [entspricht einem im Niederdeutschen, im Engl. und in skandinavischen Sprachen vorkommenden Verb dump, dumpe, dumpa (= abladen, abwerfen, fallen) zurück] (Pass.): *Frontkippwagen.*
Tumpf, der [Rückbildung von mhd. tümpfel (= tiefe Stelle im Wasser, Strudel); wie dessen aus dem Niederdeutschen eingewanderte Entsprechung Tümpel eine Nasalerweiterung der Wortsippe von tief] (NT): *Vertiefung im Wasser bzw. im Gelände.*
Tupf, der [mhd. topfe (= Tupf, Punkt)]: *Punkt, Fleck* ❖ **einen Tupf geben:** *Anstoß geben* ❖ **ein junger Tupf(er):** *unerfahrener Bursch, Grünschnabel.*
Tupfer, der (NT): *Punkt, leichter Stich.*
Türken, der: *siehe Tirggn.*
Turm, Tirml, der [zu mhd. türmel (= Taumel, Schwindel); vgl. Tirmi, tirmisch] (OI): *Schwindgefühl.*
Turmentl: *siehe Murmele.*
turmisch: *siehe tirmisch.*
turtschn 〈hat〉 [lautmalend] (OT): *zwei Ostereier gegeneinander schlagen (siehe Eierpeckn).*
Tuscher, Tusch, der [zu tuschn, siehe dort]: **1.** *Knall* ❖ **an Tuscher tuan:** *einen lauten Knall machen, krachen (z. B. bei einem Gewitter)* **2.** *kurze, markante Folge von Tönen (von einer Kapelle gespielt)* **3.** *einfältiger Mensch.*
Tusch|hofn, der (Zillt.): *große Kuhglocke (nicht gegossen, sondern geschmiedet).*
tuschn 〈hat〉 [vielleicht zu mhd. tusen (= schallen, rasen); lautmalend]: **1.** *krachen:* jetzt håts tuscht (z. B.: zwei Autos sind zusammengekracht) **2.** *schlagen, ohrfeigen:* I tusch da r oane! **3. es tuschn låssn:** *es hoch hergehen lassen, ohne zu bremsen einen Hang hinunterfahren* **4.** *loslassen, etwas sich selbst überlassen.*
Tusl, der [vermutlich zu duseln (= schlummern); zu dösen (= halb schlafen) oder zu mhd. duseln (= taumeln); vgl. Disl]: *(unverdientes) Glück.*
tutschn 〈hat〉 [Herkunft unklar] (ST, OT): *schlafen, kuscheln.*

Tutte, die, **Tuttn,** der: [mhd. tutte, ahd. tutta, Lallwort der Kindersprache] (in D eher Titte): **1.** *Zitze:* di Ferkel saugen an den Duttn **2.** *weibliche Brust* **3.** *männliches Glied.*
tuttln ⟨hat⟩ [siehe Tuttn]: **1.** *an den Zitzen saugen* **2.** (salopp) *saufen, trinken.*
Tuxer, der: *lodener Männerrock.*
Tuzl, der [zu zuzeln (= lutschen, saugen) mit verändertem Anlaut]: *Schnuller.*

U

Ual, Uil: *Ulrich.*

Ual|mode, die; Plural: Ualmoden [1. Bestandteil entweder aus ahd. *uodil (= Besitztum, Heimat) oder – wahrscheinlich – aus dem Namen Ulrich, der ebenfalls aus uodil abgeleitet ist; der Legende nach riss nämlich der noch kindliche St. Ulrich auf dem Heimweg durch ein unwegsames Moor einen Pfahl aus dem Boden, der als Grenzmal diente; erst als ihm bewusst wurde, dass der Pflock fremdes Gut war und er zurückging, um ihn wieder in die Erde zu stecken, fand er nach Hause; Ulrich ist außerdem berühmt dafür, dass er die Grenzbefestigungen der Stadt Augsburg so verstärkte, dass die Stadt von den eingefallenen Ungarn nicht eingenommen werden konnte; 2. Bestandteil: entspricht standarddt. Mahd] (Pass.): *stehen gelassener Grasstreifen als Grenze zur Nachbarwiese.*

uan-, ua-: *siehe auch oan-, an-.*

uan|headig ⟨Adj.⟩ [eigentlich: einhodig; mhd. hode, ahd. hodo, ursprünglich: der Umhüllende] (Pass.): *mit nur einem Hoden:* an uanheadiger Bock.

uan|hornt, an|hornt, uan|hornat ⟨Adj.⟩ [hornt ist ursprünglich Partizip (gehörnt); hornat aus mhd. horneht] (ST, OT): *einhörnig.*

uan|lafe, oan|laf, uand|lfe [mhd. einlif, einlef: der Dialekt bewahrt die alte Zweisilbigkeit; nach Kluge-Seebold signalisiert die zweite Silbe, dass es sich um die erste überschüssige Zahl handelt, als Reminiszenz an den Übergang von einem Sechser- auf das Zehnersystem der Zahlen] (ST, Alp.): *elf.*

Uan|latz ⟨Adj.⟩ [mhd. einlütze (= einzeln, allein)] (Pfun.): *einzeln.*

Uan|litze, die [Ableitung von uanlatz] (ST): *einsame Lage:* der Hof isch in der Uanlitze.

Uans|berg, der [durch falsche Abtrennung von aufn Nuansberg (= Nonsberg)]: *Nonsberg, eine Hochfläche zwischen dem Trentino und Südtirol.*

Uans|berger, der: *Nonsberger.*

uans|toals, ans|toals ⟨Adv.⟩ [eines Teils]: *einerseits.*

uan|strichig ⟨Adj.⟩ [zu Strich (= Zitze)] (Pass.): *nur auf einer Zitze Milch gebend.*

uan|stutzet, an|stutzet ⟨Adj.⟩ [siehe Stuze] (ST, OT): *einbeinig.*

uan|tåtzet, an|tåtzet ⟨Adj.⟩ [eigentlich: eintatzig] (ST, OT): *einarmig.*

Uasch, Uisch, der [mhd. nuosch (= Rinne, Trog), der Verlust des anlautenden n- erklärt sich daraus, dass es als Bestandteil des vorausgehenden unbestimmten Art. aufgefasst wurde; vgl. Nuasch] (ST, OT): **1.** *Rinne (Dach)* **2.** *Wasserrinne zur Mühle* **3.** *Abfluss, Ausguss.*

Uaschta|bleami, das [Osterblümchen] (OT, Achental): *Echte Schlüsselblume (Primula veris), auch Himmelschlüssel genannt.*
übel, ibl ⟨Adj.⟩ [mhd. übel (= übel, böse, bösartig), ahd. ubil; Herkunft unklar]: *schlimm, schädlich, auch im Hinblick auf das eigene Befinden:* mir isch ibel (= mir ist schlecht).
übl(en), iblen ⟨hat⟩ [eigentlich: sehr schlecht gehend; wohl zum mhd. Adverb übele (= auf böse Art, sehr schlecht] (OI, Tuxertal): *Heimweh haben* ❖ **es tut iblen:** *es tut mir nicht gut.*
übl|kearat, ibl|kearat, ibl|herat ⟨Adj.⟩ [eigentlich übel (ge)hörend] (NT): *schwerhörig.*
über-¹, gesprochen: **iwa, iber, ibr** ⟨betontes Präfix beim Substantiv⟩: **Über|bett,** das (= Deckbett); **Über|boden,** der (= Plafond, Decke); **Über|gangl,** das (= vorübergehendes Unwohlsein); **Über|hång,** der (= überhängender Fels, Schnee); **Über|wåsser,** das (= das am Brunnen abfließende Wasser); **Über|zånt,** der (= etwas Hervorstehendes).
über-², **iber-, iwa-** ⟨unbetontes Präfix bei Verben⟩: **über|essn (sich)** ⟨hat⟩ (= zu viel essen); **über|kemmen** (= überstehen, hinter sich bringen); **über|lauern** (= dahinterkommen, durchschauen): er hat den Kartentrick überlauert; **über|nåsern** (= schnell begreifen, erfassen); **über|reissn** (= begreifen, erfassen): er hat überrissen, dass ma si bei ihr auf nix verlåssen kann; **über|ringln** [laut Grimm eigentlich Ausdruck der Bortenweberei] (= schnell begreifen); **über|schtelln** (= hinfallen, hinschlagen; sich überschlagen; eine Frau zum Geschlechtsverkehr überreden); **über|tauchn** (= überstehen, eine Krankheit, eine wirtschaftliche Krise etc.); **über|ziachn** (= begreifen, erfassen); **über|zuckern** (= begreifen, erfassen).
über-³, **iber-, iwa-** ⟨betontes Präfix bei Verben⟩: **über|haben** ⟨hat⟩ (= auf dem Herd haben); **über|gian** ⟨ist⟩ (= über etwas gehen; überlaufen: von der Milch etc.); **über|schnappen** ⟨ist⟩ (= überschnappen, verrückt werden); **über|schtelln/über|tun** ⟨hat⟩ (= auf den Herd stellen, kochen).
über|aus, über|draus ⟨Adv.⟩: **1.** *über den Rand hinaus, über eine Kante* **2.** *vom Weg ab, in die Tiefe.*
überaus- ⟨betontes Präfix bei Verben⟩: **überaus|forn** (= über den Straßenrand hinausfahren); **überaus|kemmen** (= über eine Kante in die Tiefe fallen; über den Wegrand hinaus geraten); **überaus|kugln** (= in die Tiefe fallen).
über|haps, iwahaps, ibr|hops ⟨Adv.⟩ [aus über Haupt (in der ursprünglichen Bedeutung), mhd. über houbet (= Kleinigkeiten nicht beachtend); wobei der 2. Bestandteil zur Verdeutlichung mit der adverbialen Endung -s versehen wird (wie flugs, elends, vergebens etc.)] (auch bairisch-österreichisch): **1.** *ungefähr, annäherungsweise, über-*

schlagsmäßig: sie hat die Zahlen in der Eile nur überhapps zusammenrechnen können **2.** *überstürzt*: er hat die Versammlung überhapps verlassen.

über|krẹiz ⟨Adv.⟩ ❖ **überkreiz sein, überkreiz kemmen**: *im Streit sein, in Streit geraten.*

über|nachtig ⟨Adj.⟩: *nicht ausgeschlafen.*

Ụ̈berling, der [substantivierte Präp. über]: *Reinertrag einer Veranstaltung, der für wohltätige Zwecke verwendet wird* (z. B. bei einem Watterturnier).

über|schi: *siehe iwaschi, unterschi.*

uịlass ⟨Adv.⟩ (OT): *herrenlos.*

um ⟨Präp.⟩ [wie in der Standardsprache, aber zusätzliche Wendungen in Dialekt]: **um di Weg sein** (= herum sein); **um an Ort sein** (= herum sein, vorhanden sein); **um a sibne** (= gegen sieben Uhr); **ums Geld kommen** (= das Geld abholen kommen).

um- vor Konsonant: *siehe auch un-.*

ụm- ⟨Präfix⟩: *um-:* **ụm|dranen, ụm|dran** (= umdrehen, wenden); **ụm|enkln** (= überknöcheln); **ụm|fliagn** (= umfallen); **Ụm|gång** (= Umgang, Prozession); **ụm|hårn** (= die Winterbehaarung abwerfen); **ụm|luckn** (= wenden, von unten nach oben kehren, Spielkarten aufdecken); **ụm|tian** (= fällen: an Bam umtian; wechseln: der Mond tuat um; sich umtun, bemühen); **ụm|weibern** (= nicht zu seinem Wort stehen, seine Meinung/Haltung ändern).

Umbrẹll, Ombrẹlle: *siehe Åmperell.*

Ụmes, Ụmase, Ụmisse, die [wie standarddt. Ameise zu mhd. ameiʒe (= Ameise); ursprünglich: die Abschneiderin; siehe Moas¹]: *Ameise.*

ụm|fridl, ụn|fridla ⟨Adj.⟩ [eigentlich: unfriedlich, mhd. unvridelich] (ST, OI): *streitsüchtig.*

ụm|fuarl ⟨Adj.⟩ [mhd. unvuorlich (= schlechten Lebenswandel führend, unordentlich)] (Pass.): *unpraktisch, ungeschickt handzuhaben.*

Ụm|gång, Ụmme|gång, der: *kirchliche Prozession.*

Ụmis, Ụmuis, der [abgeleitet vom mhd. Adj. unmüezic, dieses zu unmuoze (= Unruhe, Geschäftigkeit) im Gegensatz zu muoze (= freie Zeit, Untätigkeit)] (OT): *Eile, Hektik, Tatendrang:* der håt an Umis!

ụmma, ụmmer ⟨Adv.⟩ [dialektales um + her; wo standarddt. her-um steht, wobei die Bewegungsrichtung zum Sprecher hin ist; der Zusammenhang zwischen der dialektalen und der standardsprachlichen Form ist den Sprechern nicht bewusst; als Präfix mit zahlreichen Verben kombinierbar: *herüber*: kemmts decht ummer zu uns (= kommt doch herüber zu uns).

ụmma-, ụmmer-, ụmmr- als Präfix: *herum-:* **ụmma|derzẹln** (= herumerzählen, ausposaunen); **ụmma|gåggiloarn** (= Zeit vertrödeln); **ụmma|**

geigern (= herumalbern); **ụmm|agian** (= herumgehen, einen Bogen machen, von Haus zu Haus gehen, tanzen); **Ụmma|giạnats** (= Grippe, Erkältung, eigentlich: Herumgehendes); **ụmma|glanggln** (= herumhängen, sich fadisieren); **ụmma|jammern** (= ständig jammern); **ụmma|loaln** (= faul herumhängen); **ụmma|luan** (= herumlungern); **ụmma|meisla** (= sich unauffällig bewegen; vgl. meisla); **ụmma|noasn** (aufdringlich Nahrungsmittel betteln; langsam weitermachen); **ụmmapåtzn** (= herumbatzen); **ụmma|pudln** (= jemanden wie einen Pudel herumhetzen); **ụmma|schelln** (= viel unterwegs sein, strolchen); **ụmma|schuichn** (= herumgehen statt arbeiten); **ụmma|secklen** (= herumschlendern); **ụmma|schtrawạnzn** (= herumstreunen); **ụmma| tantln**(= herumtändeln, trödeln); **ụmma|weibern** (= häufig seine Meinung ändern; mit vielen Frauen anbandeln).
ummadụm, ummedụm ⟨Adv.⟩ [lautlich um und um; als Präfix auch mit Verben kombinierbar; meist iterativ]: *(rund)herum:* **ummadụm|gen** (= rundherum gehen, hin und her gehen); **ummadụm|suachn** (überall intensiv suchen).
ummanạ̊nder, ummanạ̊nd, umminạ̊nder ⟨Adv.⟩ [um- + mhd. einander]: *herum;* kann auch als Präfix verwendet werden: **ummanạ̊nder|lịgn**, **ummanạ̊nd|lịgn** (= herumliegen); **ummanạ̊nderschaugn** (= herumschauen); **ummanạ̊nder|sumpern** (= lustlos die Zeit vertun); **ummanạ̊nder|teifln** ⟨ist⟩ [eigentlich: sich wie ein Teufel bewegen] (= rasen, rennen).
Ụmme|los, der [mhd. losen (= hören, horchen)] (Zillt., Alp.): **1.** *Neugieriger* **2.** *Adabei.*
Ụmme|gång: *siehe Umgång.*
ụmme|genklt ⟨Adj.⟩ [zu Enkl] (Zillt.): *verstaucht.*
Ụmme|giachtl, der [umhin + Gürtel] (Def.): *Gürtel.*
Ụmmer|gång, der, **Ụmmer|gangl**, das: *leichte ansteckende Krankheit.*
ụmmi, ụmme(n), ụmme, ụmha [dialektales um + hin; anders als bei umma gibt es keine strukturelle Entsprechung im Standard, weil es dort hin + über heißen muss; die Bewegungsrichtung ist vom Sprecher weg; als Präfix mit zahlreichen Verben kombinierbar; im Vinschgau auch ouni (= anhin)]: *hinüber:* Geht's es ummi zu di Nåchbårn?
ụmmi-, ụmme- als Präfix bei Verben: **ụmmi|hebm** (= hinüberheben, übervorteilen); **ụmmi|lupfn** (= übervorteilen); **ụmmi|tian** (= ein Tier töten).
ụmmisn ⟨Adv.⟩ [mhd. unmuoze (= Mangel an Muße, d. h. Zeit, Unruhe, Geschäftigkeit)] (OT): *in Eile sein.*
ụmmi|werts ⟨Adv.⟩: *nach drüben.*
ụm|parteiisch ⟨Adj.⟩ (OI, Sa.): *unverschämt, parteiisch, egoistisch.*

u̯m|scheindl, u̯man|scheinli ⟨Adj.⟩ [mhd. schīnlich (= leuchtend, glänzend) aus schīn (Strahl, Glanz)] (OI, Pass.): *unansehnlich, hässlich.*

u̯m|riawig ⟨Adj.⟩ [umgelautetes mhd. ruowec aus ruowe (= Ruhe)]: *unruhig.*

U̯m|schtroach, der [zu Streich, also Un- bzw. schlechter Schlag] (Pass.): *Unglück.*

U̯m|uans ❖ in U̯m|uans kemmen [eigentlich: in Uneins kommen] (ST): *in Streit geraten, uneinig werden.*

U̯muis: *siehe Umis.*

u̯m|verkeart, u̯m|verkeascht ⟨Adj.⟩ [Vermengung von verkehrt und umgekehrt] (ST, OT, OI): *verkehrt.*

u̯m|verwenkt ⟨Adv.⟩ [mhd. wanken (= wanken, schwanken)] (Pass.): *unverwandt, unentwegt.*

U̯m|verwoaß ❖ (ST) **in U̯mverwoaß** [zu wissen]: **1.** *unabsichtlich* **2.** *im Schlafwandel:* des muaß i in Umferwoaß gsägg hobm (= das muss ich gesagt haben, als ich nicht bei Bewusstsein war).

u̯n-/u̯n-, u̯m-/u̯m- ⟨Präfix⟩: *un-:* **u̯n|gschtaltl** [mhd. ungestalt + -lich] (= ungestalt, hässlich); **u̯n|gereimp** (= unbequem); **u̯n|gewarl** (= unsicher, bedenklich); **u̯n|gfare** (= plötzlich, unabsichtlich); **u̯nkammott** (= unpraktisch, unangenehm); **u̯n|mear** (= unverschämt); **u̯n|scheindl** (= unansehnlich, hässlich); **u̯n|tengge** (= ungeschickt, ungut; siehe tengge); **u̯m|fein** (= unangenehm); **u̯m|ferwenkt** (= unentwegt); **u̯m|fridl** (= streitsüchtig); **u̯m|fuarl** (= unpraktisch); etc.

u̯n-: *siehe auch ån-, on-, um-.*

u̯n|andle ⟨Adj.⟩ [mhd. anelich, frühnhd. einlich (= ähnlich)] (Def.): *unpassend (Verhalten/Getue, Gewand).*

U̯n|blos, das [eigentlich An-blase] (Zillt.): *Fieberblase.*

u̯n|gåmper ⟨Adj.⟩ [wohl zu mhd. gampen (= hüpfen, springen)] (Def., Pf.): *ungeschickt, steif.*

u̯n|ge|reimp ⟨Adj.⟩ [siehe gereimp] (OT): *unbequem.*

u̯n|gfiarig ⟨Adj.⟩ [siehe gfiarig]: *unpraktisch.*

u̯n|gi|wa̯rl: *siehe ungwarlig.*

u̯n|gschaugg, u̯n|g|schaut ⟨Adv.⟩: *ohne etwas genau angesehen oder geprüft zu haben* ❖ **åls a U̯n|g|schaugter nemen:** *unbesehen oder ungeprüft nehmen.*

U̯n|gschier, das [eigentlich: Ungeschirrre; zu Geschirre (= Gefäß; Einrichtung, Ordnung)] (NT): *Misslichkeit, Ungemach:* „A kindischg'woarner Tattl ist's, der am liebst'n nix tuet und die Brock'n wegstiehlt den Kindern, und 's Haus in's Ung'schier bringt." (Aus „Um Haus und Hof" von Franz Kranewitter).

Un|gstålt, die(Zillt.): *schlimme Situation.*

Un|gustl, der [vermutlich Weiterbildung zu ungustiös in Anlehnung an Gustl (= Kurzform für August)] (NT, Pfun.): *abstoßender, unsympathischer Mensch (Mann).*

un|gwarlig, un|giwarl ⟨Adj.⟩ [mhd. ungewærlich (= unsicher, gefährlich) zu mhd. gewærlich (= aufmerksam, vorsichtig, sicher)]: *unsicher, bedenklich:* sell war mir zi ungiwarl.

un|hausle ⟨Adj.⟩ [vgl. hausl] (OI, Def.): *verschwenderisch.*

unkeit låssn, inkeit låssn [mhd. gehīen (= plagen) gehört in die Wortfamilie um hī(w)en (= vermählen, sich paaren); semantische Brücke ist ungehīt, das nicht nur unverheiratet, sondern auch ungeplagt, nicht vergewaltigt bedeuten kann; vgl. Keit] (ST): *unbehelligt lassen, in Ruhe lassen.*

un|lag ⟨Adj.⟩ [Präfix an- vor mhd. læge (= niedrig, flach)] (NT): *leicht geneigt.*

un|raschunisch, un|raschun, un|reschonisch, un|reschandle ⟨Adj.⟩ [zu ladinisch rajun (= Einsicht, Urteilskraft) zwischen Präfix un- und Suffix -isch] (ST): **1.** *unvernünftig, ohne Einfühlungsvermögen, radikal* **2.** (auch Def.) *frech, rüchsichtslos* **3.** *übereilt, hektisch.*

un|scheinlach ⟨Adj.⟩ (Zillt.): *unscheinbar.*

Un|sechn, On|sechn, das (Pust., OI): *Aussehen* ❖ **etwas hat kuan Unsechn:** *es sieht nicht gut aus.*

un|sechn ⟨hat⟩: *verdrießen.*

Un|sicht, die [zu unsichtig] (Zillt.): *schlechte Laune.*

un|sichtig ⟨Adj.⟩ [unsichtig: nicht (ein)sehend] (Zillt.): *schlecht gelaunt.*

Un|sprech, die [Präfix an- und Substantivierung von mhd. sprechen (= sprechen)] (Etsch): *Plaudern, Heimgart.*

Un|stroach hobn [Streich (Hieb, Schlag) ist für Tux noch in der Bedeutung Glück belegt] (Zillt.): *Pech haben.*

Un|sunft, die [Herkunft unklar, vielleicht zu sanft] (La.): *Unbehagen, Unwohlsein, fiebrige Unruhe.*

Untal, das [siehe Untern]: *Nachmittagsessen.*

un|tengg ⟨Adj.⟩ [siehe tengg]: *linkisch, ungeschickt;* gar ni so untengg: *recht geschickt.*

unter- ⟨Präfix, unbetont⟩: **unterstea di** (= wage es ja nicht); **unterhaltl** ⟨Adj.⟩ (= unterhaltsam).

unter- ⟨Präfix, betont⟩: **untermåchn** (= schädigen, jemandem zuleide tun); **unterschtian** (= sich unter ein schützendes Dach stellen, auch bürgen); **untertuan** (= etwas unter etwas legen, mit Erde/Schnee etc. bedecken, anbauen).

unter ⟨Präp.⟩: **1.** *unter, unterhalb* **2.** *während:* unter der Woche.

unter|ibrisch, untr|iwerschi, zuntr|iwersche ⟨Adv.⟩ [unter + über + sich]: *umgekehrt, durcheinander, kopfüber.*
Unter|dåch, das: *Dachboden.*
Unter|lånd, das: **1.** (NT) *das Inntal östlich von Innsbruck* **2.** (ST) *das Etschtal südlich von Bozen* **3.** (OT) *das Drautal östlich von Lienz.*
Unter|landler, Unter|lantler, der (NT): *Bewohner des Unterlandes* „Bevoust vun an Owalandla a Bussl kriagst, kriagst vu an Untalandla a Kind!" (Internetbeleg, Kitzbühel).
Unter|leifl, der [ursprünglich: untergeordneter Läufer, Fußknecht] (NT) (abwertend): *Person in untergeordneter Stellung.*
Untern, der [zu ahd. untar (= zwischen)] (NT): *Zwischenessen am Nachmittag.*
unter|schi ⟨Adv.⟩ [eigentlich: unter sich; vgl. iwaschi] (NT, OT): *unten befindlich, auf der Unterseite:* die Engelan, die kugelan gånz haufenweis hervor. / Die Büabalan, die Madalan, die måchn Purzigagalan, / båld aufi, båld åbi, båld hin und båld her, / båld unterschi, båld überschi, das gfreut sie umso mehr." (Aus: „Es håt sich hålt eröffnet", ein in Tirol in etlichen Varianten verbreitetes Weihnachtslied, SsÖ, S. 136–137).
Unter|wind, der (Vin.): *Wind aus dem Süden.*
untig, druntig ⟨Adj.⟩: *unten seiend.*
untn|au, untn|auf [unten + auf] (ST): *darunter, auf der Unterseite:* untnau untn (= im unteren Stockwerk).
untn zintoscht [unten + zu unterst]: *ganz unten.*
un|verwisst ⟨Adj.⟩ (Def.): *nicht bei Sinnen.*
un|zwidern ⟨hat⟩ [an-zwidern: siehe zwider]: *anstänkern.*
urass ⟨Adv.⟩ [mhd. (ich werde) urez (= mir wird übel), abgeleitet aus mhd. urezzen; vgl. urassn] (Vin.): **1.** *aufgeregt, närrisch* **2.** *wütend.*
urassig ⟨Adj.⟩ [siehe urass] (OT): *ungeduldig.*
ur|assn, ur|essn ⟨hat⟩ [Vorsilbe ur- mit der seltenen Bedeutung bis zum Ende, vollständig; mhd. urezzen (= vollständig zu Ende essen, ausessen, aus Überdruss aufhören zu essen, Essbares wählerisch übriglassen)] (österreichisch): **1.** *verschwenderisch mit dem Essen umgehen* **2.** *Ressourcen vergeuden.*
urchn ⟨Adv.⟩ [durch hin] (Ötzt.): *hinüber.*
Urmentl, Urementle: *siehe Murmele.*

V

vanånder, van<u>ea</u>tn: *siehe fanånder, faneatn.*
van<u>o</u>rt: *siehe fanort.*
V<u>eg</u>l|kell, die; Plural: Veglkelln [1. Bestandteil: zu Vögel, einer Bezeichnung von Krapfen, die aus dem heißen Schmalz gefischt werden] (Deutschn.): *durchlöcherte Kelle.*
v<u>eg</u>ln ⟨hat⟩ [Ableitung von Vogel; mhd. vogelen (= ursprünglich: Vögel fangen, später auch für das Begatten, zunächst von Vögeln, dann auf den Menschen übertragen); bei Oswald von Wolkenstein mit allen hier genannten Bedeutungen] (auch süddeutsch und österreichisch): **1.** *koitieren.* **2.** (Pfun.) *sich bei der Arbeit sträuben:* so a Gfegle (Fluch).
ver-, gesprochen: **fer-, fa-** ⟨Präfix⟩: *ver-,* meist wie im Standard, daneben auch bloß sprechsprachliche Wörter, die im Folgenden verzeichnet sind.
ver|b<u>a</u>ntlt sein [Partizip Perfekt von verbandeln (= verbinden)] (auch schweizerisch, regional auch in D): *eine enge Verbindung haben, mit jemandem liiert sein.*
ver|d<u>e</u>kna ⟨hat⟩ [siehe deachtln] (Ehrwald): *abdichten.*
ver|d<u>e</u>pschn, ver|t<u>e</u>pschn ⟨hat⟩: *verbeulen.*
ver|dr<u>a</u>nt ⟨Adj.⟩ [verdreht] (Pfun.): *aus dem Gleichgewicht.*
ver|dri<u>a</u>ssn, ver|dr<u>oi</u>ssn ⟨hat⟩: **1.** (Alp., OT) *keine Lust bereiten* **2.** *verdrießen.*
ver|dr<u>u</u>ckn ⟨hat⟩: **1.** *eine Regung, einen Schmerz unterdrücken* **2.** *(eine Menge) essen.*
ver|g<u>a</u>chn ⟨hat sich⟩ (reflexives Verb) [mhd. gæhen (= eilen), verwandt mit standarddt. jäh, zu mhd. gæhe]: *übereilen, in der Eile etwas Falsches tun.*
ver|g<u>å</u>ggln, ver|g<u>a</u>ggln, ver|gl<u>å</u>gglen ⟨hat⟩ [aus mhd. goukeln, gougeln (= Gaukelpossen, Zauberei oder Taschenspielerei betreiben), ahd. gougalōn (= Narrenpossen treiben)]: **1.** *vertun, verschlampen* **2.** *vergeuden, verludern.*
ver|g<u>e</u>ltsgott, ver|g<u>e</u>lls|gott, (va)|g<u>ö</u>ts|god, (vr)g<u>a</u>lts|got ⟨Adv.⟩ [eigentlich: Gott möge es vergelten]: *danke.*
Ver|g<u>e</u>lts|gott, Ver|g<u>e</u>lls|gott, der oder das: **1.** *Dank* **2.** (Pass.) *bodennahe Verbindungsbretter der Tischbeine;* das Geviert dieser Stützbretter diente auch als Auflage für die Knie beim Tischgebet.
ver|gr<u>e</u>ggn ⟨ist⟩ [siehe Gregge² und greggel] (Pass.): *herunterkommen, in einen schlechten Zustand geraten.*

ver|habern ⟨hat sich⟩ (NT): ❖ **mit jemandem verhabert sein: 1.** (abwertend) *mit jemandem (auf unzulässige Weise) paktieren* **2.** *zu jemandem ein inniges Verhältnis haben, mit jemandem liiert sein.*
Ver|haberung, die [zu verhabern] (NT, OT): *Packelei.*
ver|hackt ⟨Adj.⟩ [zu hacken] ❖ **da ist noch nichts verhackt:** *vertan, verloren.*
ver|hatscht ⟨Adj.⟩ [zu hatschn] (NT, OT): **1.** *ausgetreten (von Schuhen)* **2.** *unvollkommen, missglückt:* eine verhatschte Lösung.
ver|hausiarn ⟨hat⟩ [zu hausieren (= von Haus zu Haus gehen und Waren anbieten)] (ST): *verkaufen.*
ver|hebm ⟨hat⟩ [mhd. verheben (= zuhalten, verschließen)]: *zurückhalten:* das Lachen verhebm.
ver|heit ⟨Adj.⟩ [mhd. verhīt (= entehrt; infam)]: **1.** (OT) *beleidigt* **2.** (Pfun.) *erschrocken, verschreckt.*
ver|hellt ⟨Adj.⟩ [eigentlich: verhöllt] (OI, Sa.): *verflucht,* bei adv. Gebrauch einfach steigernd: *sehr stark:* verhellt schwar (= außerordentlich schwer).
ver|hitzt ⟨Adj.⟩ [zu altdialektalem Hitze in der Bedeutung Fieber] (ST, OI): *entzündet, fiebrig.*
ver|hoaßn ⟨hat⟩ [wie standardsparchlich verheißen (= nachdrücklich versprechen) zu mhd. verheiȝen (= versprechen); zusätzliche Bedeutung]: *androhen.*
ver|honaggln ⟨hat⟩ [laut Grimm eigentlich: verhoneckeln; zu einem nicht belegten verhonecken mit -l-Einschub] (NT, OT): *höhnend necken, verhöhnen, ausspotten.*
ver|huart ⟨Adj.⟩ [eigentlich: verhurt (= sexuell ausschweifend, Hurerei betreibend); gelegentlich auch bloßes Fluchwort]: *verflucht.*
ver|huckn, ver|hockn ⟨ist⟩ [Ableitung von huckn (= sitzen); vgl. versitzn]: **1.** *sitzen bleiben, nicht heimgehen* **2.** *versickern.*
ver|huscht ⟨Adj.⟩ [wie ein Partizip Perfekt von huschen gebildet, aber mit Vorsilbe ver- nach dem Muster von verrückt] (NT): *verrückt.*
ver|hutzelt, ver|huzlt ⟨Adj.⟩ [mhd. verhützeln, verhutzeln (= zusammenschrumpfen, dörren) aus mhd. hutzel, hützel (= gedörrte Birne)] (NT) (auch süddeutsch): *vertrocknet, zusammengeschrumpft* ❖ **a verhutzlts Mandl:** *ein altes, faltiges Männchen.*
ver|ibl ⟨Adv.⟩ ❖ **veribl hobn, veribl nemmen, veribln** [mhd. ver übel/vür übel nemen]: *jemandem etwas übelnehmen.*
Ver|ibl, der [vgl. oben] (ST): *Kränkung:* des isch a morz Veribl.
ver|ibln ⟨ist⟩ [eigentlich: übel werden]: **1.** *eitrig werden, eitern* **2.** *übel nehmen* **3.** *verschlechtern, entzünden.*
ver|keien ⟨hat⟩ [aus der Wurzel von Keit] (Def.): *fallen lassen.*

ver|kifln [zu kiefeln (= nagend aufessen)] (NT) *jemanden/etwas ned verkifeln können: jemanden/etwas nicht ertragen können.*
ver|klåmpern ⟨hat⟩ (OT): *jemand schlechtmachen.*
ver|klåmpfn ⟨hat⟩: *jemand verraten.*
ver|klan(en) ⟨hat⟩ [mhd. verklænen (= verkleben, verschmieren)] (Pass.): *verschütten.*
ver|kleazlen ⟨hat⟩ [zu kleatzln, siehe dort]: *vertrödeln.*
ver|klockn ⟨hat⟩ [zu klockn, Parallelform zu klopfen; vgl. verklopfn] (ST, OT): *verprassen, Geld zum Fenster hinauswerfen.*
ver|klopfn ⟨hat⟩ [zu klopfen; nach dem Zuschlagen des Hammers bei Auktionen]: **1.** *(unter dem Wert) verkaufen, zu Geld machen* **2.** *jemanden versohlen* **3.** *jemanden verraten.*
ver|kutzn ⟨hat sich⟩ [zu kutzn (= husten)] (NT): *sich verschlucken (mit Hustenanfall).*
ver|lackln ⟨hat⟩ [zu Lacke]: *kleinweise verschütten.*
ver|lafn, ver|laffn, ver|löfn ⟨hat sich⟩ (reflexives Verb) [eigentlich: verlaufen]: *verirren.*
ver|laggln ⟨hat⟩: *vertun, verschlampen.*
ver|lan, ver|lanen (OI, Pass., Pfun.): *von einer Lawine (= Lan) verschüttet werden:* domols isch die Kirche verlant wordn (= von einer Lawine verschüttet worden).
ver|larn ⟨hat⟩ [mhd. læren (= leer machen)]: *verschütten.*
ver|lauter ⟨Adv.⟩: *wegen:* verlauter årbatn/verlauter vil Arbat kimp er nit zun schlåfn.
ver|lempern ⟨hat⟩ (OT): *verschlampen.*
ver|mantschn ⟨hat⟩ [laut Kluge gibt es seit dem 16. Jh. ein Verb mantschen (= im Wasser plantschen, mischen), lautmalerisch vielleicht zu Matsch]: *zerquetschen und dabei vermischen.*
ver|massln ⟨hat, ich vermassl⟩ [zu Massel, Masel (= Glück)] (NT, OT) (regional auch in D): *eine Sache verderben.*
ver|mengl(n) ⟨hat⟩ [mhd. mangen (= fehlen, entbehren)] (OT): *vermissen.*
Ver|naderer, der [Herkunft unklar] (NT): *Spitzel, Verräter.*
ver|nadern ⟨hat⟩ [Herkunft unklar] (NT): *denunzieren, verraten.*
ver|någlt ⟨Adj.⟩ [Partizip Perfekt zu vernageln, mhd. vernagelen (= mit Nägeln festmachen, befestigen)]: *begriffsstützig, beschränkt, unbelehrbar.*
Vernatsch, der: [eigentlich: die Einheimische; aus ital. vernaccia, dieses zu vernacolo (= einheimisch); die in Südtirol als Vernatsch bezeichnete Rebsorte wird im Italienischen als Schiavo bezeichnet; sie hat mit den zahlreichen italienischen Rebsorten, die den Bestandteil vernaccia im Namen tragen, nichts zu tun (z. B. mit Vernaccia di San Gimignano)]:

Vernatsch (die häufigste blaue Rebsorte in Südtirol; in Baden-Württemberg als Trollinger bezeichnet, offensichtlich entstellt aus Tirolinger, nach der Herkunft).

ver|nicht(ig) ⟨Adj.⟩ [zum Verb vernichtigen, mhd. vernihtigen (= zunichte machen)] (NT, OT): *nichtswertig, wertlos*.

ver|nutz ⟨Adj.⟩ [ver- mit der Bedeutungskomponente falsch, weg vom rechten Weg; vgl. standarddt. vertan] (ST): *unnütz*.

ver|paschn ⟨hat⟩ [wohl zu rotwelsch baaschen (= kaufen)] (NT): *billig verkaufen, leichtfertig vertun*.

ver|plauschn ⟨hat sich⟩ (reflexives Verb) [zu plauschen; verwandt mit plaudern; lautmalerisch] (NT, Pfun.): **1.** *beim Plaudern die Zeit vergessen* **2.** *aus Versehen etwas ausplaudern, das geheim bleiben sollte*.

ver|plempln, ver|plempern ⟨hat⟩ [zu einem untergegangenen, bei Schatz belegten Plempl (= schlechtes Getränk), plemplen (= verschütten)]: *vertun, verspielen:* die Zeit verplempln.

ver|poppln ⟨hat⟩ [vgl. Poppe: also zum Kleinkind machen]: *verwöhnen*.

ver|putzn ⟨hat⟩ [wie standarddt. verputzen (= mit Putz, Mörtel versehen; rasch aufessen; etwas vergeuden, z. B. Geld etc.) zu mhd. butzen (= putzen, aufschmücken); zusätzliche Bedeutungen in Tirol]: **1.** *restlos aufessen* **2.** *heimlich verschwinden lassen* **3.** (ST) *abtreiben* **4. oan nit verputzn können:** *jemanden unsympathisch finden*.

ver|rolln ⟨hat sich⟩ (reflexives Verb) [gesamtdeutsch: ins Bett gehen] (NT): *verschwinden, weggehen*.

ver|saggert ⟨Adj.⟩ [zu lat. sacer (= heilig, verflucht); siehe saggra] (Sa.): *verflixt, ärgerlich*.

ver|saufn ⟨hat sich⟩ bzw. ⟨hat⟩ [zu saufen; dieses zu mhd. sūfen, ahd. sūfan, eigentlich: schlürfen, saugen; saufen wird vor allem für die Flüssigkeitsaufnahme von Tieren verwendet, ferner beim Menschen für (exzessives) Trinken von Alkohol]: **1.** (reflexiv) *zum Säufer werden* **2.** (transitiv) *seinen Besitz vertrinken*.

ver|schafln ⟨hat⟩ [zu Schaf] (NT): *verlieren, verlegen*.

ver|schissn [Partizip Perfekt zu verscheißen] ❖ **i hâb's verschissn** (derb): *mir ist es misslungen*.

ver|schergn: *siehe schergn*.

ver|schliafn, ver|schloifn, ⟨hat sich⟩: **1.** *sich heimlich davonmachen* **2.** *sich verkriechen*.

ver|schmâchla ⟨Adj.⟩ [mhd. versmæhelich (= schmachvoll)] (OT): *schnell beleidigt*.

ver|schmâchn, ver|schmochn ⟨ist⟩ [mhd. versmāchen (= geringschätzen, missfallen)] (NT, OT): *gekränkt sein*.

ver|schnaufn ⟨hat⟩ [zu schnaufen]: *sich ausrasten, eine kleine Pause machen*.

V

ver|schǫssn ⟨Adj.⟩ [zu schießen] (NT): **1.** *arg verliebt:* er ist in die Uschi verschossn **2.** *von der Sonne gebleicht:* ein Vorhang ist verschossn.
ver|schu̱astern ⟨hat⟩ [zu schustern]: **1.** *verlegen, verlieren:* i håb mei Geldtaschn vaschuastert **2.** *schlecht und unsachgemäß arbeiten, verpfuschen.*
ver|si̱tzn ⟨ist⟩ [wie standarddt. sitzen: durch Sitzen verschwinden; siehe verhuckn]: *versickern.*
ver|sǫffn ⟨Adj.⟩ [Partizip Perfekt zu saufen]: *trunksüchtig.*
ver|so̱gn ⟨hat⟩ [mhd. versagen (= ab-, entsagen, verleugnen)] (ST, OT): *enttäuschen, nicht mitspielen:* wenns Wetter nit versogt, wear ma fertig.
ver|so̱tn [Partizip von mhd. versieden (= kochen); vgl. siadn] (Pass.): *weinerlich, sich ständig beklagend.*
Verstęckeletz, Verstęckilus, Verstęckalis, das [Verstecken mit für Spiele typischem Suffix: vgl. Fångeletz]: *Versteckspiel.*
ver|stri̱tn, ver|stri̱(d)n ⟨Adj.⟩: **1.** *streitsüchtig* **2.** *zerstritten.*
ver|su̱mpern ⟨ist⟩ [zu sumpern] (NT, OT): *geistig träge werden, verwahrlosen:* er ist gånz versumpert.
ver|tą̈ggln ⟨hat⟩ [möglicherweise aus mhd. teic (= Teig) mit Konsonantenverstärkung wie in vergåggln] (ST, OT): *vergeuden.*
ver|tei̱flt ⟨Adj.⟩ [zu Teufel]: **1.** *arg, bösartig* **2.** *schlimm* **3.** *besonders, sehr* **4.** *sehr zornig.*
ver|tei̱glt ⟨Adj.⟩ (verhüllend): *verteufelt.*
ver|tǫttln ⟨hat⟩ [vgl. Tottl]: **1.** *ungeschickt vertun* **2.** *verdummen.*
ver|tschü̱ssn ⟨hat sich⟩ [Verbalbildung zu dem aus dem Norden des Sprachraums stammenden Abschiedsgruß tschüs, tschüss, älter atschüs, Nebenform von niederdeutsch adjüs, vermutlich Variante von spanisch adios, dieses – wie ade, adieu – zu lat. ad deum (= zu Gott)] (gesamtösterreichisch) (NT): **1.** *sich entfernen, verschwinden:* sich in den Urlaub vertschüssn **2.** *aus einem Amt ausscheiden, zurücktreten* (meist in Form einer Aufforderung).
ver|we̱gn ⟨hat⟩ (OT): *sich etwas gönnen.*
ver|we̱rfn ⟨hat verworfn⟩ [zu werfen (= ein Junges zur Welt bringen)]: *beim Vieh: eine Fehlgeburt haben.*
ver|we̱rn, ver|we̱arn ⟨ist verworn⟩ [eigentlich: verwerden]: **1.** *schlecht werden, verkommen* **2.** (NT) *(von einer Verletzung) sich entzünden.*
ver|wu̱sern [zu wusern, siehe dort]: *(in der Eile) verschlampen.*
ver|wu̱rschtln, ver|wu̱schtln ⟨hat⟩ [gesamtdeutsch: verdrehen, verwirren; zusätzliche Bedeutung in Tirol] (NT): *verlieren, verlegen.*
ver|wu̱zeln ⟨hat⟩ [zu wuzl(e)n (= drehen, wickeln, rollen), siehe dort] (NT, OT): *verknittern.*

ver|zapfn ⟨hat⟩ [ursprünglich zu zapfen (= ausschenken)]: **1.** *Unsinn erzählen* **2.** hat sich verzapft: *abhauen.*
ver|zarn, ver|zan ⟨hat⟩ [eigentlich: verzerren, mhd. und ahd. zerren (= zerren, reißen)]: *weglocken, wegziehen:* se låsst si gern verzarn (= sie ist leicht zu überreden, auszugehen).
ver|zupfn ⟨hat sich⟩ (NT, OT): *sich verziehen:* verzupf di! (= hau ab, verschwinde!).
Vetter, der [aus ahd. fetiro (= Vatersbruder)]: **1.** *Vetter, Verwandter* **2.** (AT) *Onkel.*
Vexiar|keschtn, Vexiar|köschta, Vex, die (Plural) [mit F- gesprochen; aus vexieren zu lat. vexare (= plagen bzw. irreführen), also Scheinkastanie; da die Rosskastanie zum Verzehr nicht geeignet ist und von der Edelkastanie unterschieden werden musste, erhielt sie diese abwertende Bezeichnung] (Pass., Ehrwald): *Gewöhnliche Rosskastanie (Aesculus hippocastanum), auch Gemeine Rosskastanie oder Weiße Rosskastanie genannt.*
vexiarn [gesprochen fexiarn; im 16. Jh. aus lat. vexare (= quälen, bedrängen, peinigen) gebildet] (ST): *plagen, necken, belästigen.*
Vexiar|schloss, das [siehe Vexiarkeschtn] (Ehrwald): *Schloss, das nicht durch einen Schlüssel, sondern durch einen Trick zu öffnen ist.*
Viar|augite, der [eigentlich: Vieräugiger] (Pass.): *Brillenträger.*
Viarer, der: **1.** (NT) *Schulnote* **2.** (Pass.) *Vierer* (auch früheres Münznominale): kuan Fiarer wert sein (= nichts wert sein).
viar|gådnig, fiar|gårnig ⟨Adj.⟩ [2. Bestandteil: mhd. gadem, gaden (= Raum, Zimmer)] (NT): *vierräumig.*
Viarling, der [laut Schatz in Osttirol als Getreidemaß bekannt; also wohl zur Zahl vier] (OT, Ehrwald): *rundes Holzgefäß für Korn.*
Vich, das [mhd. vihe (= Tier, Vieh)]: **1.** *Tier* **2.** *Vieh, Haustier* **3.** (Matrei, OT) *Schafherde, Schaf.*
Vich|marterer, der; Plural: Vichmarterer [1. Bestandteil: Vieh] (ST): *Tierquäler.*
vichn ⟨ist⟩ [wie ein Vieh laufen]: *sausen, rennen.*
vif: *siehe wiff.*
Vinschgerle, das [Diminutiv von Vinschgauer]: *typische Sauerbrotsorte nach Vinschgauer Art.*
vir-, via -, vi-, Vir-: *siehe fir-, fi-, Fir-.*
Voar|marenn, die [eigentlich: Vor-Marende, siehe Marende] (Sa., Pfun.): *eine Art Gabelfrühstück (Milch mit Brot).*
Voar|schuss, der (Zillt.): *erster Schnaps beim Brennen.*
Vogl, der; Plural: Vegl [Bed. 2: die Tragestangen werden als Flügel gedeutet]: **1.** *Vogel* **2.** (ST) *Tragehilfe (zum Tagen auf der Schulter).*

V

Vogl|ber, die [zu Vogel + Beere]: **1.** *Eberesche, auch Vogelbeerbaum genannt, eine Pflanzenart aus der Gattung Mehlbeeren (Sorbus) innerhalb der Familie der Rosengewächse (Rosaceae)* **2.** *die Früchte derselben.*

Vogl|steige, die, -n [zu Vogel + mhd. stīge (= Verschlag, Stall für Kleinvieh)]: *Vogelkäfig.*

vor, vor-, als Zeitangabe, gesprochen: **foar, fua, for, föer:** meist wie im Standard, daneben auch dialektale Wörter/Bedeutungen, die im Folgenden verzeichnet sind.

Vor|bånk, die (Ötztal, Pf., Pfun.): **1.** *Fußschemel* **2.** *bewegliche Bank.*

Vor|essn, das [eigentlich: vor dem Essen; laut Kretschmer besonders als Vorgericht bei ländlichen Hochzeits-, Begräbnismahlen u. Ä.; dann auch losgelöst aus einer Reihenfolge für diese besondere Art der Gerichte] (Alp., Pfun.): **1.** *Vorspeise* **2.** *Kuttelflecksuppe.*

vor|feart, vua|feascht, vor|fertn ⟨Adv.⟩ [zu fert, siehe dort]: *vorletztes Jahr.*

vor|gian, vua|gean ⟨ist⟩: **1.** *vorausgehen* **2.** (ST, OT) *eine Vorahnung haben:* des isch mir schon lång vorgången (= das habe ich schon lange dunkel geahnt).

Vor|hånd, die ❖ **die Vorhånd håbm** [aus der Kartenspielersprache; gemeint ist jener Spieler, der als erster lizitieren und als erster ausspielen darf] (NT, OT): *das Vorrecht haben, zuerst drankommen.*

Vor|heisl, das [Vorhäuschen] (ST, OT): *Vorraum vor der Kirchentür, Windfang.*

Vor|mas, Vor|massn, Vor|mess, Vor|mis, der oder das [mhd. maʒ (= Mahl, Mahlzeit, Speise), also Mahlzeit vor der Arbeit; schon ahd. ist meʒʒi mit lat. dapes glossiert]: *Frühstück.*

vor|massn ⟨hat⟩ [siehe Vormas] (NT): *frühstücken.*

vor|nacht(n) ⟨Adv.⟩ [siehe nacht] (NT): *vorgestern.*

vor|pausn ⟨hat⟩ [über standarddt. pausen (= durchzeichnen) vermutlich aus französ. poncer (= mit Bimsstein abreiben, durchpausen)] (Pass.): *vormachen, vorzeigen.*

Vortl, Voartl Voschtl, Voarchtl, der [wie standardsprachlich Vorteil, mhd. vorteil, ursprünglich: das, was jemand vor anderen im Voraus bekommt; in Tirol mit zusätzlicher Bedeutung] (NT, OT, Pfun.): *Geschicklichkeit, Kunstgriff.*

vortl|massig ⟨Adj.⟩ (ST): *vorteilmäßig, geschickt, ausgeklügelt.*

Vor|weiling, die [zu vorweiln, siehe dort] (Pass.): *Vorahnung.*

vor|weiln ⟨hat⟩ [mhd. wīle (= Weile, Zeit, Zeitpunkt), also vor einem Zeitpunkt wahrnehmen] (Pass.): *vorahnen.*

vor|zua, vua|zua ⟨Adv.⟩: *nacheinander, der Reihe nach.*

Vor|ummer, der [Substantivierung von vorn umher (= herum)] (NT): *Busen.*

W

Wa, die [siehe Woade] (Deutschn.): *Weide.*
wäch ⟨Adj.⟩ mhd. wæche (= schön, glänzend) (OI, Ehrwald): *schön gekleidet.*
wachln, wachtl(e)n ⟨hat⟩ [wohl lautmalerisches Intensivum zu mhd. wæjen, wægen (= wehen)]: **1.** *fuchteln, winken, hin- und herbewegen (mit einem Tuch).* **2.** (NT) *schlotternd gehen.*
wachs: *siehe wax.*
Wadl, Wål, der [zu Wade; das Genus (Maskulinum) zeigt, dass es sich um eine alte Ableitung mit dem Suffix -el handelt, wie Ärmel aus Arm, und nicht um eine Verkleinerungsendung -l] (auch bairisch-österreichisch): *Wade, Unterschenkel* ❖ **jemandem di Wadl firirichtn:** *jemanden zurechtweisen.*
Wadl|beißer, der [siehe wadlbeißn] (NT): *jemand, der mit kleinen, hinterhältigen Angriffen arbeitet.*
wadl|beißn ⟨hat⟩ [nach dem Verhalten kleiner, aggressiver Hunde] (NT): *mit kleinen, hinterhältigen Angriffen arbeiten.*
Wadl|stumpf, der [2. Bestandteil: siehe Stumpf] (ST): *Kniestrumpf.*
Wadl|stutzn, die (Plural) (ST, OI): *Kniestrümpfe der Tracht.*
Wågge, der oder die [mhd. wacke (= Feldstein, nackt aus dem Boden hervorstehender Steinblock)] (OI, AF): *größerer (abgewetzter) Stein:* „*... 's ‚Ahle' isch die Oma und a ‚Wogga' isch a Stoa. / D'r Bluatschink isch a Viech, des hockt dunta im Lech und isch fei går it kloa!"* (Aus dem Lied „Knou mah!" der Lechtaler Musikgruppe „Bluatschink").
Wåggl, die [Substantivbildung zu wåggln (= wackeln) aus mhd. wackeln, Iterativbildung zu mhd. wacken, dieses ist eine Intensivbildung zu ahd. wagōn (= sich hin und her bewegen)] (ST): *Gewackel* ❖ **auf der Wåggl sein:** *unsicher oder am Kippen sein.*
wågla ⟨Adj.⟩ [Ableitung mit -lich von mhd. wage (= unsicherer Ausgang); dahinter das Bild von der Waage] (ST): *gewagt, bedenklich:* a wågline Såch (= eine bedenkliche Sache).
Wagnis, Plural: Wagnisn [mhd. wagense (= Pflugmesser)] (ST): *Pflugschar.*
Wål, Wol, der; Plural: Waln, Wale, Wal [entweder aus lat. aquale oder ablautend zu mhd. wüelen (= aufreißen, das Wasser aufreißen, wühlen)] (ST, OI): *Waal, Bewässerungsgraben, der Wasser, meist aus einem Bach, zu den hiervon oft weit entfernten landwirtschaftlichen Kulturen leitet; Kanal.*
waldern ⟨hat⟩ [umlautend von Wald] (OT): *Holz schlagen.*

Wåld|handle, das [Waldhähnchen] (OT): *Schwarzspecht (Dryocopus martius).* *etwa krähengroß und mit Abstand der größte europäische Specht.*
Wåld|kåtze, die [eigentlich: Waldkatze] (Pf.): *Waldkauz (Strix aluco).*
Wåld|såck, der (Ehrwald): *Rucksack.*
Wåld|schreita, der (Ehrwald): *Weberknecht;* die Weberknechte *(Opiliones),* sind eine Ordnung der Spinnentiere *(Arachnida).*
Wåld|schtab, der [2. Bestandteil: regional für Staub; die Sporen werden in gelben Wolken ausgestoßen und vom Wind verbreitet; sie erreichen Flugweiten von mehreren hundert Kilometern] (Pf.): *Bärlappsporen; besonders des Keulenbärlaps (Lycopodium clavatum).*
Wåld|schtrebe, Wåld|schtreb, die [2. Bestandteil: siehe Streb]: *Streu aus Reisig und Nadeln.*
Waler, der [Ableitung von Wål, siehe dort] (ST): *Waalwächter, Wasserwaalhüter für die Überwachung und Instandhaltung der Waale.*
Wålger, Welger, der [siehe wålgern, welgn] (ST): **1.** *Walker, Rundholz, mit dem etwas gerollt wird* **2.** *Teigrolle* **3.** *große Rolle von (vertikal) zusammengerechtem Heu* **4.** *Durcheinander von Textilien* **5.** (NT, OT) *jemand, der leicht hinfällt.*
wålgern ⟨hat⟩ [mhd. walgen, walgern (= sich wälzen, rollen, bewegen)]: *wälzen, auf Rundholz vorwärts schieben.*
wålgn ⟨hat⟩ [gleiche Herkunft wie wålgern, siehe dort]: **1.** *kneten* **2.** *ausdrücken (Butter)* **3.** *wirken (einen Stoff)* **4.** (OT) *stürzen, fallen:* wålg nit her (= fall nicht hin).
Wal|haue, die [1. Bestandteil: siehe waln: d. h. Haue zum Waalbauen] (Sa.): *Haue mit einer Schneide und einer Querhacke.*
Wålkn, Bålkn, der, **Walkl,** das [wie standarddt. Balken zu mhd. balke (= Balken, Wagebalken)] (ST, OT): **1.** *Fensterbrett* **2.** (Bozner U-Land) *Fenster:* ban Wålkn/Walkl aussischaugn.
waln ⟨hat⟩ [zu Wål, siehe dort]: *einen Waal bauen oder instandhalten.*
walsch, wallisch, waltsch ⟨Adj.⟩ [ahd. walahisk, Adj. zu Walaha (= der Welsche), einer Volksbezeichnung, die vom Namen des bei Caesar genannten gallischen Stamms der Volcae herzuleiten ist; sie nahm in ahd. Zeit die Bedeutung „romanisch" an und trat in Gegensatz zu diutisk (= eigensprachlich, nichtromanisch; im 11. Jh. deutsch); mhd. walsch, welsch, walhisch, welhisch (= italienisch, französisch oder romanisch)]: **1.** *italienisch* ❖ (ST) **wal(t)sche Schuale:** *(italienische) Schule zur Zeit des Faschismus:* i bin ai lei waltsche Schuale gången **2.** (ST) *romanisch, ladinisch.*
Walsche, Waltsch, die [siehe walsch] (ST): *Italien:* in der Waltsche untn.
Walsche, Waltsche, der oder die; Plural: Walschn, Waltschn [siehe walsch] (ST, in NT ist nur der – abwertend verstandene – Plural bekannt): *Italiener(in).*

wạltschn, wạltschilan ⟨hat⟩ [siehe walsch und wöschn] (ST, OT): **1.** *italienisch reden* **2.** *eine unverständliche Sprache sprechen.*

wåmblen, wåmblatzn ⟨hat⟩ [lautmalend zu mhd. wimelen] (ST, OT): *wimmeln.*

wåmpat, wåmpit, gwåmpat ⟨Adj.⟩ [zu Wåmpe, siehe dort] (auch süddeutsch und österreichisch): **1.** (abwertend) *dickbäuchig, beleibt:* er ist ein bisserl wåmpet **2.** (ST) *schwanger.*

Wåmpe, Wåmpm, die [zu mhd. wamme, wambe, wampe (= Bauch); bereits germ. mit der Ursprungsbedeutung Mutterleib; in der Standardsprache verwendet man Wamme eher bei Tieren und Wampe eher bei Menschen; Wampe auch in D]: **1.** *(großer) Bauch (besonders von Männern)* **2.** *Rindermagen.*

Wåmpeler, Wåmper, der [siehe Wåmpe]: **1.** *Dickbäuchiger (auch als Schimpfwort)* **2.** *Fasnachtsfigur in Axams.*

wampln ⟨hat⟩ [zu Wåmpe] (ST): *beim Hecken/Pecken die Eier mit dem Bauch statt mit der Spitze zusammenschlagen.*

wạm(p)sn ⟨hat⟩ [Schallwort]: *schlagen, prügeln* ❖ **oane wạm(p)sn:** *eine Ohrfeige geben.*

wạn, wạnen, wạjen ⟨hat⟩ [wie standarddt. wehen zu mhd. wæjen, wæn (= wehen)]: *wehen.*

wạndern ⟨ist⟩ [umgelautete Form von mhd. wanderen (= in Bewegung sein, wandern etc.)] (OT, Pass., Alp.): *fliehen, sich schnell davonmachen:* wenn si drei biatn, miaß ma wandern (= wenn sie drei bieten, müssen wir das Spiel aufgeben).

Wạndl, das [Diminutiv von Wånne (= Wanne)]: *Wasserschiff im Herd.*

Wạner, der [zu wan, siehe dort] (ST): *Windbö, Windstoß.*

Wạn|not, die [1. Bestandteil zu wan, 2. Teil Naht (zu nähen); vgl. Not] (Pfun.): *Schneewechte.*

wạntln, wạntlen ⟨hat⟩ [eigentlich wändeln, zu Wand]: **1.** *an die Wand schlagen, an der Wand streifen (auch beim Kegeln)* **2.** (ST) *fallen:* den håts gewantlt **3.** (ST) *torkeln, unsicher gehen.*

Wạppler, der [junge Entlehnung aus dem Wienerischen; dort zu wappeln, sich schwankend bewegen; im wörtlichen Sinn also ein Schmetterling] (NT, OT): *untüchtiger, tollpatschiger Mensch, der nicht ernst genommen wird.*

Wårb, der: *siehe Worp.*

wårnen, giwårn ⟨hat⟩ [mhd. warn (= beachten, gewahr werden); standarddt. warnen (= auf eine Gefahr hinweisen) und standarddt. wahren (= einen bestimmten Zustand aufrechterhalten) sind herkunftsverwandt; ursprüngliche Bedeutung: beachten] (ST, OI): *gewahr werden, bemerken.*

Warre: *siehe Werre*.
Warze, Warschze, die [wie standarddt. und dialektal Warze (= Wucherung der Haut; kurz für: Brustwarze) zu gleichbedeutend mhd. warze, werze] (ST): *Zapfen an der Hamme der Sense (Teil des Sensenblatts, der zur Verbindung mit dem Stiel dient)*.
wås ⟨Interrogativpron.⟩ [mhd. waȝ, ahd. (h)waȝ]: **1.** *was?* **2.** *wie, wie bitte?* (gilt in der Mundart nicht als unhöflich).
wås fiara, wos fire, wofire: *was für ein, welcher:* wås fira Mensch; wås isch des fire Mensch.
Wäsch(e), die [ahd. wesca; zu waschen] (NT) (gesamtdeutsch sind die Bedeutungen: Textilien, die gewaschen werden; Kleidungsstücke, die man am Körper trägt): *Wäsche* ❖ **jemandem an die Wäsch gehen: 1.** *jemanden tätlich angreifen* **2.** *sich jemandem nähern, um Geschlechtsverkehr zu haben* ❖ **då haut's einen aus der Wäsch:** *da verschlägt es einem die Sprache* ❖ **blöd aus da Wäsch schaun:** *dumm dreinschauen*.
Wåscher, der [Substantivbildung zu wåschn, siehe dort; Bed. 1: laut Grimm bedeutet waschen zunächst auch Benetzung eines Gegenstandes; daraus: ich bin gewaschen worden (= ich bin im Regen nass geworden); Bed. 2: zu einer alten bairisch-österreichischen Nebenbedeutung von waschen, die bei Schmeller vermerkt ist: schleppend oder in weiten Kleidern einhergehen; später Übertragung auf Dinge]: **1.** *Regenguss* **2.** *großer Mensch* **3.** *großes Ding*.
Wåsch|kuch(e), Wåsch|kuchl, die [1. Bestandteil: zu Wäsche, daher nicht verdunkelt]: **1.** *Waschküche* **2.** *dichter Nebel*.
Wåschl, der [Bed. 1 und 2 siehe Wåscher, Bed. 3 zu wåschn (Bündel zum Waschen)] (NT): **1.** *großer, stämmiger Mann* **2.** *ungeschickter Mann* **3.** *Utensil zum Geschirrwaschen*.
wåschln ⟨hat⟩ [Bed. 1 und 2 zu wåschn mit dem Suffix -eln; Bed. 3 von Oarwaschl, siehe dort] (NT, OT): **1.** *in Strömen regnen* **2.** *saufen* **3.** *bei den Ohren ziehen*.
wåschn, waschn ⟨hat⟩ [wie standarddt. waschen zu mhd. waschen, weschen, ahd. wascan; verwandt mit Wasser; zusätzliche Bedeutung siehe Wåscher 1]: **1.** *waschen* **2.** *heftig regnen*.
waschl|nåss ⟨Adj.⟩ (NT, OT): *völlig durchnässt*.
waschnen, waschn: *siehe watschn*.
Wåschtis|kelte, die [1. Bestandteil: -bast von Sebastian, im Dialekt Wåscht oder Waschtl)] (Pass.): *Kälteperiode um den Sebastianitag (20. Jänner)*.
Wåsch|wetter, das [zu wascheln (= in Strömen regnen)] (NT, OT): *langanhaltendes Regenwetter*.

Waserl, Woasele, das [Verkleinerung von Waise (= Kind, das einen oder beide Elternteile verloren hat); die -a- Lautung in Nordtirol deutet auf Entlehnung aus dem Wienerischen] (NT): *unbeholfener, ängstlicher Mensch.*

Wåsn, Wose, der [mhd. wase (= mit Gras bewachsene Erdfläche, Rasen; auch Rasenstück, auch – siehe Bed. 1 – als Symbol bei der Übergabe von Grund und Boden ins Eigentum)]: **1.** *Wasen; Grassode (= abgestochenes Stück Grasnarbe)* **2.** *Wiesenstück, Stück bewachsener Grund* **3.** (ST) *(kleine) dicke Frau.* **4.** (NT) *großer (oder feister) Mann.*

Wåsn|hottl, Wosn|hottl, die [1. Bestandteil: siehe Wåse; 2. Bestandteil: siehe Hottl] (ST): *Erdkröte (Bufo bufo).*

waße, wase (Pf.): *siehe wax.*

wåsser|augnen, wåsser|eiglen ⟨hat⟩ [2. Bestandteil: Verbalbildung zu Auge] (Zillt.): *zu weinen beginnen.*

Wåsser sein, ausser Wåsser sein: *beim Schnapsen: angeschrieben haben (nicht mehr doppelt, sondern nur noch einfach verlieren).*

Wåsser|fålle, die; Plural: Wåsserfållen (Pass., Pfun.): *Wasserfall.*

Wåsser|muas, das: *traditionelles Gericht.*

wassern ⟨hat⟩: **1.** *bewässern, verwässern* **2.** *beregnen* **3.** *Wasser geben, tränken:* di Goaße wassern.

Wåsser|schmecker, der [2. Bestandteil: schmecken im Sinn von spüren, aufspüren] (ST): *Wünschelrutengeher.*

Wåsser|schnålle, Wåsser|schnåll, die [2. Bestandteil: mhd. snalle (= dünne Suppe)] (Pass.): *sehr dünne Suppe.*

Wåsser|schtroach, der (eigentlich: Wasserstreich) (Pass.): *Blitzschlag in eine Wasserleitung.*

Wåsser|tånzer, der [weil die Blume auch als Bach- und Stromtalpflanze auftritt und feuchten Boden liebt] (OT): *Taglichtnelke (Silene Dioica).*

Wåsser|wåsser, das [1. Wortteil aus wassern] (ST): *das auf die Felder geleitete Wasser zur Bewässerung.*

Wåsser|wol, der [1. Wortteil aus wassern; 2. Teil siehe Wål]: *Bewässerungskanal.*

Watsche, Watsche, Watschn, die [entweder einfaches Schallwort oder zu mhd. ōrwetzelīn (= leichte Ohrfeige), dessen zweiter Wortteil zu standarddt. wetzen gehört] (auch süddeutsch und österreichisch): *Ohrfeige* ❖ **jemandem a Watschn åberhaun:** *jemanden ohrfeigen* ❖ **a gsunde Watschn: 1.** *eine gerechtfertigte Ohrfeige, um jemanden auf den richtigen Weg zu bringen* **2.** *eine schmerzhafte, aber lehrreiche Erfahrung.*

wåtschelen, båtschelen ⟨hat⟩ [ital. boccia (= Holzkugel, Kugelspiel)]: *Boccia spielen.*

watschn, watschn ⟨hat⟩ [siehe Watsche]: *ohrfeigen.*

Watschn|gsicht, das (auch bairisch) (NT, OT): *einfältiges, dummes Gesicht.*

Watschn|mann, der [im wörtlichen Sinn eine Figur aus Leder oder Kautschuk, der man eine Ohrfeige verpasst, um die Stärke des Schlages zu messen] (NT, OT): *Prügelknabe, Sündenbock.*

watschn|oanfåch ⟨Adj.⟩ [2. Bestandteil: einfach] (NT, OT): *besonders einfach, kinderleicht.*

Watschn|tånz, der (NT, OT): **1.** *Volkstanz, ähnlich dem Schuhplatteln, mit vorgetäuschten Ohrfeigen* **2.** *heftige tätliche Auseinandersetzung.*

Wåtsum, Watsum, der [mhd. wāt (= Kleidung, Rüstung, Zeug) + mhd. soum (= Last eines Saumtiers)] (NT): *Heiratsgut, Möbel der Braut.*

Watter, der [siehe wattn] (auch bairisch-österreichisch): *eine Partie Watten:* an Watter tuan.

Wåttl(e), Båttl, die [zu wåttln, siehe dort]: *dicke Frau, dickes Mädchen.*

wåttln ⟨ist⟩ [vgl. wåtzln]: *watscheln.*

wattn ⟨hat⟩ [ladin. batte(r) (= kämpfen, schlagen); die Dolomitenladiner sagen noch heute zu diesem Kartenspiel battadü; w (statt b-) im Anlaut deshalb, weil im Mhd. der Region b und w oft alternativ verwendet wurden); die Ableitung von franz. va tout (= letzter Trumpf) ist also verfehlt] (auch bairisch-österreichisch): *das Kartenspiel Watten spielen.*

Wattn, das [Substantivierung von wattn] (auch bairisch-österreichisch): *ein in Tirol weit verbreitetes Kartenspiel.*

wåtzln ⟨hat⟩ [wie standarddt. watscheln zu spätmhd. wakzen (= hin und her bewegen), abgeleitet von wacken (= wackeln); eigentlich: sich ein wenig hin und her bewegen] (ST, OT): **1.** *zappeln* **2.** *sich unruhig hin und her bewegen.*

watzn, wetzn ⟨ist⟩ [wie standarddt. wetzen zu mhd. wetzen (= wetzen)]: **1.** *wetzen* **2.** *schnell laufen, abhauen.*

Waudile, das; Plural: Waudiler [Diminutiv von Waudl, wegen der feinen, dichten Behaarung der Pflanze] (Pass.): *Frühlingskuhschelle oder Frühlings-Küchenschelle (Anemone vernalis).*

Waudl, Waul, der [wohl zu mhd. wüdeln, das Lexer als späte Variante von wüeteln (= sich regen und bewegen, wimmeln) verbucht; in vielen Dialekten zur Bezeichnung von Buschigem, Zottigem]: **1.** *weicher Handbesen, (Putz-)Wedel* **2.** *Staubflocke* **3.** *Samen des Löwenzahns (Taraxacum)* **4.** (Bozner U-Land, Alp.) *dichter, zerzauster Haarschopf, Wuschelkopf:* die håt an Waudl auf.

Waudl|tuach, Waudile|tuach, das [siehe Waudl] (ST): *Übertuch der Frauentracht mit wolligen Fransen.*

Wau|wau, der [nach dem Bellen eines Hundes]: *Geschrei ohne Grund.*

wax, waxe ⟨Adj.⟩ [mhd. wåhse, wehse (= schneidend, scharf)]: **1.** *rau, scharf, stechend* **2.** *schnell, rasch, heftig.*

Wȧx|mune, der [eigentlich: wachsender Mond] (Pf.): *zunehmender Mond.*

Waz|gretsch, die [1. Bestandteil: Weizen, 2. Bestandteil: siehe Gratsche] (Deutschn.): *Eichelhäher (Garrulus glandarius).*

Wax|lab, das [1. Bestandteil: wax = scharf, stechend; 2. Bestandteil: Laub] (Achental): *Europäische Stechpalme (Ilex aquifolium):* „Von der Schwoag bis auf d' Hochålm is a nimmer weit, / wo 's a Waxlab, a greans, und schiane Gamsbliamal geit." (Aus dem Lied „Von der Schwoag bis auf d' Hochålm", SsÖ, S. 327).

waxln ⟨hat⟩ [eigentlich: mit Wachs bestreichen]: *wachsen (die Skier).*

wȧzln ⟨hat⟩: *siehe zwȧzlen.*

Wea, We, der [mhd. wē (= Schmerz, Leid, Geburtswehen); im Mhd. Maskulinum und Femininum, heute standardsprachlich: das Weh und die Wehen]: *Schmerz.*

weabitzn, weawetzn, weabm ⟨hat⟩ [vom Wehruf: oh weh!]: **1.** *über Schmerz klagen* **2.** *ächzen, stöhnen.*

Weache, die [Substantivableitung von woach, mhd. weich] (ST): **1.** *Lende* **2.** *tiefer, nasser Schnee.*

Weal, das: *siehe Werre.*

wealach ⟨Adj.⟩ [zu mhd. wē gehörend; mhd. wēlich (= weh, jammervoll)] (Zillt.): *hässlich, schlecht.*

weanch: *siehe wiank.*

Wearl, das: *siehe Werre.*

wearn ⟨ist⟩: **1.** *werden* **2.** *gesund werden:* er weart wider **3.** *trächtig sein:* di Kua weart.

Weatig, der [mhd. wētac (= Schmerz, Krankheit)] (ST): *Schmerz, Leiden.*

Wecken, gesprochen **Weggn,** der [zu mhd. wecke, wegge (= Keil, keilförmiges Backwerk)] (auch süddeutsch): *Brot in länglicher Form* (im Gegensatz zum runden Laib, ein Wecken ist meist 1 kg schwer; in anderen Teilen Deutschlands wird darunter ein Brötchen verstanden).

Weda: *siehe Wetter.*

wedere, 's wedere [mhd. weder (= welches von beiden)] (ST): *welches von beiden:* 's wedere von die Bretter passt besser?

Weg|når, Weg|noarga, der [Wegnarr ist die volksetymologische Deutung eines unverstandenen Norgg (siehe dort)] (NT) (auch bairisch): *Alpensalamander (Salamandra atra).*

wegn|brumm [wegen + warum] (ST): *warum, weshalb.*

wegn|zwoi, wegn|zwui, zwoi, zwui [wegen + mhd. ze wiu, alte Instrumentalform von was] (ST, OT): *warum.*

Weibatz, Weiwatz, Weibitz, Weibis, das, **Weiwana, Weibische,** die [aus dem flektierten Genetiv des ahd. Adjektiv wībīn (= weiblich) abgeleitet]: *Frau:* "Amål håm s ma r oan gschickt, an Lota, an Månn! Bei ‚Bauer sucht Frau' wollgemerkt! Kimmp oana mit rosarote Gummistiefel: ... ‚Hallo, i bin der Ludwig. I wer die neue Beirin.' – ‚Åspele', hån i gsågg, ‚I suach a Weiwatz und net an Månn.' – ‚Ich bin eine Frau, ich bin nur gefangen in einem Körper von einem Mann.' Då hån i ma s ångschaugt und hån i mer gedenkt: Nå, wenn er årweitn kånn ..." (Luis aus Südtirol, "Bauer sucht Frau").

Weiberer, Weiwerer, Weibelar, der (auch bairisch) (NT, OT): *Schürzenjäger, Weiberheld.*

Weiber|fescht, das: *Fest der verheirateten Frauen* (Sonntag nach St. Anna, 26. Juli).

Weiber|leit[1], Weiwa|leid, das (auch bairisch) [aus Weiberleit[2]] (NT): *Frauenperson.*

Weiber|leit[2], Weiber|leite, die (Plural) [1. Wortteil: Plural von mhd. wīp (= nichtadelige Frau), 2. Teil: mhd. liute (= Leute, Menschen)]: *die Frauen in ihrer Gesamtheit.*

weiber|leitisch ⟨Adj.⟩ (NT): *hinter jeder Frau her.*

Weiber|mensch, das (ST, OT): *Frau, Frauensperson.*

Weiber|schmecker, der [eigentlich: Frauenschnüffler] (ST, Alp.): *Mann, der ständig Frauen umwirbt.*

Weibs|bild, das [mhd. wībes bilde (= ursprünglich Gestalt einer Frau)]: **1.** (auch bairisch) (NT) (nicht abwertend) *Frau (meist mit Betonung der weiblichen Gestalt):* ein richtiges Weibsbild **2.** (abwertend) *Frau mit fragwürdigem Charakter.*

weich, ge|weicht, gweicht [mhd. wīch (= heilig)]: *geweiht.*

Weich|brunn(en), der; auch **Weich|wåsser,** das [mhd. wīchbrunne (= Weihwasser); 1. Bestandteil: wīch (= heilig)]: *Weihwasser.*

Weichet, das [siehe Weichete] (La.): *Erbanteil des oder der Weicheten.*

Weichete, der oder die [eigentlich: Weichender, Weichende] (ST): *Kind, das den Hof dem Erben überlässt (mit Auszahlung des Erbteils).*

Weich|kessl, der: *Weihwassergefäß.*

Weichn|pfinz|tåg, weicher Pfinz|tåg, der [mhd. wīch (= heilig), alte süddeutsche Entsprechung von heilig, im Standarddt. noch in Weihnacht erhalten; vgl. Weichbrunnen und siehe Pfinztåg] (ST, OT): *Gründonnerstag.*

Weidling, der [mhd. wīt (= weit, breit)] (NT): *breite Milchschüssel.*

Wei|földer, der, **Wei|faldra,** die [eigentlich: Feifalter, siehe dort; ahd. fīfaltarā, fīfaltrā, das Wort Schmetterling ist mitteldeutscher Herkunft] (NT): *Schmetterling.*

weil ⟨Konj. und Präp.⟩ [aus mhd. wīle (= Weile, Zeit) entsteht spätmhd. ein Adv. wīle (= so lange, als), das in Bed. 2 und 3 noch erhalten ist]: **1.** *weil* **2.** *während:* weil Kirchn (= während der Messe) **3.** (Pass.) *während, solange:* weil i do stea, håts nit geregnet.

weilankl ⟨Adj.⟩ [aus Derweilång + -lich] (Pass.): *zu Heimweh neigend.*

weiln|weis ⟨Adv.⟩ [mhd. wīle (= Weile, Zeit)] (Pass.): *zeitweise, zwischendurch.*

Weimer, der (meist Plural: die Weimer) [verschliffen aus mhd. wīnbere] (ST): **1.** *Weintraube* **2.** *Rosine.*

Weimerle, das; Plural: Weimerlen [Diminutiv von Weimer, siehe dort] (ST): *Weinbeere, Rosine.*

Weimer|bitsche, Weimba|bitsche, der [2. Bestandteil: siehe Bitsche]: *mit gedörrten Weintrauben, Feigen und Rosinen gespickte Roggenbrotform.*

Weimer|strizl, das; Plural: Weimerstrizler: [1. Bestandteil: siehe Weimer; 2. Bestandteil: siehe Strizi] (ST): *Rosinenbrot.*

Wein|gårt, der: *Weinberg.*

Weinicht|werr|woche, die [1. Bestandteil: Weihnacht; 2. Bestandteil: siehe Werrwoche] (Pass.): *die letzte Woche vor Weihnachten ohne zusätzlichen Feiertag.*

Wein|leger, der [2. Bestandteil: spätmhd. lager, unter Anlehnung an Lage für mhd. leger, ahd. legar, zu liegen, vgl. Geläger mit gleicher Bedeutung]: *Bodensatz des Weins.*

Wein|moal, das; Plural: Weinmoaler [1. Bestandteil: Wein; 2. Bestandteil: mhd. meil (= Fleck, Mal)] (Pass.): *Hautmal, Muttermal.*

Wein|muater, die [2. Bestandteil: Mutter (= Sinkstoff); eigentlich: Moder; vgl. Essigmutter] (ST): *Bodensatz des Weins.*

Weisat, Weissit, die oder das [mhd. wīsōt, wīsāt, wīset (= Geschenk an die Mutter nach der Geburt)] (NT): **1.** *Gabe beim Besuch der Wöchnerin:* ins Weiset gehen **2.** *Gabe für Brautleute* **3.** *Patengabe zu bestimmten festgelegten Zeiten wie Kirchtag, Weihnachten etc.* **4.** *Geschenk.*

Weisl, der; auch die [Substantivbildung zum Verb weisen im Sinn von: die Richtung weisen; mhd. wīsel (= Oberhaupt, Anführer; Führer des Bienenstaates)] (regional auch in D): *Bienenkönigin.*

Weisl, die [ebenfalls zu weisen] (OT): *Lenkvorrichtung.*

weisn¹, weisa ⟨hat⟩ [mhd. wīsen in der Bedeutung anweisen, belehren; verwandt mit weise] (OI): *lenken (ein Fahrzeug).*

weisn² ⟨hat⟩ [mhd. wīsen in der Bedeutung (vor)zeigen, vorweisen; siehe Weisat]: **1.** *der Wöchnerin eine kleine Gabe überbringen* **2.** (NT) *den Brauleuten ein Geldgeschenk machen.*

Weis|radl, das [siehe Weisl] (OT): *Lenkrad.*

Weite¹, Weid, die; Plural: Weiten [mhd. wīte (= Ausdehnung, offenes Feld)] (ST, OT): *Felder und Äcker eines Hofes, freie Natur.*
Weite², Weidnt, die [Substantivierung von weit]: *große Entfernung.*
Weite³, die: *weite Hose.*
Weitn, die (Plural) [aus weite Hose; der Plural erklärt sich möglicherweise daraus, dass die Hosen ursprünglich nur die beiden Schläuche waren, die an der Bruach (siehe dort) befestigt waren; vgl. Weite²] (La.) ❖ **in di Weitn schliafn:** *Taufpate machen* ❖ **heit isch er in di Weitn gschloffn:** *heute war er spendierfreudig.*
Weiwatz: siehe Weibatz.
welf, welfl, welfla ⟨Adj.⟩ [wie standarddt. wohlfeil (= billig) zu mhd. wol feile; vgl. foal] (Pf.): *minderwertig.*
welgn, wögan ⟨hat⟩ [mhd. welgen, welgern (= rollen, wälzen)]: *(sich) rollen, wälzen.*
Welger, der [zu welgn] (OT): Holzwalze für frische Saat.
Well|bam, Welt|bam, der [1. Bestandteil: zu Welle] (ST): **1.** *Achse des Wasserrads* **2.** *Drahtseilrolle.*
weller, wellen(d)er, wöja, der well ⟨Pron.⟩ [mhd. wel(i)ch, ahd. (h)welīch, ursprünglich Zusammensetzung von wer/was und dem Suffix -lich, das aus einem germ. *leika (= Körper, Gestalt) stammt; also eigentlich: was für eine Gestalt habend]: *welch(er).*
Welli, Welle, der, selten auch: die; auf der Spielkarte mit der platzsparenden Schreibung Weli [zu ital. belli (= die Schönen), was die Aussprache mit einem kurzen -e- erklärt; die Ableitung von franz. bailli (= Stellvertreter des Königs) ist verfehlt]: **1.** *Schell-Sechser (= geschriebener Weli); beim Kritisch-Watten ist der Weli die zweithöchste Spielkarte* **2.** *Schell-Siebener (= kleiner Weli).*
Welt, die [wie standarddt. Welt zu mhd. we(r)lt, ahd. weralt (= Welt); lässt noch die Kombination von germ. *wera- (= Mann, Mensch) und alt erkennen; zusätzliche Bedeutung in Südtirol] (ST): *Erdboden, Boden.*
Wemmer, die oder der, das [mhd. wimmer (= Knorren im Holz, Auswuchs an einem Baum); von dort auch auf die menschliche Haut übertragen, vgl. Wimmerle] (ST): **1.** *Wunde (z. B. am Baumstamm)* **2.** *Delle.*
wengget ⟨Adj.⟩ [siehe wenggn]: **1.** (NT, Def.) *schief, verbogen* **2.** (La.) *schwankend.*
wenggn, wenggn ⟨ist⟩ [gehört zu mhd. wanken, winken etc.] (ST): **1.** *schaukeln, wanken* **2.** *sich stark hin- und herbewegen, sich winden.*
Weppe|hottl, die [1. Bestandteil: mhd. weppe, webbe (= Gewebe, Spinnengewebe); zu standarddt. weben; 2. Bestandteil: siehe Hottl] (AT): *Spinnennetz.*
Weppe|hottla, der (Pfun.): *Spinne.*

Węppis|grogge, der [1. Bestandteil: weppis aus mhd. webbe (= Gewebe); 2. Bestandteil: Herkunft unklar] (OT): *Spinne.*

Węppis|gspenscht, Węppis|gspinscht, das oder die [2. Teil zu spinnen, wie mhd. gespinst] (OT): *Spinnennetz.*

Wępse, Wępsn, Węspe, Węsse, Węspetza, Węggsl, die [mhd. wespe, wefse, ahd. wefsa (= Wespe), nach der Gewebestruktur des Nests vielleicht zu weben]: *Wespe.*

wępsn, ummadum|wepsn ⟨ist⟩ [zu Wespe, nach deren Flug]: *sich unruhig hin- und herbewegen.*

Węrb, Węrwe, die, **Węrbl, Węrfl,** der oder die [Ableitung von mhd. werben (= sich um eine Achse bewegen, drehen; daraus später standarddt. werben im Sinn von sich bemühen); verwandt mit Wirbel] (ST): *Griff am Treibrad, Handgriff einer Kurbel.*

węrbln ⟨hat⟩ [zu Werb, siehe dort] (ST): *kurbeln.*

Węrch, Węrch, Węrk, das [mhd. werc, werch (= Werk, Handlung, Wirkung; Werg)]: **1.** *Werk* **2.** *Werg, gebrochene Hanffaser, auch Abfall vom Hanf.*

Węrchtåg, Węrschta, der: *Werktag.*

-werch, -warch als 2. Bestandteil von Komposita bildet Kollektivbezeichnungen, z. B. **Åst|werch, Stauden|werch, Gråffl|werch.**

węrchan, wirchin ⟨Adj.⟩ [aus mhd. werc, werch (= Werg, Hanf, Flachs)]: *grobleinen.*

Węrfe, die [zu werfn, siehe dort]: *Kurbel.*

Węrfla, der [Schatz belegt noch die Bedeutung Verbogenes, Unbrauchbares, alter, dürrer Baum; deshalb auch zu Werb zu stellen]: **1.** *kleiner verkrüppelter Baum* **2.** *kleines Tier.*

węrfn ⟨hat⟩ [siehe Werb] (Pf.): *ankurbeln.*

węrit ⟨Adj.⟩ [Partizip Präsens von wern (= werden), also werdend] (ST): *trächtig.*

Węrkl, das [verselbständigte Verkleinerung von Werk] (NT) (auch bairisch): **1.** *Spielwerk, Leierkasten, Drehorgel* **2.** *Betrieb, Mechanismus:* das Werkl rennt (= die Sache läuft wie geschmiert, der Betrieb ist gut in Schuss) **3.** *alter, kaum mehr funktionierender Mechanismus:* Wer soll das Werkl Staat in Schwung bringen?

węrkln ⟨hat⟩ (NT, OT): **1.** *arbeiten, sich beschäftigen* **2.** *sich mühen, abplagen.*

węrlan, węrla, węrig ⟨Adj.⟩ [zu mhd. wer, were (= Kampf, Wehre)] (ST): *tüchtig, kräftig, wehrhaft.*

Węrre, Wårre, Wąrre, die, im Unterinntal **Weal,** das [laut Maria Hornung wurde diese Krankheit des Auges nach einer abergläubischen Vorstellung des Mittelalters durch die Maulwurfsgrille verursacht, was auf eine Bedeutungsübertragung schließen ließe; eher geht die Bedeutung auf eine indogerm. Wurzel zurück, die erhöhte Stelle bedeutet hat (diesfalls wäre eine Verwandtschaft mit Warze gegeben)]: **1.** *Gerstenkorn am Auge, Augenlidentzündung* **2.** *pickelartiger Mitesser.*

Werr|woche, Wer|woche, die; Plural: Werrwochen [zu Werktag, also Woche ohne Bauernfeiertag, was vor der Reduzierung kirchlicher Feiertage durch Josef II. nur für wenige Wochen im Jahr zutraf] (Pass.): *eine Woche ohne zusätzlichen Feiertag.*

wertlen ⟨hat⟩ [dialektale Form von österreichisch wörteln; abgeleitet von Wort] (OI, Pass.): **1.** *in einen Wortwechsel geraten* **2.** *streiten.*

Wertsche, die; Plural: Wertschn [vielleicht zu ahd.*werten (= verderben, verletzen, wund machen), mhd. werten (= schädigen, verderben)] (ST): **1.** *große Wunde* **2.** *Delle.*

Wescha|mel, das [eigentlich: Wäschemehl] (Deutschn.): *Waschpulver.*

Weschpn|gunggl, Weschpn|guggl, die [2. Bestandteil: siehe Guggl bzw. Gunggl] (OT, La.): *Wespennest.*

Weschpn|kåchl, die [2. Bestandteil: siehe Kåchl] (Deutschn., Pfun.): *Wespennest.*

weschtia ⟨Interj.⟩ [siehe beschtia] (ST): *Ausruf des Staunens.*

wetn ⟨hat⟩ [mhd. weten (= zusammenjochen, binden, verbinden)] (La.): *Rindern das Ziehjoch anhängen.*

wett ⟨Adv.⟩ ❖ **mir sein wett** [aus dem mhd. wette (= Einsatz, Pfand) rückgebildetes Adv.] (ST, OI): **1.** *wir sind gleichauf* **2.** *wir sind quitt.*

Wetter, Weter, Weda, das: **1.** *Wetter* **2.** *Gewitter, Unwetter.*

Weter|låchn, das [volksetymologisch aus Wetter + mhd. lōhen (= flammend leuchten)] (Zillt.): *Wetterleuchten.*

Wetter|leitn, das: *Glockengeläute/Warnläuten bei Unwetter.*

wettern, wetan, wedan ⟨hat⟩: **1.** *stürmen und regnen* **2.** *schimpfen.*

wetter|schlachtig ⟨Adv.⟩ [-schlachtig gehört zu mhd. slaht (= einer Art, einem Geschlecht zugehörig), also: Mensch von der Art, die das Wetter spürt] (NT): *wetterfühlig.*

Wetter|vogl, der; Plural: Wettervegl [Bezeichnung 1: nach einem alten Aberglauben kündigt der Vogel Regen an; der Ruf „trürr" wird als trief oder trüb interpretiert] (Bozner U-Land): **1.** *Buchfink (Fringilla coelebs);* ein zur Familie der Finken *(Fringillidae)* gehöriger Singvogel **2.** *Wendehals.*

wetzn: siehe watzn.

Wetz|stoan, der: *Wetzstein für die Sense (den der Mäher an einem Gurt mitführt).*

wia – um sell ⟨Konj.⟩ (ST): *je – desto:* wia mer du gibst, um sell mear welln si.

wiache, wiach, wia ⟨Adj.⟩ [umlauten aus ahd. wuohi (= üppig); daraus auch mhd. wuochern (= Frucht bringen, gedeihen, wachsen); die standarddt. Bedeutung von Wucher ist also metaphorisch]: **1.** *fett, üppig,* *saftig (Speisen)* **2.** *übermütig, unternehmungslustig:* a wiachs Bürschl (= ein Spitzbub) **3.** *fruchtbar (vom Boden)* **4.** (Alp.) *grobschlächtig, ungustiös.*

wiaflig: *siehe wirflig.*

Wiage, die [wie standarddt. Wiege, mhd. wiege; zusätzliche Bedeutung im Dialekt] (OI, Pass.): *Senke im Gelände.*

Wialer, Wialschga, Wualschger, Wialtscher, Wialigschta, der [enthält mhd. wüelen (= wühlen) und Scher (siehe dort); also eigentlich: Wühler, Wühlscher (= der wühlende Kratzer)] (ST, OT): *Maulwurf.*

Wialischga|haufe, Wialischa|haufe, der [siehe Wialer] (OT): *Maulwurfshügel.*

wiank, weanch, wianig ⟨Adj.⟩ [mhd. wēnec, wēnic (= zum Weinen, beklagenswert)]: *wenig.*

Wiare, Wiar, die [umlautend zu mhd. wuore, Substantivableitung aus ahd. werien, mhd. wer(e)n, werigen (= schützen, verteidigen)] (OT, Pfun., Pass.): **1.** *Stauvorrichtung zur Wasserableitung* **2.** *der daraus ableitende Kanal.*

wiatig ⟨Adj.⟩ [mhd. wuot, wüete (= heftige Bewegung, Erregung, Wut)]: **1.** *brünstig (vom Schaf)* **2.** ❖ **wiatig sein:** *sich bei der Arbeit gewaltig ins Zeug legen.*

wiatn, wiatlen ⟨hat⟩ [wie standarddt. wüten (= im Zustand der Wut toben, rasen) zu mhd. wüeten, ahd. wuoten; von der Ausgangsbedeutung (vgl. wiatig) ist das Merkmal der Heftigkeit geblieben] (ST): *sich bei der Arbeit gewaltig ins Zeug legen.*

Wide, die; Plural: Widn [mhd. wid(e), wit (= aus Reisern gedrehtes Band), zu mhd. wite (= Holz)] (ST): **1.** *Tragegurt aus Zweigen* (inzwischen auch aus anderem Material: a Wide indran (= einen Gurt einsetzen) **2.** *geflochtener Zaunring.*

Wider|bug, der [1. Bestandteil: mhd. wider (= gegen zurück), 2. Bestandteil: zu biegen] (La.): *Ersatzglied zum Flicken von Eisenketten.*

widlig, widilat ⟨Adj.⟩ [zu widln, siehe dort] (ST): *zappelig (von Kindern).*

widln, widl ⟨hat⟩ [aus mhd. wedel (= Büschelartiges zum Hin- und Herschwenken), Nebenform von wedeln] (ST): **1.** *wedeln* **2.** *zappeln.*

Widl|orsch, der [eigentlich: Wedelarsch] (ST): *eitle Frau.*

Widn, Widum, der [wie standarddt. Widum und Wittum zu mhd. wideme, ahd. widimo (= Brautgabe; Dotierung einer Kirche mit Grundstücken und Gebäuden); seit dem 15. Jh. existiert laut Duden neben der alten Form mhd. wideme die in Anlehnung an die Wörter auf -tum gebildete neue Form Wittum (= Brautgabe); später volksetymologisch als Witwengut verstanden; der Tiroler Dialekt führt die alte Bedeutung fort]: *Pfarrhaus* ❖ **in Widn gian** (Pass.): *die Heirat beabsichtigen und formalisieren.*

wiff, wif ⟨Adj.⟩ [so wie standardsprachliches vif zu franz. vif, dieses zu lat. vivus (= lebendig)]: **1.** *lebhaft, aufgeweckt* **2.** *gescheit, klug.*

Wiff|zack, der [zu vif; vermutlich angelehnt an: auf Zack sein] (NT, OT): *regsamer, gescheiter Mensch.*

Wifling, Wifli, der [mhd. wiflinc (= grober Zeug)]: **1.** (Pass.) *aus Garn oder Wolle gesponnener, grober Stoff* **2.** (Ehrwald) *gefältelter Frauenrock der alten Tracht.*

Wifling|såckner, der [sihe auch Sackner]: *Fasnachtsfigur in Frauentracht.*

Wiftl, der (Def.): *Baumwipfel.*

Wiggl|wåggl, der (NT) [wortspielerisch mit Ablaut i-a; in Anlehnung an wackeln; denkbar ist auch eine Einwirkung von wiegeln (= sich schwankend hin und her bewegen); auch dort wechselt der Stammvokal zwischen -a- und -i-, er ist allerdings nicht kurz, sondern lang] (NT): *Unsicherheit; schwankende Haltung vor einem Entschluss* ❖ **im Wiggl|wåggl sein:** *unentschlossen sein, schwanken, zaudern.*

wiggl|wåggl ⟨Adv.⟩ [zu Wigglwåggl, siehe dort] (NT): *wacklig, unsicher.*

Wilde, die [Substantivableitung vom Adj. wild] (ST, OI): **1.** *Abscheu* **2.** *Panik* **3.** *Angst.*

wild(e), wilt, wüd ⟨Adj.⟩ [mhd. wilde (= unangebaut, wild wachsend, unbekannt, fremd, unheimlich etc.)]: **1.** *wild, scheu* **2.** *unwirtlich* **3.** *stürmisch* **4.** *zornig.*

wilde ⟨Adv.⟩ [zum vorigen] (OT): *sehr;* **wilde guit:** *sehr gut.*

wills|got ⟨Adv.⟩ [eigentlich: will es Gott]: *hoffentlich.*

Wildling, Wüdling, der; Plural: Wiltlinge [mit -ling-Abteilung von wilt; siehe wilde]: **1.** *ungebärdiger Mensch, ungebärdiger Bub* **2.** (NT) *nicht veredelter Obstbaum, wilder Trieb eines veredelten Rosenstrauchs* **3.** (ST) *wildes Tier.*

Will|asse, das oder der [1. Bestandteil: wild, 2. Bestandteil: mhd. eiz (= Geschwür, Eiterbeule)] (veraltet) (OT): **1.** *Herpes* **2.** *Unrat.*

wimmen ⟨hat⟩ [aus mhd. windemen (= Weinlese halten), aus mittellat. vindemia (= Weinlese); schon in ahd. Zeit aus vinum demere (= Trauben abnehmen) entlehnt; vgl. ital. vendemmia (= Traubenlese, Weinernte)] (ST): *Weinlese halten.*

Wimmer, der [siehe wimmen] (ST): *Arbeiter in der Weinlese.*

Wimmerl(e), Wimmal, das [Diminutiv von mhd. wimer, wimmer (= Auswuchs, Knorren im Holz oder auf der Haut, Warze)] (auch bairisch-österreichisch): *Eiterbläschen, Pickel:* a Wimmerle ausdruckn.

Wimmet, das [zu wimmen, siehe dort] (Bozner U-Land): *Weinlese.*

Wimm|messer, das [zu wimmen, siehe dort] (Bozner U-Land): *Messer zum Wimmen.*

486

wimpsln ⟨hat⟩ [mhd. winsen, winseln (= winseln) aus ahd. winisōn (= jammern)] (ST): *schrille Geräusche verursachen.*
wimweri ⟨Adj.⟩ [siehe Wimmerl] (Ehrwald): *verwachsen, knorrig (vom Holz).*
windisch ⟨Adj.⟩ [ahd. winid (= Slawe)] (NT, OT): *slowenisch, slawisch.*
Wind|flutter, die [2. Bestandteil: siehe Flotter, Bed. 3] (OT, La.): *kleines Windrad.*
Wind|fragg, der [2. Bestandteil: wie standarddt. Frack zu engl. frock (= Rock); ursprünglich ein langes Mönchsgewand, aus altfranz. froc] (La.): *Windjacke.*
Wind|kris, das [2. Wortteil zu reißen, eigentlich: Wind-Geriss] (NT): *Windwurfholz, Windbruchholz.*
Wind|lane, Wint|lena, die [ahd. lewina (= Lawine) aus rätorom. gleichbedeutend lavina, das aus lat. labi (= gleiten, rinnen) abzuleiten ist] (auch bairisch-österreichisch): *Lawine mit hohem Luftdruck, Staublawine.*
Winds|braut, die [Braut hat nichts mit Hochzeiterin zu tun; es gehört zu brauen bzw. brausen] (ST): **1.** *Windhose* **2.** *Wirbelwind.*
Wind|riss, der (NT) [siehe Windkris]: *vom Wind gefällter Baum.*
wind-, wint|schiaf ⟨Adj.⟩ [1. Wortteil zu mhd. winden, winten (= drehen, sich wenden), also gewunden schief]: *verbogen.*
Wind-, Wint|wurf, der: *vom Wind umgeworfener Baum.*
Wine, die [Herkunft unklar] (Ridn.): **1.** *Hautabdruck bei zu enger Kleidung* **2.** *Striemen.*
winig, windig, winnig ⟨Adj.⟩ [zu mhd. winnec (= wütend, rasend, toll); zu winne (= Schmerz)] (NT): *zornig, rasend.*
Wint-: *siehe Wind-.*
Winter, der [dialektale Zusatzbedeutung (nach dem Anfang des Schuljahrs)] (ST): *Schuljahr: de geat in zwoatn Winter Schuale.*
Wintere, die [vielleicht Vermengung von Windlicht und Laterne] (Pass.): *Laterne: holle Wintere! (= hoppla! Achtung!).*
Winter|kearschen, die (Plural) [eigentlich: Winterkirschen; die Früchte sind bei Reife leuchtend ziegelrot bis stumpf braunrot] (Deutschn.): *Zweigriffeliger Weißdorn (Crataegus laevigata).*
Winter|korn, das (ST, OT, OI): *Roggen, der bereits im Herbst gesät wird.*
Winter|pfraumen, die (Plural) [eigentlich: Winterpflaumen; die blauen Früchte werden meist nach dem ersten Frost geerntet; die Pflanze gehört wie die Pflaume zur Gattung *Prunus* innerhalb der Steinobstgewächse (*Amygdaleae*)]: *Früchte des Schlehdorns (Prunus spinosa).*
Winter|sorge, die (Pass.): *Krankheit im Augenbereich bei den Ziegen.*
Wintling, Windling, der [Substantivbildung zu mhd. winden (= drehen)] (NT): *Bohrer.*

Wint|schpil, das; Plural: Wintspiler: *quicklebendiges Kind.*
wirchin: *siehe werchan.*
wirflig, wirfig, wiaflig ⟨Adj.⟩ [zu ahd. werfan (= drehen)]: **1.** *schwindlig, taumelig (speziell von der Drehkrankheit der Tiere)* **2.** *geistig mitgenommen* **3.** *nervös, unruhig (von Menschen)* **4.** *überdreht.*
Wirger, der [mhd. würgen (= würgen, mühsam schlucken)] (Pass.): **1.** *Preis für den Kegelspieler, der am öftesten eingezahlt hat* **2.** *schmaler Schal aus Wolle, Seide oder Baumwolle.*
wirl ⟨Adj.⟩ [wohl aus mhd. wirel, wirl (= was sich schnell herumdreht, Quirl)] (Pass.): *beweglich, wendig, lebhaft.*
Wirler, der [zu wurln, zerreiben; siehe dort] (NT): *bröselig geröstete Teigspeise:* „"Muatter, koch heut an' Strudl!' / ‚Na, i mecht liaber Erdäpflnudl!' / ‚I will aber Speckknödl, / weil i der Greaschte bin, geahts nach mein' Schädl.' / (...) Drauf hat die Muatter a bißl glacht, / und hat an' gschmolzn Wirler gmacht." (Aus dem Gedicht „Die Leibspeis" von Anni Kraus).
wirsche, wirsch ⟨Adj.⟩ [laut Kluge/Seebold zu wirr, mhd. wirre (= verwirrt und verwirrend, gestört und störend), also wirrisch] (ST, OI): **1.** *scheu* **2.** *wild* **3.** *fahrig* **4.** *verstört, mürrisch.*
Wis|bam, Wise|bam, der [mhd. wisboum, Herkunft von wis unklar]: *starke Stange, die längs über das Heu- oder Strohfuder des Wagens gebunden wurde.*
wischln ⟨hat⟩ [vgl. standardsprachl. pieseln, das laut Kluge eine Kreuzung von pissen und nieseln sei]: *urinieren.*
wischn ⟨hat⟩ [wie standarddt. wischen zu mhd. wischen (= wischen; sich schnell bewegen), ahd. wisken (= wischen); zusätzliche Bedeutung in Südtirol] (ST, OI): *schlagen, verhauen.*
Wischpei, das [Diminutiv von Wischpl] (UI): *Trillerpfeife.*
Wischpl, die [mhd. wispel (= Pfiff, Pfeife)]: **1.** *Trillerpfeife* **2.** *umtriebiges Mädchen mit starkem Bewegungsdrang* **3.** (Pass.) *Vulva, Vagina.*
wischplen, wischpln ⟨hat⟩ [mhd. wispeln (= mit der Pfeife Tiere locken), mhd. wispalon (= wispeln, lispeln)]: **1.** *pfeifen* **2.** (ST) *schlagen, ohrfeigen* **3.** (ST) *werfen* **4.** *flüstern.*
wissile, wissalat ⟨Adv.⟩ [verkürzt aus wissen + lich] (ST, OI): *bekannt:* sell war mir nicht wissile (= davon wüsste ich nichts).
wist ⟨Interj.⟩ *Zuruf an die Zugpferde, wenn sie links gehen sollen.*
Witt, die [siehe Wide] (ST): **1.** *Weidenzweig* **2.** *Tragegurte aus gedrehten Zweigen.*
Witziging, Witzing, Witzige, die [Ableitung von mhd. witzegen (= witzec, d. h. klug machen, belehren), also Witzigung] (ST, OT): *Lehre, Warnung:* lass dir des a Witziging sein.

Wix, die (Plural) [zu wixn]: *Schläge:* Wix kriagn.
Wix|åscht, der [siehe wixn] (Pass.): *Fichtenast zum Dreschen des Getreides.*
Wix|birscht, die, **Wix|birschter,** der: *Schuhbürste.*
Wixe, die [siehe Wix]: *Schuhcreme.*
Wix|griffl, die (Plural) [vgl. wixn, Bed. 3]: *abwertend für Hände und Finger.*
Wix|leindl, Wix|leimat, das [2. Wortteil aus mhd. līnwāt (= Leinenzeug, Leinwand) zu wāt (= Kleidung)] (ST): *Wachsleintuch.*
wixn ⟨hat⟩ [Variante von wächsen, d. h. (die Schuhe) mit Wachs einlassen, aber auch schlagen, weil das Wachs mit einem Schlag aufgetragen wurde (vgl. Wix)]: **1.** *polieren, glänzend machen* **2.** *schlagen, verhauen* **3.** *onanieren.*
woach|tåttlt ⟨Adj.⟩ [siehe Tåttl] (OI, Pass., Alp.): *schleichend, auf weichen Sohlen.*
Woade, Wad, Woadnei, die [mhd. weide (= Weide, Jagd), bzw. weidenīe]: *Weide, Viehweide.*
woadla, woadl, woala ⟨Adv.⟩ [mhd. weidenlīch (= nach Art des Jagens/ Weidwerks, frisch, keck)] (ST): *gleich, sofort, flott.*
Woadla|ge, der [imperativisches Substantiv: geh woadla, also geh schnell] (Bozner U-Land): *Durchfall.*
woazn, woaza, wazn ⟨Adj.⟩ [mhd. weizīn (= aus Weizen, von Weizen)]: **1.** *aus Weizen* **2.** *blond, von heller Farbe* **3.** (Pass.) *empfindlich, zart:* a woazis Kindl.
wofette ⟨Pron.⟩ [verschliffen aus was für welche; das -f- aus für, -ete wie in standarddt. etlich, etwa] (OI, Pass.): *welche:* wofette Weibets (= welche Frau).
wo|fire: *siehe wås fire.*
Wognse, die, **Wognsum,** der [mhd. wagense (= Pflugmesser)] (ST): *Pflugschar.*
Wog|schpil, das [mhd. wāgen (= auf die Waage legen, wagen)] (OI, Pass.): *Wagnis, Risiko.*
woi: *siehe wui.*
Wol: *siehe Wål.*
Woler, der [siehe Wål] (Innsbruck-Land): *Wasserrinne über einen Weg/ eine Straße.*
Wolf, der [vom Stereotyp des fraßgierigen Tiers übertragen, also etwa: fressender Schaden]: **1.** *Scheuerung und Rötung des Gesäßes* **2.** *wunde Hautstelle zwischen den Beinen (durch Gehen entzündet) oder an den Schenkeln* **3.** (Prägr., Pass.) *Sensenbelag bei großer Trockenheit* **4.** (Reutte) *Bauchschmerzen.*

Wolfis|wurze, die [Wolfswurzel, weil die Pflanze angeblich als Wolf- und Fuchsgift verwendet wurde] (Pust.): **1.** *Eisenhut (Aconitum)* **2.** *Wolfs-Eisenhut (Aconitum lycoctonum), auch Gelber Eisenhut genannt.*

wolfl, wolfla, wefl, wölfla ⟨Adj.⟩ [wie standarddt. wohlfeil zu mhd. wol veile, wolveil (= gut verkäuflich)]: *billig, preiswert.*

wolfn ⟨hat⟩ [zu Wolf, Bed. 3] (Pass., Pfun.): verbal für *Sich-Belegen der Sense bei trockenem Gras:* wenns wolfn tuat, schneidets nicht mear.

woll, sell woll ⟨Adv.⟩ [mhd. wol als Adv. zu guot; vgl. auch sell]: **1.** *wohl* **2.** *ja, ja doch (als Bekräftigung).*

Wol|stecha, der [siehe Wål] (Pf.): *großer, spitzer Spaten, um Torf auszustechen.*

woltan, woitan, wolta(r), wolte, woltin ⟨Adj.⟩ [mhd. wolgetān (= gut beschaffen, stattlich)]: *ziemlich, beträchtlich, sehr:* a wolte Brockn; woltine Bame; „Mei Hoamatl håb i in Zillertål drin, / von der Ståßn weg is woltn weit, / jå, und deretswegn, weil i hålt hoakl nit bin, / drum håb i damit a mei Freud ..." (Aus dem Lied „Mei Hoamatl håb i in Zillertål drin" von Josef Pöll 1922).

Won ❖ auf guat Won [mhd. wān (= Vermutung, Absicht)] (Pass.): *auf gut Glück:* auf guat Won probiarn.

Worp, Worp(e), Wårp, der [mhd. (sensen)worp (= Sensenstiel), nach Schatz zu ahd. werfan (= drehen)]: *Sensenstiel.*

worpm, worpmen ⟨hat⟩ [vgl. Worp] (ST): **1.** *das gemähte Gras ausbreiten* **2.** (Deutschn.) *mähen.*

wos: *siehe wås.*

wöschn ⟨hat⟩ [eigentlich welschen; vgl. waltschn] (Alp.): *eine unverständliche Sprache sprechen.*

Wosn, Wose: *siehe Wåsn.*

Wosner, der [zu Wåsn, siehe dort] (Pass.): **1.** *mobiler Dengelstock, der in den Wasen geschlagen wird* **2.** *kleiner Mann.*

Wosn|hottl: *siehe Wåsnhottl.*

wottan: *siehe woltan.*

Wotzer, Wotscha, Potzer, der [Herkunft unklar] (ST): *Ziegenbock.*

wozlen, wozln, wuzln ⟨hat⟩ [vgl. wåtzln]: **1.** *zappeln* **2.** *wimmeln.*

wuadlen [dialektale Nebenform von wurln, siehe dort] (Zillt.): *wimmeln, krabbeln.*

wuanen ⟨hat⟩ [mhd. weinen (= weinen)]: (von den Reben): *an der Schnittstelle Saft absondern.*

Wuchtl, die [Nebenform zu Buchtel; tschech. buchta; da es in den meisten Dialekten kein stimmhaftes b gibt, wird das b im Anlaut als w gedeutet]: **1.** (Küchensprache) (teilweise auch bairisch-österreichisch) *eine* *mit Marmelade gefüllte Süßspeise aus Germteig* ❖ **aufgian wia r a Wuchtl:** *plötzlich sehr dick werden* **2.** (abwertend) *dicke Frau* **3.** (Fußballersprache) *Fußball.*

Wudl¹, das; meist Plural: Wudelen [wohl verwandt mit Wudl²]: *Fastnachtsfigur, siehe Schnäppvich.*

Wudl², die oder der; Plural: Wudl [siehe wurln und Waudl] (ST): **1.** *Haarbusch* **2.** *wollig weiches Tier oder Ding,* **3.** *Schaf* **4.** *Wedel.*

wui, woi ❖ **fir wui, wegn woi, fir zwui** ⟨Fragepart.⟩ [vgl. zwui]: *warum, wozu überhaupt.*

wulggern ⟨hat⟩ [wohl spielerisch zu mhd. walgern, welgern (= rollen, wälzen)]: *sich bauschen, eine Kleiderwurst bilden.*

Wunder, der [wie das (auch dialektale) Neutrum Wunder (= außergewöhnliches Ereignis, das mit den Naturgesetzen nicht erklärbar ist und einer höheren Macht zugeschrieben wird) zu mhd. wunder (= Verwunderung, Neugier, Gegenstand der Verwunderung); das schon früh im Nhd. und den Mundarten belegte Maskulinum deutet auf Ableitung vom Verb wundern]: *Neugier.*

wunder|boassig ⟨Adj.⟩ (Zillt.): *neugierig.*

Wunder|futt, die [1. Bestandteil: siehe Wunder; 2. Bestandteil: Fut(t) (= Vulva, Vagina), hier pars pro toto für Frau] (abwertend): *neugierige Frau.*

Wunder|loch, das: *neugieriger Mensch.*

wundern ⟨hat⟩ [siehe Wunder)]: *verwundern, neugierig sein:* ze wundern gian (= neugierig Ausschau halten).

wunders|hålber, wunders|wegn ⟨Adv.⟩ [zu Wunder, siehe dort]: *aus Neugierde.*

wundrig ⟨Adj.⟩ [zu wundern, siehe dort]: **1.** *neugierig* **2.** *vorwitzig* **3.** *empfindlich.*

wuola ⟨Adv.⟩ [Herkunft unklar] (ST): *schnell, gleich:* kim wuola (= komm schnell); gemmer wuola (= gehen wir gleich).

wurlat, wurlet ⟨Adj.⟩ [zu wurln] (auch bairisch) (NT): *wimmelnd, durcheinanderkriechend.*

Wurlerei, die (NT): *Gewimmel.*

wurln, wurrlen, wuadln ⟨hat⟩ [ablautende Intensivbildung zu mhd. werren (= durcheinanderbringen, verwickeln, verwirren, aus dem sich auch das Adjektiv wirr entwickelt hat] (NT) (auch bairisch): *wimmeln, krabbeln:* es wurlt von Ameisen.

Wurm, Wurm, der [mhd. wurm (= Wurm, Insekt; Schlange, Natter; Drache); vgl. Lindwurm]: **1.** *Schlange* **2.** *Wurm.*

wurscht, wuscht ⟨Adv.⟩ [das Wort wurst (= egal) mit unpersönlichem Subjekt ist zwar gesamtdeutsch, wird aber von vielen Sprechern als Dialektausdruck empfunden]: *egal, gleichgültig.*

wurschtig ⟨Adj.⟩ [meist adverbial, aber mit persönlichem Subjekt gebraucht]: *gleichgültig.*

Würschtl, das; gesprochen **Wirschtl, Wiaschtl, Wischtl, Wichtl** [Wurst mit Verkleinerungsendung]: **1.** (Küchensprache) *kleine Wurst* ❖ **då gibt's koane Würschtln:** *wir machen für dich keine Ausnahme* **2.** *bedauernswerter Mensch:* er ist ein armes Würschtl.

Wurschtl, der (auch bairisch): **1.** *Hanswurst* ❖ **jemandem den Wurschtl måchn:** *für jemanden den Narren machen, für alles herhalten müssen* **2.** (NT, OT) *jemand, der hudelt, also wurstelt, d. h. etwas schnell und schlampig macht.*

Wurschtler, der [ebenfalls zu Wurst]: *jemand, der schlampig arbeitet.*

Würschtl|finger, die (Plural): *dicke, plumpe Finger.*

Wurz(e), Wurschze, Wuchze, die [mhd. wurz (= Wurzel, Pflanze, Kraut)]: **1.** *Wurzel* **2.** (OI) *Enzianwurzel samt Stock:* in d' Wurza gian (= zum Schnapsbrennen Enzianwurzeln graben) **3.** (NT) *hausgemachte Wurst (z. B. Kaminwurze).*

wurzn ⟨hat⟩ [laut Duden eigentlich: an der Wurzel abschneiden] (NT) (auch bairisch): *jemanden durch unverschämte Preise ausnehmen, ausnützen.*

Wuserer, Wusra, der [siehe wusern]: **1.** *hastiger Mensch* **2.** *schlampig arbeitender Mensch.*

wusern, wussern ⟨hat⟩ [Nebenform von standarddt. wuseln (= sich hastig hin und her bewegen)]: **1.** *hastig oder schlampig arbeiten* **2.** *übereilt handeln.*

Wuzl, der [siehe wuzln und Butzele]: **1.** *Heu-, Woll-, Haarbüschel* **2.** *Kleinkind.*

wuzln, wuzlen ⟨hat⟩ [laut- und bewegungsnachahmend] (auch bairisch-österreichisch): **1.** *drehen, wickeln, rollen:* Zigaretten wuzln **2.** (NT) *sich drängen:* sich durch den Eingang in die Halle wuzln.

Z

z', za, zi: *siehe ze.*
zach ⟨Adj.⟩ [mhd. zæhe (= zäh)] (auch süddeutsch und österreichisch): **1.** *zäh, von zäher Art:* a zacher Bursch, a zachs Fleisch **2.** *mühsam, schwierig:* des isch a zache Partie **3.** (Pass.) *feucht, halbnass:* des Heu isch no zach.
zache ⟨Adv.⟩ [wie zach]: *zäh, mühsam.*
Zacher, Zachn, die (Plural) [mhd. zaher, zeher (= Tropfen, tropfende Flüssigkeit), vgl. das veraltete standardsprachl. Wort Zähre]: *Tränen.*
Zåche, Zåcher, Zochn, der [mhd. zāch, zāhe (= Docht, Lunte)]: **1.** *Docht* **2.** (NT) *Zündschnur* **3.** (NT) *Verwicklung von Fäden.*
Zachling, der [Ableitung von zach – nach der Konsistenz des Pilzes] (Pfun.): *Pfifferling (Cantharellus),* die Typusart ist der Echte Pfifferling *(Cantharellus cibarius).*
Zåchn, die (Plural) [Plural. von Zåchn] (NT): *Schleierwolken.*
Zåder(e), Zoder, die und der [vermutlich zu mhd. zote]: **1.** *Sehne, zähe Fleischfaser* **2.** *hautiger Fleischfetzen* **3.** (Pfun.) *Haut auf der Milch.*
zådrig, zodrig ⟨Adj.⟩ [Ableitung von Zåder]: *voll (störender) Sehnen.*
Zåfe, die [vermutlich von mhd. zāfen = ziehen, erziehen; daraus entwickelte sich einerseits die Bedeutung pflegen, anderseits die Bedeutung jemanden in Zucht nehmen/züchtigen; aus letzterer entstand die hier relevante Bedeutung: jemanden plagen, strafen; Schatz belegt zåf im Zillertal noch mit Plage, Belästigung] (Imst): *Grippe (Influenza).*
zåggent ⟨Adj.⟩ [siehe zanggn] (Zillt.): *zähflüssig (von einem erhitzten, Fäden ziehenden Käse).*
Zaggl, der (Pass.) [nach standardsprachlich Zackelschaf]: *Zackelschaf, eine ungarische Schafrasse.*
Zåggl, die [Herkunft unklar]: **1.** (NT) *Quaste* **2.** (ST) *altes Kleidungsstück.* **3.** (ST) *Lumpen, Stofffetzen* **4.** (NT) *Haarbüschel oder Kotklumpen am Tierschweif (auch Rotzzåggl)* **5.** (Alp.) *Berlocken der Ziege.*
Zåggl‖bande, die [eigentlich: Lumpenbande] (ST, OI): *Gesindel.*
Zåggler, der [von zåggln]: **1.** *heruntergekommener, schlecht gekleideter Mann* **2.** (ST) *Bettler Hausierer* **3.** *Zauderer, Nichtsnutz, erfolgloser Mensch* **4.** *langsamer Mensch* **5.** *Fasnachtsfigur, benannt nach den vielen Zåggln, die auf ihr Kostüm genäht sind.*
zåggln ⟨hat⟩ [zu Zåggl] (OT): *sich abmühen.*
zågglt, zågglet ⟨Adj.⟩ [zu Zåggln, siehe dort] (ST): **1.** *zerfetzt* **2.** *mit Lumpen bekleidet.*
Zålder, Zåida, die [Herkunft unklar] (OT): *Tuch, Fetzen.*

Zạmm, die (Plural) [Herkunft unklar] (OT): *Fichtensprossen.*
zạmm, zạmmen, zạme ⟨Adv.⟩ [mhd. zesamene, zesamen (= zusammen), aus: zu + ahd. sama, samo (= gleich); vgl. engl. same]: *zusammen.*
zạmm- als Präfix bei Verben: zạmm|dorrn (= verdorren, vertrocknen); **zạmm|dreschn** (= zusammenschlagen, eine Keilerei anfangen); **zạmm|essn** (= fertig essen); **zạmm|forn** (= mit dem Auto niederstoßen; zusammenzucken); **zạmm|gebm** (= verheiraten); **zạmm|gian** (= zusammengehen, einschrumpeln, mager werden; von der Milch: gerinnen); **zạmm|håltn** (= zusammenhalten; den Mund halten): hålt's zåmm! (= halt den Mund!); **zạmm|haun** (= zerschlagen, tadeln, verprügeln); **zạmm|kapplen, zạmm|kappln** (= zanken, streiten); **zạmm|klaubm** (= Stück für Stück aufnehmen, auflesen): seine Boaner zåmmklauben (= sich aufrappeln); **zạmm|knuidln** (= zusammenknüllen); **si zạmm|leppern** (= sich kleinweise ansammeln, sich summieren); **zạmm|låssn** (= kräftig tadeln); **zạmm|leitn** (= zusammenläuten; Läuten mehrerer Glocken fünf Minuten vor dem Beginn der Messe); **zạmm|lempern** (= kleinweise zusammenkratzen); **zạmm|påckn** (= sich zum Aufbruch fertig machen); **zạmm|pickn** (= zusammenkleben, aneinander kleben, dick befreundet sein); **zạmm|putzn** (= die letzten Heureste sammeln, aufessen, scharf tadeln); **zạmm|rackern** (= sich durch schwere Arbeit gesundheitlich schädigen); **zạmm|rempfn** (zusammennähen, zusammenflicken); **zạmm|scheibm** (= mit dem Auto niederstoßen); **zạmm|schimpfn, zạmm|scheissn, zạmm|schtauchn, zạmm|teiflen** (= ausschimpfen, kräftig zurechtweisen); **zạmm|schliafn** (= aneinanderschmiegen, einschrumpfen); **etwas zạmm|schmian** (= unleserlich schreiben); **zạmm|tuschn** (= zusammenprallen); **zạmm|wuzln** (= zusammenknüllen).
Zạmm|henig, der [vgl. Zamm] (OT): *Honig aus Fichtensprossen.*
zạmp¹, zạmpt ⟨Präp.⟩ [mhd. (ze) samt, samit aus ahd. sama + mit]: *mit, mitsamt.*
zạmp², zạmp ass, zạmp denn ⟨Konj.⟩ [wie zåmp¹ mit oder ohne verdeutlichendes dass oder dem (= diesem)] (ST, Alp.): *obwohl:* zåmp ers gwisst håt, håt er nicht gsågt.
Zạn: *siehe Zoan.*
Zạndl, das [Diminutiv von mhd. zeine (= Korb); vgl. Zoane] (OT): *Schatulle.*
zạndln ⟨hat⟩: *zahnen, Zähne bekommen.*
Zạngger, der [Substantivbildung zu zanggn, siehe dort]: *Ruck.*
zạnggln ⟨hat⟩ [siehe zanggn] (Def.): *mühsam tragen.*
zạnggn ⟨hat⟩ [Intensivum von mhd. zangen (= ziehen, zerren); zu Zange]: **1.** *ruckweise ziehen, schleppen* **2.** *hart arbeiten.*
Zạnggra, der [wie Zangger] (Pfun.): *Stromschlag.*

zånna, zånna ⟨hat⟩ [mhd. anzannen (= anfletschen)] (OI, Ehrwald): *eine Fratze schneiden.*

Zån|schtirgger, der [2. Bestandteil: Intensivum zu mhd. stürn (= stochern)] (ST, OI): *Zahnstocher.*

zånt-, zån-, zånn|luckat ⟨Adj.⟩ [2. Bestandteil: dialektales Adjektiv zu Lücke]: *Zahnlücken aufweisend.*

Zånt, Zon, Zånn, der [mhd. zant (= Zahn)]: *Zahn.*

Zånt|birschter, der, **Zånt|birschtli,** das [eigentlich: der Zahnbürster]: *Zahnbürste.*

zåpfet, zåpfat ⟨Adj.⟩ [eigentlich: in der Form eines Zapfens] (Sa., Alp., Pfun.): *gedrungen.*

zapfn ⟨hat⟩ [metaphorisch zu zapfen (= Getränk aus dem Fass holen)]: *mündlich prüfen.*

Zåpfn, der [mhd. zapfe, ahd. zapfo (= Zapfen); weitere Herkunft unklar; gesamtdeutsch sind heute: Tannenzapfen, Eiszapfen etc.]: **1.** *Frucht von Nadelgehölzen* **2.** (NT) *starker Frost:* ❖ **es hat einen Zåpfn:** *es ist sehr kalt* **3.** (Küchensprache) *mageres Rindfleisch (unter dem Hüferschwanzl)* **4.** (NT) *(kleiner) Rausch* **5.** (NT) *Penis* **6.** (NT) *Kerl;* meist: ein fescher Zåpfn.

Zapin, Zepin, Zåppl, Sapin, der [rom. zappino zu zappa (= Haue)]: *Eisenhaken mit hartem Stiel zum Heben von Baumstämmen.*

Zapperer, der [vgl. zappern]: *Ungeduldiger.*

zappern ⟨hat⟩ [wohl spielerisch zu mhd. zabelen, ahd. zabalōn (= standarddt. zappeln)]: **1.** *nervös warten, ungeduldig sein* **2.** *ungeduldig mit den Füßen trippeln.*

Zårfe, der [siehe Zurfe] (abwertend) (NT): *schlampige Kleidung.*

Zårg, Zårge, die [mhd. zarge (= Seiteneinfassung, Seitenwand, Zarge)]: **1.** *Rand, Begrenzung nach außen* **2.** (ST) *bestimmtes Gebiet* **3.** (ST) *Zarge, Tragkonstruktion* **4.** (ST) *Deckel und Umrandung der Mühlsteine* **5.** (ST) *leeres Gebäude.*

zarggn ⟨hat⟩ [Intensivbildung zu zarn] (ST, OI): *ziehen, zerren.*

zarn, zan ⟨hat⟩ [mhd. zerren, zarren (= zerren, miteinander streiten, zanken)]: *zerren, (mühsam) ziehen* ❖ **er håtn ins Wirtshaus verza(r)t:** *er hat ihn zum Gasthausbesuch verleitet.*

Zartele, das [verkleinernd zu zart]: *zartes Kind.*

Zåschge, die (Zillt.): (abwertend) *schlampige Frau.*

zaschpm ⟨hat⟩ [mhd. zaspen (= scharren)]: *pickende Geräusche machen (bei einem Vogel).*

zasn: siehe zoasn.

zassern ⟨hat⟩ [wohl intensivierend aus zasn; vgl. zoasn] (Sa.): *bei der Arbeit mühsam reißen und ziehen.*

Zåttn, dic (Plural) [vgl. Zct] (OT): *Almrosen.*
Z̲a̲un|kinig, Z̲a̲un|gregger, Z̲a̲un|gruggl, der [1. Bestandteil: zu mhd. zūn (= Zaun); 2. Bestandteil: König bzw. Gruggl (= kleiner Vogel, Knirps); nach der Legende sollen ihn die Vögel zum König auserkoren haben, weil er am höchsten von allen flog: siehe auch Pfutsch]: *Zaunkönig (Troglodytes troglodytes).*
Z̲a̲un|schpelt(e), Z̲a̲un|schpilt, die [2. Bestandteil zu spalten: mhd. spelte, spilte (= abgespaltenes Holzstück)] (ST, OI): *Zaunlatte.*
Z̲a̲un|schteckn, der: *Zaunpfahl.*
Z̲a̲un|schwårt, Z̲a̲un|schwårschte, die [siehe Schwartling] (ST, OT, OI): *Zaunlatte.*
Z̲a̲us, die [Ableitung von zausn] (Deutschn.): *Karde; vor dem Spinnen verwendetes Gerät zur Ausrichtung von Schafwolle.*
Z̲a̲usl, der [mhd. zūsen (= zausen)] (OI): *verwickelter Faden, verwickelter Strick.*
zausn ⟨hat⟩ [mhd. zūsen] (Deutschn.): *kardieren;* dient beim Spinnen oder bei der Herstellung von Vliesstoffen zur ersten Ausrichtung der losen Textilfasern zu einem Flor oder Vliesstoff.
ze, za, zi, z' ⟨Part.⟩ [mhd. ze]: *zu:* als Präp. mit dem Dat. (zum Haus, zur Kirche); als Temporalpart. (zu Allerseelen, zu Portiunkula); mit Infinitiv (ich habe zu tun); als Gradpart. (zu hoch, zu tief). In vielen Dialekten verschmilzt die Part. mit einem Superlativ wie **z'unterscht, z'interscht** (= ganz unten), der von den Sprechern oft als ein einziges Wort empfunden wird, also: ganz unten; ähnlich **z'eberscht** (= ganz oben), **ze hinterscht** (= ganz hinten); auch die Kombination mit Zeitangaben ist möglich: **z'morgnscht, ze morgnscht** (= am Morgen), **z'åbmscht** (= am Abend).
Z̲e̲achn|kas, der: *Ablagerung zwischen den Zehen.*
z̲e̲aklen ⟨hat⟩ [-eln-Ableitung von mhd. z̲o̲ch-, der Präteritalform von ziehen (= ziehen)] (Pass.): **1.** *locken, verlocken* **2.** *in die Länge ziehen, langsam arbeiten.*
z̲e̲anggisch, z̲i̲anggisch ⟨Adj.⟩ [mhd. zenkisch zu zanken, zenken (= zanken)] (NT, Pfun.): **1.** *übel gelaunt* **2.** *zänkisch.*
z̲e̲arscht, z̲e̲art, z̲e̲rschtn, z̲e̲arter, z̲e̲acht ⟨Adv.⟩ [ze + erst]: *zuerst.*
z̲e̲brigscht, z̲e̲werscht ⟨Adv.⟩ [zu + umlautender Superlativ von ober]: *ganz oben.*
Z̲e̲che[1], der oder die [mhd. zeche, zecke (= Holzbock); sowohl die feminine als auch die maksuline Form werden für die alttiroler Mundart auch von Schatz belegt; anonsten gilt für Österreich, Schweiz und Süddeutschland die maskuline Form: der Zeck] (ST): *Gemeiner Holzbock (Ixodes ricinus);* eine Art innerhalb der Schildzecken *(Ixodidae).*

Zeche², die [mhd. zeche (= ursprünglich: koordinierte Verrichtung mehrerer Personen, Reihenfolge; dann übertragen auf die Gesamtheit der beteiligten Personen; schließlich Bergwerksgenossenschaft einerseits und Tischgemeinschaft anderseits (Personen, die auch gemeinsam bezahlen)] (ST): *Unterkunft der Bergleute.*
Zechl, das [Diminutiv von Zoch] (Sa.): *netter kleiner Mann.*
zeffern ⟨hat⟩: *schonend/sparsam mit etwas umgehen.*
ze|fix ⟨Interj.⟩ [Kurzform von Kruzifix; gilt als weniger blasphemisch als die Langform] (NT): *ein Fluchwort.*
zeftern ⟨hat⟩ [vielleicht gleiche Wurzel wie Seaftr] (Def.): *(sich oder etwas) bekleckern.*
Zegger, Zegga, der [laut Schatz für einen aus Böhmen stammenden Handkorb]: **1.** *Handkorb, kleiner Korb* **2.** (ST, OT) *Einkaufstasche.*
zeichn ⟨hat⟩ [mhd. zīhen (= aussagen, zeihen, beschuldigen)]: *verdächtigen; als Schuldigen bezeichnen.*
Zeisele, Zeisile, Zeisal, Zeisei, das; **Zeiser, Zeisl,** der; **Zouse,** die [mhd. zīse(l), zīselīn, spätmhd. zīsic, zu tschech. čižek (ebenfalls mit Verkleinerungsendung); lautmalend]: *Zeisig (Carduelis);* Gattung in der Familie der Finken *(Fringillidae).*
zeitig, zeidig ⟨Adj.⟩ [mhd. zītig, ahd. zītec (= zur rechten Zeit geschehend; reif); standarddt. (= frühzeitig)]: **1.** *reif:* die Äpfel sind scho zeitig **2.** (ST) *für einen bestimmten Zweck hinreichend erwachsen* **3.** *früh:* zeitig aufstehen.
zeitign, zeidign ⟨hat⟩ [eigentlich: zeitigen; mhd. zītigen (= reifen); gesamtdeutsch: nach sich ziehen] (NT): *reif werden (bei Obst).*
zeitl ⟨Adv.⟩ [mhd. zītlīch (= zeitlich, kurzfristig, früh)] (ST): *früh.*
Zeitl, Zeidl, das [Diminutiv von Zeit]: *eine Weile:* i brauch no a Zeitl.
zeit|lång, zeid|lång ⟨Adv.⟩: **1.** *langweilig:* **zeit|lång håbm:** *sich langweilen* **2.** ❖ **zeitlång nach ... haben:** *jemanden/etwas vermissen.*
zelm: *siehe zemm.*
Zeltl, das [siehe Zeltn] (Zillt.): *Keks.*
Zeltn, Zaltn, der [mhd. zelte, ahd. zelto, eigentlich: flach Ausgebreitetes]: **1.** *weihnachtliches Backwerk mit getrockneten Früchten, Früchtebrot:* Wenn 's im Winta schneibt, ålls ban Ofn leit (...) / müaß mar 's a daleiden, bis s' an Zeltn ånschneiden (Aus dem Lied: „Wånn der Guggu schreit", Lied mit dem in Tirol typischen Jodelrefrain, SsÖ, S. 329). **2.** *kleiner, flacher Kuchen (besonders Lebkuchen).*
zemm, zem, zelm, sebm, sem, selm, hem, ⟨Adv.⟩ [da + mhd. selben (= dort, damals); vgl. sell, selm] (ST, OT): **1.** *dort, da:* zemm liegt er **2.** *dann, damals, zu dem Zeitpunkt:* zemm bin i nit do gwesn **3.** *dann, in diesem Fall:* wenn er will, zemm brauchscht'n lei schickn.

Zen, der [dialektal zem, zim ist schon früh Variante von mhd. zim(b)ere (= Ziemer, Rückenstück des Hirschs) aus französisch cimier (= Schwanz); steckt in standardsprachlich Ochsenziemer] (ST): **1.** *Ziemer* **2.** *lästiger Kerl* **3.** *Schlingel, Lausbub* **4.** (Pust.) *Penis.*
zendert, zenderscht, zinderscht ⟨Adv.⟩ [ze + Superlativ von ender/enter] (ST, OT, OI): *am anderen (entfernten) Ende.*
Zenge, die [Substantivierung von zenge, wie Breite zu breit; vgl. auch ahd. gizengi (= nahe; nahekommend)]: *Enge, Beengtheit.*
zenge, zeng ⟨Adj.⟩ [entstanden aus ze + enge]: *eng.*
Zentaling, Sentaling, der [mhd. zendrinc, zentrinc (= Stück Fleisch, das zum Räuchern bestimmt ist); möglicherweise aus mhd. zander (= glühende Kohle), einem Nomen, das mit zünden verwandt ist] (NT) (auch bairisch): **1.** *Selchstück* früher ¼ oder ⅙ eines Schweins, heute weniger **2.** *Speckseite.*
Zepin: siehe *Zapin.*
zepin|fertig ⟨Adv.⟩ (Pass.): *transportbereit.*
zer-; auch **zr-** oder nur **z-** [als Präfix in den Tiroler Dialekten relativ jung; die Wörter sind also aus dem Bairisch-Österreichischen entlehnt und ersetzen das zer- oft durch älteres der-]: **zer|bröseln** (= stürzen); **einen zer|bröseln** (= einen Darmwind entweichen lassen); **si zer|bröseln** (= sich vor Lachen nicht halten können); **zer|depschn** (= völlig verbeulen); **zer|druckn** (= zerdrücken); **si zer|fetzn, si zer|fransn, si zer|peckn** (= sich totlachen); **zer|gatschn** (= zu Brei machen); **si zer|keijen** (= sich streiten); **si zer|kriagn** (= sich zerstreiten); **zer|lempern** (= verderben); **zer|lecksnen** [zu mhd. lēchen (= austrocknen)] (= durch Austrocknen aus den Fugen geraten; kränklich sein); **zer|matschkern** (= zu einer breiigen Masse zerdrücken); **zer|nudln** (= zerdrücken); **etwas zer|wuzln** (= zerknüllen); **jemanden zer|wuzln** (= ihn fest an sich drücken); **si zer|wuzln** (= sich vor Lachen schütteln).
zerfla ⟨hat⟩ [Herkunft unklar] (Ehrwald): *streiten.*
Zerggl, Serggl, die [Herkunft unklar] (OI): **1.** *runde, plattgedrückte Speise aus Mehl, Kartoffeln und Käse, in wenig Schmalz gebacken* **2.** *billige bzw. wieder aufgewärmte Speise.*
zerridit ⟨Adv.⟩ [siehe Rid] (Def.): *durcheinander, wirr im Kopf.*
zerst: siehe *zearscht.*
zesig ⟨Adj.⟩ [Herkunft unklar]: (Zillt.) **1.** *klein, zart* **2.** *nett.*
Zet, Zettn, Ze(d)n, die **Zete**, der [wohl zu mhd. zote, zotte (= Zotte, Haarbüschel, Flausch)]: **1.** *Legföhre, Bergkiefer* (von daher stammt der Bergname Zettenkaiser bei Kufstein) **2.** *Beerenstrauch, niederer Strauch:* **Glan|zete, Schwårzber|zete** (= Preisel-, Heidelbeergestrüpp) **3.** *Alpenrose.*

Zęttach, Zęttwerch, das [zu Zete, siehe dort, mit dem Kollektivsuffix -ach bzw. -werch] (NT): *Strauchwerk.*
Zęttl|kraut, das [1. Bestandteil: siehe zettn]: *Sauerkraut.*
zęttn, zęttln ⟨hat⟩ [mhd. zetten (= streuen, ausbreiten)]: **1.** *verstreuen, verschmutzen* **2.** *kleckern.*
z|fleiss, ze Fleiß(e) ⟨Adv.⟩ [wie standarddt. zu mhd. vlīz (= Beflissenheit, Wetteifer; Widerstreit, Gegensatz)] (bairisch-österreichisch, in Deutschland regional auch: mit Fleiß): *absichtlich, vorsätzlich, bewusst:* des hât er mia zfleiss tân (z. B. um mich zu ärgern).
Ziache, Ziach(n), die [mhd. zieche, ahd. ziohha, das aus dem griech. theke (= Behältnis, Kiste usw.) kommt, das in Wörtern wie Theke (= Schanktisch, Ladentisch), Apotheke, Bibliothek etc. steckt]: *Bett- bzw. Polsterbezug.*
Ziacher, der [zu ziehen]: **1.** (ST) *Zieher, Schlittenführer* **2.** (ST) *Alkoholrausch* **3.** (salopp) (NT) *Ziehharmonika.*
Zichna, der [siehe Zich(e)] (Zillt.): *Zirbenschnaps.*
Ziach|orgl, die [1. Bestandteil: zu ziehen; 2. Bestandteil: wie standarddt. Orgel zu mhd. orgel, zu kirchenlat. organa; eigentlich: Werkzeuge, Musikinstrumente]: *Ziehharmonika.*
Ziagl schupfn ⟨hat⟩ [2. Bestandteil: wie das in Süddeutschland standardsprachliche Verb schupfen (= stoßen, werfen) zu mhd. schüpfen, schupfen (= durch Stoßen in schaukelnde Bewegung bringen, stoßen); ablautende Intensivbildung zu schieben] (NT): **1.** *Ziegel weiterreichen (am Bau)* **2.** (abwertend) *(als Hilfsarbeiter) am Bau arbeiten.*
Ziagl|schupfer, der [siehe Ziagl schupfen] (abwertend) (NT): *Hilfsarbeiter am Bau.*
Ziangge, die [siehe zeanggisch] (Zillt.): **1.** *Aufgeregtheit* **2.** *Streitsucht.*
zianggisch: *siehe zeanggisch.*
Zianter¹, Ziantra, die [zu ziantern, siehe dort] (ST): **1.** *Kind, das am Schürzenzipfel der Mutter hängt* **2.** *Frau, die sich ständig beklagt.*
Zianter², die [mhd. zieter (= Vordeichsel), vielleicht zu ziehen] **1.** (Pass.) *Deichsel eines Ergrättns* **2.** (Sa.) *abnehmbare Fahrzeugdeichsel.*
ziantern ⟨hat⟩ [nach dem Hilfs- und Klageruf mhd. zēter, zetter; vgl. standarddt. zetern] (ST): **1.** *in lästiger Weise ständig klagen/sich unzufrieden geben* **2.** *am Schürzenzipfel der Mutter hängen (von Kindern)* **3.** *ständig nach dem Muttertier rufen (von Jungtieren)* **4.** *leise wehklagen, fiebrig stöhnen (von Rindern).*
Zibeb: *siehe Zwebe.*
Zibi|gångl, Ziwi|gångl, der [Herkunft unklar] (Ridn.): *Lausbub, Tunichtgut (meist scherzhafte Schelte).*

Zich(e), die [Herkunft im Detail unklar; die zahlreichen dialektalen Varianten, darunter auch Tschurtschen (= Tannenzapfen, Fichtenzapfen, Föhrenzapfen) lassen sich unter einer nicht belegten Grundform *Zürse vereinigen, daneben auch Zischge aus slow. šiška (siehe Pohl)] (Zillt.): *Fruchtzapfen der Zirbe.*
Zichna, der [siehe Zich(e)] (Zillt.): *Zirbenschnaps.*
zickn ⟨hat⟩ [mhd. zicken (= berühren, antupfen); dann offenbar von Getränken: einen Stich nach...haben, nach etwas schmecken]: *säuerlich riechen/schmecken (vom Wein, wenn er in Essiggärung ist).*
zi|fleiss: *siehe zfleiss.*
zi|flure: zi|flure gian [1. Teil zu, 2. Teil wie Verlust zu verlieren] (Pfun.): *abhandenkommen, durch unachtsamen Umgang verloren gehen.*
Zigalen, die (Plural) [zu ziglen] (Def.): *Kälber.*
Zigeiner|bratl, das [Zigeunerbraten]: *schnell angebratenes Schaffleisch.*
Zigeiner|kraut, das [ursprünglich wohl Zigerkraut, dann umgedeutet; typisches Brotgewürz; vgl. Broatklea] (ST): *Schabzigerklee (Trigonella caerulea), auch Zigerklee oder Zigerkraut oder Blauer Steinklee genannt.*
Ziger, der [mhd. ziger (= die festere Masse, die beim Gerinnen der Molke entsteht)]: *Molkenkäse (gewonnen aus Molke durch Ausfällung des Resteiweißes mit Hilfe von Säure).*
Ziger|kraut, das [wohl zu Ziger (wegen der Farbe der Pflanze)] (Sterzing): *Augentrost (Euphrasia).*
Ziggl, Ziggler, Ziggl|brunnen, der [mittellat. sicla aus lat. situla (= Kübel, Eimer), angelehnt an ziehen] (ST, OT, OI): *Ziehbrunnen.*
ziggln ⟨hat⟩ [zu Ziggl] (Zillt.): *zu viel trinken.*
Ziggale: *siehe Zuggerl.*
Zigl, der [mhd. zügel aus ziehen, Zug]: **1.** *Strick* **2.** *kurzes, dünnes Seil.*
ziglen, zigln ⟨hat⟩ [eigentlich: zügeln, verwandt mit ziehen, zu mhd. ziehen (= ziehen, erziehen; füttern, pflegen)]: **1.** *züchten, aufziehen* **2.** *sich etwas zuziehen (eine Grippe)* **3.** (ST) *schwanger sein:* si ziglt schon wieder.
Zigler, der [siehe ziglen] (Sa.): **1.** *männliches Tier, das für die Zucht bestimmt ist* **2.** *Ziehkind.*
Zigl|kalbl, das [zu ziglen]: *Zuchtkalb.*
Zign|gleggl, Zin|gleggl, das [zu mhd. zug (= Zug, Atemzug) und dem Diminutiv von Glocke; vgl. die standarddt. Wendung: in den letzten Zügen liegen (= sterben); ein Liedtitel bei Schubert: das Zügenglöcklein] (OT, Vin.): *Läuten der Totenglocke.*
Zign|leitn, das: *Läuten der Totenglocke.*
Zigol, die [aus lat. cicada, zu dem auch -l-Formen gebildet werden: vgl. franz. cigale] (ST): *Zikade.*

Zigori, der [entstellt aus *Cichorium*]: **1.** *Wegwarte, wilde Zichorie (Cichorium intybus); daraus wurde früher ein Kaffee-Ersatz gewonnen* **2.** *Löwenzahn (Taraxacum officinale), aus dem Salat bereitet wird.*
ziloade gian [mhd. leit (= Leiden, Böses, Betrübnis), also zum Bösen gehen]: *zugrunde gehen.*
zi|loade tian [siehe ziloade gian] (ST): *etwas Schlechtes antun.*
zina, ziarna ⟨hat⟩ [mhd. zürnen (= zürnen, aufgebracht sein), zu mhd. zurn (= Zorn)] (NT): *erzürnen* ❖ **der zind mi:** *er macht mich zornig.*
zinnen ⟨hat⟩ [vgl. zannen] (NT): *jemandem ein Gesicht schneiden, die Zunge zeigen.*
Zinsele, das [siehe zinselen] (OT, Pass.): *dünner Flüssigkeitsstrahl.*
zinsele(n), zinsln, zinslen ⟨ist⟩ [eigentlich zinzeln: malt laut Grimm das Geräusch tröpfelnden Wassers nach] (Pass.): *nachtröpfeln, dünn aber ständig ausfließen.*
Zint, der [gleichbedeutend mhd. zint] (ST): *Zacken, Zinke (z. B. beim Rechen).*
zintn¹ ⟨hat⟩ [mhd. zünden, zünten (= anzünden)]: **1.** *zünden* **2.** *leuchten* **3.** *davonjagen, heimleuchten* **4.** (NT, OT) **jemandem oane zintn:** *jemandem eine ordentliche Ohrfeige geben.*
zintn² ⟨hat⟩ [siehe Zint] (ST, OI): *dem Rechen Zähne einsetzen.*
zintrigscht, zuntrigscht, zintert ⟨Adv.⟩ [zu + (z. T. umgelauteter) Superlativ von unter]: *am tiefsten Punkt, zuunterst.*
zio ⟨Interj.⟩ (ST): *Fluchwort (auch zur Verstärkung: zio cane, zio porco).*
Zipfl, Zipf, der [mhd. zipfel (= spitzes Ende, Zipfel)]: **1.** *Zipfel* **2.** *Penis* **3.** *Scheltwort für Buben* **4.** (abwertend) *langweilige männliche Person; jemand, der nichts unternehmen will:* fader Zipfl.
Zirbl, der [wohl zu mhd. zirben (= sich im Kreis drehen)] (ST): *Rausch.*
zirchin ⟨Adj.⟩ [umgelautet zu Zurgl; siehe dort] (OT, Pass.): *aus den feinen Ästen des Zürgelbaums:* a zirchiner Besn.
zirchn, zirchlen, sirchn ⟨hat⟩ (ST, Ötztal): *schwer atmen, schnarchen.*
Zirggl|sâge, Zirggilar|soge, die [1. Bestandteil: wie standarddt. Zirkel zu mhd. zirkel, aus lat. circinus (= Zirkel), wohl unter Einfluss von circulus (= Kreislinie)] (NT, OT, Pf.): *Kreissäge.*
Zirm, Zirb, Zirwe, die [mhd. zirben, ahd. zerben (= drehen), in Bezug auf die Form des Zapfens]: *Zirbelkiefer (Pinus cembra), auch Zirbe oder Arbe genannt;* Pflanzenart aus der Familie der Kieferngewächse (Pinaceae).
Zirm|gratsch, Zirbm|gratsche, der [1. Bestandteil: siehe Zirb; der Vogel versteckt Zirbennüsse im Boden als Wintervorrat; 2. Bestandteil: siehe Gratsche]: *Tannenhäher (Nucifraga caryocatactes).*
zirnen: *siehe zina.*

Zischge, die [aus slowen. šiška]: **1.** (Virgen) *Tannenzapfen* **2.** (Pass.) *Gewöhnliche Felsenbirne (Amelanchier ovalis), auch Gemeine Felsenbirne, Felsenmispel oder Edelweißstrauch genannt.*

zischn ⟨hat⟩ [zusätzliche Bedeutung in Tirol und in anderen Dialekten in der folgenden Wendung] ❖ **jemandem oane zischn:** *jemanden ohrfeigen.*

Zischte, Zischt, Zistl, die [aus lat. cista (= Korb) – wie Kiste, das aber früher entlehnt wurde; Ursprung ist grich. kistē (= Korb, Kiste] (ST): *Korb, Weidengeflecht.*

zi|vedrscht, z'vedrscht ⟨Adv.⟩ [umgelauteter Superlativ von vorder]: *ganz vorne, zuvorderst.*

zi|vil, zfil, zfü ⟨Adv.⟩: *zuviel:* zivil isch gschwint, åber ginuag war nia.

zi|wider: *siehe zwider.*

Zizi|drendele, das [zu mhd. trendel (= Kugel, Kreisel), wortspielerisch erweitert] (Sa.): *Kreisel.*

zmorgets, zmorgants ⟨Adv.⟩ [eigentlich: des Morgens]: *morgens.*

znåchts, znåcht ⟨Adv.⟩ [eigentlich: des Nachts]: *am Abend, abends.*

znagscht [aus zu + nächst] (OI): *vor kurzem:* „Und d' Stadtlerheare brauch' mar it, dia tia ins lei seggiere. / I hån earscht znagscht zum Nachbar gseit: Miar tia ins salt regiere!" (Aus dem Lied „Miar Oberländer fölsaföscht", zusätzliche Strophe, die in SsÖ, S. 248, nicht enthalten ist).

zniacht, älter: **znicht** ⟨Adj.⟩ [mhd. ze nicht (= zu nicht(s), eigentlich: zunichte gemacht); das Wort kann auch positiv umgedeutet werden]: **1.** *böse:* a zniachts Kind **2.** *wertlos* **3.** *schwach, ausgezehrt, kränklich (bei Menschen und Tieren)* **4.** (Ridn.) *aufgeweckt (u. a. bei Kindern)* **5.** (Ridn.) *schwer, strapaziös, herausfordernd (bei zu erledigenden Aufgaben):* a zniachte Årwet.

Znichtian, Znichtl, der [zu zniacht, Bed. 1; Endung: siehe Schluzjan] (ST): *böser Mensch.*

Znichtikeit, die [zu zniacht, Bed. 1] (ST, OT): *Bosheit.*

zoachnen ⟨hat⟩ (Pass., Pfun.): *ein Zeichen geben:* er hat niamer gezoachnt (= er hat kein Lebenszeichen mehr von sich gegeben).

Zoager, der [wie standarddt. Zeiger, zusätzliche Bedeutung in Südtirol]: **1.** *Zeiger* **2.** (ST) *aufgeschichtetes Steinmännchen zu Orientierung in den Bergen.*

Zoan(e), Zuan, Zane, die, **Zoanle, Zandl,** das [mhd. zeine (= Korb)]: *geflochtener Korb.*

zoasn, zasn ⟨hat⟩ [mhd. zeisen (= zausen, rupfen)]: **1.** *zerzausen, rupfen* **2.** (OT) *wühlen, scharren* **3.** (Zillt.) *zappeln.*

Zoch(e), der [laut Grimm in ahd. Zeit von slaw. socha entlehnt, mit Umwandlung des grammatischen Geschlechts von Femininum zu Maskulinum]: **1.** *ungebildeter, grober Mann, Grobian* **2.** *lästiger, unangenehmer Zeitgenosse* **3.** (Deutschn.) *große Laus.*

Zoche: *siehe Zäche.*

zochet ⟨Adj.⟩ [siehe Zoch]: *derb, rücksichtslos.*

Zoder: *siehe Zåder.*

zodl-: *siehe zottl-.*

zodrig: *siehe zådrig.*

Zofs|krepfl, das [1. Bestandteil: Herkunft unklar; 2. Bestandteil Diminutiv von Krapfen] (Deutschn.): *mit Mohn gefüllte und mit Honig übergossene Krapfen.*

Zoggl, Tschoggl, der [ital. zoccolo (= Holzschuh)] (NT): *Schuh mit Holzsohle.*

Zoggler, der, **Tschoggla,** die: *ungepflegte(r), schlampige(r) Mann/Frau.*

Zoig: *siehe Zuig.*

Zorn|binggl, der [2. Bestandteil: österreichisch Binkel (= unangenehmer Mensch)]: *(jäh)zorniger Mensch.*

zorzn ⟨ist⟩ (Sa.): *trippeln* (nur das Trippeln von kleinen Kindern, wenn sie mit dem Gehen der Erwachsenen mithalten wollen).

Zot: *siehe Gsot.*

Zotn, Zotln, Zottlen, Zodn, die (Plural) [wie standarddt. Zotte zu mhd. zot(t)e, ahd. zota, zata (= herabhängendes (Tier)haar)]: **1.** *ungeordnetes oder strähniges, herabhängendes Haar (auch bei Menschen)* **2.** (Sa.) *Haare von Frauen.*

Zottl|kåppe, die [siehe Zotn]: *Kopfbedeckung der alten Frauentracht.*

Zottler, der [danach benannt, dass zottlig in gewissen Dialekten auch die Bedeutung schlampig, lumpig gekleidet hatte] (NT): **1.** *Mann mit Zotteln, ein Dahergelaufener* **2.** *Fasnachtsfigur.*

zottln, zottlen, zotn(en), zodln ⟨hat⟩ [eigentlich: zotteln; zu Zottel und Zotte (Büschel von Haaren oder Wolle (ev. verklebt oder verschmutzt); siehe Zotn]: *bei den Haaren schütteln, an den Haaren ziehen.*

zottlig, zottlt, zottlet, zodlat ⟨Adj.⟩ [zu zottlen]: *ungekämmt, zerzaust, struppig.*

zritt, zarridat, doritt, ⟨Adj.⟩ [Partizip Perfekt von mhd. zerrütten (= zerrütten, zerstören, verderben)] (NT): **1.** *aufgebracht, zornig* **2.** *geistesgestört* **3.** *durcheinander, verwirrt.*

zrugg, zrugge, zruck ⟨Adv.⟩ [mhd., ahd. ze rucke (= nach dem Rücken, auf den Rücken, im Rücken); schon im Mhd. gelegentlich zusammengeschrieben: zerucke (= rückwärts)]: *zurück.*

zua-, zue-, zui- als Präfix bei Verben, Adjektiven und Substantiven:
zui|nåchtn, zui|finschtern (= dunkel werden, dämmern); **Zua|gång,** der (= Zugang; Lärm, Auflauf); **Zua|geherin, Zua|gianerin,** die (regelmäßig kommende Putzfrau); **zua|geroast, zua|groast** (= zugereist, nicht ein-

heimisch, zugezogen, eingewandert); **Zua|geroaste, Zua|groaste,** der, ein **Zuagroaster** (= Fremder, Nichteinheimischer, neu Zugezogener, Einwanderer); **zua|gforn** (Ridn.) (= wolkenbedeckt); **zua|hebm** (= zuhalten, verschlossen halten); **Zua|heisl** (= Nebenhaus am Hof); **Zua|keare,** die (= der übliche Einkehrplatz); **zua|kearn** (= einkehren); **Zua|kirch,** die (= Filialkirche); **zua|låssn** (= zulassen; belegen lassen: beim Vieh); **zua|lign låssn** (= einen Acker zuwachsen, brach liegen lassen); **zua|losen** (= zuhören); **zua|luckn** (= zudecken, verschließen); **zua|måchet** (= zutraulich, von Kindern/Tieren, nicht scheu); **Zua|nåchtn,** das (= Abenddämmerung: ums Zuanåchtn); **zua|putzn** (= nach Muren oder Wasserschäden die Wiese wieder einebnen); **si zua|schittn** (= sich betrinken); **Zua|speise,** die (= Beilage zu Fleisch oder Fisch); **Zua|trog** (= Einzugsgebiet von Wasserläufen); **Zua|wåg(e),** die [nach der früher gehandhabten Praxis, dass beim Kauf von Fleisch auch Knochen dazugelegt und mitgewogen werden; heute nur noch mit übertragener Bedeutung] (= unvermeidliche Begleiterscheinung); **zua|wåxn** (= zuwachsen, überwuchern); **zua|zwinzln** (= mit den Augen ein Zeichen geben).

zua[1], **zui** ⟨Adv.⟩ [mhd. zuo]: **1.** *zu-, ge- bzw. ver-schlossen* **2.** *mit Nebel (Wolken) verhangen* **3.** *leicht verkühlt* **4.** *betrunken:* lochzua.

zua[2], **zui** ⟨nachgestellte Präp.⟩: *in Richtung:* forsch du Meran zua (= fährst du in Richtung Meran?).

zuacha, zua|wa, zuer, zuicha, zuia ⟨Adv.⟩ [dialektales zu + her, wo standarddt. her-zu steht, wobei die Bewegungsrichtung zum Sprecher hin ist; der Zusammenhang zwischen der dialektalen und der standardsprachlichen Form ist den Sprechern nicht bewusst; als Präfix auch mit Verben kombinierbar]: *her, herbei* ❖ **kimm zuacha:** *komm her zu mir.*

zuacha|måcherisch ⟨Adj.⟩: *anschmiegsam, kuschelbedürftig.*

zuacha|schaugn: ⟨hat⟩: **1.** *bei jemanden vorbeischauen* **2.** *für jemanden sorgen.*

zuachi, zuachn, zuichi, zui, zuadn, zuagn, zua|wi, zui|ni ⟨Adv.⟩ [wo standarddt. hin-zu steht, wobei die Bewegungsrichtung zum Sprecher hin ist; der Zusammenhang zwischen der dialektalen und der standardsprachlichen Form ist den Sprechern nicht bewusst; als Präfix mit zahlreichen Verben kombinierbar]: **1.** *zu, hinzu* **2.** *nahe bei:* er steht entn, bein Wåld zuachn.

zuachi, zuachn, zui, zuadn, zuagn, zua|wi, zui|ni als Präfix von Verben: **zuachi|gehen** (= hingehen, auch: ins Gasthaus gehen); **zuachi|heiratn** (= einheiraten); **zuachi|loanen** (= sich anlehnen); **zuachi|pickn** (= ankleben); **zuachi|schliafn** (= kuscheln, sich anschmiegen); **zuachi|schteign** (= sich in erotischer Absicht heranmachen; sexuell zudringlich werden).

zua|eisn ⟨ist⟩ (UI): *vereisen.*
zua|gian ⟨ist⟩: *durcheinander gehen, hoch her gehen.*
Zuaggn, der [laut Schatz zu ahd. zuoggo (= Gabelzinke, auch Zweig), das als zuech auch ins Tridentinische entlehnt wurde)] (NT): **1.** *Gabelzinke* **2.** *Hervorstehendes (Ast an Bäumen).*
zua|habig, zui|hawig ⟨Adj.⟩ (NT, OT): *anhänglich.*
Zua|kindl, das (ST): *Geiztrieb bei der Rebe.*
Zuane, die [vielleicht zu mhd. und ahd. zein (= Rute, Stab); Schatz belegt unter zoanen die Bedeutung Holz in Zeilen aufschichten]: **1.** (Ridn.) *Reihe zusammengerechten Heus* **2.** (Ehrwald) *Zeile im Kartoffelacker.*
Zuawi|ziacher, Zuawi|zahrer, der: *Feldstecher, Fernglas.*
Zua|zepfn: *siehe Zunzepfn.*
Zuber, der [mhd. zuber (= Gefäß mit zwei Handhaben); wahrscheinlich aus dem Zahlwort zwei und einer Ableitung von ahd. beran (= tragen) zusammengesetzt, also zweiträgiges Gefäß]: **1.** *Wäschebottich* **2.** (ST) *großes Gefäß für den Brotteig:* der Båchzuber.
Zucht, die [Ableitung von mhd. ziehen (= ziehen, aufziehen)] (Pass.): *Geschlechtsteil weiblicher Tiere (besonders bei Kühen).*
zuckn ⟨hat⟩ [mhd. zucken (= schnell/mit Gewalt ziehen, rauben, stehlen)] (OT): **1.** *schnell ziehen, reißen* **2.** *erschrecken* **3.** *stehlen.*
Zugger|gåndl, das [bezeugt seit dem 15. Jh. als zuckerkandi(t), zuckercandel aus mittellat. succurcandi; 1. Bestandteil: Zucker; 2. Bestandteil: arab. qand, eingedickter Zuckersaft)] (Pass.): *Kandiszucker.*
Zuggerl, Ziggale, das [Diminutiv von Zucker]: *Bonbon.*
zuichi: *siehe zuachi.*
zuig, zui ⟨Adj.⟩ [Ableitung von zua¹]: *verschlossen.*
Zuig, Zoig, das: **1.** *Zeug, Werkzeug:* gib mir des Zuig; Schneiderzuig **2.** *Besitz:* aufs Zuig schaugn (= auf seinen Besitz achten) **3.** (ST) ❖ **bei Zuig sein** (= wach, konzentriert, bei Bewusstsein sein); **zin Zuig kemmen** (= sich erholen, aufwachen, zu Bewusstsein kommen); **zin Zuig bringen** (= zu Bewusstsein bringen, aufwecken, aufpäppeln).
Zuig|kåmmer, die [1. Bestandteil: siehe Zuig] (OT, Pass.): *Werkzeugkammer.*
Zui|nåchtn, das (Pfun.): *Dämmerung.*
Zull, Zulle, die [trentinisch zòrla; Schneider belegt Zurl für Laurein; siehe Tschull] (ST): *Feldmaikäfer (Melolontha melolontha), auch als Gemeiner Maikäfer bezeichnet.*
zullet ⟨Adj.⟩ [siehe zulln] (ST): *betrunken.*
Zulli, der: *Schnuller.*
zulln ⟨hat⟩ [wie lulln und Schnuller lautmalend]: *saugen.*

Zulln|jor, das [1. Bestandteil: siehe Zull] (ST): *periodisch wiederkehrendes Jahr, in dem viele Maikäfer schlüpfen.*

Zumme, Zumm, Zumbl, die [Herkunft unklar; laut Schneider letztlich zu griech. cymba] (ST): *Rückentrage für Trauben oder Flüssigkeiten, kleiner Bottich.*

Zumpf, der; **Zumpferl,** das [mhd. zumpf (= Penis); verwandt mit Zipfel] (NT): *Penis.*

Zungen|schlagl, das (ST): *Schlaganfall mit Sprachstörungen.*

Zunter[1], der [mhd. zunder (= Feuerschwamm, Feuer, Brand; vgl. zünden]: *Zunder, Baumschwamm zum Feuerschlagen.*

Zunter[2], **Psunter, Zunterna,** der oder die [zu ahd. zuntra (= Fackel), also Kienholz]: **1.** *Latschenkiefer (Pinus mugo subsp. mugo, Latsche), Legföhre, Bergkiefer, einige andere Synonyme* **2.** *Hecke der rostblättrigen Alpenrose (Rhododendron ferrugineum), bewimperte Alpenrose (Rhododendron hirsutum).*

Zun|zepfn, Zän|zapfe, Zua|zepfn, der [1. Bestandteil aus Zahn; 2. Teil aus mhd. zapfe (= Zapfen)] (NT): **1.** *Fruchtzapfen der Gemeinen Fichte (Picea abies)* **2.** *Fruchtzapfen der Tanne (Abies).*

zunzln, zunzilan ⟨hat⟩ (OT): *nach Urin riechen.*

zupfn, ver|zupfn ⟨hat sich⟩ (reflexives Verb) (auch bairisch-österreichisch): **1.** *sich (heimlich) entfernen* ❖ **Zupf di! Verzupf di!** (auch bairisch-österreichisch): *Verschwinde!* Im Fernsehfilm „Piefke Saga" von Felix Mitterer gibt sich ein Deutscher als Tiroler aus und will an einer Ortsversammlung teilnehmen. Joe (Tobias Moretti) lässt ihn nicht in den Saal und sagt: „Verschwind, du Flåchlåndtiroler! Zupf di!" Worauf der Deutsche fragt: „Zupf di?" – und sich damit erst recht als Flachlandtiroler entlarvt **2.** *zupfen.*

Zurfe, der [nach Schatz zu ahd. zurba, zurf (= ausgerupfter Rasen); verwandt mit zerren]: **1.** (NT, OT) *zerrissener Tuchfetzen, zerlumptes Kleid* **2.** (OT, Pass.) *schlampiger Mensch.*

zurfn ⟨hat⟩ [zu Zurfe, siehe dort]: *brauchtümliches Zerren am Ende der Imster Fasnacht.*

Zurgl, Zurggl|bam, der [seit dem 16. Jh. Zürgel für *Celtis australis*] (ST, OT): *Zürgelbaum oder Nesselbaum (Celtis);* eine Gattung in der Familie der Hanfgewächse *(Cannabaceae).*

zurlass ⟨Adv.⟩ [lautlich und inhaltlich aus urass weiterentwickelt, das Schatz als zurass im Ahrntal belegt] (Pfun.): *kränklich, nicht gut gedeihend (bei Mensch und Tier).*

Zuschge, die [siehe zuschget und Zussl]: *fahrlässiges Mädchen.*

zuschget [zu mhd. zusen (= zausen)]: *zerzaust.*

Zusserer, der [vgl. Zussl]: *knausriger Mensch.*

Zussl, die [vgl. ahd. zussa (= Decke, Kleidung); verwandt mit zausen] (ST): **1.** *Stoff-Fetzen (an langer Stange) zum Ausputzen des Backofens* **2.** (auch NT) *Schimpfwort für (eine schlampige) Frau* **3.** *Figur beim Faschingsumzug (Prad).*

zuzl(e)n, zutzlen ⟨hat⟩ [lautmalend] (auch bairisch-österreichisch): *lutschen, saugen* ❖ **si wås aus di Finger zuzln:** *etwas frei erfinden.*

Zuzl(er), der [zu zuzl(e)n, siehe dort] (NT): *Schnuller.*

Zwaggl, der [Herkunft unklar] (Sa.): *sparriger, dürrer Zweig.*

zwågn, zwågnen, zwognen ⟨hat⟩ [mhd. twahen, dwahen (= waschen, baden)]: *sich waschen.*

Zwåschpern, Zwåschpalen, die (Plural) [umgestellt von Schwarzbeeren] (ST, OT): *Heidelbeere (Vaccinium myrtillus.*

zwåzln, zwozlen ⟨hat⟩ [Herkunft unklar; lautmalend] (auch bairisch-österreichisch): *zappeln, zappelig kriechen, wimmeln.*

Zwebe, Zibebe, die [ital. zibibbo, geht laut Duden auf arab. zibib (= Rosine) zurück] (ST, OT): *Rosine.*

Zweck, der [mhd. und ahd. zwec (= Nagel); zu zwei; ursprünglich: gegabelter Ast; Nagel, an dem die Zielscheibe aufgehängt ist] (NT, OT): *Schuhnagel, kurzer Stift.*

Zweck|silber, das [oberdeutsche Form von mhd. quecsilber] (Zillt.): *Quecksilber.*

zwegn ⟨Präp.⟩ [aus des oder zu + wegen]: *deshalb, deswegen* ❖ **zwegn wås?:** *weshalb?*

Zweifler, der ❖ **Zweifler sein** (Pass., Pfun.): *bezweifeln:* i bin a Zweifler, obs heint no amol auftuat (= ich zweifle sehr, dass es heute noch einmal aufklart).

Zweifl|scheisser, der: *unentschlossener Mensch, Zauderer.*

zwenggn ⟨hat⟩ [mhd. twengen (= drücken, zwängen, beengen)] (Pass.): *mit zu enger Fußstellung gehen.*

zwerch, zwerchs, zwarch ⟨Adj.⟩ [mhd. twerch (= verkehrt, seitwärts, quer)]: *schräg, quer, in falscher Richtung* ❖ **über zwerch:** *quer über etwas drüber.*

Zweschpe, Zwesch, Zweschgge, die; daneben schon häufiger das neuere **Zwetschge, Zwetschgn,** die [lautliche Variante von Zwetschke, aus nordital. damascena, lat. damaskena (= Frucht aus Damaskus)]: *Zwetschke:* ❖ **seine / die sieben Zwetschgn einpåckn:** *verschwinden:* påck deine sieben Zwetschgen ein und geh!

Zweschpala, Zweschpiler, der [Substantivableitung auf -eler von Zweschpe, siehe dort]: *Zwetschkenschnaps.*

Zwetschgn|fleck, der (Küchensprache) (NT): *dünne und flache Süßspeise mit Zwetschken.*

Zwetschgn|krampus, der (NT): **1.** *aus gedörrten Zwetschken hergestellte Krampusfigur* **2.** *alter, runzliger Mann.*
Zwetschgn|mandl, das (NT) (auch bairisch): **1.** *aus gedörrten Zwetschken hergestellte Figur, die mit Stäbchen zusammengesetzt ist* **2.** *kleiner, schwächlicher Mann.*
Zwetschgn|röster, der (Küchensprache): *gedünstete Zwetschken* (also kein Mus, kein Kompott und auch keine Marmelade, wie oft zu lesen ist; die Zwetschken werden entkernt, halbiert und mit ganz wenig Zucker sowie Zimt und Nelken geröstet, bis sie Saft lassen) ❖ **Mein lieber Freund und Zwetschkenröster!** [Diskussionsmarker am Beginn eines belehrenden Redebeitrags, um Aufmerksamkeit zu wecken] (NT) (scherzhaft): *Hör zu! Pass auf!*
zwianzign ⟨hat⟩ [Wurzel könnte mhd. twengen (= zwängen, bedrängen) sein; Schatz kennt auch die Lautform zwenzign] (ST): *übel behandeln, quälen.*
Zwickl, der [mhd. zwickel (= Keil)]: *keilartiges Stück Stoff oder Feld.*
zwickn ⟨hat⟩ [Intensivbildung zu ahd. zwīgōn (= ausreißen, rupfen, pflücken), zu zwīg (= Zweig), später Anlehnung an Zweck (= Reißnagel)]: **1.** (auch süddeutsch und österreichisch) *zwicken, kneifen:* die Hose zwickt im Schritt; der Ischias zwickt ❖ **ir Gwissen zwickt si:** *sie hat Gewissensbisse* **2.** *einen Fahrschein lochen, entwerten* (reg. auch in D) **3.** (NT) *(mit einer Klammer) befestigen:* die Socken mit einer Wäscheklammer auf die Leine zwicken.
zwider ⟨Adj.⟩ [aus des oder ze wider; typisch für Österreich und für das Bairische ist der attributive Gebrauch (= ein zwiderer Mensch, eine zwidere Sache); gesamtdeutsch ist das Adverb zuwider (= eine starke Abneigung hervorrufend): diese Person/diese Sache ist mir zuwider]: **1.** *boshaft, widerwärtig, lästig:* ein zwiderer Kerl, eine zwidere Sache **2.** (ST) *unfein, übellaunig (bis unausstehlich).*
Zwider|wurz, Zwider|wurzn, die; auch: der (wenn es sich um eine männliche Person handelt) [1. Bestandteil: zwider; 2. Bestandteil: Nebenform zu standarddt. Wurzel (= große Wurzel; Mensch, der sich ausnützen lässt; kratzbürstige Frau)] (auch bairisch-österreichisch): **1.** *Spielverderber, mürrischer Mensch* **2.** (ST) *eigensinniges Kind.*
Zwifl, Zwifi, Zwifla, der; auch: **Zwibl,** die [wie standarddt. Zwiebel aus mhd. zwibolle, ahd. zwibollo, zwivolle, zwifel; beide Lautformen sind Umdeutungen von zibolle bzw. zibollo aus ital. cipolla, das letztlich eine Verkleinerung von lat. cēpa (= Zwiebel) ist; das feminine Geschlecht in der Standardsprache ist die Folge dieser volksetymologischen Umdeutung, wie wenn das Wort eine völlig andere Herkunft hätte, nämlich: zweifache Bolle; zusammen mit Butter, Knödel, Schokolad(e) und Teller gehört es zu den auffälligsten Genusabweichungen des Standards

vom Dialekt (der Zwifl statt die Zwiebel); die Form Zwifla enthält das Wort Lauch, mhd. louch; also Zwieblauch]: *Zwiebel.*

Zwifl|griter, der [1. Bestandteil: Zwifl; 2. Bestandteil: siehe gritn, d. h. jemand, der gerade groß genug ist, um übers Zwiebelkraut steigen zu können] (Pass.): *Knirps, kleiner Kerl.*

zwifln, zwifin, zwiflen ⟨hat⟩ [eigentlich: zwiebeln (= mit Zwiebel zubereiten; jemanden quälen, plagen, peinigen); laut Kluge seit dem 17. Jh. in der Bedeutung quälen, Wasser in die Augen treiben]: **1.** *streng anfassen* **2.** *quälen, schikanieren:* der håt uns schön zwiefelt **3.** (NT) *strafen.*

Zwilch, der [Substantivierung von zwilch] (OT): *falscher, undurchschaubarer Mensch.*

zwilch ⟨Adj.⟩ [Ableitung von mhd. zwilich, zwilch (zweifädig, doppelfädig)] (OT): **1.** *falsch, undurchschaubar* **2.** *unnachbiebig.*

Zwindl, der, **Zwindlar,** die (Plural) [mit Sprosskonsonant -d- zu mhd. zwinelīn, zwillinc, aus ahd. zwiniling zu zwinal (= doppelt)] (ST, OT): *Zwilling (bei Mensch und Tier).*

zwinzln, zwinzle, zwinzge ⟨hat⟩ [mit -l-Einschub zu mhd. zwinzen; dieses neben zwinken (= zuckend etwas bewegen, besonders die Augenlider); in jüngerer Zeit von zwinkern verdrängt] (NT): *zwinkern, blinzeln.*

Zwisl, der [mhd. zwisele (= gabelförmiger Gegenstand, Gabel), wie Zweig eine Weiterbildung des Zahlwortes zwei]: *doppelgipfliger Baum, Astgabel.*

zwisln, zwislen ⟨hat⟩ [mhd. zwiselen (= sich spalten, gabeln)]: *sich verzweigen, doppelgipflig werden.*

zwislt, zwislet ⟨Adj.⟩ [siehe Zwisl]: *gegabelt.*

zwoaderle, zwoadola, zwoaderlei, zwoaralei ⟨Adv.⟩ [mhd. zweier leie; -d- und -r- dienen der Vokaltrennung]: *zweierlei.*

zwui, zwoi, ziwoi, fi zwui ⟨Adv.⟩ [mhd. ze + wiu, ein alter Instrumentalis von was] (ST, OT): *warum, wieso, weshalb;* ein bekannter, oft am Ende einer langen Nacht gesungener Nonsens-Refrain lautet: ziwui, ziwui, ziwui, ziwui / ziwui, ziwui, ziwuia / ziwele, zawele Zechnkas, es is scho hålwe druia.

Die Beziehung zwischen Buchstaben und Lauten

- Ein Punkt unter einem Vokal bedeutet betonte Kürze (wie z. B. in den Wörtern *Gasse, hassen, lassen*).
- Ein Strich unter einem einzelnen Vokal bedeutet betonte Länge (wie in *Gase, Hasen, lasen*); betonte Diphthonge sind generell unterstrichen.
- Das gilt auch – Achtung! – für das lange i: *fisln und risln*; dies ist eine Abweichung von der gewohnten Rechtschreibung (wo man fieseln und rieseln schreiben müsste).
- In gleicher Weise verzichten wir auf das Dehnungs-h zur Kennzeichnung einer Vokallänge. Stattdessen wird auch in diesem Fall die Vokallänge durch Unterstreichung gekennzeichnet: *Borwinte* für standarddeutsch *Bohrwinde*.
- Um Verwechslungen mit dem langen -ie- der gewohnten Rechtschreibung zu vermeiden, haben wir Zwielaute, die mit dem betonten Vokal -i- beginnen, mit der Buchstabenfolge -ia- wiedergegeben, obwohl wir wissen, dass der 2. Bestandteil in unterschiedlichen Dialekten verschieden klingt und meist dem -e- näher ist als dem -a-.
- Ein kleiner Ring über einem a bedeutet Verdunkelung (der Laut ist zwischen a und o angesiedelt): *Fåsching*.
- Alle e-Laute, unabhängig davon, ob sie hell klingen (Wetter wird wie Wätter gesprochen) oder dunkel (wie das -e- in *Beter* von *beten*: bäten und Bäter würde anders klingen) werden einheitlich mit e wiedergegeben; das lange -e- ist überdies in bestimmten Wörtern bzw. Regionen sogar (leicht) diphthongiert: *Be^{i}sn* neben *Besn* (der erste – betonte – Teil dieses Diphthongs hat die Qualität eines geschlossenen -e-, das dann in -i- übergeht). Wir schreiben auch in all diesen Fällen immer -e-.
- Ähnlich verfahren wir bei den o-Lauten: Langes *o* und diphthongiertes *o*, also *ou* bzw. *o^u* (in Wörtern des Typs *Hose, Boden*) werden als langes -o- wiedergegeben.
- Umlaute werden in allen bairisch-österreichischen Dialekten entrundet, das heißt *öfter* wird zu *efta*, *Hütte* wird zu *Hitte* oder *Hittn*, *Häuschen* wird zu *Heisl* usw.; wir empfehlen Ihnen beim Suchen nach Wörtern, gleich unter den entrundeten Varianten nachzuschlagen.
- Wir schreiben das standardsprachliche *st* und *sp* im Inlaut mit -scht- und -schp-, wie es im größten Teil Gesamttirols auch gesprochen wird. Im Anlaut aber folgen wir dem standardsprachlichen Schriftbild und schreiben *St-* (wie in *Stein*) und *Sp-* (wie in *Speck*), um ein leichteres Auffinden der Wörter zu ermöglichen.

- Was die Verwendung von *ss* und *ß* anlangt, halten wir uns grundsätzlich an die Rechtschreibregeln: nach Kurzvokal *ss*, nach Langvokal *ß*. Nur bei den Diphthongen kommt es zu einer Abweichung von den Rechtschreibregeln. So wie andere Autoren von regionalen Wörterbüchern und von Mundarttexten schreiben wir nach den Diphthongen ein *ss*, wenn sie zwischenvokalisch stehen, wir schreiben also z. B. *aussi*, obwohl die Rechtschreibregeln außi vorsehen würden; den Rechtschreibregeln entsprechend schreiben wir aber auslautend in der Regel -ß, weil der Diphthong länger ist als inlautend, also *Goaß* und nicht *Goass*.
- Ein senkrechter Strich kennzeichnet die Wortfuge bei zusammengesetzten Wörtern: *Augn|luck;* dies soll das Verständnis des Wortes erleichtern.
- Ein senkrechter Strich kennzeichnet außerdem auch das Ende einer Vorsilbe: *auf|taggln*.
- Sowohl im Wortinneren wie im Auslaut wird zwischen *gg* (nicht aspiriert) und *ck* (aspiriert, also durch Behauchung verstärkt) unterschieden: *Buggl*, aber *buckn*.
- Mit dem Begriff bairisch-österreichisch wird jener Dialektraum umschrieben, der Südtirol, Österreich und Bayern abzüglich der jeweils alemannischen Sprachgebiete umfasst; in der Sprachwissenschaft wird zwischen dem bairischen Sprachraum (bairisch mit i) und dem bayerischen Staatsgebiet (bayerisch mit y) unterschieden.
- Bei den mittelhochdeutschen und althochdeutschen Herkunftswörtern wurde die Schreibung aus dem „Mittelhochdeutschen Handwörterbuch" von Matthias Lexer verwendet; ein *h* oder *hh* ist daher in den meisten Fällen als *ch* auszusprechen (etwa *sleht, rihten*).
- Bei den Textbeispielen wurde die Schreibweise nicht an jene des vorliegenden Wörterbuches angepasst; es gibt keine allgemein anerkannte Transkription, die Vielfalt der Dialekte verhindert eine Normierung. Dies wollten wir nicht verwischen.

Fachausdrücke

Ablaut: Wechsel von Vokalen innerhalb etymologisch zusammengehöriger Wörter und Wortformen, z. B. *nehmen – nahm – genommen*, aber auch *Sucht* zu *siechen*.

Ableitung: Wort, das dadurch zustande kommt, dass ein anderes Wort (meist durch ein Präfix oder Suffix) weitergebildet wurde: aus *Gold* wird das Verb *vergolden* (= mit Gold versehen) abgeleitet, *vergolden* wird zum Substantiv *Vergoldung* weiterentwickelt; d. h. *vergolden* ist eine Ableitung von *Gold*, *Vergoldung* ist eine Ableitung von *vergolden*.

Agglutination: Anheften eines Lauts aus dem vorausgehenden Wort an ein Wort, zu dem es sprachgeschichtlich nicht gehört, z. B. wird beim unbestimmten Artikel *ein* das auslautende -n manchmal fälschlich dem Anlaut des folgenden Substantivs zugeordnet: *ein Etsch* (= ein Veroneser, ein Kreuzer) wird im Kopf der Sprecher zu *ein Netsch*; genauso wird auch *Åle* (= Ahle) zu *Nåle*; Gegenteil: Deglutination.

Anlaut: erster Laut (Vokal oder Konsonant) eines Wortes.

Anlautverstärkung: expressive Verstärkung des Anlauts, z. B. sch- wird zu tsch-: *scheppern* wird zu *tscheppern*, *Schippl* zu *Tschippl*.

Althochdeutsch (abgekürzt ahd.): Bezeichnung für die Sprache der Schriftzeugnisse im hochdeutschen Raum vom 8. bis zum 11. Jahrhundert.

Aspiration: Behauchung; auf einen Verschlusslaut (*p, t*) folgt ein hörbares Hauchgeräusch, der Laut klingt, als ob einem *p* oder *t* ein *h* folgen würde; er wird in wissenschaftlichen Beiträgen oft durch ein hochgestelltes h wiedergegeben: p^h, t^h. In Tirol ist zwischen dem nicht aspirierten Verschlusslaut *gg* und dem stark aspirierten Verschlusslaut *ck* zu unterscheiden. Der nicht aspirierte Verschlusslaut *gg* begegnet uns beispielsweise in *Jangger, Buggl*, er wird wie standardsprachlich *Roggen* artikuliert. Der stark aspirierte Verschlusslaut *ck* klingt, als ob einem *gg* ein velares (d. h. kehlig klingendes) *ch* folgen würde (ähnlich, aber weniger kehlig standarddeutsch *krachen, kauen, hocken*).

Assimilation: Angleichung eines Lautes an einen (in der Artikulation) benachbarten; die Infinitivendung -en beispielsweise wird nach b gewöhnlich zu -m, statt *glauben* wird also *gloubm, glabm* oder *glam* gesprochen.

bairisch-österreichisch: Bezeichnung für einen großen Dialektraum im Osten des oberdeutschen Sprachgebiets, umfasst neben Tirol auch weite Teile Österreichs und Bayerns (ausgenommen sind die alemannischen Sprachgebiete in Österreich sowie die alemannischen und fränkischen in Bayern). Da die Verbreitung der einzelnen Dialektwörter von Fall zu Fall wechselt und nicht immer bekannt ist, handelt es sich in diesem Buch bei der Angabe „bairisch-österreichisch" um ungefähre Angaben.

Deglutination: falsche Abtrennung eines Wortanlauts, der z. B. als Teil des davorstehenden unbestimmten Artikels verstanden wird; z. B. *ein Nescht (= ein Nest)* wird zu *ein Escht;* Gegenteil: Agglutination.

Dialekt: regionale oder lokale Sprachvarietät: Sie unterscheidet sich in Wortschatz, Aussprache, Satzbau etc. von anderen Gebieten. Die Tiroler Dialekte gehören zur südbairischen (bzw. süd-mittelbairischen: vgl. die Einleitung) Dialektgruppe, die ein Teil des Oberdeutschen ist.

Diminutiv, Deminutiv(um): Verkleinerungsform.

Diminutivsuffix: Wortendung, die häufig eine Verkleinerung anzeigt: *Häuschen* oder *Häuslein* bezeichnet ein kleines Haus; in Tirol (wie in den oberdeutschen Dialekten generell) gibt es nur mit l- anlautende Suffixe (*Häusl*). Diese gehen auf mhd. -elīn zurück und treten in mehreren Varianten in Erscheinung: -l, -ile, -ele oder -ei z. B. *Tischl, Tischile, Tischele, Tischei*. Ein Diminutiv signalisiert allerdings nicht immer eine Verkleinerung, sondern oft emotionale Zuwendung: ein feines *Suppele, Weindele* etc. Nicht selten ist die Variante mit Verkleinerungssuffix im Dialekt die Normalform: *Er fährt mit dem Radl* (nicht: ... *mit dem Rād*).

Diphthong: Vokal, der aus zwei Vokalen unterschiedlicher Tonhöhe besteht: *au, ou, ei* etc. Gegenteil: Monophthong.

Diskursmarker: steht am Beginn oder Ende eines gesprochenen Satzes, soll Aufmerksamkeit erwecken oder Zustimmung auslösen: *gell, ha, ho, hoa, ma, sö* etc.

Entrundung: aus den mit Lippenrundung gesprochenen Umlauten *ü, ö, eu/äu* werden *i, e, ei*: *über* wird zu *iber, bös* zu *bes, heute* zu *heit, Häuser* zu *Heisa*.

erschlossene Herkunftswörter: Sie sind nicht belegt, sondern rekonstruiert (gilt für das gesamte Germanische und Indogermanische, fallweise auch für das Alt- und Mittelhochdeutsche); werden durch einen Stern gekennzeichnet: z. B. germ. *adelōn (= Jauche).

Etymologie: Abstammungsgeschichte eines Wortes.

fallender Diphthong: 1. Zwielaut, dessen zweiter Teil offener ist als der erste: *ie* bzw. *ia, ue, ua* usw. 2. Im Hinblick auf die Betonung heißt „fallend" mit Betonung des ersten Teils: *ia* in *schiach, oa* in *Floach* etc.

falsche Abtrennung: siehe Agglutination und Deglutination.

Frequentativum: Verb, das wiederholte Vorgänge bezeichnet, Iterativum.

Germanisch: ein Zweig der indoeuropäischen Sprachfamilie; dazu gehören Deutsch, Englisch, Niederländisch, Schwedisch etc.; die rekonstruierte Vorstufe, wie sie wohl im 1. Jahrtausend vor Chr. rund um die westliche Ostsee gesprochen wurde, wird als das Urgermanische oder Protogermanische bezeichnet.

Gleitlaut: dient ohne etymologische Relevanz zur leichteren Aussprache, siehe Sprosslaut.

Hiat: das Zusammentreffen zweier Vokale am Ende des einen und am Anfang des folgenden Wortes (z. B. im Standarddeutschen: sagte er); in den Mundarten wird oft ein Konsonant eingeschoben, der Hiat-Tilger genannt wird: *a Antn* wird zu *an Antn;* oft wird auch ein *r* eingeschoben, damit nicht zwei Vokale zusammenstoßen: *wia r i kimm auf die Ålm.*

Hochdeutsch: Dialekte der deutschen Sprache südlich der Benrather oder der Uerdinger Linie; sie werden in oberdeutsche und mitteldeutsche Dialekte unterteilt. Gemeinsames Charakteristikum der hochdeutschen Dialekte ist die vollständig oder teilweise durchgeführte zweite oder althochdeutsche Lautverschiebung. Der Begriff *hochdeutsch* kann leicht missverstanden werden, denn er wird oft gleichbedeutend mit standarddeutsch verwendet.

indoeuropäisch, indogermanisch (Urindogermanisch, Protoindoeuropäisch): rekonstruierte Vorstufen aller indoeuropäischen Sprachen, wie sie wohl um 3500 v. Chr. in der Nähe des Schwarzen Meeres gesprochen wurden.

Intensiv(um): Intensivbildung; Verbum, das eine verstärkte Handlung zum Ausdruck bringt, z. B. *raffeln* zu *raffen* (oft ist ein Intensivum auch ein Frequentativum).

Interjektion (abgekürzt: Interj.): Ausruf, z. B. *åschpele, enggile, hoi, sax.*

Iterativ(um): Zeitwort, das eine Wiederholung zum Ausdruck bringt, z. B. standarddt. *klingeln* (= *wiederholt klingen);* oft ist ein Iterativ auch ein Intensivum: *gåggetzn* (zu *gackern*).

Kausativ(um): Veranlassungswort; drückt aus, dass ein in einem Wort beschriebener Vorgang (z. B. schwingen) herbeigeführt worden ist (schwenken in der Bedeutung schwingen machen), ähnlich *sinken* zum Kausativum *senken* (= *sinken machen*) oder *trinken* zu *tränken.*

Kollektiv(um): Kollektivbildung; Ableitung eines Substantivs zur Bezeichnung einer Vielzahl als Einheit (z. B. wird die Vielzahl von Stühlen zur Einheit Gestühl): im Dialekt oft durch das Präfix ge-: *Gfratz* (= Vielzahl von Fråtzn), *Graffl* (= alles Zusammengeraffte), *Glatsch* oder durch das Suffix -werch: *Gångwerch* gebildet.

Kompositum: zusammengesetztes Wort, z. B. *Bam|becker* (zwei Bestandteile), *Oach|katzl|schwoaf* (drei Bestandteile).

Konsonant: wird normalerweise nicht für sich allein gesprochen, sondern immer mit einem Selbstlaut oder Vokal (vgl. den Anfang des Alphabets, also a, b, c, d, e: a und e sind Selbstlaute/Vokale, die Mitlaute werden mit einem e gesprochen: be, ce, de). siehe Mitlaut.

Labial: Konsonant, der entweder mit beiden Lippen (b, p) oder mit Unterlippe und den Zähnen (f, w) gebildet wird (aus lat. *labrum* = Lippe).

lautmalend: die Lautform eines Wortes ist einem Geräusch, dem Gesang eines Vogels etc. nachgebildet: *tuschen, Platsch, Kuckuck, Zeiser.*
Lehnwort: Wort, das aus einer fremden Sprache übernommen wurde.
Methathese: Vertauschung von Konsonanten in etymologisch verwandten Wörtern: Born – Brunnen.
Mitlaut: siehe Konsonant.
Mittelhochdeutsch (abgekürzt mhd.): Sprachperiode im hochdeutschen Raum von etwa 1050 bis 1450.
Mittellateinisch: die lateinische Sprache des Mittelalters (etwa 6. bis 15. Jh.).
Monophthong: einfacher Vokal (Gegensatz Diphthong).
Nasal: Nasallaut; kommt dadurch zustande, dass der Atemstrom wegen eines Verschlusses durch die Nase entweicht: -m- (Verschluss durch die Lippen), -n- (Verschluss durch die Zunge an den Zähnen), -ng- (Verschluss durch die Zunge am Gaumen).
Nasalierung: Vokal, bei dem der Atemstrom teilweise durch die Nase entweicht (wie in französisch *ensemble*).
Niederdeutsch: auch Plattdeutsch, im Norden Deutschlands; hat die zweite Lautverschiebung (siehe Oberdeutsch) nicht mitgemacht; daher dort *Water* statt *Wasser* und *Pepper* statt *Pfeffer.*
Nomen Agentis: Personenbezeichnung, die den Akteur einer Verbhandlung bezeichnet: der *Wähler* ist jemand, der *wählt*, der *Rearer* ist jemand, der (ständig) *reart* (= weint).
Oberdeutsch: Sammelbezeichnung für bairische, alemannische und ostfränkische Dialekte, die (ca. von 500 bis 800) die zweite Lautverschiebung vollständig mitgemacht haben; p > pf oder ff und t > tz oder s(s); germanisch *peper* wird zu oberdeutsch *Pfeffer*; germanisch *water* wir zu oberdeutsch *Wasser.*
Pejorativ(um): abwertender Ausdruck, oft auch ein Schimpfwort; z. B. *Kåchl, Katzelmåcher.*
phonetisch/phonologisch: die Lautung eines Wortes betreffend.
Präfix: Vorsilbe, z. B. *ab-* (in dem Wort ab-schreiben), *der-* (in dem Wort der-druckn); *ge-, Ge-, zua-* etc. Gegenteil: Suffix.
Rätoromanisch: Gruppe romanischer Sprachen in der Schweiz, in Oberitalien und im alten Tirol: Bündnerromanisch; Dolomitenladinisch, Friaulisch.
Reibelaute: Konsonanten, die durch eine Verengung im Atemstrom zustande kommen (z. B. f, s, ch).
Rotwelsch: Sprache der Gauner.
Rundung: siehe Entrundung.
Sekundärumlaut: Die Bezeichnung Umlaut kommt daher, dass sich der ä-Laut, d. h. der regelrechte Umlaut von mhd. *a* (das ja zu *å* wurde:

mhd. *tac* wird zu *Tåg*) zu einem offenen *a* weiterentwickelte: ahd. *zāhi* erscheint mhd. als *zäche*, und wird dann im Dialekt zu *zach* (= zäh); in der Folge wird der Vokalwechsel oft genutzt, um den Plural von Wörtern oder das Diminutiv auszudrücken: *Krågn – Kragn, Blått – Blattl*.

Schibboleth: im eigentlichen Sinn: sprachliche Besonderheit, durch die sich ein Sprecher einer Region zuordnen lässt (der wissenschaftliche Fachausdruck ist aus der Bibel übernommen: Buch der Richter 12, 5–6); im weiteren Sinn: schwer auszusprechendes oder schwer deutbares Wort, mit dem die Sprachgewandtheit oder das Sprachverständnis von Fremden getestet werden kann: *Oachkatzlschwoaf*.

semantisch: in der Bedeutung, die Bedeutungsseite eines Wortes betreffend.

Sprosslaut: dient ohne etymologische Relevanz zur leichteren Aussprache: Sprosskonsonant -d- in *Dirndl;* Sprossvokal -i- in *schurigeln* zu mhd. *schurgeln*.

Standarddeutsch: standardisierte, überregionale und weitgehend einheitliche Form der deutschen Sprache im Gegensatz zu Dialekten und Umgangssprachen.

Suffix: Nachsilbe, z. B. *-itzn, -etzn, -atzn*.

Umlaut: Lautwechsel in der Standardsprache zwischen a und ä, o und ö, u und ü, au und eu/äu; in der Standardsprache werden die Umlaute – außer dem Vokal ä – alle mit Lippenrundung gesprochen, im Dialekt hingegen sind diese Umlaute allesamt entrundet, siehe Entrundung.

Verballhornung: lautliche Veränderung eines Wortes ohne Rücksicht auf dessen Herkunft.

Verkleinerungssuffix: siehe Diminutivsuffix.

verdeutlichende Verdoppelung: ein Kompositum, d. h. ein zusammengesetztes Wort, besteht aus zwei Bestandteilen, die dasselbe bedeuten: *Pfitscherpfeil*.

Vermengung: zwei Wörter werden zu einem Wort verschmolzen, z. B. wird aus der Langform *Josef* und der dialektalen Kurzform *Sepp* die vermengte Form *Josepp; umverkeat* ist eine Vermengung von *verkehrt* und *umgekehrt*.

Verschlusslaut: entsteht durch kurzzeitigen Verschluss (Unterbrechung des Luftstroms) im Mund-Rachen-Raum: z. B. p, b, t, d, g, gg, ck. Vokal: siehe Selbstlaut.

Volksetymologie: Wörter werden unter Missachtung der Wortherkunft neu interpretiert und lautlich verändert, d. h., den Wörtern wird ein neuer Sinn gegeben: mhd. *spenel, spendel, spenalde,* zurückgehend auf lat. *spina* (= Dorn), wurde als Nadel interpretiert: *Spe-Nadel = Spennodl*.

Vokal: kann (auch länger) ohne einen zweiten Laut artikuliert werden: *a, e, i, o, u. ei, au, eu*. Gegenteil: Konsonant (Mitlaut).

Vulgärlatein: das gesprochene Latein im Unterschied zum literarischen Latein, das schriftlich belegt ist; Vulgärlatein ist der sprachliche Ausgangspunkt der romanischen Sprachen, also auch des heutigen Ladinischen bzw. Italienischen.
Zwielaut: siehe Diphthong.

Abkürzungen

ahd.	althochdeutsch
Akk.	Akkusativ
arab.	arabisch
Art.	Artikel
Bed.	Bedeutung
Dat.	Dativ
engl.	englisch
ev.	eventuell
franz.	französisch
Gen.	Genitiv
germ.	germanisch
griech.	griechisch
Interj.	Interjektion
ital.	italienisch
Jh.	Jahrhundert
lat.	lateinisch
mhd.	mittelhochdeutsch
mnd.	mittelniederdeutsch
nhd.	neuhochdeutsch
Part.	Partikel
pol.	polnisch
Pron.	Pronomen
rom.	romanisch
slaw.	slawisch
slow.	slowenisch
span.	spanisch
standarddt.	standarddeutsch
tschech.	tschechisch

Abgekürzte geographische Hinweise

Schon in der Einführung ist darauf hingewiesen worden, dass die geographischen Angaben nur als Hinweise darauf gelesen werden sollten, wo ein Wort sicher bezeugt ist (was nicht bedeutet, dass es sonst überall unbekannt ist). Sie sollten also mit Vorsicht gelesen werden. Im Einzelnen heißt das:

- die mit ST, NT, OT gekennzeichneten Stichwörter waren nur den Gewährspersonen des entsprechenden Landesteils bekannt. In diesen Fällen ist die Wahrscheinlichkeit groß, dass das Wort in den anderen Landesteilen nicht bekannt, zumindest nicht mehr verbreitet ist (wenn es auch gelegentlich den Fall gibt, wo ein Wort nur den Gewährspersonen in ST und OT bekannt war, aber im nordtirolischen Zillt. und in Alp. ebenfalls nachweisbar ist: vgl. etwa *Scherm*).
- Die Abkürzungen OI und UI signalisieren, dass die in dieser Region beheimateten Gewährspersonen das Wort kannten. Das garantiert aber nicht, dass es in der ganzen Region bekannt ist.
- Die Südtiroler Wörter, die einem Orts- bzw. Talwörterbuch entnommen sind (siehe nachstehende Liste) und den übrigen Südtiroler Gewährspersonen nicht bekannt waren, sind ebenso mit einem Orts- bzw. Talnamen markiert, wie Wörter, die von den Gewährspersonen selbst gemeldet wurden (vgl. besonders Pfunders).
- Die der elektronischen Dialektplattform des Nationalparks Hohe Tauern entnommenen Wörter sind durch Gewährspersonen aus der Drautaler und der Iseltaler Gegend in Form und Bedeutung abgesichert, bevor sie als OT, Pust., Def. oder mit einer Ortsbezeichnung versehen wurden (z. B. Matrei).

Insgesamt fällt ganz besonders auf, wie viele Gemeinsamkeiten es zwischen dem westlichen Südtirol und der Region um das Oberinntal gibt. In ähnlicher Weise bildet das Pustertal eine Brücke zwischen den Südtiroler und Osttiroler Dialekten. Beide Phänomene sind mitbedingt durch die Tatsache, dass die fraglichen Regionen mehr dialektales Wortgut bewahrt haben als die verkehrsoffenen Haupttäler des Landes, machen aber primär sichtbar, dass in den Tiroler Dialekten – wie schon die Arbeiten von E. Kühebacher immer wieder gezeigt haben – west-östliche Gegensätze von Haus aus mindestens ebenso gewichtig sind wie nord-südliche.

Abkürzungen

AF	Außerfern
Ahrnt.	Ahrntal
Alp.	Alpbach
Bozner U-Land	das Etschland südlich von Bozen
Def.	Defereggental
Deutschn.	Deutschnofen (siehe Wörterbücher unter Zelger)
La.	Latzfons (siehe Wörterbücher unter Bibliotheksgruppe)
Matrei	Matrei in Osttirol
NT	Nordtirol
OI	Oberinntal
OT	Osttirol
Ötzt.	Ötztal
Pass.	Passeiertal (siehe Wörterbücher unter Haller)
Pazn.	Paznaun
Pf.	Pfitschtal (siehe Wörterbücher unter Christensen)
Pfun.	Pfunders
Pust.	Pustertal
Ridn.	Ridnaun (siehe Wörterbücher unter Wild)
Sa.	Sarntal (siehe Wörterbücher unter Gruber)
ST	Südtirol
UI	Unterinntal
Vin.	Vinschgau
Welschn.	Welschnofen
Zillt.	Zillertal

Verwendete Literatur

Wörterbücher zum Wortschatz Tiroler Dialekte

Bibliotheksgruppe Latzfons: Gsågg unt d'rfrågg in Flåtzpis. Latzfonser Dialektwörter. Brixen 2004.

Christensen, Elisabeth: Maindr seggs. Ein Buch über den Pfitscher Dialekt. Bozen 2014.

Duregger, Josef, Stefan Felderer, Johanna Müller: Teldra Dialektpüich. Bozen 2009.

Fink, Hans: Tiroler Wortschatz an Eisack, Rienz und Etsch. Nachlese von Josef Schatz, Wörterbuch der Tiroler Mundarten. Zum Druck vorbereitet von Karl Finsterwalder (= Schlern-Schriften 250). Innsbruck 1972.

Gruber, Anton: Wörterbuch der Sarntaler Mundart. Bozen 2005.

Haller, Harald und Franz Lanthaler: Passeirer Wörterbuch. Wörter – Ausdrücke – Beispiele. St. Martin im Passeier 2004.

Larch, Alexander und Angelika Unterholzner: Sprechen Sie Südtirolerisch? Ein Sprachführer für Einheimische und Zugereiste. Wien 2004.

Mayr, Hans: 1000 Worte Tirolerisch. Eine zünftige Mundartsammlung aus dem Unterinntal. Wörgl 1984, ²1993.

Moser, Hans: Das Radio Tirol-Wörterbuch der Tiroler Mundarten. In Zusammenarbeit mit Robert Sedlaczek. Innsbruck-Wien 2013, ⁷2017.

Moser, Hans: Wörterbuch der Südtiroler Mundarten. In Zusammenarbeit mit Robert Sedlaczek. Innsbruck-Wien 2015, ⁴2018.

Reiter, Martin: Sprechen Sie Tirolerisch? Ein Sprachführer für Einheimische und Zugereiste. Wien 2004.

Schatz, Josef: Wörterbuch der Tiroler Mundarten. Für den Druck vorbereitet von Karl Finsterwalder. 2 Bände, Innsbruck 1993 (Unveränderter Neudruck der Ausgabe von 1955; Schlern-Schriften 119).

Schöpf, J. B.: Tirolisches Idiotikon, Innsbruck 1866.

Tscholl, Josef: Die jetzige Südtiroler Mundart in Wortschatz und Struktur. Brixen 1999.

Wild, Martin: Ridnauner Wörterbuch. Innsbruck 2009.

Zelger, Christian: Hoangartn. Plauderunterhaltungen im Vinschgau. In: 39NULL 2014, 1–26.

Zelger, Christian: Wörterbuch für das Eggental. Die Mundart der Orte Deutschnofen und Eggen. Bozen 2004.

Tiroler Wortsammlungen auf Papier

Bader, Erwin: Wörterbuch der Ehrwalder Mundart; überarbeitet von Roman Posch und Karl Bader. Masch. 2010.
Boitgelle, Elisabeth, Paula Fuchs, Karl Kröll, Paula Reiter, Marianne Walder und Vroni Weiler: Anraserisch giredt. Masch. o. J.

Tiroler Wortsammlungen im Internet

www.tiroler-mundart.at (Kitzbühel).
www.oocities.org/area51/zone/1090/sprache.htm (Außerfern).
www.obergurgl.com/main/DE/GG/WI/service/oetztaler-woerterbuch/index.html (Ötztal).
http://old.hohetauern.at/mundart/article/new/ (Dialektplattform des Nationalparks Hohe Tauern; Osttirol).
http://www.gemeinde-telfes.at/pages/mundart.php (Stubaier Mundart von Peter Lanthaler).

Nicht-Tiroler Wörterbücher

Ammon, Ulrich et al.: Variantenwörterbuch des Deutschen. Berlin 2004.

Bayerisches Wörterbuch, hg. von der Kommission für Mundartforschung, bearb. von Josef Denz, Bernd Dieter Insam, Anthony R. Rowley und Hans Ulrich Schmid. München 1995 ff.

Deutsches Wörterbuch von Jacob und Wilhelm Grimm, 33 Bde. Leipzig 1854, Nachdruck: Deutscher Taschenbuch Verlag, München 1984.

Duden: Das große Wörterbuch der deutschen Sprache, 10 Bde. Mannheim 2017.

Duden: Das große Fremdwörterbuch. Mannheim 2007.

Ebner, Jakob: Wie sagt man in Österreich? Wörterbuch des österreichischen Deutsch. Mannheim u. a. 2009.

Ebner, Jakob: Wörterbuch historischer Berufsbezeichnungen, Berlin, Boston 2015.

Fischer, Hermann: Schwäbisches Wörterbuch. Tübingen 1911.

Hornung, Maria: Wörterbuch der Wiener Mundart. Unter Mitarbeit von Sigmar Grüner. Wien 2002.

Jontes, Günther: Österreichisches Schimpfwörterlexikon. Graz 1998.

Kluge, Friedrich: Etymologisches Wörterbuch der deutschen Sprache, bearb. von Elmar Seebold. Berlin 2011.

Kramer, Johannes: Etymologisches Wörterbuch des Dolomitenladinischen. Hamburg 1946–1996.

Lexer, Matthias: Mittelhochdeutsches Handwörterbuch, 3 Bde. Leipzig 1872, Nachdruck: Stuttgart 1979.

Lexer, Matthias: Mittelhochdeutsches Taschenwörterbuch in der Ausgabe letzter Hand, Nachdruck der 3. Auflage von 1885. Stuttgart 1989.

Lexer, Matthias: Kärntisches Wörterbuch. Leipzig 1862. Nachdruck: Wiesbaden 1965.

Österreichisches Wörterbuch, Wien 2012.

Pohl, Heinz-Dieter: Kleines Kärntner Wörterbuch. Klagenfurt 2007.

Schatz, Josef: Sprache und Wortschatz der Gedichte Oswalds von Wolkenstein. Wien und Leipzig 1930.

Schmeller, Andreas J.: Bayerisches Wörterbuch, 4 Theile. Stuttgart-Tübingen 1827–1837, München 1872–1877, Nachdruck: Aalen 1961.

Sedlaczek, Robert und Melita Sedlaczek: Wörterbuch der Alltagssprache Österreichs. Innsbruck-Wien 2011.

Sedlaczek, Robert: Wörterbuch des Wienerischen. In Zusammenarbeit mit Melita Sedlaczek. Innsbruck-Wien 2011.

Stalder, Franz Joseph: Schweizerisches Idiotikon (Text der Handschrift von 1832 mit Hinweisen auf die Abweichungen von 1806/12; hg. von Niklaus Bigler). Aarau 1994.

Unger, Theodor und Ferdinand Khull: Steirischer Wortschatz, als Ergänzung zu Schmellers Bayerischem Wörterbuch. Graz 1903, Nachdruck: Wiesbaden 1968.

Zehetner, Ludwig: Bairisches Deutsch. Lexikon der deutschen Sprache in Altbayern. Regensburg 2013.

Weitere herangezogene Literatur

Ebner, Jakob: Aufhin – hinauf – nach oben – hoch. In: Vielfalt, Variation und Stellung der deutschen Sprache, hg. von Karina Schneider-Wiejowski et al., Berlin-Boston 2013.

Erben, Johannes und Hans Moser: Das Feld der alters- und geschlechtsdifferenzierenden Personenbezeichnungen im Tirolischen. In: Studien zur Namenkunde und Sprachgeographie. Hrsg. von Wolfgang Meid, Hermann Ölberg und Hans Schmeja, Innsbruck 1971, S. 241–287.

Finsterwalder, Karl: Tiroler Familiennamenkunde. Sprach- und Kulturgeschichte von Personen-, Familien- und Hofnamen (= Schlern-Schriften 284). Innsbruck 1990.

Fischer, Manfred A. und Karl Oswald, Wolfgang Adler: Exkursionsflora für Österreich, Liechtenstein und Südtirol, Biologiezentrum des Oberösterreichischen Landesmuseums, Linz ^{3}2008.

Grüner, Sigmar und Robert Sedlaczek: Lexikon der Sprachirrtümer Österreichs. Wien 2003.

Jontes, Günther: Österreichisches Schimpfwörterlexikon. Graz 1998.

Klein, Karl Kurt und Ludwig Erich Schmitt,

König, Werner: dtv-Atlas. Deutsche Sprache. München, ^{18}2015.

Kretschmer, Paul: Wortgeographie der hochdeutschen Umgangssprache. Göttingen ^{1}1918, ^{2}1969.

Lanthaler, Franz: Aus dem Südtiroler Dialektwortschatz. In: Hannes Scheutz (Hrsg.): Insre Sproch. Deutsche Dialekte in Südtirol. Bozen 2016, S. 131–238.

Nitsche, Gerald Kurdolgu (Hg.): Mitr Óuberländr: Kulturerbe. Mundart aus dem Tiroler Oberland. Landeck 2012.

Nußbaumer, Thomas: Fasnacht in Nordtirol und Südtirol. Von Schellern, Mullern, Wudelen, Wampelern & ihren Artgenossen. Innsbruck 2010.

Pohl, Heinz-Dieter: Von Apfelstrudel bis Zwetschkenröster. Kleines Handbuch der österreichischen Küchensprache. Wien 2008.

Prader Reichhalter, Maria: Die Lieblingsrezepte der Südtiroler Bäuerinnen. Über 200 erprobte Rezepte. Innsbruck 2010.

Röhrich, Lutz: Lexikon der sprichwörtlichen Redensarten, 3 Bde. Freiburg i. Br. 1991.

Schneider Walter, Romanische Entlehnungen in den Mundarten Tirols. Diss. Masch. 2 Bde. Innsbruck 1961.

Seibicke, Wilfried: Wie sagt man anderswo? Landschaftliche Unterschiede im deutschen Sprachgebrauch. Mannheim ^{2}1983.

Tirolischer Sprachatlas, bearbeitet von Egon Kühebacher, hrsg. von Karl Kurt Klein und Ludwig Erich Schmitt, 3 Bde. Innsbruck, Marburg 1965–1971.

Wander, Karl Friedrich Wilhelm: Deutsches Sprichwörter-Lexikon, Leipzig 1867–1889, 5 Bde. Nachdruck: Darmstadt 2007.

Dank

Das vorliegende Wörterbuch ist ohne viele – nicht ohne weiteres sichtbare – Hilfeleistungen nicht vorstellbar. Die wichtigste davon wurde im einleitenden Abschnitt „Wie kommen die Wörter ins Buch?" angesprochen: die für Leserinnen und Leser unsichtbare Arbeit der Gewährspersonen. Neben vielen anderen, die sich fallweise zur Verfügung stellten, waren im Nordtirol-Band durchgehend und systematisch folgende Helfer am Werk:

HR Prof. Dr. Hubert Brenn
HR Prof. Dr. Karl Mussak
Mag. Hans Oberhofer
Prof. Mag. Alfred Tamerl

Im Südtirolband waren als Gewährspersonen tätig:

Dr. Erich Daniel
Prof. Mag. Monika Oberhofer
Mag. Arnold Obermüller
Dr. Waltraud Plagg
Dominik Unterthiner
Dr. Christian Zelger.

Im vorliegenden Band haben uns unterstützt:

David Gschösser, MA
HR Prof. Dr. Karl Mussak, gemeinsam mit Prof. FH Margarethe Mussak
Mag. Hans Oberhofer (fallweise beraten von Maria und Toni Oberhofer sowie Paula und Alois Fuchs)
Prof. Mag. Günter Osl
Dr. Anton Unterkircher

Ohne ihre Fachkunde, ihren Einsatz (immerhin galt es, tausende Wortartikel durchzusehen und zu prüfen) und in vielen Fällen auch der Bereitschaft, in ihrem Umfeld Erkundigungen einzuholen, stünde das Wörterbuch auf wackligen Beinen.

In allen Phasen der Arbeit waren wir durch das Team des Verlags bestens betreut, namentlich durch Frau Mag. Dorothea Zanon, Frau Nina Gruber, MA und Frau Mag. Linda Müller. Ein besonderer Dank geht an Frau Mag. Dr. Veronika Schuchter, die mit Sorgfalt und wertvollen Anregungen das Manuskript in die endgültige Form gebracht hat.

Hans Moser, geboren 1939 in Thiersee, Studium der Germanistik, Geschichte, Philosophie und Romanistik an der Universität Innsbruck, langjähriger Rektor der Universität Innsbruck, Spezialist für Tiroler Dialekte. Zahlreiche Veröffentlichungen u. a. zu den Mundarten im süddeutschen Sprachraum und ihrer historischen Entwicklung. Bei HAYMONtb erschienen: „Das Radio Tirol-Wörterbuch der Tiroler Mundarten" (2013) und „Wörterbuch der Südtiroler Mundarten" (2015).

Robert Sedlaczek, geboren 1952 in Wien, Studium der Publizistik, Germanistik und Anglistik an der Universität Wien, Sprachkolumnist der *Wiener Zeitung*, Autor zahlreicher Bücher über die Sprache und über kulturgeschichtliche Themen, bei Haymon u. a. „Wörterbuch der Alltagssprache Österreichs" (HAYMONtb, 2011), „Wörterbuch des Wienerischen" (HAYMONtb, 2011), „Das unanständige Lexikon. Tabuwörter der deutschen Sprache und ihre Herkunft", „Die Tante Jolesch und ihre Zeit. Eine Recherche" (2013) und „Sprachwitze" (2020).